El primer año de

Este manual de valor inestimable se escribió bajo la dirección editorial del distinguido pediatra Steven P. Shelov, MD, MS, FAAP y se nutre de los conocimientos y experiencia práctica de más de 75 especialistas pediátricos y revisado por un equipo editorial integrado por seis miembros de la AAP (American Academy of Pediatrics—Academia Americana de Pediatría). Escrito con un estilo cálido y accesible y profusamente ilustrado con útiles dibujos y diagramas, este libro le ofrece toda la información que necesita para velar por la más preciosa de las posesiones que tiene su hijo: la salud.

En *El primer año de su bebé* encontrará:

- Una guía detallada sobre cuidado básico infantil, incluyendo hitos en el desarrollo físico, social y cognoscitivo
- Un "reloj de la salud" para alertarle sobre problemas potenciales en cada etapa
- Una lista de juguetes y actividades apropiadas que estimulan el crecimiento y desarrollo del cerebro infantil
- Consejos sobre cómo tratar dolencias comunes, tales como resfriados, infecciones de oído y erupciones

Además, encontrará información fiable sobre:

- Nutrición, con sugerencias para amamantar y dar el biberón y cuándo empezarle a dar al bebé alimentos sólidos
- Hábitos y problemas de sueño
- Cómo poner a prueba su casa para la seguridad de su bebé
- Bañar y ponerle el pañal a su bebé, así como cuidado de la piel y de las uñas
- Itinerarios actualizados de vacunación

El primer año de su bebé

Steven P. Shelov, MD, MS, FAAP,
Editor jefe
Profesor y jefe de Pediatría del
Centro Médico Maimonides, Universidad
Estatal de Nueva York–Brooklyn

M. Rosario González-de-Rivas, MD
Editora médica
Profesora asociada
Departamento de Pediatría
Escuela de Medicina de la Universidad
de Puerto Rico

Nota sobre las revisiones:
Se ha hecho todo lo posible para que *El primer año de su bebé* refleje la información y las recomendaciones más recientes de la Academia Americana de Pediatría.

ISBN 1-58110-108-2

Revisores y Colaboradores

Margaret Bowden, MA
John T. Boyle, MD
William E. Boyle, Jr, MD
Patrick E. Brookhouser, MD
Philip Alfred Brunell, MD
Marilyn Bull, MD
Linda Cahill, MD
Ralph Cash, MD
William J. Cochran, MD
Herbert J. Cohen, MD
J. Carl Craft, MD
Murray Davidson, MD
William Dietz, MD, PhD
Harold Diner, DDS
Chester M. Edelmann, Jr, MD
Howard Eigen, MD
Ralph D. Feigin, MD
Vincent A. Fulginiti, MD
Lawrence W. Gartner, MD
Carol Roberts Gerson, MD
Fredda Ginsberg-Fellner, MD
Peter Gorski, MD
John Green, MD
Joseph Greensher, MD
Donald Gromisch, MD
Robert Gross, MD
Ken Grundfast, MD
Dennis Gurwitz, MD
Howrad Gutgesell, MD
Roy Haberkern, MD
Katerina Haka-Ikse, MD
Ronald C. Hansen, MD
Terry Hatch, MD
Alfred Healy, MD
Frederick M. Henretig, MD
Robert N. Hensinger, MD
Alan R. Hinman, MD
Marjorie Hogan, MD
Judy Hopkinson, PhD
Nancy Hutton, MD
Barbara J. Ivens, MSRD
Michael Steven Jellinek, MD
Murray Katcher, MD
John Kattwinkel, MD
Robert Kay, MD
Connie Keefer, MD
Avanelle Kirksey, PhD
Ronald Ellis Kleinman, MD
Barry Allan Kogan, MD
Harold P. Koller, MD
John Kraft, MD
Richard Krugman, MD
Ruth A. Lawrence, MD
Moise Levy, MD
Nathan Litman, MD
Martin I. Lorin, MD
Stephen Ludwig, MD
Ronald B. Mack, MD
M. Jeffrey Maisels, MD
S. Michael Marcy, MD
Robert W. Marion, MD
Morri Ezekiel Markowitz, MD
Karin McCloskey, MD
Anna McCullough, MSRD
Lotti Mendelson, RN, PNP
Robert A. Mendelson, MD
Peter Miller, MD
Claes Moeller, MD, PhD
Howard C. Mofenson, MD, FAACT
James H. Moller, MD

Corinne Montandon, Dr PH
Douglas Moodie, MD
Dennis Murray, MD
Edwin Myer, MD
George Nankervis, MD
Kathleen G. Nelson, MD
Buford L. Nichols, Jr, MD
Lucy Osborn, MD
Mark Papania, MD
Jack L. Paradise, MD
James Perrin, MD
Peter Pizzutillo, MD
Stanley Alan Plotkin, MD
Shirley Press, MD
Gary S. Rachelefsky, MD
Isabelle Rapin, MD
Peter Rappo, MD
Leonard Rome, MD
Arnold Rothner, MD
Lawrence Schachner, MD
Edward L. Schor, MD
Gwendolyn Scott, MD
Jay Selcow, MD
Janet Silverstein, MD
James E. Simmons, MD
Frank R. Sinatra, MD
Lynn T. Staheli, MD
Russell Steele, MD
Martin Stein, MD
Ruth E. K. Stein, MD
George Sterne, MD
James Anthony Stockman III, MD
Robert R. Strome, MD, FACS
Janice Stuff, RD
Ciro Valent Sumaya, MD
Lawrence T. Taft, MD
Edward Tank, MD
Daniel M. Thomas, MD
George R. Thompson, MD
Deborah Tinsworth
Vernon Tolo, MD
David Tunkel, MD
Renee Wachtel, MD
Ellen R. Wald, MD
Esther H. Wender, MD
Claire Wenner, RD
Mark Widome, MD
Eugene S. Wiener, MD
Catherine Wilfert, MD
Modena Hoover Wilson, MD
Peter F. Wright, MD
Michael W. Yogman, MD

Agradecimientos

Ilustraciones:
Wendy Wray (Primera Parte)
Alex Grey (Segunda Parte)

Redacción:
Richard Trubo

Editor:
Robin Michaelson

Diseño:
Richard Oriolo

Apoyo secretarial:
Debbie Carney
Patti Coffin
Debbie Cruz
Christine Esposito-Torres
Helen Fischman
Donita Kennedy
Delores Menting
Giselle Reynolds
Gale Ringeisen
Nancy Wagner
Mary Ellen Watson

Otras colaboraciones:
Susan A. Casey
Michelle Esquivel
Sarah Hale
Eleanor Hannemann
Hope Hurley
Christine Kang
Marlene Lawson, RN
Aimée Liu
Nancy Macagno
Leslie Nadell
Marsha L. Shelov, PhD
Mary Claire Walsh
Kathy Whitaker, RN

Traducido por:
Ana Perez, Doctora en Psicología

Revisión y adaptación:
rosa+wesley, inc./Gladys Rosa-Mendoza and Patricia Abello, Licenciada en Comunicación Social

Dedicamos este libro a todas las personas que reconocen que los niños son la principal fuente de inspiración del presente y la mayor esperanza para el futuro.

Nota importante:

La información contenida en este libro no busca sustituir sino complementar, los consejos del pediatra de su hijo. Antes de iniciar cualquier tratamiento o programa médico, debe consultarlo con su pediatra, que tendrá en cuenta las necesidades individuales de su hijo y le aconsejará sobre síntomas y tratamientos específicos. Si tiene la más mínima duda sobre en qué medida la información contenida en este libro se ajusta al caso concreto de su hijo, hable con el pediatra del niño.

La información y los consejos que se brindan en este libro se ajustan a niños de ambos sexos, a pesar de utilizar el género masculino para efectos de uniformidad.

La Academia Americana de Pediatría se mantiene informada sobre los nuevos avances científicos y actualiza constantemente sus recomendaciones. Por ejemplo, las investigaciones que se realicen en el futuro y el desarrollo de nuevas vacunas pueden modificar las pautas de vacunación infantil. Por este motivo, es posible que el calendario recomendado en este libro sufra ciertas modificaciones. Ésta y otras situaciones posibles permiten apreciar lo importante que es que consulte siempre al pediatra, para que le informe sobre los últimos avances científicos relacionados con la salud de su hijo.

Tabla de contenido

Recursos de la Academia Americana de Pediatría

La Academia Americana de Pediatría crea y produce una amplia variedad de materiales educativos que enseñan a padres y niños la importancia del cuidado médico preventivo y terapéutico. Tales materiales comprenden libros, revistas, programas de televisión, videos, folletos y otros recursos educativos. Algunos ejemplos son:

- Folletos y hojas de datos sobre alergias, cuidado infantil, divorcio y crianza por parte de un solo padre, crecimiento y desarrollo, vacunas, dificultades en el aprendizaje, nutrición y buen estado físico, problemas en el sueño, abuso de sustancias y televisión
- Videos sobre vacunas, cuidado del recién nacido, educación sobre nutrición, alergias, uso seguro de bicicletas, prevención del maltrato infantil, preparación para hospitalización y cirugía, prevención de lesiones y primeros auxilios
- Tablas de primeros auxilios y crecimiento, expedientes de salud infantil, libritos de actividades para niños, programas de software para computadora y juegos de video, y libros para padres y niños

Todos estos materiales y muchos más aparecen en la *Guía de Recursos para Padres* de la AAP, una lista completa de materiales educativos sobre salud para adultos y niños.

Para obtener una copia de la *Guía de Recursos para Padres* de la Academia, envíe un sobre #10 con sello postal y su dirección a:

American Academy of Pediatrics
Attn: Marketing Department
PO Box 927
Elk Grove Village, IL 60009-9920

Si necesita ayuda para ubicar un pediatra o un subespecialista pediátrico calificado, conéctese con el Servicio de Referencia Pediátrica de la Academia Americana de Pediatría en la sede electrónica *www.aap.org/referral.*

Prefacio

El primer año de su bebé es el primero de una serie de varios libros sobre el cuidado infantil publicados por la Academia Americana de Pediatría. El primer año de su bebé es el primero de una serie de varios libros sobre el cuidado infantil publicados por la Academia Americana de Pediatría. Entre los demás libros figuran *El cuidado de su hijo pequeño: Desde que nace hasta los cinco años, Caring for Your School-Age Child: Ages 5 to 12, Caring for your Teenager,* y *Guide to Your Child's Symptoms: Birth Through Adolescence.*

La Academia Americana de Pediatría es una organización integrada por 57,000 pediatras primarios, pediatras de distintas especialidades médicas y cirujanos pediátricos, dedicados a velar por la salud física, mental y social de todo lactante, niño, adolescente y joven. Este libro es un reflejo del constante esfuerzo educativo de la Academia para proporcionar a los padres una información de gran calidad sobre una amplia variedad de temas sobre salud infantil.

Lo que diferencia a este libro del resto de los libros sobre cuidado infantil que se encuentran en librerías y bibliotecas es que ha sido cuidadosamente escrito y revisado por los miembros de la Academia Americana de Pediatría. Un equipo editorial integrado por seis miembros elaboró la versión inicial con la ayuda de más de 75 colaboradores y revisores. El primer borrador fue revisado por una cantidad incontable de pediatras. Puesto que la información médica sobre los temas relacionados con la salud infantil cambia constantemente, se ha hecho todo lo posible para que la información contenida en este libro esté plenamente actualizada.

La Academia confía en que este manual se convierta en un libro de consulta y una guía inestimable para los padres. Estamos convencidos de que se trata de la mejor fuente de información sobre temas relacionados con la salud y el bienestar infantil. Aunque estamos seguros de que cualquier lector encontrará en este libro una ayuda muy valiosa, le instamos a que lo utilice junto con los consejos y recomendaciones del pediatra de su hijo, quien le proporcionará una guía y una ayuda individualizada sobre la salud del niño.

JOE M. SANDERS, JR, MD
Director Ejecutivo
Academia Americana de Pediatría

Introducción: El regalo de ser padres

Su bebé es el mejor regalo que recibirá en toda su vida. Desde el primer momento en el que tome en brazos a ese milagro de vida, su mundo se expandirá y se enriquecerá. Experimentará una multitud de sentimientos, algunos de dicha, admiración y asombro; otros de confusión y agobio, y se preguntará si será capaz de colmar las necesidades de su bebé. Sentirá cosas que jamás había imaginado; sentimientos que sólo surgen cuando se tienen hijos.

El vínculo que se crea entre padres e hijos es tan intenso y personal, que resulta difícil describir esas sensaciones y sentimientos. ¿Por qué se nos llenan los ojos de lágrimas cuando nuestro bebé nos sonríe por primera vez? ¿Por qué nos sentimos tan orgullosos de sus primeras palabras? ¿Por qué se nos desboca el corazón la primera vez que vemos cómo tropieza y se cae? La respuesta reside en esta relación única que se establece entre usted y su bebé donde se dan uno al otro.

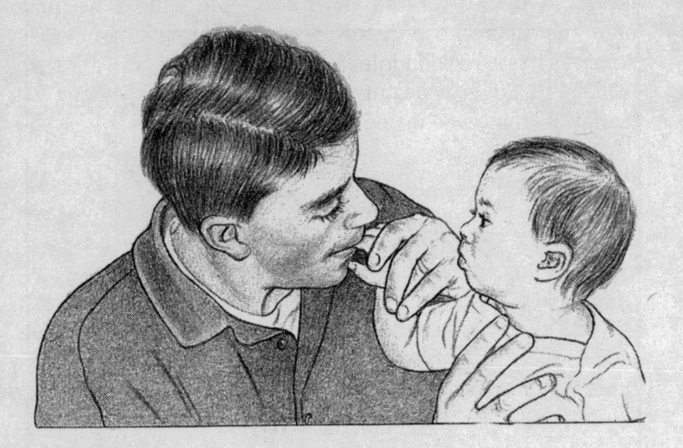

Lo que le ofrece su bebé

Las cosas que le ofrece su bebé, aunque sencillas, son lo suficientemente importantes como para cambiar su vida positivamente.

Amor absoluto. Desde el momento de su nacimiento, usted será el centro del universo de su hijo. Le entregará todo su amor sin pedirle nada a cambio. A medida que

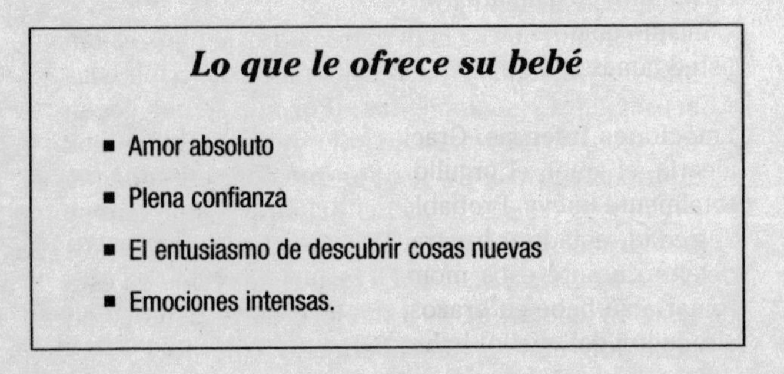

Lo que le ofrece su bebé

- Amor absoluto
- Plena confianza
- El entusiasmo de descubrir cosas nuevas
- Emociones intensas.

crece, le demostrará lo mucho que le quiere de mil maneras diferentes, desde dedicándole sus primeras sonrisas hasta regalándole una tarjeta en el día del amor y la amistad. Su amor se nutre de la admiración, el afecto, la lealtad y un intenso deseo de complacerle.

Plena confianza. Su hijo cree y confía en usted. A sus ojos, usted es fuerte, capaz, poderoso y sabio. Con el tiempo, le demostrará su confianza relajándose cuando usted esté cerca. A veces, también acudirá a usted para que le proteja de las cosas que le asustan, incluyendo sus propios sentimientos. Por ejemplo, cuando usted esté a su lado, puede atreverse a hacer una cosa nueva, que jamás haría estando solo o en presencia de un extraño. Confía en que usted velará por su seguridad.

El entusiasmo de descubrir cosas nuevas. Tener un bebé le ofrece la oportunidad única de redescubrir el placer y el entusiasmo de la infancia. Aunque usted no puede volver a vivir su propia vida a través de su hijo, sí puede compartir su emoción al explorar el mundo. En este proceso, probablemente descubrirá capacidades y talentos que jamás soñó poseer. La empatía, mezclada con un creciente conocimiento de sí mismo, le ayudarán a mejorar su capacidad de jugar y relacionarse con su hijo. El hecho de descubrir cosas los dos juntos, se trate de nuevas habilidades, palabras o formas de superar obstáculos, se sumará a su experiencia y a su confianza en sí mismo como padre y le preparará para asumir retos que usted jamás imaginó.

Emociones intensas. Gracias a su hijo experimentará la alegría, el amor, el orgullo y el entusiasmo de una forma totalmente nueva. Probablemente también experimentará ansiedad, enfado y frustración. Por mucho que usted se deleite durante esos momentos maravillosos en que, al tomar a su bebé en brazos, siente sus amorosos bracitos alrededor del cuello, habrá momentos en que se sentirá

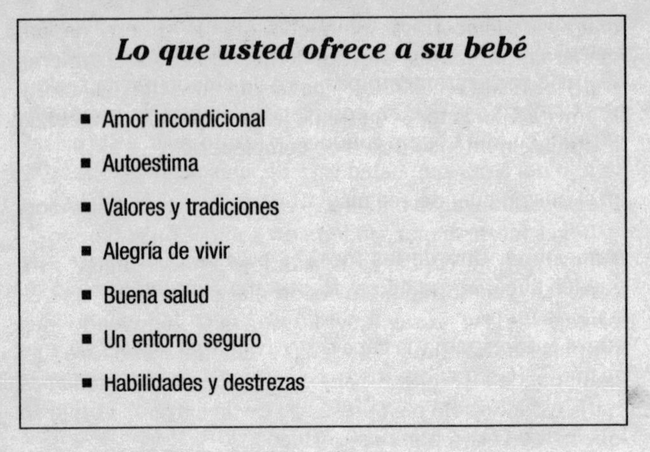

Lo que usted ofrece a su bebé

- Amor incondicional
- Autoestima
- Valores y tradiciones
- Alegría de vivir
- Buena salud
- Un entorno seguro
- Habilidades y destrezas

incapaz de comunicarse con él. El reto que usted debe afrontar, como padre, será aceptar y valorar todos los sentimientos que su bebé exprese o despierte en usted, y utilizarlos para guiarle firmemente.

Lo que usted ofrece a su bebé

Como padre, lo que usted puede aportarle a su hijo es de vital importancia. Algunas de estas cosas son sutiles, pero fundamentales. El hecho de ofrecérselas le convertirá en una buena madre o un buen padre. El hecho de recibirlas convertirá a su hijo en una persona sana, alegre y capaz.

Amor incondicional. El amor constituye el núcleo de la relación con su hijo. Debe fluir libremente en ambas direcciones. Del mismo modo que él le quiere a usted sin reservas, usted debe ofrecerle todo su amor y aceptarlo de forma absoluta. Su amor no debe depender del aspecto que tenga o de lo bien que se porte. Nunca debe ofrecérselo como recompensa ni amenazarlo con retirárselo si se porta mal. Su amor por su bebé es algo incondicional e incuestionable y es usted quien debe trasmitirle este mensaje. Su amor debe estar por encima de cualquier sentimiento pasajero de enfado o frustración por la forma en que se comporte su niño. No confunda nunca a su hijo con su conducta. Cuanto más seguro esté su hijo del amor que usted le tiene, más seguridad tendrá en sí mismo cuando sea mayor.

Autoestima. Uno de los mejores regalos que los padres pueden hacerle a su hijo es fomentar su autoestima. No se trata de un proceso fácil ni rápido. Hacen falta años para que el autorespeto y la capacidad de confiar y creer en uno mismo —bases sobre los que se asienta la autoestima— se establezcan firmemente. Desde la infancia, su hijo o hija necesita todo su apoyo y su estímulo para poder descubrir sus puntos fuertes. Demostrarle que le quiere, dedicarle tiempo, escucharle y elogiar sus logros, todo ello forma parte de este proceso. Si él confía en su amor, admiración y respeto, le resultará mucho más fácil desarrollar una autoestima sólida, necesaria para crecer feliz y emocionalmente sano.

Valores y tradiciones. Independientemente de si usted desea o no inculcarle sus valores y creencias a su hijo, él absorberá algunos de ellos por el simple hecho de convivir con usted. Participará en los ritos y celebraciones familiares y reflexionará sobre su significado. No debe darle sólo órdenes, sino ofrecerle su guía e infundirle ánimo. Cuando la edad y el lenguaje del niño lo permitan, anímelo a que le haga preguntas y fomente el diálogo, en vez de forzarlo a asumir sus propios valores. Si sus convicciones son sensatas y usted cree sinceramente en ellas, es probable que su hijo adopte gran parte de las mismas. Si sus acciones no son congruentes con lo que predica, algo que nos ocurre a todos, es muy probable que sea su hijo quien le haga darse cuenta de ello, sea sutilmente a través de su forma de comportarse o, cuando sea mayor, mostrándose en desacuerdo con usted. El camino para adquirir valores no es recto ni infalible. Exige una flexibilidad asentada sobre unas bases firmes. Aunque la elección de valores y principios es algo que, en última instancia, debe hacerla su propio hijo, lo que sí está en nuestras manos es proporcionarle las bases de esa elección, a través de nuestras ideas y reflexiones, y sobre todo, de nuestro comportamiento y nuestras obras.

Alegría de vivir. Su niño no necesitará que le enseñe a ser alegre, pero sí necesita el permiso y algunas veces el estímulo para que su entusiasmo natural fluya libremente. Cuanto más alegre sea usted, sobre todo cuando esté a su lado, más atractiva le parecerá la vida a su hijo y más disfrutará de las cosas. Cuando oiga música, bailará; cuando el sol brille, mirará hacia el cielo; cuando esté contento, reirá. Estas ganas de vivir se manifiestan a través del interés, la curiosidad y el deseo de explorar cosas y lugares nuevos, descubrir el mundo que le rodea e ir incorporando las nuevas imágenes, objetos y personas a su creciente cúmulo de experiencias. Debe tener en cuenta, no obstante, que no todos los bebés son iguales: algunos son más alegres, otros más bulliciosos, otros más juguetones y otros más reservados. Cada bebé demuestra su alegría de vivir a su manera, y es usted, como padre, quien debe descubrir en qué consiste esa manera para poder estimularlo y ayudarle a expresarla libremente. Éste es un regalo que todo niño merece.

Buena salud. La salud de su hijo depende en gran medida de los cuidados y de la guía que usted le proporcione. El proceso empieza con el embarazo, cuando usted acude regularmente a sus citas y se prepara para el parto. Si después lleva a su hijo regularmente al pediatra, lo protege de lesiones, le da una alimentación equilibrada y lo anima a que haga ejercicio desde niño, le ayudará a proteger y fortalecer su cuerpo. Usted mismo deberá mantener buenos hábitos alimentarios y evitar hábitos insanos, como fumar, beber en exceso, consumir drogas y no hacer ejercicio físico. Actuando de este modo, dará a su hijo un buen ejemplo a seguir cuando sea mayor.

Un entorno seguro. Naturalmente usted desea que su bebé viva en un hogar seguro y confortable. Esto significa mucho más que una cama caliente donde dormir y un arsenal de juguetes. Proporcionarle un hogar que le reporte seguridad emocional con el mínimo de estrés y el máximo de consistencia y amor es tan importante como darle un techo que le proteja y le reporte una seguridad física. Su hijo puede percibir los problemas que hay entre otros miembros de la familia y puede sufrir mucho por este motivo. Por eso es importante que *todos* los miembros de la familia colaboren para resolver de forma, directa y rápida hasta los conflictos más mínimos. Es posible que esto implique pedir ayuda profesional, pero recuerde que mántener un buen clima familiar es un requisito indispensable para que su bebé desarrolle su potencialidad. Si los miembros de su familia son capaces de afrontar sus diferencias con eficacia, su hijo se sentirá seguro de su habilidad para afrontar los conflictos y desacuerdos, y tendrá un buen ejemplo a seguir a la hora de afrontar los retos que le depare la vida.

Habilidades y destrezas. A medida que su hijo crece, pasará la mayor parte del tiempo adquiriendo y puliendo habilidades y destrezas en todos los ámbitos de su vida. Usted debe hacer todo cuanto esté en sus manos, animándole y facilitándole todos los materiales y la formación que necesite. También es importante que usted no se olvide de algunos principios básicos del aprendizaje: su bebé aprenderá más y mejor si se siente seguro, tranquilo y querido, y si se le presenta la información de forma adecuada. Cierta información se trasmite mejor a través del juego que es el lenguaje de los niños. Los niños pequeños aprenden gran cantidad de información jugando, sobre todo cuando lo hacen con sus padres o amigos. Hay información que se aprende mejor a través de la experiencia directa. Esto implica exponer al niño a lugares, personas, actividades y experiencias nuevas. Otras cosas se trasmiten mejor a través de relatos, libros de ilustraciones y libros de actividades. Y hay cosas que su hijo aprende por observación —sea observándole a usted o a otros niños y adultos.

Si usted disfruta aprendiendo y descubriendo cosas con su bebé, él en seguida se dará cuenta de que el logro puede ser una fuente de satisfacción personal, aparte de una forma de complacerle a usted. El secreto está en darle las oportunidades que necesita para aprender, y dejarle que lo haga a su modo y a su ritmo.

Como hacer del compartir parte de la vida familiar

Para darle a su bebé toda la guía y el apoyo que necesita para crecer sano, deberá poner en práctica todas las habilidades que implica la paternidad: amar, guiar, proteger, compartir y servir de modelo o ejemplo. Como ocurre con todas las habilidades, primero hay que adquirirlas y después irlas perfeccionando con la práctica. Algunas le parecerán más fáciles que otras y algunas le parecerán más fáciles o difíciles según el día. Estas variaciones son parte de la crianza de un niño y hacen que la paternidad se convierta a veces en un reto. Las siguientes sugerencias le ayudarán a sacar el mejor partido de sus habilidades naturales para que su bebé tenga el mejor inicio posible.

Disfrute de su hijo como un individuo. Reconozca que su bebé es único y diferente a los demás y valore sus cualidades especiales. Descubra sus necesidades especiales y sus fortalezas, sus estados de ánimo y debilidades, y sobre todo su sentido del humor, que empieza a manifestarse desde muy temprano. Déjele que le trasmita el placer del juego. Cuanto más disfrute a su hijo y más valore su individualidad, más le ayudará a desarrollar su sentido de confianza, su seguridad y su autoestima. Además, usted gozará más del hecho de ser padre.

Edúquese a sí mismo. Probablemente usted sabe mucho más de lo que cree sobre la paternidad. Ha observado durante años a sus propios padres y a otras familias. Quizás haya cuidado a otros niños. Además, usted cuenta con muchas respuestas instintivas que le ayudarán a ser una buena madre o padre. En otras épocas, ésta hubiera sido toda la preparación necesaria para criar a su bebé. Sin embargo, la sociedad actual es extremadamente compleja y está en constante proceso de cambio. Para que los padres puedan guiar a su hijo en un mundo tan complejo, es recomendable que cuenten con cierta formación adicional. Hable con el pediatra y con otros padres, y hágales preguntas. Lea sobre asuntos y problemas que afecten a su familia. Póngase en contacto con las organizaciones religiosas de su localidad, guarderías, equipos que imparten seminarios de formación para padres y otros grupos especializados en temas infantiles. Estos grupos suelen funcionar como redes de apoyo para padres responsables e interesados en el cuidado de sus hijos. El hecho de contar con una red de apoyo le ayudará a sentirse más tranquilo y seguro cuando las cosas se pongan difíciles y usted se sienta desorientado y frustrado, algo que hoy en día es bastante habitual.

Cuando busque consejo, seleccione la información adecuada para usted y su bebé. Gran parte de esa información será valiosa, pero no toda. Puesto que la crianza de un niño es algo tan personal, es lógico que haya desacuerdos. No tiene la obligación de creer todo lo que oiga o lea. De hecho, uno de los principales objetivos del proceso de educarse a sí mismo es proteger a su hijo de aquellas recomendaciones que no se ajusten a sus características familiares. Cuanto más sepa, más preparado estará para decidir qué es lo que se adapta mejor a su familia.

Dé buen ejemplo. Una de las formas que tiene su bebé de demostrarle su amor es imitándole. Ésta es también una de las formas que tiene de aprender a comportarse, a cuidar de sí mismo y a adquirir nuevas destrezas. Desde temprano, su hijo le observará atentamente y ajustará su comportamiento y sus creencias a las suyas. El ejemplo que usted le dé se convertirá en imágenes permanentes que modularan sus actitudes y sus acciones durante el resto de su vida.

Darle un buen ejemplo a su hijo significa ser responsable, afectivo y consistente, no sólo con él, sino con todos los miembros de la familia. El modo en que lleve su matrimonio, por ejemplo, le enseñará algunos aspectos sobre los roles masculinos y femeninos y sobre cómo "se supone" que debe comportarse cuando sea mayor. En su relación de pareja, demuestren abiertamente el afecto que se tienen mutuamente y reserven tiempo para estar juntos. Si su hijo ve que sus padres se comunican abiertamente y que saben cooperar y compartir las responsabilidades domésticas, reproducirá este mismo patrón en sus relaciones futuras.

Dar buen ejemplo también significa saber cuidarse. El deseo por ser unos padres dedicados, puede hacer que se dediquen tanto a su familia, que se olviden de sus propias necesidades. Esto es un gran error. Su bebé depende de usted para estar sano, tanto física como emocionalmente, y se fija en usted para saber cómo mantenerse sano. Cuidarse a uno mismo es una forma de manifestar la propia autoestima, algo que es de vital importancia tanto para usted como para su hijo. Tomarse un respiro y descansar cuando esté agotada o enferma, le enseñará a su hijo que usted se respeta a sí misma y tiene en cuenta sus propias necesidades. Si reserva tiempo y energía para sus aficiones, le trasmitirá a su hijo el mensaje de que trata de cultivar ciertas habilidades e intereses. A la larga, es probable que su hijo adopte algunos de sus hábitos y aficiones. Por lo tanto, cuanto más sana y feliz se sienta usted, mejor será para ambos.

Demuestre su amor. Dar amor significa mucho más que decir: "te quiero". Su bebé no entenderá lo que significan estas palabras a menos que le trate con amor. Sea espontáneo y afectivo con él. Establezca frecuentemente contacto corporal con él en forma de besos, abrazos, caricias y juegos. Resérvese un rato cada día para hablar, cantar y leer con él. Al prestarle atención y demostrarle abiertamente su afecto, conseguirá que se sienta especial y seguro, lo que sentará las bases de su autoestima.

Comuníquese abierta y sinceramente. Una de las habilidades más importantes que usted debe fomentar en su hijo es la comunicación. La lección empieza cuando es sólo un bebé que le mira atentamente a los ojos y se tranquiliza al escuchar su voz. El aprendizaje continúa cuando ve y escucha cómo se comunica usted con otros miembros de la familia y, más adelante, cuando usted le ayuda a resolver sus inquietudes, problemas y conflictos. Su hijo necesita de su paciencia, comprensión, sinceridad y claridad.

Comunicarse bien en el seno de una familia no siempre es fácil. Resulta especialmente difícil cuando los dos padres están saturados de trabajo o bajo estrés, o cuando alguien está enfadado o deprimido. Evitar que se rompa la comunicación exige compromiso, cooperación entre los miembros de la familia y estar dispuestos a reconocer los problemas cuando surjan. Exprese sus propios sentimientos y, a medida que su hijo crece, anímelo a que se abra del mismo modo. Esté pendiente de aquellos cambios en su comportamiento que puedan sugerir que está triste, asustado, frustrado o preocupado, y demuéstrele que entiende sus sentimientos.

Escúchese también a sí mismo y reflexione sobre lo que le dice a su hijo *antes* que las palabras salgan de su boca. En pleno enfado o cuando se sienta muy frustrado, es fácil hacer comentarios hirientes y hasta crueles, que en el fondo no quería decir, pero que es probable que su hijo no olvide nunca. Frases como: "Qué tonto eres" o "No me fastidies" hacen que un niño se sienta despreciado y pueden dañar seriamente su autoestima. Si critica constantemente a su hijo o lo menosprecia, es muy probable que acabe alejándose de usted.

Dedíquele tiempo. No puede darle a su hijo todo lo que necesita si sólo lo ve unos minutos al día. Para que su hijo pueda conocerle y sentirse seguro de que usted lo quiere, tiene que pasar mucho tiempo con usted, tanto física como emocionalmente. Esto es posible incluso si usted tiene obligaciones fuera de casa. Aún cuando trabaje a jornada completa, usted puede reservar un rato para estar con su bebé cada día. Lo más importante es que ese tiempo se lo dedique *sólo* a él, colmando tanto las necesidades del niño como las suyas propias. ¿Qué cantidad de tiempo es la más recomendable? Es imposible saberlo. Una hora de tiempo de calidad significa mucho más que pasarse todo el día en la misma casa pero en habitaciones separadas. Usted puede estar todo el día en casa y, sin embargo, no dedicarle a su hijo la atención individualizada que necesita. Organizar bien su horario y dedicar a su hijo la atención que requiere, es algo que sólo depende de usted.

Una buena posibilidad sería dedicar un período específico de tiempo al día para estar con su bebé haciendo algo que a él le guste. Trate también de hacer un esfuerzo por incluirlo en todas las actividades familiares.

Estimule el crecimiento y el cambio. Cuando su hijo es recién nacido, es difícil imaginar que algún día crecerá, pero su principal obligación como padre consiste en fomentar, guiar y apoyar ese crecimiento. Su hijo no sólo depende de usted en lo que se refiere al alimento, la protección y los cuidados físicos que necesita para crecer físicamente, sino que también depende de la guía que su mente y espíritu necesitan para llegar a ser un individuo sano y maduro. En lugar de resistirse a que su bebé cambie, su tarea debe consistir en aceptar y fomentar ese cambio.

Fomentar el crecimiento de su hijo significa tener mucha disciplina, tanto con él como con usted mismo. A medida que su hijo se haga más independiente, necesitará que se le fijen normas y directrices para que sepa a qué atenerse y hasta dónde puede llegar. Es usted quien tiene que darle este marco de referencia, fijando normas apropiadas para cada etapa de desarrollo y ajustándolas a los cambios que vaya percibiendo en su hijo. De este modo, en lugar de frenar el crecimiento, lo estimulará.

Reduzca la frustración y propicie el éxito. Una de las formas que tiene su hijo de desarrollar su autoestima es a través del éxito. El proceso empieza en la cuna, con sus primeras tentativas de comunicación y de control de su cuerpo. Si alcanza estas metas y recibe la aprobación de sus padres, enseguida empezará a sentirse bien consigo mismo y deseoso de asumir nuevos retos. Si por el contrario, no se le permite alcanzar esas metas o se ignoran sus esfuerzos, puede sentirse desalentado, darse por vencido, aislarse, enfadarse y sentirse cada vez más frustrado.

Como padre, debe intentar exponer a su hijo a retos que le ayuden a descubrir sus habilidades y a tener éxito, y simultáneamente evitar que tenga que enfrentarse a tareas u obstáculos que lo lleven a la frustración y al fracaso. Esto no significa que usted tenga que hacer las cosas por el o ella, ni que tenga que protegerlo de retos que tenga que asumir. El éxito tiene muy poco valor si no implica cierto esfuerzo. Sin embargo, permitir que un niño sufra demasiadas frustraciones ante retos que están muy por encima de lo que está preparado para asumir, es contraproducente, y fomenta una autoimagen negativa. La clave está en moderar los retos de tal modo que estén al alcance de su bebé, al tiempo que le exigen un poco de sí mismo. Por ejemplo, tenga juguetes apropiados para la edad del niño. Intente buscar diversos compañeros de juego para su hijo: algunos mayorcitos y otros más pequeños que él.

Reconozca los problemas y pida ayuda cuando la necesite. Aunque es un gran reto, ser padre puede ser una de las épocas más divertidas y satisfactorias de la vida de una persona. De todos modos, a veces pueden surgir problemas y, en algunas ocasiones, usted no podrá resolverlos por sí solo. No hay ningún motivo para sentirse culpable o avergonzado por ello. Las familias sanas aceptan este hecho y afrontan los problemas directa y abiertamente. También saben identificar las señales de alarma y pedir ayuda cuando la necesitan.

A veces, basta con hablar con un buen amigo. Si tiene la suerte de que sus padres o familiares vivan cerca, podrá contar con su apoyo. Si no, puede sentirse aislado, a menos que sepa crear su propia red de apoyo, integrada por vecinos, amigos y otros padres. Una forma de crear este tipo de redes es afiliarse a una de las clases para padres y bebés que ofrecen organizaciones como el YMCA o centros comunitarios. Los demás padres pueden brindarle apoyo y consejos. No dude en acudir a ellos cuando lo necesite.

En algunas ocasiones, es posible que necesite ayuda profesional para afrontar una crisis o un problema específico. Su médico de cabecera y su pediatra son fuentes de información muy valiosas, a las que puede acudir en busca de consejo o para que remitan su caso a otros profesionales de la salud, como, por ejemplo, un terapeuta familiar o de pareja. No dude en comentar sus problemas familiares con el pediatra. Si no se resuelven adecuadamente, muchos de estos problemas pueden acabar repercutiendo negativamente sobre la salud de su familia. Su pediatra debe conocer estos problemas, a el le interesa ayudarle a resolverlos.

El viaje con su bebé está a punto de empezar. Será una etapa maravillosa, con sus altas y sus bajas, con momentos de gran alegría y otros de tristeza y frustración. En los capítulos que vienen a continuación le proporcionaremos una serie de conocimientos para que las responsabilidades que implica la paternidad le resulten más llevaderas y esperamos que también mucho más divertidas.

1

Preparativos para un nuevo bebé

El embarazo es un período de anticipación, emoción, preparativos, y, en muchos casos, de incertidumbre. Usted sueña con un bebé sano, fuerte y brillante, y quiere proporcionarle todo lo que necesitará a fin de que crezca bien. Probablemente también tendrá miedos y dudas, sobre todo si se trata de su primer hijo, o si ha tenido algún problema en éste u otro embarazo. ¿Y si algo va mal durante el embarazo? ¿Y si las cosas se complican durante el parto? ¿Y si resulta que ser madre no es lo que había soñado? Afortunadamente, la mayoría de estas preocupaciones son innecesarias. Los nueve meses de embarazo serán suficientes para que sus preguntas encuentren respuesta, calme sus temores y se prepare para la maternidad.

Parte de estos preparativos empiezan cuando usted recibe la noticia de que está embarazada. La mejor forma de ayudar a su hijo a desarrollarse bien es cuidar de sí misma. La atención médica y una buena nutrición beneficiarán directamente la salud de su hijo. Descansar mucho y hacer ejercicio con moderación, la ayudarán a superar el estrés físico asociado al embarazo. Pregúntele a su médico sobre las vitaminas prenatales y la importancia de no fumar ni tomar alcohol.

A medida que el embarazo avance, deberá enfrentarse a una larga lista de decisiones, desde prepararse para el parto hasta decorar la habitación del futuro bebé. Probablemente usted ya habrá tomado muchas de estas decisiones y habrá pospuesto otras porque su bebé todavía no le parece "real". Aún así, cuanto más se prepare para la llegada del bebé, más real le parecerá su hijo y más corto se le hará el embarazo.

Al final, tendrá la sensación de que toda su vida gira alrededor del bebé que está por nacer. Esta creciente preocupación es sana y completamente normal y, de hecho, la ayudará a prepararse emocionalmente para los retos que implica la maternidad. Después de todo, ¡usted va a estar tomando decisiones sobre su hijo por las dos próximas décadas! Ahora es el mejor momento para empezar.

Éstas son algunas recomendaciones que la ayudarán con los preparativos más importantes:

Déle a su bebé un comienzo sano

Prácticamente todo lo que usted ingiera o inhale mientras esté embarazada acabará llegando al feto. Este proceso empieza desde el momento de la concepción. De hecho, el embrión es mucho más vulnerable durante los dos primeros meses, cuando están empezando a formarse las principales estructuras corporales (brazos, piernas, manos, pies, hígado, corazón, genitales, ojos y cerebro). Algunas sustancias químicas, como las contenidas en el tabaco, el alcohol, las drogas o ciertas medicinas, pueden interferir en el proceso de formación del embrión, así como en el desarrollo ulterior del feto; y algunas de ellas pueden, incluso, provocar malformaciones congénitas.

Consideremos, por ejemplo, el tabaco. Si usted fuma durante el embarazo, su hijo pesará menos de lo que debería pesar. Hasta el mero hecho de inhalar el humo del tabaco fumado por terceros (los denominados "fumadores pasivos") puede influir negativamente sobre el feto. Aléjese de las zonas de fumadores y pida que nadie fume cuando usted esté cerca. Si usted fumaba antes de quedar embarazada y sigue haciéndolo, éste es el mejor momento para dejar de fumar; no hasta que dé a luz, sino para siempre. Los niños que crecen en un hogar en el que uno de los padres es fumador tienen más infecciones de oído y más problemas respiratorios durante la infancia y la niñez temprana. Además tienen más probabilidades de fumar cuando sean mayores.

El consumo de alcohol es exactamente igual de perjudicial. Beber en exceso durante el embarazo incrementa notablemente el riesgo de aborto. También puede provocar un trastorno denominado Síndrome alcohólico fetal, que causa defectos congénitos y retraso mental. Hasta la fecha, nadie ha determinado con exactitud qué cantidad de alcohol es excesiva para una mujer embarazada, pero existen pruebas de que, cuanto más alcohol se bebe, mayores son los riesgo para el feto. Mientras no dispongamos de datos más precisos, lo más recomendable es no probar el alcohol durante el embarazo.

También deberá evitar medicinas y suplementos vitamínicos, a menos que su médico le recomiende específicamente que los utilice durante el embarazo. Esta recomendación no se refiere exclusivamente a las medicinas con receta médica que podría usted estar ingiriendo, sino a cualquier medicina que se pueda adquirir sin receta, como la aspirina, las medicinas para el resfriado o los antihistamínicos. Hasta las vitaminas pueden resultar perjudiciales si se consumen en exceso. (Por ejemplo, se ha comprobado que el consumo excesivo de vitamina A provoca malformaciones congénitas). Antes de tomar alguna medicina o suplemento vitamínico durante el embarazo, consúltelo con su médico.

También debe limitar el consumo de cafeína durante el embarazo. Aunque no se ha demostrado que el consumo de las dosis habituales de cafeína se asocie a efectos adversos, su consumo suele provocar que nos sintamos más alertas e irritables, lo que puede hacerle las cosas más difíciles en un momento en que se necesita precisamente descanso y relajación.

Otra de las causas de malformaciones congénitas son las enfermedades contraídas por la madre durante el embarazo. Algunas de las enfermedades más peligrosas de las que usted se debería proteger son:

La *rubéola*, o *sarampión alemán,* que puede provocar retraso mental, malformaciones cardíacas, cataratas y sordera. Afortunadamente, hoy en día esta enfermedad se puede prevenir mediante vacunación, pero *no se debe poner la vacuna de la rubéola cuando esté embarazada.*

La mayoría de las mujeres adultas son inmunes a la rubéola porque tuvieron la enfermedad de pequeñas o fueron vacunadas en su momento. Si usted no está segura de si tuvo la enfermedad o se vacunó, pídale a su obstetra que le realice un análisis de sangre. En el caso improbable de que el análisis indique que usted no es inmune a la rubéola, haga todo lo posible por evitar el contacto con niños enfermos, sobre todo durante los tres primeros meses de embarazo. Es recomendable que, después de dar a luz, se vacune contra esta enfermedad para evitar este tipo de inquietud en futuros embarazos.

La *varicela* es particularmente peligrosa si se contrae en un momento cercano al parto. Si usted no ha tenido esta enfermedad, debe evitar a las personas que puedan estar afectadas o que han estado en contacto con alguien que tenga la enfermedad, particularmente a los niños pequeños que han estado alrededor de quienes tienen varicela. Si usted no ha tenido la varicela, es recomendable que se vacune antes de quedar embarazada.

La *toxoplasmosis* es primordialmente un peligro para las personas que tienen gatos. Esta enfermedad es provocada por una infección parasitaria bastante común en los gatos. Al defecar, el animal infectado expulsa una forma del parásito en las heces, y toda persona que entre en contacto con heces infectadas puede contraer la enfermedad.

Si usted tiene gatos en casa, hágales la prueba de la toxoplasmosis antes de quedar embarazada o lo antes posible si ya está embarazada. Puede reducir las probabilidades de que su gato contraiga la infección alimentándolo sólo con productos preparados especialmente para gatos, cuyo proceso de elaboración destruye el parásito que provoca la toxoplasmosis.

Nuestra posición

El mensaje de la Academia es claro: no fume durante el embarazo. Muchos estudios demuestran que, si una mujer fuma durante el embarazo, es probable que el peso del bebé en el momento del nacimiento y su crecimiento durante el primer año de vida estén por debajo de lo normal. La gama de efectos incuestionables del tabaco va desde una reducción de los movimientos respiratorios durante la vida intrauterina hasta cáncer, trastornos respiratorios y enfermedades cardíacas más tarde en la vida.

Si usted fuma, deje de hacerlo. Si es incapaz de dejarlo, no fume cuando haya niños cerca (sobre todo en interiores o cuando vaya en el auto). Los hijos de fumadores tienen más infecciones respiratorias, como bronquitis o neumonía, y una menor capacidad pulmonar que los hijos de no fumadores. La Academia está a favor de las leyes que prohíben fumar en lugares públicos frecuentados por niños. También apoya el veto a la publicidad de tabaco, el uso de etiquetas más severas en los paquetes de tabaco que advierten sobre los riesgos de su consumo, así como subir los impuestos a los cigarrillos.

Además, para reducir el riesgo de que usted se contagie, asegúrese de que sea otra persona que no esté embarazada, la que se encargue de limpiar el cajón de los excrementos del gato. (Los organismos que provocan la toxoplasmosis no pueden infectar a un humano hasta que pasen cuarenta y ocho horas desde la excreción). Si usted no tiene más remedio que encargarse de limpiar el cajón de los excrementos de su gato, asegúrese de lavarse bien las manos después de hacerlo. Evite también consumir carne o pescado crudo o a medio cocinar (como el sushi) y lávese bien las manos después de manipular carnes crudas.

La elección del pediatra

Todo pediatra tiene la responsabilidad de ayudar a los padres a criar a sus hijos con la mayor facilidad, comodidad, placer y éxito posibles. Sin embargo, cada pediatra tiene su propio enfoque, por lo que tal vez quiera entrevistar a varios pediatras antes de elegir al que mejor se ajuste a las preferencias y necesidades particulares de su familia. Haga las entrevistas *antes* de que nazca el niño, para que el pediatra que elija pueda ser el primero en examinarlo.

Aquí tiene algunas consideraciones que le pueden ayudar a tomar la decisión.

La formación de un pediatra

Los pediatras son graduados en medicina que, aparte de los cuatro años de carrera, han hecho tres años de residencia para formarse en la especialidad de pediatría. Durante su proceso de formación, el futuro pediatra adquiere los conocimientos y habilidades necesarios para tratar una amplia gama de trastornos, desde las molestias más leves hasta las enfermedades más graves.

Al completar su residencia, el pediatra es elegible para tomar un examen escrito impartido por la Junta Americana de Pediatría. Si pasa este examen, se le otorga un certificado, que probablemente colgará en la pared de su consultorio. Si usted ve las iniciales FAAP después del nombre del pediatra, significa que es miembro de la Academia Americana de Pediatría. Sólo los pediatras certificados pueden ser miembros de esta organización profesional.

Después de los años de residencia, algunos pediatras prefieren formarse durante tres años más en una subespecialidad, como, por ejemplo, la neonatología (atención de recién nacidos prematuros o con problemas) o la cardiología pediátrica (diagnóstico y tratamiento de problemas cardíacos en niños). Estos pediatras subespecializados son consultados por los pediatras generales cuando un paciente presenta problemas especiales o poco frecuentes. Si su bebé necesita un subespecialista pediátrico, su pediatra le ayudará a encontrar al más adecuado para su caso específico.

Cómo encontrar un pediatra para su hijo

Una buena forma de empezar a buscar un pediatra es pedir referencias a su obstetra. Éste conocerá a pediatras de su localidad que sean competentes y respetados dentro de la comunidad médica. Otros padres que estén contentos con el pediatra de sus hijos también pueden ser una buena fuente de información.

Cuando tenga varios nombres de pediatras, pida una entrevista personal con cada uno de ellos durante los últimos meses de su embarazo. La mayoría de los pediatras ofrecen este tipo de entrevista preliminar. Conviene que los dos padres estén presentes durante la entrevista para garantizar que ambos estén de acuerdo con la filosofía del pediatra sobre cómo se debe criar a un niño. No tenga miedo ni se avergüence de hacer preguntas. Aquí tiene algunas sugerencias:

- ***¿Cuánto tardará el pediatra en ver al bebé después del parto?***

La mayoría de los hospitales piden el nombre del pediatra que va a atender al bebé cuando la madre ingresa para dar a luz. La enfermera de parto llamará al pediatra o a su colaborador en cuanto nazca el niño. Si usted tiene complicaciones durante el embarazo y/o durante el parto, el pediatra debería examinar al bebé al nacer. En caso contrario, el examen puede hacerse durante las primeras veinticuatro horas de vida del bebé. Pídale al pediatra que le deje estar presente durante el examen inicial. Así tendrá la oportunidad de aprender más sobre su hijo y obtener respuestas a las preguntas que le puedan surgir.

- ***¿Cuándo volverá a examinar al bebé?***

Los pediatras suelen examinar a los recién nacidos y hablar con los padres justo antes de que sean dados de alta. De este modo, el médico puede identificar cualquier posible problema y responder a las preguntas que puedan haber surgido durante su estancia en el hospital, antes de llevarse el bebé a casa. Su pediatra también le indicará cuándo será la primera visita en el consultorio (tan pronto como un día después de abandonar el hospital), y cómo podrían conseguirle en caso de que surgiera algún problema médico antes de esa fecha.

- ***¿A qué horas podrán hablar por teléfono con el pediatra?***

Muchos pediatras tienen un período de tiempo específico durante el que reciben llamadas telefónicas de los padres. Si otros miembros del equipo responden rutinariamente a estas llamadas, trate de averiguar cuál es la preparación de estas personas. Así mismo, pídale al pediatra que le dé algunas directrices sobre qué tipo de preguntas pueden resolverse por teléfono y cuáles requieren llevar al niño a la consulta.

- ***¿Qué hospital recomienda?***

Pregunte al pediatra a dónde deberá acudir en caso de que su bebé tenga una enfermedad seria o se lesione. Si se trata de un hospital universitario, con internos y residentes, averigüe quién se haría cargo de su hijo en el caso de que fuera necesario ingresarlo.

- ***¿Qué ocurrirá en caso de emergencia?***

Averigüe si es el pediatra quien se encarga de atender las llamadas de emergencia por la noche. En caso negativo, ¿quién cumplirá esa función? Pregúntele también si atiende a los pacientes fuera de horas de consulta o si, en tales casos, usted tendría que llevar al niño a una sala de emergencia. Siempre que sea posible es mejor acudir a la consulta del pediatra, pues los hospitales suelen requerir mucho papeleo y largas esperas. Por otro lado, los problemas médicos serios suelen tratarse mejor en los centros hospitalarios, que cuentan con la infraestructura necesaria y personal disponible a todas horas.

- ***¿Quién lo reemplazará cuando él no pueda atenderle?***

Si su pediatra forma parte de un grupo médico, es conveniente que usted conozca a sus compañeros, puesto que es muy probable que ellos se hagan cargo de su hijo cuando él no esté disponible. Si su pediatra trabaja sólo, probablemente habrá hecho algún arreglo con otros doctores de la comunidad. Generalmente, el contestador automático le remitirá al médico con quien debe ponerse en contacto, pero sigue siendo una buena idea pedirle a su pediatra los nombres y teléfonos de los médicos que cubrirán su ausencia, por si tiene problemas para ponerse en contacto con él.

Si su bebé es atendido por la noche o durante el fin de semana por otro médico, usted debe informar a su propio pediatra a la mañana siguiente (o el próximo lunes). Probablemente su pediatra ya estará informado, pero al llamarlo podrá ponerle al día de cómo van las cosas y asegurarse de que se está haciendo lo adecuado.

- ***¿Con que frecuencia verá a su hijo para vacunarlo y hacerle chequeos médicos?***

La Academia Americana de Pediatría recomienda hacer evaluaciones médicas cuando el niño tenga un mes y luego cuando tenga dos, cuatro, seis, nueve, doce, quince, dieciocho y veinticuatro meses y, a partir de este momento, anualmente. Si su pediatra tiene un programa de visitas diferente, comente con él las diferencias. El itinerario de vacunaciones recomendado por la Academia Americana de Pediatría figura en la página 106.

- ***¿Cuáles son sus honorarios?***

Su pediatra debe tener unas tarifas regulares para las visitas en el hospital o consultorio, así como para las visitas fuera del horario habitual de trabajo y a domicilio (en el caso de que lo haga). Entérese de sí las tarifas de las visitas rutinarias incluyen el precio de las vacunas. En caso contrario, pregunte cuánto le van a costar. Si usted está cubierto por un plan de salud coordinado (HMO, etc.), asegúrese de que el pediatra que ha elegido está adscrito al mismo.

Después de las entrevistas, debe preguntarse si se siente cómodo con la filosofía y la forma de proceder de cada uno de los pediatras entrevistados. Debe sentir que es una persona en la que se puede confiar, que escuchará pacientemente sus dudas y preocupaciones y responderá a todas sus preguntas. También debe sentirse a gusto con el resto del personal de la consulta y con la atmósfera que en ella se respire.

En cuanto nazca su bebé, la mejor "prueba" para el pediatra que haya seleccionado será ver cómo cuida de él y cómo responde a todas las dudas y preocupaciones que usted tenga. Si no está satisfecho con algún aspecto del trato que está recibiendo usted o su bebé, exponga el problema directamente al pediatra. Si su respuesta no le convence o el problema, simplemente, no se resuelve, no dude en cambiar de pediatra.

Asuntos que debe comentar con su pediatra

Cuando encuentre un pediatra con el que se sienta a gusto, deje que le ayude a planificar los cuidados básicos y la alimentación de su bebé. Hay ciertas decisiones y preparativos que deben hacerse antes del nacimiento de la criatura. Su pediatra puede aconsejarle en asuntos tales como:

¿Cuándo deben salir del hospital?

El hecho de que para un niño sano y nacido a tiempo la hospitalización pueda ser corta (menos de cuarenta y ocho horas), no significa que esto sea lo mejor para cualquier madre ni para cualquier bebé. Cada madre y cada bebé deberían ser examinados individualmente para determinar en qué momento se les debe dar de alta. Esta decisión debe tomarla el pediatra del bebé y no la compañía de seguros.

¿Se debe circuncidar al bebé?

Si tiene un varón, tendrá que decidir si quiere o no que se le haga la circuncisión. A menos que sepan que van a tener una niña, conviene que tomen esta decisión con la suficiente antelación para no tener que preocuparse de ello inmediatamente después del parto, cuando estarán demasiado fatigados y emocionados.

La circuncisión se ha practicado como rito religioso durante miles de años. En Estados Unidos se le practica la circuncisión a la mayoría de los niños, pero generalmente se hace por motivos más sociales que religiosos. Se hace porqué "se la han hecho a todos los hombres de la familia", o porque no quieren que el niño se sienta "diferente".

Actualmente existe cierta controversia sobre si la circuncisión es o no recomendable desde el punto de vista médico. La información publicada recientemente sugiere que esta operación se asocia a beneficios médicos potenciales. Estudios recientes han permitido concluir que

Circuncisión

Al nacer, la mayoría de los varones tienen un pedazo de piel que cubre, o casi cubre, el extremo del pene. La circuncisión consiste en cortar parte de esta piel terminal para que la punta del pene (glande) y la abertura de la uretra, por donde orina el bebé, estén en contacto con el aire. Este procedimiento se practica de forma rutinaria en algunos hospitales pocos días después del nacimiento. Si la practica un médico con experiencia, se trata de una operación muy sencilla que sólo tarda unos minutos. Un número reducido de médicos aplican anestesia local para reducir el estrés del bebé, pero la mayoría de las circuncisiones se hacen sin administrar ningún tipo de medicamentos. La opción de utilizar anestesia local para minimizar el sufrimiento del bebé debe considerarse con reservas, ya que su uso se asocia a ciertas complicaciones potenciales.

los bebés de sexo masculino que no se han circuncidado tienen más probabilidades de adquirir infecciones de orina que los que han sido operados. Hacen falta más estudios para confirmar este hallazgo.

Hace tiempo se sabe que el cáncer de pene, una condición rara, se da casi exclusivamente en hombres no circuncidados. Informes publicados recientemente sugieren que el cáncer de cuello de útero es más frecuente en las mujeres cuyas parejas no son circuncidados. Sin embargo, los resultados de los estudios realizados hasta la fecha no son concluyentes. Y tampoco lo son algunos estudios recientes que relacionan la circuncisión con las enfermedades de transmisión sexual.

Esta intervención, sin embargo, entraña ciertos riesgos, tales como hemorragias e infecciones. Si el niño es prematuro, nace con alguna enfermedad o tiene malformaciones congénitas o problemas sanguíneos, no debe ser circuncidado inmediatamente. Esta intervención sólo debe practicarse en bebés sanos y estables.

Nuestra posición

La Academia Americana de Pediatría considera que la circuncisión tiene beneficios médicos potenciales y ventajas, así como ciertos riesgos y desventajas inherentes. Por eso recomendamos que la decisión de practicar o no esta operación la tomen los padres del bebé, en consulta con el pediatra. Entre los factores que influyen sobre esta decisión cabe mencionar consideraciones médicas y estéticas, religión, actitudes culturales, presiones sociales y tradición. El pediatra deberá compartir con los padres los beneficios y los riesgos que implica este procedimiento y, pedirles un consentimiento informado antes de realizarlo.

¿Debo darle el pecho o el biberón?

Antes de que nazca su hijo, deberá decidir si va a darle el pecho o el biberón. Aunque la leche de fórmula no es idéntica a la leche materna, casi siempre es tan nutritiva y digerible como la materna. Ambos enfoques son seguros y buenos para la salud, y cada uno tiene sus ventajas. *La Academia Americana de Pediatría recomienda la lactancia materna como la mejor forma de alimentar a un bebé.*

Los beneficios más obvios de la lactancia materna son la comodidad y el costo. Pero existen beneficios médicos también. Si lacta a su hijo, le proporcionará los anticuerpos naturales que le ayudarán a resistir ciertos tipos de infecciones. Los bebés lactados tienen menos probabilidades de tener alergias que los que consumen productos elaborados con leche de vaca.

Las madres que lactan a sus hijos afirman que la lactancia les reporta muchos beneficios emocionales. Cuando se establece el flujo de leche y la lactancia se normaliza, tanto la madre como el lactante experimentan una profunda sensación de proximidad y bienestar, un vínculo que se mantendrá durante toda la infancia.

Si usted no puede darle el pecho a su hijo o prefiere no hacerlo, puede conseguir la misma sensación de proximidad alimentandolo con biberón. Abrazándolo, arrullándolo, acariciándolo y mirándole a los ojos, conseguirá convertir el momento de alimentarlo en una experiencia intensa y placentera, independientemente de cuál sea la procedencia de la leche.

Antes de tomar una decisión al respecto, lea el Capítulo 4, para entender plenamente las ventajas y desventajas de la lactancia natural y de la alimentación con biberón y conocer todas las opciones posibles.

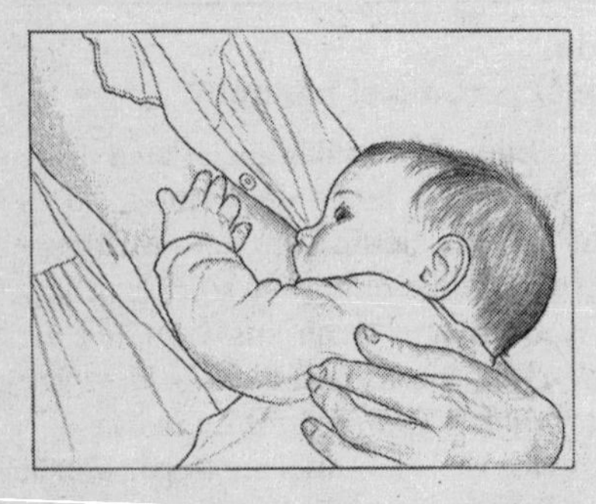

La Academia Americana de Pediatría recomienda la lactancia materna como la mejor forma de alimentar a un lactante.

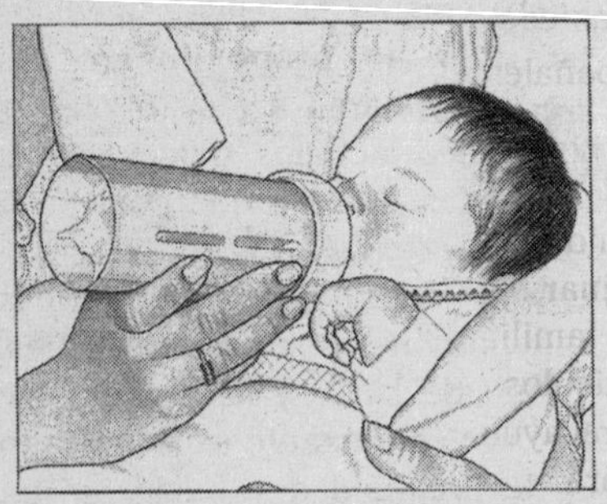

Si usted no puede darle el pecho a su hijo o prefiere no hacerlo, puede conseguir la misma sensación de proximidad dándole el biberón.

Preparando el hogar y la familia para la llegada del bebé

Elegiendo la ropita del bebé

Cuando se aproxime su fecha prevista de parto, deberá adquirir el ajuar del bebé, esto es, los elementos básicos de su vestuario y los accesorios que necesita un recién nacido durante las primeras semanas de vida. Para empezar, sugerimos la siguiente lista:

3 ó 4 pijamas (con pies)
6 a 8 camisetas de algodón
3 mantas-saquito para recién nacidos o arrullos
2 suéteres
1 cobertor abrigado
2 gorros
4 pares de calcetines o botitas
4 a 6 mantas o cobijas
1 juego de ropa de baño y toallas (busque toallas que tengan capucha)
3 a 4 docenas de pañales de recién nacido (y 4 ganchos o imperdibles con 4 pantaloncitos de hule, si va a utilizar pañales de tela)

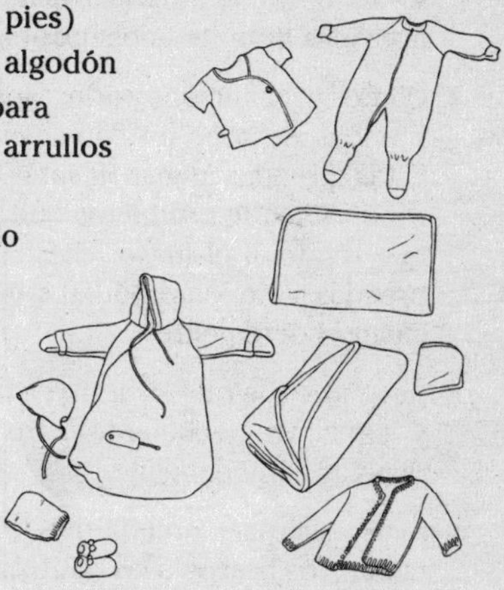

Si usted ya ha tenido otro hijo, podrá aprovechar la mayor parte del ajuar. Si éste es su primer niño, probablemente sus familiares o amigos le regalarán muchos de estos artículos. A continuación hay algunas recomendaciones para ayudarle a elegir el resto de los artículos que necesitará.

- Compre tallas grandes. A menos que su hijo nazca prematuramente o que sea muy pequeño, probablemente la talla de "recién nacido" le quedará pequeña en pocos días ¡si es que le sirve al principio! Hasta las prendas para niños de tres meses le pueden quedar pequeñas en sólo un mes. Necesitará un par de prendas algo más pequeñas para vestir al niño durante los primeros días, pero en lo que se refiere al resto del vestuario, es mejor comprar tallas grandes. Al niño no le importará llevar prendas un poco holgadas durante unos cuantos días.

- Como precaución, todos los niños deben llevar prendas de ropa no flamables. Revise las etiquetas. Estas prendas deben lavarse con detergentes para ropa, evitando productos que anulen las propiedades que retardan el fuego. Fíjese en las etiquetas de las prendas y de los productos de limpieza a la hora de elegir el detergente.

- Asegúrese de que el cierre de las entrepiernas se abra y se cierre fácilmente para poder cambiarle los pañales cómodamente.

- Evite cualquier prenda que le apriete a su hijo en el cuello, los brazos o las piernas. Estas prendas no sólo pueden ser peligrosas sino que, además, resultan muy incómodas.

- Lea las instrucciones para lavar las prendas de ropa. La ropa de un niño de cualquier edad debe ser fácil de lavar y apenas requerir planchado.

- *No le ponga* zapatos a un recién nacido. No los necesitará sino hasta que empiece a andar. Si se los pone antes, podría interferir con el proceso de crecimiento de sus pies. Ocurre exactamente lo mismo con los calcetines y los pijamas con pies demasiado pequeños que se le dejan durante demasiado tiempo.

Mobiliario y accesorios del bebé

Si entra en una tienda de artículos para bebés, probablemente le sobrecogerá la cantidad de productos disponibles. Unos pocos son imprescindibles, pero la mayoría, aunque tentadores, no son necesarios. De hecho, algunos ni siquiera son útiles. Para ayudarle a elegir entre todas las opciones posibles, a continuación hay una lista de los artículos que debería tener preparados para cuando nazca su hijo.

- Una cuna que cumpla con todos los requisitos de seguridad (véase *Cunas*, página 39). Las cunas que se fabrican hoy en día tienen que satisfacer estos requisitos, pero, si piensa utilizar una de segunda mano, deberá comprobar si los cumple o no. A menos que le sobre el dinero o que alguien se lo regale, no hace falta que se preocupe por adquirir un moisés. Enseguida se le quedará pequeño.

- Un colchón para la cuna que sea firme y que esté forrado de un material que sea fácil de lavar. Si el forro del colchón es de plástico o de cualquier otro material que no sea absorbente, coloque una base acolchonada lo suficientemente gruesa para que el cuerpo del bebé no esté directamente en contacto con la humedad provocada por el sudor, las babas o la orina. El colchón debe ser de tamaño apropiado para la cuna. Para verificar esto, asegúrese de que el borde del colchón no esté a más de dos dedos de separación del borde de la cuna.

- Protectores acolchados para evitar que el bebé se golpee la cabeza con los barrotes de la cuna. Asegúrese de que los protectores están bien atados a la barandilla de la cuna utilizando todos los cordeles. Los protectores deberán retirarse cuando el bebé empiece a ponerse de pie; pues podría subirse a ellos y caerse de la cuna. No es necesario y sí potencialmente peligroso poner almohadas en la cuna de un recién nacido.

- Ropa para la cuna, incluyendo un forro de franela impermeable para el colchón (que es más fresco y mucho más agradable que los de plástico o goma) y dos sábanas a la medida. Nunca utilice almohadones de tela fina rellenos de bolitas o de espuma plástica. Estos almohadones han sido prohibidos por la Comisión de Seguridad de los Productos de Consumo en los E.U. porque han estado implicados en 36 casos de asfixia.

- Un cambiador que satisfaga todos los requisitos de seguridad (Véase *Cambiadores*, página 381). Es recomendable colocarlo sobre una alfombra o colchoneta y apoyarlo en la pared, no en una ventana, para evitar posibles caídas. Coloque estantes o repisas para que los pañales, los ganchos y todo lo que necesite para cambiar al bebé esté a la mano, pero fuera del alcance del niño. Así no tendrá que alejarse del cambiador ni un segundo para ir a buscar algo.

- Un cubo de unos 10 litros (3 galones) con desodorante para los pañales. Si piensa lavar los pañales, necesitará un segundo cubo para separar los pañales que sólo estén mojados de los que estén sucios. Si usa un servicio de recogido y lavado de pañales, ellos le suministrarán estos cubos. Existen también recipientes que mantienen sellados los pañales desechables usados y que permiten su desecho una vez a la semana, sin olores objetables.

- Una bañerita de plástico lo suficientemente grande para bañar al bebé. Como alternativa a la bañerita, puede utilizar el fregadero de la cocina para bañar al recién nacido, siempre que la disposición de los grifos lo permita. Pero, pasado el primer mes, es más seguro utilizar una bañera aparte, porque el niño podría alcanzar y abrir el grifo del fregadero. Cerciórese siempre de que el lugar donde va a bañar al bebé está completamente limpio.

Aviso de seguridad: el moisés

Muchos padres prefieren utilizar un moisés durante las primeras semanas de vida del niño porque es portátil y permite que el bebé pueda dormir por la noche con ellos en la habitación. Tenga en cuenta, sin embargo, que los bebés crecen muy deprisa, por lo que un moisés que parece suficientemente grande para un niño de pocas semanas puede quedársele pequeño cuando cumpla dos meses. Para darle un uso más seguro y prolongado a la primera cama de su hijo, tenga en cuenta los siguientes aspectos antes de efectuar la compra:

1. El fondo del moisés debe estar bien sujeto para que no pueda desplomarse.

2. Debe tener una base amplia y estable para que no pueda voltearse aunque alguien se tropiece con él.

   Si tiene patas plegables, asegúrese de que están correctamente fijadas antes de colocar al bebé. Debe cambiar a su hijo a una cuna cuando tenga aproximadamente un mes o cuando pese diez libras.

Todo lo que haya en la habitación del bebé debe estar limpio y sin polvo. (Para más información sobre este tipo de precauciones, véase el Capítulo 10). Todas las superficies, incluyendo las de las ventanas y el suelo, deben ser lavables. Y lo mismo debería ocurrir con los juguetes que haya por el suelo. A pesar de que los peluches se ven bien al lado de un recién nacido (parecen ser el regalo favorito de los amigos), tienden a atraer el polvo y pueden contribuir a congestionar la nariz. Puesto que el bebé no empezará a jugar activamente con ellos sino hasta que tenga varios meses, lo mejor es guardarlos hasta que pueda sacarles mejor partido.

Si el aire de la habitación del bebé está demasiado seco, es posible que su pediatra le recomiende utilizar un humidificador. Esto también ayudará a mantenerle la nariz despejada a su bebé cuando esté resfriado. Si utiliza un humidificador, lávelo con frecuencia, tal y como se especifica en la instrucciones, y vacíelo cuando no lo vaya a utilizar. De lo contrario, podrían crecer bacterias y hongos en el agua estancada. Los vaporizadores no son recomendables debido al riesgo de quemaduras asociado.

Un objeto que con seguridad hará las delicias de su bebé es un móvil. Busque uno de colores brillantes y formas variadas. Algunos llevan música incorporada. A la hora de comprar un móvil, mírelo desde abajo, para saber qué aspecto tiene desde el punto de vista de un bebé. Evite los modelos que resultan atractivos sólo vistos desde arriba o desde el lado; éstos se diseñaron pensando más en los adultos que podían comprarlos que en los bebés. No se olvide de quitar el móvil de la cuna cuando su hijo cumpla cinco meses o en cuanto aprenda a sentarse, pues, a partir de este momento podrá cogerlo y estirar de él, existiendo el peligro de que se lastime.

Una mecedora, una caja de música y una casetera son otros elementos recomendables para la habitación de un bebé. El movimiento oscilante de la mecedora producirá en su bebé un efecto calmante mientras lo carga. Escuchar música suave cuando usted no esté cerca le ayudará a tranquilizarse y a conciliar el sueño.

Es aconsejable que las luces de la habitación del recién nacido sean poco intensas y dejar una lamparita encendida por la noche. Así, le resultará más fácil comprobar cómo está el bebé y, cuando su hijo crezca, ver un poco de luz cuando se despierte por la noche le ayudará a sentirse más seguro. Compruebe que todas las luces, cables e interruptores están fuera del alcance del bebé.

Prepare a los hermanitos para la llegada del nuevo bebé

Si usted ya tiene otros hijos, debe planificar con mucho cuidado cómo y cuándo les va a dar la noticia. Si su hijo tiene cuatro años o más, debería saber que va a tener un hermanito en cuanto usted lo empiece a contar a sus amigos y familiares. También le debería informar sobre los

Aviso de seguridad: Cunas

La mayor parte del tiempo que su hijo pase en la cuna nadie lo supervisará. Por ello, debe ser un entorno bien seguro. Las caídas son las lesiones más habituales, a pesar de que son los más fáciles de prevenir. Existen más probabilidades de que un niño se caiga de la cuna cuando el colchón se coloca demasiado alto o cuando la barandilla lateral se deja bajada.

Si usted utiliza una cuna nueva o fabricada a partir de 1985, ésta cumplirá con los requisitos de seguridad exigidos. Si tiene pensado utilizar una cuna más antigua, compruebe si cumple los criterios que figuran a continuación.

- La separación entre los barrotes de la cuna no deberá superar las 2 ⅜ pulgadas, para que al bebé no se le pueda quedar la cabeza atrapada.
- No debe haber ningún hueco en la cabecera ni en los pies de la cuna, para que el bebé no pueda meter la cabeza.

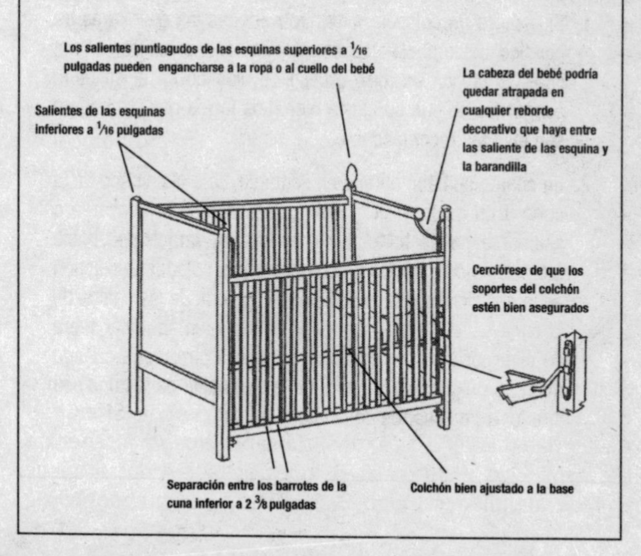

- Si la cuna tiene salientes puntiagudos en las esquinas, desatorníllelos o córtelos. Si la ropa del bebé se enganchara en los salientes, podría estrangularse.

  Muchas cunas antiguas se pintaron con productos que tenían plomo. Si un bebé chupa o mordisquea la barandilla de una cuna pintada con este tipo de productos (algo bastante habitual), podría intoxicarse. Además, el plomo se acumula en el cuerpo. Entre los posibles síntomas de una intoxicación leve con plomo figuran dificultades de aprendizaje leves; una intoxicación severa puede producir retardo mental y físico permanente. Como medida de precaución, lije la pintura vieja y vuelva a pintar la cuna utilizando barniz de alta calidad. Deje que la cuna se seque en una habitación bien ventilada. A continuación, coloque tiras de plástico (de venta en la mayoría de tiendas de artículos para bebés) sobre la parte superior de la barandilla.

Puede evitar otros peligros relacionados con la cuna siguiendo estas indicaciones:

1. Si compra un colchón nuevo, retire todas las envolturas de plástico del embalaje, pues un niño puede asfixiarse con ellas. Si coloca un forro grueso de plástico en el colchón, asegúrese de que se ajusta bien. Los forros con cremallera son los más recomendables.

2. En cuanto su bebé aprenda a sentarse, baje el colchón de la cuna a un nivel en el que no pueda caerse al apoyarse o asomarse por la barandilla o al intentar impulsarse hacia fuera. Cuando aprenda a ponerse de pie, coloque el colchón en la posición más baja posible. La mayoría de las caídas de la cuna tienen lugar cuando los bebés intentan saltar fuera de ella; por lo tanto, cambie a su hijo a otra cama cuando mida 35 pulgadas o la altura de la barandilla de la cuna sea inferior a tres cuartos de la altura del niño.

3. Cuando la barandilla lateral de la cuna esté completamente bajada, debería quedar, como mínimo, 4 pulgadas por encima del colchón, incluso si el mismo está colocado en la posición más alta. Cerciórese de que el soporte que mantiene la barandilla subida está bien fijo para que el niño no pueda bajarlo de forma accidental. Cuando su bebé esté en la cuna, tenga siempre la barandilla subida.

4. El colchón debe ajustarse bien a la base de la cuna para que el bebé no pueda caerse en el hueco que queda entre aquél y el lateral de la cuna. Si usted puede introducir más de dos dedos entre el colchón y los laterales de la cuna, cambie el colchón por otro que se ajuste mejor.

5. Revise la cuna periódicamente para asegurarse de que no haya bordes cortantes o abrasivos en las partes metálicas, ni roturas o astillas en las de madera. Si ve marcas de dientes en la barandilla, cubra la madera con tiras de plástico (de venta en la mayoría de tiendas de artículos para bebés).

6. Mientras su hijo sea un infante, utilice protectores para rodear el interior de la cuna. Asegúrese de que rodean la cuna por completo y están bien atados, con un mínimo de 6 cordeles o correas, para que no se caigan. Para evitar posibles estrangulamientos, no utilice correas de más de 6 pulgadas de longitud.

7. En cuanto su bebé aprenda a ponerse de pie, retire los protectores, así como todos los juguetes, cojines o peluches que sean lo suficientemente grandes como para que el bebé los pueda utilizar como escalones para saltar fuera de la cuna.

8. Si cuelga un móvil encima de la cuna del bebé, asegúrese de que queda bien fijo. Cuélguelo suficientemente alto para que su hijo no pueda tirar de él y retírelo de la cuna cuando el bebé empiece a sentarse o cuando cumpla cinco meses, lo que ocurra antes.

9. Los juguetes para hacer gimnasia deben retirarse de la cuna en cuanto el bebé aprenda a ponerse a gatas. Aunque están diseñados para soportar halones y tirones, los bebés pueden hacerse daño al caerse encima de ellos.

10. Para prevenir las caídas más graves, no coloque la cuna —ni cualquier otra cama infanti— al lado de una ventana.

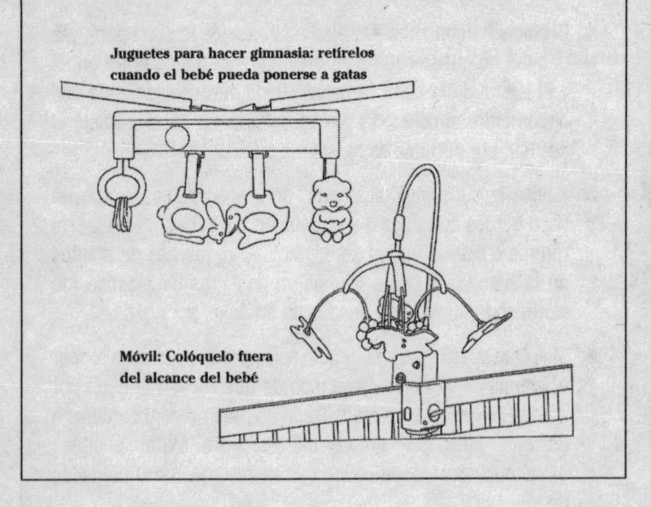

aspectos fundamentales de la concepción y el embarazo, para que entienda su relación con su nuevo hermano. El cuento de la cigüeña y otros por el estilo pueden parecer bonitos, pero no le ayudan a un niño a entender ni a aceptar la nueva situación. Alguno de los libros de ilustraciones publicados sobre este tema pueden ayudarle a explicarle a su hijo "de dónde vienen los niños".

Si usted queda embarazada cuando su hijo tiene menos de cuatro años, puede dejar que pase cierto tiempo antes de darle la noticia. A esta edad los niños están todavía muy centrados en sí mismos y es difícil que logren entender un concepto tan abstracto como el de "un niño que todavía no ha nacido".

Pero, en cuanto empiece a preparar la habitación del nuevo hermanito, a desempolvar su vieja cuna y a comprar ropa de bebé, le debería explicar qué es lo que está ocurriendo. Además, puede aprovechar cualquier pregunta que le haga su hijo sobre "la barriga cada vez más grande de mamá" para explicarle lo que está pasando. Los libros de ilustraciones pueden ser de gran ayuda para los niños pequeños. Incluso en el caso de que su hijo no le haga ninguna pregunta, háblele sobre su nuevo hermanito durante los últimos meses de embarazo. Si su hospital ofrece clases de preparación para hermanos, inscriba a su hijo para que pueda ver dónde nacerá su hermanito y dónde podrá ir a visitarle a usted. Póngale otras parejas de hermanos como ejemplo y dígale que pronto se va a convertir en el hermano mayor.

No le prometa a su hijo que todo volverá a ser igual cuando nazca su nuevo hermanito, porque no lo será, por mucho que usted lo intente. Pero asegúrele que le querrá tanto como ahora y ayúdele a entender el lado positivo de tener un hermanito.

Si su hijo tiene entre dos y tres años, es más difícil darle la gran noticia. A esta edad, los niños están muy apegados a sus madres y todavía no entienden el concepto de compartir sus pertenencias, el tiempo o el afecto de su madre con otra persona. Además, les afectan mucho los cambios que tienen lugar en su entorno y pueden sentirse amenazados ante la idea de que se vaya a añadir un nuevo miembro a la familia. La mejor forma de evitar los celos es incluirlo en los preparativos de la llegada del bebé. Déjele que le acompañe cuando vaya a comprar el ajuar, los muebles y demás artículos relacionados con el bebé. Enséñele fotografías de cuando él era un recién nacido y, si piensa "reciclar" algunas de sus antiguas prendas y/o juguetes, déjele que juegue con ellos antes de empezar a prepararlos para el nuevo bebé.

Cualquier logro importante en la vida de un pre-escolar, como aprender a usar el inodoro, pasar de la cuna a la cama, cambiar de habitación, o empezar a ir a la guardería infantil, deberían completarse antes de la llegada del nuevo hermanito. Si no puede ser así, pospóngalos hasta que el bebé esté completamente instalado en casa. De lo contrario, es probable que su hijo mayor se sienta agobiado, cuando, a la convulsión provocada por la llegada del nuevo hermanito, se añada el estrés de los nuevos retos que se le plantean.

No se alarme si la noticia de que va a tener un bebé —o, más adelante, cuando nazca el bebé— desencadena en su hijo mayor conductas de carácter regresivo. Es posible que le pida de nuevo el biberón, que quiera volver a llevar pañales o que no quiera separarse de usted. Ésta es su forma de pedirle amor y atención y de demostrarse a sí mismo que todavía los merece y puede contar con ellos. En vez de reñirlo o de pedirle que se comporte como corresponde a la edad que tiene, simplemente acepte sus requerimientos y no se enfade con él. Aunque un niño de tres años que sabe usar el inodoro le pida a su madre que le ponga pañales durante unos días o un niño de cinco años reclame su vieja manta (que todo el mundo creía que ya había olvidado) durante una semana, ambos volverán a la rutina normal cuando se den cuenta de que siguen desempeñando un papel importante en la familia.

Una vez que su bebé llegue a casa, anime a su niño pequeño a que juegue con el recién nacido y le ayude a cuidarlo, pero sin forzarlo. Si muestra interés, asígnele algunas tareas que le hagan sentirse como el hermano o la hermana mayor, tales como botar los pañales sucios y recoger la ropa o los juguetes de baño del bebé. Y cuando esté jugando con el bebé, invítelo a unirse y demuéstrele cómo sostener al bebé y moverlo. Cerciórese, sin embargo, de que entienda que no debe hacer estas cosas a menos que esté usted u otro adulto presente.

Por muy atareada o preocupada que esté con el nacimiento de su segundo hijo, asegúrese de que cada día reserva un tiempo especial para dedicarlo a usted y a su hijo mayor. Léale cuentos, juegue con él, escuchen música juntos, o, simplemente, hable con él. Demuéstrele que le interesa lo que hace, lo que piensa y lo que siente; no sólo en lo que se refiere al bebé, sino a cualquier otro aspecto de la vida.

Prepárese para el parto

Cuando el embarazo esté llegando a su fin, usted puede empezar a sentirse un poco inquieta. Deseará con todas sus fuerzas que nazca el bebé, pero, al mismo tiempo, le preocupará que pueda nacer antes de que esté todo listo. A medida que se acerque su fecha prevista de parto (y, en algunos casos, se supere), tendrá que atender innumerables llamadas de amigos y familiares que estarán casi tan inquietos y preocupados por su bienestar como usted. Esta presión social, añadida a la incomodidad física propia del final del embarazo, puede hacer que el noveno mes le parezca interminable. Pero, como la historia va a tener un final feliz, lo mejor es intentar disfrutar de su tiempo libre tanto como pueda.

Si se organiza bien, podrá dejar listas algunas cosas que, en caso contrario, deberá dejar para después del parto. Por ejemplo:

- Haga una lista de la gente a la que se le tiene que dar la noticia del nacimiento, piense en el contenido y el diseño de la tarjeta y ponga las direcciones en los sobres con antelación.
- Prepare varios platos y congélelos. Es posible que no le apetezca meterse en la cocina por un buen tiempo una vez que nazca el bebé.
- Busque alguien que le cuide al niño o alguien que le haga las tareas domésticas si es posible, y entreviste a las candidatas con antelación (Véase *Ayuda temporal para cuidar del bebé,* página 236). Incluso si cree que no necesitará ayuda, debería disponer de una lista de personas a quienes poder acudir por si las cosas no acaban siendo como usted cree.

Antes de empezar su noveno mes de embarazo, haga los preparativos de última hora para el parto. Su lista debería incluir lo siguiente:

- Nombre, dirección y número de teléfono del hospital.
- Nombre, dirección y número de teléfono del médico o enfermera partera que se encargará del parto, y de la persona que lo sustituiría en el caso de que éste no pudiera atenderle.
- La ruta más rápida y más directa al hospital o clínica.
- La ubicación de la entrada del hospital o clínica que deberá utilizar cuando vaya a dar a luz.
- El número de teléfono del servicio de ambulancias, por si necesitara utilizarlo en una situación de emergencia.
- El número de teléfono de la persona que le llevará al hospital (si esa persona no vive con usted).
- Un maletín con todo lo que necesitará para el parto y durante el tiempo que permanezca en el hospital, incluyendo artículos de tocador, ropa, direcciones y números de teléfono de amigos y familiares, material de lectura, una cobija y una muda de ropa para cuando el bebé salga del hospital.
- Un asiento de seguridad para llevar al bebé en el auto del hospital a la casa. Cerciórese de que cumpla con todos los parámetros federales de seguridad. Colóquelo en el asiento de atrás mirando hacia atrás. Nunca coloque un asiento de seguridad que mire hacia atrás frente a una bolsa de aire. El asiento debe permanecer en esa posición hasta que el bebé cumpla un año y pese por lo menos 20 libras. Después debe colocarla mirando hacia delante. (Para obtener más detalles, véase *Asiento de seguridad para el auto*, en la página 401.)
- Si tiene más hijos, defina quién va a cuidar de ellos mientras usted está en el hospital.

Cuando al fin nazca su bebé, todas las esperas y las incomodidades del embarazo le parecerán insignificantes. De repente, va a encontrarse cara a cara con esa personita que ha estado tan cerca de usted, y al mismo tiempo tan extrañamente lejos, durante todos estos meses. El resto del libro trata sobre el niño en que se convertirá y el trabajo que le espera a usted como padre.

2

El parto y los momentos que le siguen

Dar a luz es una de las experiencias más extraordinarias en la vida de una mujer. A pesar de todos los meses de anticipación y preparación, el momento del nacimiento casi nunca es como se esperaba. Su parto puede ser más fácil o, contrariamente, exigir más esfuerzo físico del que usted había imaginado. Puede acabar en una sala de partos en lugar del cuarto para nacimientos en el que le habría gustado dar a luz o es posible que se le tenga que practicar una cesárea en lugar de un parto vaginal. Su salud, el estado del feto y las políticas del hospital determinarán lo que va a ocurrir exactamente. Pero, afortunadamente, independientemente de lo que usted haya podido pensar durante el embarazo, el que el nacimiento de su hijo sea todo un "éxito" no dependerá de este tipo de cuestiones. Lo importante, en el fondo, es que, al fin, el bebé estará ahí, con usted, y sano.

Parto vaginal rutinario

En un parto vaginal rutinario, la primera imagen que tendrá de su hijo será la coronilla que podrá ver con la ayuda de un espejo. En cuanto salga la cabeza, el obstetra succionará la nariz y la boca del bebé y éste tomará la primera bocanada de aire. No hace falta que nadie le pegue en las nalgas o le dé una cachetada para que empiece a respirar, ni tampoco es imprescindible que llore; muchos recién nacidos hacen su primera inspiración en silencio.

Concluida la parte más difícil del parto, suele haber una pausa antes del último empujón, que permite que el resto del cuerpo del bebé, mucho más estrecho que su cabeza, salga al exterior y sea recogido por los brazos del médico. Después de volver a succionar cuidadosamente la boca y la nariz del recién nacido, el médico se lo podrá entregar a usted para que lo cargue y lo contemple.

Aunque haya visto fotografías de recién nacidos, la primera visión de su propio hijo le sorprenderá. Cuando abra los ojos, le mirará con curiosidad. Es posible que todo el movimiento del parto le haya activado, por lo que estará muy alerta y será muy receptivo a su voz, su contacto y su calor. Aproveche este momento de vivacidad que suele durar por las primeras horas: acarícielo, háblele y contemple de cerca al niño que ha traído al mundo.

Al nacer, su hijo puede estar cubierto de una sustancia cremosa denominada vérnix. Esta cubierta protectora es producida al final del embarazo por las glándulas sebáceas de la piel del feto. También estará mojado con el líquido amniótico. Además, si en el parto ha habido episiotomía (corte quirúrgico) o rotura de tejidos en la zona vaginal, es posible que el niño nazca cubierto de sangre. Su piel, sobretodo la de la cara, puede estar bastante arrugada debido a la humedad y a la presión del parto.

Las proporciones y el tamaño de su bebé también le sorprenderán, sobre todo si se trata de su primer hijo. Por un lado, le costará hacerse a la idea de que un ser humano pueda ser tan pequeño. Y por otro, le parecerá mentira que una criatura tan "enorme" pudiera caber dentro de usted. Es posible que el tamaño de su cabeza le alarme. ¿Cómo es posible que haya pasado por el canal del parto? La respuesta está en su forma ligeramente alargada. La cabeza puede amoldarse a los contornos del canal del parto en el momento de pujar, estrechándose para poder pasar. Una vez fuera del canal del parto, es posible que tome varios días en recuperar su forma ovalada normal.

Es posible que la piel de su bebé tenga al principio un tono ligeramente azulado, pero irá volviéndose rosada a medida que su respiración se normalice. Sus manos y sus pies estarán fríos y es posible que continúen así durante varias semanas hasta que su cuerpo se haya adaptado a la temperatura ambiental.

También es posible que tenga la sensación de que la respiración de su hijo es irregular y muy rápida. Mientras que usted hace entre doce y dieciséis inspiraciones por minuto, un recién nacido puede hacer hasta sesenta. También es posible que inspiraciones profundas ocasionales se alternen con secuencias de inspiraciones rápidas, breves y poco profundas seguidas de pausas breves. No deje que esto le preocupe. Es completamente normal durante los días inmediatamente posteriores al parto.

Parto por cesárea

Más del veinte por ciento de los partos que tienen lugar en Estados Unidos son por cesárea. En este tipo de intervenciones se realiza una incisión en el abdomen de la madre que permite extraer al bebé directamente del útero, en lugar de obligarlo a atravesar el canal del parto. Las cesáreas se practican, bien cuando la madre ya ha pasado por otro parto de este tipo, o bien cuando el obstetra considera que la salud del bebé podría peligrar si naciera por parto vaginal. Generalmente, si el ritmo cardíaco del feto es demasiado lento o se hace irregular, el obstetra practicará una cesárea de emergencia en lugar de exponerse a los riesgos que, en tales circunstancias, implicaría un parto vaginal.

La experiencia de un parto por cesárea es muy distinta a la de un parto vaginal. La operación completa no suele durar más de una hora y —en función de las circunstancias— es posible que no se vaya de parto la mujer. Una diferencia importante es que exige administrar medicación, que afecta tanto a la madre como al bebé. Si se les deja elegir, la mayoría de mujeres prefieren que se les administre anestesia espinal o epidural mediante una inyección en la espalda que bloquea el dolor. La administración de anestesia a esa área duerme el cuerpo de cintura para abajo, tiene relativamente pocos efectos secundarios y permite que la madre sea consciente de lo que va ocurriendo durante el parto. Pero a veces, sobre todo cuando es preciso practicar una cesárea de emergencia, se tiene que utilizar anestesia general, lo que implica que la madre no se enterará de nada durante el parto. Su obstetra y el anestesiólogo le aconsejarán cuál enfoque es el más recomendable en función de las circunstancias médicas particulares de cada caso.

Debido a los efectos de la anestesia, los bebés que nacen mediante cesárea pueden tener dificultades para empezar a respirar y es posible que necesiten ayuda. Durante un parto por cesárea suele estar presente un pediatra u otro especialista en recién nacidos para examinar y, en caso de que sea necesario, atender al bebé inmediatamente después del nacimiento.

Si usted está despierta durante la operación, podrá ver al bebé en cuanto haya sido examinado y se haya comprobado que está sano. Después se lo llevarán a la

Aunque haya visto fotografías de recién nacidos, se sorprenderá al ver por primera vez a su propio bebé.

sala de recién nacidos para que pase varias horas a temperatura controlada. De este modo, el personal del hospital podrá observarlo mientras va eliminando la anestesia y se va adaptando al nuevo medio.

En el caso de que tengan que administrarle anestesia general, es posible que permanezca dormida durante varias horas. Cuando, al fin, se despierte, probablemente se sentirá atontada y confundida y le dolerá la incisión que le han practicado en el abdomen. Pero pronto podrá coger a su bebé y enseguida recuperará el tiempo perdido.

Los bebés que nacen por cesárea suelen tener mejor aspecto que los que nacen por parto vaginal, ya que, al no tener que atravesar el canal del parto, su cabeza, en lugar de deformarse, conserva su forma redondeada original.

No debe sorprenderle que durante las seis a doce horas que siguen al parto, su bebé esté bajo los efectos de la anestesia y parezca un poco adormilado. Si tiene pensado darle el pecho, intente amamantarlo en cuanto se encuentre lo suficientemente recuperada. Por muy adormilado que parezca, alimentarse por primera vez fuera del útero le dará una buena razón para despertarse y encontrarse con su nuevo mundo —¡y con usted!

Procedimientos que siguen a un parto vaginal normal

Cuando le acerquen a su hijo después de haber tenido un parto vaginal rutinario, el cordón umbilical seguirá unido a la placenta. Es posible que el cordón siga latiendo durante varios minutos, suministrando al bebé el oxígeno que necesita mientras va estableciendo su propia respiración. En cuanto el cordón umbilical deje de latir, se colocará una grapa en su extremo terminal y se cortará. (Puesto que el cordón umbilical no contiene ningún nervio, el bebé no experimenta ningún dolor durante este proceso). La grapa seguirá allí durante un período de tiempo que oscilará entre las veinticuatro y las cuarenta y ocho horas o hasta que el cordón esté seco y haya dejado de sangrar. El muñón umbilical que quede después de retirar la grapa se caerá por sí solo al cabo de entre diez días y tres semanas.

La formación del vínculo

Si usted tiene un parto sin complicaciones, podrá pasar la hora inmediatamente posterior al nacimiento de su hijo cargándolo, acariciándolo y observándolo. Puesto que los bebés suelen estar muy despiertos y activos durante este período, los investigadores lo han denominado el "período sensible".

Estos primeros intercambios de miradas, sonidos y contactos entre madre e hijo forman parte del proceso de formación del vínculo, que ayuda a sentar las bases de la relación materno-filial. Aunque tardará meses en conocer el temperamento básico y la personalidad de su bebé, muchas de las emociones que le provocará pueden empezar a gestarse durante este período tan breve que sigue al nacimiento. Cuando le mire y él le devuelva la mirada, siguiendo sus movimientos y, quizás incluso, reproduciendo algunas de sus expresiones, es posible que usted experimente una oleada de admiración y deseos de protegerlo. Esto forma parte del proceso de apego.

Cuando usted haya podido ver y tomar a su bebé en brazos durante unos momentos, lo secarán para evitar que se enfríe demasiado. Así mismo, el médico y la enfermera lo examinarán brevemente para asegurarse de que no presenta ninguna anormalidad o problema obvio. Un minuto después del nacimiento y, de nuevo, al cabo de cinco minutos, le aplicarán la escala Apgar (véase la página 59), que evalúa el nivel de reactividad global de un recién nacido, y después lo envolverán en una cobija y se lo volverán a entregar.

Dependiendo de la política del hospital, es posible que el bebé sea pesado, medido y medicado antes de que abandone la sala de partos. Todos los recién nacidos tienen una ligera carencia de vitamina K, que es necesaria para los procesos de coagulación, por lo que se les pone una inyección de esta vitamina para evitar que sangren demasiado.

También es posible y bastante normal que usted no experimente unos sentimientos tan cálidos y profundos hacia su bebé. El parto es una experiencia agotadora y su primera reacción ante el nacimiento de su hijo puede ser de alivio porque, al fin, se ha acabado. Si está agotada y decaída, es probable que tan sólo quiera descansar. Esto es perfectamente normal. Dése una media hora hasta que la tensión del parto se haya disipado y, después, pida que le traigan a su bebé. El proceso de establecimiento del vínculo no tiene límites de tiempo.

Si se llevan inmediatamente al bebé a la sala de recién nacidos para que reciba atención médica o si a usted le administran sedantes durante el parto, no se angustie. No tiene que preocuparse pensando en que la relación con su hijo puede verse dañada porque no "se vinculó" a él durante sus primeras horas de vida. Usted querrá a su bebé con la misma intensidad a pesar de que no haya podido estar consciente durante el parto o cargarlo al nacer. Su hijo también reaccionará igual de bien, le querrá con la misma intensidad y se sentirá igual de apegado a usted.

Puesto que las bacterias que hay en el canal del parto pueden infectar los ojos del bebé, le pondrán gotas o pomada de antibiótico en los ojos, sea inmediatamente después del parto o luego, en la sala de recién nacidos, para evitar posibles infecciones.

Hay por lo menos otro procedimiento importante a realizar antes de que tanto usted como su bebé abandonen la sala de partos: se les entregarán etiquetas parejas donde figuren sus nombres y otros datos de identificación. Después de comprobar la corrección de los datos, le colocarán una etiqueta en la muñeca suya y la otra en la muñeca de su hijo. Cada vez que se lleven al bebé y se lo vuelvan a traer, la enfermera comprobará ambos brazaletes para asegurarse de que coinciden. Muchos hospitales toman huellas de los pies de los bebés como precaución adicional.

Procedimientos que siguen a un parto prematuro

Entre cinco y seis de cada cien niños nacidos en este país son prematuros. Estos niños suelen tener problemas puesto que nacen antes de que estén físicamente preparados para abandonar el útero materno. Por este motivo, los niños prematuros reciben atenciones y cuidados médicos especiales inmediatamente después del parto. Dependiendo de cuánto se haya adelantado el niño, es posible que el pediatra consulte a otro pediatra (el neonatólogo), especializado en cuidados intensivos de bebés prematuros, para que determine si necesita un tratamiento especial y, en caso afirmativo, qué tipo de tratamiento necesita.

Si su hijo nace prematuramente, es posible que no tenga el aspecto ni el comportamiento propio de un bebé a término. Mientras que un bebé a término promedio pesa unas 7 libras al nacer, un bebé prematuro puede pesar 5 libras e incluso menos. Cuanto más se adelante, más pequeño será el bebé, más grande parecerá su cabeza en relación con el resto del cuerpo y tendrá menos grasa. Con tan poca grasa, su piel parecerá más fina, casi transparente, dejando entrever las venas que pasan por debajo. Sus rasgos serán más perfilados que los de un recién nacido a término y probablemente no estará impregnado de vérnix, la capa cremosa que suele recubrir el cuerpo de un recién nacido a término, puesto que ésta se produce cuando el embarazo está avanzado.

Puesto que carece de esta capa de protección grasa, un bebé prematuro se enfriaría si se deja a temperatura ambiente. Por este motivo, inmediatamente después del nacimiento lo colocarán en una cuna cerrada dotada de un sistema de regulación de la temperatura para que se mantenga caliente. Después del examen rápido realizado en la sala de partos, probablemente se lo llevarán a una sala de cuidados especiales.

Muchas veces los niños prematuros lloran muy bajito, si es que lloran, y pueden tener problemas para respirar. Esto se debe a que su sistema respiratorio aún no está lo suficientemente maduro.

Si el parto se adelanta más de dos meses, la dificultad respiratoria del bebé puede ocasionarle graves problemas de salud, ya que es posible que no llegue suficiente oxígeno a los órganos del cuerpo. Para evitar que esto ocurra, los

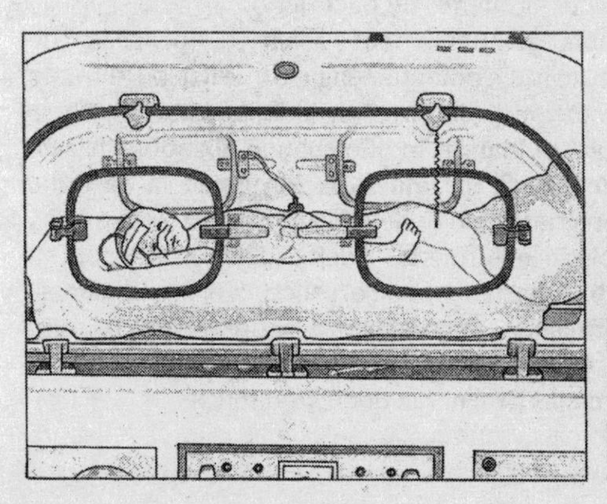

Los bebés prematuros se colocan inmediatamente después del nacimiento en una cuna cerrada para que se mantengan calientes.

bebés prematuros están bajo estricta observación médica. Si precisan ayuda respiratoria, se les puede administrar oxígeno mediante mascarilla o se puede utilizar temporalmente un equipo especial de respiración asistida.

El hecho de que se lleven inmediatamente al bebé a la sala de recién nacidos resulta tan doloroso para la madre como importante es para el bebé recibir los cuidados especiales que necesita. Aparte de la preocupación por su estado de salud, la madre puede echar de menos la experiencia de estrecharlo entre sus brazos, amamantarlo y empezar a forjar el vínculo con su hijo inmediatamente después del parto. No podrá cargarlo ni tocarlo cuando lo desee, ni tampoco tenerlo consigo en la habitación.

¿Cuál es la mejor forma de defenderse del estrés que causa una experiencia como ésta? Solicitando ver a su hijo lo más pronto posible después del parto, e insistiendo en participar al máximo en su cuidado. Vaya a la sala de recién nacidos y pase con él todo el tiempo que permita el estado de salud de ambos. Si no se lo dejan cargar, tóquelo y acarícielo cuando esté en la cuna o a través de la puertecilla de la incubadora, si su estado lo permite. Déle el pecho siempre que sea posible o pídale a la enfermera que le facilite un extractor de leche para que pueda sacarse leche y dársela después al bebé; de este modo, estimulará la producción de leche y podrá amamantarlo cuando llegue el momento de hacerlo.

Cuanto más participe usted en el proceso de recuperación y más contacto tenga con el bebé durante este período, mejor se sentirá con toda la situación y más fácil le resultará cuidar de su hijo cuando abandone la sala de recién nacidos. Si en una situación como la descrita, usted tiene preguntas, no dude en hacérselas a los médicos y al personal de enfermería. Además, no olvide que su pediatra también participará en el proceso, o, por lo menos, recibirá información puntualmente sobre el tratamiento que esté recibiendo su hijo y, por lo tanto, podrá responder a la mayoría de las preguntas que usted tenga.

La Escala Apgar

En cuanto nazca su hijo, la enfermera programará un cronómetro para que suene, primero al cabo de un minuto y después al cabo de cinco minutos. Cuando pasen estos periodos de tiempo, una enfermera o un médico le practicarán al bebé sus primeros "exámenes" denominados escala Apgar.

Esta escala (que debe su nombre a su creadora, Virginia Apgar) ayuda al médico a evaluar la condición general del bebé al nacer. Con la escala se evalúan el ritmo cardíaco, la respiración, el tono muscular, los reflejos y el color del bebé. La misma no permite predecir lo sano que crecerá o se desarrollará, ni tampoco lo brillante que será ni la personalidad que tendrá. Pero avisa al personal médico de si está más adormilado o si sus reacciones son más lentas de lo normal y/o si necesita algún tipo de atención especial para adaptarse al mundo que le espera fuera del vientre de su madre.

Cada característica recibe un puntaje individual y después se suman los puntajes parciales para obtener una puntuación total. Por ejemplo, un bebé que tenga un ritmo cardíaco superior a 100 pulsaciones por minuto, llore vigorosamente, se mueva activamente, haga muecas y tosa como reacción ante un catéter nasal, pero tenga un tono azulado, obtendrá una puntuación Apgar de 8. Aproximadamente nueve de cada diez recién nacidos en este país reciben un puntaje entre 8 y 10 en esta escala. Puesto que las manos y los pies de muchos recién nacidos permanecen azuladas hasta que aumenta su temperatura corporal, muy pocos bebés obtienen una puntuación de 10.

Si un bebé obtiene un puntaje Apgar entre 5 y 7 al minuto de nacer, es posible que haya tenido algunos problemas durante el parto que redujeron el aporte de oxígeno. En tal caso, el personal médico probablemente lo secará vigorosamente con una toalla mientras se le suministra oxígeno por la nariz. El bebé debería empezar a respirar profundamente, incrementándose el aporte de oxígeno, de tal modo que en el segundo examen de la escala Apgar, cinco minutos después del nacimiento, obtenga un puntaje entre 8 y 10.

Un porcentaje reducido de recién nacidos tiene un puntaje inferior a 5. Por ejemplo, los bebés prematuros o que nacen mediante cesárea de emergencia tienen más probabilidades de obtener índices bajos que los bebés a término que nacen en partos vaginales sin complicaciones. La obtención de índices tan bajos puede deberse a las dificultades que tuvo el bebé durante el parto o a problemas en su sistema respiratorio o cardíaco.

Si un bebé obtiene una puntuación muy baja en la escala Apgar, se le suele colocar una mascarilla para bombearle oxígeno directamente a los pulmones. Si no empieza a respirar por sí solo en pocos minutos, se le coloca un tubo en la tráquea y se le administran fluidos y fármacos a través de una de las venas del cordón umbilical para fortalecer su ritmo cardíaco. Si la puntuación sigue siendo baja después de aplicar este tratamiento, se le trasladará a la sala de cuidados especiales para que reciba una atención médica intensiva.

Puntuaciones de la Escala Apgar

Puntuación	0	1	2
Ritmo cardíaco	Ausente	Menos de 100 pulsaciones por minuto	Más de 100 pulsaciones por minuto
Respiración	Ausente	Lenta, irregular; gemidos	Fuerte; regular llanto fuerte
Tono muscular	Flácido	Leve flexión de las extremidades	Movimiento activo
Reflejos*	Ausentes	Muecas	Muecas, tos o estornudos
Color	Azul o pálido	Cuerpo sonrosado manos y pies azulados	Completamente sonrosado

* Los reflejos se evalúan colocando un catéter o bomba succionadora en la nariz del bebé y observando su reacción.

Salida de la sala de partos

Si usted da a luz en una habitación o en una clínica de partos no convencional, probablemente no la moverán de allí por el momento. Si da a luz en la sala de partos de un hospital, se le trasladará a un área de recuperación donde estará en observación por los problemas que pudieran surgir, como las hemorragias uterinas. Mientras tanto, es posible que se lleven al bebé a la sala de recién nacidos o que lo examinen junto a usted.

En este primer examen, se evaluarán sus signos vitales: temperatura, respiración y ritmo cardíaco. El pediatra o la enfermera evaluará su color, su nivel de actividad y su respiración. Si no se le administró antes vitamina K ni gotas oculares, se le administrarán en este momento. Y, en cuanto haya controlado la temperatura suficiente, lo bañarán por primera vez y le pintarán el muñón umbilical con una tintura bactericida u otra medicina para evitar posibles infecciones. A continuación, lo envolverán en una cobija y, si usted lo desea, se lo entregarán a usted.

Después de tanta actividad durante sus dos primeras horas de vida extrauterina, probablemente su bebé se quedará profundamente dormido, lo que le permitirá a usted descansar y pensar en todo lo que ha ocurrido desde que empezaron los dolores del parto. Si tiene al bebé a su lado, probablemente lo mirará y se preguntará cómo ha podido ser la artífice de un milagro como ése. Es posible que unas emociones tan intensas borren temporalmente la sensación de agotamiento físico, pero no se engañe: en esos momentos usted necesitará relajarse, dormir y recuperar fuerzas. Usted tiene un serio trabajo por delante: ahora es madre.

Amamantando al bebé después del parto

¿Piensa darle el pecho a su bebé? Si es así, infórmese previamente sobre cuál es la política del hospital en lo referente al amamantamiento en la sala de partos. Hoy en día, la mayoría de los hospitales recomiendan dar el pecho inmediatamente después de un parto rutinario, a menos que el bebé tenga un bajo puntaje en la escala Apgar o respire demasiado rápido, en cuyo caso conviene retrasar temporalmente la lactancia.

Dar el pecho inmediatamente después del parto es beneficioso para la madre, ya que hace que el útero se contraiga, reduciendo, de este modo, la hemorragia uterina. (La hormona que desencadena las contracciones del útero es la misma que estimula la producción de leche).

El mejor momento para empezar a darle el pecho a un bebé es durante la hora que sigue al nacimiento, ya que durante este período de tiempo los bebés están muy despiertos e impacientes. Cuando usted acerque al bebé a su pecho, lo primero que hará será lamerlo. Después, ayudándole un poco, cogerá el pezón y lo chupará con fuerza durante varios minutos. Si retrasa mucho la lactancia, es posible que el bebé esté adormilado y le cueste más succionar eficazmente.

La leche materna como tal no empieza a fluir sino de tres a cinco días después del parto, pero el bebé recibe el calostro, un líquido poco denso y amarillento que contiene proteínas y anticuerpos para protegerlo de las infecciones. El calostro no proporciona tantas calorías o fluído como la leche materna, pero sigue siendo una importante fuente de nutrición e inmunidad. (Vea la página 119.) (Para profundizar en el tema de la lactancia materna, véase el Capítulo 4).

3

Cuidado básico del bebé

Cuando nazca su bebé, es posible que se sienta agobiada por todo el trabajo que se le avecina. Hasta las tareas más rutinarias, como cambiarle los pañales o vestirlo, pueden llenarle de ansiedad, sobre todo si no ha convivido antes con bebés. Pero en poco tiempo adquirirá la experiencia y la confianza que necesita para ser una buena madre y, además, no va a estar sola. Mientras esté en el hospital, el personal de enfermería y el pediatra de su hijo le darán instrucciones y resolverán sus dudas. Más adelante, su familia y amigos pueden serle de gran ayuda; no dude en pedírsela. Aun así, será su hijo quien le trasmitirá la información más importante: cómo le gusta que lo traten, le hablen, lo carguen y lo tranquilicen. Despertará en usted el instinto maternal, que le guiará de una forma bastante automática hacia muchas de las respuestas correctas, casi desde el mismo momento del nacimiento.

Las siguientes secciones intentan responder a las preocupaciones y preguntas más habituales de los padres durante los primeros meses de vida de su hijo.

Día a día

Qué hacer cuando su bebé llora

El llanto de un recién nacido cumple múltiples funciones. Le permite pedir ayuda cuando tiene hambre o se siente molesto. Le permite desconectarse de sonidos, visiones u otras sensaciones demasiado intensas para él. Y le ayuda a aliviar la tensión.

Usted notará que en ciertos momentos del día su hijo se pone a llorar, a pesar de no estar hambriento, molesto ni cansado. Nada de lo que haga logrará calmarlo, pero comprobará que después de estas "crisis", parecerá estar más alerta que antes y que, al cabo de un rato, se quedará profundamente dormido. Tal parece que estos llantos repentinos ayudan a los bebés a librarse de energía que les sobra, calmándolos.

Si se fija atentamente en las distintas formas de llorar que tiene su hijo, pronto sabrá distinguir cuándo necesita que lo carguen, lo consuelen o se inclinen sobre él, y cuándo es mejor que lo dejen solo. Es posible que, incluso, aprenda a identificar necesidades específicas de su hijo por el modo que tiene de llorar. Por ejemplo, el llanto de hambre suele ser corto y grave, con subidas y bajadas de

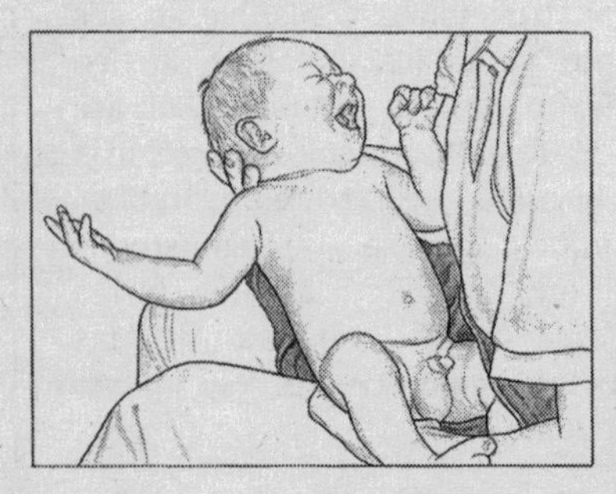

No tardará mucho tiempo en aprender qué es lo que le está intentando decir su hijo cuando llora.

intensidad. El llanto de enfado suele ser más turbulento y el de dolor o malestar suele ser repentino y sonoro, empezando con un chillido largo y agudo, seguido de una larga pausa, para acabar con un gemido uniforme. El llanto de "quiero estar solo" suele ser bastante parecido al de hambre. No le costará mucho tiempo aprender qué es lo que le está intentando decir su hijo cuando llora.

A veces pueden mezclarse varios tipos de llantos distintos. Por ejemplo, los recién nacidos suelen despertarse hambrientos y lloran porque tienen hambre. Si usted no acude en seguida, el llanto de hambre puede dar paso a un grito de rabia. Oirá la diferencia. A medida que el bebé vaya madurando, sus llantos se irán haciendo más fuertes, más sonoros y más insistentes. También presentarán mayor variabilidad, como si trasmitieran diferentes necesidades y deseos.

La mejor forma de afrontar el llanto durante los primeros meses es responder con prontitud cuando su bebé llore. Por el hecho de prestarle atención, no va a "malcriar" a ningún bebé; y, si usted responde a sus llamadas de ayuda, llorará menos en general.

Cuando responda al llanto de su bebé, intente satisfacer en primer lugar su necesidad más apremiante. Si tiene frío y hambre y sus pañales están mojados, déle calor, cámbielo y aliméntelo. Si el llanto parece más bien un chillido, debería considerar la posibilidad de que se haya abierto alguno de los imperdibles que sujetan el pañal o que se haya enredado un mechón de pelo en un dedo. Si está abrigado, seco y alimentado, pero no hay forma de calmarlo, ensaye las siguientes técnicas de consuelo para encontrar las que funcionen mejor con su bebé:

- Arrúllelo ya sea en una mecedora o en sus brazos, balanceándose, de un lado a otro
- Acarícíele suavemente la cabeza o déle unas palmaditas en la espalda o en el pecho
- Arrópelo o envuélvalo en un arrullo bien ajustado

- Háblele o cántele algo
- Póngale música suave
- Paséelo un rato en brazos, o en el cochecito
- Paséelo en el auto
- Expóngalo a un ruido rítmico o a una vibración
- Hágale eructar para que pueda expulsar los gases acumulados
- Un baño tibio (a la *mayoría* de bebés les encanta, pero no a todos.)

A veces, si todo esto falla, lo mejor es simplemente dejarlo solo. Muchos bebés no saben conciliar el sueño sin llorar antes y tardan mucho menos en dormirse si se les deja llorar a sus anchas durante un rato. De todos modos, el llanto no debería durar mucho si el bebé está realmente cansado.

Si, después de intentarlo todo, el bebé sigue llorando desconsoladamente, podría estar enfermo. Tómele la temperatura (véase *Cómo tomar la temperatura rectal*, en la página 94). Si supera los 100° Fahrenheit ó 37.77° centígrados (rectales), podría tener una infección. En tal caso, póngase en contacto con el pediatra.

Cuanto más relajada esté, más fácil le resultará consolar al niño. Hasta los bebés más pequeños son capaces de percibir la tensión que les rodea y reaccionan

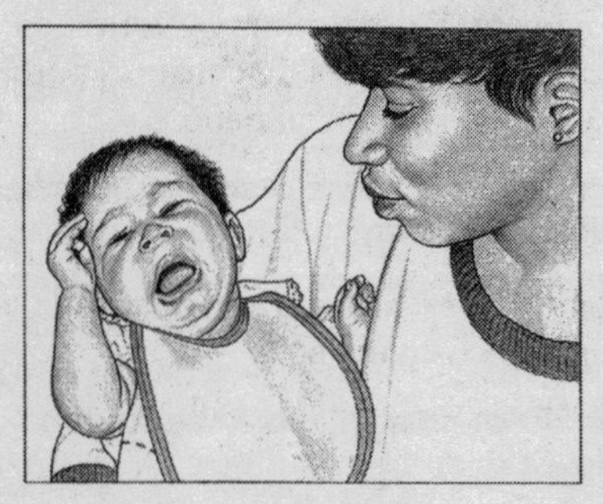

Durante los primeros meses, responda con prontitud al llanto de su hijo. Por el hecho de prestarle atención, no lo va a malcriar.

ante ella llorando. Escuchar los sollozos de un recién nacido puede ser muy angustioso, pero, si deja que su frustración se convierta en enfado o pánico, sólo conseguirá intensificar el llanto del bebé. Si siente que no puede hacerse cargo de la situación, pida ayuda a otro miembro de la familia o a un amigo. Así, no sólo se podrá desconectar un poco, sino que es posible que una cara nueva logre calmar al niño. Por muy enfadada o impaciente que se sienta, no sacuda al bebé. Sacudir un bebé puede provocarle ceguera, lesiones cerebrales e, incluso, la muerte.

Sobre todo, no se tome el llanto de su bebé como algo personal. Su hijo no llora porque usted sea una mala madre o un mal padre o porque no le quiere. Todos los bebés lloran, a menudo sin motivo aparente. Los recién nacidos lloran habitualmente un total de entre una y cuatro horas al día. Esto forma parte de su proceso de ajuste a una nueva y extraña forma de vida fuera del vientre de su madre.

Ninguna madre puede calmar a su bebé *cada* vez que llora, o sea que no espere hacer milagros con su hijo. En lugar de ello, sea realista, pida ayuda y déjese ayudar, descanse lo suficiente y disfrute de todos esos momentos maravillosos con su hijo.

Cómo ayudar a su bebé a conciliar el sueño

Al principio, su hijo no sabrá distinguir entre el día y la noche. Su diminuto estómago le permite estar satisfecho sólo durante tres o cuatro horas, por lo que no hay más remedio que alimentarlo a intervalos regulares durante las 24 horas del día en las primeras semanas de vida. Aun así, incluso a esta edad, puede empezar a enseñarle a su hijo que la noche es para dormir y el día para jugar. Para ello, intente que las tomas nocturnas pasen lo más desapercibidas posible: no encienda la luz ni alargue demasiado el cambio de pañales. En lugar de jugar un rato con su hijo, vuélvalo a acostar en cuanto lo haya alimentado y cambiado. Si duerme más de tres o cuatro horas seguidas, sobre todo cuando la tarde esté ya muy avanzada, despiértelo y juegue un rato con él. Así tendrá más sueño "acumulado" y dormirá mejor por la noche.

La mejor postura para dormir

Durante muchos años, y hasta hace relativamente poco tiempo, se recomendaba que los lactantes, sobre todo desde el nacimiento hasta los cuatro meses de edad, debían ser colocados boca abajo para dormir. Se creía que ésta era la mejor forma de evitar la asfixia por aspiración (bloqueo de la tráquea por comida) en caso de que vomitaran o escupieran comida. *Sin embargo, investigaciones recientes indican que la postura más segura es boca arriba, sobre todo en lo que se refiere al Síndrome de Muerte Súbita del Lactante (SMSL). Por lo tanto, la Academia Americana de Pediatría recomienda que los lactantes sanos se coloquen boca arriba para dormir.* El motivo exacto de por qué esta postura es más segura no está del todo claro, pero puede deberse al hecho de que el lactante colocado boca abajo obtiene menos oxígeno o elimina menos dióxido de carbono porque está "volviendo a respirar" el aire contenido en la pequeña bolsa formada por la ropa de cama que le rodea la nariz. Aunque la postura adoptada no es probablemente la única causa del Síndrome de Muerte Súbita del Lactante, parece estar tan relacionada con este síndrome, que la Academia Americana de Pediatría se siente obligada a hacer esta recomendación. Pero queremos dejar claro que existen algunas excepciones, que su pediatra se encargará de comentar con usted.

Esta recomendación se aplica a todo el primer año de vida del bebé. Sin embargo, es especialmente importante durante los primeros seis meses, cuando la incidencia del Síndrome de Muerte Súbita es mucho mayor.

También es importante que evite colocar la cabeza del bebé sobre superficies blandas y porosas, como una almohada o un edredón. Si la cara del bebé se hunde demasiado en tales superficies, el paso del aire podría

Cómo duerme su hijo

Incluso antes de nacer, los días de su bebé estaban divididos en períodos de sueño y de vigilia. A partir del octavo mes de embarazo, o incluso antes, sus períodos de sueño constaban ya de las dos fases claramente diferenciadas que todos experimentamos:

1. **Sueño de movimientos oculares rápidos (MOR),** la fase en que se sueña. Durante esta fase, los ojos del lactante se mueven debajo de los párpados, que permanecen cerrados, casi como si estuviera observando lo que está pasando en su sueño. También puede tener sobresaltos, dar patadas, hacer muecas y sacudir manos y pies. Todo ello son manifestaciones normales de esta fase del sueño.
2. **Sueño sin movimientos oculares rápidos (no-MOR),** integrado, a su vez, por cuatro subfases: somnolencia, sueño ligero, sueño profundo y sueño muy profundo. A medida que el lactante va avanzando desde la somnolencia hasta el sueño muy profundo, va reduciéndose paulatinamente su ritmo de actividad, su respiración se hace más lenta y se vuelve muy silenciosa, de tal modo que en el sueño muy profundo el bebé está prácticamente inmóvil. Durante esta fase se sueña muy poco o nada en absoluto.

Al principio, su bebé recién nacido dormirá hasta dieciséis horas diarias, en períodos de tres o cuatro horas de duración distribuidos uniformemente entre tomas.

Cada uno de estos períodos incluirá cantidades relativamente iguales de sueño MOR y no-MOR, organizadas en el siguiente orden: 1. somnolencia; 2. sueño MOR; 3. sueño ligero; 4. sueño profundo; 5. sueño muy profundo.

Pasados entre dos y tres meses, el orden cambiará, de tal modo que, cuando sea mayor, su hijo pasará por todas las fases de sueño no-MOR antes de entrar en el sueño MOR. Esta pauta perdurará durante el resto de su vida. A medida que se vaya haciendo mayor, la cantidad de sueño MOR irá disminuyendo y su sueño se irá haciendo cada vez más tranquilo. Alrededor de los tres años, sólo un tercio o menos del tiempo total de sueño será de tipo MOR.

quedar bloqueado. Un colchón firme cubierto con una sábana es el lugar más seguro para que duerma un lactante.

A medida que su hijo crezca, su estómago también crecerá y podrá aguantar más tiempo sin comer. Probablemente a usted le gustará saber que más del 90 por ciento de los bebés de tres meses duermen entre seis y ocho horas seguidas por la noche. La mayoría de los lactantes son capaces de aguantar tanto tiempo sin comer cuando pesan unas 12 ó 13 libras. Por lo tanto, si el suyo es un bebé grande, es posible que aguante toda la noche sin comer incluso antes de cumplir tres meses. Por mucho que le puedan animar estas palabras, no espere que los problemas de sueño se acaben de golpe. La mayoría de los niños tienen altibajos: duermen plácidamente durante varias semanas, e incluso meses, y luego vuelven a la pauta de despertarse varias veces por la noche. Es posible que esto se relacione con los períodos de crecimiento rápido, los denominados "estirones", en los que aumentan las necesidades alimenticias o, más adelante, con la dentición u otros cambios del desarrollo.

De vez en cuando tendrá que ayudar a su hijo a conciliar el sueño o a volver a dormirse. Sobre todo cuando aún sea un recién nacido, probablemente le resultará más fácil conciliar el sueño si usted lo estimula suavemente de forma continua. A algunos lactantes les sirve que los mezan, los paseen de un lado a otro, les den palmaditas en la espalda o les pongan un chupete en la boca. A otros los calma la música de la radio o de una grabadora a bajo volumen. Hasta el sonido lejano de la televisión puede actuar como ruido de fondo reconfortante. Sin embargo, hay algunos estímulos sonoros que resultan irritantes para un bebé, como el sonido del teléfono, el ladrido de un perro o el ruido de una aspiradora.

No hay ningún motivo para obligar a un bebé a dormir siempre en su cuna. Si, por cualquier motivo, usted prefiere tenerlo cerca mientras duerme, utilice su asiento de seguridad o un moisés como cuna temporal y así podrá moverlo por toda la casa cuando cambie de sitio. (Si no tiene un moisés "oficial", el bebé se encontrará perfectamente bien en un cesto acolchado).

Nuestra posición

A partir de la evaluación de los datos de que disponemos actualmente sobre el Síndrome de Muerte Súbita del Lactante, SMSL, la Academia Americana de Pediatría recomienda que los lactantes sanos duerman boca arriba, es decir, sobre la espalda. A pesar de lo que cree mucha gente, no existen pruebas de que las asfixias por aspiración sean más frecuentes en los lactantes acostados sobre la espalda (posición supina) en comparación con otras posturas. De todos modos, en algunas circunstancias, existen motivos para colocar a algunos lactantes boca abajo, es decir, sobre el vientre. Le instamos a que comente su caso particular con el pediatra.

Pañales

Hasta que aparecieron los pañales desechables en el mercado, hace unos 35 años, la única opción posible era utilizar pañales de tela que requerían lavarse. Hoy en día, los pañales desechables satisfacen las necesidades y las expectativas de la mayoría de los padres y representan más del 80 por ciento de los pañales utilizados en todos los países industrializados. Sin embargo, la elección del pañal es una decisión que debe tomar cualquier padre. Lo ideal es que elija entre los pañales de tela o los desechables antes de que nazca el niño, para que pueda contar con un buen suministro o contratar un servicio de lavado con suficiente antelación. Para que tenga una idea, la mayoría de los recién nacidos gastan aproximadamente diez pañales al día.

Pañales desechables. La mayoría de los pañales desechables de hoy en día tienen una capa interna que está en contacto con la piel del niño para mantenerlo seco, un núcleo absorbente hecho de pasta de celulosa purificada y polímeros super absorbentes, y una cubierta externa impermeable. Pueden tener elásticos en la cintura y las piernas para que ajusten mejor y, de este modo, evitar que se salga la orina y distintos tipos de bandas adhesivas para poder ponerlos y quitarlos con más facilidad. Con el paso de los años, los pañales desechables se han hecho más delgados y ligeros, al tiempo que siguen satisfaciendo las necesidades de contención, comodidad, facilidad de uso y protección de la piel.

Para ponerle un pañal desechable a un bebé, colóquelo sobre el pañal abierto de tal modo que las bandas adhesivas queden en la espalda del bebé y doble la parte delantera del pañal entre las piernas del niño. A continuación, coja los dos extremos posteriores del pañal, colóquelos sobre el vientre del bebé y presione sobre las bandas adhesivas para que quede bien ajustado. Después de quitarle al bebé un pañal sucio, tire al inodoro las deposiciones que estén sueltas pero nunca el pañal entero porque podría tapar las tuberías. Envuelva el pañal en su cubierta exterior y tírelo a la basura.

Pañales de tela. Al igual que los pañales desechables, los pañales de tela han mejorado con el paso de los años, y actualmente existe una gran variedad de texturas y

absorbencias. El pañal original de una sola capa de algodón ha sido substituido por el pañal rectangular de dos capas de algodón con una franja central de múltiples capas o rellena de hilo. La mayoría de los padres los ajustan con imperdibles. Para evitar pinchar al niño con los imperdibles, se debe colocar la mano entre el imperdible y la piel del bebé. También puede utilizar cinta adhesiva especial para pañales, que se adhiere a la ropa. La forma correcta de colocar un pañal de tela se muestra en los diagramas de las próximas páginas. Para evitar que se moje la ropa o la cama del bebé, los pañales de tela se pueden cubrir con un pantaloncito de plástico o una faja impermeable. También existen pañales de tela que se venden con la faja incorporada.

Si desea usar un servicio de suministro de pañales, averigüe bien antes de escoger uno. Lo ideal es que este servicio recoja los pañales sucios y deje pañales limpios dos veces por semana. Algunos servicios piden que les entreguen los pañales enjuagados, mientras que otros prefieren que se los entreguen tal como están, sucíos, en un balde para pañales.

Si no cuenta con un servicio de lavado o decide lavarlos en casa, manténgalos separados del resto de la ropa. Después de tirar al inodoro las heces que no estén adheridas al pañal, enjuáguelos en agua fría y después déjelos en remojo en una solución suave de detergente y blanqueador por 30 minutos. A continuación, escúrralos y lávelos con agua caliente y un detergente suave.

La elección del pañal. La elección del pañal ha sido complicada durante los últimos años debido a la polémica surgida en torno a los efectos ambientales de los pañales, centrada básicamente en la repercusión al botar los pañales desechables en los vertederos. De hecho, tanto los pañales desechables como los de tela tienen efectos negativos sobre el medio ambiente, tanto en lo que se refiere a los materiales como a la energía utilizada, la contaminación del aire y el agua y la generación de

Cómo cambiarle el pañal a su bebé

Antes de empezar a cambiar a su bebé, asegúrese de que tiene a mano todo lo que va a necesitar. No deje nunca a su hijo a solas en el cambiador, ni siquiera por un segundo. Muy pronto aprenderá a darse vuelta y, si lo hace cuando sus ojos o su atención están en otra parte, podría resultar lesionado.

Para cambiar a un recién nacido, necesitará:

- un pañal limpio (e imperdibles, si va a utilizar un pañal de tela)
- pomada o vaselina (a utilizar sólo en el caso de que el bebé tenga salpullido)
- motas de algodón y una vasija pequeña con agua tibia y un paño para lavar al bebé o también se pueden utilizar toallitas limpiadoras para niños, aunque algunos bebés no las toleran; si aparece alguna irritación, deje de utilizarlas.

Esto es lo que tiene que hacer:

1. Retire el pañal sucio y utilice los algodones y agua tibia o las toallitas limpiadoras para limpiar suavemente al bebé (recuerde que en las niñas deberá proceder de delante hacia atrás).
2. Utilice el paño húmedo para limpiar a fondo la zona cubierta por el pañal.

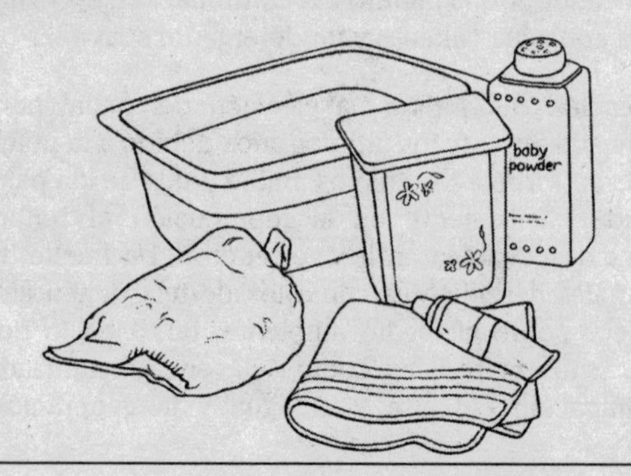

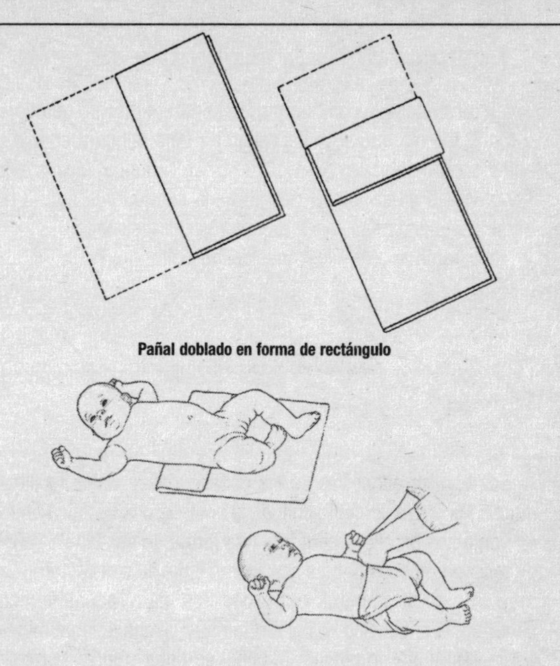

Pañal doblado en forma de rectángulo

3. Utilice la pomada para la irritación en la piel recomendada por el pediatra.

4. Póngale el nuevo pañal tal y como se muestra en las próximas páginas.

Los pañales de tela se pueden comprar ya doblados en forma de rectángulo (14 x 20 pulgadas) o en cuadrados de unas 27 pulgadas de lado, que usted puede doblar de distintas formas para que se ajusten mejor al cuerpo del bebé. Al principio, tendrá que doblar un tercio del pañal por el extremo superior para que no resulte demasiado largo. Así, también conseguirá aumentar su absorbencia. Si el pañal tiene una zona más acolchada y su hijo es varón, colóquela delante. Si se trata de una niña, la zona acolchada deberá ir detrás.

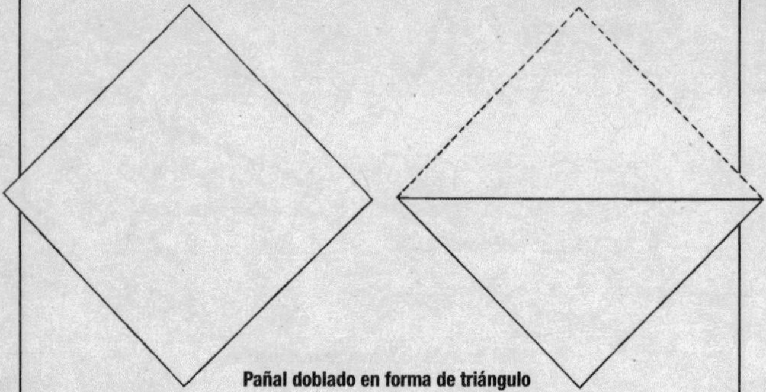

Pañal doblado en forma de triángulo

Las bandas adhesivas de los pañales desechables facilitan mucho las cosas (excepto cuando la pomada o la vaselina entra en contacto con ellas), pero hay otra forma de ajustar un pañal de tela que muchos padres consideran igual de satisfactoria. La mayoría utiliza imperdibles especiales para pañales (con cabezales de plástico y mayor tamaño que los imperdibles corrientes). Para no pinchar al bebé, se debe colocar la mano entre el imperdible y la piel del niño. Si este procedimiento le intranquiliza, pruebe a utilizar cinta adhesiva especial para pañales, que se vende con dosificador y se adhiere a la ropa. Otra opción es la de utilizar fajas para pañales, que permiten prescindir de los imperdibles y de la cinta adhesiva. Las fajas rodean el cuerpo del bebé, ajustándose con un velcro alrededor de la cintura para que el pañal no se mueva. Pueden adquirirse en los servicios de suministro de pañales y en la mayoría de tiendas de artículos para bebés. También puede utilizar estas fajas cuando esté fuera de casa para cubrir los pañales mojados o sucios hasta que pueda deshacerse de ellos.

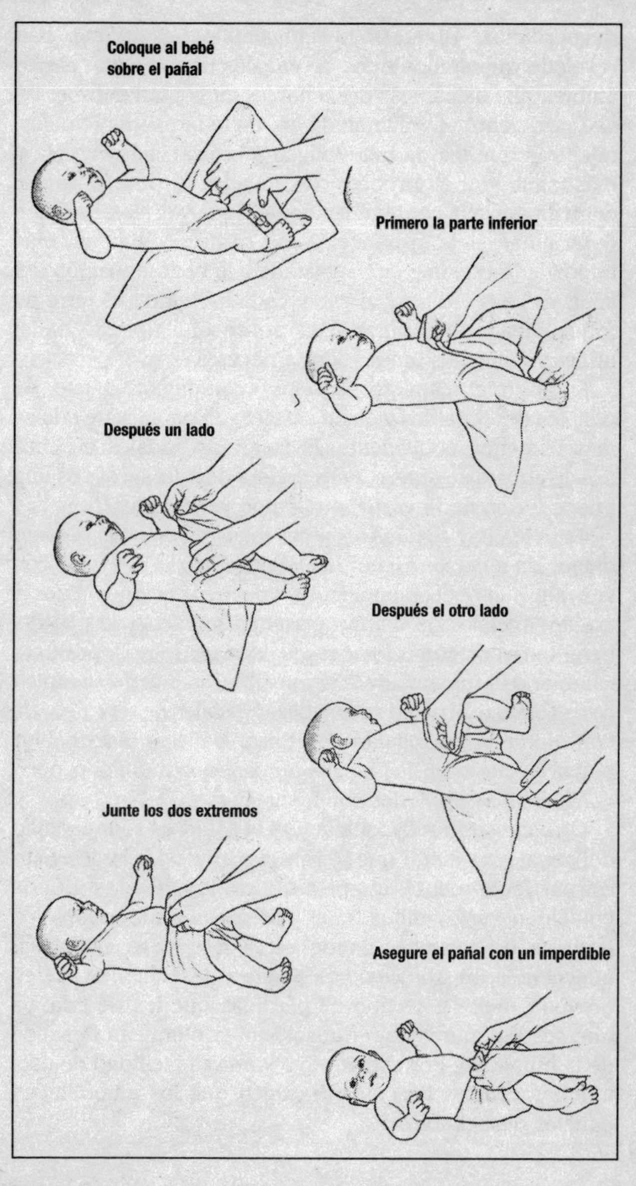
Coloque al bebé
sobre el pañal
Primero la parte inferior
Después un lado
Después el otro lado
Junte los dos extremos
Asegure el pañal con un imperdible

desperdicios. Diversas investigaciones científicas han revelado que ambos tipos de pañales tienen algún efecto ambiental. Los pañales desechables aumentan entre el 1 y el 2 por ciento el volumen de los vertederos municipales, mientras que los de tela obligan a utilizar más energía y más agua en el proceso de lavado y, por lo tanto, contribuyen a la contaminación del agua y el aire. Es difícil determinar si la producción de basura sólida es más importante que la energía gastada y la contaminación del agua y el aire. Al fin y al cabo, cada individuo es libre de tomar sus propias decisiones sobre qué tipo de pañal utilizar, según sus inquietudes y necesidades.

En lo que respecta al valor económico, el uso de pañales desechables y de un servicio de pañales de tela es más o menos equivalente. El lavar los pañales en casa puede ahorrarle dinero, pero deberá decidir si ésta es una buena forma de "invertir" su tiempo y su energía.

También hay algunos aspectos relacionados con la salud dignos de mención. Tener la piel mojada y el contacto con la orina o las heces pueden provocar irritaciones. Puesto que los pañales de tela no permiten mantener la piel del bebé tan seca como los desechables, es muy importante cambiarlos rápidamente, a ser posible, en cuanto se mojen o se ensucien. Si usted suele utilizar pañales de tela, debería considerar la posibilidad de utilizar pañales desechables por la noche o en los viajes, o cuando sea difícil o poco conveniente cambiarlos con frecuencia.

Otra cuestión relacionada con la salud es la capacidad del pañal para evitar que se salga la orina o las heces. Esto es particularmente importante en los lugares donde coinciden varios niños, tales como las guarderías o los jardines de infancia, donde es fácil que se contagien infecciones intestinales. Los pañales desechables suelen prevenir mejor este tipo de pérdidas que los de tela, ya que sus polímeros super absorbentes bloquean la salida de la humedad. Por este motivo y por su facilidad de uso, muchos centros de cuidado exigen que los niños lleven pañales desechables.

Orina

Un bebé puede orinar tan a menudo como cada una a tres horas, o tan infrecuentemente como cuatro o seis veces al día. Si el niño está enfermo, tiene fiebre o hace mucho calor, su producción de orina puede reducirse a la mitad y seguir siendo normal.

Orinar no debe ser una experiencia dolorosa. Si percibe algún indicio de malestar cuando su hijo orina, informe al pediatra, pues podría deberse a una infección o algún otro problema del aparato urinario.

En un bebé sano, la orina es de un color amarillo claro u oscuro (cuanto más oscuro, más concentrado; la orina estará más concentrada si su hijo no bebe mucho líquido). Es posible que a veces encuentre una mancha rosada en el pañal que es fácil confundir con sangre. Pero, de hecho, esta mancha no suele ser más que la orina concentrada de un niño completamente sano. Mientras su hijo moje por lo menos cuatro pañales al día, no debe haber motivo para preocuparse, pero si la mancha rosada persiste, coménteselo al pediatra.

La presencia de sangre en la orina o de una mancha de sangre en el pañal nunca es normal, por lo que, en caso de que las detecte, deberá informar al pediatra. Podría deberse a algo tan poco importante como una raspadura provocada por la dermatitis del pañal, pero también podría ser el síntoma de un problema más grave. Si estas manchas de sangre van acompañadas de otros síntomas, tales como dolor abdominal o sangrado en otras zonas, acuda al médico inmediatamente.

Evacuaciones

A los pocos días de nacer, su hijo tendrá su primera deposición, denominada meconio. Esta sustancia densa y de color verde oscuro o negro es lo que llenaba los intestinos del bebé antes del nacimiento, y, para poder digerir con normalidad, deberá eliminarla. En cuanto su hijo elimine esta sustancia por completo, sus heces adquirirán un tono amarillo verdoso.

Si le da el pecho a su hijo, su heces pronto adquirirán un color mostaza claro con pequeñas partículas que parecen semillas. Hasta que empiece a ingerir alimentos sólidos, la consistencia de las heces debe ser blanda, e, incluso, un poco líquida. Si le da leche de fórmula, sus heces serán de un tono canela o amarillento. Serán más consistentes que las de los bebés alimentados con leche materna, pero no más consistentes que la mantequilla de maní.

Ya sea que le dé el pecho o el biberón, si su hijo evacua muy duro o seco, podría ser un signo de que no está ingiriendo suficiente líquido o está eliminando demasiado debido a alguna enfermedad, fiebre o el calor. En cuanto empiece a ingerir alimentos sólidos, las heces duras pueden indicar que está tomando demasiados alimentos que causan estreñimiento, como cereales o leche de vaca, antes de que su sistema digestivo esté preparado para ello. (La leche de vaca entera no es recomendable para bebés de menos de 12 meses).

Debe tener presente que los cambios ocasionales en el color y la consistencia de las heces son normales. Por ejemplo, si la digestión se retarda debido a que el niño ha ingerido bastante cereal ese día u otros alimentos que exigen mayor esfuerzo digestivo, los excrementos pueden adquirir un tono verdoso; o si le da un suplemento de hierro, sus evacuaciones pueden volverse de un color castaño oscuro. Si el bebé tiene el ano un poco irritado, pueden aparecer vetas de sangre en la parte externa de la evacuación. Sin embargo, si detecta gran cantidad de sangre, mucosidad o agua en las heces de su hijo, llame inmediatamente al pediatra. Estos síntomas pueden indicar una diarrea grave o algún problema intestinal.

Puesto que las heces de los lactantes suelen ser blandas y un poco líquidas, no siempre es fácil saber si un bebé tiene o no una diarrea leve. Los signos más determinantes son un incremento repentino de la frecuencia de las deposiciones (más de una deposición por toma) y una elevada proporción de líquido en las heces. La diarrea puede ser el síntoma de una infección intestinal o puede ser provocada por un cambio en la dieta. Si usted está dando el pecho a su hijo, puede deberse, incluso, a un cambio en su propia dieta.

El principal problema de la diarrea es el riesgo de deshidratación. Si va acompañada de fiebre y su hijo tiene menos de dos meses, llame inmediatamente al pediatra. Si su hijo tiene más de dos meses y la fiebre persiste durante más de un día, fíjese en la cantidad de su orina, tómele la temperatura rectal e informe al médico para que le diga cómo debe proceder.

La frecuencia de las deposiciones varía enormemente de un bebé a otro. Muchos lactantes evacuan un poco después de cada toma. Esto se debe al reflejo gastrocólico, que hace que el sistema digestivo se active en cuanto entra alimento al estómago.

Entre tres y seis semanas de edad, algunos bebés que lactan hacen una sola deposición a la semana. Esto es normal, ya que se debe a que la leche materna genera muy pocos deshechos sólidos. Por lo tanto, el hecho de que las deposiciones sean poco frecuentes no debe considerarse un síntoma de estreñimiento y no debe ser motivo de preocupación mientras las heces sean blandas (no más duras que la mantequilla de maní), y el niño parezca estar sano, gane peso y coma con regularidad.

Si su hijo se alimenta con leche de fórmula, debería hacer por lo menos una deposición diaria. Si defeca con menos frecuencia y sus heces son duras, es posible que esté estreñido. Pregúntele al pediatra cuál es la mejor forma de tratar este problema. (Véase *Estreñimiento*, página 506)

La dermatitis del pañal

La dermatitis del pañal es el término utilizado para referirse a la erupción o irritación que aparece en el área de piel cubierta por el pañal. El primer síntoma de irritación suele ser el enrojecimiento o la aparición de pequeñas ampollas en la parte baja del abdomen, las nalgas, los genitales y la entrepierna, superficies que están en contacto directo con el pañal. Este tipo de erupción muy pocas veces es grave y suele remitir al cabo de tres o cuatro días si se trata adecuadamente.

Las causas más frecuentes de la irritación son:

1. Dejar puesto un pañal mojado durante demasiado tiempo. La humedad hace que la piel sea más susceptible a las rozaduras. Con el paso del tiempo, la orina contenida en el pañal empieza a descomponerse, produciendo sustancias químicas que pueden irritar la piel.

2. Dejar puesto un pañal sucio de heces por demasiado tiempo. Los agentes digestivos contenidos en las heces atacan la piel, haciéndola más susceptible a la irritación.

Independientemente de cómo empiece la irritación, la cuestión es que, en cuanto la piel se lastima, se vuelve más vulnerable a irritaciones ulteriores por contacto con la orina o las heces.

Otra de las causas de irritación son las infecciones provocadas por hongos. Este tipo de erupción es común en los muslos, los genitales y la parte inferior del abdomen, pero casi nunca aparece en las nalgas.

Aunque la mayoría de los niños sufren de irritación durante la infancia, se trata de una afección mucho menos común en los bebés que lactan (por motivos que todavía desconocemos). La irritación provocada por el pañal aparece más a menudo a determinadas edades y en determinadas circunstancias:

- en bebés entre ocho y diez meses de edad
- si el bebé no se mantiene limpio y seco

- en bebés que evacuan con frecuencia (sobre todo si se les deja toda la noche sin cambiar).
- cuando el bebé empieza a ingerir alimentos sólidos (probablemente debido a la introducción de alimentos más ácidos y a los cambios en el proceso digestivo provocados por la nueva variedad de alimentos)
- cuando el bebé toma antibióticos (ya que estas medicinas aumentan las probabilidades de que crezcan organismos como hongos, que pueden infectar la piel)

Para reducir las probabilidades de que su hijo sufra de irritación provocada por el pañal, incluya estos pasos en la rutina del cambio de pañales:

1. Cuando el bebé evacue, cámbiele el pañal lo antes posible. Limpie el área que estaba en contacto con el pañal con agua y un paño suave después de cada evacuación.
2. Cambie los pañales mojados frecuentemente para reducir el tiempo que la piel del bebé está expuesta a la humedad.
3. Exponga las nalgas del bebé al aire siempre que pueda. Si utiliza pantaloncitos de plástico o pañales desechables ajustados a la cintura y las piernas, asegúrese de que el aire puede circular por dentro del pañal.

Si, a pesar de todos sus esfuerzos, aparece la irritación y la piel de su hijo se agrieta, probablemente tendrá que utilizar alguna crema o pomada; si se trata de una irritación húmeda, utilice una loción desecante. La irritación deberá mejorar visiblemente entre 48 y 72 horas. Si no mejora, consulte al pediatra.

El baño

Su bebé no necesita casi que lo bañe, siempre y cuando le limpie bien la parte del cuerpo que está en contacto con el pañal cada vez que lo cambia. Bañarlo dos o tres veces a la semana durante el primer año es más que suficiente. Si se le baña más a menudo, se le podría resecar la piel.

Durante las primeras dos semanas, hasta que el muñón del cordón umbilical se haya caído, sólo debe darle al bebé baños de esponja. En una habitación caldeada, coloque al bebé estirado sobre cualquier superficie plana que resulte cómoda para ambos: el cambiador, una cama, el suelo, el mostrador de la cocina. Si la superficie es dura, cúbrala con una manta o una toalla esponjosa. Si la superficie donde está el bebé se encuentra por encima del nivel del suelo, utilice una correa de seguridad o mantenga una mano constantemente sobre él para que no se caiga.

Antes de empezar, tenga a la mano una vasija con agua, una esponja o un paño húmedo bien aclarado (que no contenga restos de jabón) y un jabón suave para bebés con dosificador. Mantenga al niño envuelto en una toalla, destapando exclusivamente la parte del cuerpo que vaya a lavar a continuación. Utilice primero la esponja o el paño húmedo sólo con agua para lavarle la cara, y evitar así que le entre jabón en los ojos o en la boca. A continuación, introduzca el paño en la vasija con agua jabonosa, y páselo por el resto del cuerpo del bebé, dejando para el final las partes cubiertas por el pañal. Fíjese sobre todo en

Las toallas con capucha son la forma más eficaz de mantener abrigada la cabeza de su bebé cuando esté mojado.

los pliegues de las axilas, detrás de las orejas, alrededor del cuello y, sobre todo en las niñas, en la zona genital.

En cuanto el área umbilical haya cicatrizado por completo, podrá meter a su hijo en el agua. Los primeros baños deben ser lo más suaves y breves posibles. Probablemente su hijo protestará un poco; si le parece que lo está pasando muy mal, debería volver al sistema de la esponja durante una o dos semanas y, después, intentarlo de nuevo. Descuide: cuando esté preparado, su hijo se lo demostrará con toda claridad.

A muchos padres les resulta más fácil bañar a sus hijos recién nacidos en un recipiente, en el fregadero o en una bañerita de plástico recubierta con una toalla limpia. Llene la bañerita con unas dos pulgadas de agua tibia, no caliente, al tocarla con el dorso de la muñeca o con el codo. Si va a llenar la bañerita directamente con agua del grifo, abra primero el grifo del agua fría (y ciérrelo en último lugar) para evitar quemarse usted o quemar al bebé. Aparte de esto, compruebe que su calentador esté graduado a menos de 120° Fahrenheit ó 49° centígrados.

Asegúrese de que tiene a mano todo lo que necesita y de que la habitación está caldeada antes de desnudar al bebé. Necesitará los mismos utensilios que utilizaba para bañarlo con esponja y también un envase pequeño para verter agua clara. Cuando le salga pelo también necesitará champú.

Si se da cuenta de que ha olvidado algo o tiene que contestar al teléfono o ir a abrir la puerta, *debe cargar al niño y llevárselo con usted,* por lo que debe tener una toalla seca a mano. *Nunca deje a su hijo solo en la bañerita, ni siquiera por un instante.*

Si a su hijo le gusta bañarse, deje que se entretenga salpicando y explorando su entorno. Cuanto más disfrute la hora del baño, menos miedo le tendrá al agua. A medida que su hijo crezca, el juego irá ocupando una parte cada vez mayor de la hora del baño. Bañarse debe ser una experiencia relajante y gratificante para su hijo, así que no lo acelere, a menos que a él parezca disgustarle.

Cómo bañar a su bebé

Llene la bañerita con unas 2 pulgadas de agua que se sienta tibia, no caliente, al tocarla con el dorso de la muñeca o con el codo. En cuanto haya desnudado al bebé, introdúzcalo inmediatamente en el agua para que no se enfríe. Utilice una mano para aguantarle la cabeza y la otra para meterlo en la bañerita, empezando por los pies. Háblele con voz dulce y estimulante al tiempo que va bajando el resto del cuerpo hasta que quede dentro de la bañerita. La mayor parte del cuerpo y la cabeza del bebé debe estar por encima del nivel del agua por motivos de seguridad. Por eso, usted tendrá que verter frecuentemente agua sobre el cuerpo del niño para que no se enfríe.

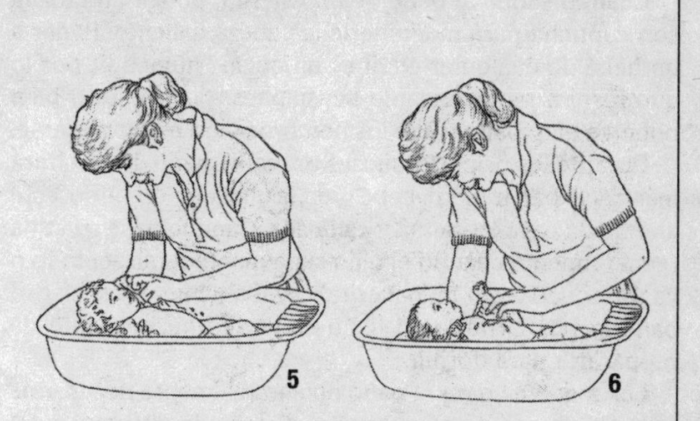

Utilice un paño suave para lavarle la cara y el pelo, usando champú sólo una o dos veces a la semana. Masajee suavemente su cuero cabelludo, incluyendo el área que recubre las fontanelas (puntos blandos). Para aclarar el jabón o el champú de la cabeza, ahueque la mano sobre la frente del bebé de tal modo que el agua caiga hacia los lados en lugar de sobre los ojos. En el caso de que se le meta un poco de jabón en los ojos y llore en señal de protesta, simplemente tome el paño húmedo y enjuague los ojos del bebé con agua templada hasta eliminar los restos de jabón y el niño vuelva a abrir los ojos. Lave el resto del cuerpo del bebé de arriba a abajo.

Cuando saque al bebé de la bañerita, utilice una toalla con capucha para mantenerle la cabeza caliente. Bañar a un bebé de cualquier edad es un oficio "húmedo", por lo que resulta recomendable llevar puesta una bata o bien ponerse una toalla sobre los hombros para evitar mojarse.

Durante los primeros meses probablemente le resultará más fácil bañar a su bebé por la mañana, cuando esté alerta y la casa en calma y caldeada. Cuando pase a la tina (generalmente cuando el niño sepa mantenerse sentado o ya no quepa en la bañerita) probablemente preferirá bañarlo por la tarde. El baño es una forma relajante de prepararlo para dormir.

Los juguetes para el baño no son realmente necesarios para bañar a un bebé pequeño: el estímulo del agua y del baño son lo suficientemente excitantes. Sin embargo, cuando el niño haya crecido lo suficiente como para empezar a bañarse en la tina, los juguetes se convertirán en un estímulo inestimable. Los juguetes que flotan, los envases y hasta los "libros impermeables" se convertirán en magníficas distracciones a la hora del baño.

El cuidado de la piel y de las uñas

La piel de un recién nacido puede irritarse al entrar en contacto con sustancias químicas contenidas en las prendas nuevas o con los restos de jabón o detergente contenidos en prendas ya usadas. Para evitar problemas, enjuague dos veces toda la ropa del bebé, su ropa de cama y todos los artículos lavables antes de que entren en

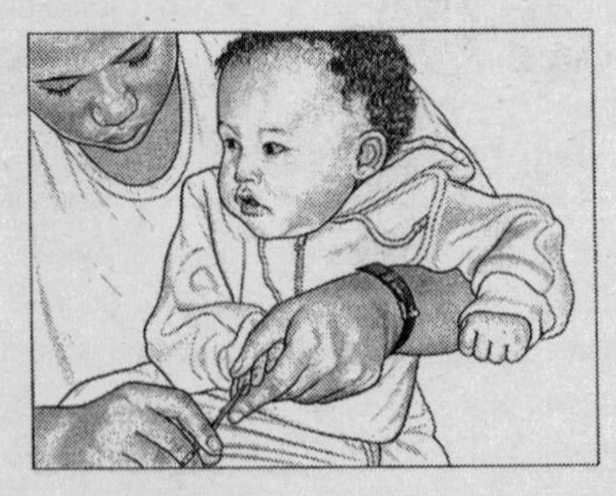

Durante las primeras semanas, los dedos de un bebé son tan pequeños y sus uñas crecen tan deprisa, que a veces es preciso cortarlas hasta dos veces por semana.

contacto con su piel. (Lave también su ajuar antes de utilizarlo por primera vez). Durante los primeros meses, lave la ropa del bebé separada de la del resto de la familia.

Contrario a lo que pueda leer o ver en los anuncios sobre productos infantiles, un lactante no necesita que le pongan diariamente cremas, aceites, ni talcos. Si su hijo tiene la piel muy seca, puede ponerle un poco de crema para bebé sin perfume, sobre las zonas más secas. No utilice nunca productos dermatológicos que no sean fabricados específicamente para bebés, puesto que suelen contener perfumes y otras sustancias químicas que pueden irritar la piel de un lactante. Evite también utilizar aceites para bebés, que no penetran ni lubrican tan bien como las cremas para bebés. Si la resequedad persiste, es posible que esté bañando demasiado a su hijo. Báñelo sólo una vez a la semana y compruebe si remite la resequedad. Si no es así, consulte al pediatra.

El único cuidado que necesitan las uñas de un bebé es que se las corten. Puede utilizar una lima de uñas suave, cortadores de uñas de bebé o tijeras para las uñas de los pies con la punta roma. Un buen momento para cortarle las uñas es después del baño si se está quieto; si no, probablemente le resultará más fácil hacerlo mientras duerma. Mantenga las uñas de las manos del bebé tan cortas y parejas como sea posible para que no pueda arañarse ni arañarle a usted. Durante las primeras semanas, los dedos de las manos de un bebé son tan pequeños y sus uñas crecen tan deprisa, que a veces es preciso cortarlas hasta dos veces por semana.

Por el contrario, las uñas de los pies de un lactante crecen mucho más lentamente y suelen ser blandas y flexibles. No hace falta que las lleve tan cortas como las de las manos, por lo que probablemente bastará con que se las corte una o dos veces al mes. Al ser tan blandas, a veces puede dar la sensación de que están creciendo encarnadas, pero no hay motivo de alarma, a menos que la piel alrededor de la uña se ponga roja, se inflame o se endurezca. A medida que su hijo crece, las uñas de los pies se le irán endureciendo y adquiriendo una forma más definida.

Vestimenta

A menos que haga calor (sobre 75° Fahrenheit ó 24° centígrados), un recién nacido necesitará varias capas de ropa para mantenerse abrigado. Generalmente, lo mejor es ponerle los pañales y una camiseta y encima un pijama o faldón, y después envolverlo en una manta. (Si se trata de un niño prematuro, es posible que necesite otra capa más hasta que su peso se equipare al de un niño a término y su cuerpo sepa adaptarse a los cambios de temperatura). En climas cálidos, puede reducir las capas a una sola, pero no se olvide de taparlo ante las corrientes de aire o cuando esté puesto el aire acondicionado. Una regla que suele funcionar bastante bien es ponerle al bebé una capa de ropa más que las que usted lleva en el mismo ambiente.

Si nunca ha cuidado de un recién nacido, las primeras veces que intente cambiar de ropa a su hijo pueden resultarle bastante frustrantes. No sólo le parecerá difícil introducir el bracito diminuto de su bebé por la manga, sino que es muy probable que él llore y proteste. Es lógico: a ningún recién nacido le gusta sentir el roce del aire en la piel, ni tampoco que empujen o estiren de partes de su cuerpo a través de las prendas de ropa. Las cosas serán más fáciles para ambos si lo coloca en su regazo para cambiarle la mitad superior del cuerpo y después lo estira sobre la cama o el cambiador y se dedica a la mitad inferior del cuerpo. Cuando le quiera poner un pijama de una sola pieza, empiece primero por las piernas antes de intentar ponerle las mangas. En lo que se refiere a las camisetas, póngaselas primero por la cabeza y pase después a las mangas, una detrás de otra. Aproveche esta oportunidad para preguntarle a su hijo, "¿Dónde está la manita del bebé?" Así, cuando su hijo crezca, esto se podrá convertir en un juego muy divertido, y él mismo se encargará de estirar el brazo a través de la manga para oírle decir "¡Ahí está la manita del bebé!".

Ciertas características de las prendas de vestir pueden facilitar el proceso. Al comprar ropa para el bebé fíjese que:

- los botones a presión o cremalleras estén situadas en la parte frontal en lugar de en la espalda
- tengan cremalleras o botones a presión en ambas piernas para facilitar el cambio de pañales
- tengan mangas anchas, para que usted pueda introducir la mano desde fuera y estirar del brazo del bebé
- no tengan cintas ni cordeles para amarrar, desamarrar o atar alrededor del cuello (podrían provocar estrangulamientos)
- estén fabricados con telas que cedan o estiren (evite ribetes apretados en los brazos, las piernas o el cuello).

También necesitará una manta o colcha para tapar al bebé cuando duerma. Colóquesela de modo que quede suelta, sin que le oprima. Conforme su hijo crezca y se vuelva más activo, usted lo podrá encontrar destapado de vez en cuando. Cuando esto ocurra, tendrá que optar por una de estas dos posibilidades: ponerle pijamas más calientes (con pies), o mantener bien caldeada la habitación donde duerma. Intente no exponer directamente al bebé al aire acondicionado o al que sale de la calefacción, a ventanas abiertas o a cualquier otro tipo de corriente.

Cómo vestir a su bebé

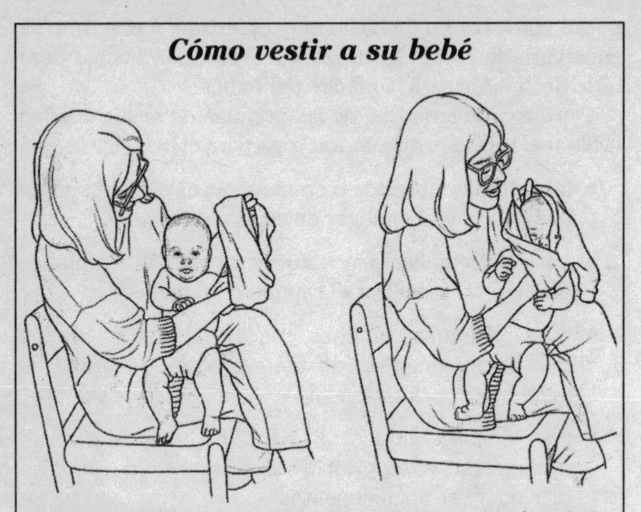

Sosteniendo al niño sobre su regazo, ensanche el cuello de la prenda y póngaselo al bebé por la cabeza, utilizando los dedos para evitar que se le enganche en la cara o las orejas.

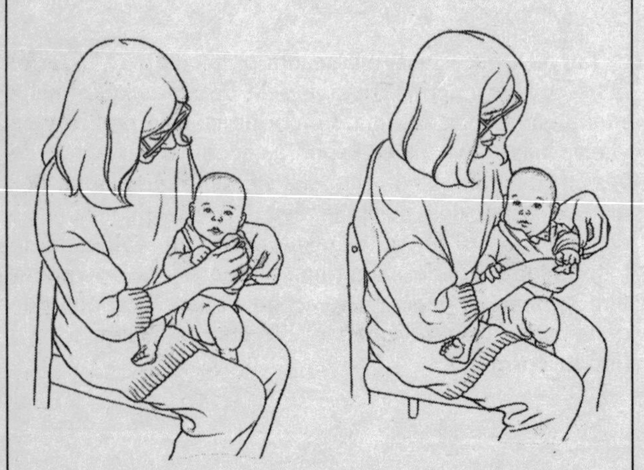

No intente introducir directamente los brazos del bebé por las mangas de la prenda. Introduzca su propia mano en la manga desde fuera, tome la mano del bebé y estire de ella.

Cómo desvestir a su bebé

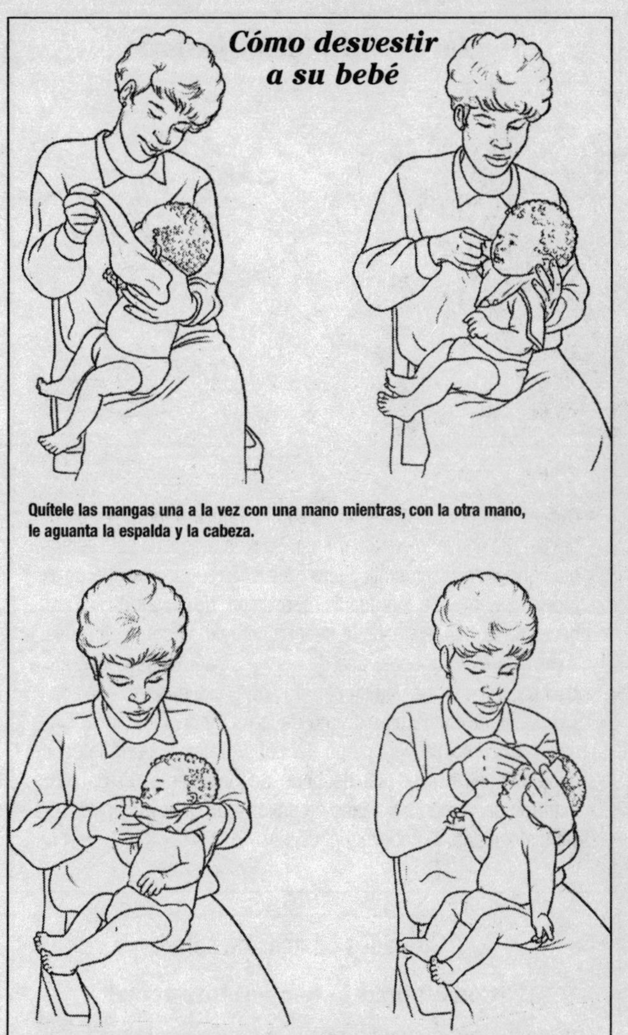

Quítele las mangas una a la vez con una mano mientras, con la otra mano, le aguanta la espalda y la cabeza.

A continuación ensanche el cuello de la prenda para que no se enganche en la barbilla ni en la cara del bebé y estire hacia arriba de la prenda suavemente.

Un arrullo bien ajustado

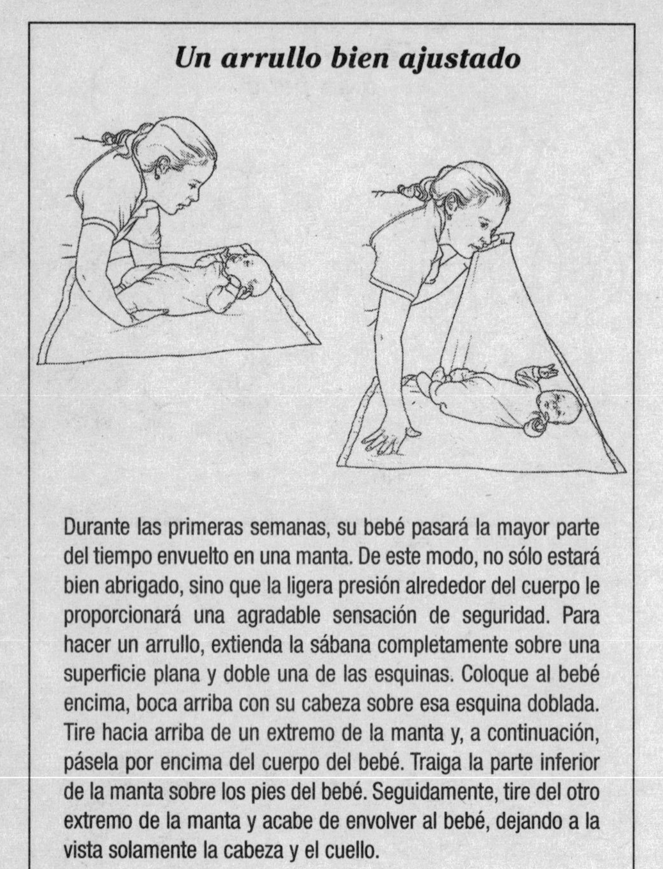

Durante las primeras semanas, su bebé pasará la mayor parte del tiempo envuelto en una manta. De este modo, no sólo estará bien abrigado, sino que la ligera presión alrededor del cuerpo le proporcionará una agradable sensación de seguridad. Para hacer un arrullo, extienda la sábana completamente sobre una superficie plana y doble una de las esquinas. Coloque al bebé encima, boca arriba con su cabeza sobre esa esquina doblada. Tire hacia arriba de un extremo de la manta y, a continuación, pásela por encima del cuerpo del bebé. Traiga la parte inferior de la manta sobre los pies del bebé. Seguidamente, tire del otro extremo de la manta y acabe de envolver al bebé, dejando a la vista solamente la cabeza y el cuello.

Cuidados básicos de salud

Cómo tomar la temperatura rectal

Muy pocos bebés pasan por la infancia sin tener fiebre, lo que suele significar que hay una infección en alguna parte del cuerpo. La fiebre indica que el sistema inmune está luchando activamente contra algún virus o bacteria, por lo

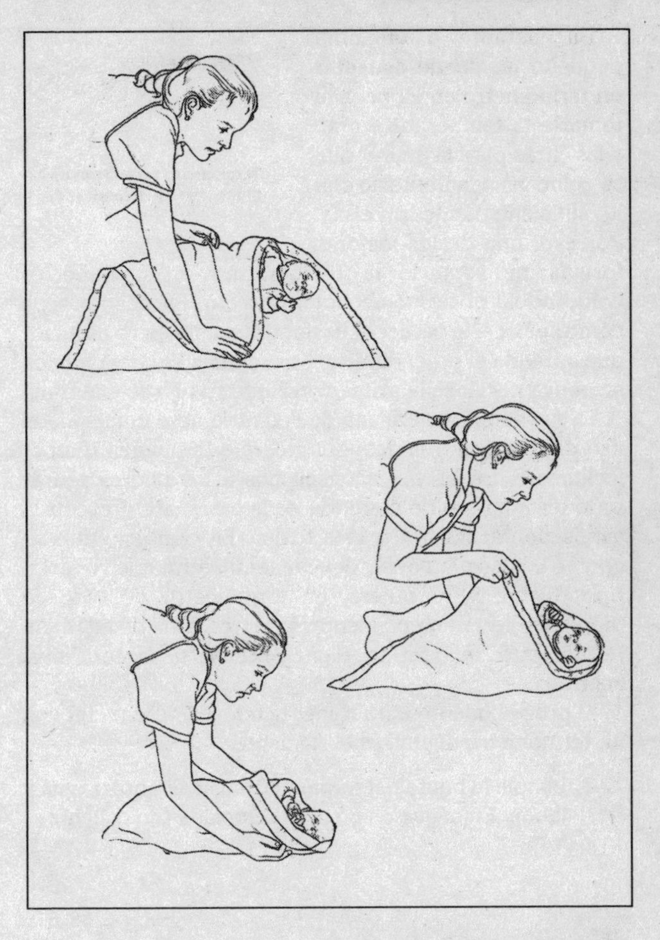

tanto —en este sentido— es algo positivo, puesto que significa que el cuerpo está protegiéndose a sí mismo. Pero, si la temperatura corporal aumenta demasiado y muy rápido (por encima de los 104° Fahrenheit, o los 40° centígrados aumentando más de varios grados por hora), es posible que se presenten convulsiones.

Un lactante o un niño pequeño no puede aguantar un termómetro en su boca al tomarle la temperatura oral, y las "tiras para la fiebre" que se colocan en la frente no son lo suficientemente precisas. Por eso, una de las mejores formas de tomarle la temperatura a un bebé es colocándole el termómetro en el recto. En cuanto sepa cómo se hace, le parecerá bastante sencillo; pero es mejor que aprenda el procedimiento con antelación para que no se ponga nerviosa la primera vez que su hijo se enferme.

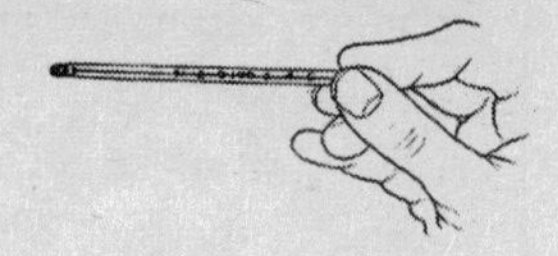

Termómetro rectal (con un bulbo corto y redondeado)

La Academia Americana de Pediatría no recomienda el uso de termómetros de mercurio, que se pueden romper fácilmente. De hecho, aconsejamos a los padres retirar todo termómetro de mercurio de la casa para prevenir la exposición accidental a esta toxina. En cambio, entre su equipo básico para bebé, debe tener un termómetro rectal tipo digital, y, si quiere, un termómetro de oído (o timpánico). Para niños menores de tres años de edad, un termómetro rectal tipo digital brinda la lectura más acertada.

El procedimiento para tomar la temperatura rectal con un termómetro digital, es el siguiente:

1. Limpie la punta del termómetro con alcohol o agua y jabón. Enjuáguelo con agua templada (no caliente).

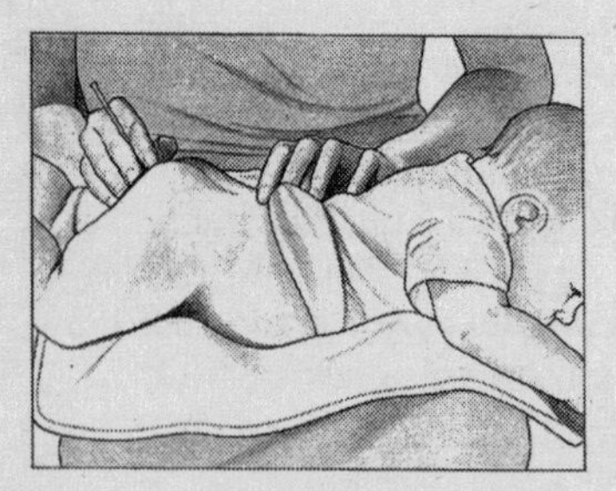

Tomando la temperatura rectal

2. Ponga una pequeña cantidad de lubricante (como petrolato) en la punta.

3. Coloque al niño boca abajo sobre su regazo o sobre una superficie firme. Sosténgalo firmemente colocándole la palma de la mano contra la parte inferior de la espalda, justo encima de las nalgas del bebé.

4. Con la otra mano, encienda el botón del termómetro y luego inserte el termómetro de ½ a 1 pulgada por la abertura anal (no lo inserte más profundo.) Sostenga el termómetro con dos dedos de manera floja, manteniendo la mano ahuecada sobre las nalgas del niño.

5. Mantenga el termómetro en su lugar por un minuto aproximadamente, hasta que lo oiga "pitar".

6. Retire el termómetro y lea la temperatura digital.

Una lectura rectal por encima de 100.4°F (38°C) podría indicar fiebre. Si cree que la temperatura puede estar más alta de lo usual debido a que el niño ha tenido mucha actividad física o está muy abrigado, vuelva a tomar la temperatura en 30 minutos. (Si su bebé tiene menos de dos años de edad, comuníquese con el pediatra de inmediato si tiene una temperatura de 100.4°F o más.)

Los termómetros timpánicos son otra opción para bebés mayores y niños. Éstos miden la temperatura adentro del oído, pero para que sea acertado, este instrumento debe ser colocado correctamente en el oído del niño. Un exceso de cera en el oído también puede ocasionar una lectura imprecisa. Ésta es la forma de utilizar este instrumento:

1. Coloque con delicadeza la punta del termómetro en el canal del oído.

2. Oprima el botón de encendido (start).

3. En cuestión de segundos, podrá leer la lectura digital de la temperatura de su hijo.

La visita al pediatra

Probablemente usted verá más al pediatra durante el primer año de vida de su hijo que en todo el resto de su vida. El primer examen físico del bebé tendrá lugar justo al nacer. El programa de visitas que figura a continuación especifica las revisiones rutinarias mínimas por las que debe pasar su hijo durante los dos primeros años de vida. Sin embargo, es posible que el pediatra quiera ver a su hijo más a menudo.

Lo ideal es que ambos padres estén presentes en las primeras visitas. Estas citas representan una buena oportunidad para que los padres y el pediatra se conozcan mutuamente e intercambien preguntas y respuestas. No se limite a hacerle preguntas de carácter médico; su pediatra también es un experto en temas generales sobre el cuidado de los niños y una fuente muy valiosa de información si usted está buscando quién le cuide a su hijo, si busca una asociación de padres o necesita algún otro tipo de ayuda. Muchos pediatras ofrecen folletos explicativos sobre los problemas más comunes, pero es una buena idea que, cuando tenga que acudir a la consulta del pediatra, haga una lista de las preguntas que desea formularle para no olvidarse de nada importante.

Si su pareja no puede ir con usted, sería bueno que fuera con algún amigo o pariente. Le resultará mucho más fácil concentrarse en la conversación con el pediatra si alguien se encarga de desnudar y volver a vestir al bebé y de ir recogiendo todas sus cosas. Hasta que se habitúe a salir de casa con el bebé, conviene que le acompañe un adulto para ayudarle a llevar la pañalera y le abra y cierre puertas.

El objetivo de estas primeras visitas al pediatra es asegurarse de que su bebé está creciendo y desarrollándose adecuadamente y que no tiene problemas graves. En concreto, el pediatra se fijará en los siguientes aspectos:

Crecimiento. El pediatra le pedirá que desnude a su hijo y lo pesará en una balanza para bebés. También medirá su largo, colocándolo sobre una mesa con las piernas estiradas. Utilizará una cinta especial para medir el tamaño de la cabeza. Todas estas medidas deben representarse en un gráfico para determinar su curva de crecimiento de una a otra visita. (Usted también puede representar la curva de crecimiento de su hijo llenando las gráficas de las páginas 186 a 189). Ésta es la forma más fiable de saber si su hijo está creciendo con normalidad y le permitirá ver la posición que ocupa en relación a otros niños de su edad.

Cabeza. Las áreas blandas o fontanelas deben seguir abiertas durante los primeros meses. Entre el segundo y el tercer mes, la fontanela posterior debe cerrarse. La fontanela anterior del cráneo debe cerrarse antes de que el niño cumpla dos años (alrededor de los 18 meses).

Oídos. El médico examinará los oídos del bebé con un otoscopio, un instrumento que permite ver el canal auditivo y el tímpano y determinar si hay evidencia de fluido o alguna infección. También le preguntará si el bebé responde normalmente a los sonidos. La Academia Americana de Pediatría recomienda el cernimiento de audición en todo niño recien nacido. Si a su bebé le hicieron dicha prueba al nacer, su pediatra seguramente la tendrá disponible y podrá discutirla con ustedes.

Ojos. El médico utilizará un objeto brillante o una linterna para captar la atención del bebé y examinar sus movimientos oculares. También puede mirarle los ojos por dentro con un instrumento dotado de luz denominado oftalmoscopio, repitiendo el examen del interior del ojo que ya se le hizo en la sala de recién nacidos. Esto es particularmente útil para detectar cataratas (opacidad del cristalino). (Véase *Cataratas,* página 608.)

Boca. Se examina para detectar posibles signos de infección y, más adelante, para hacer un seguimiento de la dentición.

Corazón y pulmones. El pediatra utilizará un estetoscopio para auscultar al bebé por el pecho y por la espalda. Este examen permite identificar problemas respiratorios y posibles anormalidades en el ritmo cardíaco o los sonidos respiratorios.

Abdomen. Colocando la mano sobre el abdomen del bebé y presionando suavemente, el médico comprobará si algún órgano está agrandado o si existe alguna masa o malestar.

Genitales. Los genitales se examinarán en cada visita para detectar posibles masas o bultos, molestias o signos de infección. En el primer examen o en los dos primeros, el médico se fijará con especial atención en el pene de aquellos bebés que hayan sido circuncidados, para asegurarse de que está cicatrizando bien. Así mismo, comprobará si en los bebés de sexo masculino han descendido ambos testículos en el escroto.

Caderas y piernas. El pediatra moverá las piernas del bebé para comprobar que no haya ninguna luxación o algún otro problema en la articulación de la cadera. Más adelante, cuando el niño empiece a caminar, el médico lo observará, para asegurarse de que las piernas y los pies están correctamente alineados y se mueven con normalidad.

Piedras angulares del desarrollo. El pediatra también le preguntará sobre el desarrollo general de su hijo. Entre otras cosas, comentará con usted cuándo empezó a sonreír, a darse la vuelta, a sentarse y a andar y cómo utiliza las manos y los brazos. En la consulta, analizará sus reflejos y el tono muscular general. (Para más detalles sobre el desarrollo normal, véanse los capítulos 5 al 9).

Vacunas

Su bebé debe recibir la mayoría de las vacunas infantiles antes de que cumpla los dos años. Así estará protegido de al menos once enfermedades importantes: la poliomielitis, el sarampión, las paperas, la varicela, la rubéola, la tos ferina (pertussis), la difteria, el tétanos, las infecciones provocadas por el *Haemophilus Influenzae* tipo b, las causadas por el Neumococo y la hepatitis B. El itinerario de vacunaciones recomendado por la Academia Americana de Pediatría figura en la página 106.

DTPa. En el chequeo de los dos meses, a su bebé le pondrán la primera dosis de las vacunas contra la difteria, el tétanos y la pertussis (conocida popularmente como tos ferina), del tipo acelular (DTPa). Estas vacunas se ponen en cinco inyecciones, las primeras tres dosis se inyectan a los dos, cuatro y seis meses de edad. La cuarta dosis se inyecta entre seis y doce meses después de la tercera, generalmente alrededor de los dieciocho meses de edad. La última dosis se suele inyectar antes de que el niño empiece a ir a la escuela, entre los cuatro y los seis años. Esta dosis "de refuerzo" eleva aún más la respuesta inmune ante los agentes que provocan las tres enfermedades señaladas.

Durante las 24 horas que siguen inmediatamente al pinchazo, su hijo puede estar irritable y menos activo que de costumbre. Es posible que la zona del pinchazo se enrojezca y le duela y que el niño tenga fiebre baja (menos de 102°F [38.9°C]). Estas reacciones, aunque son normales, no deberían durar más de 48 horas. Pueden tratarse administrando acetaminofén cada cuatro horas (Para saber cuál es la dosis adecuada, véase la tabla de la página 633). Nunca le dé aspirina.

Informe al pediatra si su bebé presenta alguna de estas reacciones menos comunes:

- Llanto constante y desconsolado durante más de tres horas
- Un llanto mucho más agudo de lo normal
- Somnolencia excesiva o dificultad para despertarse
- Palidez o flojera
- Temperatura igual o superior a los 105° Fahrenheit (40.6°C).
- Convulsiones (generalmente provocadas por la fiebre alta)

Aunque estos efectos secundarios pueden ser alarmantes, hay menos de un 1 por ciento de probabilidades de que su hijo presente *cualquiera* de ellos.

En 1992 se autorizó el uso de un nuevo tipo de vacuna antitosferina que no utiliza toda la célula muerta sino sólo una parte de la misma. Esta vacuna se denomina "acelular" (DTPa) y desde 1997 *se prefiere a la forma "inactivada" (DTP).* La DTPa tiene menos probabilidades de provocar los efectos secundarios adversos, leves o moderados, que suele provocar la DTP. Ambas tienen la misma eficacia preventiva. Si a un bebé no se le ponen estas vacunas, su riesgo de contraer estas enfermedades aumenta enormemente. La difteria, el tétanos y la tos ferina son enfermedades muy peligrosas. (Véase el capítulo 24: *Vacunas*).

Estos peligros incluyen:

- Dos de cada diez personas que contraen el tétanos mueren debido a esta enfermedad.
- Antes de que existiera la vacuna, una de cada quince personas que contraía la difteria moría debido a esta enfermedad.
- Uno de cada cien bebés de menos de dos meses que contraen la tos ferina muere de esta enfermedad (La tasa de mortalidad global, considerando a todos los infantes, es de uno por mil).
- Casi tres de cada cuatro infantes que contraen la tos ferina requieren hospitalización, y uno de cada cinco desarrolla neumonía.

Ha habido cierta controversia en torno a las reacciones que provocaba la DTP, pero, puesto que sus beneficios superan con creces a los riesgos implicados, *la Academia Americana de Pediatría recomienda fuertemente seguir con la rutina de inyectar esta vacuna, en su modalidad acelular (DTPa), a partir de los dos meses de edad.*

Sin embargo, hay algunos niños en los que se debería posponer el momento de empezar a vacunarlos y algunos que no deberían ser vacunados. Entre ellos, se incluyen los que tienen uno o más de los siguientes problemas:

- Una reacción severa ante la primera dosis (reacción alérgica o inflamación del cerebro, denominada encefalopatía)
- Convulsiones previas o existir la sospecha de que el niño tenga una enfermedad del sistema nervioso de carácter progresivo.

Si su bebé tiene alguno de estos problemas, asegúrese de que el pediatra está convenientemente informado *antes* de ponerle la vacuna DTPa.

Vacuna contra la poliomielitis. La poliomielitis es una enfermedad de origen viral que puede paralizar algunos músculos del cuerpo. Puede ser de leve a muy grave, dependiendo de los músculos afectados y de la gravedad de la afectación. Afortunadamente, la forma natural del virus de la poliomielitis ha sido eliminada en los Estados Unidos gracias al uso de vacunas eficaces para prevenir esta enfermedad.

Vacunarse es la mejor forma de protegerse contra la poliomielitis. Los niños deben recibir cuatro dosis de esta vacuna antes de ingresar a la escuela. Hasta hace poco, había dos tipos de vacunas de la poliomielitis: la IPV o vacuna de la poliomielitis inactivada, que se inyecta en la pierna o el brazo, y la OPV o vacuna de la poliomielitis atenuada, que se tomaba por vía oral en forma de gotas. La vacuna contra la poliomielitis se pone a los dos meses, a los cuatro meses, entre los doce y los dieciocho meses y entre los cuatro y los seis años.

Las dos vacunas de la poliomielitis proporcionan una protección excelente contra la polio. Sin embargo, la oral u OPV, sólo se usa en circunstancias bien específicas.

La IPV proporciona una protección excelente contra la poliomielitis y se ha visto que, exceptuando la leve inflamación en la zona del pinchazo, apenas se asocia a efectos secundarios. La IPV protege al niño que recibe la inyección, y, al estar elaborada con un virus de la poliomielitis inactivado, no puede provocar cuadros de parálisis. Sin embargo, en el caso de que haya un brote de poliomielitis, la forma inyectable no es tan eficaz como la oral para prevenir la transmisión de la forma natural del virus de la poliomielitis.

La OPV proporciona una protección excelente contra la poliomielitis y, aparte de no tener que inyectarse, evita que la forma natural del virus de la poliomielitis se trasmita de una persona a otra. Aunque contiene una forma atenuada del virus, en raras ocasiones puede provocar un cuadro de parálisis en bebés inmunodeprimidos. También puede provocar un cuadro de este tipo en las personas que no sean inmunes al virus de la poliomielitis y que estén en contacto con niños que hayan recibido la vacuna contra la polio por vía oral (el virus estará presente en las heces del niño al poco tiempo de la vacunación). De todos modos, las probabilidades de que esto ocurra son bajísimas. Si su bebé es alérgico a los antibióticos neomicina y estreptomicina, es probable que el pediatra le recomiende la forma oral de la vacuna, ya que los antibióticos mencionados se utilizan para preparar la forma inyectable.

Vacuna contra el sarampión, la rubéola y las paperas. Cuando su hijo tenga entre 12 y 15 meses de edad, recibirá un solo pinchazo en el que se le inmunizará contra las paperas, el sarampión y la rubéola. Aunque estas enfermedades se conocen sobre todo por las erupciones (sarampión y rubéola) y la inflamación glandular (paperas) que provocan, también pueden ocasionar complicaciones médicas graves. Las vacunas contra estas enfermedades no suelen tener efectos secundarios graves, pero su hijo puede experimentar las siguientes reacciones, al cabo de siete a diez días de haber sido inyectado:

- Salpullido de carácter leve
- Leve hinchazón de los ganglios linfáticos del cuello o del área que queda cubierta por los pañales
- Fiebre baja
- Adormilamiento

Itinerario de vacunación recomendado para niños y adolescentes Estados Unidos, 2003

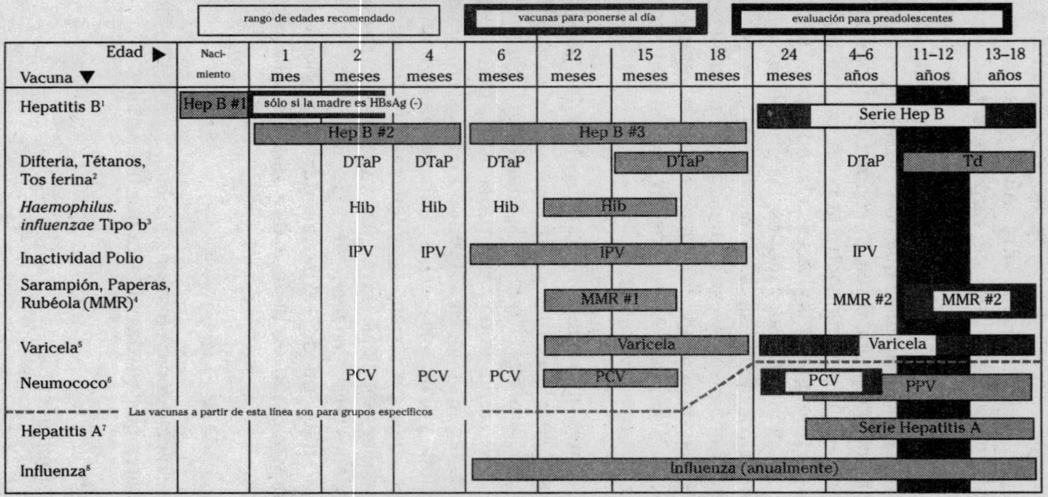

rango de edades recomendado | vacunas para ponerse al día | evaluación para preadolescentes

Vacuna ▼ / Edad ▶	Nacimiento	1 mes	2 meses	4 meses	6 meses	12 meses	15 meses	18 meses	24 meses	4–6 años	11–12 años	13–18 años
Hepatitis B[1]	Hep B #1	sólo si la madre es HBsAg (-)									Serie Hep B	
			Hep B #2				Hep B #3					
Difteria, Tétanos, Tos ferina[2]			DTaP	DTaP	DTaP			DTaP		DTaP		Td
Haemophilus. influenzae Tipo b[3]			Hib	Hib	Hib		Hib					
Inactividad Polio			IPV	IPV			IPV			IPV		
Sarampión, Paperas, Rubéola (MMR)[4]							MMR #1			MMR #2		MMR #2
Varicela[5]							Varicela				Varicela	
Neumococo[6]			PCV	PCV	PCV		PCV			PCV	PPV	
Las vacunas a partir de esta línea son para grupos específicos												
Hepatitis A[7]											Serie Hepatitis A	
Influenza[8]									Influenza (anualmente)			

Este calendario indica las edades recomendadas para la administración rutinaria de vacunas infantiles autorizadas al 1 de diciembre del 2002 para niños hasta los 18 años de edad. Cualquier dosis que no se suministre en la edad recomendada, debe ponerse al día en cualquier visita posterior que sea factible. Las ▬ indican los rangos de edad a los que debe administrarse con especial esfuerzo las vacunas que no se pusieron previamente. Es posible que en el transcurso del año se aprueben y recomienden nuevas vacunas. Las vacunas combinadas que tienen licencia se pueden usar cuando esté indicado cualquier componente de la combinación y sus demás componentes no estén contraindicados. Para obtener recomendaciones detalladas, los proveedores deben consultar los folletos explicativos que acompañan al empaque de cada producto.

1. Vacuna contra Hepatitis B (HepB). Todo bebé debe recibir la primera dosis de la vacuna contra la hepatitis B al poco tiempo de haber nacido y antes de salir del hospital. La primera dosis también se puede dar antes de cumplir los 2 meses de edad si la madre es negativa al HbsAG. Para la dosis de recién nacido sólo se puede usar la vacuna monovalente HepB. Para completar la serie se puede usar la vacuna monovalente o una combinación que contenga HepB. Cuando la dosis se da al momento de nacer, se pueden administrar cuatro dosis de la vacuna. La 2ª dosis se debe administrar al menos 4 semanas después de la primera dosis, a excepción de las vacunas combinadas que no pueden administrarse antes de las 6 semanas de edad. La 3ª dosis se debe administrar al menos 16 semanas después de la primera dosis y por lo menos 8 semanas después de la segunda dosis. La última dosis en la serie de vacunas (tercera o cuarta dosis) no debe administrarse antes de los 6 meses de edad.

Los bebés nacidos de madres positivas al HbsAg deben recibir la vacuna contra la hepatitis B y 0.5 mL de globulina inmune a la hepatitis B (HBIG) dentro de un período de 12 horas después del nacimiento, en sitios separados. La 2ª dosis se recomienda a la edad de 1 a 2 meses. La última dosis de la serie de vacunas no debe administrarse antes de los 6 meses de edad. A estos bebés se les debe hacer una prueba de HbsAg y de anti-HBs entre los 9 y los 15 meses de edad.

Los bebés nacidos de madres cuyos resultados de HBsAg no se conocen deben recibir la vacuna contra la hepatitis B dentro de un período de 12 horas después del nacimiento. Se debe obtener una muestra de sangre materna lo más pronto posible para determinar el resultado de HBsAg de la madre; si la prueba de HBsAg es positiva, el bebé debe recibir el HBIG lo antes posible (no después de una semana de edad). La 2ª dosis se recomienda entre los 1 y los 2 meses de edad. La última dosis de la serie de vacunas no se debe administrar antes de los 6 meses de edad.

2. Toxoides diftérico y tetánico, y vacuna acelular contra la pertussis (Dtap) La 4ª dosis de DTaP puede administrarse desde los 12 meses de edad, siempre y cuando hayan pasado 6 meses desde la 3ª dosis y que no sea probable que el niño regrese a la consulta entre los 15 y los 18 meses de edad. Se recomienda la Td (toxoides tetánico y diftérico) a los 11 y 12 años de edad, si han transcurrido por lo menos 5 años desde la última dosis de DTP, DTaP o DT. Se recomiendan vacunas de refuerzo de Td cada 10 años.

3. Vacunas conjugada contra la *Haemophilus influenza tipo B (Hib).* Hay tres vacunas Hib autorizadas para infantes. Si se administra la PRP-OMP (PedvaxHIB® o ComVax ®(Merck]) a los 2 y 4 meses de edad, no se requiere una dosis a los 6 meses de edad. Los productos combinados DTaP/Hib no se deben usar para inmunización primaria de bebés a los 2, 4 ó 6 meses de edad, pero se pueden usar como dosis de refuerzo después de cualquier vacuna contra HiB.

4. Vacuna contra sarampión, paperas y rubéola (MMR) La 2ª dosis de la MMR se recomienda rutinariamente de los 4 a los 6 años de edad, pero puede administrarse durante cualquier visita, siempre y cuando hayan transcurrido por lo menos 4 semanas después de recibir la 1ª dosis, y que ambas dosis se administren a partir de los 12 meses de edad. Quienes no han recibido anteriormente la segunda dosis, deben completar el programa a más tardar para la visita de los 11 a los 12 años de edad.

5. Vacuna contra la varicela. La vacuna contra la varicela se recomienda en cualquier visita, ya sea en el primer cumpleaños o a partir del primer cumpleaños, en niños susceptibles; esto es, niños que no tengan un historial confiable de varicela. Las personas susceptibles de 13 años de edad en adelante, deben recibir 2 dosis, administradas con un intervalo de por lo menos 4 semanas.

6. Vacuna contra el neumococo. La vacuna heptavalente conjugada contra el neumococo ((PVC) se recomienda para todos los niños de 2 a 23 meses de edad. También se recomienda para ciertos niños de 24 a 59meses de edad. La vacuna contra el neumococo polisacárido (PPV) se recomienda además de la PCV para ciertos grupos de alto riesgo. (Vér MMWR2000;49 (RR-9); 1-38.

7. Vacuna contra la hepatitis A. La vacuna contra la hepatitis A (Hep A) se recomienda en estados y/o regiones específicos y para ciertos grupos de alto riesgo; consulte con las autoridades de salud pública de su localidad. Los niños y adolescentes de tales estados, regiones y grupos de alto riesgo que no han sido vacunados contra la hepatitis A, pueden iniciar la serie de vacunas de Hepatitis A durante cualquier visita. Las dos dosis de la serie deben administrarse con un intervalo de por lo menos 6 meses. Ver. MMMWR 1999; 48 (RR-12); 1-37.

8. Vacuna contra la influenza. La vacuna contra la influenza se recomienda anualmente para todo niño a partir de los 6 meses que tenga ciertos factores de riesgo (incluyendo pero sin limitarse a asma, afecciones cardiacas, anemia falciforme, HIV y diabetes, así como para los miembros del hogar donde haya una persona de alto riesgo; ver MMWR2002; 51 (RR-31); 1-31); y se puede administrar a todas las demás personas que desean obtener inmunidad. Además, de ser posible, se recomienda vacunar a los niños saludables entre los 6 y los 23 meses de edad, puesto que los niños en tal grupo de edad tienen un riesgo substancialmente mayor a tener que ser hospitalizados por complicaciones de la influenza. Los niños mayores de 12 años deben recibir la vacuna en una dosis apropiada a su edad (0.25 mL para niños de 6 a 35 meses ó 0.5mL para niños mayores de 3 años). Los niños mayores de 8 años que reciben la vacuna contra la influenza por primera vez, deben recibir dos dosis por separado con un intervalo de por lo menos 4 semanas.

Para obtener información adicional sobre las vacunas de la anterior lista, sírvase visitar la sede por Internet del Programa Nacional de Inmunización en el www.cdc.gov/nip o llame a la línea telefónica gratuita de dicho programa en el 800-232-2522 (inglés) ó 800-232-0233 (español).

Aprobado por el Advisory Committee on Immunization Practices (ACIP) (Comité de expertos en vacunaciones), la Academia Americana de Pediatría y la American Academy of Family Physicians (AAFP) (Academia Americana de Médicos de Familia).

En los niños alérgicos a los huevos, esta vacuna puede provocar reacción en raras ocasiones (ya que en su proceso de elaboración se emplean huevos). Por lo tanto, si su hijo tiene este tipo de alergia, debería indicárselo al pediatra. Además, si su hijo está tomando alguna medicina que interfiera con el funcionamiento del sistema inmune o su sistema inmune está debilitado por cualquier motivo, no se le debe inyectar esta vacuna. Puesto que no todos los niños se inmunizan con un sólo pinchazo, para garantizar una mayor protección se recomienda una segunda dosis entre los 4 y 6 años.

Vacuna contra la varicela. Se recomienda vacunar contra la varicela a todos los niños sanos de entre 12 y 18 meses que no hayan tenido la enfermedad. Los niños de menos de trece años que no hayan tenido varicela ni fueron vacunados contra esta enfermedad en su momento, también deberían recibir una única dosis de esta vacuna. Los adolescentes y adultos jóvenes que no hayan tenido esta enfermedad ni se hayan vacunado contra ella deberían recibir dos dosis de esta vacuna separadas entre sí por un período de entre cuatro a ocho semanas. Aunque la varicela no suele provocar complicaciones en la mayoría de niños sanos, hay ciertos sectores de la población que tienen mayor riesgo de desarrollar problemas graves. Entre ellos, cabe destacar a los niños de menos de un año, los que tiene el sistema inmune debilitado, los que tienen eczema u otros trastornos de la piel, los asmáticos y los adolescentes.

Vacuna contra la *Haemophilus Influenzae* Tipo B (Hib). Es recomendable administrar la vacuna contra las infecciones provocadas por la bacteria denominada *Haemophilus Influenzae* tipo b a partir de los dos meses de edad. (Véase también *Meningitis,* página 651). El uso de esta vacuna ha permitido reducir notablemente la incidencia de las enfermedades provocadas por esta bacteria.

Vacuna contra la Hepatitis B. La vacuna para prevenir la hepatitis B se ha añadido al listado de las vacunas que es recomendable administrar durante la infancia. La hepatitis B (a veces denominada hepatitis sérica) es una enfermedad viral que afecta al hígado. Se puede dar en personas de cualquier edad, incluyendo a los recién nacidos. Puede trasmitirse de madre a hijo en el momento del parto y entre las personas que conviven en la misma casa. También se puede contagiar por vía sexual y por el contacto con la sangre infectada o con utensilios quirúrgicos contaminados.

Los infantes y los niños pequeños pueden contraer la enfermedad y manifestar síntomas leves o, incluso, no manifestar ningún síntoma en absoluto, pero es posible que más adelante desarrollen problemas de hígado de carácter crónico, incluyendo cáncer.

Puesto que parece ser que esta enfermedad está aumentando y los contactos no siempre se pueden predecir o evitar, las autoridades sanitarias incluyendo la AAP recomiendan administrar esta vacuna temprano en la infancia.

La vacuna se administra en tres dosis: la primera dosis se inyecta pocos días después del nacimiento, la segunda uno o dos meses después y la tercera entre los seis y los dieciocho meses de edad. La primera dosis puede administrarse también a los dos meses si la madre es seronegativa para Hepatitis B. Sólo se puede usar la vacuna monovalente al momento del nacimiento. Para completar la serie se puede usar la monovalente o vacunas en combinacion que contengan Hep B.

Los niños mayores, adolescentes y adultos también deberían vacunarse. Muchas guarderías y escuelas públicas exigen pruebas de vacunación contra hepatitis B para admitir a un niño. Estas personas también tendrían que ponerse tres inyecciones, dejando pasar un mes entre la primera y la segunda, y seis meses entre la segunda y la tercera.

No se han descrito reacciones adversas graves a esta vacuna. De todos modos, pueden presentarse efectos secundarios menores, como malestar, inflamación y enrojecimiento de la zona del pinchazo. Esta vacuna sólo está contraindicada en las personas alérgicas a la levadura (algo poco habitual en los niños).

Vacuna Contra el Neumococo. La vacuna conjugada contra el Pneumococo se recomienda para todo niño entre dos (2) y 23 meses. Se administra a los 2, 4, y 6 meses y luego entre los 12 o 15 meses de acuerdo con el último itinerario de vacunación publicado. Los efectos secundaras son en general leves e incluyen reacción en el lugar de la inyección, irritabilidad, mareos y pobre apetito. Se reporta también fiebre.

En este capítulo hemos dado una visión general de los cuidados que necesita un bebé. De todos modos, su hijo es un individuo único, por lo que probablemente tendrá algunas preguntas que sólo son pertinentes para su caso en concreto. Estas preguntas serán mejor resueltas por su propio su pediatra.

Nuestra posición

La Academia Americana de Pediatría considera que los beneficios de la vacunación superan con creces los riesgos implicados por enfermedades infantiles, así como cualquier riesgo de las vacunas en sí. A pesar de la publicidad que se ha hecho sobre los efectos secundarios adversos de las vacunas —sobre todo el componente antitosferina de la vacuna contra el DTP— éstos son sumamente raros. La Academia Americana de Pediatría considera que la vacunación es la forma más segura y económica de prevenir la enfermedad, las discapacidades y la muerte, e insta a los padres a que se aseguren de que sus hijos reciben todas las vacunas necesarias para prevenir las enfermedades de la niñez más peligrosas.

En lo que se refiere a la varicela, la Academia Americana de Pediatría recomienda inyectar esta vacuna de forma universal en los niños pequeños y también en los niños mayores y adolescentes que sean susceptibles a esta enfermedad. Esta vacuna se debe inyectar en una sola dosis cuando el niño tenga entre 12 y 18 meses de edad, pudiendo administrarse junto con la vacuna de sarampión, varicela, rubéola. A los niños mayores también basta con inyectarles una sola dosis lo antes posible.

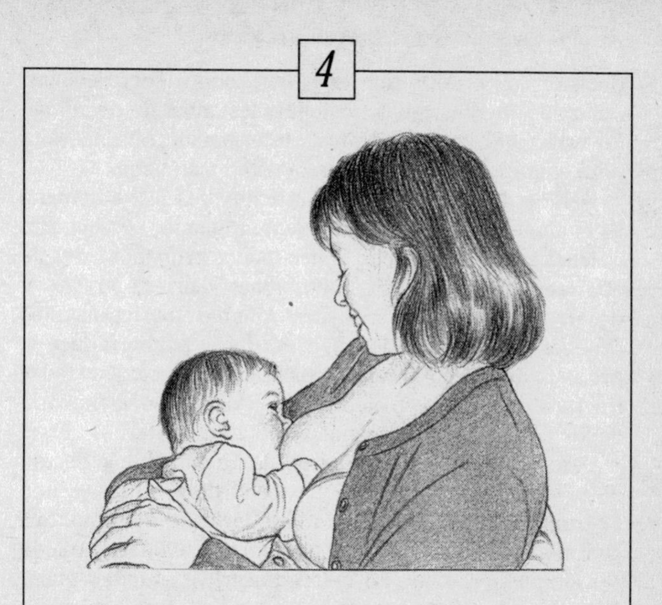

La alimentación del bebé: el pecho y el biberón

Las necesidades nutricionales de su hijo durante el período de crecimiento rápido denominado infancia son mayores que en ninguna otra etapa de su vida. Su bebé triplicará aproximadamente su peso corporal durante el primer año de vida.

Alimentar a su bebé es mucho más que nutrirlo. Al hacerlo, tendrá la oportunidad de estar cerca de él, arrullarlo y mirarle a los ojos. Serán momentos de relajación y disfrute para ambos y también de proximidad emocional.

Antes del parto, usted deberá decidir si va a darle el pecho o el biberón a su hijo. Se trata de una decisión importante que exige reflexión: deberá evaluar cuidadosamente ambas posibilidades antes de decidirse. En este capítulo encontrará la información que necesita para elegir la mejor opción para usted y su bebé.

Debido a su composición nutricional, la leche humana es el alimento ideal para un infante humano. Los bebés a quienes se les da el pecho tienen menos probabilidades de contraer infecciones de oído, tener diarreas graves y desarrollar reacciones alérgicas. Además, existen algunas pruebas de que, para las madres, dar el pecho reduce la probabilidad de contraer ciertos tipos de cáncer y de tener fracturas de cadera en el futuro. Por tal motivo, la mayoría de los pediatras recomiendan la lactancia materna.

Pero es importante que no se sienta culpable si decide darle el biberón a su hijo. La leche de fórmula es una alternativa nutritiva y aceptable a la leche materna. Sea cuál sea el motivo que tenga para no amamantar (y puede ser simplemente que no quiera hacerlo), es usted quien tiene que decidirlo. De todos modos, es importante que reflexione al respecto antes de que nazca el bebé, puesto que empezar con el biberón y luego intentar darle el pecho puede ser bastante complicado o, incluso, imposible, si espera demasiado. La producción de leche se optimiza si la lactancia se inicia justo después del parto. Si usted empieza dándole el pecho a su hijo y después decide, por cualquier motivo, que esto no funciona, siempre estará a tiempo de pasarse al biberón.

En los Estados Unidos, aproximadamente un 44% de los recién nacidos son amamantados al nacer. A los seis meses, sólo el 20% sigue alimentándose de este modo. La Organización Mundial de la Salud y muchos expertos recomiendan a las mujeres amamantar a sus bebés al máximo, hasta el año o incluso más, puesto que la leche materna no sólo proporciona una nutrición óptima, sino también protección contra infecciones. Es posible que usted utilice ambos métodos antes de que termine el primer año de vida de su hijo; otro motivo más para que se familiarice previamente con ambos tipos de lactancia.

Ventajas y desventajas de la lactancia materna

Como ya mencionamos, la leche humana es el mejor alimento que se le puede dar a cualquier bebé. Sus principales ingredientes son azúcares (lactosa), proteínas fáciles de digerir (suero y caseína) y grasas (ácidos grasos digeribles) —todo ello en las proporciones adecuadas para alimentar a su bebé y protegerlo contra ciertos trastornos, como las infecciones de oído (otitis media), las alergias, los vómitos, la diarrea, la neumonía, el asma, la bronquiolitis y la meningitis. Además, la leche materna contiene muchos minerales y vitaminas, así como enzimas que ayudan al proceso de digestión y absorción. La leche de fórmula sólo se aproxima a esta combinación de nutrientes y no contiene las enzimas, anticuerpos y muchos otros ingredientes importantes de la leche materna.

Hay muchos motivos de carácter práctico para optar por la lactancia materna. La leche materna es relativamente barata. El hecho de que la madre mantenga una dieta equilibrada y aumente el consumo de calorías le costará sólo la mitad de lo que se tendría que gastar en leche de fórmula. Además, la leche materna no tiene que prepararse: es instantánea y siempre está disponible en el lugar que sea. Otra ventaja física para la madre es que la lactancia materna ayuda a recuperar la forma después del parto y a perder el peso ganado durante el embarazo, ya que consume cerca de 500 calorías diarias y contribuye a que el útero se contraiga y recupere su tamaño original más rápidamente.

Las ventajas psicológicas y emocionales de la lactancia materna, tanto para la madre como para el bebé, son tan convincentes como las físicas. Dar el pecho permite establecer un contacto directo "piel a piel" entre madre e hijo, que, aparte de calmar al bebé, resulta sumamente gratificante para la madre. Las mismas hormonas que estimulan la producción de leche pueden estimular también los sentimientos maternales. La mayoría de las madres que lactan sienten que esa experiencia les ayuda a sentirse más cerca de su bebé y más seguras de su capacidad de cuidarlos y protegerlos. Esta ventaja de la lactancia materna tiene un valor inestimable.

Cuando la lactancia materna funciona, no tiene ninguna desventaja conocida para el bebé. Dar el pecho puede exigir más tiempo para la madre que dar el biberón, en el sentido de que las tomas suelen ser frecuentes y más largas. Pero este aumento del tiempo que pasan juntos es positivo para el desarrollo del bebé. Suele implicar perder horas de sueño y que otros miembros de la familia tengan que asumir otras tareas domésticas. En pocas semanas, la familia se acostumbrará a estos cambios en la rutina cotidiana. Aunque no puedan darle el pecho al bebé, los demás miembros de la familia pueden participar activamente en muchos otros aspectos relacionados con su cuidado. Todos pueden colaborar mientras la madre da el pecho al bebé. Pueden disfrutar de la experiencia de cargarlo para sacarle los gases. El papel del padre es muy importante, pues brinda apoyo a madre e hijo. Puede cargar al bebé, cambiarle los pañales, bañarlo y alimentarlo cuando haya que darle algún biberón suplementario. La mejor forma de evitar malentendidos es que la pareja hable abiertamente sobre el tema de la alimentación, asegurándose de que tanto el padre como la madre están de acuerdo con la elección tomada antes de que nazca el bebé. La mayoría de los padres quieren que su hijo reciba la mejor alimentación desde el principio y esto significa, sin lugar a dudas, la leche materna. Las madres que necesitan estar alejadas de su bebé durante cierto tiempo (para ir al trabajo, de compras o asistir a actividades sociales) pueden seguir alimentando a sus hijos con su propia leche utilizando un extractor de leche y guardando la leche extraída en el congelador, para que el padre, otro miembro de la familia o la persona que cuide al bebé se la dé.

¿Hay algún trastorno médico que haga que la lactancia materna no sea aconsejable? Sí, aunque muy pocos. Si una madre está muy enferma, puede no tener la energía o el vigor necesario para darle el pecho a su hijo sin que ello interfiera en su propio proceso de recuperación. Así mismo, aunque la mayoría de las medicinas son inocuas, algunos de ellas, al pasar a la leche, pueden resultar perjudiciales para el bebé.

Si usted está tomando medicamentos por cualquier motivo (ya sean medicinas con receta médica o no), informe a su pediatra al respecto antes de empezar a darle el pecho a su bebé. Su pediatra le indicará si, al pasar a la leche, los medicamentos que usted toma pueden ser perjudiciales para el bebé. En ocasiones algunas medicinas pueden cambiarse por otras que no hagan daño al bebé.

Para algunas madres, dar el pecho significa un gran esfuerzo. Aunque dar al pecho puede ser molesto al principio, la mayoría de estas molestias desaparecen con el tiempo, los buenos consejos y la experiencia. De todos modos, si las cosas continúan sin mejorar al final del segundo mes, y usted considera que las desventajas de la lactancia materna superan las ventajas que aporta, probablemente será mejor que cambie a la leche de fórmula. No deje que esto la desanime, ya que, usted y su hijo tienen que encontrar la mejor combinación para que la experiencia de la alimentación resulte gratificante en todo sentido.

Ventajas y desventajas de la alimentación con biberón

A pesar de reconocer las ventajas de la lactancia materna, tanto las madres como los padres pueden considerar que la alimentación con biberón da a la madre una mayor libertad y más tiempo para dedicarse a tareas no relacionadas con el cuidado del bebé. El padre, los abuelos, e incluso, un hermano mayor pueden darle el biberón al bebé, ya sea que contenga leche materna o leche de fórmula. Esto no sólo proporciona mayor flexibilidad a la madre sino que representa una buena oportunidad para que los demás miembros de la familia fortalezcan su vínculo con el bebé.

Hay otras razones que pueden llevar a una pareja a elegir el biberón: permite saber exactamente qué cantidad de alimento consume el bebé y no hace falta preocuparse de la dieta de la madre ni de las medicinas que pueden afectar a la leche.

Los fabricantes de leche de fórmula no han encontrado aún un modo de reproducir los componentes únicos de la leche humana. Aunque la leche de fórmula suministra los nutrientes que un lactante necesita, carece de los anticuerpos y componentes que sólo la leche de la madre contiene.

La leche de fórmula además es costosa y puede representar un inconveniente para algunas familias. Tiene que ser comprada y preparada (a menos que use las leches "listas para usar" que son más costosas). Esto implica tener que hacer viajes a la cocina a media noche, y disponer de varios biberones, mamaderas y otros utensilios. La contaminación casual del preparado también representa un riesgo potencial.

Cómo dar el pecho a su bebé

La actitud correcta

¡Usted puede hacerlo! Ésta debería ser su actitud ante la lactancia materna desde el principio. Puede contar con la ayuda procedente de múltiples fuentes: recomendaciones de expertos, consejos, clases y reuniones con otras madres. Por ejemplo, usted puede:

- Hablar con la instructora de las clases de preparación para el parto o acudir a una clase sobre lactancia materna.
- Hablar con su obstetra y su pediatra. Éstos no sólo le podrán facilitar información médica, sino también darle ánimos y apoyarle cuando lo necesite.

- Hablar con mujeres que estén dando el pecho a sus hijos y pedirles consejo.
- Hablar con miembros de alguna asociación en defensa de la lactancia materna, como La Liga de la Leche en su comunidad. Ésta es una organización mundial que ayuda a las familias para que aprendan a disfrutar de la experiencia de amamantar al bebé. Pregúntele a su pediatra cómo puede ponerse en contacto con La Liga de la Leche.
- Lea sobre el tema de la lactancia materna. Algunas recomendaciones: *Breastfeeding*, de M. Renfrew y C. Fisher (Celestial Arts Publishing Co.); *The Complete Book of Breastfeeding*, de M. Eiger y S. Olds (Bantam); *Nursing Your Baby*, de K. Pryor (Harper & Row); y *The Nursing Mother's Companion*, de K. Huggins (Harvard Common Press).

El punto de partida: Preparar los senos para la lactancia

Independientemente de que piense darle o no el pecho a su bebé, en cuanto quede embarazada, su cuerpo empezará a prepararse para la lactancia. El área alrededor del pezón —la areola mamaria— se oscurecerá. Sus senos aumentarán de tamaño a medida que las células que se encargarán de producir leche se van multiplicando y que los conductos que se encargarán de trasportarla se van desarrollando. Mientras tanto, otras partes de su cuerpo empezarán a almacenar un exceso de grasa para proporcionarle la energía adicional que necesitará durante la lactancia.

Tan pronto como a las dieciséis semanas de embarazo, los senos de una mujer embarazada están preparados para producir leche en cuento nazca el niño. El primer fluido que sale por el pezón —una solución densa de color naranja— amarillento que se produce durante los días que siguen inmediatamente al parto hasta que es sustituida por la leche propiamente dicha —se denomina calostro.

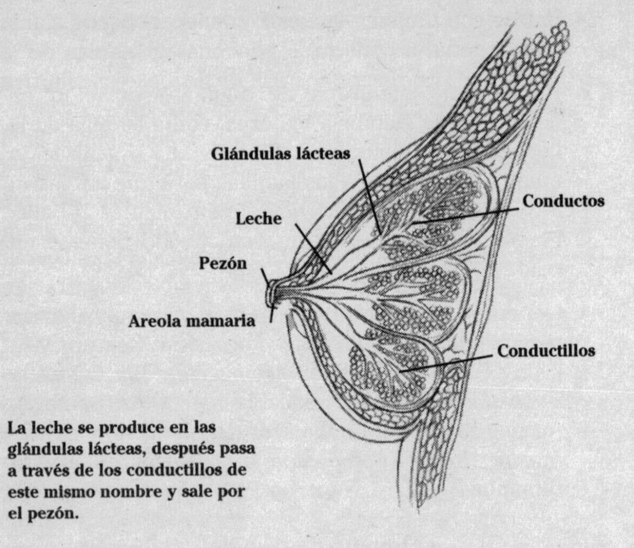

La leche se produce en las glándulas lácteas, después pasa a través de los conductillos de este mismo nombre y sale por el pezón.

El calostro contiene más proteínas, sales, anticuerpos y otros componentes con propiedades protectoras que la leche más tardía, pero menos grasas y calorías. Su cuerpo producirá calostro durante varios días, hasta que "baje" la leche propiamente dicha. Ésta, que será mas fina y tendrá el color típico de la leche, se ajustará a las necesidades de su bebé durante el resto de la lactancia. La leche materna va cambiando sus propiedades nutricionales a medida que van cambiando las necesidades del bebé.

A medida que su cuerpo se prepara de forma natural para la lactancia, no hay mucho que hacer en este sentido.

A menos que sus pezones sean planos o invertidos, *no tiene* por qué estirarlos, alargarlos, dilatarlos, friccionarlos ni masajearlos cuando se aproxime el final del embarazo. No es necesario endurecer ni "fortalecer" los pezones para que resistan la lactancia. De hecho, algunas de estas manipulaciones pueden interferir con la lactancia normal al dañar las pequeñas glándulas de la areola mamaria que secretan un fluido lechoso que lubrica el pezón para prepararlo para la lactancia.

Hay otra razón más: a medida que se aproxima el final del embarazo, estimular excesivamente los pezones puede desencadenar la liberación de una hormona que hace que el útero se contraiga, lo que podría provocar un parto prematuro. Por lo tanto, aunque la estimulación suave y ocasional del pecho —por ejemplo, mientras se hace el amor— es inofensiva, se debe evitar manipular excesivamente los pezones durante el embarazo. Lavarlos, como se hace habitualmente durante el baño o la ducha y secarlos con suavidad es todo el cuidado que necesitan los senos durante el embarazo.

Aunque muchas mujeres se ponen cremas y aceites en los senos para suavizarlos, no es necesario y además pueden tapar los poros de la piel. Los bálsamos, sobre todo los que contienen vitaminas u hormonas, son innecesarios y pueden perjudicar al bebé si se utilizan cuando ya se ha empezado a darle el pecho. Las sustancias que contienen pueden ser absorbidas por la piel de la madre y pasar al bebé a través de la leche.

Es importante que los senos estén bien sujetos durante el embarazo y la lactancia (independientemente de que la madre piense darle el pecho o el biberón a su hijo), puesto que los senos pesan mucho más de lo habitual. Si no se utiliza un buen sostén, el volumen y el peso adicionales estirarán los ligamentos del pecho, lo que contribuirá a que los senos caigan en el futuro. Algunas mujeres empiezan a llevar sostenes de lactancia durante el embarazo. Conforme el pecho va creciendo de tamaño, son más grandes y más fáciles de ajustar y mucho más cómodos que los sostenes normales.

Cómo preparar los pezones invertidos para la lactancia

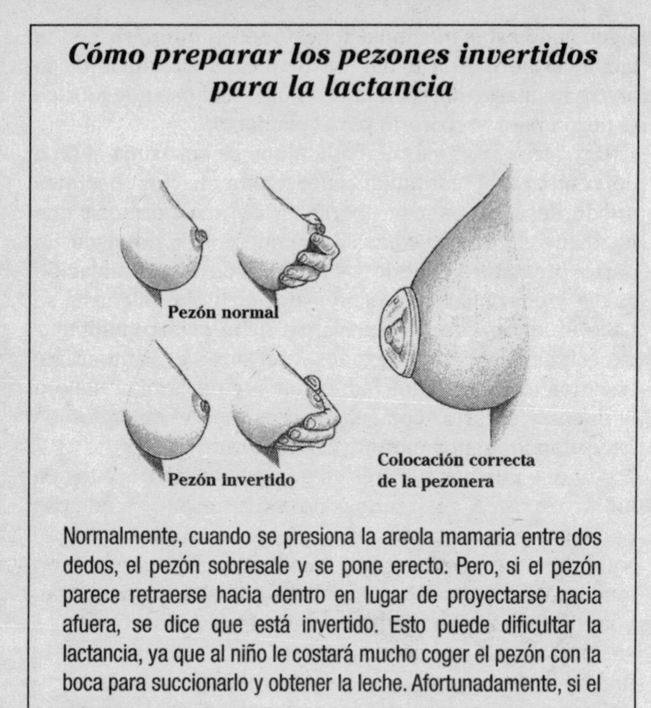

Normalmente, cuando se presiona la areola mamaria entre dos dedos, el pezón sobresale y se pone erecto. Pero, si el pezón parece retraerse hacia dentro en lugar de proyectarse hacia afuera, se dice que está invertido. Esto puede dificultar la lactancia, ya que al niño le costará mucho coger el pezón con la boca para succionarlo y obtener la leche. Afortunadamente, si el

La eyección de la leche y el agarre

En cuanto nazca su hijo y comience la lactancia, sus senos estarán listos para producir leche. A medida que vaya mamando, las acciones del bebé harán que su cuerpo sepa cuándo debe iniciar e interrumpir la producción de leche. El proceso empieza cuando su hijo se "pega" correctamente a la areola, no al pezón, y empieza a succionar. Este fenómeno se llama "agarre". Es algo que debería hacer de forma instintiva, en cuanto sienta el seno en contacto con su boca. Usted puede ayudarle cogiéndolo de tal modo que la cara del bebé esté justo de frente a su seno, y acariciándole el labio inferior o la mejilla con el pezón. Así estimulará el reflejo problema se detecta durante el embarazo, puede tratarse fácilmente antes de que nazca el bebé.

El tratamiento más sencillo de un pezón invertido consiste en utilizar una pezonera, esto es, un protector especial que la futura madre se coloca dentro del sostén para llevarlo mientras está despierta, varias semanas o meses antes del parto. Este protector de plástico, de venta en la mayoría de tiendas de artículos para bebés y farmacias, tiene la forma de una cúpula agujereada. La cara interior, la que debe estar en contacto con la piel, tiene un agujero por donde se introduce el pezón. El área circular alrededor de este agujero ejerce una presión suave y uniforme sobre la areola, haciendo que el pezón sobresalga hacia fuera y se introduzca en el agujero. Al final, el pezón acaba adoptando esta forma, incluso cuando se retira la pezonera.

Rara vez, en casos muy graves de pezón invertido, las pezoneras no resultan eficaces. Algunas veces el pezón invertido no se diagnostica sino hasta después del parto. En tales casos, el personal de enfermería del hospital donde haya tenido lugar el parto, enseñará a la madre a utilizar un extractor antes de colocarle el bebé en el pecho. La succión del bebé también contribuirá a que los pezones invertidos acaben proyectándose hacia fuera.

que le llevará a buscar el pezón con la boca (denominado el reflejo de búsqueda). El bebé abrirá la boca de par en par y, en este momento, usted lo podrá acercar a su seno.

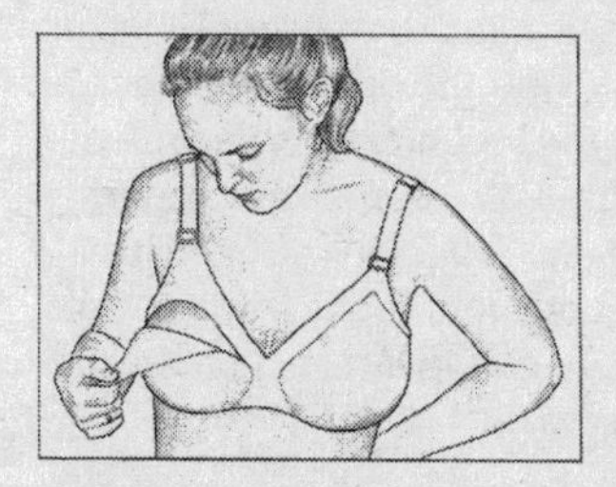

Es importante que los senos estén bien sujetos durante el embarazo.

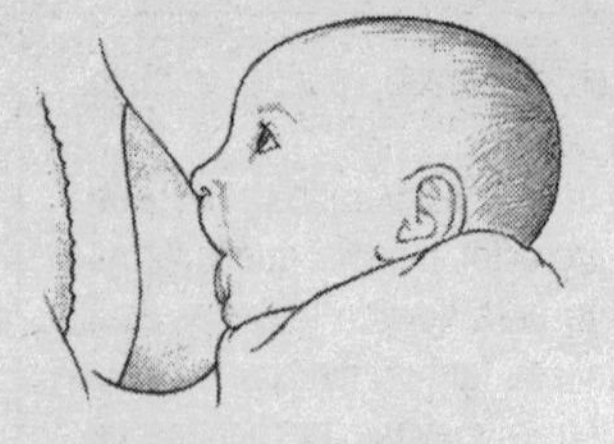

Este bebé está correctamente agarrado al seno.

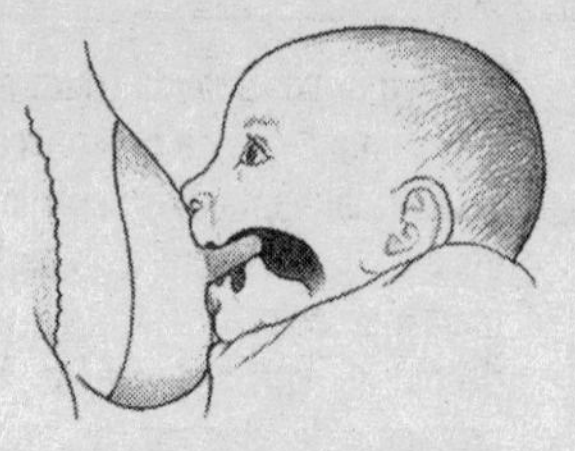

La areola y el pezón están completamente dentro de su boca.

Cuando el bebé se agarre al seno, sus mandíbulas deben cerrarse alrededor de la areola y, no del pezón. Sus labios se separarán y sus encías rodearán la areola. Su lengua realizará un movimiento ascendente, presionando el pezón contra el paladar y vaciando los conductos lácteos con un movimiento ondulante. Darle el pecho al bebé durante la primera hora posterior al parto ayuda a establecer un buen patrón de lactancia en un momento en que los bebés suelen estar bien alertas y activos. Más adelante se podrán quedar dormidos, pero, si empiezan a lactar durante la primera hora de vida extrauterina, habrá más probabilidades de que la lactancia sea todo un éxito.

A veces, los bebés tienen problemas en el agarre. Esto ocurre más a menudo en recién nacidos a los que se les ha dado el biberón o se les ha puesto un chupete. En lugar de utilizar la lengua, se limitan a lamer, mordisquear o masticar. Sin embargo, estos movimientos no estimulan la producción de leche y, por lo tanto, hará falta "enseñarle" al bebé a agarrarse correctamente al seno. El pediatra o la enfermera de parto pueden echarle una mano. Mamar del seno es distinto que tomar de la mamadera de un biberón. Algunos expertos consideran que introducir el biberón demasiado pronto puede interferir con el establecimiento de un buen patrón de lactancia. Otros discrepan y consideran que la denominada "succión no nutritiva", esto es, mamar del pecho sin consumir leche (utilizándolo como un chupete), no interfiere con la lactancia materna. Hable con su médico al respecto.

En cuanto su bebé empiece a mamar correctamente, sus movimientos estimularán las terminaciones nerviosas del pezón. A su vez, el vaciado del pecho y la liberación de la hormona prolactina por parte de la glándula pituitaria (véase el recuadro de la página 126) estimulará la liberación de otras hormonas que desencadenarán la producción de más leche e incrementará su flujo. La estimulación del seno también desencadena la expulsión de la leche a través de los conductos lácteos (reflejo de eyección), a raíz de la liberación de otra hormona, la oxitocina, por parte de la hipófisis.

Esto también provoca la contracción de los músculos del útero. Por lo tanto, es posible que durante los primeros días o semanas después del parto experimente espasmos o cólicos en el útero, cada vez que le dé el pecho a su hijo. Aunque esto puede ser molesto y ocasionalmente hasta doloroso, ayuda a que el útero recupere rápidamente su tamaño y forma habitual y reduce el sangrado después del parto. También es un indicador de que la lactancia está yendo bien.

Cuando un bebé empieza a succionar, generalmente sólo tarda unos pocos minutos en conseguir que la leche baje (empiece a fluir). El simple hecho de oír el llanto del bebé puede bastar para desencadenar la salida de la leche.

Los síntomas de que la leche está bajando varían de una mujer a otra y cambian en función del volumen de leche que necesita el lactante. Algunas mujeres experimentan una ligera sensación de hormigueo, mientras que otras experimentan un aumento de la presión, como si sus pechos estuvieran hinchados y sobrecargados, sensaciones que se alivian rápidamente, en cuanto la leche empieza a fluir. Sin embargo hay mujeres que, a pesar de no tener ningún problema con la lactancia, nunca experimentan sensaciones de este tipo.

El proceso de eyección

Al chupar, el bebé estimula la producción de varias hormonas diferentes que se encargan de producir y expulsar la leche. Desde el momento en que un bebé empieza a mamar, en el interior del cuerpo de la madre se pone en marcha el siguiente proceso:

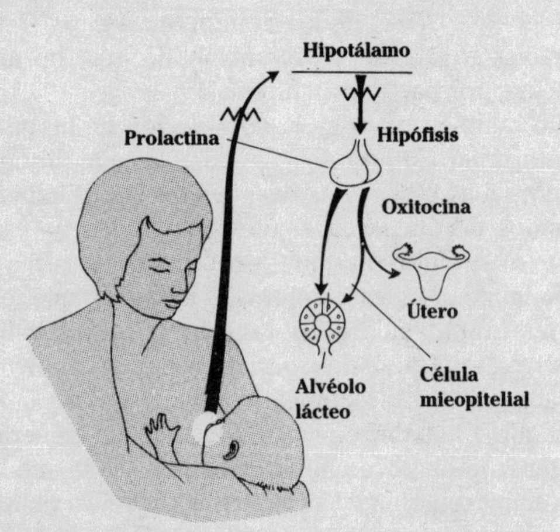

1. El chupado estimula las terminaciones nerviosas del pezón.
2. Las terminaciones nerviosas del pezón trasmiten la información de que se necesita leche a través de la médula espinal hasta la hipósifis pituitárica que está en el cerebro.
3. La hipófisis reacciona liberando las hormonas prolactina y oxitocina.
4. La prolactina estimula la producción de más leche en los senos.
5. La oxitocina estimula los pequeños músculos que rodean los conductos lácteos, haciendo que se contraigan. Estas contracciones estrechan los conductos y la leche es expulsada al depósito que hay debajo de la areola.

El modo que tiene la leche de fluir también varía ampliamente. Puede salir a borbotones, por aspersión o a gotas. También puede haber diferencias de un seno a otro. Por ejemplo, en uno puede salir a chorro y en el otro gota a gota. Ello se debe a las diferencias existentes entre los conductos de cada lado y no debe ser motivo de preocupación.

La primera vez

Si usted tuvo un parto vaginal rutinario y tanto usted como su hijo están despiertos y activos, debería darle el pecho en cuanto nazca. Si el parto se complica o su hijo tiene que recibir atención médica inmediata, probablemente deberá esperar varias horas. Si le puede dar el pecho a su hijo durante el primer o segundo día, es muy posible que no tenga dificultades físicas para amamantarlo. Pero, si la lactancia tiene que posponerse más tiempo, el personal de enfermería le ayudará a sacarse leche, bien manualmente o bien utilizando un extractor de leche.

Si amamanta a su hijo inmediatamente después del parto, probablemente se sentirá más cómoda si lo hace acostada sobre un costado, con el bebé acostado de cara a usted y colocado delante de su seno. Si prefiere sentarse, utilice almohadas para apoyar los brazos y coja al bebé a la altura del pecho, asegurándose de que todo su cuerpo, no sólo su cabeza, está orientado hacia usted. Después de un parto por cesárea, la postura más cómoda para amamantar al bebé es probablemente cogiéndolo de lado, la denominada "posición de rugby". Mientras usted está sentada, coloque un brazo, doblado, debajo del bebé, y aguante y dirija su cabeza hacia el pecho con la otra mano. De este modo, el peso del bebé no reposará sobre su abdomen y, al mismo tiempo, el bebé estará delante de su seno para poder agarrarlo bien.

Si acaricia el labio inferior o la mejilla del recién nacido con el pezón, él abrirá instintivamente la boca de par en par, se agarrará al seno y empezará a succionar. Su hijo ha estado practicando este movimiento durante cierto

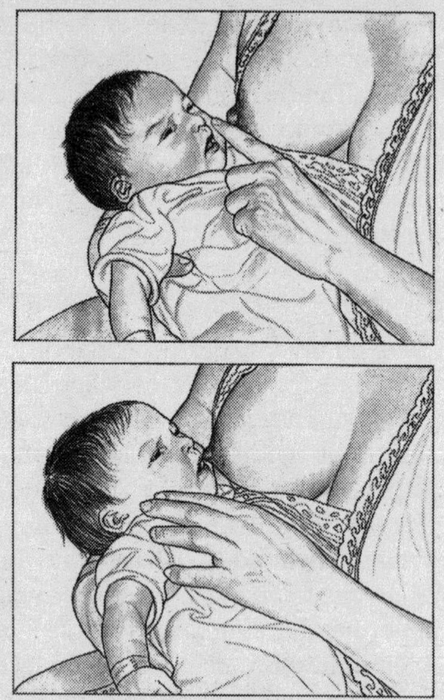

Si acaricia la mejilla o el labio inferior del recién nacido con el dedo o el pezón, instintivamente girará la cabeza, se agarrará al pecho y empezará a succionar.

tiempo, chupándose la mano, y quizás hasta el pie, mientras estaba dentro de su útero. (De hecho, algunos bebés nacen con ampollas en los dedos provocadas por estas succiones prenatales).

Apenas tendrá que estimularlo para que empiece a mamar, pero es posible que tenga que dirigirlo para que agarre correctamente la areola. Usted puede cogerse el seno colocando el pulgar por encima de la areola y los demás dedos y la palma de la mano por debajo de la misma y después puede presionar ligeramente el seno y dirigirlo hacia la boca del bebé. Es importante mantener los dedos por debajo de la areola y asegurarse de que el pezón está orientado hacia delante o ligeramente hacia abajo para evitar que roce el paladar del bebé. Sea cuál sea la técnica que utilice, es importante que sus dedos no tapen la areola para que el bebé pueda agarrarse a ella.

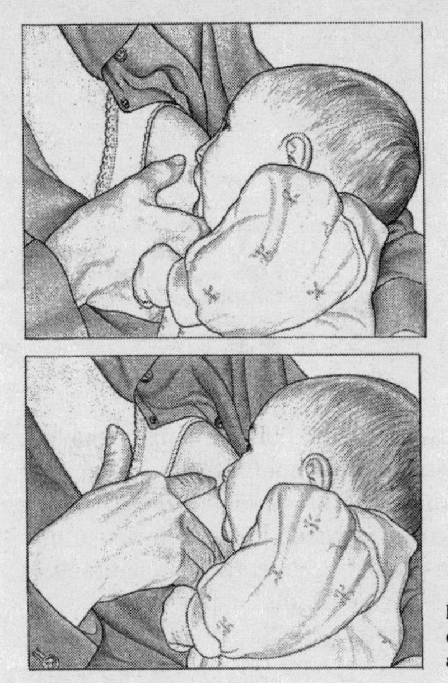

Es posible que tenga que dirigirlo un poco para que agarre bien la areola.

Asegúrese de que sus dedos no están a menos de dos pulgadas de la base del pezón.

Deje que el bebé mame de un seno todo el tiempo que quiera y, después, póngaselo en el otro seno hasta que deje de mamar. La eyección de la leche, las contracciones uterinas, los ruiditos que el bebé hace al tragar y el hecho de que después de mamar se quede dormido, son todos signos de que la lactancia está yendo bien. Probablemente las primeras veces que dé el pecho a su hijo, la leche tardará dos o tres minutos en salir. Pero, en cuestión de una semana, su hijo habrá consumido todo el calostro, la salida de la leche tendrá lugar mucho más rápidamente y usted producirá cada vez más leche.

Si no está segura de si le ha bajado la leche, sólo tiene que observar a su hijo. Al principio de cada toma, debería tragar después de succionar varias veces. Al cabo de entre cinco y diez minutos, puede cambiar a la denominada

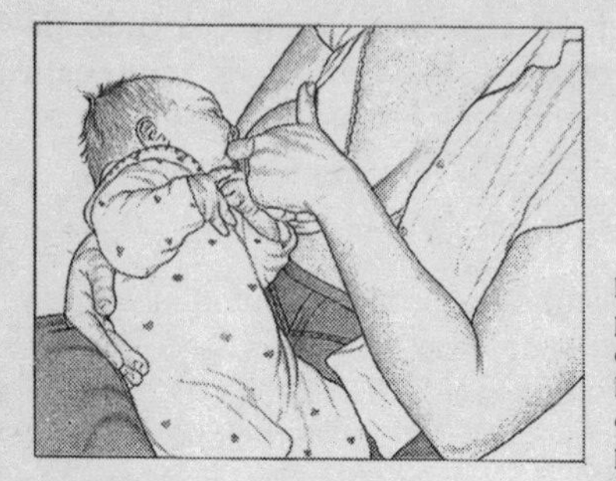

Puede introducir un dedo por la comisura de la boca del bebé, interrumpiendo la lactancia, para comprobar si está saliendo líquido por el pezón.

"succión no nutritiva"—una forma más relajada de mamar, que proporciona bienestar emocional en lugar de alimento. Otra forma de comprobar si le ha bajado la leche es descubrirse el seno que le queda libre mientras su hijo está mamando del otro y ver si, mientras succiona, sale calostro o leche por ese pezón. También puede introducir un dedo por la comisura de la boca del bebé, interrumpiendo la succión, para comprobar si está saliendo líquido por el pezón.

Cuanto más relajada y segura se sienta, más rápido le fluirá la leche. La primera vez que amamante a su hijo en el hospital puede parecerle bastante complicado, debido a la excitación o, quizás, a las dudas sobre lo que debe hacer. Dar el pecho no debería causar dolor persistente en el pezón, la areola o los senos. Si experimenta dolor más allá de los momentos iniciales de las primeras tomas, pídale consejo al personal de enfermería, la consultora de lactancia o el médico para que evalúen la técnica y sugieran cambios. No dude en pedir ayuda al personal del hospital puesto que éste tiene mucha experiencia en el tema de la lactancia.

Una vez en casa, pruebe las siguientes sugerencias para estimular la producción de leche:

- Siéntese en una silla cómoda y en la que pueda apoyar brazos y espalda (Muchas madres recomiendan utilizar mecedoras).

- Asegúrese de que el bebé está bien colocado de frente al seno y de cara a él y de que está succionando correctamente, no mordiendo.
- Escuche música relajante y tome a sorbos alguna bebida nutritiva mientras amamanta al niño.
- No fume, beba alcohol, ni consuma ninguna droga ilegal, puesto que todos estos productos contienen sustancias que pueden interferir la salida de la leche, alterar su composición y ser perjudiciales para el bebé. Informe a su obstetra o a su pediatra de cualquier medicina recetada que esté tomando.
- Si en su casa hay mucho ajetreo, busque un rincón apartado y tranquilo donde nadie la pueda interrumpir mientras amamanta al bebé.

Si la leche sigue sin bajarle después de probar todas estas sugerencias, pídale consejo al pediatra. Si sigue teniendo problemas, sugiérale que la remita a un experto en lactancia.

Producción de leche

En el primer día después de dar a luz, sus senos estarán blandos; pero a medida que aumente el aporte de sangre y las células encargadas de producir leche empiecen a funcionar eficazmente, sus senos se volverán cada vez más duros y firmes. Hacia el tercer o cuarto día después del parto, sus senos estarán produciendo leche de transición y es posible que los sienta muy llenos. Al final de la primera semana, sus pechos empezarán a producir una leche más blanca cuyo aspecto le puede recordar al de la leche desgrasada, pero, si sigue amamantando a su hijo, el contenido de grasa aumentará y la leche adquirirá un aspecto más cremoso. Entonces, es posible que tenga la sensación de que sus pechos están hinchados. Amamantar al niño con frecuencia y masajearse los pechos durante la lactancia puede ayudarle a minimizar esa sensación de congestión.

La congestión tiene lugar cuando los senos contienen una cantidad excesiva de leche. Puede ser muy molesto y, a veces, doloroso. La mejor solución a este problema consiste en lactar a su hijo siempre que tenga hambre, vaciando ambos senos aproximadamente cada dos horas. A veces, es posible que los senos estén tan congestionados, que el bebé tenga problemas para agarrarse a la areola. En tal caso, lo mejor es sacarse leche manualmente o utilizar un extractor antes de cada toma. De este modo, el niño se podrá agarrar mejor al seno y mamar más eficazmente. Para sacarse leche manualmente, coloque el dedo pulgar sobre el seno por encima de la areola y los demás dedos por debajo de la misma. Con suavidad pero firmeza deslice los dedos hacia el pulgar y viceversa, apretando el tejido mamario contenido entre ambos. Dejar caer unas cuantas gotas en la boca del bebé puede ser un buen estímulo para que un lactante adormilado empiece a succionar. También puede utilizar algunas de las técnicas que figuran a continuación para reducir el dolor de la congestión:

- Moje un paño en agua tibia y póngaselo en los senos o dése una ducha caliente.
- Cuando sus pechos estén muy congestionados, es posible que el calor no ayude demasiado. En estos casos, es mejor utilizar compresas frías mientras se va sacando leche.
- Intente dar el pecho al bebé de varias formas distintas. Puede sentarse y luego acostarse.
- Masajéese suavemente los senos, desde la axila hasta el pezón. Así conseguirá reducir el dolor y facilitará la salida de la leche.

Amamantar a gemelos

Los gemelos representan todo un reto para la madre que lacta. Al principio, es mejor darles el pecho separadamente, pero, en cuanto el patrón de lactancia esté establecido, es mejor alimentarlos simultáneamente para ganar tiempo. Puede hacerlo utilizando la "posición de rugby", colocándose un bebé a cada lado, o bien colocarlos a los dos delante suyo, con sus cuerpos cruzándose entre sí.

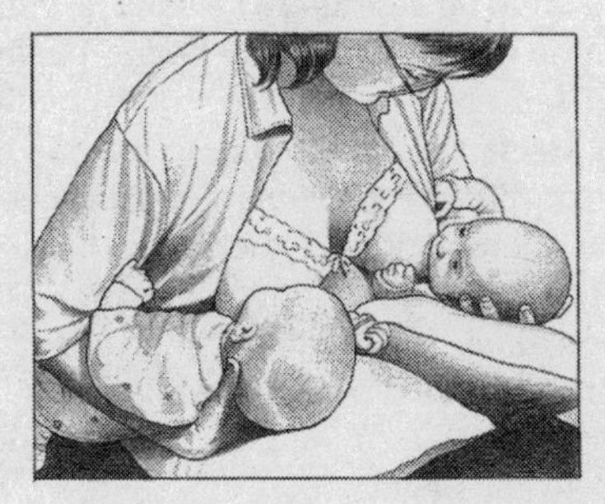

"Posición de rugby" (un bebé a cada lado)

Posición de "cuerpos-cruzados"

- No se medique sin que su médico le dé el visto bueno. El acetaminofén (un calmante que no tiene aspirina) ayuda a reducir el dolor y se puede tomar ocasionalmente durante la lactancia.

Afortunadamente, la congestión suele durar sólo unos días, mientras se va normalizando el patrón de lactancia. Sin embargo, puede ocurrir cada vez que se salte alguna toma y no vacíe sus senos a menudo durante las primeras semanas.

La cantidad de leche que producen los senos aumenta considerablemente a lo largo de la primera semana de vida del bebé. Durante los dos primeros días, su pecho puede producir una cantidad tan escasa de leche como media onza (15 ml) por toma. Hacia el cuarto o quinto día puede producir hasta una onza (30 ml) y al final de la primera semana —dependiendo del tamaño y el apetito del bebé y de la duración de las tomas— puede producir entre 2 y 6 onzas (60 y 180 ml) por toma. Al final del primer mes, su bebé debería consumir un promedio de 24 onzas (750 ml) de leche diarios. Para saber si su hijo está ingiriendo suficiente leche, remítase a la página 186.

¿Con qué frecuencia y por cuánto tiempo?

Los bebés amamantados suelen alimentarse más frecuentemente que los que toman el biberón. Algunos recién nacidos necesitan alimentarse cada dos horas, otros cada tres. A medida que crecen, son capaces de aguantar más tiempo entre tomas, porque tanto la capacidad de su estómago como la capacidad de producir leche de sus madres aumenta. Los niños que maman del pecho consumen al principio menos cantidad de leche que los que toman el biberón.

¿Cuál es el mejor horario para alimentar a un bebé? El que dicte él mismo. Su hijo le indicará cuándo tiene hambre despertándose, llevándose las manos a la boca, haciendo movimientos de succión, llorando y flexionando brazos y piernas, metiéndose los puños en la boca, moviéndose en la cuna y pegándose a su pecho (podrá olerlo incluso a través de la ropa). Es mejor empezar a dar el pecho a un bebé antes de que rompa a llorar. El llanto es un signo de hambre tardío. Siempre que sea posible, siga las señales que le trasmita su hijo, en vez del reloj, para decidir cuándo debe amamantarlo. De este modo, podrá estar segura de que come con hambre y, si tiene hambre, estimulará mejor el seno para que produzca leche.

La lactancia materna funciona mejor cuando se puede amamantar al bebé acabado de nacer (durante la primera hora). Manténgalo cerca la mayor cantidad de tiempo posible (en la habitación donde está la madre) y responda con prontitud a las señales que indican que tiene hambre (siguiendo la práctica de "oferta y demanda"). Si usted tiene que pasar varios días en el hospital mientras su hijo está en la sala de recién nacidos, es bastante probable que las tomas estén más determinadas por las necesidades del personal hospitalario que por las del niño. En algunos casos, esto puede ser necesario. Una vez en casa, es posible que el bebé tarde varios días en reajustar su reloj interno. Por lo tanto, es mejor que, mientras tanto, vaya alimentándolo cada dos o tres horas aunque no llore porque tiene hambre. A los niños dormilones se les debe despertar para darles el pecho cada tres o cuatro horas durante las primeras semanas.

Deje que su hijo siga mamando del primer seno todo el tiempo que quiera. Cuando se detenga espontáneamente durante un buen rato o se le salga el pecho de la boca, expúlsele los gases. Si su hijo parece adormilado después de mamar del primer pecho, puede despertarlo cambiándole los pañales o jugando un poco con él antes de colocárselo en el otro seno. Puesto que los bebés succionan mejor en el primer seno del que maman en cada toma, es conveniente alternar el orden de los senos en tomas sucesivas. Algunas mujeres se colocan un gancho de seguridad o un pañito absorbente de más en el lado del sostén del pecho utilizado en último lugar, a modo de recordatorio de que en la próxima toma han de empezar por ese seno.

Cómo descubrir el patrón de alimentación de su bebé

Cada bebé tiene su propio estilo de alimentarse. Hace algunos años, los investigadores de la Universidad de Yale asignaron nombres ingeniosos a cinco patrones de alimentación bastante habituales. Vea si reconoce el patrón de alimentación de su bebé entre ellas:

Barracudas: Van al grano. En cuanto se les pone el pecho delante, se agarran a la areola y succionan con fuerza durante diez a veinte minutos. Su energía suele ir disminuyendo a medida que va pasando el tiempo.

Excitados e ineficaces: En cuanto ven el pecho se ponen como locos. Inician un ciclo que se repite varias veces en cada toma: se agarran al pecho, se les sale de la boca y empiezan a llorar desconsoladamente. Es preciso calmarlos varias veces en cada toma. La clave para alimentar a este tipo de niños consiste en amamantarlos acabando de despertarse, antes de que estén muertos de hambre. Además, si la leche empieza a manar del seno mientras el bebé "se pelea" con él, puede ser útil extraer manualmente unas cuantas gotas antes de cada toma para detener algo el flujo.

Morosos: A este tipo de niños no les interesa amamantar a menos que puedan obtener leche. Al comprobar que toda la recompensa que pueden obtener es el calostro, pierden completamente el interés. A estos niños no se les debe dar biberones con agua ni leche de fórmula. Se les debe seguir poniendo regularmente el pecho delante, en cuanto parezca que están alerta o empiecen a hacer movimientos con la boca. A veces es efectivo colocar a los lactantes morosos desnudos durante un rato sobre la piel del abdomen y del pecho de su madre mientras ésta permanece acostada. Si el bebé no se mueve espontáneamente hacia el seno, se puede colocar sobre él al cabo de un rato. También es útil seguir consejos sobre cómo mejorar la posición del bebé durante las tomas y cómo ayudarle a agarrarse al pecho. Si un bebé se resiste a mamar durante los primeros días, la madre puede utilizar un extractor eléctrico o mecánico entre tomas para estimular la producción de leche (véase página 141). ¡No se dé por vencida! Déjese aconsejar por otras mujeres que hayan pasado por la misma experiencia o busque evaluación y asesoramiento profesional.

Gourmets o juguetones: Insisten en jugar con el pezón, probando primero la leche y relamiéndose antes de empezar a succionar. Si se les afana o se les presiona, se ponen furiosos y gritan en señal de protesta. La mejor solución es la tolerancia. Después de estar varios minutos jugando, suelen aquietarse y maman bien. Sólo conviene asegurarse de que los labios y las encías rodean toda la areola, no sólo el pezón.

Dormilones: Prefieren mamar durante unos minutos, descansar varios minutos, y volver a mamar. Algunos se quedan completamente dormidos encima del pecho, hacen siesta durante una media hora, y se despiertan listos para el postre. Este patrón puede confundir a la madre, pero a este tipo de bebés no se les puede presionar. ¿La solución? Simplemente programar tomas largas y ser lo más flexible y paciente posible.

Descubrir el patrón de alimentación de su hijo es uno de los mayores retos que tendrá que afrontar durante las semanas inmediatas al parto. En cuanto lo haya descubierto, le resultará mucho más fácil saber cuándo tiene hambre, cuándo ha comido suficiente, cuántas veces tiene que darle de mamar y cuánto tiempo debe durar cada toma. Generalmente suele ser mejor amamantar a un bebé en cuanto parece que empieza a tener hambre, antes de que estalle en llanto. Así mismo, los bebés suelen tener posturas preferidas para mamar y es posible, incluso, que prefieran un seno al otro.

Al principio, su hijo se alimentará cada dos o tres horas, independientemente de que sea de día o de noche. Pero, cuando se acerque el final del primer mes, empezará a dormir más por las noches, quizás desde las 10 P.M. hasta las 2 A.M. de forma ininterrumpida y después hasta las 6 A.M., sin que usted tenga que levantarse frecuentemente para darle de lactar. Usted puede estimular esta pauta manteniéndolo despierto por la tarde, alargando la toma de las 10 P.M. y teniendo su habitación oscura, caldeada y en silencio. No encienda la luz en la toma de las 2 A.M., cámbiele rápidamente los pañales antes de darle de mamar

Cada toma debería empezar con unos diez minutos en un seno, seguidos de uno o varios eructos y, a continuación, de otros diez minutos en el otro seno.

y acuéstelo inmediatamente después. Cuando tenga cuatro meses, su hijo debería ser capaz de dormir por la noche de forma ininterrumpida durante seis horas o más. (Véase *Cómo ayudar a su hijo a conciliar el sueño,* página 67).

También notará que su hijo necesitará tomas más largas en ciertos momentos del día, mientras que en otros se quedará satisfecho muy pronto. Le indicará que ya está satisfecho soltando el pecho o quedándose dormido entre ráfagas de succiones no nutritivas. Un número reducido de bebés se podrían pasar todo el día mamando para satisfacer sus necesidades de succión. Si su bebé pertenece a esta categoría, deberá fijarle ciertos límites. Si un bebé pasa 10 minutos mamando en cada seno, obtendrá aproximadamente el 90 por ciento de la leche disponible; si supera este límite, pasará a obtener menos cantidad de leche por succión. De vez en cuando, si lleva mucho rato succionando desesperadamente, puede intentar ofrecerle un chupete —pero no confíe mucho en que esta táctica va a funcionar ni dé un chupete a un bebé de menos de seis semanas. Si un bebé prolonga mucho las tomas (por ejemplo, entre veinte y treinta minutos por seno) es posible que esté teniendo dificultades para obtener suficiente leche. Si desconoce el motivo por el que su hijo quiera amamantar por tanto tiempo, consulte al pediatra.

¿Cómo puede saber si su hijo está tomando suficiente leche?

Los pañales de su bebé le dirán si está alimentándose adecuadamente. Durante el primer mes, si su alimentación es adecuada, debería mojar los pañales entre seis y ocho veces al día y tener, por lo menos, dos deposiciones diarias (generalmente una deposición pequeña después de cada toma). Más adelante, se reducirá la frecuencia de las deposiciones y hasta es posible que su hijo se pase uno o varios días sin tener una deposición. Si su bebé se ve sano, no hay por qué preocuparse. También es posible que oiga cómo su hijo traga leche, generalmente después de hacer varias succiones seguidas. Dormir durante un par de horas inmediatamente después de una toma también es un buen indicador de que ha comido lo suficiente. Por otro lado, un niño que no ha comido suficiente durante varios días puede estar muy adormilado y dar la impresión de que "se porta muy bien". Durante las primeras semanas, si un bebé duerme mucho tiempo seguido (cuatro horas seguidas o más) debe ser visto por el pediatra.

Otra forma de saber si su hijo está comiendo lo suficiente es pesarlo una vez a la semana o cada quince días. Durante la primera semana, un bebé puede perder entre el 7 y el 10 por ciento de su peso al nacer (es decir, entre 6 y 12 onzas, sobre las siete libras y media que pesa un bebé a término promedio), pero, a partir de este momento, debe ir ganando peso de una forma bastante regular. Al final de la segunda semana, debería haber recuperado el peso perdido durante la primera. Si usted ya ha dado el pecho previamente, probablemente la pauta de alimentación del nuevo bebé se establecerá más rápidamente, y su nuevo hijo perderá muy poco peso y recuperará su peso inicial en sólo uno o dos días. Con cada hijo sucesivo, la leche le bajará antes y usted producirá más leche más deprisa.

En cuanto su suministro de leche esté establecido, su hijo debe ganar cerca de ⅔ de onza al día durante los tres primeros meses. Entre los tres y los seis meses de edad, este incremento de peso se atenuará ligeramente, situándose entorno a la media onza diaria y, a partir de los seis meses, bajará todavía más. Si su bebé no aumenta de peso como debería, coménteselo al pediatra. Base sus medidas en la balanza del consultorio de su pediatra para mas confiabilidad.

El biberón suplementario

Usualmente es mejor distribuir las tomas de un recién nacido a lo largo de las veinticuatro horas del día. Esto será más fácil si le dejan tenerlo con usted en la habitación del hospital. Es posible que se sienta tentada a dejar a su hijo en la sala de recién nacidos para poder dormir por la noche de forma ininterrumpida. Sin embargo, las investigaciones han demostrado que las madres que tienen a sus hijos en su habitación las veinticuatro horas al día duermen exactamente la misma cantidad de tiempo que las madres cuyos hijos pasan la noche en la sala de recién nacidos. Además, si su hijo está todo el día a su lado, podrá evitar que le den agua o leche de fórmula durante los primeros días, lo que podría interferir con la lactancia materna.

Pero, si no puede proveerle varias tomas seguidas, el niño deberá tomar o bien leche extraída de su pecho, sea manualmente o con la ayuda de un extractor, o bien leche de fórmula. En ambos casos, usted deberá sacarse leche manual o mecánicamente para estimular su producción ininterrumpida. La leche de fórmula puede sustituir a la leche materna durante las primeras tres o cuatro semanas sólo cuando sea absolutamente necesario y no se le debería dar al bebé más de un biberón cada veinticuatro horas, ya que el hecho de que el bebé se acostumbre a tomar el biberón podría interferir con la lactancia materna. Por norma, sólo se debe acudir a la leche de fórmula cuando la madre esté enferma o deba tomar alguna medicina que podría pasar a la leche y perjudicar al niño. La mayoría de las medicinas suelen ser seguras durante la lactancia, pero siempre deben recibir la aprobación del pediatra o el farmacéutico.

Cuando vea que la lactancia materna está funcionando y que ya tiene un suministro de leche establecido (generalmente al cabo de cuatro semanas), usted podría introducir algún biberón de vez en cuando, sea de su propia leche o de leche de fórmula, para que tenga la opción de estar fuera durante algunas tomas. Probablemente esto no interferirá con los hábitos de lactancia de su hijo, pero puede provocar otro problema: es posible que sus pechos se congestionen y empiecen a gotear leche. Puede mitigar la congestión sacándose leche para vaciarlos. El uso de discos absorbentes podrá solucionar el problema del

Sistemas de ayuda a la lactancia

La cantidad de leche que producen sus senos depende de la cantidad de leche que salga de ellos. Por lo tanto, si se salta muchas tomas, su cuerpo reducirá automáticamente la producción de leche. Esto le puede ocurrir incluso a pesar de que se saque leche cuando tenga que saltarse alguna toma porque los extractores no estimulan ni vacían los pechos tan eficazmente como la succión de un bebé.

Si tiene que saltarse varias tomas por motivos de enfermedad o porque su hijo no sabe mamar por alguna razón, existe la posibilidad de seguir alimentando al bebé mientras va reestableciendo la producción de leche utilizando un sistema de ayuda a la lactancia, un aparato que permite alimentar al bebé de forma suplementaria con leche de fórmula. Contrario a lo que ocurre con el biberón, que enseña al bebé a alimentarse lejos del pecho materno, este aparato proporciona leche de fórmula suplementaria, mientras el bebé permanece pegado al seno.

Consta de un pequeño recipiente de plástico que contiene leche de fórmula o leche materna previamente extraída y cuelga de un cordel que la madre se coloca alrededor del cuello. Del recipiente sale un tubito flexible de plástico que pasa por encima del seno acabando a la altura del pezón. El extremo del tubito se coloca en la comisura de la boca del bebé cuando succiona. Al succionar, el bebé obtiene la leche contenida en el recipiente y, por lo tanto, a pesar de que la madre no produzca suficiente leche, su hijo estará bien alimentado. Esto hará que se estimule su deseo de amamantar y, a su vez, estimulará la producción de leche.

Este dispositivo, de venta en tiendas de suministros médicos y en alguna farmacias, también se puede utilizar para enseñar a mamar a los bebes que tienen problemas con la lactancia. Puede incluso estimular la lactancia en madres adoptivas, o en madres que han dejado de dar el pecho durante un tiempo prolongado y desean volver a hacerlo. Aunque los sistemas de

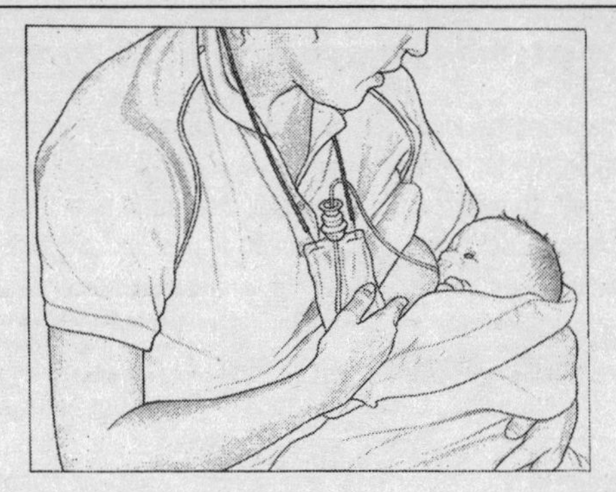

ayuda a la lactancia no ofrecen garantías de éxito seguro, para aquellas mujeres que, de otra forma se verían obligadas a abandonar la lactancia materna, constituyen una buena opción.

Los sistemas de ayuda a la lactancia también se utilizan en casos de ictericia provocada por la leche materna. La ictericia asociada a la lactancia es un trastorno que se da en bebés amamantados de entre 4 días y dos semanas de edad. Esta ictericia, que a veces puede ser pronunciada, se debe a que algunos componentes de la leche interfieren con el proceso de eliminación de la bilirrubina del cuerpo del lactante. (La bilirrubina es una sustancia química que se forma durante la ruptura normal de viejos glóbulos rojos. La sangre de cualquiera persona contiene pequeñas cantidades de bilirrubina, pero los recién nacidos suelen tener niveles más elevados de esta sustancia porque tienen glóbulos rojos extra en el momento del nacimiento y su hígado, todavía inmaduro, tiene dificultades para procesar este exceso de bilirrubina.) Esta ictericia no suele provocar problemas graves, pero si se prolonga mucho, el pediatra querrá ver al niño. Es posible que recomiende interrumpir la lactancia materna durante un período de tiempo breve.

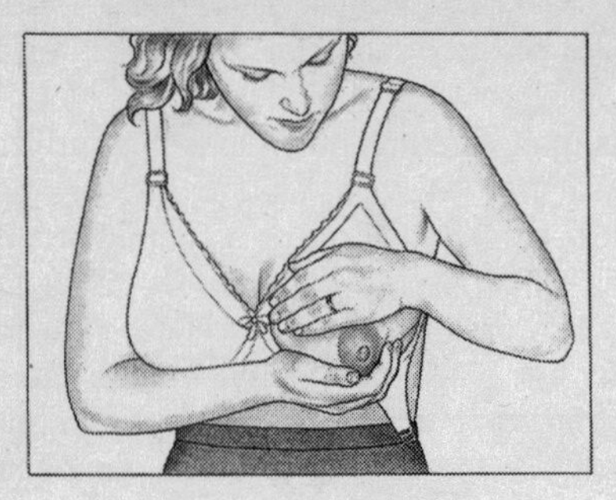

La extracción de la leche es más fácil si se estimula el seno primero con un masaje suave.

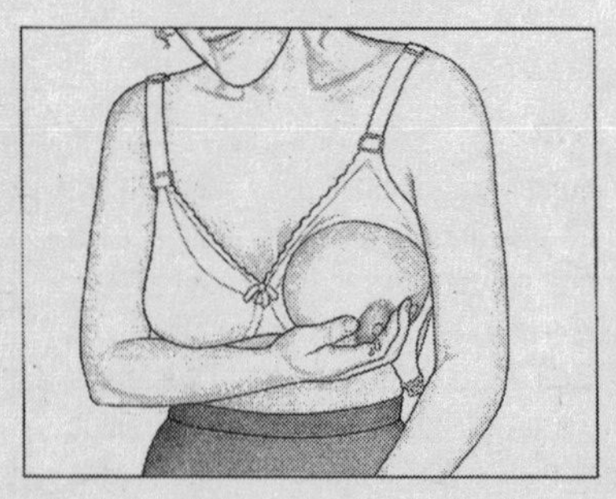

Para sacarse leche manualmente, sosténgase el seno con una mano colocando los dedos en la parte superior e inferior de la areola. A continuación, presione rítmicamente contra el pecho hasta que la leche empiece a fluir.

gotereo. (Algunas mujeres tienen que llevar discos absorbentes constantemente durante los dos primeros meses de lactancia.) Además, si usted se saca leche con antelación y la guarda, alguien podrá dársela en el biberón a su hijo, en lugar de la leche de fórmula. En bebés cuyas familias tienen historial de alergias, es muy recomendable evitar la leche de fórmula.

La leche se puede extraer manualmente o utilizando un extractor. Si prefiere extraerla manualmente, asegúrese de que sus manos y el área del pezón están bien limpias y utilice un recipiente estéril para recoger la leche. Sosténgase el seno con una mano, colocando los dedos en la parte superior e inferior de la areola. A continuación, presione rítmicamente el seno contra el pecho hasta que la leche empiece a fluir o a salpicar. La técnica manual descrita anteriormente funciona igual de bien. Transfiera la leche a un biberón estéril, un recipiente de plástico rígido o una bolsa de plástico especial y guárdela en la nevera. (Véase la página 146)

La mayoría de las madres encuentran más fácil utilizar un extractor que sacarse la leche manualmente. Los extractores manuales se pueden adquirir en la mayoría de farmacias o tiendas de artículos para bebé. Evite los extractores "tipo pera". Su diseño no es eficaz, ya que permite que la leche bombeada fluya hacia atrás impregnando la pera de goma, que es virtualmente imposible de limpiar. Por lo tanto, la leche se puede contaminar.

¿Cuál es la mejor elección? Los extractores más utilizados son los que constan de dos cilindros, uno colocado dentro del otro, adosados a un dispositivo rígido en forma de embudo que se ajusta al seno. Cuando se desplaza el cilindro exterior hacia arriba y hacia abajo, se crea una presión negativa sobre el área del pezón y la leche se recoge en el cilindro interior. Este cilindro puede utilizarse con una mamadera especial para que el bebé pueda alimentarse sin que sea necesario transferir la leche a otro recipiente, y todo el extractor puede lavarse en la lavadora de platos. Varias empresas fabrican distintas versiones de este diseño básico.

Algunos extractores que utilizan una pera de goma para crear una presión negativa, aspirando la leche hacia un biberón, son efectivos para algunas mujeres. Tienen un reborde suave y flexible que se ajusta al pezón, haciendo que la areola produzca leche al bombear.

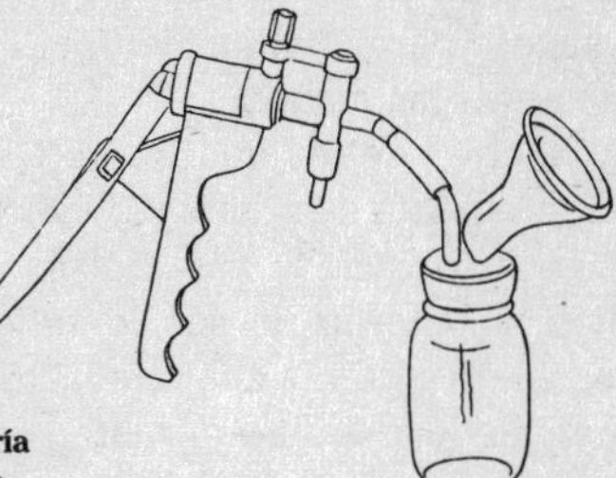

Los extractores manuales se pueden adquirir en la mayoría de las farmacias y tiendas de artículos para bebé.

Los extractores eléctricos son más eficaces que los manuales o que la manipulación directa de los senos. Se utilizan básicamente para inducir o mantener la lactancia, cuando la madre no puede dar el pecho a su hijo durante varios días. Estos extractores son más fáciles de usar y más eficaces que los manuales, pero también cuestan bastante más. Los más elaborados cuestan más de $1,000 dólares, por lo que, si usted va a necesitar un extractor durante un período de tiempo breve, resulta mucho más económico alquilarlo a un hospital, una tienda de suministros médicos o agencia de productos relacionados con la lactancia. También puede comprarse un extractor eléctrico pequeño y portátil, que cuesta alrededor de $75 dólares. Si tiene que reincorporarse al trabajo al poco tiempo del nacimiento de su hijo pero quiere seguir dándole el pecho, es fundamental que consiga un extractor para sacarse leche.

A la hora de comprar o alquilar un extractor eléctrico, asegúrese de que hace que la leche salga de forma continua ejerciendo una presión variable y que no se trata simplemente de un dispositivo de succión. También existe la posibilidad de adquirir un extractor que permite extraer leche de ambos senos a la vez; con lo que aumentará su producción de leche y ahorrará tiempo. Independientemente del extractor que elija, fíjese en que todas las partes que entran en contacto con la piel o la leche pueden desmontarse y esterilizarse (véase la página 158). En caso contrario, el extractor se convertirá en un campo de cultivo para las bacterias y la leche no será segura para su hijo. Siempre que utilice el extractor, lávese antes las manos.

La leche debe guardarse en frascos estériles, preferentemente de cristal o plástico rígido o en bolsas de plástico especiales. Las bolsas desechables que se acoplan al biberón no son lo suficientemente fuertes ni gruesas para evitar la contaminación de la leche. Si piensa darle la leche a su hijo durante las siguientes cuarenta y ocho horas, deberá cerrarla herméticamente y guardarla en la nevera. Si no utiliza la leche que ha guardado en la nevera antes de que pasen 48 horas, deberá botarla. Se puede congelar luego de un máximo de 24 horas de refrigerada.

Si usted sabe con antelación que no va a utilizar la leche durante los dos próximos días, congélela inmediatamente. La leche congelada dura por lo menos dos semanas y hasta por dos meses. Guárdela en la parte de atrás del congelador. Si dispone de un armario congelador, le puede durar hasta seis meses. Es conveniente poner una etiqueta con la fecha de extracción en cada recipiente, para que utilice primero la leche que se extrajo antes. Es útil congelar la leche en porciones de entre 3 y 4 onzas— la cantidad aproximada de una toma. También resulta conveniente congelar pequeñas cantidades de leche (entre 1 y 2 onzas) para tenerlas a mano por si el bebé parece quedar con hambre en alguna de las tomas.

Cuando vaya a utilizar la leche almacenada, tenga en cuenta que su hijo está acostumbrado a tomarla a la temperatura de su cuerpo, por lo que deberá calentarla por lo menos hasta que esté a temperatura ambiente antes de dársela (de 68° a 72° Fahrenheit). La forma más sencilla de calentar leche fría o congelada es colocar el recipiente en agua caliente e ir girándolo frecuentemente. Para acelerar el proceso, puede colocar el recipiente en una olla llena de agua y calentarla a fuego bajo en la estufa. También puede descongelar la leche dejándola a temperatura ambiente, pero el proceso será mucho más lento y, si se deja la leche fuera de la nevera durante muchas horas, es posible que le crezcan bacterias.

No debe utilizar el microondas para calentar biberones. Los microondas calientan excesivamente la leche en el centro del recipiente. Aunque al tacto le parezca que el biberón está a una temperatura agradable, la leche caliente del centro del biberón puede quemar la boca del bebé. Además, el biberón podría llegar a explotar si lo deja en el microondas durante demasiado tiempo.

En algunas ocasiones, al descongelarse la leche, es posible que se forme nata al separarse la grasa, pero esto no supone ningún problema. Basta con que agite suavemente el biberón para que la leche vuelva a adquirir una consistencia uniforme. La leche descongelada debe utilizarse en un plazo máximo de 4 horas. Nunca la vuelva a congelar.

No todos los niños acostumbrados a la lactancia materna reaccionan del mismo modo ante el biberón. Algunos lo aceptan enseguida, independientemente del momento en que se introduzca. A otros les gusta tomarse un biberón de vez en cuando, pero sólo si se los da una persona que no sea su madre o cuando ella está fuera de casa.

Para aumentar las probabilidades de que un lactante acepte el biberón, lo mejor es que primero se lo ofrezca una persona que no sea su madre y, a ser posible, cuando ella no esté presente. Una vez se haya familiarizado con el biberón, es posible que acceda a tomárselo delante de su madre e, incluso, que se lo pueda dar ella misma, pero no se puede dar como un hecho. Si quiere disminuir la resistencia al cambio definitivo del pecho al biberón, ofrézcale a su hijo por lo menos un biberón a la semana a partir del segundo mes. En otros casos, un lactante puede no necesitar nunca un biberón, y el destete puede hacerse directamente del pecho al vaso.

Posibles problemas

Para algunos bebés y algunas madres la lactancia materna va sobre ruedas desde el principio y nunca tienen problemas al respecto. Sin embargo, la lactancia materna puede tener sus altibajos, sobre todo al principio. Afortunadamente, muchas de la dificultades más habituales pueden solucionarse rápidamente si sabe qué esperar y cómo reaccionar en cada caso. Éstas son algunas sugerencias para afrontarlas:

Sensibilidad o intolerancia a determinados alimentos. En algún momento, a todos nos ha sentado mal algún alimento. Del mismo modo, los alimentos que usted come pueden provocar reacciones en su hijo, ya que una parte de ellos pasa a través de la leche. El niño puede reaccionar con nerviosismo, mamando más frecuentemente de lo habitual, y generalmente llorando desconsoladamente. Es fácil confundir este problema con los cólicos, pero hay una diferencia. Mientras que los verdaderos cólicos ocurren diariamente durante los tres primeros meses (véase *Cólicos,* página 218), el comportamiento provocado por la sensibilidad a determinados alimentos tiene lugar sólo cuando la madre consume el alimento responsable de la reacción adversa y desaparece en menos de veinticuatro horas.

Su bebé puede tener una reacción de este tipo siempre que usted consuma determinado alimento o sólo cuando consuma una gran cantidad de un alimento que, a dosis reducidas, no ocasiona ningún problema. Los alimentos "flatulentos", tales como el repollo, la cebolla, el ajo, el brécol o el nabo no son bien tolerados por algunos lactantes. Generalmente los síntomas de la reacción duran menos de veinticuatro horas y desaparecen hasta la próxima vez que la madre ingiera los alimentos no tolerados.

En casos bastante excepcionales, los bebes son alérgicos a la leche de vaca o a ciertos derivados lácteos que forman parte de la dieta de la madre, por lo que sufren de cólicos prolongados cuando su madre consume alguno de estos productos. Aparte de los llantos y la inquietud general propia de estos cólicos temporales, una alergia a determinados alimentos puede provocar fuertes molestias gastrointestinales, llevando al niño a levantar las piernas y a retorcerse de dolor. Si su hijo presenta este tipo de reacciones, debería comentarlo con su pediatra antes de eliminar los alimentos problemáticos de su dieta durante por lo menos dos semanas. (Si se trata de una sensibilidad a los productos lácteos, debería dejar de consumir leche, queso, yogurt, helados y requesón). Si los síntomas persisten durante estas dos semanas, lo más probable es que su hijo tenga un verdadero cólico en lugar de una alergia o una intolerancia a los alimentos que usted ha ingerido. Pero si los síntomas desaparecen durante estas dos semanas, deberá considerar seriamente la posibilidad de que el niño no tolere la leche de vaca. En el caso de bebés cuyas familias tienen un historial de alergias, las madres que amamantan deberían reducir al máximo o eliminar estos alimentos de su dieta, incluso si el niño no presenta ningún síntoma de malestar.

Puede comprobar si determinado alimento o grupo de alimentos provoca la reacción volviendo a introducirlos en su dieta uno a la vez y viendo si su hijo vuelve a presentar la reacción adversa.

La cafeína es otra sustancia que a veces crea problemas en los bebés amamantados. Parte de la cafeína que consume la madre pasa a su hijo a través de la leche y puede provocar que el niño esté más irritable y quiera lactar más a menudo. Puesto que los lactantes no eliminan bien la cafeína, ésta tiende a acumularse en su organismo. Por lo tanto, es posible que usted no perciba ninguna reacción en su hijo sino hasta que tenga dos o tres semanas de vida.

No es necesario que elimine toda la cafeína de su dieta. Pero aunque no tome café, puede estar consumiendo más cafeína de la que cree en los refrescos, el chocolate, bebidas de cacao e, incluso, algunos tés de hierbas. Los tés de hierbas pueden ser particularmente perjudiciales, ya que los fabricantes no tienen la obligación de indicar sus ingredientes en los envoltorios. Tampoco debe olvidar que muchos de los medicamentos que se venden sin receta médica contienen cafeína. No debe tomar ninguna medicina sin consultarlo antes con su médico.

Pezones agrietados. Si no se coloca correctamente al bebé al lactar o él no se agarra bien a su seno, puede acabar con los pezones agrietados, inflamados o adoloridos. La causa más frecuente de los pezones agrietados es una mala posición o un agarre incorrecto que permite que el bebé lo muerda o lesione. Amamantar no debería ser una experiencia dolorosa o molesta. Si le duelen los pezones o alguna otra parte del seno, pida consejo a un experto en lactancia. Lávese los senos sólo con agua y no use jabón. Las cremas, pomadas y masajes fuertes tampoco ayudan mucho y es posible que incluso agraven el problema. Vaya cambiando al bebé de posición en cada toma y limite la duración de éstas a cinco o diez minutos (al tiempo que aumenta la cantidad de tomas).

En climas húmedos, el mejor tratamiento de los pezones agrietados es la sequedad, la luz del sol y el calor. No se ponga en los senos forros ni pañitos de plástico que retienen la humedad. En cambio, exponga sus senos al aire todo lo posible; hasta puede utilizar un secador (poniéndolo a baja intensidad y no demasiado cerca de la piel) si esto parece aliviarla. Algunas mujeres prefieren utilizar una lámpara con una bombilla de 60 vatios colocada a unas 18 pulgadas de los senos durante veinte o treinta minutos varias veces al día. También es conveniente lavarse los pezones después de cada toma para enjuagar la saliva del niño y después sacarse un poco de leche y dejarla secar sobre los pezones. La leche seca formará una capa protectora que puede acelerar el proceso de curación. En climas secos, podría untarse bálsamos de lanolina purificada e hipoalérgica. Si estas medidas no parecen solucionar las cosas, consulte a su médico.

Congestión. Como ya hemos comentado, una vez le haya bajado la leche, sus pechos pueden congestionarse si su hijo no lacta a menudo o no lo hace eficazmente. Aunque es lógico que sus pechos se congestionen un poco al principio de la lactancia, una congestión excesiva provoca una hinchazón de los conductos galactóforos y de los vasos sanguíneos del pecho. El mejor tratamiento es sacarse leche entre tomas, sea manualmente o utilizando un extractor y asegurándose de que el niño mame de ambos senos en cada toma. Puesto que el calor estimula la salida de la leche, puede servir de ayuda el darse una ducha caliente mientras se extrae leche manualmente o bien utilizar compresas tibias. También alivia bastante utilizar compresas tibias mientras amamanta y compresas frías entre tomas.

Sin embargo, si sus pechos están muy congestionados, el calor puede ser contraproducente, al estimular la circulación sanguínea. En tal caso, utilice compresas de agua fría o tibia al sacarse leche. Algunas mujeres prefieren alternar el agua caliente y fría entre tomas. Sea cual sea el método que utilice, la congestión debería disminuir en pocos días.

Mastitis. La mastitis es una infección de los senos de origen bacteriano. Causa inflamación, escozor y dolor, generalmente sólo en uno de los dos senos o en una parte del seno, y puede provocar fiebre baja y malestar general. Si usted tiene alguno de estos síntomas, informe a su médico enseguida para que pueda empezar a tratar la infección con antibióticos. No se olvide de comentarle que piensa seguir dándole el pecho a su hijo, para que le recete una medicina que no esté contraindicada con la lactancia. No deje de tomar los antibióticos aunque se encuentre mejor. Tampoco deje de darle el pecho a su hijo; con ello sólo conseguiría empeorar la mastitis y aumentar el dolor. Al bebé no le hará daño la mastitis y la composición de su leche no va a cambiar debido a la mastitis o al hecho de que usted tome antibióticos.

La mastitis puede ser un síntoma de que sus defensas están bajas. Guarde cama, duerma y disminuya su ritmo de actividad para reponer fuerzas. Así mismo, al drenar los senos evitará que la infección se vaya extendiendo. En lo que respecta a la salud de su hijo, puede estar tranquila: la mastitis no va a infectar la leche y, por lo tanto, no hay ningún motivo para interrumpir la lactancia. En contadas ocasiones, algunas mujeres encuentran demasiado doloroso amamantar con el seno infectado. En tal caso, lo mejor es dejar que la leche del seno infectado fluya sobre una toalla o cualquier otro tejido absorbente, como un pañal limpio, mientras el bebé mama del otro seno. De este modo, el niño podrá mamar del pecho infectado sin que resulte tan doloroso para la madre.

La pregunta sobre el cáncer. Las investigaciones indican que dar el pecho ofrece cierta protección contra el cáncer de los senos premenopáusico. Si a una mujer se le ha diagnosticado un cáncer y se le ha extirpado el tumor, su médico puede recomendarle que no amamante a su hijo. Sin embargo, muchos médicos consideran que dar el pecho no representa ningún inconveniente aun si a una mujer se le ha extirpado un quiste o un tumor benigno (no canceroso).

La lactancia después de la cirugía estética. El hecho de que una mujer se haya sometido a una intervención para aumentar el volumen de los senos no tiene por qué interferir con la lactancia, siempre que los pezones no se hayan desplazado ni se hayan cortado los conductos lácteos. Últimamente existe cierta preocupación sobre los posibles riesgos que tienen, tanto para la madre como para el bebé, los escapes de los implantes de silicona. Se trata de una cuestión que todavía no está resuelta, pero la mayoría de las autoridades sanitarias recomiendan amamantar incluso después de haberse realizado este tipo de implantes. Sin embargo, la intervención para reducir el volumen de los senos es un tema diferente; a menudo tiene como consecuencia que la lactancia resulta imposible, sobre todo si se han desplazado los pezones o se han cortado conductos y células nerviosas. De todos modos, muchas mujeres a las que su cirujano les había advertido que no podrían lactar a sus hijos, han comprobado, para su sorpresa, que pueden lactar sin ningún problema. Por lo tanto, merece la pena intentarlo.

Alimentación con biberón

Si ha optado por darle el biberón a su bebé, lo primero que deberá hacer es elegir la leche de fórmula que va usar. Su pediatra le ayudará a elegir el producto que mejor se ajuste a las necesidades de su hijo. Veinte o treinta años atrás, la mayoría de las madres tenían su propia fórmula casera para elaborar la leche para sus hijos: una mezcla de leche de vaca evaporada, agua y azúcar. Hoy en día, existen muchas variedades y marcas para elegir.

¿Por qué leche de fórmula en lugar de leche de vaca?

Muchos padres se preguntan por qué no pueden darles a sus bebés leche de vaca corriente. La respuesta es muy sencilla: los bebés pequeños no pueden digerir la leche de vaca completamente ni con tanta facilidad, como la leche de fórmula. Además, la leche de vaca contiene concentraciones elevadas de proteínas y minerales, que pueden sobrecargar los riñones, todavía inmaduros, de un lactante y provocar alteraciones graves en momentos de mucho calor, fiebre o diarrea. Además, la leche de vaca no contiene la cantidad de hierro y vitamina C que necesita un lactante. Puede, incluso, provocar anemia por déficit de hierro en algunos bebés, puesto que las proteínas que contiene pueden irritar las paredes del estómago y del intestino, provocando pérdidas de sangre a través de las heces. Por este motivo, su hijo no debe consumir leche de vaca durante los primeros 12 meses de vida.

Algunas familias todavía preparan su propia leche de fórmula, pero los pediatras no lo aconsejan. Si la familia insiste, el pediatra debe prescribir leche evaporada, que es leche de vaca concentrada y mezclada con un azúcar especial a dosis precisas, y ajustar las dosis. No es sensato darle a un bebé leche preparada en casa sin contar con el visto bueno del pediatra.

Cuando su hijo ya tenga un año, podrá darle leche de vaca entera, junto con una dieta de alimentos sólidos equilibrada (cereales, verduras, frutas y carnes). De todos modos, su consumo diario de leche no debería superar el cuarto de litro. Sobrepasar este límite puede suministrar demasiadas calorías, y evitar que el niño tenga ganas de comer otros alimentos que necesita. Si a estas alturas su hijo todavía no come una amplia gama de alimentos sólidos, debería darle leche de fórmula enriquecida con hierro en lugar de leche de vaca.

No le dé a su hijo leche baja en grasa (al 2% o menos) antes de que cumpla dos años. Su niño necesita el elevado contenido de grasa de la leche entera para seguir ganando peso con normalidad y, además, su organismo absorbe mejor las vitaminas A y D a partir de la leche entera. Así mismo, la leche sin grasa o baja en grasa contiene una concentración excesiva de proteínas y minerales, por lo que no debería darse a lactantes o niños menores de dos años. Cuando su hijo cumpla los dos años, debe hablar con su pediatra sobre sus necesidades nutricionales (incluyendo la elección de los productos lácteos).

La elección de la leche de fórmula

Cuando se disponga a comprar leche de fórmula, encontrará tres tipos básicos de productos:

Leche de fórmula elaborada con leche de vaca: Representa el 80% de las leches de fórmula que hay en el mercado. Aunque están elaboradas a base de leche de vaca, su composición ha sido alterada considerablemente para que sea segura para el lactante. La leche se trata con diversas técnicas, como el calentamiento, para que las proteínas sean más fáciles de digerir. Así mismo, se añade lactosa (el azúcar de la leche) para que la concentración de azúcar se asemeje a la de la leche humana, y la grasa de la leche (grasa de mantequilla) se substituye por aceites vegetales y, en algunos casos, por otras grasas animales más fáciles de digerir.

Hay leches de fórmula elaboradas con leche de vaca que están enriquecidas con hierro. Algunos lactantes no tienen suficientes reservas de hierro para colmar sus necesidades. Por lo tanto, recomendamos una fórmula fortificada con hierro para todos los lactantes alimentados con biberón desde el nacimiento hasta que cumplan un año. Hay otros alimentos para bebés que también están enriquecidos con hierro, como los cereales.

Leche de fórmula con soya: Contiene una proteína distinta (soya) y diferentes carbohidratos (polímeros de glucosa o sucrosa) que la leche de fórmula elaborada con leche de vaca. Suele recomendarse cuando el bebé no puede digerir la lactosa, el principal carbohidrato de la leche de vaca, aunque ahora ya existen productos elaborados con leche de vaca que no contienen lactosa. Muchos lactantes pasan por fases en las que no pueden digerir la lactosa, sobre todo después de tener fuertes diarreas, ya que éstas afectan el funcionamiento de las enzimas intestinales. Al cambiar a un producto que no contenga lactosa, estas enzimas pueden retornar a la normalidad. Dependiendo de la gravedad y persistencia de la diarrea, puede ser conveniente darle al bebé una leche de fórmula que no contenga lactosa durante sólo una semana o bien, en contadas ocasiones, durante varios meses. Su pediatra le dirá cuándo se le puede volver a dar al bebé un producto elaborado con leche de vaca.

Otro motivo (mucho menos común) para optar por la leche de soya es que el lactante sea alérgico a la leche, lo que puede provocar cólicos, estancamiento en el crecimiento e, incluso, diarrea sanguinolenta. Este tipo de reacción puede ser tan peligrosa en un recién nacido, que algunos médicos recetan leche de soya desde el nacimiento como medida preventiva cuando existe un historial familiar de alergias a la leche de vaca. Lamentablemente, la mitad de los lactantes que son alérgicos a la leche de vaca tampoco toleran la proteína de la soya, por lo que se les deben dar leches de fórmula especiales o bien leche materna.

La leche de soya también se recomienda a aquellos lactantes que tienen un trastorno muy poco común denominado galactosemia. Se trata de una intolerancia a la galactosa, uno de los dos azúcares que componen la lactosa. Los carbohidratos utilizados para sustituir a la lactosa en la mayoría de las leches de soya son la sucrosa y el jarabe de maíz (o una combinación de los dos). Ambos son fáciles de digerir y de absorber para un lactante. La mayoría de estas leches de fórmula cuestan lo mismo que las elaboradas con leche de vaca y están enriquecidas con hierro. Algunos estados incluyen la prueba de la galactosemia entre los análisis de cernimiento que se practican a los recién nacidos. Los lactantes que tienen este raro desorden tampoco pueden consumir leche materna.

Las leches de soya disponibles actualmente en el mercado contienen bastantes proteínas, pero no tantas como la leche de vaca (que, a su vez, contiene menos proteínas que la leche humana). Además, un lactante absorbe el calcio y otros minerales menos eficazmente de la leche de soya que de la leche de vaca. Puesto que los bebés prematuros necesitan un mayor aporte de minerales, no se les suele dar leche de soya.

A un niño sano nacido a término sólo se le debe dar leche de soya cuando sea médicamente necesario. Algunos padres estrictamente vegetarianos prefieren usar este tipo de leche porque no contiene productos de origen animal.

Fórmulas especiales: son productos elaborados específicamente para lactantes que tienen trastornos o enfermedades concretas. También existen productos especiales para bebés prematuros. Si su bebé tiene necesidades especiales, pregúntele al pediatra cuál es la leche de fórmula que más se ajusta a tales necesidades. Fíjese también en las instrucciones del paquete (cantidades, patrón de administración y proceso de preparación), ya que pueden diferir bastante de las instrucciones de los productos más habituales.

Preparación, esterilización y almacenamiento de las fórmulas

La mayoría de las fórmulas para lactantes se pueden adquirir de tres formas distintas: líquidas y listas para usar, concentradas y en polvo. Aunque los productos líquidos "listos para usar" son muy convenientes, también son los más caros. Los productos concentrados se preparan mezclando a partes iguales el producto con agua estéril (por ejemplo, una lata del concentrado y una de agua potable; o un biberón a la vez dejando el resto del concentrado cubierto en la nevera durante no más de cuarenta y ocho horas). Los productos en polvo, más económicos, vienen bien en paquetes previamente medidos o en latas grandes con un medidor. Para preparar la leche, se debe añadir la cantidad de producto especificada en las instrucciones a la cantidad indicada de agua y mezclarlos bien para que no se formen grumos en

Cómo preparar leche de fórmula usando concentrado

(Un biberón cada vez)

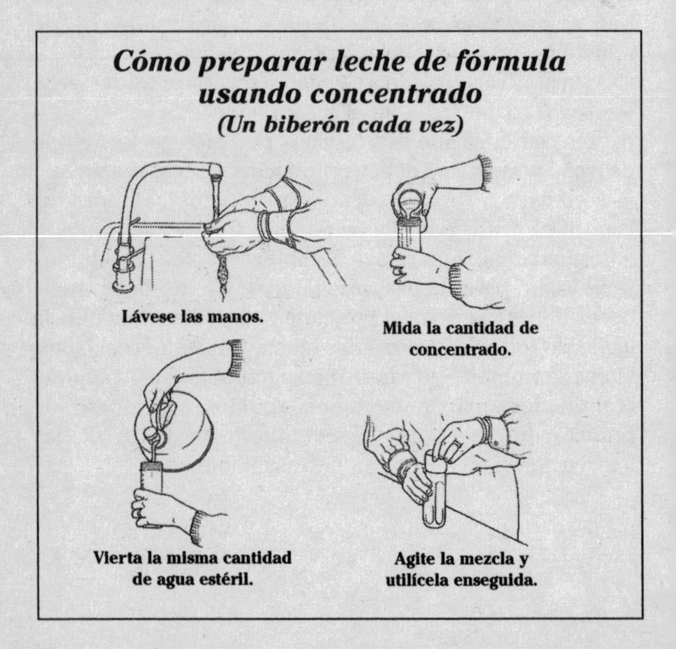

Lávese las manos.

Mida la cantidad de concentrado.

Vierta la misma cantidad de agua estéril.

Agite la mezcla y utilícela enseguida.

el biberón. Si utiliza agua un tanto caliente, la solución se mezclará mejor y se disolverán mejor los grumos.

Aparte del precio, la ventaja de los productos en polvo es que son mucho más ligeros y manejables. Puede poner la cantidad adecuada del producto dentro del biberón cuando tenga que salir con el bebé y limitarse a añadir el agua necesaria antes de darle el biberón. El polvo no se estropeará aunque esté varios días dentro del biberón

Cómo preparar leche de fórmula en polvo

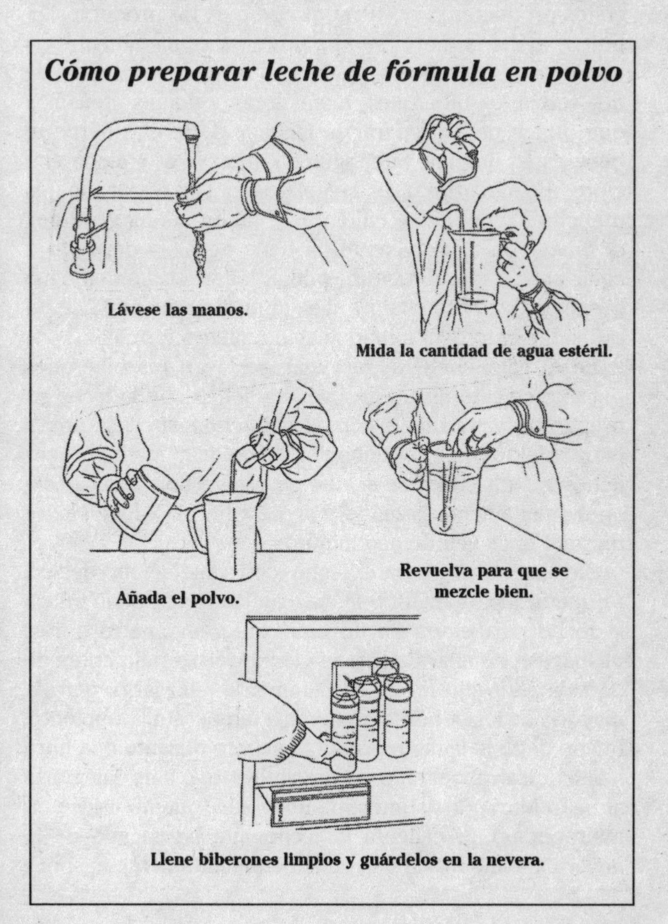

Lávese las manos.

Mida la cantidad de agua estéril.

Añada el polvo.

Revuelva para que se mezcle bien.

Llene biberones limpios y guárdelos en la nevera.

antes de mezclarlo con agua. Si elige un producto que requiere preparación, siga al pie de la letra las instrucciones del fabricante. Si añade demasiada agua, su hijo no obtendrá las calorías ni los nutrientes que necesita para crecer; y si añade muy poca, le dará a su hijo más calorías de las que necesita y la excesiva concentración del preparado podría provocarle diarrea y deshidratación.

El agua que se va a utilizar para preparar la leche (tanto en los productos concentrados como en los productos en polvo) debería hervirse durante aproximadamente un minuto antes de efectuar la mezcla. Asegúrese también de que todos los biberones, mamaderas y demás utensilios que utilice para preparar la leche y darle el biberón al bebé estén limpios. Si el agua de su casa es tratada con cloro, puede utilizar el lavaplatos o lavar a mano los utensilios con agua caliente y jabón, enjuagándolos después con agua caliente. Si tiene agua de depósito o agua no tratada con cloro, ponga los utensilios en agua hirviendo durante cinco a diez minutos o bien utilice un procedimiento denominado calentamiento terminal.

En el calentamiento terminal, se lavan los biberones pero no se esterilizan, después se llenan con la leche ya preparada y se tapan con el capuchón sin llegarlos a cerrar del todo. A continuación se colocan los biberones llenos en una olla en la que se ha vertido agua hasta aproximadamente la mitad y se deja hervir a fuego lento durante unos veinticinco minutos.

Siempre que prepare leche con antelación, deberá refrigerarla para evitar que crezcan bacterias. Si no utiliza la leche refrigerada en un plazo de veinticuatro horas, deshágase de ella. Calentar la leche refrigerada antes de dársela a su hijo no es estrictamente necesario, pero la mayoría de los bebés la prefieren a temperatura ambiente. Puede dejar la leche fuera de la nevera durante una hora hasta que alcance temperatura ambiente o bien calentarla al baño María (insistimos, de nuevo, en que no utilice un microondas). Si calienta la leche que ha sacado de la nevera al baño María o la utiliza inmediatamente después de prepararla siguiendo el procedimiento del calentamiento terminal, compruebe su temperatura antes de dársela a su hijo. La mejor forma de comprobar la temperatura de la leche es dejar caer unas pocas gotas en la cara interna de su muñeca.

Los biberones pueden ser de cristal, de plástico o de plástico con bolsas plásticas interiores. Estas bolsas pequeñas son muy convenientes y pueden prevenir que el bebé trague mucho aire al chupar, pero son más costosas. Conforme el bebé crezca y comience a agarrar la botella por sí mismo, debe evitar botellas de cristal que puedan romperse.

Los biberones diseñados para que el bebé los tome por su cuenta no son recomendables, puesto que pueden contribuir al deterioro de la dentadura y a la formación de caries. Al dejar que el niño se alimente cuando quiera, los dientes están expuestos a los azúcares de la leche constantemente. Cuando la leche se acumula detrás de los dientes, se crea un campo de cultivo favorable a la proliferación de bacterias. Así mismo, se ha comprobado que si se deja al bebé tomando el biberón en una postura supina (acostado boca arriba), esto puede favorecer las infecciones de oído (véase *Infecciones de oído,* página 589). Nunca debe dársele al infante un biberón para que se lo vaya tomando por la noche. Si se le da un biberón al bebé a la hora de acostarse, es recomendable que lo termine con relativa rapidez y retirarle el biberón vacío.

Pregúntele a su pediatra qué tipo de mamadera recomienda. Elegirá entre las mamaderas estándar de

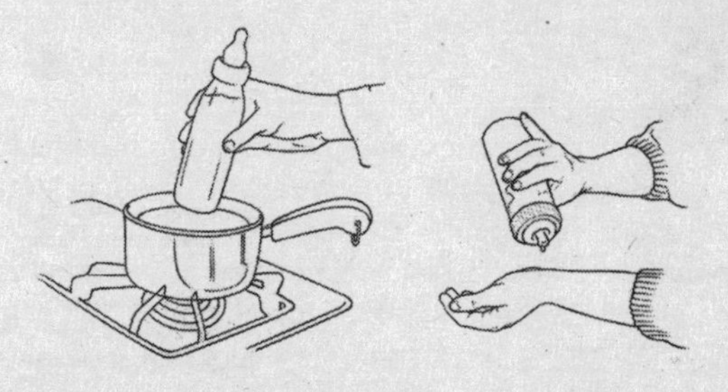

goma, las ortodónticas y otros modelos especiales para bebés prematuros o para bebés con paladar hendido. Sea cuál sea el tipo de mamadera que utilice, fíjese en el tamaño del agujero. Si es demasiado pequeño, su hijo succionará con tanta fuerza que tragará demasiado aire; si es demasiado grande, la leche saldrá tan rápido que el niño podría atragantarse. En el caso ideal, la leche debería salir por la mamadera a un ritmo de una gota por segundo cuando coloque el biberón boca abajo. (Debería dejar de gotear al cabo de unos segundos.) Muchos padres consideran que una mamadera con un agujero pequeño es adecuado para darle agua al bebé, pero hace falta un agujero mayor o varios agujeros pequeños para darle leche.

Cómo dar el biberón

El alimentar a su hijo debería ser una experiencia relajante, reconfortante y placentera, tanto para usted como para el bebé. Es una buena oportunidad para demostrarle su amor y para que se conozcan mutuamente. Si usted está tranquilo y confiado, el bebé responderá del mismo modo. Si usted está nervioso o no pone suficiente interés, su hijo podría percibir estos sentimientos negativos y esto afectará su alimentación adecuada.

Probablemente estará más cómodo en una silla con brazos, o en una con cojines para poder apoyar los brazos mientras alimenta al bebé. Cargue al bebé en su regazo en

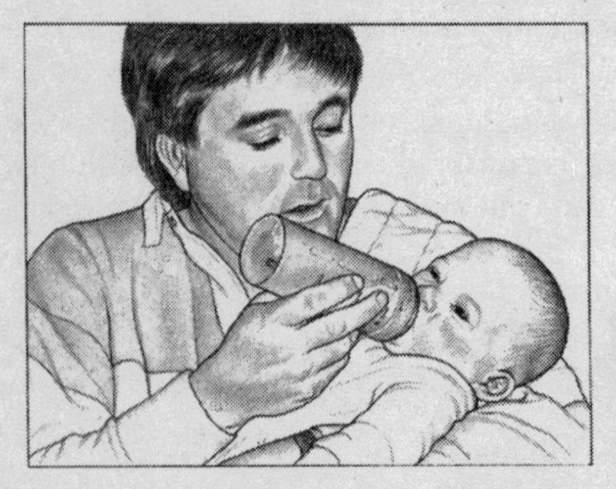

Sostenga el biberón de tal modo que la leche llene el cuello y cubra la mamadera. Así evitará que el bebé trague aire al chupar.

Para conseguir que abra la boca y se agarre a la mamadera, estimule su "reflejo de búsqueda" acariciándole la mejilla o el labio inferior con la mamadera.

una postura semierguida y aguántele la cabeza. No le dé el biberón cuando esté acostado sobre una superficie plana, porque podría atragantarse; además, la leche se le podría meter en el oído medio y provocarle alguna infección.

Sostenga el biberón de tal modo que la leche llene el cuello del biberón y cubra la mamadera. Así evitará que el bebé trague aire al succionar. Para conseguir que abra la boca y se agarre a la mamadera, estimule su "reflejo de búsqueda" acariciándole la mejilla o el labio inferior con la mamadera. En cuanto tenga ésta en la boca, su hijo empezará instintivamente a chupar y a tragar.

Horarios y cantidad de biberones

Un recién nacido ingiere entre 2 y 3 onzas de leche por toma, y se alimenta cada tres o cuatro horas durante las primeras semanas. Durante el primer mes, si su hijo duerme más de cuatro o cinco horas seguidas y empieza a saltarse tomas, despiértelo y déle un biberón. Hacia el final del primer mes, las tomas serán de unas 4 onzas de leche y el horario de las mismas será bastante predecible: aproximadamente cada cuatro horas. A los seis meses, las tomas serán de 6 a 8 onzas y estarán más espaciadas, realizándose un total de cuatro o cinco tomas en veinticuatro horas.

Como promedio, su hijo debería tomar 2½ onzas de leche al día por cada libra de peso. De todos modos, probablemente regulará su consumo diario en función de sus necesidades específicas. Por lo tanto, en lugar de fijarle cantidades estrictas, deje que sea él quien le indique cuándo está satisfecho. Si empieza a moverse o se distrae fácilmente mientras le está dando el biberón, probablemente ya tiene suficiente. Si vacía el biberón y sigue relamiéndose, probablemente tiene más hambre. Sin embargo, existen ciertos límites, tanto por exceso como por defecto. La mayoría de lactantes se quedan satisfechos con 3 a 4 onzas por toma durante el primer mes, y van aumentando una onza por mes hasta llegar aproximadamente a las 8 onzas. Si su hijo siempre quiere más o menos de estas cantidades, coménteselo al pediatra. Un lactante no debe tomar más de 32 onzas de leche en veinticuatro horas.

Como recomendamos al hablar de la lactancia materna, al principio es mejor alimentar a un recién nacido cuando él se lo pida, o cuando llore porque tiene hambre. A medida que pase el tiempo, él mismo irá estableciendo un horario de alimentación bastante regular. Y a medida que usted se familiarice con sus señales y necesidades, irá ajustando cada vez mejor su horario a sus necesidades.

Hacia los dos meses de edad (o las 12 libras de peso), la mayoría de bebés no necesitan tomarse un biberón a media noche, porque comen más durante el día y su patrón de sueño se ha hecho más regular. Pero esto varía bastante de un bebé a otro. A esta edad, la capacidad de su estómago también ha aumentado, lo que significa que pueden aguantar más tiempo entre tomas durante el día-hasta cinco horas. Si su hijo aún sigue queriendo comer frecuentemente, intente distraerlo jugando con él y dándole de vez en cuando un biberón lleno de agua entre tomas. Así tendrá más hambre en la próxima toma, chupará más y se sentirá satisfecho durante más tiempo.

Lo más importante que debe recordar, ya sea que le dé el pecho o el biberón a su hijo, es que sus necesidades alimentarias son únicas. Ningún libro puede explicarle exactamente cuánto o cada cuánto tiempo debe comer su hijo, o cómo debe actuar usted entre tomas. Usted irá descubriendo todas estas cosas por sí mismo, a medida que ambos se vayan conociendo mutuamente.

Suplementos nutritivos para lactantes

Suplementos vitamínicos

La leche humana contiene una proporción naturalmente equilibrada de vitaminas, sobre todo C, E y B. Por lo tanto, si tanto usted como su hijo están sanos y usted se alimenta bien, no hará falta que le dé ningún suplemento vitamínico al bebé.

Algunos lactantes que viven en áreas urbanas y no se exponen suficientemente a la luz del sol pueden necesitar un suplemento de vitamina D. Esta vitamina es producida naturalmente por la piel al ser expuesta a la luz del sol. Si usted vive en una zona de clima cálido y saca a su hijo a la luz varias veces a la semana, aunque sea por breves períodos de tiempo, usted y el niño producirán suficiente vitamina D. Un total de 15 minutos de luz solar a la semana es suficiente para un niño de piel blanca. Si su hijo es de piel morena y viven en una zona de clima relativamente frío —o si no puede exponerlo al sol con regularidad— deberá darle un suplemento de vitamina D en gotas desde el momento del nacimiento hasta que deje de lactar. (Las leches de fórmula están enriquecidas con vitamina D) Su hijo también necesitará un suplemento de vitamina D si nació prematuramente o tiene determinados problemas médicos. Comente esta cuestión con su médico cuando su hijo nazca.

Algunos pediatras recomiendan a las mujeres que amamantan tomar diariamente un suplemento vitamínico para asegurarse de que obtienen la proporción adecuada de vitaminas, pero no existen pruebas definitivas de que sea necesario hacerlo. Si usted lleva una dieta equilibrada, debería obtener todas las vitaminas necesarias para usted y para su hijo. Sin embargo, si sigue una dieta vegetariana

Nuestra posición

La Academia Americana de Pediatría considera que los bebés sanos que siguen una dieta equilibrada no necesitan tomar suplementos vitamínicos que superen los niveles recomendables. Las megadosis de vitaminas —por ejemplo, cantidades enormes de vitamina A, C o D— pueden provocar síntomas de intoxicación, que van desde náuseas y erupciones, hasta dolor de cabeza y, a veces, efectos adversos mucho más graves. Antes de darle a su hijo cualquier suplemento vitamínico, consúltelo con su pediatra.

estricta, deberá tomar un complejo de vitamina B, ya que determinadas variantes de la vitamina B sólo se encuentran en las carnes, aves y pescados. Si su hijo toma leche de fórmula, probablemente obtendrá todas las vitaminas que necesita, ya que estas leches suelen estar enriquecidas con vitaminas.

Hierro

La mayoría de bebés nacen con suficientes reservas de hierro que los protegen contra la anemia. Si usted lacta a su hijo, éste tomará y absorberá la cantidad de hierro que necesita, por lo que no hará falta darle un suplemento adicional. Cuando tenga entre cuatro y seis meses, debe empezar a darle alimentos de bebé enriquecidos con hierro (cereales, carne y verduras), que le aportarán la cantidad de hierro que necesita para crecer adecuadamente.

Si ha optado por darle el biberón, es recomendable que le dé a su hijo leche de fórmula enriquecida con hierro desde el momento del nacimiento hasta que cumpla un año. Como último recurso, puede darle suplementos vitamínicos o gotas que contengan hierro, pero sólo en el caso de que cuente con el visto bueno y la supervisión del pediatra. Estos medicamentos no siempre se toleran bien y se ha comprobado que manchan los dientes.

Agua

Hasta que su hijo empiece a comer sólidos, obtendrá toda el agua que necesita de la leche, sea materna o de fórmula. Si hace mucho calor, puede ofrecerle un biberón lleno de agua entre tomas, pero no lo fuerce a tomárselo ni se preocupe si lo rechaza. Es posible que prefiera obtener el líquido extra que necesita aumentando la frecuencia de las tomas. Los bebés a quienes se les da el pecho no suelen necesitar dosis adicionales de agua.

En cuanto su hijo empiece a comer alimentos sólidos, aumentará su necesidad de consumir líquido. Aproximadamente el 90 por ciento de los bebés de un año beben jugos de fruta. Los jugos que se les dan con más frecuencia son los de manzana, uva, y más recientemente, pera. Los pediatras recomiendan los jugos para que un lactante normal consuma el agua que necesita. Sin embargo, si el bebé bebe demasiado jugo, es posible que no pueda digerirlo bien y le provoque gases o diarrea. Algunos jugos, como el de uva blanca, se digieren más fácilmente que otros porque contienen una proporción equilibrada de carbohidratos y no contienen sorbitol, un azúcar natural. Para regular la cantidad de jugo que bebe su hijo, asegúrese de que no tome más de 4 a 6 onzas diarias, ofrézcale el jugo junto con algún alimento sólido para demorar el proceso de absorción, y mézclelo con agua a partes iguales (véase en el próximo recuadro la composición de los principales jugos de frutas). Si le ofrece leche adicional o un jugo a su hijo a la hora de las comidas, podría quitarle el apetito, así que lo más recomendable es darle agua en las comidas.

Su hijo también necesitará beber más agua cuando esté enfermo, sobre todo si tiene fiebre. Consulte con su pediatra qué cantidad de agua necesita su hijo en tales circunstancias. El mejor líquido para un bebé enfermo que es amamantado es la leche materna.

Contenido promedio de carbohidratos (g/100g) en frutas y jugos de frutas

Fruta / Jugo de fruta	Fructosa	Glucosa	Sucrosa	Sorbitol
Ciruela	14.0	23.0	0.6	12.7
Pera	6.6	1.7	1.7	2.1
Cereza	7.0	7.8	0.2	1.4
Durazno	1.1	1.0	6.0	0.9
Manzana	6.0	2.3	2.5	0.5
Uva	6.5	6.7	0.6	rastros
Fresa	2.2	2.3	0.9	0.0
Frambuesa	2.0	1.9	1.9	0.0
Mora	3.4	3.2	0.2	0.0
Piña	1.4	2.3	7.9	0.0
Naranja	2.4	2.4	4.7	0.0

La tabla muestra cuántos gramos de cada tipo de azúcar contienen los distinto jugos. Los jugos con un elevado contenido de sorbitol deberían evitarse cuando el niño esté recuperándose de una diarrea, puesto que este azúcar puede tener propiedades laxantes. Todos los demás jugos pueden considerarse equivalentes.

Flúor

Durante los primeros seis meses, un lactante no necesita tomar ningún suplemento de flúor. Si después de esta fecha la leche materna sigue siendo su principal fuente alimenticia, sólo es recomendable darle un suplemento de flúor si el agua que bebe la madre contiene menos de 0.3 ppm. de esta sustancia. Si su hijo necesita un aporte adicional de flúor, ya se lo indicará su pediatra o su dentista.

Los lactantes que se alimentan con leche de fórmula consumen flúor cuando se les da el biberón y cuando beben agua (si ésta contiene flúor). La Academia recomienda preguntar al pediatra en cada caso si el bebé necesita algún suplemento adicional de flúor.

Gases, hipo y regurgitaciones

Gases

Los bebés pequeños por lo natural se ponen inquietos y molestos si tragan aire al chupar. Aunque esto puede ocurrir tanto con los bebés amamantados como con los que se les da el biberón, es más frecuente en el segundo caso. Cuando esto le ocurra, es mejor que interrumpa la toma para que el niño pueda respirar tranquilamente. En caso contrario, tragaría todavía más aire, lo que aumentaría su sensación de malestar y podría llegar a regurgitar.

La mejor estrategia es sacarle los gases frecuentemente, incluso si no ha dado ninguna muestra de malestar. Por el mero hecho de hacer una pausa y cambiarle de posición, el niño empezará a tragar más despacio y, por lo tanto, disminuirá la cantidad de aire ingerido. Si le da el biberón, hágale eructar cada vez que ingiera entre 2 y 3 onzas de leche; si le da el pecho, hágalo cada vez que cambie de seno.

Hipo

La mayoría de los bebés tienen hipo de vez en cuando. Esto puede preocuparle más a usted que a su hijo, pero si le ocurre mientras lo alimenta puede resultarle bastante desagradable. Cámbiele de posición, o intente hacerle eructar o ayudarlo a relajarse. Espere a que se le vaya el hipo para reanudar la toma. Si el hipo no desaparece en cinco o diez minutos, darle un poco de agua puede ayudar. Si su hijo tiene hipo a menudo, intente darle de comer cuando esté calmado y antes de que esté muy hambriento. Así reducirá la probabilidad de que le entre hipo durante las tomas.

Cómo sacarle los gases a un bebé

Aquí tiene algunas técnicas de eficacia probada. Después de experimentar un poco con ellas, sabrá cuáles son las que funcionan mejor con su bebé.

1. Coloque al bebé en posición vertical, de tal modo que la cabeza del niño repose sobre su hombro. Aguante la espalda y la cabeza de su hijo con una mano y déle unas palmaditas en la espalda con la otra.

   Si sigue sin eructar durante varios minutos, siga alimentándolo y no se preocupe: ningún bebé eructa en todas las tomas. Cuando haya acabado, repita el mismo procedimiento y téngalo durante diez o quince minutos en posición vertical para que no regurgite.

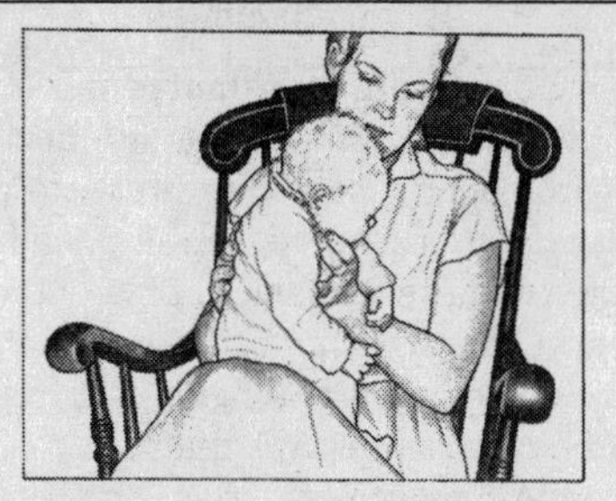

2. Siente al bebé en su regazo aguantándole el pecho y la cabeza con una mano y dándole palmaditas en la espalda con la otra.

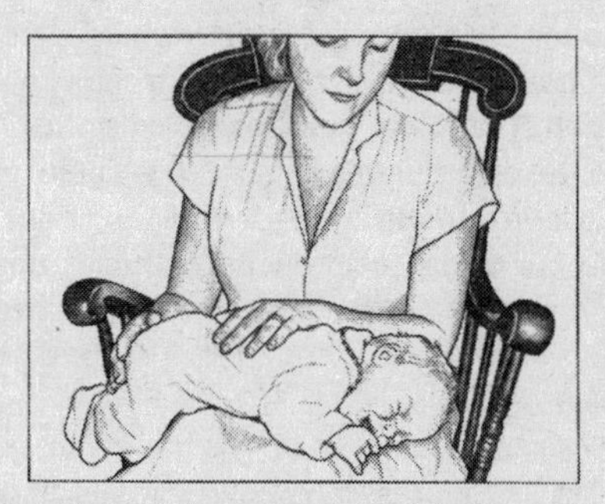

3. Coloque al bebé estirado boca abajo sobre su regazo y déle palmaditas o hágale masajes en la espalda, sosteniendo su cabeza para que esté más elevada que el pecho.

Regurgitaciones

Regurgitar es otra de las constantes de la lactancia. A veces, se debe a que el niño ha comido más de lo que le permite su estómago; a veces, se presenta cuando se le sacan los gases. Aunque puede ser un poco fastidioso, no debe ser motivo de preocupación. El hecho de regurgitar muy raramente se asocia a atragantamiento, tos o malestar, y no suele implicar ningún peligro para el bebé, incluso aunque ocurra mientras duerme.

Algunos bebés regurgitan más que otros, pero la mayoría dejan de hacerlo cuando empiezan a sentarse. Unos pocos siguen haciéndolo hasta que empiezan a andar o hasta que aprenden a beber en vaso e incluso hay algunos que siguen haciéndolo durante todo el primer año.

Usted debe saber percibir la diferencia entre regurgitar y vomitar. Cuando un bebé regurgita, apenas parece darse cuenta. Vomitar, sin embargo, implica expulsar violentamente el alimento ingerido y suele asociarse a malestar. Generalmente los vómitos ocurren poco después de las tomas e implican expulsar una cantidad mucho mayor de alimento. Si su hijo vomita regularmente (una o más veces al día), consulte a su pediatra. (Véase *Vómitos,* página 530)

Aunque es prácticamente imposible evitar que un bebé regurgite, las siguientes recomendaciones le ayudarán a reducir la frecuencia de estos episodios y la cantidad de líquido regurgitado:

1. Convierta las tomas en una experiencia tranquila, relajada y placentera.

2. Evite interrupciones, ruidos repentinos, luces brillantes y cualquier otro tipo de distracciones mientras esté alimentando a su hijo.

3. Si le da el biberón, sáquele los gases por lo menos cada cinco minutos.
4. No alimente a su hijo mientras está acostado.
5. Coloque al bebé en una posición vertical, por ejemplo, sentado en un cargador o en su coche inmediatamente después de cada toma.
6. No zarandee al bebé ni juegue vigorosamente con él después de darle de comer.
7. Intente alimentarlo antes de que esté muy hambriento.
8. Si le da el biberón, asegúrese de que el agujero de la mamadera no es ni demasiado grande (lo que haría que la leche saliera demasiado de prisa) ni demasiado pequeño (lo que, además de frustrar al niño, le haría tragar demasiado aire). Si el tamaño del agujero es el adecuado, deberían caer unas pocas gotas al invertir el biberón, y luego parar.
9. Eleve la cabecera de la cuna (no use almohadas) y coloque al niño boca arriba para dormir. Así, tendrá la cabeza más alta que el estómago y no se podrá atragantar ni ahogar en caso de que regurgite mientras duerma.

Por la extensión y los detalles de este capítulo, ya se habrá dado cuenta de que alimentar a su hijo es uno de los retos más importantes y, a menudo, desconcertantes que tienen que afrontar los padres. Las recomendaciones de esta sección se refieren a los lactantes en general. Recuerde que su hijo es único y puede tener necesidades especiales. Si algunas de sus dudas no se han resuelto completamente en estas páginas, pídale a su pediatra que le dé respuestas adecuadas para el caso concreto de su bebé.

5

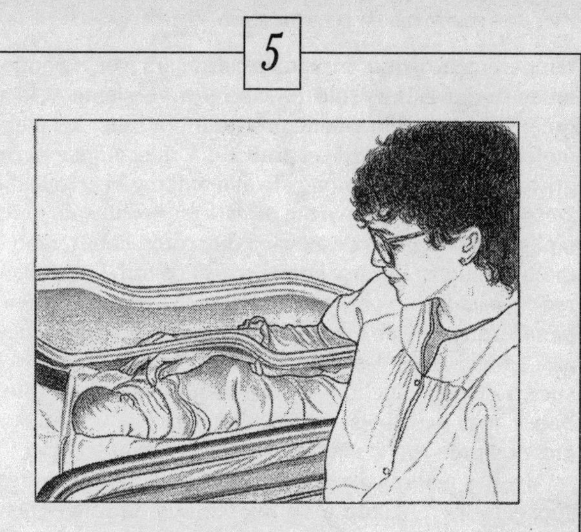

Los primeros días en la vida de su hijo

Después de nueve largos meses de embarazo, quizás crea que ya conoce a su bebé. Ha sentido sus patadas, ha seguido sus momentos de calma y de actividad, y ha acariciado su vientre mientras lo llevaba en sus entrañas. Aunque todas estas experiencias la acercan a su hijo, se sorprenderá ante la primera visión de su rostro y la sensación al agarrar sus deditos.

Durante los primeros días que sigan al nacimiento de su hijo, probablemente usted no le quitará los ojos de encima. Al mirarlo, quizás le encuentre algún parecido con usted o con otros miembros de su familia. Pero en líneas generales no se parece a nadie. Además tendrá su propio temperamento que enseguida se dejará ver. Cuando se mueve y se estira, sólo él sabe lo que siente y lo que quiere. Por ejemplo, puede protestar por tener los pañales mojados o sucios desde el primer día, quejándose a voz en grito hasta que lo cambien, lo alimenten y lo arrullen. Los lactantes que se comportan de este modo, no sólo tienden a pasar más tiempo despiertos que otros bebés, sino que también suelen llorar y comer más. Por otro lado, algunos recién nacidos no parecen darse cuenta cuándo tienen los pañales sucios y se quejan cuando se les deja las nalgas al aire mientras se les cambian los pañales. Estos bebés suelen dormir mucho y comen menos a menudo que los bebés más sensibles. Estas diferencias individuales son indicios precoces de la futura personalidad del niño.

Algunas madres dicen que, después de tantos meses de "poseer" literalmente a su hijo en sus entrañas, resulta difícil ver al bebé como un ser humano distinto, con pensamientos, emociones y deseos propios. De todos modos, aceptar que las cosas son así y respetar su individualidad es una parte importante del trabajo de ser padre. Si usted es capaz de acoger a su hijo como el ser único que es desde el momento de su nacimiento, le resultará mucho más fácil aceptar a la persona en que se acabará convirtiendo en el futuro.

El bebé recién nacido

Su aspecto al nacer

Mientras disfruta en su habitación con su hijo en brazos, destápelo y obsérvelo de arriba a abajo. Percibirá algunos detalles que se le escaparon cuando lo vio nacer. Por ejemplo, cuando abra los ojos, verá de qué color son. Muchos recién nacidos de raza blanca tienen los ojos azules, pero muchas veces les cambian de color durante el primer año. Generalmente los recién nacidos de piel morena tienen los ojos marrón y conservan ese color

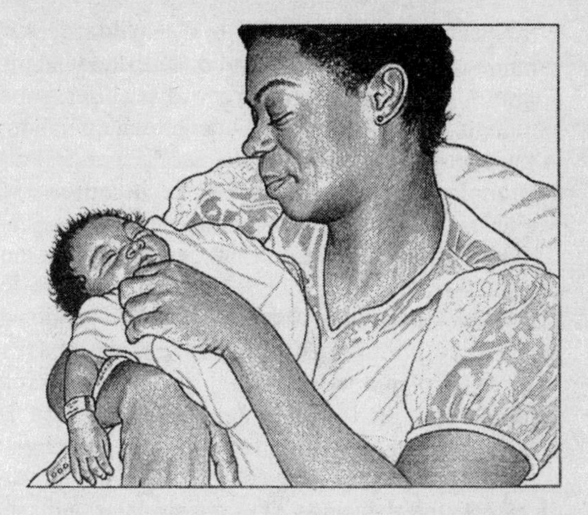

durante el resto de su vida. Si los ojos de su hijo van a volverse marrón durante el primer año, probablemente durante los primeros seis meses adquirirán un tono indefinido, próximo al gris; pero si siguen siendo azules al cabo de seis meses, probablemente conservará este color durante el resto de su vida.

Es posible que su hijo tenga alguna mancha de sangre en la parte blanca de uno o ambos ojos. Esto, igual que la hinchazón general de su rostro, se debe a la presión a la que se vió sometido durante el parto. Ambos desaparecerán al cabo de pocos días. Si su hijo nació mediante cesárea, no tendrá el rostro hinchado y el blanco de sus ojos no debería tener rastros de sangre.

Después de bañarlo y secarlo, la piel de su hijo parecerá muy delicada. Si su hijo nace más tarde de la fecha prevista de parto, probablemente habrá perdido la capa protectora de vérnix, y su piel estará arrugada y pelándose. Si nace justo a término o antes de lo que le tocaba, es posible que se le pele un poco la piel al entrar en contacto con el aire después de limpiarle el vérnix. Esto es normal y no requiere tratamiento alguno.

Al examinar los hombros o la espalda de su bebé, es posible que encuentre un vello fino denominado lanugo. Como el vérnix, este vello crece al final del embarazo; sin embargo, se suele caer antes de la fecha prevista de parto o un poco después. Si su hijo nace antes de tiempo, será más probable que tenga vello en los hombros y la espalda, y que tarde varias semanas en perderlo.

También es posible que encuentre algunas manchas y marcas rosadas en la piel del bebé. Las que se forman en las zonas que están en contacto con los bordes del pañal, se deben simplemente a la presión. Las manchas jaspeadas o moteadas suelen ser una reacción ante la exposición de la piel del bebé al aire fresco y desaparecerán rápidamente en cuanto lo vuelva a tapar.

Si detecta algún razguño, sobre todo en la cara del bebé, córtele las uñas. (O cúbrale las manos hasta que tenga la ocasión de hacerlo). En caso contrario, seguirá arañándose cuando mueva los brazos y las manos.

Su hijo también puede presentar erupciones y marcas de nacimiento. La mayoría desaparecerán rápidamente sin necesidad de recibir tratamiento alguno, pero algunas pueden ser permanentes. Éstas son las erupciones y marcas de nacimiento más frecuentes en los recién nacidos:

Hemangioma plano o "picotazo de cigüeña". Manchas de un color rosado intenso, generalmente localizadas en el puente de la nariz, la parte baja de la frente, los párpados superiores, la base de la cabeza o el cuello. Son las manchas más habituales en los recién nacidos, sobre todo en los que tienen la piel clara. Desaparecen durante los primeros meses.

Manchas mongólicas. Zonas extensas y lisas de la piel muy pigmentadas, que parecen azules o verdes (como los moretones) y suelen aparecer en las nalgas o en la espalda. Son muy comunes, sobre todo en los bebés de piel morena. Suelen desaparecer cuando el niño está en edad escolar y no tienen ninguna importancia.

Melanosis pustulosa. Pequeñas ampollas que se secan rápidamente y se pelan, dejando manchitas oscuras como las pecas. Algunos bebés solamente presentan estas manchitas, lo que indica que tuvieron la erupción antes de nacer. Las manchitas desaparecen al cabo de varias semanas.

Acné miliar, o "milia". Granitos blancos o amarillos que aparecen en la punta de la nariz o la barbilla, provocados por las secreciones de las glándulas sebáceas de la piel. Se trata de acumulaciones de grasa que parecen tener volumen, pero son casi planas y suaves al tacto. Desaparecen al cabo de dos o tres semanas.

Miliaria. Erupción de pequeñas ampollas elevadas llenas de líquido. Este líquido es una secreción normal de la piel y puede ser trasparente o de color lechoso. Suele desaparecer al lavar la piel del bebé.

Eritema tóxico. Una erupción de pequeñas manchas rojas con elevaciones de color blanco-amarillento en el centro. Generalmente sólo aparece el día siguiente al parto y suele desaparecer sin tratamiento durante la primera semana.

Hemangioma capilar. Zonas rojas prominentes de textura rugosa. Durante la primera semana pueden ser de color blanco o pálido, pero más tarde se vuelven rojos. Son provocados por la dilatación de los vasos sanguíneos de las capas más superficiales de la piel. Van aumentando de tamaño durante los primeros meses y después disminuyen progresivamente de tamaño sin necesidad de tratamiento.

Manchas tipo "vino de oporto". Áreas de la piel extensas y lisas de formas irregulares y de color rojo o morado. Son provocadas por un exceso de vasos sanguíneos bajo la piel. No desaparecen sin tratamiento. Pueden ser extirpadas por un cirujano plástico o un dermatólogo pediátrico cuando el niño sea mayor. (Véase también *Marcas de Nacimiento y Hemangiomas*, página 685)

Si su hijo nació mediante parto vaginal, además de tener la cabeza alargada, podría presentar hinchazón en la parte de la cabeza que fue expulsada en primer lugar. Si usted comprime ligeramente con el dedo la zona hinchada es posible que deje una pequeña marca. No se trata de nada grave y debe desaparecer en pocos días.

A veces, el cuero cabelludo parece hinchado varias horas después del parto, lo que puede deberse a la rotura de vasos sanguíneos durante el parto. (Se trata de hemorragias superficiales, que ocurren por fuera de los huesos del cráneo, no en el interior del cerebro). Esta hinchazón provocada por la presión a la que se ve sometida la cabeza durante el parto, suele afectar solamente un lado de la cabeza, y parece desplazarse en cuanto se presiona sobre ellas. No son graves, pero suelen tardar entre seis y diez semanas en desaparecer.

Todos los bebés tienen dos puntos blandos o fontanelas, en la parte superior de la cabeza. Se trata de las áreas donde los huesos del cráneo, todavía inmaduros, se están cerrando. La abertura de mayor tamaño está en la parte superior de la cabeza y la menor en la parte posterior. No pasa nada si se tocan estas áreas con suavidad. Están cubiertas por una membrana gruesa y resistente que protege las estructuras del interior del cráneo.

Los recién nacidos se ven afectados por la enorme cantidad de hormonas que sus madres secretaron durante el embarazo. Por este motivo, es posible que los senos de un recién nacido estén abultados e, incluso, que segreguen algunas gotas de leche. Esto puede ocurrir en bebés de ambos sexos y generalmente no dura más de una semana, aunque puede prolongarse durante varias. No manipule ni presione los pechos de su hijo; no conseguirá reducir la hinchazón y podría provocarle alguna infección.

Cuando esté examinando el abdomen de su hijo, puede encontrarlo bastante abultado y quizás perciba unos espacios entre los músculos abdominales en los que la piel se proyecta hacia afuera cuando su hijo rompe a llorar. Estos espacios pueden formar una línea en el centro

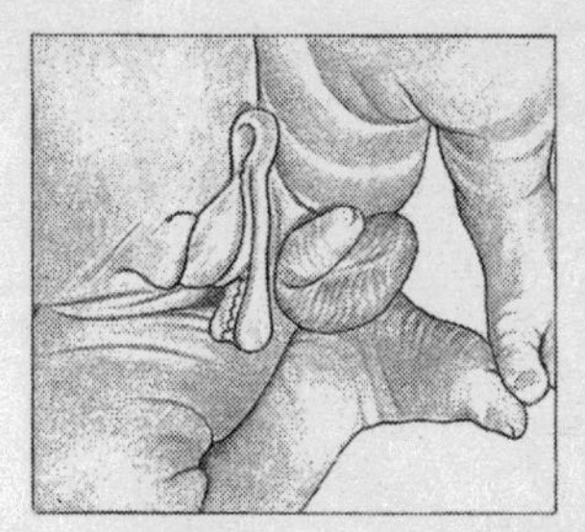

El muñón del cordón umbilical es blanco, translúcido y brillante justo después del parto. Los genitales de los recién nacidos suelen parecer bastante grandes en relación al tamaño de su cuerpo.

del abdomen o bien un círculo en la base del cordón umbilical. Se trata de algo normal y que desaparece durante el primer año.

El muñón umbilical es blanco, translúcido y brillante después del parto. Si se curó utilizando una solución bactericida, estará azulado y enseguida empezará a secarse y a encogerse. Debería desprenderse en un plazo de tres semanas.

Los genitales de los recién nacidos suelen verse enrojecidos y parecen bastante grandes en relación al tamaño del cuerpo. Las niñas pueden segregar por la vagina una especie de flujo trasparente, blanco o con restos de sangre, debido al influjo de las hormonas maternas durante el embarazo. El escroto de un niño recién nacido puede estar muy terso y apenas ser lo suficientemente grande para contener los testículos; o bien puede ser grande y estar arrugado. Los testículos pueden salir y entrar dentro del escroto. A veces se replegarán hasta la base del pene o, incluso, hasta el pliegue que se forma en la parte superior del muslo. Mientras estén dentro del escroto la mayor parte del tiempo, es normal.

Algunos varoncitos tienen una bolsita llena de líquido denominada hidrocele (véase página 520) en el interior del escroto. Ésta irá encogiéndose de forma progresiva sin recibir tratamiento alguno, a medida que el cuerpo del bebé vaya reabsorbiendo el líquido contenido en su interior. Si el escroto se hincha de golpe o aumenta de tamaño cuando el niño llore, coménteselo a su pediatra; podría ser un síntoma de hernia inguinal, que requiere tratamiento.

El cuidado del pene

El cuidado del pene circuncidado. Si usted quiere que a su hijo le practiquen la circuncisión, probablemente se la harán durante el segundo o tercer día de vida, a menos que se retrase por motivos religiosos. Después de la intervención, le vendarán el glande con una gasa impregnada de vaselina. Generalmente, este vendaje se caerá la primera vez que el niño orine. Algunos pediatras recomiendan seguir vendando el pene con una gasa limpia hasta que sane por completo, mientras que otros prefieren dejarlo al descubierto. Lo más importante es mantener la zona operada lo más limpia posible. En caso de que el pene se ensucie con materias fecales, lávelo suavemente con agua y jabón cuando le cambie los pañales.

La punta del pene puede estar bastante roja durante los primeros días y es posible que secrete un fluido amarillento. Ambos indican que el glande está sanando bien. Durante la semana siguiente, tanto el color rojo como la secreción amarillenta irán desapareciendo progresivamente. Si persiste el enrojecimiento, el pene se inflama o se forman costras amarillentas que supuran, es posible que la herida se haya infectado. Esto es algo bastante raro, pero, si sospecha que ha ocurrido, consulte al pediatra.

Generalmente, después de que la herida haya cicatrizado, el pene no necesita ningún cuidado adicional. En contadas ocasiones, queda un trocito de prepucio. En tales casos, se deberá levantar con suavidad cada vez que se bañe al niño, examinar el surco que rodea el glande y asegurarse de que está limpio.

El prepucio de un recién nacido está adherido a la cabeza del pene, o glande, y no se puede retraer como en los niños mayores y en los hombres adultos. Hay una pequeña abertura en la punta del pene a través de la cual fluye la orina. Si su hijo es circuncidado, le cortarán las adherencias prepuciales, dejando el glande al descubierto. En el caso de que no opere a su hijo, el prepucio se separará naturalmente del glande durante los primeros años.

A veces, esta operación debe posponerse porque el niño es prematuro o por otros problemas de carácter médico. Si no se realiza durante los primeros días, suele posponerse varias semanas o meses. Su pediatra le indicará cuál es el mejor momento para operar a su hijo. Los cuidados posteriores son siempre los mismos independientemente de cuándo se realice la intervención.

El cuidado del pene no circuncidado. Durante los primeros meses, deberá limpiar el pene de su hijo simplemente con agua y jabón, como el resto del área que queda cubierta por el pañal. Al principio, el prepucio estará unido al glande o cabeza del pene, por lo que usted no debe intentar separarlos. No hace falta lavar el pene con aplicadores de algodón ni ningún antiséptico, pero debería observar cómo orina su hijo de vez en cuando para asegurarse de que el agujero del prepucio es lo suficientemente grande como para que pueda hacerlo sin problemas. Si el agujero sólo deja pasar un hilillo de orina o parece que su hijo tiene molestias al orinar, consulte al pediatra.

El médico le indicará cuándo se ha separado el prepucio del glande y, por lo tanto, se puede retraer sin problemas. Esto puede tardar en ocurrir de varios meses a varios años. Cuando haya tenido lugar la separación, debería retraer de vez en cuando el prepucio para limpiar el extremo del pene que queda cubierto por él. En cuanto su hijo deje de llevar pañales, deberá enseñarle a hacerlo él solo, para que pueda orinar y tener el pene bien limpio.

Mientras usted permanezca en el hospital, el personal se encargará de examinar con detenimiento la primera orina y las primeras deposiciones de su hijo, para asegurarse de que elimina bien. Esto puede ocurrir justo al nacer o al día siguiente. La primera deposición, y a veces también la segunda, será de un color negro-verdoso y muy viscosa. Ésta contiene una sustancia denominada meconio, que llenaba el intestino del su hijo durante el embarazo y que debe ser expulsada para que pueda digerir nuevos alimentos y eliminar sus productos de deshecho. Si un lactante no elimina el meconio durante las primeras cuarenta y ocho horas de vida, podría significar que tiene algún problema en los intestinos.

Si detecta un poco de sangre en las materias fecales de su hijo durante los primeros días, probablemente se deberá a sangre que tragó durante el parto o mientras amamantaba. Aunque esto no puede hacerle ningún daño al niño, siempre es mejor que se lo comente al pediatra, para que él se pueda asegurar de que ése es el motivo; si la causa fuera una hemorragia interna, debería tratarse inmediatamente.

El peso y las medidas de su hijo al nacer

¿Su hijo pesa más o menos de lo que usted esperaba? El peso de un niño al nacer depende de diversos factores tales como los siguientes:

- La duración del embarazo. Cuanto más tarde nazca un bebé, más grande será.
- El tamaño de los padres: si la madre y el padre son muy grandes, es probable que el bebé también lo sea.
- Las complicaciones durante el embarazo: si la madre tuvo la tensión arterial alta o alguna enfermedad durante el embarazo, el bebé podría ser más pequeño. Sin embargo, si tuvo diabetes durante el embarazo, el bebé podría ser más grande de lo esperado.
- La alimentación de la madre durante el embarazo: si el bebé no obtuvo los nutrientes que necesitaba cuando estaba en el útero, ya sea porque su madre siguió una dieta pobre o poco equilibrada o porque tuvo problemas médicos durante el embarazo, el bebé podría ser más pequeño de lo esperado.
- El consumo de tabaco, alcohol o alguna otra droga durante el embarazo.

Si un bebé es mucho más pequeño o mucho más grande de los esperado, será más probable que tenga problemas para adaptarse a la vida fuera del vientre de su madre. Para determinar la relación que guardan las medidas corporales de su hijo con las de otros niños nacidos después del mismo tiempo de embarazo, su pediatra utilizará la gráfica de crecimiento que figura a continuación.

Como se puede ver en esta gráfica, ochenta de cada 100 bebés nacidos de 40 semanas a término, pesan entre 5 libras 11½ onzas y 8 libras 5¾ onzas. Éste es el promedio normal. Los que están por encima del percentil noventa se consideran grandes y los que están por debajo del percentil diez se consideran pequeños. Algunos niños grandes al principio tienen dificultades para regular el nivel de azúcar en la sangre, y se les debe alimentar con más frecuencia para prevenir la hipoglucemia (bajo nivel de azúcar en la sangre). Los niños pequeños pueden tener problemas con la alimentación o la regulación de la temperatura corporal. El hecho de catalogar a un niño como grande o pequeño al nacer, no constituye un predictor del tamaño que alcanzará cuando crezca. Sin embargo, ayuda al personal hospitalario a determinar si necesita recibir atención especial durante sus primeros días de vida.

Cada vez que el pediatra examine a su hijo, empezando por el primer chequeo después del parto, tomará una serie de medidas. Por lo regular, medirá su largo, su peso y su perímetro craneal (la circunferencia de la cabeza) y representará estas medidas en unas gráficas similares a las que figuran en estas páginas. En un lactante sano y bien alimentado, estas tres medidas deberían aumentar a un ritmo predecible. Los estancamientos o interrupciones de este partrón de crecimiento ayudarán al doctor a detectar problemas de alimentación, desarrollo o médicos.

Cómo se comporta un recién nacido

Mientras descansa en sus brazos o bien en la cuna al lado de su cama, su hijo parece un bultito bien abrigado. Como cuando estaba dentro de su vientre, estará acurrucado,

Centro Nacional de Estadísticas de Salud
Peso de niñas en percentiles de edad
Edad: desde el nacimiento hasta los 36 meses

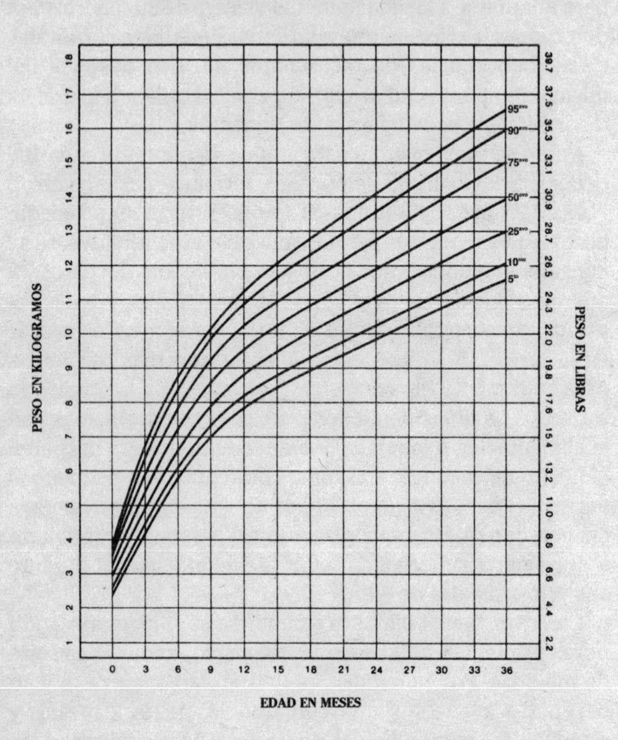

con los brazos y las piernas replegados y los dedos apretados, aunque usted debería poder enderezarlos suavemente con las manos. Sus pies estarán doblados hacia adentro. Tardará varias semanas en abandonar esta postura fetal. Y tendrá que esperar todavía más para poder escuchar los típicos gorjeos y balbuceos que solemos identificar con los bebés. Sin embargo, desde el principio, su hijo será muy ruidoso. Aparte de llorar cuando algo vaya mal, tendrá una amplia gama de gruñiditos, gemidos, grititos, estornudos e hipos. (¡Quizás ya pudo "sentir" sus hipos durante el embarazo!) La mayoría de estos sonidos,

Centro nacional de Estadísticas de Salud
Longitud de niñas en percentiles de edad
Edad: desde el nacimiento hasta los 36 meses

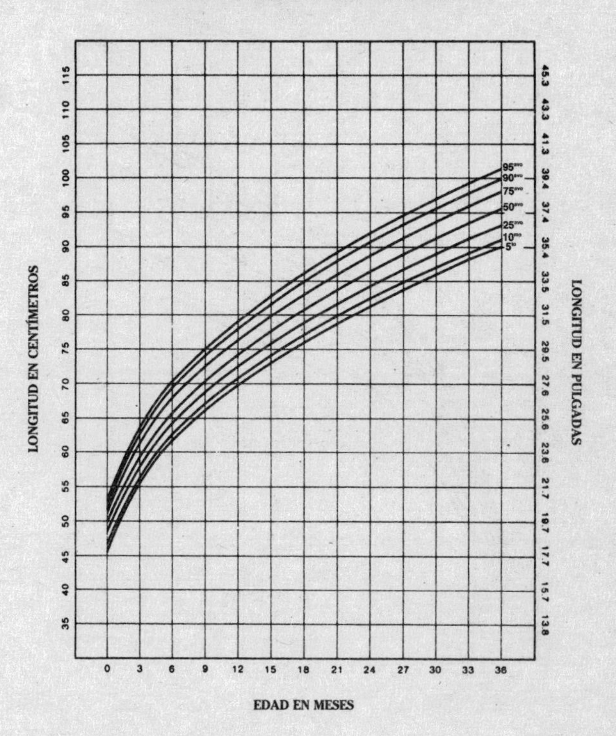

igual que sus movimientos repentinos, son reacciones ante los cambios y perturbaciones de su entorno; por ejemplo, un sonido chirriante o un fuerte olor pueden sobresaltarlo o hacerle llorar.

Estas reacciones y otras más sutiles son una muestra de lo bien que funcionan los sentidos de su hijo al nacer. Después de pasar tanto tiempo dentro de su vientre, enseguida reconocerá la voz de su madre (y es posible que también reconozca la de su padre). Si pone música suave, es posible que, al escucharla, se tranquilice o se mueva suavemente.

Centro Nacional de Estadísticas de Salud
Peso de niños en percentiles de edad
Edad: desde el nacimiento hasta los 36 meses

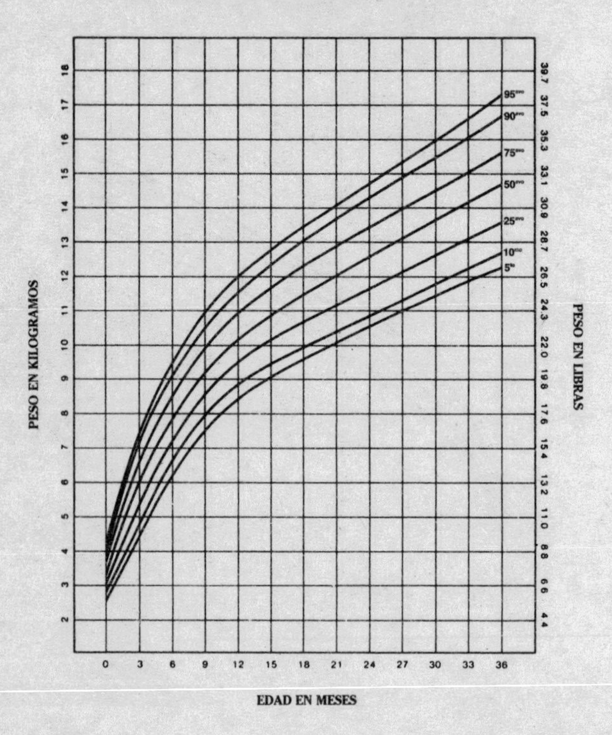

Los recién nacidos son capaces de distinguir entre la leche humana y cualquier otro líquido, usando sus sentidos de olfato y gusto. Al nacer con una clara preferencia por los sabores dulces, su hijo preferirá el agua azucarada al agua sola y arrugará la nariz ante sabores ácidos o amargos.

Su bebé verá mejor a distancias comprendidas entre las 8 y las 12 pulgadas, lo que significa que podrá ver su cara bien cuando lo cargue y lo alimente. Pero cuando usted se aleje más, los ojos de su hijo se desplazarán sin rumbo fijo, pudiendo dar la impresión de que tiene estrabismo.

Centro Nacional de Estadísticas de Salud
Longitud de niños en percentiles de edad
Edad: desde el nacimiento hasta los 36 meses

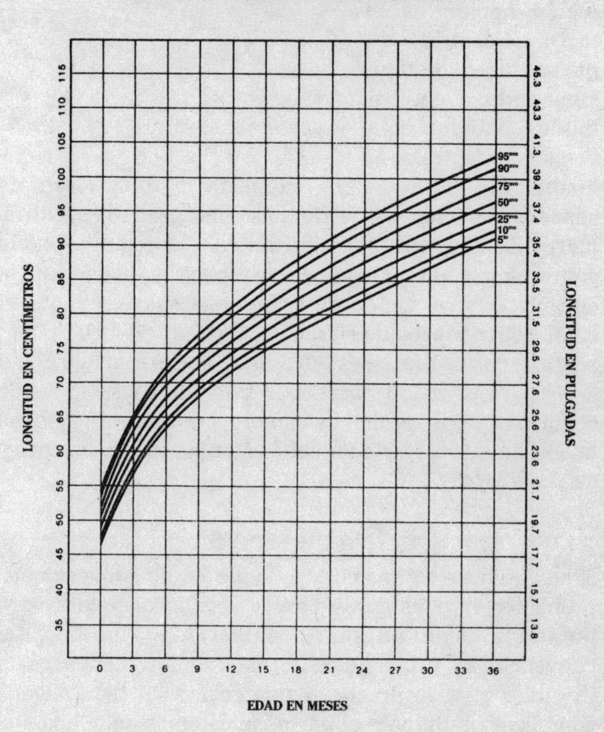

No debe preocuparse. A medida que vayan madurando sus músculos oculares y mejorando su vista, aprenderá a enfocar los dos ojos en el mismo punto a la vez. Esto suele ocurrir entre el segundo y el tercer mes.

Aunque su hijo nacerá con la capacidad de distinguir entre la luz y la oscuridad, aún no verá toda la gama de colores completa. Por lo tanto, un diseño de fuertes contrastes, por ejemplo, entre blanco y negro o entre un rojo intenso y un amarillo pálido, le llamará mucho la atención, pero apenas se fijará en otro que contenga colores poco contrastantes.

Probablemente el sentido más importante para un recién nacido es el tacto. Después de pasar tanto tiempo sumergido en el fluido cálido que llenaba el vientre de su madre, su piel quedará expuesta a toda clase de sensaciones nuevas —algunas desagradables, otras maravillosamente reconfortantes. Aunque puede sobresaltarse ante una corriente repentina de aire frío, le encantará la sensación de una cobija suave y sentir el calor de los brazos de su madre alrededor del cuerpo. El sentirse en sus brazos es tan agradable para su hijo como lo es para usted. Al hacerlo, le trasmite sensaciones de seguridad, comodidad y amor. Las investigaciones muestran que cargar a un bebé estimula su crecimiento y su desarrollo.

Una vez en casa

Si su hijo nace en una clínica de partos no convencional, probablemente les darán el alta al cabo de veinticuatro horas. Si tiene un parto rutinario en un hospital convencional, probablemente estarán internados hasta tres días y, si le practican una cesárea o tiene alguna complicación durante el parto, su estancia en el hospital se puede prolongar hasta por una semana. Últimamente, hasta los bebés a término que están completamente sanos permanecen dos días en el hospital.

Tanto desde el punto de vista emocional como desde el punto de vista físico, hay argumentos a favor de ambas opciones: alargar o acortar la estancia en el hospital. A algunas mujeres sencillamente no les gusta estar en el hospital y se sienten más cómodas y relajadas en casa. En cuanto se comprueba que tanto ellas como el niño están sanos y suficientemente fuertes para desplazarse, sólo piensan en volver a casa. Al acortar la estancia en el hospital no cabe duda de que tanto los padres como las compañías de seguros, se ahorran dinero. Sin embargo, las madres por lo general no pueden descansar tanto en casa como podrían hacerlo en el hospital —sobre todo si tienen otros hijos que reclaman su atención. Tampoco pueden contar con el apoyo y los consejos del personal de enfermería para lactarlo y cuidarlo durante los primeros días. Usted debería sopesar con cuidado estas ventajas y desventajas antes de tomar una decisión sobre cuándo quiere volver a casa.

Antes de abandonar el hospital, su casa y su auto deberán estar equipados por lo menos con los elementos más imprescindibles. En casa, deberá tener un lugar seguro donde pueda dormir el bebé, varios pañales y suficiente ropa para mantenerlo abrigado y protegido. Si va a darle el biberón, también necesitará tener una buena provisión de leche de fórmula. Por último, asegúrese de instalar en el auto un asiento de seguridad que cumpla la normativa vigente. Debe colocarlo en el asiento trasero y fijarlo bien al asiento utilizando el cinturón de seguridad. Siga atentamente las instrucciones para instalarlo correctamente.

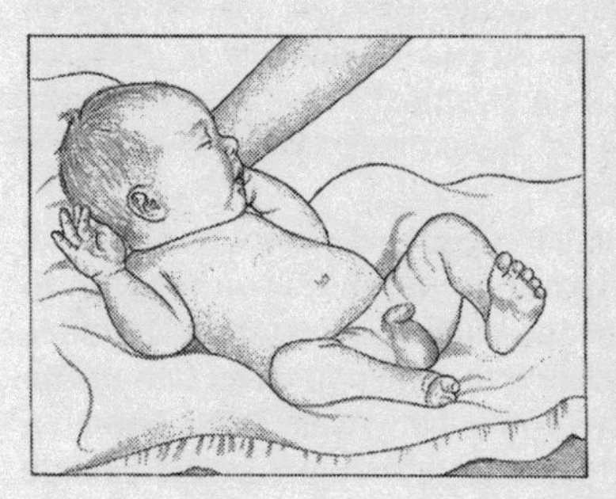

Acaba de traer al mundo a un nuevo y maravilloso ser, pero también acaba de adquirir una nueva e inmensa responsabilidad.

Nuestra posición

La decisión sobre el momento en que un recién nacido debe abandonar el hospital o la clínica debe depender tanto del estado físico del bebé como del de la madre. La Academia Americana de Pediatría considera que la salud y el bienestar de la madre y el niño deben estar por encima de cualquier consideración de tipo económico. La política de la AAP establece unos requisitos mínimos para poder dar de alta a la madre y al bebé y considera que es muy poco probable que estos requisitos se puedan cumplir en menos de cuarenta y ocho horas. La Academia apoya las leyes estatales y federales basadas en los parámetros de la AAP, siempre y cuando sea el médico, con el consentimiento informado de los padres, quienes decidan cuándo se le debe dar el alta al paciente.

En torno a la paternidad

Los sentimientos de la madre

Si usted es como la mayoría de las madres, lo primeros días que pase con su bebé serán una mezcla de dicha, dolor y agotamiento, y —sobre todo si se trata de su primer hijo— dudas sobre sus capacidades como madre. En los momentos de mayor ansiedad, le costará creer que alguna vez pueda llegar a convertirse en una experta en bebés. Pero tranquilícese. En cuanto vuelva a su casa, las cosas empezarán a caer en su sitio. Por lo tanto, mientras esté en el hospital, aproveche el tiempo para descansar y recuperarse físicamente.

Muy a menudo, las madres están tan emocionadas con el nacimiento de su hijo, que no se dan cuenta de lo agotadas y adoloridas que están. Si no planea bien las cosas, la decisión de tener o no a su hijo en su habitación puede complicar todavía más las cosas. Debe tener en cuenta que el hecho de que su hijo duerma en la sala de recién nacidos puede no darle la paz que quizás imaginó, si cada vez que oye llorar a un bebé, piensa que es el suyo. Puede solucionar este problema dejándole dormir al lado suyo, en el moisés facilitado por el hospital, para que usted pueda dormir cuando él lo haga y cargarlo cuando se despierte.

Por otro lado, sobre todo si le han practicado una cesárea o ha tenido un parto largo y prolongado, probablemente no tendrá las fuerzas ni el ánimo suficientes como para hacerse cargo del bebé durante todo el día. Si le han hecho una cesárea, es posible que le cueste trabajo levantar a su hijo durante varias semanas; probablemente tendrá que probar distintas posturas para cargarlo y darle de mamar sin forzar los puntos de la herida. Estos obstáculos pueden hacerle sentir que no está estableciendo el vínculo que imaginaba que se iba a forjar con su hijo; y, si usted esperaba tener un parto natural sin complicaciones, todavía se sentirá más decepcionada. Afortunadamente, las principales preocupaciones de su hijo durante estos días serán dormir y recuperarse, y no le importará demasiado dónde lo haga, siempre que esté abrigado y seco y lo alimenten cuando tenga hambre. Así que, por el momento, el personal de enfermería del hospital podrá cumplir perfectamente esta función. Usted y su hijo tendrán suficiente tiempo para forjar un buen vínculo afectivo cuando los dos se hayan recuperado físicamente.

Si éste no es su primer hijo, es posible que se plantee algunas de las siguientes preguntas:

- ***¿Se interpondrá el nuevo bebé entre usted y su hijo mayor?***

Esto no tiene por qué ocurrir, si usted dedica cierto tiempo a estar a solas con cada uno de sus hijos. Cuando empiece a establecer la nueva rutina diaria durante las primeras semanas de vida del nuevo bebé, no olvide incluir un tiempo especial para estar con su hijo mayor.

No dude en pedir ayuda y consejo si se siente incapaz de afrontar sus preocupaciones.

- ***¿Será capaz de darle al nuevo bebé todo el amor que le dio al primero?***

De hecho, cada niño es especial y es lógico que despierte sentimientos y reacciones diferentes en usted. La forma en que usted se relacione con su nuevo bebé no tendrá demasiado que ver con el hecho de que sea el primero, el segundo o el tercero.

- ***¿Cómo puede evitar compararlos?***

Puede sorprenderse a sí misma pensando que el nuevo bebé no es tan hermoso o no está tan despierto como lo estaba el primero al nacer, o puede preocuparse porque es *más* atractivo y despierto. Al principio, estas comparaciones son inevitables, pero, a medida que se vayan haciendo evidentes las cualidades únicas del recién llegado, se sentirá tan orgullosa de las diferencias que haya entre sus hijos como de sus parecidos.

Desde un punto de vista más práctico, la idea de tener que ocuparse de dos o más niños pequeños a la vez puede preocuparle y con razón. A partir de ahora, el temor a no disponer de suficiente tiempo y a no saber enfocar el tema de la rivalidad entre hermanos se cernirá sobre usted. No deje que todo esto le agobie. Con tiempo y paciencia, todos aprenderán a ser una familia.

Si la novedad de la situación, el agotamiento y las dudas aparentemente sin respuesta que se plantea la hacen estar triste e, incluso, llorar, no se sienta culpable. No será la primera madre primeriza que llora, ni tampoco la última. Si el llorar la hace sentir mejor, es posible que sus hormonas tengan parte de la culpa de su frágil estado emocional.

Los cambios hormonales que experimentó en la adolescencia o los que tiene cada vez que le viene la menstruación no son nada al lado del cataclismo hormonal que sigue a un parto. Culpe a las hormonas de su estado emocional y tranquilícese. Esto también acabará pasando.

Aparte de los cambios hormonales, experimentará importantes cambios emocionales. Acaba de traer al mundo a un nuevo ser maravilloso, pero también acaba de adquirir una nueva e inmensa responsabilidad. Su vida familiar y su relación con su pareja van a experimentar cambios importantes. Es normal que piense en todas estas cosas y es fácil que les dé demasiada importancia.

Sin embargo, no sirve de nada agobiarse por tanto cambio ni tomarse las cosas *demasiado* a pecho. Si le parece que es eso lo que le está ocurriendo, lo mejor que puede hacer es comentar sus preocupaciones con su pareja, su ginecólogo, su pediatra o cualquier otra persona cuyas opiniones respete y valore. No dude en pedir ayuda si se siente incapaz de afrontar sus preocupaciones o si cada vez está más deprimida. Aunque deprimirse un poco después de dar a luz es algo bastante normal, estos sentimientos no deberían ser demasiado acentuados ni durar más de unos cuantos días.

Los sentimientos del padre

Si usted es papá por primera vez, su papel no es menos complicado que el de su pareja. Es cierto: usted no tuvo que llevar a su hijo en el vientre durante nueve meses, pero tuvo que irse adaptando física y emocionalmente a la nueva situación a medida que se iba acercando la fecha señalada y los preparativos del parto se convertían en la cuestión más importante. Por un lado, es posible que se haya sentido como si no tuviera nada que ver con el nacimiento; pero, por otro lado, éste también es su hijo.

Cuando llegó el bebé, probablemente se sintió tremendamente aliviado, emocionado y, en cierto sentido, asustado. Mientras presenció el parto, es posible que le salieran a flote unos sentimientos de compromiso, responsabilidad y amor por su hijo que temía no experimentar. También es posible que sintiera una admiración y un amor por su pareja que jamás había experimentado antes. Al mismo tiempo, el pensar en la responsabilidad de cuidar de ese niño durante los próximos veinte años puede resultarle bastante agobiante.

¿Cómo puede afrontar unas emociones tan conflictivas? La mejor forma de hacerlo es participar lo más activamente posible en el cuidado del bebé. Por ejemplo, dependiendo de la política del hospital y de su propio horario, podría "alojarse" en el hospital con su pareja y su hijo hasta que llegue el momento de llevarlos a casa. Así evitará sentirse como simple espectador para convertirse en uno de los actores principales. Esto le permitirá conocer a su hijo desde el principio y compartir una intensa experiencia emocional con su pareja.

Una vez estén todos en casa, usted puede y debe ayudar a cambiarle los pañales al bebé, bañarlo y consolarlo. Contrario a los estereotipos pasados de moda, estas tareas no son sólo "cosas de mujeres". Representan oportunidades maravillosas para que todos ustedes —madre, padre y hasta hermanos— puedan conocer y querer al nuevo integrante de la familia.

Los sentimientos de los hermanos

Los niños mayores pueden recibir al recién llegado ya sea con los brazos abiertos o con la mente cerrada. Su reacción dependerá en gran medida de su edad y nivel de desarrollo. Supongamos, por ejemplo, que se trata de un niño de dos años. Es muy poco lo que se puede hacer para prepararle de antemano para los cambios que se avecinan. Para empezar, se sentirá confundido cuando sus padres desaparezcan de repente con motivo del nacimiento del bebé. Cuando vaya de visita al hospital, la visión de su mamá, en cama y quizás llena de tubos, puede asustarle.

También puede estar celoso de que sus padres carguen a alguien más aparte de él, y puede empezar a portarse mal o como si fuera más pequeño. Por ejemplo, puede insistir en llevar pañales o empezar a tener "accidentes" cuando ya hacía varios meses que había aprendido a usar el inodoro. Éstas son respuestas normales ante el estrés y el cambio y no requieren que se discipline por ello. En lugar de castigarlo o de insistir en que tiene que compartir el amor de sus padres, demuéstrele aún más amor y trasmítale una sensación de seguridad. El cariño por su hermano irá creciendo de forma gradual con el paso del tiempo.

Si su hijo mayor ya está en la etapa preescolar, entenderá mejor lo que está ocurriendo. Si lo va preparando durante el embarazo, le ayudará a superar la confusión y, en cierta medida, los celos. Podrá entender los principales hechos de la situación ("El bebé está en la barriga de mamá"; "El bebé dormirá en mi antigua cuna") y probablemente tendrá mucha curiosidad por conocer a esa misteriosa personita.

Una vez haya nacido el nuevo bebé, el hijo mayor echará de menos a sus padres y se sentirá resentido con su nuevo hermanito por ser el nuevo centro de atención. Pero, si se le elogia por el hecho de ayudar y de comportarse como "un niño mayor", sabrá que él también

Transmita al hermano mayor que hay suficiente espacio y amor en su corazón para los dos.

tiene un papel importante que desempeñar en la familia. Asegúrese de que en algunos momentos se le permita ser "el centro de atención" y que se le deja "ser el bebé" cuando lo necesita. Y transmítale que hay suficiente espacio y amor en su corazón para los dos.

Si su hijo mayor ya va a la escuela, no debería sentirse amenazado por la llegada de un nuevo miembro a la familia. Probablemente se sentirá fascinado por el embarazo y por el nacimiento del bebé y estará deseoso de conocerlo. Cuando, al final, llegue el bebé, probablemente el hermano mayor se sentirá muy orgulloso y deseoso de proteger a su hermanito. Deje que le ayude a cuidar del él, pero no olvide que su hijo mayor sigue necesitando tiempo y atención. Aunque él no se lo pida, fije cada día un período de tiempo para estar a solas con él.

Alertas de salud

Hay algunos trastornos físicos que son comunes durante las primeras semanas de vida. Si percibe alguno de los siguientes, póngase en contacto con el pediatra.

Distensión abdominal. La mayoría de los bebés tiene el abdomen protuberante, sobre todo después de una toma copiosa. Entre tomas, sin embargo, el vientre del bebé debe sentirse blando al tacto. Si el abdomen de su bebé está hinchado y duro y lleva más de dos días sin tener deposiciones o ha tenido vómitos, llame al pediatra. Lo más probable es que el problema se deba a un exceso de gases o a estreñimiento, pero podría ser el síntoma de un problema intestinal más grave.

Lesiones perinatales. Un bebé puede lesionarse durante el parto, si éste es largo o difícil, o si él es muy grande. La lesión más habitual es la rotura de clavícula, la cual suele curarse bastante deprisa si el brazo de ese mismo lado se mantiene relativamente inmóvil. Su pediatra le indicará cómo debe actuar. Es posible que, al cabo de unas semanas, se forme una pequeña protuberancia en el lugar de la fractura. No se preocupe; esto es un síntoma positivo de que se está formando nuevo hueso y de que el proceso de curación avanza.

La debilidad muscular, provocada por la presión y el estiramiento de los nervios unidos a los músculos, es otra de las posibles consecuencias de un parto complicado. Suele afectar a un lado de la cara, a un hombro o a un brazo y suele desaparecer al cabo de varias semanas. Mientras tanto, conviene preguntarle al pediatra cómo cargar y alimentar al bebé para acelerar el proceso de recuperación.

Color azulado o cianótico. El hecho de que un recién nacido tenga las manos y los pies azulados no debe ser motivo de preocupación. Su cara, lengua y labios, de vez en cuando pueden adquirir una tonalidad azulada cuando llore muy fuerte; pero, en cuanto se calme, estas áreas deberían recuperar rápidamente su color original. Así mismo, si las manos y los pies se le vuelven azulados con el frío, deberían recuperar su color al entrar en calor. Tener un color azulado persistentemente es síntoma de que el corazón o los pulmones no están funcionando correctamente y de que la sangre no se está oxigenando suficientemente. En estos casos, el bebé debe recibir atención médica inmediata.

Tos. Si su hijo traga la leche muy deprisa o intenta beber agua por primera vez, es posible que tosa o se atragante un poco; pero la tos debería desaparecer en cuanto se familiarice con la rutina de la alimentación. Si persiste la tos o su hijo se atraganta frecuentemente durante las tomas, consulte al pediatra. Estos síntomas podrían indicar un problema subyacente en los pulmones o el aparato digestivo.

Llanto excesivo. Todos los recién nacidos lloran, a menudo sin motivo aparente. Si su hijo llora, a pesar de haber comido suficiente, haber eructado, estar abrigado y tener los pañales recién cambiados, la mejor táctica será probablemente cogerlo en brazos, arrullarlo y hablarle o cantarle algo hasta que deje de llorar. No va a "malcriar" a un bebé tan pequeño por el hecho de prestarle mucha atención. Si no consigue calmarlo, envuélvalo en una cobija bien ajustada o intente alguna de las tácticas especificadas en las páginas 65–66.

Usted acabará acostumbrándose al patrón normal de llanto de su bebé. Si alguna vez le parece que está llorando de una forma distinta —por ejemplo, si suena más como un quejido o un lamento— o si el llanto persiste durante más tiempo de lo habitual, podría indicar un problema médico subyacente. Llame al pediatra y pídale consejo.

Marcas de fórceps. Cuando se utilizan fórceps durante el parto, el bebé puede tener marcas rojas y hasta razguños superficiales en la cara y la cabeza, en las partes donde el metal presionó sobre la piel del bebé. Estas marcas deberían desaparecer en pocos días. A veces, pueden aparecer unos bultitos duros aunque poco prominentes debido al tejido que ha sido lesionado debajo de la piel. Estos bultitos también deberían desaparecer en unos dos meses.

Ictericia. Muchos lactantes normales y sanos presentan una tonalidad amarillenta en la piel durante los primeros días de vida. Este trastorno, denominado "ictericia fisiológica", se debe a que su sangre contiene demasiada bilirrubina, una sustancia química que se forma durante la ruptura normal de viejos glóbulos rojos. La sangre de cualquiera de nosotros contiene pequeñas cantidades de bilirrubina, pero los recién nacidos suelen tener niveles más elevados de esta sustancia porque tienen un exceso de glóbulos rojos en el momento del nacimiento y su hígado, todavía inmaduro, tiene dificultades para procesar este exceso de bilirrubina.

Si el nivel de bilirrubina aumenta por encima de lo normal, la ictericia se manifestará primero en la cara, después en el pecho y el abdomen y finalmente en las piernas. Normalmente, después de ir aumentando progresivamente durante varios días, la ictericia suele remitir sin que sea necesario aplicar ningún tratamiento. Si el nivel de bilirrubina es muy elevado y no desciende, existe el riesgo de que se lesione el sistema nervioso. Su médico solicitará que le hagan análisis de sangre a su hijo para determinar la causa de la ictericia y es posible que recomiende que lo traten con fototerapia. Este tratamiento consiste en exponer al bebé a la radiación de unas lámparas tipo fluorescente durante un día o dos hasta que el hígado madure lo suficiente para metabolizar el exceso de bilirrubina. La luz solar normal tendría el mismo efecto, pero no es lo suficientemente intensa como para provocar la respuesta deseada. Exponer al bebé directamente a los rayos del sol, *no* sería más eficaz, y es algo que debe evitarse, por el peligro asociado de que sufra quemaduras solares.

La leche materna puede interferir con la capacidad del hígado para procesar la bilirrubina, por lo que algunos bebés amamantados pueden tenar episodios más largos de ictericia. Cuando ocurra esto, probablemente el pediatra le recomendará que deje de darle el pecho a su hijo durante un período de tiempo breve (no superior a las cuarenta y ocho horas) para que descienda el nivel de bilirrubina. Este enfoque se adoptará sólo cuando sea estrictamente necesario, puesto que el hecho de que el bebé succione frecuentemente el pecho materno durante los primeros días es fundamental para estimular la producción de leche.

En el tratamiento de la ictericia, se expone al bebé a la radiación de unas lámparas tipo fluorescente durante uno o dos días.

Aletargamiento y adormilamiento. Todos los recién nacidos se pasan la mayor parte del tiempo durmiendo. Siempre y cuando su hijo se despierte de vez en cuando, coma bien, elimine bien, se vea sano, y esté alerta durante parte del día, es perfectamente normal que duerma durante el resto del tiempo. Pero si casi nunca está alerta, nunca se despierta espontáneamente para pedir comida, parece estar demasiado cansado o desganado cuando se le da el pecho o el biberón, debería ponerse en contacto con el pediatra. Este aletargamiento —sobre todo si se trata de algo que no es habitual en él— podría ser el síntoma de una enfermedad grave.

Dificultades para respirar. Después de nacer, a su hijo le tomará varias horas establecer un patrón de respiración normal, pero a partir de ahí no debería tener dificultades para respirar. En el caso de que presente algunos de los siguientes síntomas, informe inmediatamente al pediatra.

- Respiración rápida (más de sesenta respiraciones por minuto).
- Retracciones intercostales (hundimiento visible de los músculos que hay entre las costillas, con proyección de estas últimas hacia afuera)
- Dilatación de los orificios de la nariz (aleteo nasal)
- Respiración quejumbrosa.
- Persistencia de un color azulado en la piel.

Cordón umbilical. Mientras el cordón umbilical vaya cicatrizando antes de desprenderse, usted deberá mantener el extremo limpio y seco. Cada vez que le cambie los pañales al bebé, utilice un algodón húmedo (mojado en alcohol y escurrido) para limpiar la sustancia pegajosa que a veces se forma en el área donde el muñón entra en contacto con la piel. Estas curas, así como exponer el muñón al aire, contribuirán a que el cordón se vaya secando y cicatrizando. Al cambiarle los pañales a su hijo, dóblelos por debajo del ombligo, de tal modo que evite que la orina lo moje. Es posible que encuentre varias gotas de sangre en el pañal cuando el muñón umbilical se desprenda o esté a punto de hacerlo. No se preocupe: es completamente normal. Sin embargo, en caso de que llegara a infectarse, debe recibir tratamiento médico. Por lo tanto, avise al pediatra si detecta cualquiera de los siguientes signos de infección:

- Pus en la base del cordón
- Piel enrojecida alrededor de la base del cordón
- Llanto cuando le toca el cordón o la piel adyacente (Si su bebé llora cuando se le pone alcohol es normal porque éste está frío, pero si llora cuando le toca el cordón con el dedo, no lo es).

Granuloma umbilical. En contadas ocasiones, después de que el cordón umbilical se haya desprendido, el área se mantiene húmeda y se inflama ligeramente. Esto recibe el nombre de granuloma umbilical. Si es de tamaño reducido, el pediatra lo tratará aplicándole una sustancia desecante denominada nitrato de plata. Si esto no es efectivo o si el área aumenta de tamaño o profundidad y supura, es posible que se tenga que extirpar quirúrgicamente. Se trata de una intervención muy sencilla que no requiere anestesia ni hospitalización.

Hernia umbilical. Si el cordón umbilical de su hijo parece proyectarse hacia afuera cuando llora, es posible que tenga una hernia umbilical. Se trata de un pequeño agujero en los músculos de la pared abdominal que permite que el tejido sobresalga cuando se ejerce una presión en el interior del abdomen (por ejemplo, cuando el bebé llora). No es nada grave y suele curarse por sí sola durante los primeros doce a dieciocho meses. (En los bebés de raza negra tarda más en curarse). En el caso improbable de que el agujero no cierre, deberá cerrarse quirúrgicamente.

Los primeros exámenes físicos del recién nacido

A su hijo se le debe practicar un examen físico detallado durante las primeras veinticuatro horas de vida y volvérselo a repetir antes de abandonar el hospital. En el caso de que tanto usted como su hijo salgan pronto del hospital (antes de que hayan pasado veinticuatro horas desde el parto), su pediatra debe volver a ver al bebé cuando tenga dos o tres días de nacido para darle seguimiento. En esta visita podrá identificar problemas como los arriba descritos.

Aproveche estas visitas iniciales para hacerle preguntas sobre el cuidado del bebé y aclarar cualquier inquietud que pudiera tener. No le dé vergüenza hacer preguntas que parezcan poco importantes; las respuestas, aparte de proporcionarle información útil, podrían tranquilizarle y ayudarle a sentirse más seguro.

Análisis de sangre

En los Estados Unidos, a los recién nacidos se les hacen análisis para detectar ciertas enfermedades graves. Una de estas enfermedades es la fenilcetonuria (PKU, por sus siglas en inglés), que puede provocar retraso mental, lo que puede evitarse si se detecta pronto la enfermedad y se trata con una dieta especial. También se hacen pruebas para detectar el hipotiroidismo (que también puede provocar retraso mental) y, en algunos estados, la anemia falciforme (una enfermedad de la sangre que afecta sobre todo a la población negra) y otros trastornos. Estos análisis conllevan pinchar al bebé en el talón para obtener una pequeña muestra de sangre. La prueba de PKU es recomendable hacerla cercana al alta del bebé. Si se hace antes de que hayan pasado veinticuatro horas desde el nacimiento, deberá llevar a su hijo al pediatra para que se la repita. Este segundo análisis no debería realizarse más tarde de la tercera semana de vida.

6

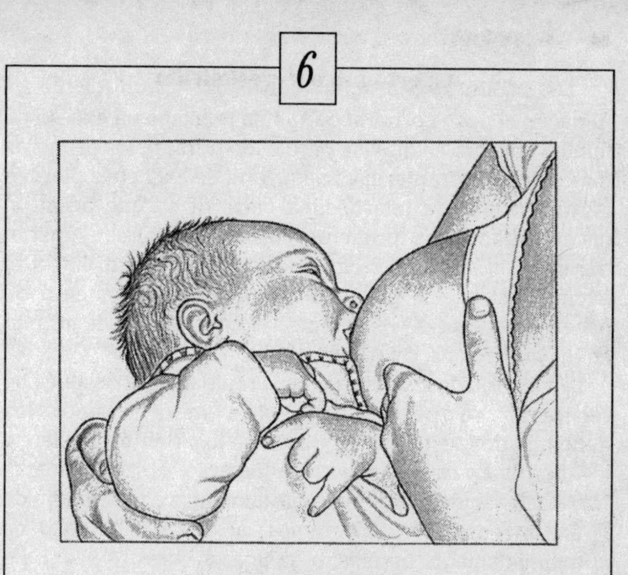

El primer mes

Crecimiento y desarrollo

Al principio, puede dar la impresión de que su hijo no hace nada, aparte de comer, dormir, llorar y ensuciar pañales. Sin embargo, al final del primer mes, estará mucho más despierto y activo. Poco a poco irá aprendiendo a mover su cuerpo con mayor suavidad y coordinación, sobre todo en lo que se refiere a la habilidad de llevarse la mano a la boca. Se dará cuenta de que escucha cuando le habla, le mira cuando lo coge en brazos y, de vez en cuando, reacciona a usted moviéndose o tratando de atraer su atención. Pero antes de explorar estas capacidades en constante proceso de expansión, veamos los cambios que van a tener lugar en el aspecto físico del bebé durante su primer mes de vida.

Aspecto físico y crecimiento

Al nacer, el peso corporal de su hijo reflejaba un exceso de fluidos corporales que fue perdiendo durante los primeros días de vida extrauterina. La mayoría de los bebés pierden aproximadamente una décima parte de lo que pesan al nacer durante los primeros cinco días y lo recuperan durante los siguientes cinco días; por lo tanto, hacia el décimo día suelen pesar lo mismo que al momento de nacer. Usted puede representar el crecimiento de su hijo en los gráficos de las páginas 186 a 189.

La mayoría de los bebés crecen rápidamente después de recuperar su peso natal, sobre todo durante los denominados "estirones", que tienen lugar entre los siete y los diez días y de nuevo entre la tercera y la sexta semana. Un recién nacido a término suele aumentar un promedio de ⅔ onzas (entre 20 y 30 gramos) al día, y, cuando tiene aproximadamente un mes, pesa unas 9 libras (4 kilos). En este mes crece entre una y una y media pulgada (2.5 a 4 centímetros). Los niños suelen pesar un poco más que las niñas (la diferencia es de menos de una libra ó 400 gramos). También suelen ser algo más largos que las niñas (aproximadamente media pulgada ó 1.25 cm. más).

El pediatra se fijará especialmente en el crecimiento de la cabeza de su hijo, ya que éste refleja el crecimiento de su cerebro. El cráneo le debe crecer más deprisa durante los primeros cuatro meses que en ningún otro momento de su vida. La circunferencia craneal de un recién nacido es de unas 13¾ pulgadas (35 centímetros) y en un mes crece hasta aproximadamente 14¾ pulgadas (37.75 centímetros). Puesto que los niños suelen ser algo más grandes que las niñas, su perímetro craneal también es algo mayor, aunque la diferencia promedio es de menos de ⅓ de pulgada (1 centímetro).

Durante las primeras semanas, el cuerpo de su hijo se irá estirando gradualmente desde la postura encorvada, que adoptó durante los últimos meses que pasó en el útero materno. Empezará a estirar los brazos y las piernas y quizás arquee la espalda de vez en cuando. Es posible que sus piernas y pies sigan estando orientados hacia adentro, dándole un aspecto corvado. Esta característica se suele corregir gradualmente de forma natural a lo largo de los próximos cinco o seis meses. Si su bebé tiene las piernas muy arqueadas o este rasgo se asocia a una curvatura excesivamente pronunciada en la parte anterior de los pies, el pediatra sugerirá utilizar una férula o un yeso para corregir estas alteraciones. Sin embargo, se trata de una alteración muy inusual (Véase *Piernas arqueadas,* en la página 677 y *Pies varos,* en la página 681.)

Si su hijo vino al mundo mediante parto vaginal y nació con la cabeza deformada, no se preocupe: pronto recuperará su forma normal. Cualquier contusión que tenga en la cabeza o cualquier inflamación de los párpados desaparecerá aproximadamente al final de la primera o segunda semana. Si tiene manchas rojas en los ojos también desaparecerán al cabo de tres semanas.

Para su desconsuelo, es posible que el pelo fino que cubría la cabeza de su bebé cuando nació se le empiece a caer. Si el bebé apoya la parte posterior de la cabeza en la cuna, puede desarrollar una calva temporal en esa zona, incluso si conserva el resto del pelo. No hay por qué preocuparse. El pelo le volverá a crecer en pocos meses.

Otro hallazgo común es el denominado "acné del bebé". Son granitos que salen en la cara generalmente durante la cuarta o quinta semana de vida. Se cree que se deben a la estimulación de las glándulas sebáceas de la piel por efecto de las hormonas maternas que le llegaron al bebé a través de la placenta durante el embarazo. Este acné puede empeorar si las sábanas del bebé se han lavado con detergentes fuertes o están sucias de leche que él mismo ha escupido. Si su hijo tiene acné, póngale una manta suave y limpia debajo de la cabeza y lávele la cara con cuidado una vez al día con un jabón suave especial para bebés para limpiarle los restos de leche o detergente.

La piel de su recién nacido también puede tener un aspecto moteado, con manchas que pueden ir desde el rosado hasta el azul. Sobre todo las manos y los pies, pueden estar más frías y más azules que el resto del cuerpo. Los vasos sanguíneos de estas áreas son más sensibles a los cambios de temperatura y reaccionan ante el frío contrayéndose. Como resultado, llega menos sangre a la piel, lo que hace que se vea pálida o azulada. Pero si usted mueve las manos y los pies del bebé, verá que pronto vuelven a adquirir un tono sonrosado.

El "termostato" interno de su bebé, que le hace sudar cuando hace demasiado calor o temblar cuando hace demasiado frío, no funcionará bien durante cierto tiempo. Además, durante las primeras semanas de vida le faltará la capa aislante de grasa que más adelante le protegerá de los cambios repentinos de temperatura. Por tal motivo, es importante que lo vista adecuadamente: bien abrigado cuando haga frío y ligero de ropa cuando haga calor. No lo abrigue demasiado automáticamente sólo porque sea un bebé.

Cuando tenga aproximadamente tres semanas, el muñón del cordón umbilical debe haberse secado y caído, dejando tras de sí un área limpia y cicatrizada. A veces, al caerse el cordón, queda un área en carne viva que supura un fluido sanguinolento. Limítese a limpiarlo y secarlo y se cerrará solo. Si no está completamente cerrado y seco al cabo de dos semanas, consulte al médico.

Reflejos

Gran parte de la actividad de su bebé durante estas primeras semanas es debida a reflejos. Por ejemplo, cuando usted le mete un dedo en la boca, él no *piensa* qué debe hacer, simplemente actúa de forma refleja: chupa. Si lo expone a una luz brillante, cerrará automáticamente los ojos con fuerza, porque esto es lo que sus reflejos le dicen que debe hacer. Encontrará que ha nacido con muchas de estas reacciones reflejas; algunas de éstas las mantendrá durante meses, otras desaparecerán en cuestión de semanas.

Los reflejos del recién nacido

A continuación, se relacionan algunos de los reflejos que podrá detectar en su bebé durante la primera semana de vida. No todos los lactantes manifiestan ni pierden estos reflejos exactamente en el mismo momento, pero esta tabla le dará una idea general de lo que se espera.

Reflejo	Edad de aparición	Edad de desaparición
Reflejo de Moro	Nacimiento	2 meses
Reflejo de marcha	Nacimiento	2 meses
Reflejo de búsqueda	Nacimiento	4 meses
Reflejo tónico del cuello	Nacimiento	4–5 meses
Reflejo palmar	Nacimiento	5–6 meses
Reflejo plantar	Nacimiento	9–12 meses

En algunos casos, los reflejos son sustituidos por conductas voluntarias. Por ejemplo, su hijo nace con un "reflejo de búsqueda", que le hace girar la cabeza en la dirección de la parte del cuerpo en que le acaba de tocar o acariciar la boca o la mejilla. Esto le ayuda a encontrar el pezón para mamar. Al principio, girará la cabeza de un lado a otro buscando el pezón y luego la alejará en una longitud progresivamente decreciente. Pero, cuando tenga unas tres semanas, simplemente girará la cabeza hacia el pecho y cogerá el pezón con la boca.

El reflejo de succión o chupar es otro de los reflejos de supervivencia que están presentes incluso antes del nacimiento. Si a usted le hicieron ecografías durante el embarazo, es posible que viera a su hijo chupándose el dedo. Después del parto, cuando le pongan un pezón o una mamadera en la boca, empezará a chupar automáticamente. Este movimiento suele tener lugar en dos fases: primero coloca los labios alrededor de la areola y aprieta el pezón entre la lengua y el paladar. En esta fase, denominada "de expresión", se consigue que la leche salga del pezón. A continuación, la lengua se mueve de la areola al pezón. Todo el proceso es favorecido por la presión negativa, o succión, que hace que el seno permanezca dentro de la boca del bebé.

El coordinar estos movimientos rítmicos de succión con la respiración y la acción de tragar, es una tarea relativamente compleja para un bebé. Por lo tanto, aunque la succión sea un acto reflejo, no todos los bebés maman eficazmente desde el principio. Con la práctica, el reflejo se acaba convirtiendo en una habilidad, que llegan a dominar a la perfección.

A medida que las acciones de búsqueda, de succión y de llevarse la mano a la boca se vuelvan menos reflejas y más dirigidas, su hijo empezará a utilizarlas para consolarse. ¿Lo ha visto alguna vez acurrucándose en la cuna y mordisqueándose la mano cuando está cansado? Usted puede estimular estas técnicas de autoconsuelo dándole un chupete o ayudándole a encontrar el pulgar.

Otro reflejo más llamativo que está presente durante las primeras semanas de vida, es el denominado reflejo de Moro. Si la cabeza del bebé cambia de posición bruscamente o cae hacia atrás, o bien si se sobresalta ante un estímulo fuerte o repentino, reaccionará abriendo brazos y piernas y extendiendo el cuello y después volviendo a juntar los brazos mientras llora desconsoladamente. El reflejo de Moro alcanza su pico máximo durante el primer mes y desaparece a partir del segundo.

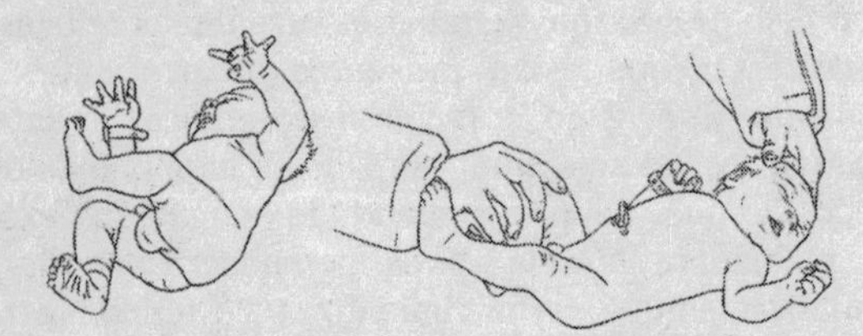

Reflejo de Moro **Reflejo tónico del cuello**

Otra de las reacciones automáticas más interesantes es el reflejo tónico del cuello, también conocido como "postura de espadachín". Se dará cuenta de que, cuando su bebé gira la cabeza hacia un lado, estira el brazo del mismo lado, doblando el otro brazo, como si estuviera practicando esgrima. De todos modos, si no detecta este reflejo en su hijo, no se preocupe: se trata de un reflejo muy sutil y, si su bebé está un poco alterado o llorando, puede no manifestarse. Desaparece entre los cinco y los siete meses de edad.

También podrá observar el reflejo palmar: cuando toque o acaricie a su hijo en la palma, cerrará la mano y le cogerá inmediatamente el dedo, y el reflejo plantar: cuando toque o acaricie a su hijo en la planta del pie, la doblará flexionando los dedos hacia adentro.

Durante los primeros días, sentirá que su hijo es capaz de agarrarle la mano con tanta fuerza, que puede darle la impresión de que sería capaz de aguantar su propio peso colgado de manos y pies. No lo intente: su hijo no tiene ningún control sobre este tipo de respuestas y podría caerse de golpe.

Aparte de tener esta fuerza "hercúlea", su hijo tiene otro talento oculto: ¡es capaz de "andar"! Por supuesto, es incapaz de aguantar su propio peso, pero, si lo coge por las axilas (sosteniéndole al mismo tiempo la cabeza) y deja que las plantas de los pies toquen una superficie plana, él colocará un pie delante de otro y "caminará". Este reflejo

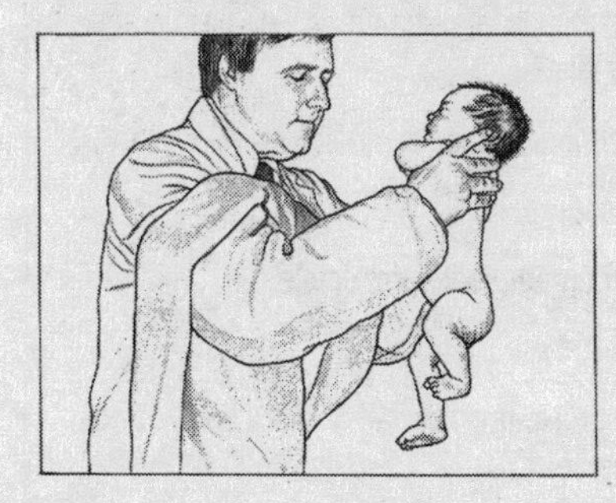

Reflejo de marcha o andar

Desarrollo temprano del cerebro

Como padre, usted sabe que su comportamiento afecta a su hijo. Usted se ríe y el se ríe, lo elogia y él manifiesta satisfacción, lo riñe por portarse mal y él se pone triste. Usted es el centro del universo de su hijo.

Las investigaciones han demostrado que durante los tres primeros años de vida, el cerebro del niño crece y se desarrolla significativamente y durante esta etapa se establecen los patrones básicos de pensamiento y respuesta. ¿Qué significa todo esto para usted como padre? Significa que tiene una oportunidad muy especial de ayudar a su hijo a desarrollarse adecuadamente y a madurar social, emocional, física y cognoscitivamente. Los primeros años son para toda la vida.

Durante años, la gente creyó erróneamente que el cerebro de un bebé era una réplica exacta del cerebro de sus padres. Por ejemplo, si la madre era artista, el bebé tenía más probabilidades de heredar este mismo talento. Aunque la genética tiene su papel a la hora de determinar las habilidades y destrezas de un niño, investigaciones realizadas recientemente subrayan que el ambiente desempeña un papel igual de importante. En los últimos años, la neurociencia ha puesto de manifiesto que las experiencias que llenan los primeros días, meses y años de un bebé tienen un gran impacto sobre el desarrollo de su cerebro. Tanto la naturaleza como la crianza trabajan mano a mano en el desarrollo de un niño.

Recientemente se ha demostrado que los niños necesitan ciertos elementos en las etapas iniciales de su vida para crecer y desarrollar todos su potencial:

- Un niño necesita sentirse especial, querido y valorado.
- Necesita sentirse seguro.
- Necesita crecer en un ambiente predecible.
- Necesita que lo guíen.
- Necesita un equilibrio entre libertad y disciplina y unos límites a qué atenerse.

- Necesita ser expuesto a ambientes distintos, donde haya lenguaje, juego, exploración, libros, música y juguetes apropiados.

Aunque pueda dar la impresión de que lo que ocurre en el cerebro de un bebé es relativamente simple comparado con lo que ocurre en el cerebro de un adulto, de hecho, el cerebro de un bebé es el doble de activo que el de un adulto. Los especialistas en neurociencias se están centrando especialmente en los primeros tres años de vida por considerarlos una etapa crucial. Durante estos años el cerebro humano posee el mayor potencial de aprendizaje. No sólo aprende más deprisa, sino que durante esta etapa se establecen las formas básicas de pensar, responder y solucionar problemas. Por ejemplo, fíjese en lo fácil que le resulta a un niño aprender palabras de otro idioma y lo que le cuesta a un adulto.

¿Qué significa esto para usted como padre? Significa que *usted* y el entorno que cree para su hijo influirán sobre su forma de afrontar las emociones, su forma de relacionarse con los demás, su forma de pensar y su forma de desarrollarse físicamente. El crear un entorno adecuado para su hijo permitirá que su cerebro se desarrolle con normalidad. Usted puede preguntarse en qué consiste un entorno "adecuado". Consiste en un entorno "centrado en el niño" y que ofrezca oportunidades de aprendizaje adaptadas a los intereses, el nivel de desarrollo y la personalidad del niño. Afortunadamente, los componentes de un entorno adecuado incluyen cosas básicas que muchos padres desean ofrecer a su hijos: una buena alimentación; un entorno familiar cálido, receptivo y afectivo; tiempo para jugar y divertirse; refuerzos consistentes y positivos; disponibilidad para conversar; buenos libros para leer y escuchar; música para estimular la actividad cerebral; y la libertad para poder explorar y aprender de todo lo que le rodea.

Reflexione sobre los siguientes elementos y sobre cómo cada uno de ellos contribuye al desarrollo cerebral de su hijo:

- *Lenguaje.* Comunicarse abiertamente de tú a tú con un niño, así como leerle, fomenta el aprendizaje del lenguaje.

- *Identificación temprana de problemas de desarrollo.* Muchos problemas médicos y de desarrollo pueden tratarse eficazmente si se detectan temprano. Los niños con discapacidades o necesidades médicas especiales también pueden beneficiarse enormemente de la supervisión temprana y atenta de su desarrollo cerebral.

- *Entorno estimulante.* La oportunidad de explorar y solucionar problemas en ambientes variados y seguros fomenta el aprendizaje.

- *Educación positiva.* Educar a un niño en un entorno que prodigue afecto, apoyo y respeto fomenta su autoestima y su confianza en sí mismo, y tiene un impacto muy positivo sobre su desarrollo ulterior.

Las investigaciones sugieren cada vez más lo importante que es el entorno para moldear la vida de un niño. Los nuevos hallazgos científicos nos ayudan a entender lo fundamental que es nuestro papel como padres en el desarrollo cerebral de nuestros hijos.

Para construir un entorno positivo para su hijo en su casa y en su comunidad, siga estas recomendaciones:

- ***Obtenga una buen cuidado prenatal.*** Puesto que el desarrollo cerebral se inicia antes del parto, cuidarse durante el embarazo es una forma de garantizar el desarrollo óptimo del cerebro de su hijo. Hágase examinar desde el comienzo del embarazo, vaya al médico con regularidad y siga sus instrucciones. Llevar una dieta equilibrada y evitar el tabaco, el alcohol y las drogas son algunos de los pasos a seguir para contribuir al futuro bienestar de su hijo.

- ***Intente crear "una red de apoyo" a su alrededor.*** Sacar a un niño adelante estando solo es muy duro. Busque apoyo en sus amigos, en la familia y en su comunidad. Pídale a su pediatra información sobre actividades y grupos de apoyo de padres.

- ***Pase con su hijo el máximo tiempo posible.*** Hable con su hijo; lean, escuchen música, hagan dibujos y jueguen juntos. Este tipo de actividades le permitirán pasar tiempo enfocado en los intereses de su hijo. Además, así conseguirá que su hijo se sienta especial e importante. También le enseñará el lenguaje de la comunicación, que podrá utilizar para entablar relaciones en su vida futura.
- ***Déle a su hijo mucho amor y atención.*** Un entorno cálido y afectivo ayuda a los niños a sentirse seguros, competentes y bien cuidados, y a que les importen los demás.
- ***Proporciónele pautas y normas consistentes.*** Asegúrese de que usted y las demás personas que colaboran en el cuidado de su hijo siguen las mismas normas. Asegúrese también de que esas normas sean consistentes y de que se adaptan a las capacidades del niño. La coherencia le ayuda a un niño a saber qué es lo que puede esperar de su entorno.

desaparecerá alrededor de los dos meses y volverá a aparecer a medida que el niño aprenda a caminar voluntariamente hacia el final del primer año.

Aunque crea que su hijo está completamente indefenso, tiene varios reflejos de protección. Por ejemplo, si le cae una manta o un cojín encima de los ojos, la nariz o la boca, sacudirá la cabeza de un lado a otro y extenderá los brazos para apartarlo de tal modo que pueda respirar y ver. O, si un objeto viene directo hacia él, girará la cabeza e intentará esquivarlo (Sorprendentemente, si la trayectoria del objeto sugiere que no va a chocar con él y sólo va a pasar cerca, observará tranquilamente cómo se acerca sin inmutarse). Sí, su hijo depende de usted, pero no está completamente indefenso.

Estadíos de conciencia

A medida que conoce a su hijo, pronto se dará cuenta de que hay momentos en que está muy alerta y activo, momentos en que está observador y bastante pasivo, y momentos en que está cansado e irritable. Incluso es posible que usted intente organizar sus actividades diarias aprovechando los "momentos altos" de su hijo y evitando agobiarle durante los "momentos bajos". Sin embargo, no dé por sentado que estas "altas" y "bajas" van a seguir siempre al mismo patrón. Los denominados "estadíos de conciencia" cambian notablemente durante el primer mes de vida.

De hecho, existen seis niveles o estadíos de conciencia por los que su hijo pasará varias veces al día. Dos de ellos son estadíos de sueño y los otros cuatro de vigilia.

El estadío 1 es el sueño profundo, cuando el bebé duerme tranquilamente sin moverse ni reaccionar casi. Si agita un sonajero fuertemente junto a la oreja del bebé, puede moverse un poco, pero no mucho. Durante el sueño ligero (Estadío 2), el mismo ruido le provocará un sobresalto y podría llegar a despertarlo. Durante el sueño ligero usted podrá percibir cómo se mueven rápidamente sus ojos debajo de los párpados cerrados. Su hijo irá alternando de forma cíclica entre estas dos fases de sueño. A veces, se "retirará" a estos estadíos cuando esté sobreestimulado o físicamente agotado.

Cuando su bebé empiece a despertarse o a dormirse, atravesará el estadío 3. Los párpados se le cerrarán, sus ojos girarán hacia atrás y es posible que se desperece, bostece o tenga pequeños espasmos musculares en brazos y piernas. Una vez despierto, pasará a uno de los tres estadíos restantes. Puede estar completamente despierto, contento y alerta, pero relativamente inmóvil (Estadío 4). O puede estar alerta, contento y bien activo (Estadío 5). O puede ponerse a llorar desconsoladamente (Estadío 6).

Si usted sacude un sonajero junto a la oreja del bebé cuando esté satisfecho y alerta (Estadíos 4 y 5), probablemente se quedará callado y girará el rostro buscando la fuente del extraño sonido. En estos estadíos es cuando los bebés responden más a lo que les rodea, están más atentos y participan más de los juegos.

Generalmente es un error esperar que un niño que está llorando, le haga caso. En estos momentos, no está receptivo a nuevas informaciones y sensaciones; lo único que quiere es consuelo. El sonido del sonajero que parecía encantarle hace cinco minutos sólo conseguirá irritarlo y sacarle de quicio todavía más. A medida que crezca, es posible que a veces pueda distraerlo con un objeto o sonido atractivo y conseguir que deje de llorar, pero durante las primeras semanas la mejor forma de calmarlo es cogerlo y tenerlo en brazos durante cierto tiempo (Véase *Qué hacer cuando su bebé llora,* página 64)

A medida que el sistema nervioso de su hijo va madurando, empezará a seguir un patrón de comportamiento —llorar, dormir, comer y jugar— que cada vez se ajustará mejor a su propio horario diario. Es posible que siga necesitando comer cada tres o cuatro horas, pero hacia el final del primer mes, cada vez se pasará más tiempo despierto durante el día y estará más alerta y atento.

Niveles de conciencia de un bebé

Estadío	Descripción	Qué hace el bebé
Estadío 1	Sueño profundo	Descansa tranquilamente sin moverse
Estadío 2	Sueño ligero	Se mueve mientras duerme; se sobresalta ante los ruidos
Estadío 3	Somnolencia	Los ojos se empiezan a cerrar; puede dormirse a ratos
Estadío 4	Vigilia relajada	Ojos completamente abiertos, expresión radiante, cuerpo relajado
Estadío 5	Vigilia activa	La cara y el cuerpo se mueven activamente
Estadío 6	Llanto	Llora, puede gritar; el cuerpo se mueve de modo descontrolado

Cólicos

¿Tiene su hijo regularmente un período de gran agitación al día, durante el cual no parece haber forma de tranquilizarlo? Es algo que ocurre bastante a menudo, sobre todo entre las 6 P.M. y la medianoche, justo cuando usted está más cansada después de estar todo el día al pie del cañón. Estos momentos pueden parecerle una verdadera tortura, sobre todo si usted tiene trabajo pendiente o más niños a su cargo. Afortunadamente, suelen durar poco. La duración de estos arranques suele alcanzar su pico máximo (unas tres horas) alrededor de las seis semanas y después disminuye a una o dos horas alrededor de los tres meses de edad. Mientras el bebé acabe calmándose en el plazo de unas pocas horas y esté relativamente tranquilo durante el resto del día, no hay de qué alarmarse.

Si el llanto no cesa sino que se intensifica y persiste a lo largo del día o de la noche, podría tratarse de un cólico. Aproximadamente una quinta parte de los lactantes tienen cólicos, sobre todo entre la segunda y la cuarta semana de vida. Lloran desconsoladamente, generalmente gritando, extendiendo y agitando brazos y piernas y teniendo ventosidades. Su estómago puede estar hinchado y lleno de gases. Las crisis de llanto pueden ocurrir en cualquier momento del día, pero suelen empeorar al anochecer.

Desafortunadamente, no hay una explicación definitiva sobre la causa de los cólicos. La mayoría de las veces los cólicos significan simplemente que el niño está más sensible de lo habitual a los estímulos. Conforme el niño vaya madurando, los cólicos irán disminuyendo y suelen desaparecer alrededor del tercer mes. A veces, en los niños que maman del pecho, los cólicos son síntoma de sensibilidad o intolerancia a algún alimento de la dieta de la madre. Este malestar raramente es provocado por la sensibilidad a las proteínas de la leche de fórmula. Los cólicos también pueden ser el síntoma de problemas médicos, como una hernia o alguna enfermedad.

Quizás le tranquilice saber que hay un límite temporal para los cólicos, aunque esto no le permitirá frenarlos en el presente. Usted puede limitarse a aguantar y esperar, pero hay algunas cosas que tal vez le convendría ensayar. Antes que nada, póngase en contacto con el pediatra para descartar posibles problemas médicos. Después, pregúntele cuáles de las siguientes tácticas pueden ser más adecuadas:

- Si está dándole el pecho a su hijo, elimine de su dieta los productos lácteos, la cafeína, las cebollas, el repollo, col y cualquier otro alimento potencialmente irritante. Si lo alimenta con leche artificial, pruebe a darle algún producto que no contenga leche de vaca. Si la causa del malestar se debe a intolerancia alimentaria, los cólicos deberían remitir al cabo de uno o dos días.
- Pasee al bebé en un cargador blando. Aunque persista el malestar, el movimiento y el contacto con su cuerpo le tranquilizará.
- Mézalo, ponga en marcha la aspiradora en la habitación contigua o coloque al bebé cerca de la secadora de ropa. Es posible que los movimientos y sonidos rítmicos y constantes le ayuden a conciliar el sueño.
- Déle un chupete. Aunque algunos bebés que maman del pecho lo rechazarán, otros se calmarán instantáneamente. (Véase la página 233.)
- Coloque al bebé estirado boca a bajo sobre su regazo y frótele la espalda con suavidad. La suave presión en el abdomen puede aliviarle el dolor.
- Envuélvalo en una manta para que se sienta caliente y seguro.

- Cuando usted se sienta tensa y ansiosa, pídale a otra persona que se haga cargo del niño y salga de casa. Pasar sólo una o dos horas fuera de casa le ayudará a adoptar una actitud más positiva. Por muy enfadada o impaciente que se sienta, no sacuda al bebé. Sacudir a un bebé puede provocarle ceguera, lesiones cerebrales e, incluso, la muerte.

La primera sonrisa

Uno de los hitos en el desarrollo más importantes del primer mes de vida de un niño es la aparición de las primeras sonrisas y risitas. Aparecen por primera vez mientras el niño está durmiendo, por motivos aún desconocidos. Tal vez sea una señal de que se siente activado de algún modo o de que está reaccionando ante determinado impulso interno. Aunque ver cómo un recién nacido sonríe mientras duerme puede ser muy entretenido, la verdadera alegría llegará cuando, cerca del final de este primer mes, empiece a sonreírle a usted mientras está despierto.

Estas primeras sonrisas les ayudarán a sentirse todavía más cerca el uno del otro, y pronto descubrirá que es capaz de predecir el momento en que su hijo va a sonreírle, a mirarle, a hacer ruiditos e, igual de importante, a indicarle que ya ha jugado bastante y necesita un descanso. Gradualmente usted irá reconociendo las reacciones de su bebé y él las de usted, de tal modo que sus juegos se convertirán en una especie de danza en la que irán alternando los roles de guía y seguidor. Al identificar y responder a las señales sutiles de su hijo, incluso cuando sólo tenga unas semanas, podrá transmitirle que sus pensamientos y sentimientos son importantes, y que puede influir sobre el mundo que le rodea. Este tipo de mensajes son de vital importancia para el desarrollo de su autoestima.

Nuestra posición

Sacudir a un bebé es un forma de maltrato infantil que se da mayormente en bebés menores de 6 meses de edad. El hecho de sacudir fuertemente a un bebé —generalmente como reacción ante sus llantos e irritabilidad— puede provocarle graves problemas físicos y mentales e, incluso, la muerte.

Movimiento

Durante la primera y segunda semana, los movimientos de su hijo serán inconexos y espasmódicos. Le pueden temblar las manos y la barbilla. Se sobresaltará fácilmente cuando le muevan con brusquedad y ante ruidos fuertes, y es posible que el sobresalto le lleve al llanto. Cuando un bebé se mueve agitada y espasmódicamente, la mejor forma de contenerlo es cogerlo en brazos y apretarlo contra el pecho o bien envolverlo en una manta. Pero cuando se acerque el final del primer mes, a medida que su sistema nervioso vaya madurando y su control muscular mejore, estos estremecimientos y temblores irán dando paso a unos movimientos de brazos y piernas mucho más suaves y sincronizados, parecidos a los movimientos que se hacen al montar en bicicleta. Póngalo sobre su estómago y verá cómo hace movimientos de gateo con la piernas y puede incluso empujarse con los brazos.

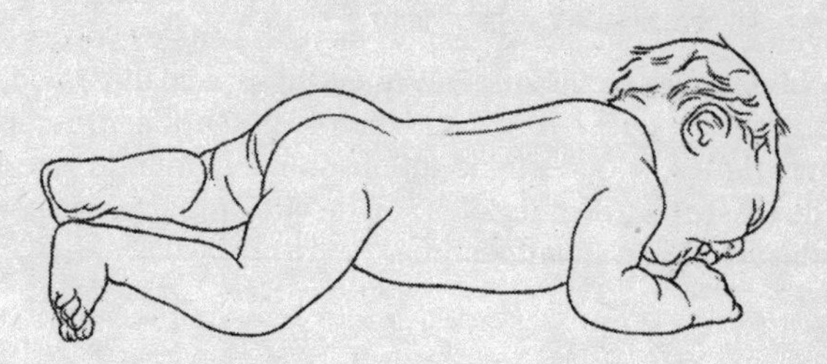

Los músculos del cuello del bebé también se desarrollarán rápidamente, permitiéndole controlar mucho mejor los movimientos de la cabeza cuando se acerque el final del primer mes. Estirado boca abajo, podrá levantar ligeramente la cabeza y girarla a un lado y a otro. Sin embargo, no podrá aguantar la cabeza en el aire sino hasta que tenga unos 3 meses, por lo que usted deberá sostenérsela cada vez que lo cargue.

Las manos de su hijo, una fuente de fascinación durante la mayor parte de su primer año de vida, captarán su atención durante estas semanas. Los movimientos de sus dedos serán todavía limitados: la mayor parte del tiempo tendrá los puños cerrados y apretados. De todos modos, podrá doblar los brazos y llevarse las manos a la boca o colocarlas dentro de su campo de visión. Aunque no podrá controlar los movimientos de sus manos con precisión, las observará de cerca mientras estén en su campo de visión.

Hitos relacionados con el movimiento hacia el final de este período

- Movimientos inconexos y temblorosos de brazos.
- Se lleva las manos a la boca y las coloca dentro de su campo de visión.
- Mueve la cabeza de un lado a otro mientras está boca abajo.
- La cabeza se le cae hacia atrás si no se le sujeta.
- Mantiene los puños cerrados y apretados.
- Movimientos reflejos marcados.

Visión

La visión de su hijo experimentará muchos cambios durante el primer mes de vida. Además de haber nacido con visión periférica (capacidad para ver en derredor), irá desarrollando gradualmente la capacidad de enfocar la vista en un único punto ubicado en el centro de su campo visual. A esta edad, a su hijo le gustará mirar objetos colocados delante de él a una distancia de entre 8 y 15 pulgadas y, al final del primer mes, podrá enfocar brevemente objetos situados hasta a tres pies de distancia.

Así mismo, aprenderá a seguir con la vista el recorrido de objetos en movimiento. Para ayudarle a practicar esta habilidad, puede hacerle juegos de seguimiento ocular. Por ejemplo, mueva lentamente la cabeza de un lado a otro mientras sostiene a su hijo en brazos delante de usted; o mueva un objeto de arriba a abajo o de un lado a

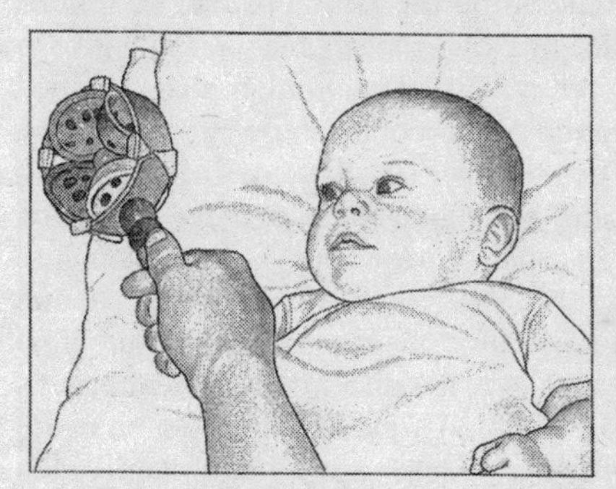

A esta edad, a su hijo le gustará mirar objetos colocados delante de él a una distancia de entre 8 y 15 pulgadas.

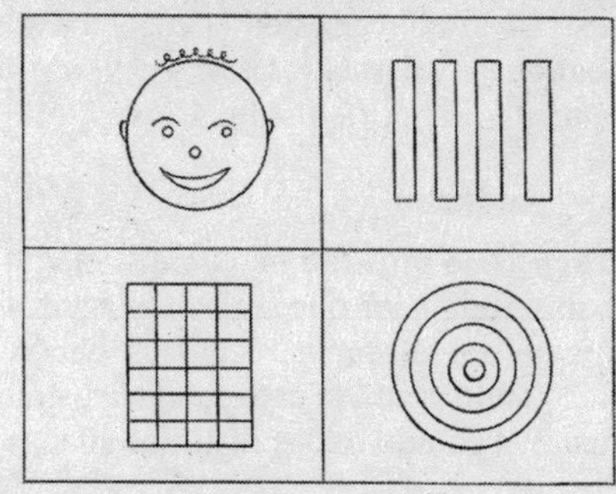

Su hijo prestará más atención a los diseños que tengan blancos y negros o fuertes contrastes, por ejemplo, espirales, un tablero de ajedrez, rayas sobre un fondo muy contrastado o una cara bien esquemática.

otro delante del bebé (asegurándose de que está dentro de su campo de visión). Al principio, es posible que sólo pueda seguir objetos grandes que se mueven muy despacio y durante una parte muy limitada de su recorrido, pero en poco tiempo podrá seguir hasta objetos pequeños que se mueven deprisa.

Cuando nació, su hijo era muy sensible a las luces brillantes, y sus pupilas estaban contraídas (achicadas) para limitar la cantidad de luz que le entraba por los ojos. A las dos semanas, las pupilas de un bebé empiezan a aumentar de tamaño, permitiéndole captar una gama más amplia de luces y sombras. Así mismo, conforme la retina (el tejido sensible a la luz que hay dentro del globo ocular) se vaya desarrollando, su capacidad de percepción y reconocimiento de formas irá aumentando.

Los patrones que presenten un mayor contraste, captarán más la atención de un bebé. Por eso su hijo se fijará más en los diseños que tengan blancos y negros o fuertes contrastes, como espirales, tableros de ajedrez, rayas sobre un fondo muy contrastado y caras muy esquemáticas.

Si usted le enseña a su hijo tres juguetes idénticos —uno azul, otro amarillo y otro rojo— probablemente fijará la mirada durante más tiempo en el rojo, aunque todavía no sabemos por qué. ¿Se debe al color rojo en sí mismo? ¿O es más bien el brillo de este color lo que atrae a los recién nacidos? Sabemos que la visión del color no madura completamente hasta aproximadamente los cuatro meses de edad, por lo que, si usted le enseña a su hijo de un mes dos colores muy parecidos como el verde y el turquesa, probablemente no podrá distinguirlos.

Audición

Durante el primer mes, su hijo prestará mucha atención a las voces humanas, sobre todo a las que sean muy agudas y utilicen el tono que se suele emplear con los bebés. Cuando usted le hable, su hijo girará la cabeza hacia usted y escuchará atentamente el sonido de las distintas sílabas

Hitos relacionados con la visión hacia el final de este período

- Enfoca a una distancia de entre 8 y 12 pulgadas
- Sus ojos se desplazan constantemente de un lado a otro y de vez en cuando se cruzan
- Prefiere diseños en blancos y negros o muy contrastantes
- Prefiere el rostro humano a cualquier otro diseño

y palabras. Si lo observa atentamente, es posible que pueda verle describir sutiles movimientos de brazos y piernas sincronizados con su voz.

A esta edad, su hijo será muy sensible a los niveles de ruido. Si usted hace un chasquido fuerte junto a su oreja o lo lleva a una habitación ruidosa y llena de gente, es posible que se "encierre en sí mismo" sin reaccionar para nada, como si no oyera ningún ruido. O bien puede sobresaltarse y empezar a llorar y girar todo el cuerpo en la dirección contraria al ruido. (Los bebés demasiado sensibles también lloran cuando se les expone a luces muy brillantes). Si sustituye el ruido por el sonido de un sonajero o una música suave, el bebé volverá a estar alerta y orientará la cabeza y los ojos hacia la fuente de ese interesante sonido.

Su hijo no sólo es capaz de oír bien sino que, incluso a esta edad, es capaz de recordar algunos de los sonidos que ha oído. Algunas madres que leyeron repetidamente el mismo cuento en voz alta al final del embarazo, han notado que sus hijos parecen reconocerlo cuando lo vuelven a oír después del parto; se tranquilizan y están más atentos. Intente leer su cuento infantil preferido en voz alta varios días seguidos delante de su hijo cuando esté alerta y atento. Espere un día o dos y vuélvaselo a leer. ¿Parece reconocerlo?

Hitos relacionados con la audición hacia el final de este período

- La audición ha madurado por completo.
- Reconoce algunos sonidos.
- Puede orientarse hacia sonidos y voces familiares.

Olfato y tacto

Del mismo modo que prefiere ciertos estímulos visuales y ciertos sonidos a otros, su hijo tendrá ciertas preferencias en cuanto a sabores y olores. Aspirará profundamente para percibir el aroma de la leche, la vainilla, la banana o el azúcar, pero arrugará la nariz ante el olor del alcohol o el vinagre. Si le da el pecho, al final de la primera semana será capaz de distinguir entre los pañitos de lactancia de su madre y los de otras madres, orientándose hacia aquéllos e ignorando el resto. Esta especie de radar le ayudará a orientarse durante las tomas y le avisará cuando tenga que alejarse de sustancias potencialmente perjudiciales.

Su hijo también es sensible al tacto y a la forma en que lo cogen. Se sumergirá en una manta de franela o raso y se retirará de un superficie rugosa, áspera o abrasiva, como el papel de lija. Si lo acaricia suavemente con la palma de la mano, se relajará y tranquilizará. Si lo carga bruscamente, probablemente se sentirá agredido y se pondrá a llorar. Si lo carga con suavidad y lo mece lentamente, se calmará y se mostrará más atento. Al cargarlo, abrazarlo, acariciarlo y arrullarlo conseguirá calmarlo cuando esté agitado y animarlo cuando esté adormilado. Además, al hacerlo, le trasmitirá un mensaje de amor y afecto. Mucho antes de que empiece a entender las palabras que le dice, su hijo captará sus estados de ánimo y sus sentimientos por la forma en que lo toca.

Hitos relacionados con el olfato y el tacto hacia el final de este período

- Prefiere olores dulces
- Evita los olores amargos o ácidos
- Reconoce el aroma de la leche de su madre
- Prefiere tactos suaves a ásperos
- Le molesta que lo cojan bruscamente

Temperamento

Consideremos a dos bebés, los dos de sexo femenino y pertenecientes a la misma familia:

Una es tranquila y calmada y le gusta jugar sola. Observa todo cuanto ocurre a su alrededor, pero rara vez intenta acaparar la atención de quienes le rodean. Si se le dejara, dormiría durante muchas horas seguidas y comería infrecuentemente.

La otra es muy nerviosa y se sobresalta fácilmente. Agita brazos y piernas, moviéndose casi siempre, ya sea despierta o dormida. Aunque la mayoría de los recién nacidos duermen unas catorce horas al día, ella sólo duerme diez y se despierta en cuanto percibe la más mínima actividad a su alrededor. Parece tener prisa por hacerlo todo y hasta come de afán, tragando tanto aire que necesita que le hagan eructar frecuentemente.

Los dos bebés que acabamos de describir son absolutamente normales y están igual de sanos. Ninguno es "mejor" que otro, pero, puesto que sus personalidades son tan distintas, deberán tratarse de forma diferente desde el principio.

Como estas dos niñas, su hijo manifestará muchos de los rasgos de su personalidad desde las primeras semanas de vida. Ir descubriendo estos rasgos es una de las partes más emocionantes de tener un hijo. ¿Es muy activo y vivaz, o es más bien tranquilo? ¿Es tímido ante las situaciones nuevas, como el primer baño, o disfruta con la novedad? Encontrará claves de la personalidad de su hijo en todo cuanto haga, desde dormirse hasta llorar. Cuanto más se esfuerce en identificar estas señales y aprenda a responder adecuadamente a la personalidad única de su hijo, más tranquila y más predecible será su vida durante los meses que se le avecinan.

Aunque muchos de estos rasgos de carácter dependen de la constitución genética que el niño ha heredado, si su hijo nace prematuramente, es posible que demore en presentar tales rasgos. Los niños prematuros no expresan sus necesidades —hambre, cansancio o malestar— con tanta claridad como los recién nacidos a término. Pueden ser extremadamente sensibles a la luz, el sonido y el tacto durante varios meses. Hasta unas frases cariñosas pueden resultar demasiado intensas para un niño prematuro, poniéndolo nervioso y haciéndole retirar la mirada. Cuando ocurra esto, lo mejor que puede hacer es dejar en paz al bebé y esperar a que esté más alerta y preparado para recibir más atenciones. Con el tiempo, la mayoría de estas reacciones iniciales desaparecerán y los rasgos de carácter natural del bebé se harán más evidentes.

Los bebés de bajo peso al nacer (menos de 5.5 libras), aunque hayan nacido a término, suelen ser más pasivos que los demás recién nacidos. Al principio suelen estar muy adormilados y poco vivaces.

Al cabo de unas semanas, parece como si se despertaran y empiezan a comer ávidamente, pero siguen estando irritables e hipersensibles a los estímulos entre tomas. Esta irritabilidad puede persistir hasta que el niño crezca y madure un poco más. Cuanto más se le proteja de la sobreestimulación y se le consuele en los momentos de intranquilidad, antes pasarán.

Desde el principio, los rasgos de personalidad de su hijo influirán sobre la forma que usted tenga de tratarlo y sobre lo que sienta hacia él. Si usted tenía determinadas ideas sobre el cuidado de los niños antes del nacimiento de su hijo, reevalúelas ahora para ver si se adaptan a las características de éste. Haga exactamente lo mismo con los consejos de los expertos —libros, artículos y, sobre todo, amigos y familiares bien intencionados— sobre "la forma correcta" de cuidar y educar a un niño. La única verdad es que no existe ninguna "forma correcta" de criar a un niño. Usted debe crear sus propias guías, basadas en la personalidad única de su bebé, sus propias ideas y las circunstancias particulares de su vida familiar. Lo más importante es que acepte y respete la individualidad de su hijo. No intente encasillarlo en ningún molde o esquema definido. La personalidad exclusiva de su hijo es su principal valor y respetándola desde el principio, contribuirá a sentar las bases de su autoestima y de su capacidad para mantener relaciones armoniosas con los demás.

Alertas sobre el desarrollo

Si durante la segunda, tercera o cuarta semana de vida su bebé presenta alguno de los siguientes síntomas de retraso del desarrollo, informe a su pediatra:

- Chupa con poca fuerza y se alimenta con lentitud.
- No parpadea ante una luz brillante.
- No enfoca ni sigue objetos cercanos que se muevan de un lado a otro.
- Rara vez mueve brazos y piernas; parece rígido.
- Sus extremidades parecen demasiado laxas o flácidas.
- La mandíbula inferior le tiembla constantemente, incluso cuando no llora o está excitado.
- No reacciona ante ruidos fuertes.

Juguetes apropiados para el primer mes de vida

- Un móvil de colores y diseños contrastantes.
- Un espejo irrompible fijado de forma segura al interior de la cuna.
- Cajas de música y discos o cintas de música suave.
- Juguetes blandos, de colores brillantes y que emitan sonidos suaves y agradables.

Cuidados básicos

Alimentación y nutrición

(Para más información, véase el Capítulo 4)

La leche, sea materna o de fórmula, debe ser la principal fuente de nutrición de su hijo durante los primeros doce meses. Pero, aunque por ahora no debe preocuparse demasiado por la dieta de su bebé, necesitará establecer un patrón de alimentación regular y asegurarse de que está consumiendo suficientes calorías para crecer bien.

Establecer un patrón de alimentación no significa fijar un horario rígido y empeñarse en que su hijo consuma 4 onzas de leche en cada toma. Es mucho más importante aprender a escuchar las señales de su hijo e intentar satisfacer sus necesidades. Si le alimenta con leche de fórmula, probablemente llorará al final de la toma si aún tiene hambre. Por otro lado, si ya queda satisfecho en los primeros diez minutos, dejará de succionar y es posible que se quede dormido. Los bebés que maman del pecho se comportan de una forma un poco distinta en el sentido de que no siempre que tienen hambre lloran. La única forma de saber si están comiendo lo suficiente es observando si van ganando peso. Además, se les debe dar el pecho por lo menos cada tres o cuatro horas y no permitir que salten tomas por el hecho de estar dormidos hasta que tengan al menos cuatro semanas.

Al principio de la segunda semana de vida y, de nuevo, entre la tercera y la sexta semana, su hijo experimentará "estirones", durante los cuales es posible que esté más hambriento de lo habitual. Aunque usted no perciba un crecimiento claramente visible, durante estos "estirones" el cuerpo de su hijo experimentará cambios importantes y necesitará un aporte extra de calorías. Prepárese para espaciar un poco menos las tomas en el caso de que le dé el pecho, o para aumentar ligeramente la cantidad de leche si toma biberón.

Si su bebé tiene algún problema nutricional, probablemente empezará a perder peso. Hay varias señales que le pueden ayudar a detectar este tipo de problemas.

Si le da el pecho, una de las posibles señales de alarma es que sus senos no se sientan llenos de leche al cabo de una semana. Si no gotean leche al iniciar cada nueva toma, es posible que el bebé no los esté estimulando suficientemente al chupar. Más adelante se mencionan otras señales de alarma. Estas señales también pueden indicar la existencia de un problema médico no relacionado con la alimentación. En el caso de que persistan, llame al pediatra.

Señales de que el bebé está comiendo demasiado:

- Si se le da el biberón, el bebé toma más de 4 a 6 onzas (120 a 180cc) por toma.
- Después de alimentarlo, el bebé vomita la mayor parte o todo lo que ha ingerido.
- Las heces son blandas y acuosas y hace ocho o más deposiciones al día.

Señales de que el bebé no está comiendo lo suficiente:

- Si se le da el pecho, el bebé deja de chupar al cabo de diez minutos o antes.
- Moja menos de cuatro pañales diarios.

- Su piel continúa estando arrugada después de la primera semana.
- Al cabo de tres semanas todavía no se le ha puesto la cara redonda.
- Parece que se queda con hambre, ya que al poco rato de finalizar la toma busca algo para chupar.
- Se pone cada vez más amarillo, en lugar de menos, a partir de la primera semana.

Alergias o problemas digestivos:

- Después de alimentarlo, el bebé vomita la mayor parte o todo lo que ha ingerido.
- Las heces son blandas y acuosas, y hace ocho o más deposiciones al día.
- Si le da el pecho, se pone cada vez más amarillo, en lugar de menos, a partir de la primera semana.

La mayoría de los bebés de esta edad regurgitan de vez en cuando después de comer. Esto se debe a que la válvula muscular que hay entre el esófago y el estómago todavía no ha madurado lo suficiente. En lugar de cerrarse por completo, queda lo suficientemente abierta como para

A un lactante de pocos meses, por no tener todavía suficiente tono muscular en el cuello, hay que cargarlo de tal modo que la cabeza le quede bien sostenida, para evitar que se mueva de un lado a otro o que se caiga hacia delante o hacia atrás.

que el contenido del estómago suba, pase por el esófago y salga por la boca. Se trata de algo normal e inofensivo para el bebé.

Cómo cargar al bebé

Puesto que un lactante de pocos meses no tiene todavía suficiente tono muscular en el cuello, se le debe cargar de tal modo que la cabeza le quede bien sostenida, para evitar que vaya de un lado a otro o que se caiga hacia delante o hacia atrás. Esto se consigue apoyando la cabeza en alguna parte del cuerpo del adulto, como el brazo o el hombro, cuando se carga al niño en una posición horizontal, y sosteniendo la cabeza y el cuello con la mano cuando se lleva al niño en posición vertical.

Chupetes

Muchos padres tienen opiniones firmes acerca de los chupetes. Algunos se oponen a su uso, bien por el aspecto que tienen o bien porque no les gusta la idea de "consolar" a un bebé con un objeto. Otros creen —erróneamente— que utilizar un chupete puede ser perjudicial para el bebé. Los chupetes no provocan problemas médicos ni psicológicos. Si su hijo quiere seguir chupando después de mamar o de tomar el biberón, un chupete colmará esa necesidad.

La razón de ser de un chupete es satisfacer las necesidades de succión no nutritiva del bebé, no sustituir o retrasar la alimentación. Por lo tanto, ofrézcale el chupete a su hijo sólo después de alimentarlo o entre cada alimentación, cuando esté seguro de que no tiene hambre. Si su bebé tiene hambre y usted le ofrece el chupete a cambio, es posible que se enfade tanto que tenga problemas al momento de alimentarlo. Recuerde: debe darle el chupete cuando él lo necesite, no cuando a usted le convenga. Por lo tanto, deje que sea él quien decida cuándo quiere utilizarlo.

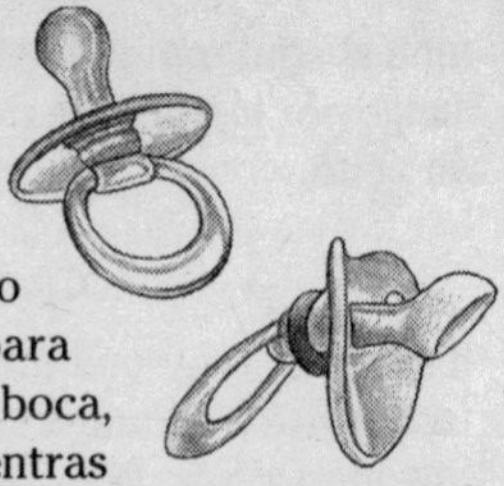

A algunos bebés el chupete les ayuda a conciliar el sueño. El problema radica en que suelen despertarse en cuanto se les sale de la boca. Cuando su hijo sea lo suficientemente mayor como para cogerlo y volvérselo a poner en la boca, no habrá ningún problema. Pero, mientras sea muy pequeño, probablemente llorará para que usted venga a ponérselo. En este sentido, los bebés que se chupan los dedos o las manos tienen una ventaja, puesto que sus manos están siempre a su alcance.

A la hora de comprar un chupete, elija uno de una sola pieza (algunos modelos tienen dos piezas) y fíjese que sea blando y suave. Debe ser lavable, de tal modo que pueda hervirlo o meterlo en el lavaplatos antes de que lo utilice el bebé. Hasta que su hijo cumpla seis meses, usted debe lavar de ese modo el chupete frecuentemente, para evitar exponerlo a posibles infecciones cuando su sistema inmune todavía está muy inmaduro. A partir de los seis meses, la probabilidad de contraer infecciones se reduce considerablemente, por lo que bastará con que lo lave con agua y jabón y lo enjuague bien.

Existen dos tamaños de chupetes: para bebés de hasta seis meses de edad y para bebés de siete meses en adelante. También encontrará una gran variedad de formas, desde modelos cuadrangulares u "ortodónticos", hasta los modelos estándar que recuerdan la mamadera del biberón. Cuando haya elegido el más adecuado para su hijo, compre varios de reemplazo; los chupetes tienen la extraña tendencia de desaparecer o a caerse al suelo o por la calle en los momentos más inoportunos. Podría atar el chupete a un cordel o cinta muy corta y asegurarla a la ropa del bebé con una pinza. Sin embargo, *nunca* intente solucionar este problema atando el chupete a un cordel y colgándoselo a su hijo alrededor del cuello. Podría interferir con su respiración o, incluso, llegar a estrangularlo. Por motivos de seguridad, tampoco fabrique usted mismo los chupetes de su hijo utilizando mamaderas de antiguos biberones. Algunos bebés han sacado la mamadera de estos chupetes "caseros" y se han ahogado con ellas.

Salir de casa

El aire fresco y cambiar de ambiente es algo que necesita tanto usted como su hijo, incluso durante el primer mes. Por lo tanto, sáquelo de paseo cuando haga buen tiempo. Sin embargo, tenga mucho cuidado en vestirlo adecuadamente para estas salidas. Su control interno de la temperatura no madurará completamente sino hasta el final del primer año. Por este motivo, a su hijo le cuesta mucho regular su temperatura corporal cuando se le expone al calor o al frío excesivos. La ropa que le ponga ha de cumplir parte de esta función, conservando el calor cuando haga frío y dejándolo escapar cuando haga calor. Por norma general, su hijo debería llevar una capa de ropa más que usted.

Durante los primeros seis meses de vida, la piel de un bebé también es extremadamente sensible y, por lo tanto, muy susceptible a sufrir quemaduras solares. Por ello, procure mantener a su hijo lo más alejado posible de la luz del sol, tanto directa como reflejada (por el agua, la arena o el cemento, por ejemplo). Si tiene que sacarlo cuando hace sol, proteja su piel con un bloqueador solar con un factor de protección (SPF) de 15 o más. Además, vístalo con ropa ligera y de colores claros, y póngale un gorrito para protegerle la cara de los rayos del sol. Si va a estar acostado o sentado en algún sitio durante cierto tiempo, asegúrese de que está a la sombra y vaya modificando su posición a medida que se vaya moviendo el sol.

Otra recomendación importante para los meses de más calor: no deje el equipo del bebé (asiento protector, coche, etc.) al sol durante mucho tiempo seguido. Las partes metálicas y de plástico se pueden calentar hasta el punto de poder quemar la piel de un bebé. Compruebe la temperatura de estas superficies antes de permitir que entren en contacto con el cuerpo de su bebé.

Si llueve mucho o hace mucho frío, evite sacar a su hijo de casa. Si no tiene más remedio que salir con él, abríguelo con un suéter caliente, o métalo en una bolsa de manta y utilice una gorra caliente para taparle la cabeza y las orejas. Cuando esté fuera, puede protegerle la cara del frío con una cobija.

Para comprobar si está suficientemente abrigado, tóquele las manos, los pies y la piel del pecho. Sus manos y pies deberían estar un poco menos calientes que el resto del cuerpo pero no frías y su pecho debería estar caliente. Si sus manos, pies y pecho están fríos, llévelo a una habitación caliente, destápelo y déle algo caliente de tomar, o cárguelo y apriételo contra su cuerpo para que vaya entrando en calor. Hasta que no recupere la temperatura corporal normal, las capas extra de ropa sólo conseguirán retener el frío. Por lo tanto, utilice los demás métodos para calentarlo antes de abrigarlo más.

Ayuda temporal para cuidar del bebé

La mayoría de las madres necesitan ayuda cuando llegan a casa con el nuevo bebé. Si el padre puede faltar al trabajo durante una o dos semanas, el problema se suele solucionar. Pero, si esto es imposible y la economía familiar no permite contratar a alguien para que ayude a la madre, lo mejor sería acudir a un pariente cercano o un amigo. Es mejor dejar todo organizado antes del parto que esperar hasta el último momento para buscar este tipo de ayuda.

En algunas zonas, existen enfermeras visitantes o servicios a domicilio para colaborar en las tareas domésticas o en el cuidado del bebé. Aunque este tipo de servicios no soluciona los problemas que puedan surgir a la medianoche, le dan a la madre una hora o dos para ponerse al día en las tareas domésticas o simplemente para descansar un poco. Este tipo de servicios también debe programarse con antelación.

Sea selectivo a la hora de pedir ayuda. Elija a personas que realmente van a apoyarle. No olvide que la meta es reducir el nivel de estrés en lugar de aumentarlo.

Antes de empezar a hacer entrevistas o pedir ayuda a amigos o familiares, decida exactamente qué tipo de ayuda le irá mejor. Hágase a sí misma las siguientes preguntas:

- ¿Quiere a una persona que le ayude a cuidar del niño, a limpiar la casa, a cocinar o a hacer un poco de todo?
- ¿Durante qué horas necesita ayuda?
- ¿Necesita a alguien que sepa conducir (para recoger a otros niños en la escuela, ir de compras, hacer diligencias y cosas por el estilo)?

Cuando sepa lo que necesita, cerciórese de que la persona elegida entiende y está de acuerdo con lo que usted espera de ella.

La primera niñera de su bebé

En algún momento del primer o segundo mes probablemente tenga que dejar a su hijo con otra persona por primera vez. Cuanto más confíe en ella, más fáciles serán las cosas. Por lo tanto, lo mejor es que deje a su hijo con una persona de plena confianza con quien mantenga una relación muy estrecha: la abuela, un buen amigo o un pariente que esté familiarizado con usted y el bebé.

Después de sobrevivir a la primera separación, es posible que piense en la posibilidad de buscar un niñero o niñera regular. Empiece pidiendo referencias a sus amigos. Si no se les ocurre nadie, pregúntele al pediatra si conoce alguna agencia de cuidado infantil en su localidad o un servicio de referencias. Si tampoco así consigue un nombre, póngase en contacto con los servicios de empleo en las universidades para que le faciliten listas de alumnos que se ofrecen para cuidar niños. También puede encontrar nombres de posibles candidatos en las páginas amarillas, la sección de demandas de trabajo de los periódicos locales, tablones de anuncios de iglesias y supermercados. Sin embargo, debe tener en cuenta que estos anuncios no han pasado por ningún tipo de control.

Entreviste personalmente a todos los candidatos, con su hijo presente. Debería buscar a alguien que sea afectuoso y capaz y que coincida con usted en cómo se debe cuidar a un niño. Si le gusta la persona después de hablar un rato con ella, deje que cargue al niño para que pueda ver cómo lo trata. Aunque la experiencia, las referencias y tener buena salud son aspectos importantes, la mejor forma de evaluar a una niñera es poniéndola a prueba un día que usted vaya a estar en casa. Así su hijo y esa persona tendrán la oportunidad de conocerse mutuamente antes de estar solos y usted podrá comprobar si puede quedarse tranquila dejando a su hijo en sus manos.

Siempre que deje a su bebé con alguien, déle una lista con todos los teléfonos útiles en caso de emergencia, incluyendo aquellos en los que podría localizarle a usted o a algún otro familiar cercano si surgen problemas. Indíquele con toda claridad cómo debe actuar en caso de emergencia. Cerciórese de que la niñera sabe qué se tiene que hacer con un niño que se ha atragantado o no puede respirar por algún otro motivo (véase *Atragantamientos,* página 477; *Resucitación cardiopulmonar y respiración boca a boca,* página 472). Pídale también que anote cualquier duda que se le ocurra sobre el cuidado del bebé durante el día. Informe a sus amigos y vecinos que va a dejar a su hijo con una niñera para que puedan echarle una mano en caso de emergencia y pídales que le comenten cualquier sospecha que pudieran tener sobre lo que ocurre en su casa durante su ausencia.

Viajar con su bebé

Los viajes que haga con su hijo mientras todavía sea un lactante serán probablemente los más fáciles de todos los que hagan los dos juntos. Durante esta etapa, lo único que le preocupará a su hijo es estar cómodo, lo que significa tener el estómago lleno, los pañales limpios y un sitio agradable donde sentarse o estirarse. Si usted colma estas necesidades básicas, probablemente su hijo viajará sin ocasionar grandes problemas. La clave está en intentar mantener la rutina diaria en lo posible.

Los viajes largos que implican un cambio de horario pueden alterar el patrón de sueño de un bebé. Por lo tanto, en estos casos deberá programar sus actividades teniendo en cuenta el patrón de sueño de su hijo y darle varios días para que se vaya ajustando al cambio de horario. Por ejemplo, si usted viaja de Nueva York a California (donde es tres horas más temprano) y su hijo se despierta muy de mañana, trate de empezar antes sus propias actividades. Y también vaya preparándose para irse a dormir antes, pues su pequeño empezará a estar cansado e intranquilo mucho antes de que el reloj indique que es hora de acostarse. Para evitar problemas, deje que sean las señales del bebé las que fijen los límites de cada día.

Si usted va a permanecer en una nueva franja de tiempo durante más de dos o tres días, el reloj interno de su hijo se irá sincronizando de forma gradual hasta coincidir con el horario de esa zona. Usted tendrá que alimentar a su hijo en los momentos en que el cuerpo del bebé le diga que tiene hambre. Mamá y papá —e incluso sus hermanos mayores— probablemente serán capaces de posponer las comidas para adaptarse al nuevo horario, pero un bebé no es capaz de ajustarse tan fácilmente.

Su hijo se adaptará mejor al nuevo ambiente si lleva consigo algunas de sus cosas. Si tiene una manta favorita, no se olvide de incluirla en el equipaje. Su sonajero y algunos de sus juguetes también le trasmitirán una sensación de bienestar y seguridad. Utilice el jabón de siempre, una toalla conocida y no se olvide de llevar alguno de los juguetes de baño para que se sienta a gusto al bañarlo. A la hora de comer, déle lo que le da siempre. Éste no es el mejor momento para cambiar de leche o introducir nuevos sabores.

Cuando haga el equipaje, es mejor utilizar una bolsa aparte para las cosas del bebé. Así le será más fácil encontrarlo todo y evitará olvidar cosas importantes. También necesitará un bolso grande, en el que puede llevar biberones, juguetes pequeños, algo para comer, pomada pañales y toallitas limpiadoras. Lleve el bolso siempre con usted.

Cuando viajen en auto, compruebe que su bebé esté bien colocado y bien sujeto en su asiento protector. Para más información sobre asientos protectores, véase la página 401. El asiento trasero es el sitio más seguro para un niño pasajero. Con bebés tan pequeños, el asiento protector debe orientarse siempre en el sentido opuesto al de la marcha y debe colocarse en el asiento trasero. Los asientos protectores orientados hacia atrás *nunca* se deben colocar en el asiento delantero en un auto que tenga *bolsas de aire.* Si va a alquilar un auto, reserve con antelación un asiento protector o lleve el suyo propio, en el caso de que tenga uno. Si el asiento rentado le parece demasiado grande, puede utilizar pañales enrollados para centrar y sujetar bien al bebé. Si no sabe cómo colocar a su hijo para que viaje seguro en avión o en tren, pida ayuda al auxiliar de vuelo o al conductor. A menos que compre un boleto para su bebé, se supone que debe llevarlo en su regazo. Cuando sobren asientos, quizás le permitan colocar al bebé en un asiento distinto del suyo sin tener que pagar un boleto más (véase *el recuadro de la* página 241).

Si su bebé toma el biberón, no lleve la leche justa, sino bastante más que la que necesitaría durante el viaje, por si hubiera algún retraso inesperado. El auxiliar de vuelo o el conductor le ayudarán a mantenerla fría hasta que tenga que utilizarla. Si desea tener intimidad para darle el pecho a su hijo, pídale al auxiliar de vuelo una manta para cubrirse.

Sugerencias para mantener a los bebés seguros en el avión

- Asegúrese de que el asiento de seguridad de su hijo o hija está aprobado por la FAA. Compruebe que la etiqueta dice que es apto para uso en vehículos de motor y aviones.
- Compruebe las medidas del asiento. Un asiento cuyo ancho no supere las 16 pulgadas se puede colocar en la mayoría de los asientos de avión. Sin embargo, ya que los asientos de los aviones tienen anchos variables, aun quitándole los apoyabrazos, un asiento de seguridad de más de 16 pulgadas de ancho difícilmente podrá instalarse correctamente en el asiento de un avión.
- No olvide informarse sobre la política que tiene la compañía aérea sobre cómo deben viajar los niños pequeños. Muchas compañías permiten que los niños de menos de dos años ocupen un asiento, vacío sin pagar pasaje y otras ofrecen precios reducidos para estos casos. De todos modos, la única forma de asegurarse de que va a poder colocar el asiento de seguridad de su hijo en un asiento, es adquirir un pasaje para él (sea rebajado o a precio completo).
- Cuando adquiera el pasaje para su hijo o hija, reserve un asiento adyacente al suyo. El asiento de seguridad debe colocarse siempre junto a una ventana y lejos de las salidas de emergencia, para que no pueda bloquear su acceso.
- Si tiene que hacer escala y cambiar de avión, puede ser muy complicado transportar el equipaje, el asiento de seguridad del niño y al niño por el aeropuerto. Muchas compañías aéreas ofrecen a los padres personal de apoyo para que les ayuden en estos casos, siempre que soliciten la ayuda con suficiente antelación.

La familia

Un mensaje especial para las mamás

Una de las razones de que este primer mes sea tan difícil es que usted todavía está recuperándose físicamente del estrés y del cansancio del embarazo y el parto. Para que su cuerpo vuelva a la normalidad, sus heridas cicatricen (si le practicaron una episiotomía o una cesárea) y usted pueda reanudar su actividades cotidianas, deberán pasar varias semanas. También es muy probable que experimente altibajos en su estado de ánimo debido a los cambios hormonales que están teniendo lugar en su cuerpo. Estos cambios pueden provocar llantos repentinos sin motivo aparente y sentimientos depresivos durante las primeras semanas. Además es fácil que estas emociones se intensifiquen debido al agotamiento provocado por el hecho de tener que levantarse por las noches cada dos o tres horas para alimentar y cambiar al bebé.

Si se siente deprimida, es posible que se avergüence de sus sentimientos o, incluso, que crea que es una "mala madre". Por muy difícil que le pueda parecer, intente relativizar estas emociones recordándose a sí misma que se trata de algo *normal* después de un embarazo y un parto. Hasta los papás se sienten a veces tristes y están más sensibles de lo habitual cuando acaban de tener un hijo (probablemente como reacción ante la intensidad psicológica de la experiencia). Para evitar que la tristeza domine su vida —y para poder disfrutar de su bebé— evite aislarse durante las primeras semanas. Intente dormir cuando duerma su hijo, para que no se le vaya acumulando el cansancio. Si los sentimientos de tristeza llegan a bloquearle por completo o persisten más allá de las primeras semanas, hable con el pediatra o, pida ayuda a su médico de cabecera.

Las visitas de familiares y conocidos pueden ayudarle a combatir la tristeza celebrando con usted la llegada del bebé. Pueden traer regalos de bienvenida para el recién nacido o —algo todavía mejor para estas primeras semanas— ofrecerle ayuda con las comidas u otras tareas domésticas. Pero también pueden resultar agotadoras, abrumadoras para el bebé e, incluso, pueden exponerlo a infecciones. Por lo tanto, le recomendamos que restrinja las visitas durante las dos primeras semanas y que mantenga al bebé alejado de cualquier persona que tenga tos, un resfriado o cualquier otra enfermedad contagiosa. Pida a las visitas que avisen con antelación y que no se alarguen demasiado, sobre todo durante las primeras semanas, cuando su familia todavía no se ha adaptado a la nueva situación. Si al bebé parece molestarle el ajetreo, no deje que las visitas lo carguen o se le acerquen demasiado.

Si le agobian las llamadas telefónicas y tiene un contestador automático, utilícelo para tener un poco de paz. Grabe un mensaje informando sobre el sexo, nombre, fecha y hora de nacimiento, peso y longitud del bebé. Después active el contestador y quítele el timbre a su teléfono. Así podrá contestar las llamadas cuando pueda sin sentirse estresada o culpable cada vez que suene el teléfono. Si no tiene un contestador automático, mantenga el teléfono descolgado o tape el timbre con una almohada.

Con un nuevo bebé en casa, visitas constantes, el cuerpo adolorido, cambios impredecibles en el estado de ánimo y, en algunos casos, otros hijos reclamando su atención, es fácil descuidar las tareas domésticas. Resígnese con antelación: los platos sucios van a acumularse en la cocina mucho más de lo habitual, la casa va a estar más sucia que de costumbre y muchas comidas serán congeladas o traídas de un restaurante. Ya se pondrá al día el próximo mes. Por ahora, lo importante es que se concentre en recuperarse físicamente y en disfrutar de su nuevo bebé.

Un mensaje especial para los papás

Éste puede ser un período muy estresante para una pareja. Es casi imposible encontrar tiempo —y todavía menos, energía— para dedicarlo uno al otro, entre las atenciones que reclama constantemente el bebé, las necesidades de otros niños, los quehaceres domésticos y el horario laboral del padre (en nuestra sociedad, muy pocos padres pueden tomar una licencia por paternidad, lo que permitiría reducir muchas tensiones). Una noche detrás de otra despertándose para alimentar y cambiar al bebé y para calmarlo cuando se pone a llorar acaban con las fuerzas de cualquiera. Si ambos padres no se ponen de acuerdo para compartir estas tareas, de tal modo que puedan irse alternando mientras uno de los dos toma una siesta, el agotamiento puede levantar un muro inmenso e innecesario entre ambos.

Durante este período, algunos padres también sienten que se les "deja de lado" y que no "reciben el cariño de la pareja", sobre todo cuando se ha optado por la lactancia materna. Y el hecho de que los ginecólogos suelen desaconsejar las relaciones sexuales durante las primeras semanas, no ayuda demasiado. Aunque no existiera esta advertencia, muchas mujeres, simplemente, no están interesadas en mantener relaciones sexuales después del parto por el agotamiento físico y el estrés emocional asociado al posparto.

Los conflictos y los celos que puedan aparecer serán temporales. Pronto se establecerá una nueva rutina que les permitirá dedicarse tiempo el uno a otro y normalizar su vida sexual y sus actividades sociales. Mientras tanto, hagan un esfuerzo por pasar tiempo juntos cada día, y recuerde que está permitido que se abracen, besen y mimen el uno al otro. ¡No todos los mimos tienen que ser para el bebé!

Paricipe todo lo que pueda en el cuidado del bebé y juegue con él. Así establecerá un vínculo emocional con el tan fuerte como el que tiene con su madre.

Una forma positiva de afrontar este asunto es que el padre participe todo lo que pueda en el cuidado del bebé y pase el máximo de tiempo posible jugando con él. El tiempo que le dedique, permitirá establecer un vínculo emocional con el bebé tan fuerte como el de la madre.

Esto no significa que las madres y los padres jueguen con sus bebés de la misma forma. En general, los padres suelen activar y excitar a los bebés, mientras que las madres suelen estimularlos de formas más suaves, meciéndolos e implicándolos en juegos y canciones relajantes. Los padres suelen ser más bruscos y ruidosos y mueven al bebé con más fuerza. Los bebés reaccionan en consonancia, riéndose y moviéndose más con papá que con mamá. Desde el punto de vista del bebé, ambos estilos de juego son igual de valiosos y, de hecho, se complementan perfectamente. Éste es otro motivo más para que *ambos* padres participen activamente del cuidado del bebé.

Hermanos

Ante el entusiasmo que se respira en casa por la llegada del nuevo bebé, los hermanos suelen sentirse relegados. También pueden estar molestos por la hospitalización de mamá, sobre todo si se trataba de su primera separación prolongada. Incluso cuando la madre esté ya en casa, es posible que les cueste entender por qué está tan cansada y no puede jugar con ellos como solía hacerlo antes de la llegada del bebé. Si a esto le sumamos las atenciones que la madre va a empezar a prodigar al recién llegado —¡atenciones que hace dos semanas sólo recibía el hermano o hermanos mayores!— es lógico que éstos tenga celos y sientan que se les ha dejado de lado. Depende de ambos padres encontrar formas de transmitir a los hermanos que se les quiere y se les valora igual que antes y ayudarles a llevarse bien con su nuevo “competidor”.

He aquí algunas sugerencias para tranquilizar a los hermanos mayores y hacerles sentir partícipes en el cuidado del bebé durante el primer mes.

1. Si está permitido, deje que los hermanos vayan al hospital a visitar a su madre y al nuevo bebé.
2. Cuando la madre vuelva a casa, haga un regalo especial a cada uno de los hermanos, para celebrar el acontecimiento.
3. Reserve diariamente un período de tiempo especial para estar a solas con cada uno de sus hijos. Asegúrese de que tanto usted como su pareja pasa un rato con cada uno de ellos, individualmente y juntos.
4. Cuando esté sacando fotos al bebé, tómeles algunas fotos a los niños mayores, con y sin el bebé.
5. Pídales a los abuelos o a otro pariente cercano que lleve a los otros niños a algún sitio especial: al zoológico, al cine o a merendar. Esta atención especial puede ser de gran ayuda en los momentos en que se sientan abandonados.
6. Sobre todo durante el primer mes, cuando es preciso alimentar frecuentemente al bebé, los hermanos mayores pueden ponerse muy celosos por la intimidad que usted tiene con el recién nacido mientras le da de comer. Demuéstreles que puede compartir esa intimidad convirtiendo las tomas en momentos para contar cuentos. Leer relatos que traten específicamente sobre el tema de los celos anima a los niños pequeños a ventilar sus sentimientos y les ayuda a aceptar más al recién llegado.

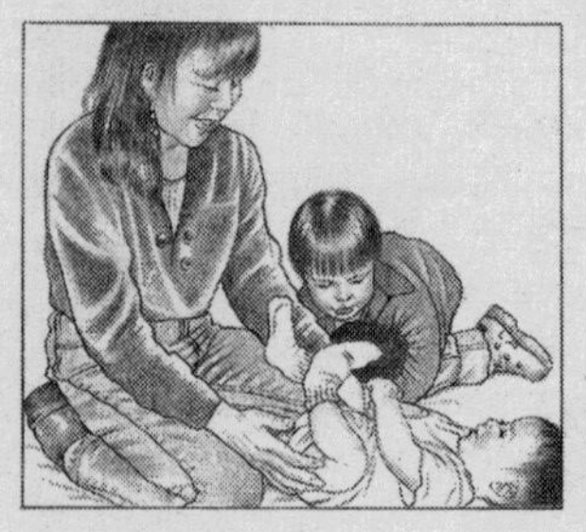

Cuando llegue el bebé, probablemente su hermano mayor se sentirá muy orgulloso y deseoso de proteger al nuevo hermanito.

Alertas de salud

Los problemas médicos que figuran a continuación son preocupación usual de los padres durante el primer mes de vida de su hijo. (Para más información sobre problemas que pueden ocurrir durante toda la infancia, remítase a los listados de la segunda parte de este manual.)

Problemas respiratorios. Normalmente, su bebé debe tener entre veinte y cuarenta respiraciones por minuto. Este patrón será más regular cuando su hijo esté sano y durmiendo. Cuando esté despierto, de vez en cuando puede respirar más deprisa durante un período corto y luego hacer una pausa (de menos de diez segundos) antes de volver a respirar con normalidad. Si el bebé tiene fiebre, su ritmo respiratorio puede aumentar en unas dos respiraciones por minuto por cada grado de fiebre. Si tiene mucha mucosidad, su respiración puede verse afectada, debido a que sus conductos respiratorios son muy estrechos y se llenan fácilmente. Para atenuar este problema, lo mejor es utilizar un humidificador de vapor frío y un aspirador nasal de goma (generalmente se lo darán en el hospital). En algunas ocasiones, es recomendable echarle gotas nasales con una solución salina para ablandarle la mucosidad y despejarle la nariz.

Diarrea. Un bebé tiene diarrea si hace deposiciones muy blandas y aguadas más de seis a ocho veces al día. Usualmente suelen ser provocadas por infecciones virales. El peligro, sobre todo a esta edad, está en que pierda demasiada agua y acabe deshidratándose. Los primeros síntomas de deshidratación son la sequedad de boca y una disminución significativa de la cantidad de pañales mojados. De todos modos, no debe esperar a que aparezcan estos síntomas. Si las evacuaciones del bebé son demasiado blandas y ocurren más a menudo que después de cada toma (más de seis a ocho veces al día), llame al pediatra.

Sueño excesivo. Puesto que no todos los lactantes necesitan dormir la misma cantidad de horas, es difícil saber cuándo un bebé está demasiado adormilado. Si su hijo empieza a dormir más de lo habitual, puede significar que tiene una infección, por lo que debe informar al pediatra. Así mismo, si su hijo mama del pecho y duerme más de cinco horas seguidas sin despertarse en el primer mes, debe plantearse la posibilidad de que no esté comiendo lo suficiente o de que, a través de la leche ingerida, se vea afectado por algún medicamento que usted toma.

Infecciones oculares. (Véase también *Problemas de lagrimeo,* página 607.) Algunos bebés nacen con uno o ambos conductos lagrimales parcial o totalmente bloqueados. Éstos suelen abrirse alrededor de la segunda semana, cuando se empiezan a producir las primeras lágrimas. En caso contrario el bloqueo producirá un lagrimeo un tanto mucoso. Las lágrimas, en lugar de drenarse a través de la nariz, empezarán a caer por los párpados. Esto no es peligroso y los conductos suelen abrirse sin necesidad de tratamiento. Usted puede ayudar a que se abran masajeando suavemente de la comisura del ojo hacia abajo, el lado correspondiente de la nariz. De todos modos, hágalo sólo bajo la supervisión del pediatra.

Si los conductos lagrimales siguen bloqueados sin dejar que las lágrimas drenen como deberían, es posible que se infecten. Estas infecciones producen una secreción blanquecina en la comisura del ojo. Las pestañas se vuelven pegajosas y es posible que, al secarse, se peguen entre sí mientras el bebé duerme, de tal modo que le resulte imposible abrir el ojo. Este tipo de infecciones suelen tratarse con gotas o pomadas especiales que receta el médico después de examinar el ojo del bebé. A veces, basta con limpiar suavemente con agua estéril. Cuando las pestañas de su hijo estén pegajosas, empape una mota de algodón en agua estéril y pásela suavemente por los párpados del bebé, avanzando desde la nariz hacia afuera. Utilice cada algodón sólo una vez y luego tírelo a la basura.

Utilice todos los algodones que necesite hasta que vea que el ojo está bien limpio.

Aunque este tipo de infección leve puede ocurrir varias veces durante los primeros meses, lo más probable es que remita sin que haga falta aplicar ningún tratamiento complejo y sin dejar secuelas. En muy pocas ocasiones el bloqueo de los conductos lagrimales requiere intervención quirúrgica.

Si el ojo del bebé está inyectado en sangre o enrojecido, probablemente tendrá una infección más grave, denominada conjuntivitis. En tal caso, informe inmediatamente al pediatra.

Fiebre. Si su bebé está inquieto o lo nota más caliente que de costumbre, póngale el termómetro (Véase *Cómo tomar la temperatura rectal,* página 94). Si su temperatura rectal supera los 100°F. (37.8°C) en dos lecturas independientes y la fiebre no puede explicarse por el hecho de que el bebé esté demasiado abrigado, llame al pediatra inmediatamente. La fiebre puede indicar la existencia de una infección, y, a esta edad, el estado de un bebé se puede agravar rápidamente.

Flacidez. Todos los recién nacidos parecen un tanto flácidos, ya que sus músculos todavía están formándose, pero si su bebé parece excesivamente laxo o pierde tono muscular, podría ser el síntoma de un problema grave, como una infección. Póngase en contacto con el pediatra inmediatamente.

Audición. Fíjese en cómo reacciona su bebé ante los sonidos. ¿Se sobresalta ante los ruidos fuertes o repentinos? ¿Se tranquiliza o se orienta hacia usted cuando le habla? Si no parece responder con normalidad a los sonidos, pídale al pediatra que le haga una prueba formal de audición. Este tipo de pruebas son particularmente recomendables en bebés prematuros, que sufrieron anoxias (falta de oxígeno) durante el parto, bebés que han tenido infecciones graves o bien que han nacido en familias con antecedentes de pérdidas auditivas durante la primera infancia. Si usted tiene la más mínima sospecha de que su hijo no oye correctamente, debe pedir que le hagan este tipo de pruebas lo antes posible, ya que es muy fácil que un retraso en el diagnóstico y el tratamiento de una pérdida auditiva interfiera con el desarrollo normal del lenguaje.

Ictericia. La ictericia, esto es, el color amarillento que a menudo tiene la piel de los recién nacidos, a veces persiste durante la segunda semana en los bebés que maman del pecho (véase la página 200). Esto se debe a que en algunos bebés la leche materna interfiere con la función hepática, en concreto, con la capacidad del hígado de descomponer la bilirrubina, la sustancia responsable del color amarillento. A veces, su tratamiento exige interrumpir la lactancia materna durante veinticuatro o cuarenta y ocho horas. En cuanto remite la ictericia, se puede volver a dar el pecho al bebé, ya que este tipo de ictericia no suele ser recurrente. Si volviera a aparecer, se puede intentar una nueva interrupción de la lactancia materna o bien un cambio definitivo a la leche de fórmula. En tal caso, el pediatra le ayudará a tomar la decisión más oportuna.

Temblores. A muchos recién nacidos les tiembla la barbilla y agitan las manos continuamente, pero, si todo el cuerpo del bebé parece temblar, puede deberse a que tiene un nivel muy bajo de azúcar o calcio en la sangre o a algún tipo de trastorno convulsivo. Póngase en contacto con el pediatra para determinar la causa de los temblores.

Erupciones e infecciones. Entre las erupciones más habituales en los recién nacidos se incluyen las siguientes:

1. **Eccema seborreico (dermatitis seborreica)** Este trastorno, conocido popularmente como “costra infantil”, consiste en la aparición de escamas gruesas, en forma de costra, en el cuero cabelludo del bebé. Lavar el pelo y cepillar las escamas diariamente ayuda a controlar este trastorno. Suele desaparecer por sí

solo durante los primeros meses, pero puede requerir tratamiento con un champú especial (véase *Costra infantil y Dermatitis seborreica,* página 691.)

2. **Infecciones en las uñas de las manos o de los pies.** Se ven como zonas enrojecidas alrededor de las uñas, que dan la sensación de que duelen al tocarse. A veces, pueden remitir tratándolas con compresas calientes, pero generalmente es mejor que las vea el médico.

3. **Infecciones umbilicales.** Suelen manifestarse por el enrojecimiento de la zona que rodea la base del cordón umbilical. Deben ser examinadas por el pediatra.

4. **Dermatitis del pañal.** Véase las instrucciones para su tratamiento en la página 82.

Aftas. La aparición de áreas blanquecinas en la boca del bebé puede indicar que tiene una infección provocada por hongos bastante común. Se trata con medicinas fungicidas recetadas por el pediatra.

Visión. Observe cómo le mira su bebé cuando está alerta. Cuando el rostro del bebé está a una distancia de entre 8 y 15 pulgadas del suyo, ¿le sigue con la mirada cuando se mueve? ¿Sigue una lucecita o un juguete pequeño en movimiento situado a esta misma distancia? A esta edad, es posible que su hijo se ponga bizco de vez en cuando o que un ojo se le vaya hacia adentro o hacia afuera de forma ocasional. Esto se debe a que los músculos oculares, encargados de controlar los movimientos de los ojos, todavía no han madurado lo suficiente. De todos modos, su hijo debería ser capaz de mover ambos ojos a la vez en todas las direcciones y ser capaz de seguir objetos cercanos que se mueven lentamente. Si no puede hacerlo, o si es muy prematuro o sufrió anoxia durante el parto, es posible que el pediatra le remita a un especialista para que le examine la vista a fondo.

Síndrome de Muerte Súbita del Lactante

Aproximadamente entre uno a dos de cada mil lactantes mueren mientras duermen, sin motivo aparente, entre la cuarta y la decimosexta semana de vida. Estos bebés generalmente han recibido un trato adecuado y no tienen síntomas obvios de ninguna enfermedad. La autopsia no permite identificar la causa de estos fallecimientos que, por este motivo, se consideran casos de *Síndrome de Muerte Súbita del Lactante o Muerte de Cuna (SMSL).*

Este tipo de muerte se da más frecuentemente durante el invierno y entre niños de sexo masculino que pesaron poco al nacer. Los niños prematuros, los que cuentan con un historial familiar de muerte súbita, los hijos de madres fumadoras y los que duermen boca abajo (véase página 68) también corren mayores riesgos. Hay muchas teorías que intentan explicar este síndrome, pero ninguna de ellas ha sido validada. Las infecciones, la alergia a la leche, la neumonía y el maltrato han sido descartados como posibles causas. La teoría que actualmente cuenta con más defensores es que hay cierto retraso en la maduración de los centros de activación del cerebro de algunos niños que los predispone a dejar de respirar (lo que se conoce como apnea) bajo ciertas condiciones.

Vómitos. Si su bebé empieza a tener vómitos fuertes (expulsando grandes cantidades de líquido, en lugar de sólo unos pocos buches), acuda inmediatamente al pediatra para asegurarse de que no tiene obstruida la válvula que hay entre el estómago y el intestino delgado (estenosis del píloro; véase página 531.) Así mismo, si los vómitos persisten durante más de doce horas o van acompañados de diarrea o fiebre, debe llevar a su hijo al pediatra.

Aumento de peso. A partir de la segunda o tercera semana, su hijo debe ganar peso deprisa (de media onza a una onza diaria). En caso contrario, el pediatra querrá

Si su hijo deja de respirar de vez en cuando o se pone azul, el pediatra probablemente querrá hospitalizarlo para asegurarse de que este tipo de episodios no obedecen a causas que se puedan tratar y para evaluar la gravedad del trastorno. Si el apnea es muy severa, es posible que el pediatra le sugiera que aprenda las técnicas de reanimación cardio-pulmonar (CPR, por sus siglas en inglés) y que instale un monitor en casa para conectarlo mientras el bebé duerme. Estos aparatos miden el ritmo respiratorio y hacen sonar una alarma cuando baja demasiado. Si su hijo nació prematuramente, es posible que el pediatra recomiende controlar este trastorno con algún medicamento, que estimule la respiración.

Aparte de los sentimientos de tristeza y amargura, muchos padres que pierden a sus hijos debido al Síndrome de Muerte Súbita del Lactante, se sienten culpables y se vuelven extremadamente protectores, tanto con los hermanos mayores como con los bebés que vienen más adelante. Una pareja puede encontrar ayuda en los grupos de apoyo locales o a través de la "National SIDS Alliance", con sede en Maryland. En caso necesario, el pediatra le puede indicar qué recursos hay en su comunidad.

asegurarse de que su hijo está consumiendo suficientes calorías y que las está absorbiendo correctamente. Prepárese a responder a las siguientes preguntas:

- ¿Cuantas veces alimenta al bebé?
- ¿Cuánto ingiere en una toma? (si le da el biberón), ¿Durante cuánto tiempo lacta? (si le da el pecho)
- ¿Cuántas deposiciones hace al día?
- ¿Qué consistencia tienen las heces?
- ¿Cuántas veces orina?

Si su hijo come bien y sus evacuaciones son normales, tanto en cantidad como en consistencia, probablemente no hay ningún motivo de alarma. Quizás su hijo está un poco demorado en su crecimiento, o quizás cometieron algún error cuando lo pesaron al nacer. Su pediatra probablemente le citará para otra visita dentro de dos o tres días para reevaluar la situación.

Cuestiones de seguridad

Asientos protectores

- Cada *vez* que vaya en auto, su hijo debe ir en un asiento que cumpla con todos los requisitos federales de seguridad y que esté correctamente colocado en el auto. A esta edad, debe ir en el asiento trasero y orientado en el sentido opuesto al de la marcha, esto es, mirando hacia atrás. Nunca coloque un asiento protector que mire hacia atrás en el asiento delantero del pasajero dotado de bolsas de aire.

El baño

- Cuando bañe al bebé en el fregadero, colóquelo sobre una toalla para evitar resbalones y sosténgalo por las axilas.
- Regule el termostato de su calentador a menos de 120°F (49°C) para evitar posibles quemaduras.

Cambiador

- No deje nunca al bebé solo encima de ninguna superficie que esté por encima del nivel del suelo. Incluso siendo tan pequeño, podría estirar el cuerpo cuando esté cerca del borde y caerse.

Prevención de asfixia

- No use talco o polvo para bebé, ya que podría causarle problemas de respiración a su niño(a).
- Evite que en la cuna haya objetos pequeños (imperdibles, piezas de juguetes, etc.), que el bebé pueda tragar.
- Nunca deje bolsas de plástico o algún otro tipo de envoltorio al alcance del bebé.

Precauciones en caso de incendio

- Vista al bebé con ropa tratada con productos químicos que repelen las llamas.
- Instale detectores de humo en los lugares apropiados de la casa.

Supervisión

- No deje nunca a su hijo solo en la casa, el jardín o dentro de un auto.

Cadenitas y cordones

- No cuelgue chupetes, medallas u otros objetos en la cuna o alguna parte del cuerpo del bebé.
- No ponga ninguna cadenita, collar o cordel alrededor del cuello del bebé.

Manejo del bebé

- No agite ni sacuda vigorosamente la cabeza del bebé.
- Cuando mueva al bebé, sujétele siempre la cabeza y el cuello.

7

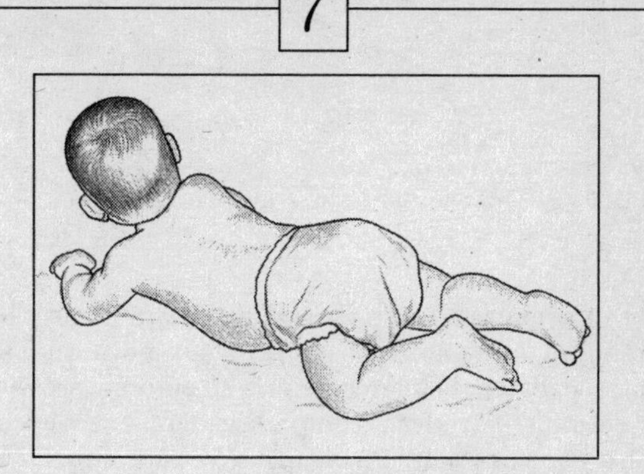

El segundo y el tercer mes

Al empezar el segundo mes del bebé, gran parte de la inquietud, agotamiento e incertidumbre que sintió después del parto habrán dado paso a la confianza. Probablemente habrá conseguido establecer cierta rutina (aunque bastante dura) que gira entorno a las tomas y los períodos de sueño del bebé. Ya se habrá adaptado a tener a un nuevo miembro de la familia y habrá empezado a conocer su temperamento. Y probablemente habrá recibido un regalo que compensará con creces todos sus sacrificios: la primera sonrisa verdadera del bebé. Esto es sólo un pequeño anticipo de las delicias que le esperan durante los próximos tres meses.

Entre el primer y el cuarto mes, su hijo experimentará una trasformación espectacular, dejando de ser un recién nacido totalmente dependiente para convertirse en un infante activo y expresivo. Perderá muchos de sus reflejos de recién nacido, al tiempo que irá adquiriendo un mayor

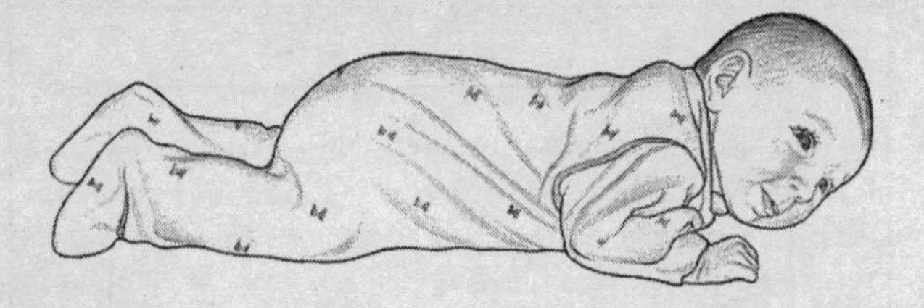

control voluntario de su cuerpo. Se pasará horas y horas mirándose las manos y observando sus movimientos. Así mismo, cada vez le interesará más su entorno, sobre todo la gente que le rodea. Pronto aprenderá a reconocer su rostro y su voz y sonreirá cuando le vea o le oiga. En algún momento del segundo o tercer mes hasta llegará a "contestarle" emitiendo gorjeos y ruiditos intencionales. En cada uno de sus nuevos descubrimientos, tendrá la oportunidad de ver alguna faceta de la personalidad emergente de su hijo.

De vez en cuando, habrá momentos en que le parecerá que su hijo retrocede en su desarrollo. Por ejemplo, es posible que lleve varias semanas durmiendo por la noche sin despertarse y, de repente, empiece a despertarse otra vez cada tres horas. ¿Qué significa esto? Lo más probable es que sea una señal de que su hijo va a dar un importante paso hacia adelante en su proceso evolutivo. Probablemente en una semana o dos volverá a dormir bien por las noches y, durante el día, estará mucho más despierto, y responderá más a la gente y a las cosas que le rodean. Los progresos evolutivos como éste suelen ir precedidos de "retrocesos" temporales. Por muy frustrante que pueda parecer al principio, enseguida aprenderá a leer las señales y a anticipar y valorar positivamente estas etapas de cambio.

Crecimiento y desarrollo

Aspecto físico y crecimiento

Durante el segundo y tercer mes, su hijo seguirá creciendo al ritmo que estableció durante las primeras semanas. Cada mes ganará entre 1½ y 2 libras (0.7 a 0.9 Kg.) y crecerá entre 1 y 1½ pulgadas (2.5 a 4 cm.). El tamaño de su cabeza aumentará aproximadamente media pulgada (1.25 cm.) cada mes. Sin embargo, estas cifras son promedios, por lo tanto, mientras el desarrollo de su hijo se ajuste a la curva normal de las gráficas de crecimiento de las páginas 186 a 189, no debe preocuparse.

A los dos meses, las fontanelas de un bebé deberían seguir estando abiertas y ser blandas al tacto, pero hacia el cuarto mes la fontanela de la parte posterior de la cabeza debe haberse cerrado. Por otra parte, la cabeza de un bebé de esta edad puede parecer desproporcionada, ya que está creciendo más deprisa que el resto del cuerpo. Esto es normal; su cuerpo no tardará mucho en ponerse al día.

A los dos meses, su hijo le parecerá rollizo y regordete, pero, en cuanto empiece a utilizar los brazos y las piernas más activamente, sus músculos se desarrollarán y la grasa empezará a desaparecer. Sus huesos también crecerán rápidamente y, conforme sus brazos y piernas se vayan "aflojando", tanto el tronco como las extremidades parecerán estirarse, confiriéndole un aspecto más espigado.

Cuando cumpla cuatro meses, su bebé podrá levantar la cabeza y el pecho y mantenerse en esta postura apoyándose sobre los antebrazos.

Movimiento

Al empezar este período, muchos de los movimientos de su hijo seguirán siendo reflejos, Por ejemplo, es posible que adopte la postura de "espadachín" cada vez que gire la cabeza (reflejo tónico del cuello, véase la página 209) o que extienda los brazos si oye un ruido fuerte o percibe que se está cayendo (reflejo de Moro, página 209). Pero, como ya señalamos, estos reflejos empezarán a desaparecer durante el segundo o tercer mes. Es posible que al ir perdiendo tales reflejos su hijo parezca menos activo, pero a partir de ahora, sus movimientos, aunque sutiles, serán intencionales, lo que representa un importante paso evolutivo.

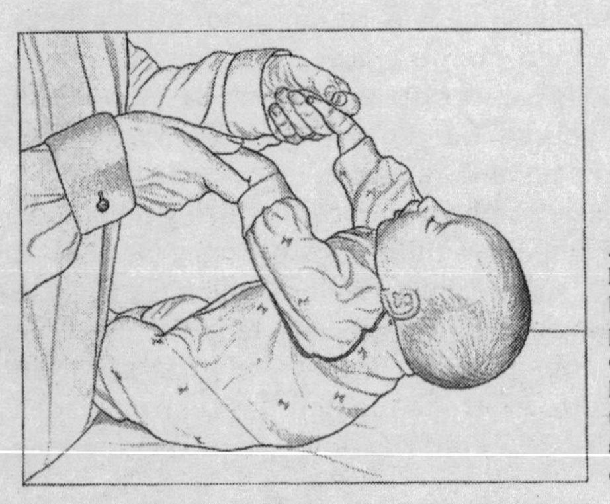

Al mes de nacido, si hala suavemente al bebé de los brazos para sentarlo, la cabeza se le caerá hacia atrás (por lo tanto, sosténgale siempre la cabeza cuando lo cargue).

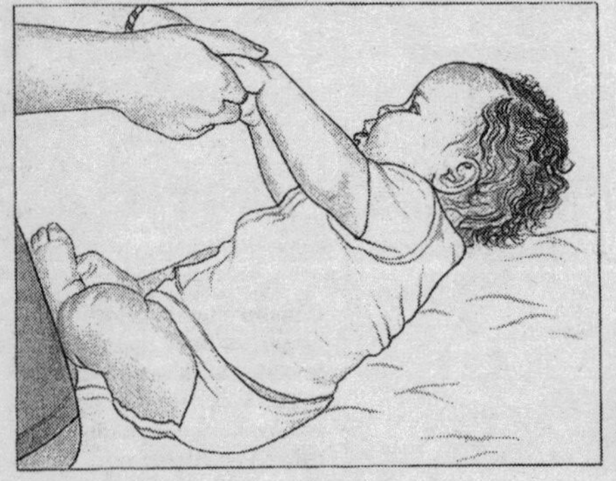

Sin embargo, a los cuatro meses, su hijo podrá sostener la cabeza en cualquier dirección.

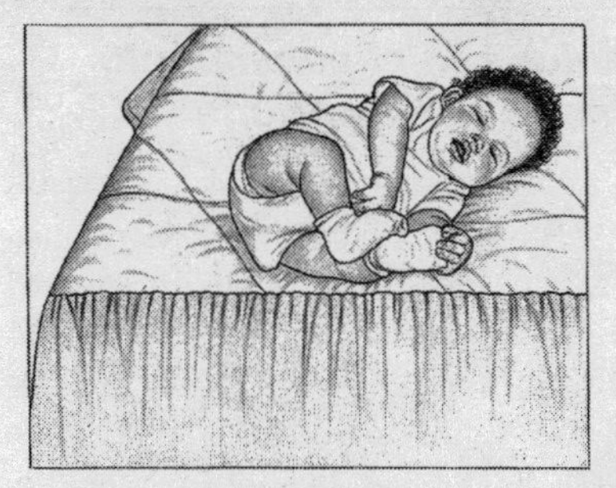

Puesto que no se puede predecir cuándo va a voltearse, deberá estar muy pendiente de él.

Uno de los avances más importantes de este período evolutivo es el aumento del tono muscular del cuello. Coloque a su hijo sobre el estómago cuando esté despierto y observe qué ocurre. Antes de los dos meses se esforzará por levantar la cabeza para mirar a su alrededor. Aunque sólo consiga mantenerla levantada durante uno o dos segundos, podrá tener una visión ligeramente distinta de su entorno, y retirar la nariz y la boca de cualquier cojín o manta que se interponga entre él y el mundo. Estos "ejercicios" momentáneos le ayudarán a fortalecer los músculos de la parte posterior del cuello, de tal modo que, hacia el cuarto mes, podrá levantar la cabeza y el pecho sosteniéndose en los codos. Esto es un verdadero logro, ya que le permitirá tener el control y la libertad de mirar a su alrededor cuando lo desee, en lugar de tener que limitarse a mirar el colchón o el móvil de su cuna.

Para usted, esto también será una gran ventaja, pues no tendrá que preocuparse tanto por sujetarle la cabeza cuando lo cargue. Si usted utiliza un cargador ajustado a su espalda o al frente para llevar al bebé, a partir de ahora el bebé podrá aguantar su propia cabeza y mirar a su alrededor mientras usted anda.

El control de los músculos de la parte anterior del cuello y de los abdominales se desarrolla más lentamente, por lo que su hijo tardará más tiempo en levantar la cabeza cuando esté boca arriba. Cuando su hijo tenía sólo un mes, si le estiraba suavemente de los brazos para sentarlo, la cabeza se le caía hacia atrás. Hacia el cuarto mes, su hijo podrá sostener la cabeza en cualquier dirección.

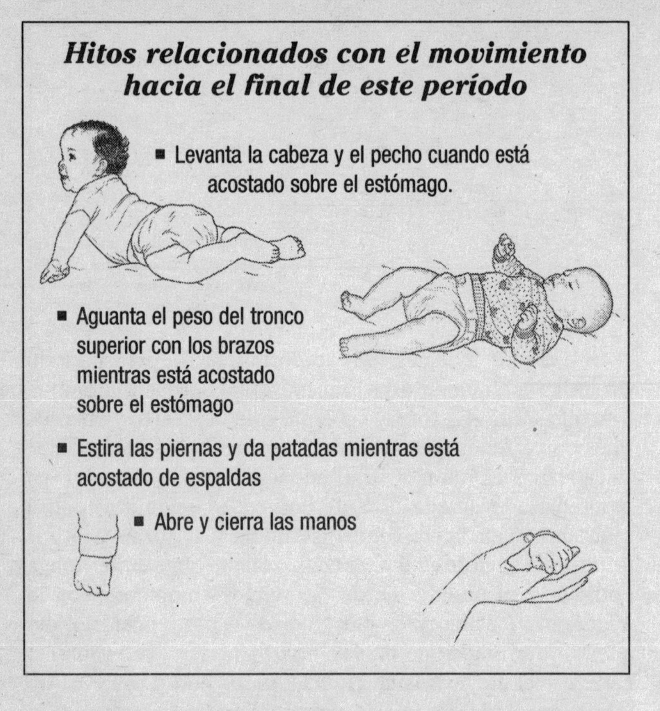

Las piernas de su bebé también se volverán más fuertes y activas. A lo largo del segundo mes, empezarán a enderezarse desde la postura arqueada hacia adentro que es propia de los recién nacidos. Aunque las patadas que dé seguirán siendo en su mayoría reflejas durante cierto tiempo, las piernas de su hijo adquirirán fuerza rápidamente y, al final del tercer mes, hasta es posible que sea capaz de darse la vuelta, colocándose boca arriba a partir de la postura boca abajo. (Probablemente no podrá voltearse de la postura boca arriba a la postura boca abajo hasta que tenga seis meses). Puesto que usted no podrá predecir cuándo va a darse la vuelta, deberá estar muy pendiente de él cuando lo ponga sobre el cambiador o cualquier otra superficie que esté por encima del nivel del suelo.

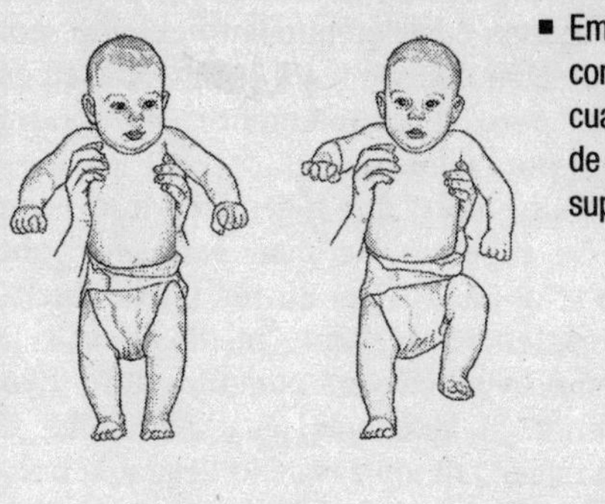

- Empuja hacia abajo con las piernas cuando se le coloca de pie sobre una superficie firme

- Se lleva las manos a la boca
- Da golpes con las manos a objetos colgantes
- Agarra y sacude juguetes pequeños

El reflejo de la marcha que tuvo de recién nacido desaparece alrededor de las seis semanas, por lo que probablemente no vuelva a ver a su hijo dar un paso sino hasta que esté listo para andar. De todos modos, a partir del tercer o cuarto mes podrá doblar y estirar las piernas a voluntad. Si lo coloca en posición vertical y lo deja apoyar los pies en el suelo, empujará hacia abajo y estirará las piernas como si se parara por sí mismo (sólo que usted lo está sosteniendo). Entonces, intentará doblar las rodillas y descubrirá que puede impulsarse hacia arriba.

Los brazos y las manos de su hijo también adquirirán mayor movilidad durante esta etapa. Al principio, tendrá las manos fuertemente cerradas, con el pulgar aprisionado por los demás dedos; si le abre la mano separándole los dedos y le coloca un sonajero en la palma, lo cogerá automáticamente, pero no sabrá agitarlo ni llevárselo a la boca. Se mirará las manos con detenimiento cuando, por casualidad o a raíz de algún movimiento reflejo, entren en su campo visual, pero probablemente no podrá acercárselas a la cara por su cuenta.

Sin embargo, en sólo uno o dos meses tendrán lugar muchos cambios. De repente, las manos de su bebé parecerán relajarse y los brazos se abrirán hacia afuera. Durante el tercer mes, tendrá las manos medio abiertas la mayor parte del tiempo y usted verá como las abre y las cierra cuidadosamente. Si le coloca un sonajero en la palma de la mano, lo agarrará, quizás se lo lleve a la boca y, después de examinarlo bien, lo soltará (cuanto más ligero sea el objeto, mejor controlará sus movimientos). Nunca parecerá cansarse de sus manos, y podrá pasar largos ratos entretenido mirándose los dedos.

Su hijo intentará insistentemente llevarse las manos a la boca, pero, al principio, la mayoría de sus esfuerzos serán infructuosos; sus dedos rozarán ocasionalmente su destino, pero enseguida se alejarán de él. Sin embargo, hacia el cuarto mes, probablemente dominará este juego y podrá llevarse el pulgar a la boca y mantenerlo allí cuando quiera. Si le pone un sonajero en la palma de la mano, lo agarrará con fuerza, lo agitará, se lo llevará a la boca y hasta es posible que se lo cambie de mano.

Su bebé también podrá alcanzar objetos colgantes con precisión y rapidez, no sólo con ambas manos, sino con todo el cuerpo. Cuelgue un juguete encima de su cabeza cuando esté acostado boca arriba y verá cómo levanta manos y piernas para golpearlo o cogerlo. Su cara se tensará en señal de concentración y hasta es posible que llegue a levantar un poco la cabeza en la dirección del objeto. Será como si todo su cuerpo vibrara de entusiasmo al ir dominando nuevas habilidades.

Visión

Los bebés de un mes no pueden ver con mucha claridad más allá de las 12 pulgadas de distancia, pero examinan con gran detenimiento todo lo que entra en su campo de visión: la esquina de su cuna, las sombras de la pared, las formas del móvil que cuelga encima de él. No obstante, el rostro humano será su imagen favorita. Cuando lo coja en brazos, se fijará automáticamente en su cara y, sobre todo, en sus ojos. A menudo, la mera visión de sus ojos le hará

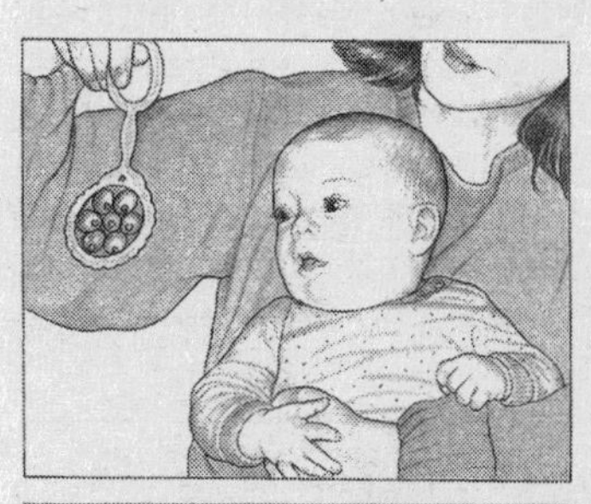

A los dos meses de edad, los ojos de su bebé tendrán más coordinación y funcionarán de forma sincronizada, moviéndose y enfocando al mismo tiempo.

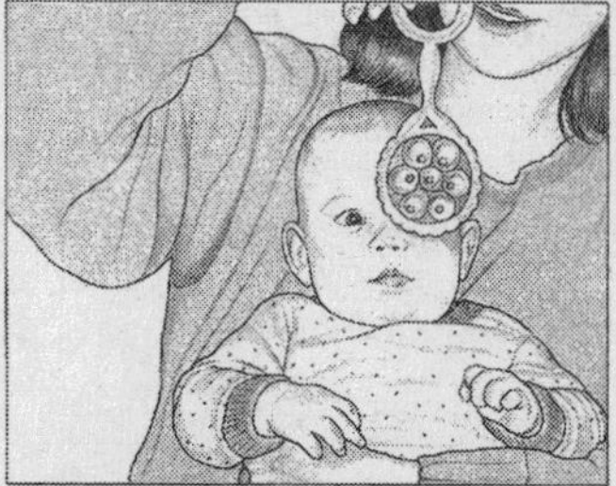

Pronto podrá seguir un objeto que se mueve en semi-círculos completos delante de él.

sonreír. Su campo de visión irá aumentando gradualmente y podrá contemplar todo su rostro en vez de solamente un rasgo, como los ojos. Cuando ocurra esto, responderá mucho más a las expresiones faciales que envuelvan el uso de la boca, la mandíbula y las mejillas. También le encantará hacer muecas delante del espejo. Cómprele un espejo irrompible diseñado especialmente para colocarlo en el interior de una cuna o corral, para que su hijo pueda entretenerse cuando esté solo.

Durante las primeras semanas, a su hijo le costará bastante seguir visualmente la trayectoria de un objeto en movimiento. Si usted mueve rápidamente una pelota, un juguete o la cabeza de un lado a otro delante de él, su hijo perderá el foco. Sin embargo, hacia el segundo mes se producirá un cambio espectacular, ya que los ojos de su hijo estarán más coordinados y funcionarán de forma sincronizada, moviéndose y enfocando al mismo tiempo.

Hitos relacionados con la visión hacia el final de este período:

- Observa caras intencionadamente
- Sigue con la mirada objetos en movimiento
- Reconoce objetos y personas familiares a distancia
- Empieza a utilizar manos y ojos de forma coordinada

Pronto podrá seguir objetos que se mueven en un semicírculo completo delante de él. Esta mayor coordinación visual también le permitirá percibir la profundidad necesaria para seguir visualmente objetos que se acercan o se alejan de él. Hacia los tres meses, el mayor control de los movimientos de brazos y manos le permitirán golpear objetos que cuelgan delante o encima de él. Su puntería tardará mucho tiempo aún en perfeccionarse, pero con la práctica irá mejorando la coordinación visomotriz.

La visión a distancia también se desarrolla durante este período. Quizás se dé cuenta de que cuando tenga unos tres meses, su hijo le sonreirá de un extremo a otro de la habitación o que observa un objeto que está a varios pies de distancia. Hacia el cuarto mes, lo puede encontrar observando la pantalla del televisor a distancia o mirando por la ventana. Éstas son muestras de que su capacidad de ver a distancia está plenamente desarrollada.

La visión de los colores madura aproximadamente al mismo ritmo. Los bebés de un mes son bastante sensibles al brillo y a la intensidad de los colores; por lo tanto, prefieren mirar diseños visuales llamativos, con blancos y negros o fuertes contrastes. De hecho, los colores pastel que solemos asociar al ajuar de los recién nacidos no son precisamente los más apreciados por los bebés debido a su limitada visión de los colores. Alrededor de los cuatro meses, ya los bebés son capaces de percibir toda la gama de colores y tonos.

A medida que su vista va madurando, los bebés empiezan a buscar espontáneamente cosas más estimulantes que mirar. Con sólo un mes de edad, sus estímulos visuales favoritos son las imágenes lineales simples, como rayas anchas o un tablero de ajedrez. A los tres meses, sin embargo, les interesan mucho más los diseños que contienen elementos circulares (tablero de dardos, espirales). Éste es el motivo por el que las caras, que contienen tantos círculos y curvas, les resultan tan atractivas.

Audición y producción de sonidos

Del mismo modo que un bebé prefiere el rostro humano a cualquier otro diseño visual, prefiere la voz humana a cualquier otro sonido. La voz de su madre es a todas luces su sonido preferido, puesto que lo asocia a calor, alimento y bienestar. A los bebés les gustan las voces agudas de las mujeres en general—algo que la mayoría de los adultos parecen entender de forma intuitiva, ya que, sin darse cuenta, hablan con ese tono cuando se dirigen a un bebé.

Escúchese a sí misma la próxima vez que hable con su bebé. Probablemente se dará cuenta de que utiliza un tono más agudo, habla más despacio, exagera ciertas sílabas y abre la boca y los ojos más de lo habitual. Esta actitud teatral es la mejor forma de captar la atención de un bebé y hacerle reír.

Al escuchar cómo usted y otras personas le hablan, su hijo descubrirá la importancia del lenguaje mucho antes de entender o repetir palabras específicas. Cuando tenga un mes, será capaz de reconocerle a través de la voz, incluso estando en habitaciones diferentes y, cuando usted le hable, se sentirá más seguro, aliviado y entretenido. Cuando le sonría y gorjee en respuesta a sus palabras, su hijo verá la alegría en su rostro y aprenderá que la conversación es un proceso de dos vías. Estas primeras "conversaciones" le enseñarán muchas reglas sutiles de la comunicación, tales como el turnarse para hablar, la entonación, las pausas y la regulación de la velocidad.

Hacia el segundo mes de vida, es posible que el bebé empiece a repetir algunos sonidos vocálicos (aahh, oohh), sobre todo después de que usted le hable utilizando palabras o frases claras y simples. Es fácil adoptar el hábito de hablarle a un bebé utilizando siempre un lenguaje infantil, pero debe tratar de alternarlo con el lenguaje adulto y dejar de utilizar el lenguaje infantil cuando su hijo ya tenga seis meses.

Hacia el cuarto mes, su hijo balbuceará asiduamente y se pasará largas horas entretenido produciendo nuevos sonidos (mu-mu, ba-ba). También será más sensible al tono de su voz y al énfasis que ponga en ciertas palabras y frases. Con el tiempo, aprenderá a distinguir a partir de lo que usted le diga cuándo va a alimentarlo, a cambiarle los pañales, a sacarlo de paseo o a acostarlo. La forma en que usted le hable le trasmitirá muchas cosas de su temperamento y su estado de ánimo, y la forma en que él le responda a usted le dirá mucho de él. Si le habla con un tono de voz dulce y reconfortante, probablemente su bebé le sonreirá, gorjeará y balbuceará, pero si le grita o le habla con voz de enojo, probablemente se echará a llorar.

Hitos relacionados con la audición y el lenguaje al final de este período:

- Sonríe al escuchar su voz
- Empieza a balbucear
- Empieza a imitar algunos sonidos
- Gira la cabeza en la dirección del sonido

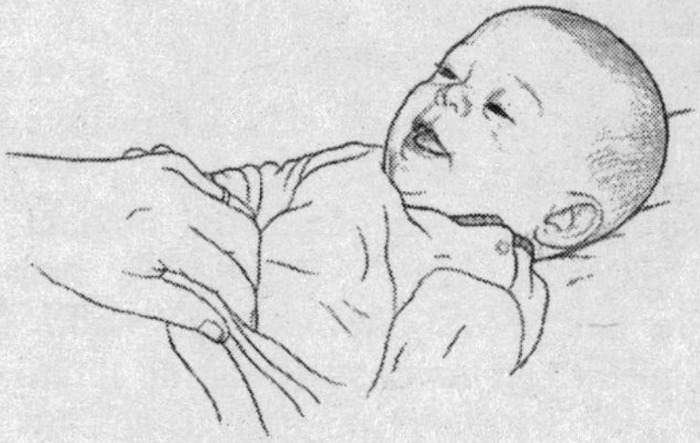

Desarrollo emocional y social

Cuando tenga aproximadamente dos meses, su bebé se pasará la mayor parte del tiempo observando y escuchando a la gente que le rodea. Aprenderá que los demás lo entretienen y lo tranquilizan, lo alimentan y le ayudan a sentirse a gusto. Se sentirá bien cuando le sonrían y parecerá saber instintivamente que él también puede sonreír a los demás. Incluso durante su primer mes de vida habrá hecho alguna mueca que otra. Durante el segundo mes, estos movimientos se convertirán en señales genuinas de placer y simpatía.

¿Ha visto ya su primera sonrisa verdadera? Cuando lo haga, será un punto culminante para ambos: usted y su hijo. Si usted tenía alguna duda, de repente, le parecerá que todas las noches en vela y todos los días caóticos merecen la pena, y hará todo lo posible por seguir cosechando más sonrisas. Por su parte, su hijo descubrirá que, con sólo mover los labios, puede mantener "conversaciones" ya que, al sonreír, consigue captar todavía más la atención de los demás y sentirse mejor. Además, la sonrisa, igual que el llanto, le permitirá expresar sus necesidades y ejercer cierto control sobre el mundo que le rodea.

A medida que se conozcan mejor, su bebé cada vez le sostendrá la mirada por más tiempo.

Al principio, su bebé parecerá sonreír al vacío, sin mirarle a los ojos. No deje que esto le mortifique. Mirar hacia otro lado le confiere cierto control y, al hacerlo, evita sentirse abrumado por usted. Es su forma de tener una visión de conjunto sin "focalizarse" demasiado en sus ojos. De este modo, puede fijarse al mismo tiempo en su expresión facial, el sonido de su voz, el calor de su cuerpo y la forma que tiene de cargarlo. A medida que vayan conociéndose mejor, su hijo cada vez le mirará más a los ojos y usted aprenderá a fomentar su "tolerancia"-quizás sosteniéndolo a cierta distancia de su rostro, modulando la intensidad de su voz o modificando sus expresiones faciales.

Hacia los tres meses, su hijo se convertirá en el maestro de las sonrisas. A veces, empezará una "conversación" dirigiéndole una amplia sonrisa y emitiendo ruiditos para captar su atención. Otras veces, se limitará a estar a la expectativa, observando su rostro hasta que usted le dedique la primera sonrisa para devolvérsela después con entusiasmo. Todo su cuerpo participará en estos diálogos. Sus manos se abrirán completamente, sus brazos se elevarán en el aire y moverá brazos y piernas al ritmo de su voz. Sus expresiones faciales también serán un espejo de las suyas. Mientras le habla, puede abrir los ojos y la boca de par en par y, si usted saca la lengua, ¡es posible que su hijo haga lo mismo!

Por supuesto, su hijo no se comportará del mismo modo con todo el mundo. Como los adultos, los bebés prefieren ciertas personas a otras. Y sus adultos favoritos serán, lógicamente, sus padres. Alrededor del tercer o cuarto mes, su hijo empezará a interesarse por otros niños. Si tiene algún hermano, lo verá alegrarse en cuanto aquél empiece a hablarle. Si oye voces de niños procedentes de la calle o de la televisión, es posible que se oriente hacia ellas para ver de dónde vienen. Esta fascinación por los niños irá en aumento conforme vaya haciéndose mayor.

Los abuelos o las niñeras conocidas pueden recibir al principio una sonrisa cautelosa, que irá seguida de gorjeos y gestos corporales cuando lleven un rato jugando con él.

Contrariamente, los desconocidos cosecharán, como mucho, una mirada de curiosidad o un esbozo de sonrisa. Esta selectividad sugiere que, incluso siendo tan pequeño, su hijo está empezando a categorizar quién es quién en su vida. Aunque las señales que emite son todavía muy sutiles, no cabe duda de que está empezando a apegarse a las personas más cercanas a él.

Es posible que esta interacción no verbal sólo parezca un juego, pero estos intercambios iniciales desempeñan un papel muy importante en el desarrollo emocional y social de un bebé. Si usted responde con rapidez y entusiasmo a las sonrisas de su hijo y se implica frecuentemente en este tipo de "conversaciones" con él, le trasmitirá el mensaje de que él es alguien importante para usted, que puede confiar en usted y que puede ejercer cierto control sobre su entorno. Reconociendo estas señas y evitando interrumpirlo o ignorarlo cuando "le hable", también le demostrará que lo valora y le interesa saber cómo se siente. Así fomentará su autoestima.

A medida que su bebé crezca, su forma de comunicarse con usted variará en función de sus deseos y necesidades. En el día a día, usted se dará cuenta de que su hijo tiene tres niveles generales de necesidad, cada uno de los cuales reflejará una faceta distinta de su personalidad:

1. Cuando sus necesidades sean apremiantes—por ejemplo, cuando tenga mucha hambre o le duela algo—se lo hará saber a su propio modo: gritando, gimiendo o utilizando un lenguaje corporal intenso. Con el tiempo aprenderá a reconocer estas señales tan rápidamente, que podrá colmarlas casi antes de que él mismo sepa qué es lo que quiere.

2. Si su hijo duerme apaciblemente, o está despierto y se entretiene solo, usted podrá tener la seguridad de que, en ese momento, todas sus necesidades han sido satisfechas. Y podrá aprovechar esos momentos de paz para descansar u ocuparse de otras cosas. Así mismo, los momentos en que su hijo juegue solo son

magníficas oportunidades para observar—desde la distancia—cómo está adquiriendo nuevas habilidades, tales como alcanzar y coger cosas, seguir el movimiento con la mirada o maniobrar con sus manos.

3. Cada día su hijo tendrá momentos en que, a pesar de tener cubiertas sus necesidades más básicas, seguirá estando inquieto e intranquilo. Puede trasmitírselo con un quejido, moviéndose agitadamente o teniendo estallidos de actividad desenfrenada entre períodos de calma. Es probable que ni siquiera él sepa qué es lo que le pasa, pero es posible que alguno de los siguientes recursos permitan calmarlo: jugar con él, hablarle, cantarle, arrullarlo o pasearlo, cambiarlo de postura o simplemente dejarle que "se desahogue". También es posible que, aunque una respuesta determinada parezca calmarlo momentáneamente, enseguida se pondrá aún más intranquilo y reclame todavía más su atención. El círculo puede no romperse a menos que lo deje llorar durante un rato o le distraiga haciendo algo distinto, por ejemplo, sacarlo de casa o alimentarlo. Por muy agotadoras que parezcan estas experiencias, les darán, a usted y a su hijo, la oportunidad de conocerse mutuamente. Gracias a ellas, descubrirá cómo le gusta a su hijo que lo mezan, qué expresiones o voces cómicas le divierten más y qué es lo que más le gusta mirar. Él, a su vez, descubrirá qué es lo que tiene que hacer para captar su atención, cómo se esforzará usted por complacerlo y cuál es su umbral de tolerancia.

Con el tiempo, los períodos de necesidades acuciantes irán disminuyendo y su hijo será capaz de distraerse por su cuenta durante lapsos de tiempo cada vez más largos. Esto se debe, en parte, a que usted aprenderá a anticipar y a colmar muchas de las necesidades de su hijo antes de que se sienta incómodo. Así mismo, el sistema nervioso del bebé irá madurando y, por lo tanto, cada vez estará más preparado para afrontar las situaciones diarias por su

Hitos socio-emocionales hacia el final de este período:

- Desarrolla la sonrisa social
- Disfruta jugando con los demás y tal vez llore cuando se acaba el juego
- Se vuelve más comunicativo y expresivo con el rostro y el cuerpo
- Imita algunos movimientos y expresiones faciales

cuenta. Conforme vaya controlando su cuerpo, podrá hacer más cosas para distraerse a sí mismo y experimentará menos frustraciones. Los períodos de intranquilidad no desaparecerán de golpe, pero, a medida que su hijo vaya haciéndose más activo, le resultará más fácil entretenerse solo. Con el tiempo, deberá aprender a superar estos momentos de inquietud por su cuenta.

Durante los primeros meses no tema "malcriar" a su hijo por el hecho de conferirle demasiadas atenciones. Obsérvelo atentamente y reaccione con prontitud cuando le necesite. Es posible que no siempre consiga tranquilizarlo, pero de todos modos es bueno demostrarle que se preocupa por él. De hecho, entre más se apresure a tranquilizar a su hijo cuando esté inquieto durante sus primeros seis meses de vida, menos reclamará su atención cuando sea mayor. A esta edad, su hijo necesita que lo calmen frecuentemente para poder sentirse seguro y poder confiar en usted. Al ayudarle a adquirir esta sensación de seguridad ahora, le suministrará la confianza inicial para que pueda irse separando progresivamente de usted y se convierta en una persona fuerte e independiente.

Alertas sobre el desarrollo

Aunque cada bebé se desarrolla de una forma distinta y a su propio ritmo, el fracaso en alcanzar ciertos pasos del desarrollo puede implicar un problema médico o un problema de desarrollo que requiera atención especial. Si percibe alguna de las señales de alarma que se especifican a continuación, póngase en contacto con el pediatra.

- Sigue teniendo el reflejo de Moro después de los cuatro meses
- No reacciona ante ruidos fuertes
- No percibe sus propias manos a los dos meses
- No sonríe al escuchar la voz de su madre a los dos meses
- No sigue con la mirada objetos en movimiento a los dos a tres meses
- No agarra ni sostiene objetos a los tres meses
- No sonríe a la gente a los tres meses
- No sostiene la cabeza bien a los tres meses
- No intenta alcanzar ni coger juguetes para los tres a cuatro meses
- No balbucea cuando tiene tres a cuatro meses
- No se lleva objetos a la boca cuando tiene cuatro meses
- Empieza a balbucear, pero no intenta imitar ninguno de los sonidos que usted hace cuando tiene cuatro meses
- No empuja hacia abajo con las piernas cuando se le coloca de pie sobre una superficie firme cuando tiene cuatro meses
- Tiene problemas para mover uno o ambos ojos en todas las direcciones

- Vira los ojos la mayor parte del tiempo (es normal que se le crucen los ojos de vez en cuando durante los primeros meses)
- No presta atención a las caras nuevas o se asusta mucho ante caras u objetos desconocidos
- Sigue teniendo el reflejo tónico del cuello después de cumplir los cuatro o cinco meses

Cuidados básicos

Alimentación

Idealmente, durante los primeros cuatro meses la dieta de su bebé debe consistir exclusivamente de leche, sea materna o de fórmula. La cantidad de leche ingerida en cada toma debería aumentar de 4 a 5 onzas durante el segundo mes a 5 a 6 onzas durante el cuarto. La cantidad de leche ingerida diariamente por un bebé de 4 meses debería ser de unas 30 onzas. Por norma general, esta cantidad es suficiente para satisfacer las necesidades nutricionales de un bebé de esta edad.

Si ve que su bebé se queda persistentemente hambriento después de lo que usted cree que es una toma adecuada, hable con el pediatra para que le indique cómo actuar. Cuando un bebé que lacta no gana peso, es posible que la madre haya empezado a producir menos leche. En tales casos, la solución suele consistir en darle uno o dos biberones suplementarios. Si está claro que, aunque el bebé está tomando suficiente leche, sigue teniendo hambre, es posible que el pediatra le recomiende que empiece a darle alimentos sólidos. Sin embargo, los sólidos sólo deberían introducirse al final de este período, puesto que los bebés más pequeños tienden a expulsar la comida con la lengua, lo que dificulta alimentarlos con cuchara. Además, es posible que los bebés de pocos meses no toleren algunos alimentos sólidos. Si realmente necesita introducir sólidos en la dieta de su hijo, empiece con los alimentos menos alergénicos, como cereales de arroz, y dilúyalos al máximo con leche materna o de fórmula (para más información sobre la introducción de sólidos, véase el Capítulo 8).

Aunque no modifique la dieta de su hijo, probablemente comprobará que sus deposiciones experimentan ciertos cambios durante estos meses. Sus intestinos tendrán más capacidad y absorberán mas nutrientes de la leche por lo que los excrementos tenderán a estar más sólidos. Su hijo también irá perdiendo el reflejo gastro-cólico, por lo que ya no debe tener una deposición después de cada toma. (Véase *Evacuaciones,* en la página 79). De hecho, entre el segundo y el tercer mes la frecuencia de las deposiciones debe disminuir notoriamente, tanto en los bebés que lactan como en los que toman el biberón. Algunos niños de esta edad que son amamantados sólo evacuan una vez cada tres o cuatro días, y un número reducido de ellos ensucian los pañales solamente una vez a la semana lo que sigue siendo normal. Mientras su hijo coma bien, siga ganando peso y sus heces no sean demasiado duras o secas, no tiene por qué preocuparse por esta disminución en la frecuencia de las deposiciones.

Juguetes y actividades apropiadas para un bebé de uno a tres meses

- Imágenes o libros que tengan fuertes contrastes
- Móviles de formas variadas y colores brillantes
- Un espejo irrompible adosado a la cuna
- Sonajeros
- Cantarle canciones
- Ponerle música (discos, cintas, cajas de música)

Sueño

A los dos meses, su bebé estará más alerta y sociable y pasará más horas despierto durante el día. Esto le ayudará a estar un poco más cansado por las noches, cuando todo está oscuro y en silencio y no haya nadie para entretenerlo. Al mismo tiempo, la capacidad de su estómago habrá crecido, por lo que no necesitará alimentarse tan a menudo; por lo tanto, es posible que empiece a saltarse una toma nocturna y que duerma desde las 10 P.M. hasta que amanezca. A los tres meses, la mayoría de bebés (aunque no todos) duermen de forma ininterrumpida por la noche (entre siete y ocho horas sin despertarse).

Si su hijo no empieza a dormir toda la noche cuando tenga tres meses, probablemente deberá ayudarle manteniéndolo despierto en las horas de la tarde y el anochecer. Juegue activamente con él o deje que se una al resto de la familia en la cocina o la sala, para que no tenga la tentación de quedarse dormido antes de que sea la hora de acostarse. Aumente también la cantidad de leche (si le da el biberón) o la duración (si le da el pecho) de la última toma del día para que no se despierte demasiado pronto porque tiene hambre.

Incluso después de que su bebé tenga un patrón establecido de sueño bastante regular y razonable, pueden surgir problemas. Por ejemplo, es bastante habitual que a esta edad los bebés confundan el día con la noche y viceversa, de tal modo que duerman más por el día. Aunque este tipo de situaciones parecen ocurrir sin previo aviso, suelen tener un desarrollo de varios días. El bebé empieza durmiendo más de lo normal por el día, lo que le hace estar más despierto por la noche. Si lo alimentan y lo consuelan cuando se despierta por la noche, adoptará este nuevo ciclo de una forma

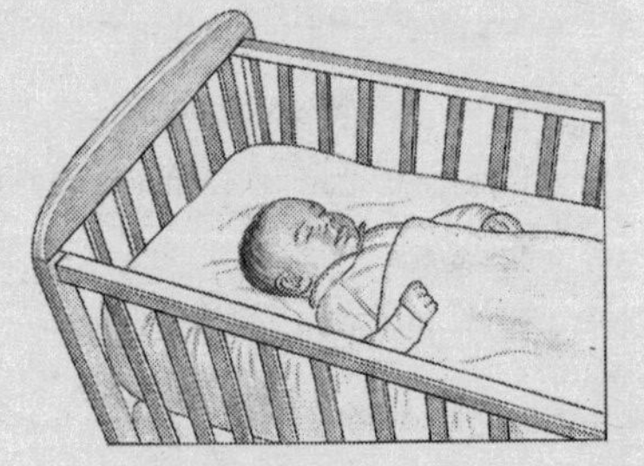

bastante natural. Para evitar que se instaure este hábito o conseguir que desaparezca, induzca a su hijo a que se duerma lo más pronto posible cuando se despierte por la noche. No encienda la luz, no le hable ni juegue con él. Si necesita alimentarlo y/o cambiarlo, intente alterarlo lo menos posible. Así mismo, manténgalo despierto lo máximo posible durante el día y no lo acueste por la noche antes de las 10 o las 11 P.M. Recuerde que a esta edad los bebés deben dormir boca arriba. Si tiene paciencia y es consistente, el patrón de sueño de su hijo enseguida empezará a regularizarse (véase *Cómo ayudar a su bebé a conciliar el sueño,* página 67).

Muchos bebés tienden a despertarse demasiado temprano por la mañana. A veces, este problema puede evitarse colocando cortinas en las ventanas para que no entre el sol; en caso de que el niño se despierte, es posible que, al cabo de unos minutos de intranquilidad, vuelva a dormirse. Si esto no funciona, puede intentar mantenerlo despierto una hora más por la noche. Lamentablemente, no todos los bebés son capaces de seguir durmiendo hasta tarde en la mañana; muchos se despiertan automáticamente y están listos para empezar el nuevo día en cuanto amanece. Si éste es el patrón de su hijo, no tendrá más remedio que adaptar su propio horario al del bebé. Cuando crezca un poco más (entre los seis y los ocho meses), dejarle sus juguetes preferidos en la cuna podría mantenerlo ocupado mientras usted disfruta de unos cuantos minutos más de sueño.

A veces, usted puede creer que su bebé se ha despertado cuando, de hecho, está atravesando una fase de sueño ligero. Puede retorcerse, moverse agitadamente y hasta llorar, y, sin embargo, estar dormido. O puede estar despierto pero a punto de volver a quedarse dormido si se le deja solo. No cometa el error de intentar calmarlo en esos momentos; sólo conseguirá despertarlo más y retrasar el momento en que vuelva a coger el sueño. Si, en lugar de ello, permite que haga aspavientos y llore unos minutos, aprenderá a volverse a dormir sin tener que contar con su ayuda. Algunos bebés necesitan "quemar energía" llorando para coger el sueño o para despertarse. Tanto como quince a veinte minutos de llanto no le harán daño a su hijo. Lo único que debe hacer es asegurarse de que no llora porque tiene hambre, le duele algo o tiene los pañales mojados. Aunque le cueste mucho dejar llorar a su bebé por tan siquiera uno o dos minutos, si lo consigue, a largo plazo será mejor para ambos.

Hermanos

Durante el segundo mes de vida de su hijo, es posible que usted esté acostumbrado al hecho de tener un nuevo bebé en casa. Sus hijos mayores, sin embargo, todavía pueden tener problemas para adaptarse a la nueva situación. Sobre todo si éste es su segundo hijo, probablemente el primero se resentirá por haber dejado de ser el centro de todo. Habiéndosele usurpado esta posición privilegiada, es muy probable que intente recuperarla a toda costa, lo que suele significar empezar a portarse mal.

A veces, su hijo mayor puede expresar su frustración contestándole mal, haciendo cosas que sabe que están prohibidas o literalmente gritando para llamar su atención.

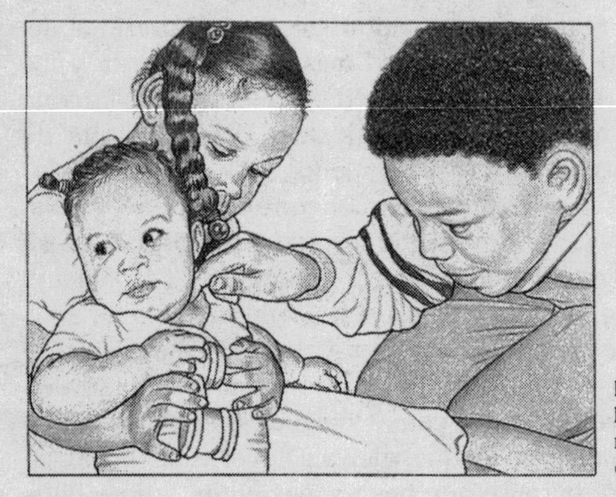

Invite a los hermanos mayores a jugar con el bebé.

También es posible que presente conductas de tipo regresivo, como volver a mojar la cama o tener "accidentes" durante el día cuando ya hacía meses que había aprendido a usar el inodoro. Si usted y su pareja pasan cada día un rato a solas con el hermano mayor el problema se podría solucionar.

Sin embargo, si el hermano mayor dirige su rabia contra el bebé—tirando al suelo su biberón o incluso pegándole—deberá tomar medidas más directas. Siéntese y hable con él, y prepárese a escuchar frases como: "Ojalá que el bebé no hubiera nacido." Intente tener en cuenta éstos y otros sentimientos del niño cuanto hable con él. Asegúrele que usted sigue queriéndole muchísimo, pero explíquele con firmeza que no debe hacerle daño al bebé. Haga un esfuerzo adicional para incluirlo en todas las actividades familiares e invítelo a jugar con su nuevo hermanito. Hágale sentirse como el "hermano mayor", asignándole tareas específicas relacionadas con el cuidado del bebé, tales como llevar la bolsa de pañales, ordenar sus juguetes o ayudar a vestirlo. Así mismo, establezca desde el principio normas claras y consistentes, como nunca cargar al bebé sin permiso.

Establezca normas claras y consistentes, como no cargar nunca al bebé sin permiso.

Estimulación del crecimiento cerebral: del primero al tercer mes

- Déle una alimentación sana a medida que crece; llévelo al pediatra para que le haga chequeos periódicos y siga puntualmente el calendario de vacunaciones recomendado por su médico.
- Sea cálido y afectivo con el bebé; tenga contacto físico con él en forma de abrazos, besos y caricias para trasmitirle una sensación de seguridad y bienestar.
- Háblele o cántele canciones mientras lo viste, lo baña, lo alimenta, juega o pasea con él o mientras van en auto. Utilice frases sencillas y estimulantes y llame al bebé por su nombre.
- Sea sensible a su ritmo y a su estado de ánimo. Aprenda a leer las claves que le da y respóndale cuando esté molesto así como cuando esté contento. Los bebés no pueden "malcriarse".
- Facilítele objetos coloridos, de diferentes formas, tamaños y texturas. La cara de papá y mamá es el estímulo visual más interesante para un bebé de esta edad.
- Si usted habla un idioma distinto al del lugar donde vive, utilícelo en casa.
- Evite someter al bebé a experiencias estresantes o traumáticas, tanto físicas como psicológicas.
- Asegúrese de que todas las personas que van a cuidar de su hijo, aparte de velar por su salud y seguridad, entienden lo importante que es darle cariño y consuelo.

Alertas de salud

Los siguientes problemas médicos son bastante habituales entre los dos y cuatro meses. Para obtener más información sobre enfermedades y trastornos que se pueden presentar durante la infancia, remítase a la segunda parte de este manual.

Diarrea. (Véase también *Diarrea,* en la página 508). Si su hijo presenta vómitos, seguidos de diarrea al cabo de uno o dos días, puede tener una infección de origen viral en el tracto intestinal. Si le está dando el pecho, el pediatra le sugerirá probablemente que siga amamantándolo como hasta ahora. Si lo está alimentando con leche de fórmula, podría recomendarle que se limite a alimentar al bebé sólo con una solución especial que contiene electrolitos (como sal y potasio) y azúcar por un par de días. Cuando vuelva a darle leche, es posible que el pediatra le sugiera emplear una leche de soya por unos cuantos días. Esto se debe a que la diarrea puede acabar con las enzimas necesarias para digerir el azúcar de la leche de vaca.

Infecciones de oído. (Véase también *Infecciones de oído,* página 589). A pesar de que las infecciones de oído son más frecuentes en bebés mayores, éstas ocurren ocasionalmente en lactantes de menos de tres meses. Los lactantes tienden a contraer este tipo de infecciones porque tienen muy corto el conducto que conecta la cavidad nasal con el oído medio, lo que propicia que los agentes infecciosos que provocan los resfriados pasen de la nariz al oído medio. Si la infección se agrava o no se trata correctamente, el tímpano puede llegar a romperse y el fluido infectado pasa a través de él al canal auditivo externo. Pero con el tratamiento adecuado, el tímpano se cura sin dejar secuelas permanentes.

La primera manifestación de una infección de oído suele ser la irritabilidad, sobre todo por las noches. También es posible que el bebé se golpee o se estire la oreja con las manos. Si la infección progresa, puede producir fiebre. Si sospecha que su bebé tiene una infección de oído, llame al médico lo antes posible. Si en el examen se confirma que hay infección, el pediatra le recetará antibióticos.

Erupciones y problemas de la piel. Muchas de las erupciones que aparecen en las primeras semanas persisten durante el segundo y tercer mes. Además, el eccema puede aparecer en cualquier momento después del primer mes. El eccema, o dermatitis atópica (véase también *Eccema,* página 693) produce placas secas, escamosas y a menudo rojas generalmente en el rostro y en los codos y detrás de las rodillas. En los infantes las dos últimas son las ubicaciones más frecuentes. Las placas pican mucho, por lo que el bebé puede estar muy irritable. Pídale al pediatra que le recomiende un tratamiento. No le ponga ninguna pomada o crema al bebé a menos que el pediatra se la recomiende específicamente. Para evitar que vuelva a aparecer el eccema, utilice solamente jabones muy suaves tanto para lavar al bebé como su ropa y vístalo con tejidos suaves (no utilice lana ni tejidos ásperos). No lo bañe más de tres veces a la semana, puesto que los baños frecuentes pueden secarle todavía más la piel.

Infecciones de las vías respiratorias altas. (Véase también *Catarros/Infecciones de las vías respiratorias altas,* página 585). Muchos bebés tienen su primer resfriado durante estos meses. La leche materna confiere cierta inmunidad, pero no garantiza bajo ningún concepto una protección total, sobre todo si otro miembro de la familia padece alguna enfermedad respiratoria. Este tipo de infecciones se contagian fácilmente por gotas de saliva en el aire o por contacto por las manos. (La exposición al frío o las corrientes de aire *no* provocan resfriados). Lavarse las manos, taparse la boca al toser o estornudar y no besar al niño cuando uno está resfriado son las mejores formas de evitar contagiarlo.

La mayoría de las infecciones respiratorias que contraen los bebés son leves, provocándoles tos, gotereo nasal y un ligero aumento de la temperatura, pero rara vez fiebre alta. La mucosidad, no obstante, puede ser un verdadero problema para un lactante. Al no poderse sonar, la mucosidad puede acabar bloqueándole las vías nasales. Antes de cumplir tres o cuatro meses, los lactantes todavía no respiran bien por la boca, por lo que este bloqueo puede provocarles más malestar que a los niños mayores. Así mismo, una nariz tapada puede provocar problemas de sueño, ya que, al no poder respirar por la nariz, el bebé se despertará. También puede interferir con la alimentación, puesto que tendrá que dejar de chupar para poder respirar por la boca.

Para atenuar este problema, coloque un humidificador de vapor frío en la habitación del bebé. Si persiste la congestión, utilice un aspirador nasal, sobre todo antes de las tomas o cuando su hijo tenga la nariz muy tapada. Si antes vierte unas cuantas gotas de solución salina (recetadas por el pediatra) en cada una de las ventanas de la nariz, conseguirá reblandecer las secreciones, lo que facilitará la aspiración. Apriete primero la pera de goma y *seguidamente*, introduzca la punta por la ventana de la nariz y vaya soltando suavemente la pera. Aunque es cierto que el acetaminofén baja la fiebre y reduce la irritabilidad, debe darse a un bebé de esta edad *sólo* bajo prescripción médica. *Nunca use aspirina*

Normalmente, no hará falta que lleve a su bebé al médico cuando tenga una infección de las vías respiratorias altas. Aún así, debe llamarle si presenta alguno de los síntomas a continuación:

- Tos persistente.
- Pérdida del apetito (se salta varias tomas).
- Fiebre: *Siempre que su hijo tenga una temperatura rectal superior a los 101° Fahrenheit (38.3° centígrados), debe informar al pediatra.*

- Irritabilidad excesiva.
- Mayor somnolencia de lo habitual y dificultad para despertarlo.

Atención a las vacunas

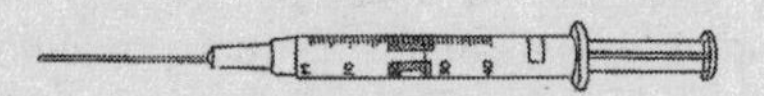

Al momento de nacer y, de nuevo, al mes o a los dos meses, su bebé debe recibir:

- la vacuna contra la Hepatitis B.

Cuando tenga dos meses y, de nuevo, cuando tenga cuatro, debe recibir:

- la vacuna DTPa
- La vacuna contra la poliomielitis. Pregunte a su pediatra cuál es el mejor calendario a seguir.
- La vacuna contra la Hib (Esta vacuna puede provocar fiebre baja e inflamación del área que rodea al pinchazo. Ayuda a prevenir la meningitis, la neumonía y otras infecciones provocadas por la bacteria *Haemophilus influenzae tipo b.*)
- La vacuna contra el pneumococo.

(Para una información más detallada, véase la página 101 y el Capítulo 24, “Vacunas”.)

Cuestiones de seguridad

Caídas

- Nunca coloque a su hijo dentro de su asiento protector sobre una mesa, silla o cualquier otra superficie que esté sobre el nivel del suelo.
- Nunca deje a su hijo solo en una cama, sofá, mesa, silla o cambiador.

Quemaduras

- Nunca cargue a su hijo mientras esté fumando, bebiendo algo caliente o cocinando en la estufa o el horno.
- No permita que fume nadie cerca del bebé.
- Antes de meter a su bebé en la bañera, compruebe siempre la temperatura del agua con la cara interna de la muñeca, el codo o el antebrazo.
- Nunca caliente la leche del bebé (o, más adelante, cualquier otro alimento) en el microondas.

Atragantamiento

- Revise habitualmente todos los juguetes de su hijo en busca de bordes cortantes o partes que podrían romperse o despegarse.
- Si su hijo tiene un gimnasio, un móvil o algún otro juguete colgante adosado a la cuna, asegúrese de que está bien sujeto para que no pueda descolgarlos ni enredarse en ellos.

8

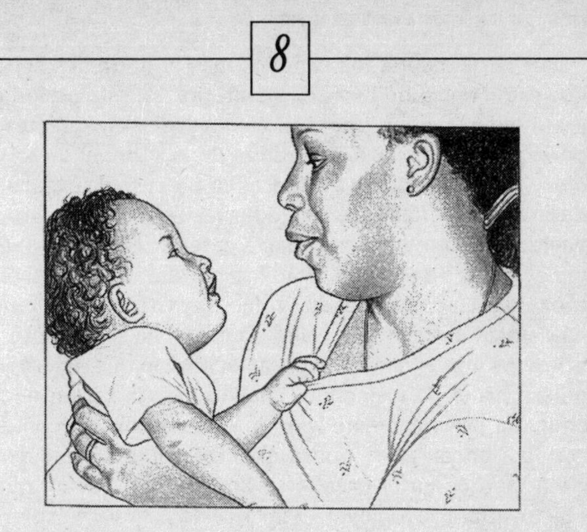

De los cuatro a los siete meses

Cuando su hijo cumpla cuatro meses, probablemente usted ya habrá establecido una rutina en lo que respecta a su alimentación, siestas, baños y hora de acostarlo en la noche. Esta rutina permitirá que las cosas sean predecibles, lo que contribuirá a que su bebé se sienta seguro, y le permitirá a usted programar sus actividades. Sin embargo, esa rutina debe ser flexible para dar lugar a momentos de diversión improvisados. Ir a dar un paseo cuando sale el sol después de un día gris, una visita inesperada de los abuelos a la hora del almuerzo o ir al zoológico o al parque en familia, son magníficas excusas para romper la rutina. Estar abierto a la novedad y a los impulsos hará que su vida en común sea mucho más agradable y ayudará a su hijo a adaptarse a todos los cambios que va a tener que afrontar en el futuro.

Por el momento, los cambios más importantes son los que están teniendo lugar en su interior. En este período va a aprender a coordinar sus capacidades emergentes de percepción (utilizar los sentidos de la vista, el tacto y el oído) y sus capacidades motoras en proceso de expansión, desarrollando habilidades como agarrar cosas, darse la vuelta, sentarse y, quizás, hasta gatear. El control, que es tan evidente en el plano motor, se pondrá de manifiesto en todas las facetas de su vida. En vez de reaccionar fundamentalmente por reflejos, como hacía durante los primeros meses de vida, ahora decidirá lo que quiere o no quiere hacer. Por ejemplo, cuando era un recién nacido chupaba prácticamente todo lo que entraba en contacto con su boca; pero ahora tendrá preferencias claras. Mientras que en el pasado se limitaba a mirar un nuevo objeto, ahora se lo llevará a la boca, lo palpará y explorará todas sus características.

Ahora su bebé sabrá comunicar mejor sus emociones y sus deseos, lo que hará con frecuencia. Por ejemplo, llorará no sólo cuando tenga hambre o se sienta molesto, sino también cuando quiera otro juguete o desee cambiar de actividad.

También notará que su bebé de cinco o seis meses, se pone a llorar cuando usted sale de la habitación o cuando entra un extraño de repente. Esto se debe a que está estableciendo un fuerte vínculo de apego con usted y las demás personas que habitualmente cuidan de él. Ha aprendido a asociarle con el bienestar y a distinguirlo de otras personas. Incluso si no se pone a llorar ante la visión de un extraño, su hijo demostrará esta nueva capacidad examinando atentamente el rostro de esa persona. Cuando tenga entre ocho y nueve meses, probablemente rechazará abiertamente a un extraño que se le acerque demasiado. Esta reacción, conocida como "ansiedad ante los desconocidos", señala el principio de una etapa del desarrollo completamente normal.

Sin embargo, durante los meses que preceden a la etapa de la "ansiedad ante los desconocidos", su hijo probablemente atravesará por un período de "don de gentes", sonriendo y jugando con todo el que se cruce en su camino. Su personalidad empezará a manifestarse abiertamente y hasta las personas que lo vean por primera vez percibirán algunos de sus rasgos. Aproveche la sociabilidad de esta fase para presentarle a aquellas personas que le ayudarán a cuidarlo en el futuro: niñeras, parientes o amigos. Esto no es ninguna panacea contra las tempestades de la etapa de la "ansiedad ante los desconocidos", pero quizás ayude a capear el temporal.

Durante estos meses también aprenderá, si es que todavía no se ha dado cuenta, que no existe una fórmula para criar a un niño ideal. Tanto usted como su hijo son únicos y la relación que mantienen también es singular. Por lo tanto, lo que funciona con un niño no tiene por qué funcionar con otro. Usted tiene que descubrir lo que funciona en *su caso* mediante ensayo-error. Mientras que es posible que el bebé de los vecinos no tenga ningún problema para conciliar el sueño y duerma toda la noche seguida, su hijo puede necesitar que lo carguen, lo abracen y lo acunen para poder dormirse cuando lo acuesta y para volver a conciliar el sueño cuando se despierta a media noche. Es posible, por ejemplo que, mientras que su primer hijo necesitaba mucho consuelo y muchos abrazos, el segundo necesite estar más tiempo a solas. Estas diferencias individuales no implican necesariamente que el modo en que está criando a su hijo sea "bueno" o "malo"; implican, simplemente, que cada niño es único y como tal se le debe educar. Con el paso del tiempo, usted irá conociendo cada vez mejor los rasgos individuales de cada uno de sus hijos y desarrollará pautas de actividad y de relación adaptadas específicamente a cada uno de ellos. Si usted es flexible y está abierto a estos rasgos especiales, sus hijos le guiarán en la dirección adecuada.

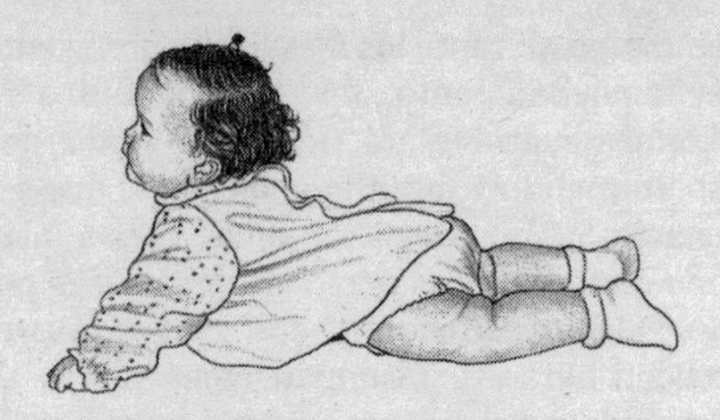

Crecimiento y desarrollo

Aspecto físico y crecimiento

Entre los cuatro y los siete meses, su bebé seguirá ganando aproximadamente entre 1 y 1¼ libras (0.45 a 0.56 kg.) al mes. Cuando cumpla ocho meses, probablemente pesará aproximadamente dos veces y media lo que pesó al nacer. Sus huesos también seguirán creciendo a un ritmo rápido y, como resultado, durante estos meses su longitud aumentará unas 2 pulgadas (5 cm) y su circunferencia de cabeza 1 pulgada (2.5 cm).

El peso y la altura específicos de su bebé no son tan importantes como su *ritmo* de crecimiento. En este momento usted ya deberá haber establecido su posición en las curvas de crecimiento de la página 186. Siga representando gráficamente sus medidas a intervalos regulares para asegurarse de que sigue creciendo al mismo ritmo. Si se da cuenta de que está empezando a seguir un patrón de crecimiento distinto o está ganando peso o altura a un ritmo demasiado lento, coménteselo al pediatra.

Movimiento

Durante los cuatro primeros meses, su hijo adquirió el control muscular necesario para mover ojos y cabeza, lo que le permitía seguir visualmente la trayectoria de objetos en movimiento. Ahora dará un paso todavía más grande: aprenderá a sentarse. Lo conseguirá de forma gradual, conforme vaya fortaleciendo los músculos del cuello y la espalda y vaya adquiriendo más equilibrio en tronco, cabeza y cuello. Primero aprenderá a levantar la cabeza y a sostenerla mientras está acostado boca abajo. Usted puede fomentar esta conducta colocándolo sobre el estómago y extendiéndole los brazos hacia adelante al tiempo que sostiene un sonajero o algún otro juguete atractivo delante de él para captar su atención. Así también podrá poner a prueba su vista y su audición.

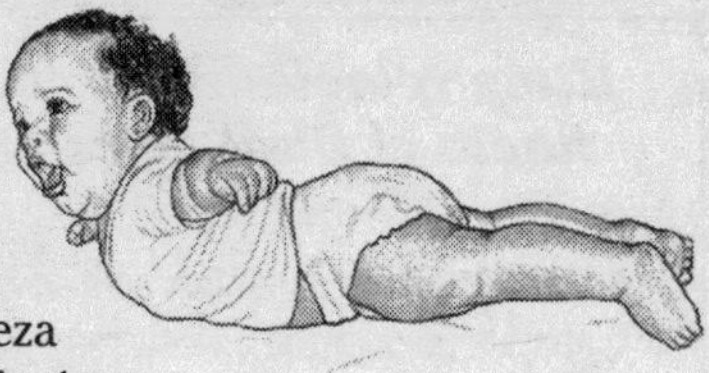

En cuanto su hijo pueda levantar la cabeza, se apoyará con las manos y arqueará la espalda para levantar el pecho. Al hacer esto, fortalecerá la parte superior del cuerpo, lo que le permitirá mantener el tronco derecho cuando esté sentado. Al mismo tiempo, es posible que, mientras está sobre el estómago, se balancee de un lado a otro, dé patadas en el aire y haga como si nadara con los brazos. Estas habilidades, que suelen aparecer alrededor de los cinco meses, son necesarias para darse la vuelta y para gatear. Al final de este período su hijo probablemente podrá darse la vuelta en ambos sentidos. La mayoría de los bebés aprenden a colocarse boca arriba a partir de la posición boca abajo antes que al revés, pero seguir la secuencia inversa también es completamente normal.

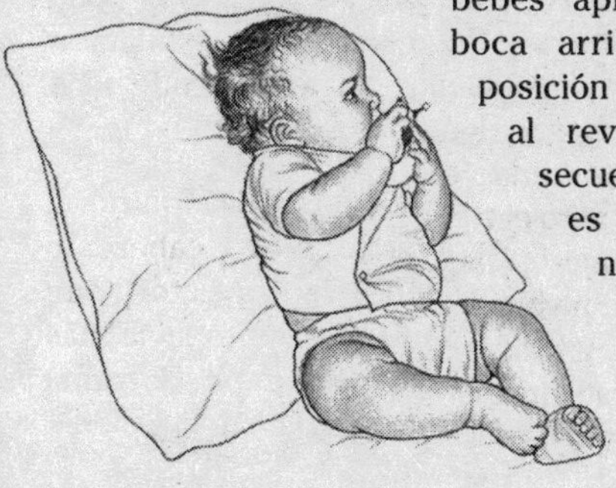

Hitos relacionados con el movimiento hacia el final de este período

- Se da la vuelta en ambos sentidos (de boca abajo a boca arriba y viceversa).
- Se sienta, primero apoyándose con las manos y luego sin apoyarse.
- Soporta todo el peso del cuerpo con las piernas.
- Alcanza objetos con una mano.
- Se pasa objetos de una mano a otra.
- Utiliza el agarre de barrido, no el agarre de pinza.

En cuanto su bebé tenga suficiente fuerza para levantar el pecho, usted podrá ayudarle a "practicar" la postura de sentado. Elévele la espalda y apóyesela con una almohada o contra la esquina de un sofá para que vaya aprendiendo a mantener el equilibrio. Pronto aprenderá a adoptar la postura de "trípode", inclinándose hacia adelante y extendiendo los brazos para apoyar las manos en el suelo y, así, equilibrar la parte superior del cuerpo. Si le pone delante juguetes brillantes e interesantes, le ayudará a concentrase en algo a medida que va adquiriendo más equilibrio. Tendrá que pasar algún tiempo para que aprenda a sentarse por sí mismo, pero entre los seis y los ocho meses, si usted lo coloca en esta postura, será capaz de mantenerse sentado sin inclinarse hacia adelante ni tener que apoyar los

brazos en el suelo. Entonces podrá descubrir todas las cosas maravillosas que puede hacer con las manos y desde este nuevo y ventajoso punto de vista.

Hacia el cuarto mes, su hijo podrá llevarse sin ningún problema objetos interesantes a la boca. Durante los siguientes cuatro meses utilizará a la vez todos los dedos de la mano para coger cosas, a manera de rastrillo, como si tuviera mitones o garras. No utilizará el agarre de precisión o pinza con los dedos índice y pulgar, sino hasta que tenga unos nueve meses de edad, pero entre el sexto y el octavo mes aprenderá a cambiarse los objetos de mano y a voltearlos.

A medida que su coordinación mejore, su hijo descubrirá partes de su cuerpo que antes ni siquiera sospechaba que existían. Cuando esté acostado de espaldas, podrá cogerse los pies y llevárselos a la boca. Mientras le esté cambiando los pañales podrá estirar los brazos y tocarse los genitales. Cuando esté sentado, podrá darse golpecitos en las rodillas o los muslos. A través de estas exploraciones descubrirá nuevas e interesantes sensaciones. También empezará a entender la función de cada parte de su cuerpo. Por ejemplo, cuando le coloque los pies que acaba de descubrir sobre el suelo, es posible que al principio doble los dedos hacia adentro y se limite a acariciar el suelo, pero pronto descubrirá que puede utilizar los pies para practicar el movimiento de "andar" o para impulsarse de abajo a arriba. Todo esto son formas de prepararse para dos importantes hitos de desarrollo: gatear y mantenerse de pie.

Visión

A medida que su bebé pone en práctica sus nuevas habilidades motoras, ¿se ha fijado en lo detenidamente que observa todo cuanto hace? La concentración con la que contempla un juguete le puede recordar a un científico enfrascado en sus investigaciones. No cabe duda de que la vista desempeña un papel fundamental en las primeras fases del desarrollo motor y cognoscitivo: los ojos de su hijo se volverán completamente funcionales justo cuando más los necesite.

Aunque su hijo ya veía al nacer, su vista tarda varios meses en madurar por completo. Sólo hasta ahora podrá distinguir diferentes tonalidades de rojos, azules y amarillos. No se sorprenda si comprueba que su hijo prefiere el rojo o el azul a los demás colores; parece que son los favoritos de la mayoría de infantes de esta edad. A medida que crecen, la mayoría de bebés prefieren estímulos visuales cada vez más complejos, algo que conviene que tenga en cuenta cuando compre libros de dibujos o carteles para la habitación de su hijo.

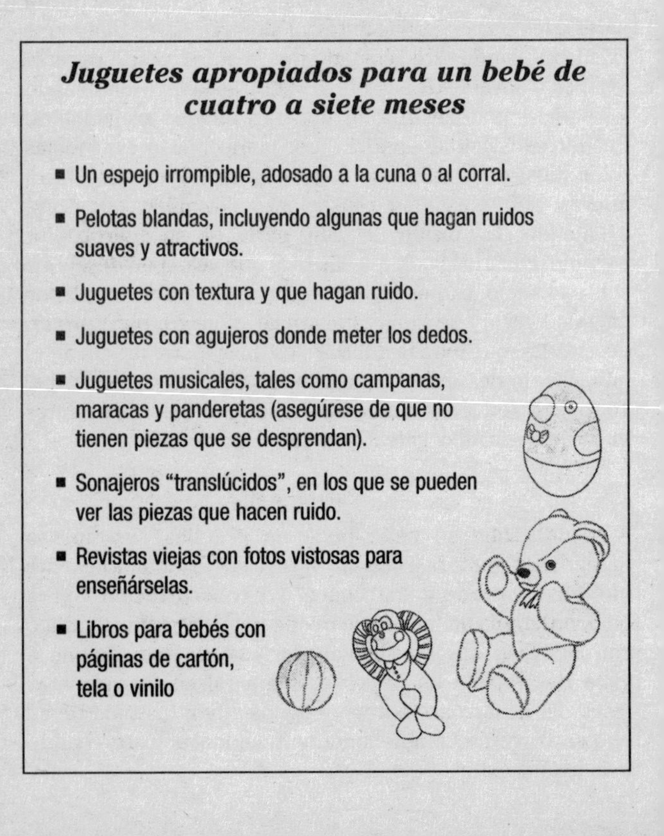

Juguetes apropiados para un bebé de cuatro a siete meses

- Un espejo irrompible, adosado a la cuna o al corral.
- Pelotas blandas, incluyendo algunas que hagan ruidos suaves y atractivos.
- Juguetes con textura y que hagan ruido.
- Juguetes con agujeros donde meter los dedos.
- Juguetes musicales, tales como campanas, maracas y panderetas (asegúrese de que no tienen piezas que se desprendan).
- Sonajeros "translúcidos", en los que se pueden ver las piezas que hacen ruido.
- Revistas viejas con fotos vistosas para enseñárselas.
- Libros para bebés con páginas de cartón, tela o vinilo

Cuando tenga cuatro meses, el alcance de la vista de su hijo habrá aumentado notablemente y seguirá aumentando hasta que, alrededor de los siete meses, su vista esté mucho más madura. Simultáneamente, podrá seguir con la mirada objetos en movimiento cada vez más deprisa. Durante sus primeros meses de vida, cuando usted hacía rodar una pelota por el suelo de la habitación, su hijo no podía coordinar los movimientos oculares lo suficientemente bien como para seguirla con la mirada. Ahora, sin embargo, podrá hacerlo sin problemas. A medida que vaya mejorando su coordinación visomotriz también aprenderá a coger estos objetos en movimiento.

Un móvil colgado encima de la cuna o delante del asiento del bebé es una forma ideal de estimular la visión de un *infante*. Sin embargo, cuando ya tenga cinco meses se aburrirá pronto y buscará otras cosas que mirar. Además, a esta edad es posible que sepa sentarse y podría tumbar el móvil o enredarse en él. *Por este motivo, los móviles deben retirarse de la cuna o el corral en cuanto el bebé aprenda a incorporarse o a pararse sosteniéndose de algo.*

Otra forma de estimular el interés visual de su bebé es pasearlo por la casa o por la calle, o llevarlo al supermercado o a un sitio especial. En estas salidas, ayúdele a descubrir cosas que no había visto antes y vaya diciendo sus nombres en voz alta.

Hitos relacionados con la visión hacia el final de este período

- Desarrolla plenamente la visión del color
- Madura la visión a distancia
- Madura la habilidad para seguir con la mirada objetos en movimiento

Un espejo es otra de las grandes fuentes de fascinación para un bebé de esta edad. La imagen reflejada cambia constantemente y, lo que es más importante, responde directamente a sus propios movimientos. Esta pista le permitirá comprender más adelante que la persona que está reflejada en el espejo es, de hecho, él mismo. Es posible que le cueste un poco hacer esta asociación, pero probablemente lo hará al final de este período.

Por lo tanto en general, la conciencia visual de un bebé debería *aumentar* claramente durante estos cuatro meses. Observe cómo reacciona su hijo cuando le enseña nuevas formas, colores y objetos. Si no manifiesta ningún interés por observar cosas nuevas, o si uno o ambos ojos se le van hacia dentro o hacia fuera, informe al pediatra. (Véase también el Capítulo 18, "Ojos".)

Desarrollo lingüístico

La adquisición del lenguaje tiene lugar en varias etapas. Desde que nació, su hijo ha estado *recibiendo* información sobre el lenguaje al oír los sonidos que emiten las personas y observar cómo se comunican entre sí. Al principio le interesan más el tono y la intensidad de su voz. Cuando usted le habla utilizando un tono suave y dulce, se tranquiliza y deja de llorar. Sin embargo, cuando le grita con enojo se pone a llorar, porque su voz le transmite el mensaje de que algo va mal. Cuando su hijo tenga unos cuatro meses no sólo percibirá el modo en que le habla sino que empezará a discriminar sonidos individuales. Escuchará las vocales y las consonantes, y empezará a darse cuenta de cómo se combinan formando sílabas, palabras y oraciones.

Aparte de oír sonidos, su hijo ha estado produciéndolos desde el principio, primero en forma de llantos y luego de ruiditos y gorjeos. Alrededor de los cuatro meses empezará a balbucear, utilizando muchos de los ritmos y características de su lengua materna. Aunque al principio sus balbuceos pueden parecerle sin sentido, si lo escucha atentamente, percibirá cómo modifica la entonación, como si estuviera afirmando o preguntando algo. Para estimularlo, converse con él a todas horas. Cuando diga

Cuando su hijo tenga unos cuatro meses, no sólo se dará cuenta del modo en que usted le habla sino que empezará a discriminar sonidos individuales.

una sílaba reconocible, repítala y seguidamente diga algunas palabras simples que contengan esos sonidos. Si, por ejemplo, dice "be", dígale "bebé", "baño", "bola".

Su participación en el desarrollo lingüístico de su hijo será incluso más importante a partir del sexto o séptimo mes, cuando empiece a imitar activamente los sonidos del habla. Hasta ese entonces, su bebé se podía pasar uno o varios días seguidos repitiendo determinado sonido antes de probar con otro. Pero ahora estará más pendiente de los sonidos que oiga e intentará seguir las directrices que usted le marque. Por lo pronto, empiece a presentarle sílabas y palabras simples, tales como "bebé", "agua", "toma", "dame" y "leche", así como los típicos "mamá" y "papá". Aunque es posible que pase un año hasta que usted pueda interpretar los balbuceos de su hijo, él podrá entender muchas de las palabras que escucha antes de su primer cumpleaños.

Si, con siete meses, su hijo no balbucea ni imita sonidos, podría tener algún problema auditivo o en el desarrollo del lenguaje. Un bebé que tenga una pérdida auditiva parcial puede sobresaltarse ante ruidos fuertes o bien orientarse en su dirección e, incluso, reaccionar al oír su voz, pero tendrá dificultades para imitar los sonidos del habla. Si su hijo no balbucea o produce diversos sonidos, informe al pediatra. Si ha tenido infecciones de oído recurrentes es posible que le haya quedado algo de líquido dentro del oído interno, lo que podría interferir con su audición.

Hitos relacionados con el lenguaje hacia el final de este período

- Responde cuando se le llama por su nombre
- Empieza a entender la palabra "no"
- Distingue emociones a partir de la entonación
- Responde a sonidos emitiendo sonidos
- Utiliza la voz para expresar alegría y malestar
- Balbucea secuencias de consonantes.

La capacidad auditiva de un bebé de pocos meses puede evaluarse utilizando un equipo especial, pero sus propias observaciones son el sistema de aviso que determinará si es preciso o no practicarle a su hijo este tipo de pruebas. Si usted sospecha que su hijo tiene problemas de este tipo, debe pedirle al pediatra que le remita a un especialista en audición.

Desarrollo cognoscitivo

Durante los primeros cuatro meses de la vida de su hijo, ¿dudaba usted de que realmente entendiera algo de lo que ocurría a su alrededor? Esta reacción paterna no es nada sorprendente. Después de todo, aunque usted sabía cuándo su hijo estaba a gusto o a disgusto, probablemente le daba muy pocos indicios de que realmente pensaba. Ahora, a medida que vaya aumentando su atención y su memoria, empezará a tener pruebas de que su hijo no sólo está absorbiendo información sino también aplicándola en sus actividades cotidianas.

Durante este período, uno de los conceptos más importantes que asimilará su hijo es el principio de causa-efecto. Probablemente lo captará de forma accidental entre los cuatro y cinco meses de edad. Quizás se dé cuenta de

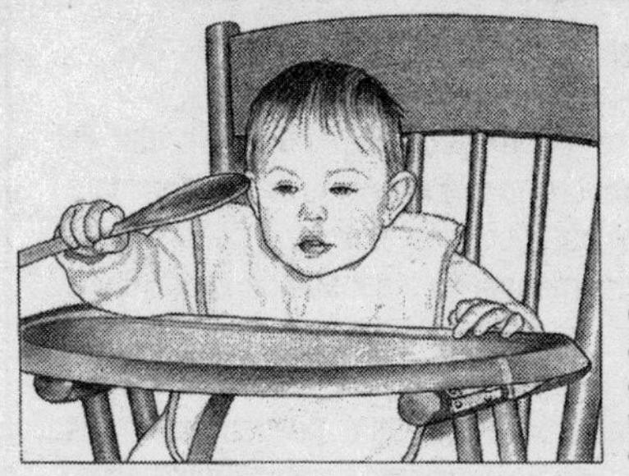

Cuando golpee ciertas cosas contra la mesa o las deje caer al suelo, desencadenará una secuencia de reacciones en su audiencia.

que, cuando da patadas al colchón, la cuna se mueve. O quizás compruebe que el sonajero hace ruido cuando lo golpea o lo agita. En cuanto entienda que él puede *causar* estas reacciones, seguirá experimentando de otros modos para conseguir que pasen más cosas interesantes.

Su hijo enseguida descubrirá que ciertas cosas, como las campanas y las llaves producen ruidos interesantes cuando se mueven o agitan. Cuando golpee ciertas cosas contra la mesa o las deje caer al suelo, desencadenará una secuencia de reacciones en su audiencia, desde caras divertidas hasta quejas y otras reacciones que pueden conllevar la reaparición —o la desaparición— del objeto. Muy pronto empezará a tirar intencionadamente cosas al suelo para ver cómo usted las recoge. Aunque esto pueda llegar a molestarle a veces, es un mecanismo importante para que su hijo aprenda el concepto de causa y efecto y cómo puede influir sobre su entorno.

Hitos cognoscitivos hacia el final de este período

- Encuentra objetos escondidos parcialmente.
- Explora el entorno utilizando las manos y la boca.
- Se esfuerza por coger objetos que están fuera de su alcance.

Alertas sobre el desarrollo

Puesto que cada bebé se desarrolla de una forma particular, es imposible saber exactamente en qué momento su hijo dominará completamente determinada habilidad. Los hitos de desarrollo citados en este libro le darán una idea general de los cambios que puede esperar, pero no se preocupe si su bebé sigue un patrón ligeramente distinto. En caso de que su hijo presentara algunos de los siguientes síntomas, que pueden indicar la existencia de un retraso del desarrollo en bebés de esta edad, consulte al pediatra.

- Parece rígido, con los músculos muy tensos.
- Parece flojo, como si fuera una marioneta.
- Todavía se le cae la cabeza hacia atrás cuando se le estira de los brazos para sentarlo.
- Sólo coge cosas con una mano.
- Rechaza los abrazos.
- No manifiesta afecto por la persona que lo cuida.
- No parece gustarle estar rodeado de gente.
- Uno o ambos ojos se le van constantemente hacia adentro o hacia fuera.
- Lagrimea constantemente, con secreciones o es muy sensible a la luz.
- No reacciona ante los ruidos.

Es fundamental que facilite a su hijo los objetos que necesita para realizar estos experimentos y que le anime a poner a prueba sus "teorías". Pero asegúrese de que todos los objetos que le da son irrompibles, ligeros y lo suficientemente grandes para que no se los pueda tragar. Si estropea o pierde sus juguetes habituales o dejan de interesarle, las cucharas de plástico o madera, las tazas

- Tiene dificultades para llevarse objetos a la boca.
- No gira la cabeza para localizar la fuente de un sonido hacia los cuatro meses.
- No es capaz de voltearse en ningún sentido (de bocabajo a boca arriba y viceversa) hacia los cinco meses de edad.
- Por las noches llora desconsoladamente después de haber cumplido los cinco meses.
- No sonríe espontáneamente a los cinco meses.
- No puede sentarse con ayuda a los seis meses.
- No se ríe ni emite grititos agudos a los seis meses.
- No se esfuerza activamente en alcanzar objetos a los seis y los siete meses.
- No sigue con ambos ojos la trayectoria de objetos en movimiento cercanos (1 pie) o lejanos (6 pies) cuando tiene siete meses.
- No soporta el peso del cuerpo con las piernas a los siete meses.
- No intenta atraer la atención con su comportamiento a los siete meses.
- No balbucea cuando tiene ocho meses.
- No le interesan los juegos ni el escondite a los ocho meses.

irrompibles, las tapas de vasijas y cajas son objetos muy baratos y entretenidos.

Otra de las cosas importantes que aprenderá su hijo durante este período es que los objetos continúan existiendo aunque él no pueda verlos, un principio denominado *permanencia de objeto.* Durante sus primeros meses de vida su hijo asumía que el mundo consistía exclusivamente en lo que él podía ver. Cuando usted salía de su habitación, asumía que se había desvanecido; cuando regresaba, le veía como una persona completamente distinta. Del mismo modo, cuando usted escondía un juguete debajo de una manta o dentro de una caja, su hijo pensaba que se había desvanecido y no se preocupaba por buscarlo. Pero en algún momento después de cumplir los cuatro meses, su hijo empezará a darse cuenta de que el mundo es mucho más permanente de lo que creía. Usted es la misma persona que le saluda cada mañana. El osito de peluche de esta noche es el mismo con el que durmió ayer. El cubo que usted acaba de esconder detrás de la caja no se ha desvanecido. Jugando a esconder cosas y viendo cómo los objetos y las personas que le rodean desaparecen y reaparecen, su hijo continuará aprendiendo cosas sobre la permanencia de objeto durante los próximos meses.

Desarrollo emocional

Entre el cuarto y el séptimo mes su hijo experimentará un gran cambio en su personalidad. Al principio de este período puede parecer relativamente pasivo, y no demostrar mayor interés aparte de comer, dormir y recibir cariño. Pero, en cuanto aprenda a sentarse, a utilizar las manos y a moverse con mayor soltura, cada vez se volverá más activo y estará más pendiente del mundo que le rodea. Hará lo posible por tocar y coger todo cuanto vea, y si no puede hacerlo solo, le pedirá ayuda gritando, haciendo ruido, dando patadas o dejando caer lo que tenga en las manos. En cuanto usted entre en escena, probablemente se olvidará de lo que quería y se concentrará en usted, sonriéndole, riendo, balbuceando e imitándole durante un buen rato. Aunque se puede aburrir de jugar hasta con el juguete más entretenido, nunca se cansará de que usted le haga caso.

Los aspectos más sutiles de la personalidad de su hijo son determinados por su temperamento. ¿Es inquieto o tranquilo? ¿De trato fácil o irascible? ¿Testarudo o complaciente? En gran parte, éstos son rasgos de carácter innatos y se irán haciendo cada vez más evidentes durante estos meses. No todas estas características resultan agradables—sobre todo cuando su testarudo hijo de seis meses llora de frustración porque quiere atrapar a toda costa al gato de la familia. Pero, a largo plazo, adaptarse a la personalidad natural de su hijo será lo mejor para todos.

Los bebés testarudos y muy excitables requieren una dosis extra de paciencia y atención. No suelen adaptarse a los cambios con tanta facilidad como los niños más calmados y les sienta muy mal que les presionen o les obliguen a hacer algo antes de que estén preparados. De todos modos, con un niño irritable, el mero hecho de hablarle y abrazarlo puede hacer maravillas. Distraerlo también puede ayudarle a recanalizar su energía. Por ejemplo, si le da por gritar porque usted no le recoge el juguete que ha tirado al suelo por décima vez, acérquelo al suelo para que pueda cogerlo él mismo.

Los niños tímidos o "sensibles" también necesitan una atención especial, sobre todo si conviven con otros niños más ruidosos que los eclipsan por completo. Si su hijo es silencioso y no reclama su atención, es fácil suponer que está bien o, si apenas ríe o sonríe, es posible que usted acabe perdiendo el interés por jugar con él. Sin embargo, este tipo de bebés suele necesitar incluso más contacto personal que los demás. Este tipo de niños pueden agobiarse fácilmente y necesitan que alguien les enseñe a ser asertivos y a participar en las actividades del mundo que les rodea. ¿Cómo puede lograrlo? Déle suficiente tiempo a su hijo para que se vaya adaptando poco a poco a cada situación y asegúrese de que la gente se acerca a él lentamente. Deje primero que observe la situación antes de animarlo a que interactúe directamente con otros niños. En cuanto se sienta seguro, cada vez responderá más a la gente que le rodea.

En el caso de que le preocupe algún aspecto del desarrollo emocional de su hijo, coménteselo al pediatra. Si le comunica sus inquietudes él podrá ayudarle; de no hacerlo, a él le será difícil detectar ciertos problemas en una visita rutinaria. Por eso es importante que usted le comente sus dudas y le describa sus observaciones diarias sobre su hijo. Anótelas para que no se le olviden.

Hitos socio-emocionales hacia el final de este período

- Disfruta con el juego social
- Le gusta mirase en el espejo
- Reacciona ante las expresiones de emoción de otras personas

Cuidados básicos

La introducción de los alimentos sólidos

A los cuatro meses, la dieta de un bebé debe consistir en leche (materna o de fórmula), que puede estar enriquecida con vitaminas o hierro si su pediatra así lo recomienda. Entre los cuatro y los seis meses, ya pueden empezar a introducirse los sólidos. Algunos bebés ya están preparados para ingerir sólidos con sólo tres meses de edad, pero la mayoría de ellos todavía no han perdido el reflejo que les hace sacar la lengua cuando se les mete algo en la boca. Debido a este reflejo, un lactante de pocos meses empujará la lengua contra la cuchara o cualquier otra cosa que se le introduzca en la boca, incluyendo, la comida. La mayoría de bebés pierden este reflejo aproximadamente al cuarto mes. Coincidencialmente, las necesidades energéticas de un bebé aumentan alrededor de esta misma edad, por lo que es el momento ideal para empezar a introducir más calorías en su dieta a través del consumo de sólidos.

Usted puede empezar a introducir los alimentos sólidos a la hora del día más oportuna tanto para usted como para su bebé. De todos modos, recuerde que, conforme su hijo vaya haciéndose mayor, querrá comer con el resto de la familia. Para evitar que se atragante, asegúrese de que está sentado bien derecho, ya sea en su regazo o en una sillita infantil. Si llora o se resiste cuando usted intenta darle comida en la boca, no lo fuerce. Es más importante que ambos disfruten durante las comidas que el hecho de introducir los sólidos en la dieta de su hijo en una fecha específica. Vuelva a darle el pecho o el biberón durante una o dos semanas y después inténtelo de nuevo.

Utilice siempre una cuchara para darle alimentos sólidos a su hijo, a menos que, por recomendación de su pediatra, tenga que espesar la leche de fórmula porque el niño presenta reflujo gastroesofágico (tendencia a expulsar el contenido del estómago). Algunos padres intentan introducir los alimentos sólidos en el biberón, pero este sistema puede aumentar drásticamente la cantidad de alimento que el bebé consume en cada toma, lo que puede conllevar un aumento de peso excesivo. Además, es importante que su hijo se habitúe al rito de las comidas: sentarse bien derecho, coger el alimento de la cuchara con la boca, descansar entre cucharada y cucharada y parar cuando se sienta lleno. Estas experiencias iniciales ayudarán a sentar las bases de unos buenos hábitos alimentarios para el resto de su vida.

Hasta las cucharitas estándar para bebés pueden ser demasiado anchas para un bebé de esta edad, pero una cucharita de café puede servir. Empiece ofreciéndole media cucharadita o menos (un cuarto de una cucharita) y vaya hablándole durante todo el proceso ("Mmmm, qué rico está"). Probablemente la primera y la segunda vez su hijo

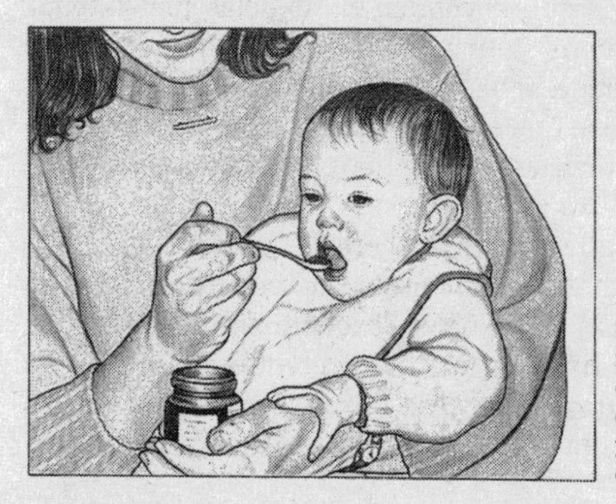

Empiece dándole media cucharadita o menos (un cuarto de una cucharita) y háblele durante el proceso.

no sabrá qué hacer. Puede parecer confundido o molesto, arrugar la nariz, empezar a darle vueltas a la comida dentro de la boca o rechazarla por completo. Es una reacción totalmente comprensible, teniendo en cuenta lo distinta que ha sido su alimentación hasta el momento.

Una forma de facilitar esta transición a los alimentos sólidos consiste en darle primero un poco de leche, después pasar a darle varias medias cucharaditas de comida y acabar con un poco más de leche. Así evitará que se sienta completamente frustrado cuando tenga mucha hambre y, además, podrá asociar la satisfacción de la lactancia con la nueva experiencia.

Por mucho que se esfuerce, la mayor parte de los primeros alimentos sólidos terminarán en la cara y el babero del bebé. Por ello, empiece dándole muy poca cantidad de alimento —una o dos cucharaditas— e incremente paulatinamente la dosis hasta que se acostumbre a tragar sólidos.

El primer alimento sólido que se le suele dar a los bebés es el cereal de arroz, seguido por cereal de avena y de cebada. Generalmente es mejor introducir el trigo y los cereales mixtos más adelante, puesto que pueden provocar reacciones alérgicas en bebés de pocos meses. Puede darle cereales listos para usar o en hojuelas, en cuyo caso tendrá que mezclarlas con leche materna, de fórmula o con agua. Los productos ya preparados son muy cómodos, pero los que se venden en hojuelas suelen tener más hierro y su consistencia puede modificarse según las necesidades de cada bebé. Independientemente del cereal que elija, asegúrese que es un producto hecho para bebés. Así tendrá la certeza de que contiene los nutrientes que su bebé necesita a esta edad.

En cuanto su hijo acepte los cereales, podrá empezar a darle lentamente otros alimentos. Un orden posible es el siguiente: verduras o vegetales (exceptuando el maíz, que es difícil de digerir para muchos lactantes de menos de seis meses), frutas y carnes. Introduzca solamente un alimento nuevo a la vez, y espere por lo menos dos o tres días hasta darle el siguiente. Cada vez que le dé un alimento nuevo, esté pendiente de posibles reacciones alérgicas, como diarreas, erupciones o vómitos. Si detecta algunas de estas reacciones, elimine el alimento sospechoso de la dieta del bebé e informe al pediatra. En los siguientes dos o tres meses, la dieta de su hijo deberá incluir leche (materna o de fórmula), cereales, verduras, carnes y frutas, todo esto distribuido en tres comidas diarias. Puesto que los huevos provocan alergias con bastante frecuencia, suelen ser el último alimento que se introduce en la dieta.

En cuanto su hijo sepa mantenerse sentado, puede empezar a darle alimentos que se puedan agarrar con las manos para que vaya aprendiendo a comer solo. Asegúrese de que todo lo que le da es blando, fácil de tragar y que se deshace en trocitos pequeños para que no se atragante. Guisantes verdes, arvejas, habichuelas tiernas y papas, bien cocidas y cortadas, o trozos pequeños de galletas tipo wafer o galletitas de soda, son buenos ejemplos. No le dé a esta edad alimentos que exijan masticar.

En cada una de las tres comidas diarias, su hijo debería ingerir unas 4 onzas o el contenido de un frasco pequeño de compota para bebé. (Puesto que los alimentos enlatados para adultos suelen contener sales y conservativos, no se le deben dar a ningún bebé.)

En este momento también puede introducir los jugos. Sin embargo, puesto que muchos bebés de pocos meses son sensibles al jugo de naranja, es mejor retrasar su introducción, así como la de otros cítricos, hasta el sexto mes. Los jugos de frutas —o ingerir grandes cantidades de fruta en general— pueden hacer que las heces se vuelvan ácidas e irriten la piel del bebé. Esto puede provocar un salpullido de un rojo intenso y que puede dolerle bastante al limpiarle durante el cambio de pañal. Dejar la zona afectada en contacto con el aire y aplicar una pomada protectora suele bastar para curar la irritación, pero también es recomendable reducir la cantidad de fruta y/o de jugo que se le da durante cierto tiempo.

Si su hijo parece tener sed entre comidas, amamántelo o déle un biberón adicional. Durante los meses más calurosos, cuando pierda mucho líquido a través del sudor, déle a tomar de 2 a 4 onzas de agua o déle más leche para ayudarle a no deshidratarse.

¿Y si usted prefiere darle a su hijo alimentos frescos, en lugar de enlatados o deshidratados? En tal caso, utilice una licuadora o procesador de alimentos, o simplemente maje bien los alimentos blandos con un tenedor. Todo lo que le dé a su hijo debe ser blando, bien cocido y no se le debe añadir sal ni ninguna otra especia. Las verduras o vegetales frescos hervidos o la compota de frutas (véase el próximo recuadro para casos excepcionales) son muy fáciles de preparar. Aunque puede darle a su hijo bananas frescas en puré, deberá hervir todas las demás frutas hasta que sean lo suficientemente blandas. Refrigere todos los alimentos preparados que no use inmediatamente e inspecciónelos bien antes de dárselos a su hijo para detectar posibles indicios de que se están empezando a dañar. A diferencia de los productos comerciales, los alimentos que usted prepara pueden contener bacterias, por lo que se estropearán mucho antes.

Cuando su hijo tenga seis o siete meses, probablemente ya se sentará bien y podrá comer sentado en una silla alta para bebé. Para que esté más cómodo, es recomendable cubrir la base de la sillita con un cojín que se pueda quitar y lavar, para eliminar los restos de comida que se acumulen allí. Así mismo, a la hora de comprar la silla para comer, elija una con bandeja extraible y bordes sobresalientes. (Véase en la página 391 *las* recomendaciones de seguridad). De este modo, los platos o la comida no se podrán resbalar de la bandeja cuando el bebé esté muy inquieto a la hora de comer. Además, una bandeja extraible puede llevarse directamente al fregadero, donde podrá lavarla con facilidad, algo que valorará mucho durante los meses que se le avecinan. (De todos modos, es posible que algunos días la única forma de limpiar la silla alta sea ¡ponerla bajo la ducha!).

A medida que aumenta la variedad de alimentos en la dieta de su bebé y éste empiece a comer por sí mismo con regularidad, comente sus necesidades nutricionales con el pediatra. Recientes investigaciones indican que la obesidad en la etapa adulta tiene un importante componente hereditario, pero, si su hijo adquiere hábitos alimentarios inadecuados durante la infancia, podría tener problemas de salud más adelante.

El pediatra será quien le diga si su hijo está sobrealimentado, no come lo suficiente o come demasiada cantidad de algunos alimentos inadecuados. Si usted se familiariza con el contenido calórico y nutricional de los alimentos que come su hijo, podrá proporcionarle una dieta equilibrada. Fíjese también en los hábitos alimentarios de los demás miembros de la familia. Puesto que su hijo cada vez irá "picando" más alimentos de la mesa familiar (lo que suele iniciarse entre los ocho y los diez meses de edad), imitará la forma en que ustedes comen —incluyendo la tendencia a utilizar excesivamente el salero o a estar comiendo bocaditos salados y alimentos procesados. Por el bien de su hijo, y también por el suyo propio, reduzca al mínimo el uso de la sal.

¿Y si a usted le preocupa que su bebé *ya* pese demasiado? Siga las recomendaciones del pediatra antes de hacer algún cambio en su dieta. Durante estos meses de crecimiento rápido su hijo necesita una proporción equilibrada de grasas, carbohidratos y proteínas. Por lo tanto, no es recomendable darle leche descremada a un niño de esta edad o cualquier otro sustituto bajo en grasa en lugar de la leche materna o de fórmula. Es mejor que reduzca ligeramente las porciones de comida, asegurándose de que su hijo sigue ingiriendo toda la variedad de nutrientes que necesita.

En cuanto empiece a darle a su hijo alimentos sólidos, sus heces se volverán más duras y cambiarán de color. Debido a los azúcares y grasas contenidos en los sólidos, también olerán más fuerte. Los guisantes u otras verduras pueden teñir las heces de un verde intenso; la remolacha puede hacerlo de rojo. (La remolacha a veces también tiñe la orina de rojo.) Si los alimentos no son majados o licuados, sus heces pueden contener partículas de comida no digeridas, sobre todo pieles de guisantes, maíz, tomate u otros productos de origen vegetal. Todo esto es completamente normal. El sistema digestivo de su hijo todavía está inmaduro y tendrá que pasar cierto tiempo para que pueda procesar completamente todos los alimentos que se introduzcan en su dieta. De todos modos, si las heces son extremadamente blandas e, incluso, acuosas o están llenas de mucosidad, podría significar que su tracto digestivo está irritado. En tal caso, acuda al pediatra para saber si su hijo tiene algún problema digestivo.

Suplementos dietéticos

La leche de fórmula contiene todas las vitaminas necesarias. Por lo tanto, a los bebés que toman el biberón no hace falta darles ningún suplemento vitamínico. Los bebés de raza negra que lactan deben seguir tomando un

No prepare estos alimentos en la casa

Remolacha, nabos, col rizada, zanahorias, espinacas. En algunas zonas del país, estas verduras o vegetales contienen importantes cantidades de nitratos, una sustancia química que puede provocar un tipo poco común de anemia en los infantes. Las empresas fabricantes de alimentos para bebés son conscientes de este problema y analizan la cantidad de nitratos contenida en las verduras que utilizan para preparar sus productos; así mismo, evitan comprar estas verduras en los lugares en que se ha detectado una mayor acumulación de nitratos. Puesto que usted no puede analizar la cantidad de nitratos contenida en los alimentos que prepare, es mejor que utilice productos comerciales de estos alimentos, sobre todo mientras su hijo sea un lactante. Si, de todos modos decide preparar estos alimentos en casa, sírvalos siempre frescos y no los almacene. Con el paso del tiempo la cantidad de nitratos contenida en estos productos va aumentando.

suplemento de vitamina D, puesto que, al entrar en contacto con la luz del sol, producen una cantidad muy escasa de esta vitamina.

Durante los primeros cuatro meses, los bebés que lactan no necesitan tomar ningún suplemento de hierro. La cantidad de hierro que tenían al nacer es más que suficiente para soportar el crecimiento inicial. Pero, ahora sus reservas habrán disminuido y sus requerimientos de hierro aumentarán a medida que crezca. Afortunadamente, cuando empiece a introducir los sólidos en la dieta de su hijo, recibirá el hierro de los cereales enriquecidos con hierro, de los vegetales verdes y de las carnes. Cuatro cucharadas colmadas de papilla de cereal enriquecido diluidas en leche, proporcionan unos 7 mg de hierro. (Véase también *Suplementos nutritivos para lactantes,* página 164.)

El "destete": del pecho al biberón

Muchas madres inician el "destete" cuando sus hijos tienen de cuatro a siete meses, para poder volver a trabajar o reanudar otras actividades fuera de casa. Pero, incluso si ha decidido prolongar la lactancia hasta que su hijo sea mayor, es posible que quiera darle algún biberón ocasional, sea de leche materna o de leche de fórmula, para poder pasar varias horas seguidas lejos de su hijo mientras le da al padre, los abuelos o algún hermano la oportunidad de alimentarlo. El biberón también les dará mayor flexibilidad cuando estén de viaje.

En cualquier caso, usted debería seguir dándole leche materna o de fórmula a su hijo hasta que tenga aproximadamente un año. Entonces podrá empezar a darle leche entera de vaca.

No espere que la transición del pecho al biberón sea muy fácil. Generalmente los bebés rechazan el biberón las primeras veces, sobre todo si es la madre quien intenta dárselo. A estas alturas, asocia a su madre con el pecho, por lo que es totalmente comprensible que se sienta confuso y hasta enfadado ante este cambio repentino e inesperado en su rutina. Las cosas probablemente irán mejor si es el padre u otro miembro de la familia quien empieza a darle el biberón mientras la madre no está presente. Cuando el bebé se acostumbre a tomar el biberón, la madre podrá volver a alimentarlo, pero tendrá que abrazarlo, acariciarlo y animarlo constantemente para que supere la pérdida del contacto piel a piel.

En cuanto su hijo haya aprendido a tomarse un biberón de vez en cuando, el destete definitivo debería ser relativamente fácil. De todos modos, el tiempo necesario para realizar el destete varía bastante, en función de las necesidades emocionales y físicas de ambos, el niño y la madre. Si su hijo se adapta bien a los cambios y usted está preparada para hacer la transición, es posible que consiga destetar a su hijo en sólo una o dos semanas. Los dos primeros días, sustituya un amamantamiento por un biberón cada día. (No se extraiga leche por el momento.) Al tercer día, déle el biberón en dos tomas diarias. El quinto día ya podrá darle el biberón tres o cuatro veces al día.

En cuanto deje de lactar a su hijo por completo, su producción de leche disminuirá rápidamente. Sin embargo, es posible que necesite extraerse leche durante los dos o tres primeros días para mitigar el malestar provocado por la congestión de los senos. Ingerir un poco menos de líquido o ponerse una faja que le comprima los senos también puede ayudarle bastante. En el plazo de una semana el malestar debería remitir.

Muchas mujeres prefieren destetar a sus hijos de una forma más paulatina, incluso cuando éstos cooperan plenamente. El amamantamiento proporciona una proximidad entre madre e hijo que es difícil conseguir de otra forma y, comprensiblemente, algunas madres se resisten a renunciar a este tipo de intimidad. En tales casos, se puede seguir ofreciendo una combinación de pecho y biberón hasta que el niño cumpla un año o incluso un poco más tarde. Sin embargo, si su hijo se niega a seguir lactando, no lo fuerce. Muchos bebés pierden el interés por el pecho entre el noveno y el doceavo mes o cuando aprenden a beber en vaso. Es importante que usted no interprete este cambio como un rechazo personal, sino como un signo de la creciente independencia de su hijo. En otros casos, darle el pecho puede seguir formando parte de la alimentación del bebé incluso después de que haya cumplido un año.

Sueño

La mayoría de bebés de esta edad siguen necesitando por lo menos dos siestas al día, de una a tres horas de duración, una por la mañana y la otra por la tarde. Por lo general, es mejor dejar que duerman todo el tiempo que quieran, a menos que les cueste conciliar el sueño por la noche. Si esto se convierte en un problema, despiértelo antes de su siesta de la tarde.

Cuando su hijo tenga cuatro meses, sólo debería despertarse una vez por la noche para alimentarse, o bien dormir toda la noche seguida. "Toda la noche" puede significar de las 7 P.M. a las 7 A.M. o de las 10 P.M. a las 6 A.M., dependiendo del reloj interno de su hijo; pero a esta edad debería ser capaz de dormir por lo menos durante ocho horas seguidas sin despertarse para comer.

Puesto que a esta edad su hijo estará más vivaz y activo, es posible que le cueste conciliar el sueño al final del día. Seguir una rutina consistente a la hora de acostarlo puede ayudarle bastante. Ensaye qué es lo que funciona mejor son su hijo, teniendo en cuenta tanto las actividades del resto de la familia como el temperamento del bebé. Un baño caliente, un masaje, mecerlo, leerle un cuento, cantarle una canción, poner música suave o darle el pecho o el biberón le ayudarán a relajarse y lo prepararán para el descanso. Al final, acabará asociando estas actividades con el hecho de dormirse, lo que le ayudará a tranquilizarse y a relajarse.

En lugar de esperar a que su hijo se duerma durante el "ritual", métalo en la cuna y arrópelo cuando todavía esté despierto para que aprenda a dormirse solo. Acuéstelo suavemente, susúrrele buenas noches al oído y abandone la habitación. Si se pone a llorar, no vuelva a entrar a toda prisa. Es posible que se calme al cabo de unos minutos y consiga conciliar el sueño sin su ayuda.

¿Y si continua llorando después de que hayan pasado cinco minutos? Vuelva a su habitación y consuélelo durante un minuto aproximadamente, sin cogerlo en brazos, y vuelva a dejarlo solo. Trasmítale el mensaje de que lo quiere y que estará disponible en caso de que le necesite, pero no se quede en su habitación. Si sigue llorando, espere algo más de cinco minutos antes de volver a entrar en la habitación y repita la misma secuencia. Sea consistente y manténgase firme. Por muy duro que pueda resultarle, más duro será para su hijo si percibe en usted la más mínima duda. La verdadera recompensa vendrá cuando su hijo se despierte a media noche y sepa volver a dormirse solo.

Algunos bebés lloran cada noche, lo que hace a los padres pensar si el hecho de llorar tanto puede perjudicarles psicológicamente. Pero, si cronometran realmente el tiempo que se pasan sus hijos llorando, probablemente verían que no es tan largo como creían-sólo *parecía* eterno. Si los padres fueran más constantes y más firmes, la mayoría de los bebés llorarían mucho menos por las noches y acabarían durmiéndose solos después de quejarse un poco. Pero, incluso en el caso de que un bebé llore durante bastante tiempo seguido (veinte a treinta minutos), no existen pruebas de que esto le perjudique.

Si el llanto persiste durante más de veinte minutos, es conveniente comprobar si hay algún problema (como que al bebé se le haya enganchado pelo en los dedos del pie). De todos modos, estas intervenciones deben ser cortas: no aproveche la ocasión para jugar un rato con su hijo. Lo importante es que usted sepa controlar sus sentimientos completamente naturales de frustración y, hasta de enfado, que mantenga la calma y sea consistente y afectivo cuando su hijo no logre conciliar el sueño.

Cuando su hijo se despierte a media noche, déle unos cuantos minutos para ver si puede conciliar el sueño solo. Si sigue llorando, háblele y consuélelo, pero no se le ocurra llevárselo a su habitación. Así mismo, a menos que tenga motivos para pensar que pueda tener hambre (por ejemplo, si se durmió antes de lo habitual o se saltó alguna toma), no lo alimente. Por muy tentador que le parezca intentar tranquilizarlo con comida o metiéndolo en su cama, enseguida empezará a esperar este tipo de respuestas en cuanto se despierte por la noche, y no volverá a dormirse a menos que las obtenga.

Cuando un bebé se despierta más de una vez por la noche, es posible que haya algo que no le deja dormir. Si su hijo sigue durmiendo con usted en la habitación después de cumplir seis meses, ha llegado el momento de sacarlo de ahí; es posible que se despierte porque le oye a usted o porque percibe su presencia. Si todavía duerme en el moisés, probablemente se le habrá quedado pequeño; a esta edad, un bebé necesita espacio para estirarse y moverse libremente mientras duerme y debería tener una cuna grande dotada de protectores. Otra de las posibles causas del llanto es que su habitación esté demasiado oscura. Los bebés necesitan dormir con un poco de luz para que, cuando se despierten, puedan comprobar que están en un entorno conocido. Una simple lamparita de noche puede solucionar este problema.

La salida de los dientes

Los dientes suelen empezar a salir durante estos meses. Los incisivos centrales inferiores suelen ser los primeros en salir, seguidos, entre cuatro y ocho semanas después, de los cuatro incisivos superiores (centrales y laterales) y, aproximadamente un mes después, de los otros dos incisivos inferiores. A continuación suelen salir los primeros molares, seguidos de los caninos.

Si a su hijo no le ha salido todavía ningún diente, no se preocupe. Esto puede ser una característica hereditaria y no significa necesariamente que algo vaya mal.

Estimulación del crecimiento cerebral: del cuarto al séptimo mes

- Cree un ambiente estimulante y seguro, donde su hijo pueda moverse a sus anchas y explorar libremente su entorno.
- Sea cálido y afectivo con el bebé, abrácelo, béselo y acarícielo para trasmitirle una sensación de seguridad y bienestar.
- Sea sensible a su ritmo y a su estado de ánimo. Respóndale tanto cuando está molesto como cuando está contento.
- Háblele o cántele canciones mientras lo viste, lo baña, lo alimenta, juega o pasea con él o mientras van en auto. Si le parece que su hijo no oye bien y/o no imita las palabras que oye, informe al pediatra.
- Establezca diálogos de tú a tú con su hijo. Imite sus sonidos para demostrarle su interés.
- Léale algo cada día.
- Si usted habla un idioma distinto al del lugar donde vive, utilícelo en casa.

La salida de los dientes provoca *en algunas ocasiones* irritabilidad, llantos, fiebre baja (no superior a los 100° Fahrenheit o 37.8° centígrados), babeo excesivo y ganas de morder cosas duras. A menudo las encías se inflaman y se vuelven muy sensibles. Para mitigar el malestar del bebé, intente frotar o masajearle suavemente las encías con los dedos. Los aros mordedores también suelen ayudar, pero deberían estar hechos de caucho duro (los mordedores que se tienen que meter en el congelador suelen ponerse demasiado duros y pueden provocar más dolor que alivio). Los analgésicos que se aplican sobre las encías no son necesarios ni útiles, puesto que permanecen muy poco tiempo en la boca del bebé. Si su hijo parece tener muchas

- Participe en actividades que implican movimientos rítmicos con su hijo, tales como bailar juntos al ritmo de la música.
- Evite someter al bebé a experiencias tensas o traumáticas, tanto físicas como psicológicas.
- Déle a su hijo la oportunidad de relacionarse con otros niños y padres; éste es un período muy especial para los bebés.
- Anime a su hijo a que alcance él mismo sus juguetes.
- Asegúrese de que todas las personas que van a cuidar de su hijo, aparte de velar por su salud, entienden lo importante que es darle cariño y consuelo.
- Procure que su hijo vaya durmiendo cada vez más tiempo seguido por las noches; si necesita que le aconsejen sobre este paso tan importante en el desarrollo de su hijo, hable con el pediatra.
- Pase un rato cada día jugando en el suelo con su hijo.
- Elija bien a la persona que cuidará a su hijo: que sea preparada, atenta, afectiva y que sepa velar por la seguridad del niño. Hable con ella frecuentemente e intercambien ideas sobre el cuidado de los niños.

molestias o le sube la fiebre por encima de los 100° Fahrenheit, lo más probable es que estos síntomas no se deban a que le están saliendo los dientes, por lo que debería informar al pediatra.

¿Cómo se le deben lavar los dientes a un bebé? Simplemente cepillándolos con un cepillo suave para niños o pasándoles una gasa al final del día. Para evitar que le salgan caries, no deje que su hijo se duerma con el biberón en la boca, sea durante el día o por la noche. Evitando este tipo de situaciones, la leche no se le quedará entre los dientes creando un campo de cultivo idóneo para la formación de caries.

Columpios y corrales

Muchos padres encuentran que los columpios mecánicos, sobre todo aquellos que se pueden acoplar al moisés, pueden calmar a un bebé que llora desconsoladamente cuando todo lo demás ha fracasado. Si piensa usar uno de estos aparatos, no coloque a su hijo en la silla del columpio sino hasta que sepa sentarse solo (generalmente entre los siete y los nueve meses). Utilice sólo columpios estables y que se coloquen sobre el suelo, no los que se cuelgan de los marcos de las puertas. Además, no utilice el columpio durante más de media hora ni más de dos veces al día; aunque puede calmar a un bebé, no substituye la atención de unos padres.

Cuando su hijo empiece a desplazarse de un sitio a otro, probablemente necesitará un corral. Incluso antes de que su hijo gatee o ande, un corral es un lugar seguro donde puede estar estirado o sentado, tanto en casa como al aire libre. (Véase *Corrales,* en la página 394, para recomendaciones específicas). Acuérdese de no dejarlo nunca con los laterales bajados. Probablemente si se acostumbra a estar en el corral ahora, estará más dispuesto a quedarse en él cuando crezca. Pero no se ilusione. Aunque a algunos bebés no les importa estar metidos en un corral, otros se resisten vigorosamente.

Comportamiento

Disciplina

A medida que su hijo se vuelva más activo, más móvil y más curioso, también se volverá más asertivo. Esto es maravilloso para su autoestima y es algo que usted debería fomentar al máximo. Sin embargo, cuando quiera hacer algo que sea peligroso o que pueda molestar al resto de la familia, usted deberá tomar cartas en el asunto.

Durante los primeros seis meses, la mejor forma de afrontar este tipo de conflictos es distraer al bebé con un juguete o una actividad alterna. Las técnicas de disciplina estándar no empiezan a surtir efecto sino hasta que aumenta el alcance de la memoria del bebé, alrededor de los siete meses de edad. Sólo a partir de este momento podrá utilizar una mayor variedad de técnicas para erradicar el comportamiento no deseado.

Cuando, finalmente, decida empezar a impartir disciplina, no lo haga con "mano dura". A menudo, el enfoque adecuado consiste en reforzar siempre la conducta deseada, reteniendo las recompensas cuando su hijo no se comporte de la forma deseada. Por ejemplo, si su hijo llora sin motivo aparente, asegúrese de que no tiene alguna molestia física; y, cuando deje de llorar, recompénsele con atención extra, palabras cariñosas y abrazos. Si vuelve a ponerse a llorar, espere un poco más antes de dedicarle su atención y háblele con voz firme. Esta vez, no lo recompense con atención extra, ni abrazos.

El principal objetivo de la disciplina es fijarle a su hijo unos límites claros, así que debe ayudarlo a entender exactamente qué es lo que está haciendo mal cada vez que viole una norma. Si hace algo que no está permitido, como tirarle del pelo, hágale saber que no está bien diciéndole "no" con voz serena, impídale que lo siga haciendo y dirija su atención hacia otra actividad aceptable.

Si su hijo está tocando o metiéndose en la boca algo que no debe, apártele la mano suavemente mientras le dice que no está permitido coger ese objeto en particular. Pero, puesto que quiere estimularlo a que toque *otras* cosas, evite decirle "No se toca". Frases más concretas, tales como "La flores no se comen" o "Las hojas no se comen", trasmiten mensajes que no lo confunden.

Puesto que a esta edad es relativamente fácil modificar su comportamiento, es un buen momento para establecer su autoridad. Pero trate de no tener reacciones exageradas. Su hijo todavía es demasiado pequeño para portarse mal intencionadamente y, si le grita o lo castiga, no va a entender nada. Por lo tanto, aunque debe ser firme y consistente, cuando lo corrija, también deberá mantener la calma y ser cariñoso con él. Si su hijo aprende ahora que es usted quien tiene la última palabra, será mucho mejor para ambos cuando, más adelante, se vuelva más testarudo.

Hermanos

Si su hijo tiene un hermano o hermana mayor, es posible que en esta etapa empiece a percibir señales cada vez más claras de rivalidad. Antes, su hijo era más dependiente, dormía muchas horas y no requería constantemente su atención. Pero ahora que se ha vuelto más exigente, deberá racionar su tiempo y energía para que pueda atender a cada niño individualmente, así como o toda la familia junta. Esto es más importante —y mucho más difícil— si usted regresa a trabajar.

Una forma de dedicarle una atención extra a su hijo mayor es encargarle tareas especiales "de hermano mayor", en las que no pueda participar el bebé. Así podrá pasar tiempo a solas con aquél y, al mismo tiempo, adelantar las tareas domésticas. No se olvide de demostrarle a su hijo mayor lo mucho que valora su ayuda.

También puede fomentar la relación entre ambos hermanos incluyendo al mayor en actividades con el bebé. Por ejemplo, el bebé puede disfrutar al escucharlos leer juntos un cuento o cantar una canción. También puede pedirle al hermano mayor que colabore en algunas tareas relacionadas con el cuidado del bebé, por ejemplo, a la hora del baño o cuando le cambie los pañales. Pero, a no ser que su hijo mayor tenga por lo menos diez años, no lo deje a solas con el bebé, incluso aunque él insista en que quiere ayudar. Un niño pequeño puede dejar caer a un infante o hacerle daño sin darse cuenta.

Alertas de Salud

No le sorprenda que su hijo atrape su primer resfriado o su primera infección de oído poco después de cumplir cuatro meses. Ahora, que puede agarrar objetos por su cuenta, entrará en contacto con muchos más objetos y personas, por lo que será más probable que contraiga enfermedades infecciosas.

La mejor forma de proteger a su hijo es mantenerlo alejado de cualquier persona que está enferma. Tenga cuidado especial con las enfermedades infecciosas como la varicela, y el sarampión (véase *Varicela,* página 689; *Sarampión,* página 696 y 704). Si alguien del grupo de juegos de su hijo contrae alguna de estas enfermedades, mantenga a su hijo alejado del grupo hasta comprobar que no ha habido ningún contagio.

De todos modos, por mucho que usted intente proteger a su hijo, habrá veces en que se enferme. Las enfermedades son parte inevitable del crecimiento y se presentarán más a menudo a medida que su hijo se relacione con otros niños. No siempre es fácil saber si un bebé está enfermo, pero hay algunos signos que pueden ayudar a saberlo. ¿Está pálido u ojeroso? ¿Está más pasivo o más irritable que de costumbre? Si tiene una enfermedad infecciosa, probablemente tendrá fiebre (véase el Capítulo 20 "Fiebre") y podría perder peso debido a falta de apetito, diarrea y/o vómitos. Algunas infecciones pulmonares o renales difíciles de detectar impiden que los bebés ganen peso. A esta edad, la pérdida de peso también puede obedecer a que el bebé tiene problemas digestivos, como una alergia a las proteínas del trigo o la leche (véase *Alergia a la leche,* página 526), o a que carece de las enzimas digestivas necesarios para procesar ciertos alimentos sólidos. Si sospecha que su hijo está enfermo pero no sabe qué es lo que le pasa exactamente, o si tiene alguna duda sobre su estado de salud, llame al pediatra y descríbale los síntomas que le preocupan.

Las enfermedades más comunes a esta edad son las siguientes (todas se describen en la segunda parte de este manual)

Bronquiolitis
Resfriados
  (Infecciones de las vías
  respiratorias altas)
Conjuntivitis
Crup
Diarrea
Dolor de oído
  (Infección de oído)
Fiebre
Infecciones de origen viral
Vómitos
Neumonía

Su bebé y los antibióticos

Los antibióticos son unos de los medicamentos más importantes y efectivos. Cuando se utilizan adecuadamente, pueden salvar vidas, pero, si se utilizan mal, pueden ser muy perjudiciales.

La mayoría de las infecciones son provocadas por dos tipos de gérmenes: los virus y las bacterias. Los virus provocan todos los resfriados y la mayoría de los dolores de garganta y toses. Las infecciones virales más comunes no se curan con antibióticos. Su hijo se recuperará de la infección viral cuando la enfermedad haya seguido su curso. *Los antibióticos no deben utilizarse para tratar infecciones virales.*

Los antibióticos pueden utilizarse para tratar infecciones bacterianas, pero algunas cepas de bacterias se han hecho resistentes a ciertos antibióticos. Si su hijo sufre una infección provocada por una bacteria resistente a los antibióticos, es posible que le tengan que tratar en un hospital, con medicinas más fuertes por vía intravenosa. Hay un número reducido de cepas de bacterias que son intratables. Para proteger a su hijo contra estas bacterias resistentes a los antibióticos, déle antibióticos sólo cuando el pediatra crea que pueden ser eficaces, puesto que el uso repetido o inadecuado de los antibióticos contribuye a la proliferación de bacterias resistentes.

¿Cuándo conviene administrar antibióticos? ¿Cuándo no conviene?

Éstas son preguntas que debe responder el pediatra, puesto que su respuesta depende del diagnóstico específico de la afección que tenga su hijo. Si cree que su hijo podría requerir tratamiento, póngase en contacto con su pediatra.

- *Infecciones de oído:* La mayoría requieren tratamiento con antibióticos, pero algunas no.

- *Sinusitis:* Los antibióticos son necesarios en los casos más graves o persistentes, pero el mero hecho de que su bebé tenga mucosidad de color amarillo o verde no significa necesariamente que tenga una infección de origen bacteriano. Es normal que la mucosidad se espese y cambie de color a lo largo de un resfriado de origen viral.
- *Bronquitis:* Los niños rara vez necesitan tomar antibióticos cuando tienen bronquitis.
- *Dolor de garganta:* La mayoría de los casos son de origen viral. Sólo los provocados por estreptococos, que se deben diagnosticar con una prueba de laboratorio, requieren antibióticos.
- *Resfriados:* Los resfriados son provocados por viruses y pueden durar hasta más de dos semanas. Los antibióticos no tienen ningún efecto sobre los resfriados. El pediatra le indicará cómo puede aliviar los síntomas mientras la enfermedad sigue su curso.

Las infecciones virales pueden desembocar a veces en infecciones bacterianas. De todos modos, no deben tratarse con antibióticos para prevenir la infección bacteriana ulterior, ya que esto, aparte de no curar la infección viral propiamente dicha, puede fomentar el desarrollo de infecciones provocadas por cepas de bacterias resistentes a los antibióticos. En el caso de que la enfermedad empeore y/o dure demasiado, mantenga informado al pediatra para que le indique el tratamiento a seguir.

Si el pediatra le receta antibióticos, asegúrese de que su bebé se tome todas las dosis prescritas. Nunca guarde antibióticos para usarse mas tarde.

Atención a las vacunas

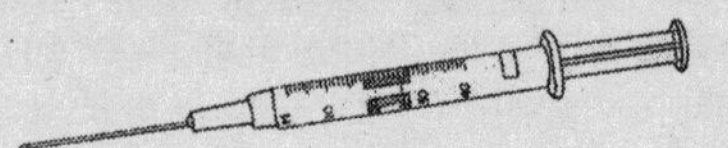

Cuando su hijo tenga cuatro meses, debe recibir:

- La segunda dosis de DTPa
- La segunda dosis de la vacuna contra la poliomielitis.
- La segunda dosis de la vacuna contra la Hib.
- La segunda dosis de la vacuna contra pneumococo.

Y a los seis meses:

- La tercera dosis de la DTPa
- La tercera dosis de la vacuna contra la poliomielitis (generalmente se administra ente los seis y los dieciocho meses)
- Es posible que se tenga que administrar una tercera dosis de la vacuna contra la Hib, dependiendo del tipo de vacuna que se utilizó en las dos primeras dosis.
- La tercera dosis de la vacuna contra la Hepatitis B puede administrarse entre los seis y los dieciocho meses.
- Tercera dosis de la vacuna contra pneumococo

Cuestiones de seguridad

Viajar en auto

- Lleve a su hijo en un asiento protector que cumpla todos los requisitos de seguridad y esté correctamente colocado. Sujételo bien con los arneses y el cinturón antes de poner el auto en marcha. El asiento protector debe estar orientado en el sentido opuesto al de la marcha (mirando hacia atrás) hasta que su hijo pese 20 libras y haya cumplido un año. El asiento trasero es el sitio más seguro para todo niño. No coloque nunca un asiento protector en el asiento delantero de un auto dotado de *bolsas de aire* para el acompañante.

Caídas

- No deje nunca a su hijo sobre una superficie que esté por encima del nivel del suelo, como una mesa o la cuna con la barandilla bajada. En el caso de que su hijo se caiga, si usted detecta algo anormal en su comportamiento, llame inmediatamente al pediatra.

Quemaduras

- No cargue nunca a su hijo mientras esté fumando, bebiendo algo caliente o cocinando.
- Para evitar quemar al bebé cuando lo bañe, gradúe el termostato de su casa a menos de 120° Fahrenheit.

Atragantamientos

- Nunca le dé a su hijo alimentos u objetos pequeños con los que se pueda atragantar. Todos los alimentos que le dé deben ser molidos o majados o ser lo suficientemente blandos como para que los pueda tragar sin masticarlos.

Ahogamientos

- No deje nunca a su bebé solo en la bañera o cerca de ninguna acumulación de agua, por muy poco profunda que parezca. Los infantes pueden ahogarse en unas pocas pulgadas de agua.

9

De los ocho a los doce meses

Durante estos meses, su bebé será cada vez más activo, lo que será todo un reto para ambos. Poderse mover de un sitio a otro le dará a su hijo una maravillosa sensación de poder y control —su primera experiencia real de independencia física. Y, aunque esto será emocionante para él, en esta etapa también tenderá a sentir miedo de separarse de usted. Por lo tanto, por muy deseoso que esté de moverse por sí solo y de explorar los confines más alejados de sus dominios, a menudo se sentirá desconsolado cuando se aleje demasiado de usted o usted lo haga de él.

Para usted, la movilidad de su bebé puede ser motivo de orgullo y de preocupación a la vez. Gatear y andar son señales de que se está desarrollando correctamente, pero también significan que usted tendrá que "multiplicarse" para velar por su seguridad. Si todavía no ha puesto su casa "a prueba de niños", éste es el mejor momento para hacerlo (Véase el Capítulo 10, sobre cuestiones de seguridad). A esta edad, su bebé no tiene ningún sentido del peligro y muy poca memoria para recordar las advertencias de los adultos. Por lo tanto, la única forma de protegerlo de los cientos de peligros que le acechan en su casa es colocar cierres de seguridad en armarios y cajones, guardar los objetos peligrosos y delicados lejos de su alcance y vetarle completamente el acceso a las habitaciones peligrosas, como el baño, a menos que sea bajo la supervisión de un adulto.

El poner su casa "a prueba de niños" también le dará a su bebé más libertad. De este modo, conseguirá reducir la cantidad de áreas prohibidas y podrá dejar que el niño vaya haciendo sus propios descubrimientos, sin que usted tenga que estar interviniendo. El hecho de realizar estos descubrimientos por sí mismo será un buen acicate para su emergente autoestima. Usted incluso puede idear formas de fomentar estos descubrimientos, como por ejemplo:

1. Llene una alacena baja de la cocina con objetos que no impliquen peligro alguno y deje que su bebé los descubra por sí mismo.

2. Coloque varios utensilios de jardinería de juguete en un rincón del jardín para que su hijo los encuentre cuando ambos salgan al jardín.

3. Coloque cojines y almohadones de diversas medidas, texturas y colores por toda la casa para que su hijo experimente distintas formas de subirse, bajarse y desplazarse entre ellos.

Saber cuándo se tiene que guiar a un bebé y cuándo es mejor dejarlo hacer cosas por su cuenta forma parte del difícil arte de ser padre. A esta edad, su hijo será extremadamente expresivo y le dará las pistas necesarias para saber cuándo tiene que intervenir. Cuando parezca estar frustrado en lugar de entusiasmado, no lo deje batallar solo. Por ejemplo, si se pone a llorar porque la pelota se le metió debajo del sofá donde no puede alcanzarla, o porque subió las escaleras y no las sabe bajar, es claro que necesita de su ayuda. En otras circunstancias, sin embargo, es mejor dejar que sea él quien solucione sus propios problemas. No permita que la impaciencia le haga intervenir antes de que sea absolutamente necesario. Por ejemplo, puede sentirse tentado a darle de comer a su hijo de nueve meses porque es más rápido y sencillo que dejarle que intente comer solo. Sin embargo, si hace esto, le privará de la oportunidad de adquirir una nueva y valiosa habilidad. Cuantas más oportunidades le dé para que descubra, pruebe y mejore sus nuevas destrezas, más seguro de sí mismo y más aventurero será.

Crecimiento y desarrollo

Aspecto físico y crecimiento

Su bebé seguirá creciendo rápidamente durante estos meses. Un niño promedio de ocho meses pesa de 14½ a 17½ libras (6.5 Kg y 8.5 Kg.) Las niñas suelen pesar media libra menos. Al cumplir un año, un niño promedio ha triplicado el peso con el que nació y mide entre 28 y 32 pulgadas (71 y 81 cm). El crecimiento de la cabeza se hace un poco más lento con respecto a los seis primeros meses.

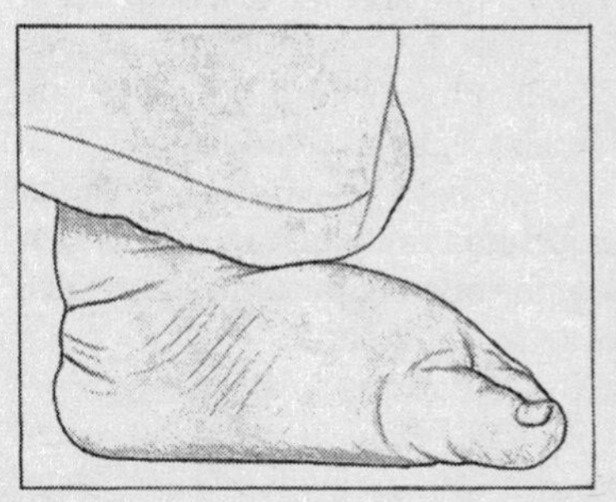

A esta edad, los pies de su hijo parecen planos porque el arco queda oculto tras una capa de grasa. Pero, en dos o tres años, esta capa de grasa desaparecerá y el arco se hará evidente.

El tamaño promedio de la cabeza de un niño de ocho meses es de 17½ pulgadas (45 cm) de circunferencia y el de un niño de un año es de 18 pulgadas (47 cm). De todos modos, insistimos en que cada niño crece a su propio ritmo, por lo que es recomendable situar las curvas de peso y de longitud de su hijo en las gráficas de crecimiento de las páginas 186 a 189 para comprobar si está siguiendo el mismo patrón de los primeros ocho meses.

La primera vez que su bebé se ponga de pie puede sorprenderle su postura. Sacará el abdomen y las nalgas y arqueará la espalda. Aunque le parezca rara, esta postura es completamente normal desde que el niño empieza a ponerse de pie hasta que desarrolla un buen sentido del equilibrio, lo que ocurre durante el segundo año.

Los pies de su bebé también pueden parecerle un poco extraños. Cuando está acostado de espaldas, es posible que los dedos de sus pies se doblen hacia adentro como si estuvieran virados. Esta tendencia, muy habitual, suele desaparecer alrededor de los dieciocho meses de edad. Si persiste, es posible que el pediatra le recomiende que practique con su hijo algunos ejercicios de pies o de piernas. Si el problema es grave, probablemente le remitirá a un ortopeda pediátrico quien, a su vez, es posible que lo corrija colocándole un yeso (véase *Pies varos,* página 681).

Cuando su bebé dé sus primeros pasos, podría notar que ahora sus pies están torcidos hacia *afuera* en lugar de hacia adentro. Esto se debe a que los ligamentos de la cadera están todavía tan laxos que las piernas rotan hacia afuera de forma natural. Durante los primeros seis meses del segundo año, estos ligamentos se fortalecerán y sus pies deberán apuntar prácticamente hacia adelante.

A esta edad, los pies de su bebé le parecerán planos porque el puente queda oculto tras una capa de grasa. Pero, en dos a tres años, esta capa de grasa desaparecerá y el puente se hará evidente.

Movimiento

Hacia los ocho meses de edad, probablemente su bebé se siente sin necesidad de apoyarse. Aunque es posible que pierda el equilibrio de vez en cuando y esté a punto de caerse, generalmente lo evitará apoyando las manos en el suelo. A medida que se fortalezcan los músculos de su tronco, empezará a inclinarse para coger juguetes. Con el tiempo descubrirá cómo dejarse caer hacia adelante para quedar sobre el estómago y cómo volverse a sentar.

Cuando esté acostado sobre una superficie plana, su bebé no parará de moverse. Cuando esté boca abajo, levantará el cuello para poder mirar a su alrededor, y cuando esté boca arriba se cogerá los pies (o cualquier otra cosa que tenga cerca) y se los llevará a la boca. Pero no se contentará con permanecer acostado de espaldas por mucho rato. Podrá darse la vuelta una y otra vez en un abrir y cerrar de ojos. Esto puede ser especialmente peligroso durante el cambio de pañales, por lo que tal vez prefiera dejar de utilizar el cambiador y pasar a cambiarlo en el suelo o en una cama, desde donde es más difícil que se caiga. Nunca lo deje solo ni por un instante.

Toda esta actividad fortalecerá los músculos de su hijo, preparándolo para gatear, habilidad que dominará entre los siete y los diez meses de edad. Durante algún tiempo se limitará a ponerse a gatas y a balancearse. Puesto que los músculos de los brazos se han desarrollado más que los de las piernas, es posible que, al principio, en lugar de impulsarse hacia delante, lo haga hacia atrás. Pero con tiempo y práctica, descubrirá que apoyándose sobre

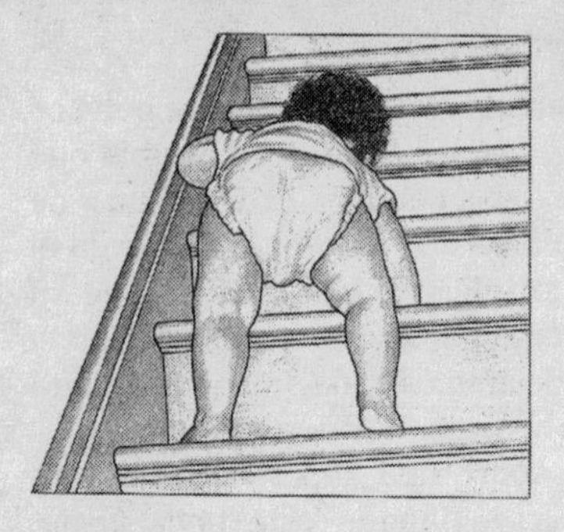

Aunque es cierto que su bebé tiene que aprender a subir y bajar escaleras, a esta edad no debe dejarle jugar a solas cerca de ellas.

las rodillas y empujando el cuerpo hacia adelante, puede desplazarse por toda la habitación en la dirección que desee.

Un número reducido de bebés nunca llegan a gatear. En lugar de ello, utilizan otros métodos para desplazarse, tales como arrastrase sobre las nalgas o deslizarse sobre el estómago. Siempre y cuando su bebé aprenda a coordinar ambos lados del cuerpo y utilice por igual ambos brazos y piernas, no hay de qué preocuparse. Lo importante es que pueda explorar el entorno por su cuenta y que vaya fortaleciendo su cuerpo como preparación para andar. Si le da la impresión de que su bebé no se desplaza con normalidad, comente sus preocupaciones con el pediatra.

¿Cómo puede estimular a su bebé para que gatee? Muéstrele objetos interesantes y déjelos fuera de su alcance. A medida que se vuelva más ágil, coloque pequeños obstáculos en su recorrido, como cojines, cajas y almohadones para que los suba o atraviese. Participe en el juego escondiéndose detrás de alguno de los obstáculos y reapareciendo con un "¡Aquí estoy!". Sin embargo, nunca lo deje solo entre estos obstáculos. Si se cae entre dos almohadones o se queda enganchado debajo de una caja, es posible que no sepa salir. Probablemente se asustaría y hasta se podría asfixiar.

Las escaleras también son una carrera de obstáculos, pero representan un peligro. Aunque es cierto que su bebé tiene que aprender a subir y bajar escaleras, a esta edad no

Pronto aprenderá a mantenerse de pie y a dar varios pasos en su dirección.

debe dejarle jugar a solas cerca de ellas. Si en su casa hay escaleras, probablemente su hijo se irá directo hacia ellas cada vez que tenga la oportunidad, por lo que es muy importante que cierre su paso colocando portones tanto en la parte de arriba como en la de abajo. Los portones de seguridad deben tener aberturas pequeñas y un travesaño firme. Los antiguos portones tipo acordeón deben evitarse, puesto que los niños pueden estrangularse al meter la cabeza por sus aberturas (véase la ilustración del Capítulo 10, página 389 a 390).

Como sustituto de las escaleras, deje que su bebé practique subiendo y bajando escalones construidos con cubos de espuma o cajas de cartón resistente forradas de tela. Cuando su bebé tenga aproximadamente un año y se haya convertido en un "gateador" experto, le podrá enseñar a bajar las escaleras reales desplazándose hacia atrás. Probablemente tendrá varios tropiezos antes de entender la lógica de que los pies han de ir antes que la cabeza. Por lo tanto, es mejor que empiece a practicar en escaleras con alfombra y sólo en los primeros peldaños. Si las escaleras de su casa no son alfombradas, deje que su hijo practique esta habilidad cuando vayan de visita a otra casa donde las haya.

Hitos relacionados con el movimiento hacia el final de este período

- Se sienta solo sin necesidad de ayuda
- Se arrastra hacia adelante apoyándose sobre el vientre
- Adopta la postura de gatear
- Se arrastra apoyándose en manos y rodillas
- Si está sentado, puede colocarse en posición de gatear o estirarse boca abajo
- Se empuja hasta ponerse de pie

Aunque el hecho de gatear modificará enormemente la visión que tendrá su bebé del mundo que le rodea y de lo que puede hacer en él, no espere que se contente con eso durante mucho tiempo. Verá que todo el mundo que le rodea se desplaza andando y eso es lo que él querrá hacer. Preparándose para este gran paso, aprovechará cualquier oportunidad para ponerse de pie, aunque las primeras veces que lo haga no sabrá cómo volver a sentarse. Si se pone a llorar pidiendo ayuda, demuéstrele cómo doblar las rodillas para que pueda volver al suelo sin caerse. Si le enseña a hacer esto, se ahorrará muchas excursiones nocturnas a la habitación de su hijo, cuando se ponga a llorar porque no sabe cómo sentarse después de haberse puesto de pie en la cuna.

Cuando ya se sienta seguro estando de pie, su bebé intentará dar algunos pasos sosteniéndose de algo. Por ejemplo, cuando usted no le dé la mano, se desplazará cogiéndose de los muebles. Compruebe que lo que pueda usar como apoyo no tiene bordes cortantes y que es estable o está bien sujeto al piso o pared para que no se le caiga encima.

A medida que el equilibrio de su bebé mejora, se soltará brevemente, volviéndose a apoyar en cuanto se sienta

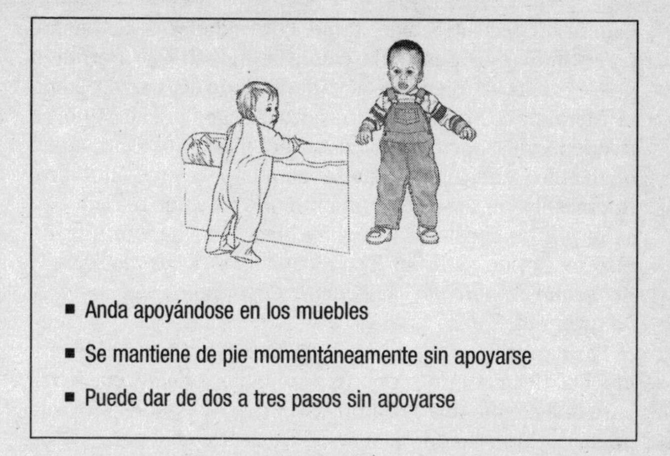

- Anda apoyándose en los muebles
- Se mantiene de pie momentáneamente sin apoyarse
- Puede dar de dos a tres pasos sin apoyarse

inseguro. Los primeros pasos que dé sin ningún apoyo serán muy temblorosos. Al principio puede dar sólo un paso y caerse con gesto de sorpresa o de alivio. Pero pronto aprenderá a dar varios pasos seguidos avanzando hacia donde usted está. Por milagroso que pueda parecer, la mayoría de los niños pasan de los primeros y titubeantes pasos a caminar con bastante seguridad en cuestión de días.

Aunque ambos estarán entusiasmados con este progreso tan espectacular, habrá momentos en que usted se desespere, sobre todo cuando su hijo tropiece y se caiga. Por mucho que se esfuerce en proporcionarle a su hijo un entorno seguro y mullido, durante este período es casi imposible evitar los golpes y moretones. Enfrente estos accidentes como algo natural. Déle un abrazo rápido o una palabra de aliento y deje que siga intentándolo. A su hijo no le afectarán demasiado las caídas si usted no exagera el asunto.

A esta edad, o incluso antes, muchos padres empiezan a usar andadores. Contrario a lo que sugiere su nombre, estos aparatos no enseñan a caminar a los bebés. Aunque fortalecen las pantorrillas, no fortalecen los músculos de los muslos ni los de las caderas, que son los que se usan al caminar y necesitan ejercitarse. Los andadores, de hecho, no estimulan el deseo de caminar, puesto que permiten que el niño se desplace sin demasiado esfuerzo. Como si fuera poco, implican un serio riesgo, puesto que se pueden volcar fácilmente cuando el niño choca con algún obstáculo, como un juguete pequeño o una alfombra. Además, es más fácil que un niño que va en un andador se caiga por las escaleras o llegue a lugares peligrosos que, de otro modo, no estarían a su alcance. *Por estos motivos, la Academia Americana de Pediatría aconseja enfáticamente no usar andadores.*

Las carretillas o los carritos de empujar son una elección mucho mejor. Compruebe que el juguete tiene una barra para que el niño pueda empujarlo y que es estable para que no se vuelque cuando el niño se agarre de él al pararse.

En cuanto su hijo empiece a caminar, necesitará zapatos para tener los pies bien protegidos. Cuñas, suelas dobles, talones reforzados, ribetes altos, arcos especiales y otros rasgos diseñados para moldear y proteger los pies encarecen los zapatos, pero no se ha demostrado que sean beneficiosos para un niño promedio. Por lo tanto, lo mejor es buscar unos zapatos que sean cómodos y que tengan suela antideslizante, para evitar resbalones. Los zapatos tenis son una buena elección. Los pies de su hijo crecerán muy deprisa durante los próximos meses y sus zapatos tendrán que ir cambiando a este ritmo. Aunque su primer par de zapatos le durará probablemente dos o tres meses, durante este período de rápido crecimiento debe comprobar mensualmente si todavía le quedan bien o si ya son muy pequeños.

Muchos niños dan sus primeros pasos cuando tienen aproximadamente un año de edad, pero es completamente normal que empiecen un poco antes o un poco después. Al principio, su bebé andará con los pies muy separados, para mantener su todavía precario equilibrio. Durante los primeros días y semanas, es posible que ande demasiado rápido de forma involuntaria y que se caiga cuando intente detenerse. Conforme vaya adquiriendo seguridad, aprenderá a parar y cambiar de dirección. No tardará mucho en aprender a agacharse para coger algo y después volverse a incorporar. Cuando domine este nivel de habilidad, se divertirá mucho con los juguetes de arrastre. Cuanto más ruidosos sean, mejor.

Habilidades manipulativas

Aprender a ponerse de pie, a gatear y a dar los primeros pasos, son los logros más espectaculares de este período, pero no ignore todas las cosas maravillosas que su hijo aprenderá a hacer con las manos. Al principio de este período su hijo todavía cogerá los objetos de una forma un tanto torpe, utilizando toda la mano, pero al final de este período aprenderá a coger las cosas con precisión utilizando el pulgar y el índice. Usted lo descubrirá practicando el movimiento de pinza con cualquier objeto pequeño que caiga en sus manos, desde motas de polvo hasta trozos de cereal, e incluso es posible que intente chasquear los dedos si usted le enseña a hacerlo.

Cuando su bebé aprenda a abrir los dedos a voluntad, disfrutará enormemente tirando y lanzando cosas. Si usted le deja juguetes pequeños en la bandeja de la silla de comer o en el corral, los tirará al suelo y después gritará para que alguien se los alcance a fin de poder tirarlos otra vez. Si tira objetos duros, como bloques, puede causar algún daño y en su casa aumentará considerablemente el nivel de ruido. Su vida será un poco más tranquila si dirige la atención de su hijo hacia objetos blandos, como pelotas de distintos tamaños, colores y texturas. (Incluya algunas que tengan cuentas o campanitas dentro y que suenen al rodar). Una actividad que, aparte de ser divertida, permite observar las crecientes habilidades de un bebé de esta edad, es sentarse en el suelo y hacer rodar una pelota hacia donde él está. Al principio, la golpeará al azar, pero, al final, aprenderá a impulsarla para que ruede en la dirección en que se encuentra usted.

Hitos relacionados con la manipulación hacia el final de este período

- Utiliza el agarre de pinza fina o de precisión
- Golpea un bloque contra otro
- Introduce objetos en recipientes
- Extrae objetos de recipientes
- Suelta objetos voluntariamente
- Hurga con el índice
- Trata de hacer garabatos

Al mejorar su coordinación, su bebé ahora podrá explorar los objetos que encuentre a su paso con gran detenimiento. Los recogerá, los agitará en el aire, golpeará unos contra otros, se los cambiará de mano. Le intrigarán especialmente los juguetes que tengan partes móviles, como ruedas que giran, palancas y bisagras que se abren y cierran. También le fascinará meter los dedos entre agujeros y, cuando sea aún más diestro, introducir o dejar caer objetos a través de huecos.

Los bloques son otro de los juguetes favoritos de los niños de esta edad. De hecho, no hay nada que incite más a gatear a un bebé que una torre de bloques esperando a ser derribada. Hacia el final de este período, es posible que su hijo hasta empiece a construir torres apilando varios bloques.

Desarrollo lingüístico

Hacia el final del primer año, su bebé empezará a indicar qué quiere señalando o haciendo gestos en la dirección del objeto deseado. También imitará muchos de los gestos que ve hacer a los adultos mientras hablan. Sin embargo, esta forma no verbal de comunicarse sólo es una técnica temporal que utilizará hasta que aprenda a expresar sus mensajes en palabras.

Los ruiditos y balbuceos de su bebé darán paso a la pronunciación de sílabas reconocibles, tales como "ba", "da", "ga", "pa" y "ma". Es posible que diga alguna palabra completa, como "mama" o "tata", de forma accidental y, al ver el entusiasmo que suscita en su audiencia, se dé cuenta de que ha dicho algo significativo. Muy pronto comenzará a decir "mama" para captar su atención. A esta edad, también puede pasarse un día entero diciendo "mama" sólo por practicar. Al final acabará usando las palabras sólo cuando quiera trasmitir lo que éstas significan.

Aunque usted le ha hablado a su bebé desde que era recién nacido, durante este período empezará a entender muchas más cosas y, por lo tanto, sus conversaciones adquirirán un significado completamente nuevo. Antes de que sepa decir muchas palabras, su bebé entenderá mucho más de lo que usted pueda sospechar. Por ejemplo, observe cómo reacciona cuando usted nombra su juguete favorito que está en la otra punta de la habitación. Si el bebé lo mira, significa que le ha entendido. Para fomentar su comprensión, háblele lo máximo posible. Cuéntele lo que pasa a su alrededor, especialmente cuando lo bañe, lo cambie y lo alimente. Utilice un lenguaje simple y concreto: "Te estoy secando con la toalla azul grande. ¡Qué suave es!". Póngale un nombre concreto a objetos y juguetes familiares, e intente ser consistente. Es decir, si hoy llama gato a la mascota de la familia, no le llame gatito mañana.

Los libros de ilustraciones pueden estimular este proceso de aprendizaje, reforzando la comprensión incipiente de que todas las cosas tienen su nombre. Busque libros que tengan páginas de cartón, tela o vinilo, para que su bebé pueda pasar las hojas por su cuenta. Intente también que tengan dibujos sencillos pero vistosos de cosas que su hijo pueda reconocer.

Cuando le lea o le explique algo a su bebé, déle muchas oportunidades de participar en la conversación. Hágale preguntas y escuche sus respuestas, o deje que sea él quien lleve la voz cantante. Por ejemplo, si dice "Gaagaagaa", repita lo mismo y observe lo que hace. Es cierto que estos intercambios en apariencia no tienen sentido, pero le transmiten a su bebé el mensaje de que la comunicación es un proceso de dos vías y que usted valora su participación. Además, al prestar atención a lo que le dice su hijo, podrá identificar mejor las palabras que es capaz de entender y reconocer sus primeras palabras.

Las primeras palabras de su bebé pocas veces serán en perfecto español. Para su hijo, una "palabra" es cualquier sonido que se refiere consistentemente a la misma persona, objeto o acontecimiento. Por lo tanto, si su hijo dice "tete"

Hitos relacionados con el lenguaje hacia el final de este período

- Cada vez presta más atención a lo que se dice a su alrededor
- Responde a peticiones verbales simples
- Reacciona ante el "no"
- Utiliza gestos simples, tales como mover la cabeza de un lado a otro para decir "no"
- Balbucea con entonación
- Dice "dada" y "mama"
- Utiliza exclamaciones, tales como "¡Oh-oh!"
- Intenta imitar palabras

cada vez que quiere leche, esta palabra debería tratarse con todo el respeto de una palabra legítima. Sin embargo, cuando usted le hable sobre la leche, utilice la palabra correcta y, al final, él mismo acabará corrigiéndose.

La edad en la que los niños empiezan a decir palabras reconocibles varía mucho. Algunos tienen un vocabulario de una o dos palabras al cumplir su primer año, pero lo más frecuente es que a esta edad el habla de un bebé parezca una algarabía en la que sólo se reconocen las inflexiones y las variaciones del lenguaje. Conforme vaya experimentando con sonidos de intensidad, tono y timbre variables, irá preparándose para hablar como tal. Cuanto más le conteste usted como si él le hablara de verdad, más estimulará su deseo de comunicarse.

Desarrollo cognoscitivo

Un bebé de ocho meses es muy curioso, pero el alcance de su atención todavía es muy limitado, por lo que cambia constantemente de actividad. Pasará de dos a tres minutos como máximo jugando con el mismo juguete y enseguida encontrará otra cosa que le llame la atención. A los doce meses de edad, aunque será capaz de pasarse hasta quince minutos jugando con la misma cosa, la mayor parte del tiempo seguirá siendo un cuerpo en movimiento, lo que es totalmente normal.

Irónicamente, aunque los fabricantes de juguetes no dejan de sorprendernos con la multitud de juguetes nuevos y caros, los objetos que más fascinan a los niños de esta edad son los utensilios domésticos corrientes, como las cucharas de madera, las cajas de huevos y los recipientes de plástico de todas las formas y tamaños. A su bebé le interesarán sobre todo las cosas que difieran levemente de los objetos que ya conoce. Por lo tanto, si nota que empieza a cansarse de jugar con el envase de avena, puede renovar su interés metiendo una pelota dentro del envase o convirtiéndolo en un juguete de arrastre atándole un cordel. Estos cambios le ayudarán a detectar las pequeñas diferencias existentes entre lo

Jugando a las escondidas

Hay muchas variaciones del juego de escondidas que puede hacer con el bebé a esta edad. A medida que se vuelve más activo y vivaz, propóngale juegos en que sea él quien lleve la voz cantante. He aquí algunas sugerencias:

1. Cúbrale la cabeza con un pañuelo suave y pregúntele: "¿Dónde está el bebé?". En cuanto entienda en qué consiste el juego, se quitará el pañuelo y sacará la cabeza sonriendo.
2. Con el bebé estirado boca arriba y de cara a usted, levántele las dos piernas —"Arriba, arriba"— y júnteselas de modo que no pueda verle la cara. Entonces, ábraselas de golpe: "¡Cu-cu!". En cuanto capte la idea, él mismo abrirá las piernas para verle. (Éste es un buen juego a la hora de cambiarle los pañales).

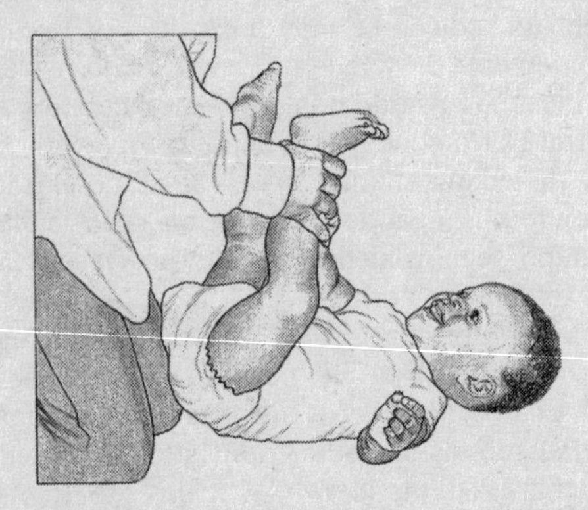

3. Escóndase detrás de una puerta o un mueble, dejando a la vista un pie o un brazo a modo de pista. ¡Al bebé le encantará ir a buscarlo!
4. Esconda la cabeza debajo de una toalla grande y deje que su hijo tire de ella. Luego intercambien los roles, de tal modo que sea él quien se esconda y usted quien tire de la toalla.

conocido y lo nuevo. Así mismo, cuando le compre un juguete nuevo, tenga presente que, si le ofrece un objeto demasiado parecido a los que ya tiene, le echará un vistazo y luego lo ignorará, mientras que si es demasiado extraño es posible que se sienta confundido e, incluso, asustado. En lugar de ello, ofrézcale objetos y juguetes que le permitan ir ampliando sus horizontes.

Muchas veces su bebé no necesitará de su ayuda para descubrir objetos que encajen en este nivel intermedio de novedad. De hecho, en cuanto aprenda a gatear, iniciará su búsqueda de cosas nuevas. Meterá las narices en los cajones, vaciará las papeleras, esculcará las alacenas de la cocina y realizará elaborados experimentos con todo lo que encuentre en su camino. (Asegúrese de que no hay nada peligroso en los recipientes que encuentre y no le quite los ojos de encima mientras se dedica a estas actividades). Nunca se cansará de dejar caer, hacer rodar, tirar, sumergir o agitar objetos para ver lo que ocurre. A usted esto le puede parecer un juego sin demasiado sentido, pero es la única forma que tiene su bebé de averiguar cómo funciona el mundo. Como todo buen científico, analizará las propiedades de los objetos y, a partir de sus observaciones, irá desarrollando nociones acerca de las formas (algunas cosas ruedan y otras no), las texturas (algunas cosas son rugosas, otras son suaves), y el tamaño (algunas cosas caben dentro de otras). Hasta aprenderá que algunas cosas se pueden comer y otras no, aunque seguirá metiéndoselo todo en la boca para comprobarlo. (De nuevo, asegúrese de que no haya por ahí nada peligroso que se pueda meter en la boca.)

Las continuas observaciones de su hijo durante estos meses también le ayudarán a entender que los objetos siguen existiendo incluso cuando no los puede ver. Este concepto recibe el nombre de "permanencia de objeto". Cuando su bebé tenga ocho meses, si usted esconde un juguete debajo de un pañuelo, él levantará el pañuelo y cogerá el juguete que había debajo, una reacción que no habría tenido tres meses atrás. Pero si esconde el juguete

Hitos cognoscitivos hacia el final de este período

- Explora los objetos de diversos modos (agitándolos, golpeándolos unos contra otros, tirándolos, dejándolos caer)
- Encuentra objetos escondidos con facilidad
- Mira la ilustración correcta cuando se nombra el motivo ilustrado
- Imita gestos

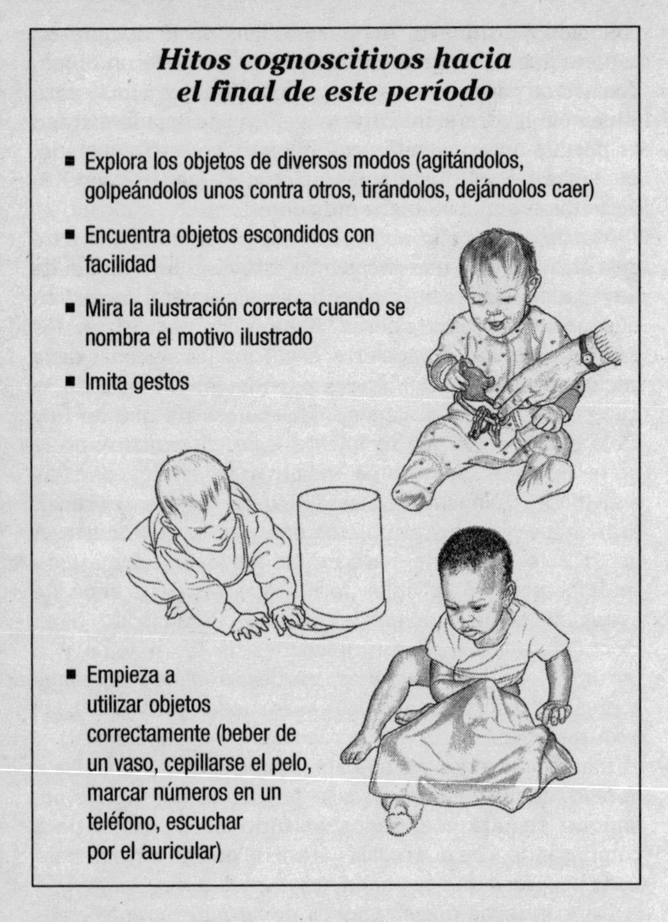

- Empieza a utilizar objetos correctamente (beber de un vaso, cepillarse el pelo, marcar números en un teléfono, escuchar por el auricular)

debajo del pañuelo y lo cambia de sitio sin que su bebé se dé cuenta, cuando levante el pañuelo y vea que no está, se quedará confundido. A los diez meses, estará tan seguro de que el objeto tiene que estar en alguna parte, que seguirá buscándolo. Para ayudarle a su hijo a dominar la "permanencia de objeto", juegue con él a taparse y destaparse la cara. Si va introduciendo variaciones en la forma de jugar, conseguirá mantener el interés del niño.

A medida que su bebé se acerque a su primer cumpleaños, irá haciéndose más consciente de que las cosas no sólo tienen nombres, sino que también tienen funciones particulares. Esto se pondrá de manifiesto en sus juegos, que reflejarán una forma muy incipiente de fantasía. Por ejemplo, en lugar de tratar a un teléfono de juguete como un objeto interesante para morderlo, empujarlo o golpearlo, su bebé se pondrá el auricular en la oreja tal y como le ha visto hacer a usted. Puede fomentar este tipo de actividades facilitándole accesorios indicados —un peine, un cepillo de dientes, un vaso, una cuchara— y convirtiéndose en un espectador entusiasta de sus representaciones.

Desarrollo socio-emocional

Durante estos cuatro meses, habrá momentos en que le dará la impresión de que su bebé tiene dos personalidades distintas. A veces es abierto, cariñoso, extrovertido y comunicativo con usted, pero ansioso, pegajoso, miedoso y tímido con las personas y objetos desconocidos. Algunas personas le dirán que su hijo es miedoso y tímido porque usted lo está mimando demasiado, pero no les haga caso. Esta enorme variabilidad en el patrón de comportamiento de su hijo no se debe al modo en que usted lo está educando; obedece a que ahora, por primera vez en su vida, es capaz de apreciar la diferencia entre lo familiar y lo desconocido. De hecho, las ansiedades y los miedos predecibles de este período no son más que una señal de la sana relación que su hijo mantiene con usted.

La ansiedad ante los desconocidos es uno de los primeros hitos del desarrollo emocional de un bebé. Tal vez usted crea que algo anda mal, pues a los tres meses su hijo se relacionaba sin problemas con todo el mundo y ahora empieza a ponerse tenso cuando se acerca un desconocido. Es algo normal a esta edad y no tiene por qué preocuparse. Hasta los parientes y niñeras con quienes su hijo estaba a sus anchas hace algunos meses, pueden provocar ahora reacciones de miedo y llanto, sobre todo si se le acercan bruscamente.

Las ansiedades y los miedos predecibles de este período son una señal de la sana relación que su hijo mantiene con usted.

Aproximadamente al mismo tiempo, su hijo se volverá mucho más "pegajoso" cuando tenga que separarse de usted. Es el principio de la ansiedad de separación. Del mismo modo que está empezando a entender que cada objeto es único y permanente, también ha descubierto que usted es único. Cuando no le puede ver, sabe que usted está en *algún sitio*, pero no con él, y esto lo inquieta mucho. El sentido del tiempo de un niño de esta edad es tan limitado, que no sabe cuándo volverá usted o si volverá. Cuando sea un poco mayor, el recuerdo de las experiencias previas con usted le tranquilizará cuando usted esté ausente y podrá anticipar su regreso. Pero por ahora, su hijo sólo tiene conciencia del presente, por lo que, cada vez que le pierda de vista —incluso si es sólo para coger algo en la habitación de al lado— empezará a hacer aspavientos y a llorar. Si lo deja con alguna otra persona, es posible que se ponga a gritar como si se le estuviera partiendo el corazón. Por las noches, a la hora de acostarlo, se resistirá a que usted se marche de su habitación y es posible que se despierte a media noche buscándole.

¿Cuánto tiempo debería durar esta ansiedad de separación? Suele manifestarse con mayor intensidad entre los diez y los dieciocho meses y luego va desapareciendo hacia el final del segundo año. En cierto modo, esta fase del desarrollo emocional de su hijo será muy tierna para ambos, pero puede ser dolorosa. De hecho, el deseo que tiene su hijo de estar siempre a su lado no es otra cosa que la manifestación del apego que siente por su primer y gran amor: usted. La intensidad de los sentimientos que experimenta cuando se echa en sus brazos es irresistible para él, sobre todo si tenemos en cuenta que nadie —incluyéndolo a él mismo— volverá a considerarle una persona tan perfecta como su hijo cree ahora que es usted. Al mismo tiempo, es posible que le agobie que su bebé esté tan apegado a usted y se sentirá culpable cada vez que lo tenga que dejar llorando por su ausencia. Afortunadamente, estas tormentas emocionales acabarán junto con la ansiedad de separación. Mientras tanto, haga todo lo posible por quitarle importancia a su partida. He aquí algunas sugerencias que pueden ayudarle.

1. Es más probable que su bebé tenga ansiedad de separación cuando esté cansado, hambriento o enfermo. Si usted sabe que va a salir, organícese para que su partida tenga lugar cuando el niño haya comido y dormido. E intente estar a su lado el máximo de tiempo posible cuando caiga enfermo.

2. No haga un drama de su partida. Pídale a la persona que se va a quedar con su hijo que lo distraiga de algún modo (enseñándole un juguete o un espejo, bañándolo, etc.) Dígale adiós y váyase deprisa.

3. Recuerde que las lágrimas de su hijo desaparecerán a los pocos minutos de su partida. Si llora es para persuadirle de que se quede con él. Cuando usted desaparezca, pronto dirigirá su atención a la persona que se quede con él.

4. Ayúdele a afrontar la separación con breves sesiones de práctica. Las separaciones le resultarán más fáciles cuando sea *él mismo* quien las inicie. Por lo tanto, cuando su hijo vaya a otra habitación (que también esté "a prueba de niños") no lo siga como si

fuera su sombra; espere uno o dos minutos antes de entrar. Cuando usted tenga que salir de la habitación por unos segundos, dígale a dónde va y que volverá en seguida. Si empieza a quejarse, vuélvale a decir lo mismo en voz alta desde fuera de la habitación en lugar de volver corriendo. Poco a poco aprenderá que no ocurre nada terrible cuando usted se va e, igual de importante, que usted siempre vuelve cuando dice que lo hará.

Hitos socio-emocionales hacia el final de este período

- Es tímido o miedoso con los desconocidos
- Llora cuando se marcha la madre o el padre
- Disfruta imitando a la gente cuando juega
- Manifiesta preferencias claras por ciertas personas y juguetes
- Pone a prueba las reacciones de sus padres ante su comportamiento cuando le dan de comer (¿Qué hace usted si él rechaza la comida?)
- Pone a prueba las reacciones de sus padres ante su comportamiento en general (¿Qué hace usted si se pone a llorar en cuanto usted sale de la habitación?)
- Puede ser muy miedoso en ciertas situaciones
- Prefiere a la madre (o a quien suele hacerse cargo de él) a cualquier otra persona
- Repite sonidos y gestos para llamar la atención
- Es capaz de comer alimentos con las manos
- Estira el brazo o la pierna para colaborar cuando lo visten

5. Si lleva a su bebé a una guardería o a casa de una niñera, no se limite a llevarlo allí y a marcharse. Quédese algunos minutos jugando con él en el nuevo entorno. Cuando se marche, asegúrele que volverá a buscarlo más tarde.

Si su bebé ha establecido un vínculo de apego fuerte y sano con usted, su ansiedad de separación aparecerá antes que en otros bebés y le durará menos. En lugar de agobiarse por la posesividad de su hijo durante estos meses, tenga paciencia y continúe siendo cariñoso y manteniendo el buen humor. Con su comportamiento, le enseñará a expresar y a devolver amor. Ésta es la base emocional sobre la que se apoyará en el futuro. (Véase también *Ansiedad de separación*, página 444).

Desde el principio, usted sabía y aceptaba que su bebé era un individuo único, con rasgos de personalidad y preferencias específicas. Él, sin embargo, sólo tenía una noción muy incipiente de sí mismo como una persona distinta de usted. Pero ahora su sentido de la identidad se desarrollará notablemente. Conforme vaya adquiriendo un creciente sentido de sí mismo como individuo, más consciente será de que usted es una persona distinta de él.

Una de las señales más claras de que su hijo está empezando a tener una conciencia de sí mismo es la forma en que se mira en el espejo. Hasta aproximadamente los ocho meses, un bebé observa un espejo como cualquier otro objeto fascinante. Quizás crea que su reflejo es otro bebé o bien que se trata de una superficie mágica de luces y sombras. Pero ahora su comportamiento cambiará radicalmente, indicando que entiende que una de las imágenes que contempla es la suya. Mientras observe el espejo, por ejemplo, es posible que su bebé se toque una mancha que tiene en la nariz o se tire de un mechón de pelos. Usted puede reforzar su sentido de la identidad realizando juegos con el espejo. Por ejemplo, mientras se estén mirando juntos en el espejo, vaya tocando diferentes partes de su cuerpo y del cuerpo del niño y vaya diciendo: "Ésta es la nariz de Juan. Ésta es la nariz de mamá".

Juguetes apropiados para bebés de entre ocho y doce meses

- Juguetes que tengan piezas de distintos tamaños, formas y colores y que se puedan apilar
- Tazas, cubos y otros recipientes irrompibles

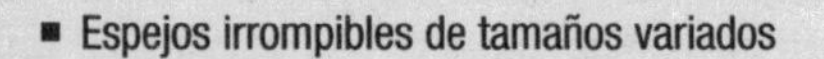

- Espejos irrompibles de tamaños variados
- Juguetes para la hora del baño, que floten, salpiquen o se puedan llenar de agua

O juegue a aparecer y desaparecer del espejo. O haga muecas delante del espejo y póngale nombre a las emociones que quiere transmitir.

A medida que pasen los meses y el autoconcepto de su bebé se vaya consolidando, tendrá menos dificultad al conocer nuevas personas y al separase de usted. También se volverá más asertivo. Antes, usted podía dar por sentado que si estaba cómodo, no le plantearía mayores problemas. Pero, a partir de ahora, casi siempre querrá que las cosas se hagan a su manera. Por ejemplo, no le extrañe si retira la cara cuando le ofrece determinados platos u objetos. Así mismo, debido a su mayor independencia de movimientos, usted no tendrá más remedio que decir “no” constantemente para mantenerlo

- Bloques grandes para construir torres y similares
- "Cajas sorpresa", que hacen ruido, se abren y se mueven
- Juguetes para apretar
- Muñecos grandes y títeres
- Carritos, camiones y otros vehículos de juguete hechos de plástico flexible, sin bordes cortantes ni partes que se puedan desmontar
- Pelotas de todos los tamaños (pero no tan pequeñas como para que se las pueda meter en la boca)
- Libros de cartón con ilustraciones grandes
- Discos, casetes, cajas de música y juguetes musicales
- Juguetes de arrastre
- Teléfonos de juguete
- Tubos de cartón o papel, cajas vacías, revistas viejas, cajas de huevos, botellas de plástico vacías (bien enjuagadas)

alejado de las cosas que no puede tocar. Pero, incluso cuando entienda perfectamente el significado de la palabra "no", es posible que las toque de todos modos. Espere y verá: esto es sólo un pequeño anticipo de las luchas de poder que le deparará el futuro.

Es posible que su bebé también empiece a asustarse de objetos y situaciones que antes no le afectaban. A esta edad, los miedos a la oscuridad, a los truenos y a los ruidos fuertes, como el de la aspiradora, son muy habituales. Más adelante, usted podrá mitigar estos temores hablando sobre ellos con su hijo, pero ahora la única solución posible es eliminar en la medida de lo posible las circunstancias que los provocan. Por ejemplo, deje una lamparita de noche encendida en la habitación de su hijo o pase la aspiradora

El primer contacto entre el bebé y su niñera

¿Va a dejar a su bebé por primera vez a solas con una niñera por unas cuantas horas? Siempre que sea posible, lo más recomendable es que su hijo se relacione por primera vez con esa persona mientras usted está presente. Lo ideal es dejar que el bebé pase cierto tiempo con la niñera durante varios días seguidos antes de dejarlos solos. Si no es posible, pase con ellos una o dos horas para que puedan irse familiarizando el uno con el otro antes de que usted se marche.

En el primer encuentro, su hijo y la niñera deben conocerse gradualmente, siguiendo estas sugerencias:

1. Tenga al bebé en el regazo mientras habla con la niñera. Busque pistas de que está tranquilo antes de que la niñera lo mire de frente. Espere a que sea su hijo quien la mire a ella o a que esté jugando tranquilamente.
2. Pídale a la niñera que hable con su hijo mientras usted lo sigue cargando. Todavía no debería acercarse a él ni intentar tocarlo.
3. Cuando su hijo parezca sentirse cómodo con la situación, déjelo en el suelo entre usted y la niñera y déle su juguete favorito. Invite a la niñera a que se acerque poco a poco hasta que ambos acaben jugando con el juguete. Si su hijo parece estar a gusto en su compañía, usted puede irse retirando poco a poco.

cuando él no esté cerca. Y, cuando no pueda protegerlo de algo que usted sabe que lo asusta, intente anticipar su reacción y esté cerca de él para calmarlo. En estos momentos, mantenga la calma para que su hijo vea que usted no tiene miedo. Si le da seguridad cada vez que oye un trueno o el ruido de un avión, el miedo de su hijo se irá mitigando paulatinamente hasta que todo lo que tenga que hacer para sentirse seguro será buscarle con la mirada.

4. Vea qué ocurre cuando usted sale de la habitación. Si su hijo no se da cuenta de que usted se ha ido, significa que la presentación ha ido sobre ruedas.

Puede seguir exactamente las mismas pautas cuando su hijo vaya a encontrarse con alguna persona que no haya visto en los últimos días, incluyendo a familiares y amigos. Los adultos suelen agobiar a los bebés de esta edad si se les acercan mucho y empiezan a hacerles ruiditos graciosos o lo que es peor, intentan cargarlos y alejarlos de sus madres. Cuando ocurra esto, no dude en intervenir. Explique a estas personas bien intencionadas que su hijo necesita tiempo para familiarizarse con la gente y que es más probable que reaccione bien si se le acercan poco a poco.

Alertas sobre el desarrollo

Puesto que cada bebé se desarrolla de una forma particular, es imposible saber exactamente en qué momento su hijo dominará completamente determinada habilidad. Los hitos de desarrollo citados en este manual le darán una idea general de los cambios que puede esperar, pero no se preocupe si su hijo sigue un patrón ligeramente distinto. En el caso de que su hijo presente alguno de los siguientes signos, que pueden indicar la *posible* existencia de un retraso del desarrollo en niños de entre ocho y doce meses de edad, informe al pediatra.

- No gatea
- Arrastra un lado del cuerpo al gatear (por más de un mes)
- No se aguanta de pie mientras le sujetan
- No busca objetos que se han escondido en su presencia
- No dice ninguna palabra aislada (como "mama" o "papa")
- No aprende a utilizar gestos, como saludar con la mano o negar con la cabeza
- No señala objetos ni dibujos

Cuidados básicos

Alimentación

A esta edad, los bebés necesitan ingerir entre 750 y 900 calorías diarias, de las cuales, entre 400 y 500 deberían proceder de la leche, sea materna o de fórmula (unas 24 onzas diarias). De todos modos, si le parece que su bebé tiene menos apetito que durante los primeros ocho meses, no se preocupe. Esto se debe a que su ritmo de crecimiento está disminuyendo, y también a que hay muchas actividades nuevas e interesantes que captan su atención.

Objetos de transición

Casi todo el mundo conoce al personaje de Lino y su manta. La arrastra por todas partes, mordisqueándola o abrazándose a ella cuando las cosas se ponen feas. Los objetos que fomentan la sensación de seguridad, como las mantas, forman parte del sistema de apoyo emocional de todo niño durante sus primeros años de vida.

Es posible que su bebé no elija precisamente una manta. Quizás prefiera un peluche o incluso el cinturón de la bata de mamá. Probablemente su hijo hará su elección entre los ocho y los doce meses de edad y conservará ese objeto especial durante años. Cuando esté cansado, le ayudará a conciliar el sueño. Cuando esté lejos de usted, le servirá para consolarse. Cuando esté asustado o molesto, le tranquilizará. Cuando se encuentre en un lugar desconocido, le ayudará a sentirse como en casa.

Estos objetos especiales se denominan "objetos de transición", porque ayudan a los niños a hacer la transición emocional de la dependencia a la independencia. Funcionan, en parte, porque son agradables al tacto: son suaves, blandos y mullidos. También son efectivos debido a la sensación de familiaridad que transmiten: Tienen el aroma de lo conocido y traen recuerdos del bienestar y la seguridad de su propia habitación. Por ello, trasmiten la sensación de que todo va a ir bien.

Alrededor de los ocho meses, es posible que usted quiera introducir en la dieta de su hijo alimentos para bebés mayores ("junior"). Éstos tienen algo más de consistencia que los alimentos que utilizaba, vienen en frascos más grandes (de 6 a 8 onzas) y exigen masticar más. También puede ampliar la dieta de su hijo añadiendo alimentos blandos, como pudines, puré de papas, yogur o gelatina. Los huevos son una excelente fuente de proteínas, pero, al principio, déle sólo la yema, ya que su

Contrario a los mitos populares, estos objetos no son una señal de debilidad o inseguridad y, por lo tanto, no hay por qué evitar que su bebé los use. De hecho, los objetos de transición pueden ser tan útiles que quizás desee ayudar a su hijo a elegir uno e incluirlo en el ritual de la hora de acostarse. Desde el principio, intente tener una manta pequeña y suave o un juguete pequeño en la cuna de su hijo. Es posible que al principio lo ignore, pero si siempre está allí, acabará cogiéndolo en algún momento.

También puede facilitar las cosas teniendo dos objetos de seguridad *idénticos.* Así podrá lavar uno mientras su hijo está utilizando el otro, evitando, de este modo, que su hijo (y usted) tenga una crisis emocional cuando le falte ese objeto. Si el bebé elige una manta grande como objeto de seguridad, podrá convertirla en dos mantas idénticas fácilmente, cortándola por la mitad. Su hijo tiene aún una noción muy limitada del concepto de tamaño y no se dará cuenta del cambio. Si elige un juguete, intente encontrar un duplicado lo más pronto posible. Si no empieza a alternarlos enseguida, su hijo podría rechazar el segundo por sentirlo muy nuevo o raro.

A los padres les suele preocupar el hecho de que los objetos de transición fomenten chuparse el dedo y, de hecho, a veces lo hacen (aunque no siempre). Pero, es importante tener presente que chuparse el dedo es una forma normal y natural que tienen los niños pequeños de tranquilizarse. Gradualmente, su hijo irá dejando tanto los objetos de transición como el hábito de chuparse el dedo, a medida que madura y encuentra otras formas de afrontar el estrés.

valor nutritivo es mayor y puede provocar menos reacciones alérgicas que la clara. Dentro de uno o dos meses ya podrá darle el huevo entero. Como dijimos antes, introduzca un solo alimento a la vez y espere dos o tres días antes de introducir otro para estar seguro de que su hijo no presenta ninguna reacción alérgica.

Cuando tenga entre ocho y nueve meses, puesto que sus habilidades manipulativas habrán mejorado notablemente, puede darle su propia cuchara y dejarle jugar con ella a las horas de las comidas. En cuanto aprenda a agarrarla, guíe su mano para que coja un poco de comida y déjele que intente comer por su cuenta. No espere grandes cosas al principio: va a caer más comida en el suelo y en la silla de comer que dentro de su boca. Colocar un plástico debajo de la silla puede facilitar las tareas de limpieza.

Tenga paciencia y resístase a la tentación de retirarle la cuchara. No sólo necesita practicar sino también saber que usted confía en que puede comer solo. Durante cierto tiempo quizás sea conveniente que vaya alternando las cucharadas de su propio hijo con las cucharadas que le vaya dando usted con una cuchara distinta. En cuanto sepa llevarse consistentemente la cuchara a la boca (lo que es posible que no ocurra sino hasta después de su primer cumpleaños), usted puede seguir llenándole la cuchara para reducir el caos y evitar desperdiciar demasiada comida. Sin embargo, deje que sea él quien se alimente como tal.

Cuando empiece a dejarle utilizar la cuchara a su hijo, probablemente las cosas irán mejor si tiene mucha hambre, pues así estará más interesado en comer que en jugar. Aunque a esta edad su bebé comerá tres veces al día, igual que el resto de la familia, es posible que usted no desee imponer a los demás miembros de la familia su comportamiento caótico a la hora de las comidas. En la mayoría de familias se llega a un punto medio, dándole al

Cuando empiece a dejarle utilizar la cuchara a su hijo, probablemente las cosas irán mejor si tiene mucha hambre, pues así estará más interesado en comer que en jugar.

bebé la mayor parte de la comida justo antes de que el resto de la familia empiece a comer y dejándole que ocupe su sitio en la mesa y vaya picando cosas que se pueden coger con las manos mientras los demás comen.

Entre los alimentos apropiados para que un bebé coma con las manos figuran tostadas, pasta bien cocida, trocitos pequeños de pollo, huevos revueltos, cereales y pedacitos de banana. Intente ofrecerle una variedad de sabores, formas, colores y texturas, y esté siempre pendiente por si se atraganta al comer un trozo demasiado grande (véase *Atragantamientos*, página 477). Así mismo, puesto que su hijo tenderá a tragarse las cosas sin masticar, no le dé nunca cucharadas de mantequilla de maní, trozos grandes de zanahoria cruda, nueces, uvas, palomitas de maíz, guisantes crudos, apio, caramelos duros u otros alimentos redondos y duros. Los atragantamientos también pueden producirse con las salchichas ("hot dogs"), por lo que siempre se deben cortar a lo largo y luego, en trocitos más pequeños, antes de dárselas a un bebé de esta edad.

Del biberón al vaso

Si su hijo ya ha empezado a comer solo con regularidad, es el momento idóneo para enseñarle a beber en vaso. Para facilitar el proceso, deje que se vaya entrenando utilizando un vaso con doble asa y que tenga tapa con pico, o bien un vaso de plástico pequeño. Ambas opciones minimizarán los derrames mientras su hijo experimenta con las distintas formas de coger (y con toda probabilidad de tirar) el vaso.

Al principio, llene el vaso de agua y ofrézcaselo solamente en una comida cada día. Enséñele cómo llevarlo a la boca e inclinarlo para que pueda beber. No se desespere si durante las primeras semanas trata el vaso como si fuera un juguete; la mayoría de los bebés lo hacen. Tenga paciencia y, antes de llenarle el vaso con leche o jugo o de dárselo en todas las comidas, espere a que aprenda a verter la mayor parte del líquido dentro de la boca, en lugar de regárselo por la barbilla o de salpicar toda la habitación.

Beber en vaso tiene grandes ventajas: estimula la coordinación mano-boca y prepara al bebé para el destete, que suele tener lugar alrededor de esta edad. Usted podrá saber que su bebé está listo para el destete cuando:

1. Empiece a mirar a su alrededor mientras le amamanta o le da el biberón.
2. Agarre el seno o la mamadera con la boca pero no chupe.
3. Intente bajar de su regazo antes de terminar de comer.

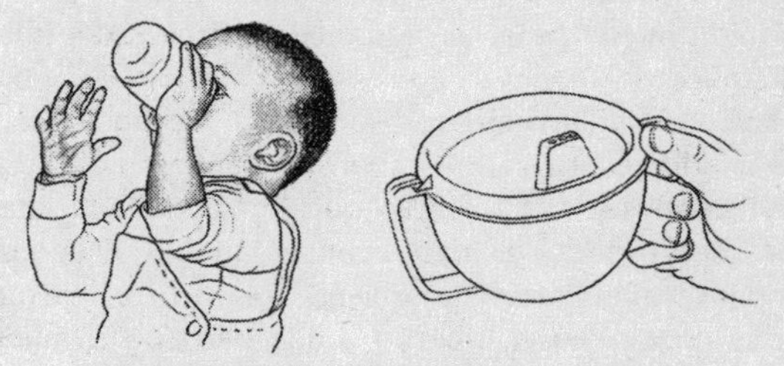

Pueden pasar seis meses hasta que su bebé acepte beber todo el contenido de un vaso.

Incluso en la mejor de las circunstancias, el destete no suele ocurrir de la noche a la mañana. Tendrán que pasar seis meses para que su hijo quiera tomar todas sus bebidas con un vaso. No obstante, usted puede empezar ahora el proceso e ir avanzando de forma gradual, dejando que sea el interés y los deseos de su hijo los que le guíen. Probablemente, al principio, le parecerá más fácil sustituir el pecho o el biberón por el vaso en la toma del mediodía. En cuanto se adapte a este cambio, intente hacerlo también en la toma de la mañana. La toma de antes de acostarse será probablemente la última en ser modificada, y por un buen motivo: su hijo se ha acostumbrado a esta forma de tranquilizarse y de obtener bienestar antes de conciliar el sueño y le costará cierto tiempo renunciar a ella.

Si su bebé duerme toda la noche de forma ininterrumpida, desde el punto de vista físico no necesita comer nada antes de acostarse. En este caso, usted puede intentar romper el hábito en varias etapas, sustituyendo primero la leche de la hora de acostarse por un biberón lleno de agua y pasando luego a sustituir el biberón por el vaso.

Durante el proceso, puede tener la tentación de ponerle leche o jugo en el biberón para ayudarle a conciliar el sueño, pero no lo haga. Si se quedara dormido con el biberón en la boca, la leche o el jugo le impregnarían sus dientes incipientes, lo que facilitaría la formación de caries, un trastorno conocido como el "Síndrome del biberón". Para empeorar más las cosas, beber mientras se está acostado boca arriba contribuye a las infecciones de oído, puesto que el líquido puede pasar al oído medio a través del tubo de Eustaquio.

Hay otro inconveniente asociado al hecho de alargar demasiado el uso del biberón. Éste puede acabar convirtiéndose en un objeto que le brinda seguridad al bebé, sobre todo si sigue conservándolo después de cumplir un año. Para evitar que esto ocurra, no deje que su hijo se pasee con el biberón o que beba de él mientras juega. Limite el uso del biberón a las horas de las comidas, cuando el niño esté sentado o alguien lo tenga cargado. Las

Ejemplo de un menú diario para un bebé de entre ocho y doce meses

Desayuno

¼ a ½ taza de cereal o una yema de huevo majada
¼ a ½ taza de fruta, cortada a trocitos
4 a 6 onzas de leche de fórmula

A media mañana

½ taza de jugo
¼ taza de queso o verduras hervidas en trocitos

Almuerzo

¼ a ½ taza de yogur o requesón
¼ a ½ taza de verduras amarillas
4 a 6 onzas de leche de fórmula

Merienda

½ taza de jugo
1 galletita dulce o salada
½ taza de queso o de algún tipo de carne en trocitos

Comida

¼ taza de pollo, carne o tofú en trocitos
¼ a ½ taza de verduras verdes
¼ taza de fideos, pasta, arroz o papas
¼ taza de fruta
4 a 6 onzas de leche de fórmula

Antes de irse a dormir

6 a 8 onzas de leche de fórmula o de agua. (Si se le da leche, déle agua después o lávele los dientes)

¡Adiós al biberón!

La mayoría de los pediatras recomiendan dejar por completo el biberón alrededor del año o, como muy tarde, a los dieciocho meses. En cuanto su hijo aprenda a beber en vaso, ya no necesitará utilizar el biberón. Lamentablemente, el "destete" definitivo no es tan fácil como parece. Para facilitar las cosas, lo mejor es empezar eliminando el biberón del mediodía y después el de la tarde y el de la mañana, dejando el de la noche para el final, puesto que es el que suele crear más problemas.

Si a un niño le cuesta mucho conciliar el sueño o se despierta repetidamente por las noches, es fácil adquirir el hábito de utilizar la comida o el biberón para tranquilizarlo. Pero, a esta edad, los niños no necesitan comer ni beber nada por las noches. Si usted todavía alimenta a su hijo por la noche, debería dejar de hacerlo. Aunque su hijo le pida el biberón y parezca beber con sed, las tomas de la noche son una forma de consolarse y no un modo de satisfacer sus necesidades alimenticias. Es fácil que el biberón se acabe convirtiendo en un arma de doble filo, al no permitir que su hijo aprenda a dormirse por su cuenta. Si el niño llora sólo durante un período de tiempo breve, deje que llore hasta que se duerma. Al cabo de unas cuantas noches, probablemente se olvidará por completo del biberón. Si no es así, hable con el pediatra y lea las demás secciones sobre el sueño que hay en este libro (véase, por ejemplo, la página 67 y la página 366).

De paso, no hay ningún problema en darle a su hijo una bebida o algo de comer antes de acostarlo. De hecho, es posible que le ayude a conciliar el sueño. Unos minutos dándole el pecho, un poco de leche de vaca u otro líquido, o incluso un poco de fruta u otro alimento nutritivo pueden servir. Pero, si todavía le da el biberón, podría substituirlo gradualmente por el vaso.

Independientemente de lo que le dé a su hijo antes de acostarlo, no olvide lavarle los dientes. Si no, la comida o el líquido permanecerá en la boca del niño durante toda la noche, creando un campo de cultivo idóneo para la formación de caries. Si su hijo necesita algo para tranquilizarse antes de conciliar el sueño, déjele que utilice un peluche, una manta o su pulgar, pero no el biberón.

Ejemplo de un menú diario para un niño de un año

Este menú está ideado para un niño de un año que pese aproximadamente 21 libras.

1 cucharada = ½ onza (15 cc)
1 cucharadita = ⅓ de cucharada (5 cc)
1 taza = 8 onzas (240 cc)

DESAYUNO

½ taza de cereal enriquecido con hierro o un huevo cocido (no más de tres huevos a la semana)
¼ taza de leche entera (con cereal)
½ vaso de jugo de naranja
Añada al cereal alguna de estas frutas:
½ banano, cortado
2 a 3 fresas, cortadas

A MEDIA MAÑANA

1 tostada o un panecillo integral
1 a 2 cucharadas de queso para untar (sobre la tostada) o mantequilla de maní
1 taza de leche entera

ALMUERZO

½ sándwich (de atún, huevo duro, mantequilla de maní o carnes frías)
½ taza de vegetales verdes
½ vaso de jugo de jugo de manzana

A MEDIA TARDE

1 a 2 onzas de queso en cuadritos, o 2 a 3 cucharadas de dátiles sin pepa en trocitos
1 vaso de leche entera

COMIDA

2 a 3 onzas de carne molida y cocida o en trocitos
½ taza de vegetales amarillos
½ taza de pasta, arroz o papas
½ vaso de leche entera

demás veces déle un vaso. Si usted no le deja llevar el biberón de un lado a otro, ni siquiera pensará que existe esa posibilidad. No cometa el error de retractarse después de haber tomado esta decisión: su hijo podría empezar a pedirle el biberón después de haberlo dejado "oficialmente".

Sueño

A los ocho meses de edad su bebé probablemente sigue tomando dos siestas al día, una por la mañana y otra por la tarde. También es probable que duerma hasta doce horas seguidas por la noche, sin necesidad de despertarse para comer. Pero tenga en cuenta algunos problemas que posiblemente deberá afrontar. Conforme la ansiedad de separación de su hijo se vaya intensificando durante los próximos meses, es posible que se resista a irse a dormir y que se despierte más por las noches reclamando su presencia.

Durante este difícil período probablemente tendrá que ensayar diversas estrategias hasta encontrar las que le ayuden a su bebé a conciliar el sueño. Por ejemplo, a algunos niños les resulta más fácil conciliar el sueño si se les deja la puerta abierta (de tal modo que puedan oír a sus padres); otros desarrollan hábitos de autoconsuelo como chuparse el pulgar o balancearse. Como ya hemos comentado, es posible que su bebé adopte una manta o un peluche especial como objeto de transición, que le servirá de consuelo cuando usted no esté a su lado. Cualquier cosa que sea suave y que se pueda abrazar, acariciar o chupar servirá. Usted puede ayudar a su bebé a adoptar un objeto de transición proporcionándole un surtido de mantas pequeñas o juguetes blandos y agradables al tacto. Pero, evite utilizar un chupete; si su hijo depende de él para conciliar el sueño, llorará para que se lo vuelva a poner cada vez que se le caiga de la boca durante la noche.

En cuanto su bebé se quede dormido, su patrón de sueño será bastante predecible. Después de una o dos horas de sueño profundo, pasará por una fase de sueño más ligero y es posible que se despierte parcialmente antes de volver al sueño profundo. Durante el resto de la noche, se irán alternando fases de sueño profundo y de sueño más ligero. En las fases de sueño más ligero, que pueden ocurrir de cuatro a seis veces cada noche, es posible que su hijo hasta llegue a abrir los ojos, mire a su alrededor y empiece a llorar llamándole. Ésta experiencia puede ser bastante exasperante, sobre todo si usted ya se estaba acostumbrando a dormir toda la noche de un tirón. De todos modos, puede consolarse pensando en que la mayoría de los bebés de esta edad se comportan de este modo debido a la ansiedad de separación. Lo único que necesita su hijo es tener la seguridad de que usted está cerca cuando se despierta. También tiene que aprender a volverse a dormir y es usted quien debe enseñarle cómo hacerlo. Para ello, puede utilizar las mismas técnicas que usó para ayudarle a conciliar el sueño al acostarlo. (Véase *Cómo ayudar a su hijo a conciliar el sueño,* página 67.) Si actúa correctamente, este período de despertares nocturnos no debería durar más de unas pocas semanas.

He aquí algunas sugerencias más para que este periodo pase pronto. En primer lugar, no haga nada que recompense a su bebé por ponerse a llorar a media noche. Vaya a verle para asegurarse de que está bien y dígale que usted estará cerca en caso necesario. No encienda la luz, no lo meza, ni lo pasee en brazos. Puede ofrecerle un poco de agua, pero no le dé de comer y, sobre todo, no se lo lleve con usted a la cama. Si está sufriendo debido a la ansiedad de separación, el llevárselo a la cama sólo hará que sufra más cuando lo vuelva a dejar en la cuna.

Cuando vaya a darle una miradita a su bebé, haga lo necesario para que esté lo más cómodo posible. Si se ha enredado en las cobijas o está en una esquina de la cuna, acomódelo bien. Así mismo, compruebe que no está enfermo. Algunos problemas, como las infecciones de oído o el crup, pueden aparecer de repente por la noche. Si no detecta ningún síntoma de enfermedad, compruebe cómo tiene los pañales y cámbielo sólo si tuvo una deposición o

Estimulación del crecimiento cerebral: del octavo al doceavo mes

- Hable con su bebé (usando lenguaje adulto) mientras lo viste, lo baña, lo alimenta, juega o pasea con él o van en el auto. Si le parece que su hijo no responde a los sonidos o si no pronuncia ninguna sílaba ni ninguna palabra inteligible, informe al pediatra.
- Sea sensible a su ritmo y a su estado de ánimo. Aprenda a leer las señales que le envía y respóndale tanto cuando se sienta molesto como cuando está contento.
- Anime a su hijo a jugar con bloques y con juguetes blandos que le ayudarán a desarrollar la coordinación mano-ojo, la motricidad fina y la confianza en sí mismo.
- Cree un ambiente estimulante y seguro, donde su hijo pueda moverse a sus anchas y explorar libremente su entorno.
- Sea cálido y afectivo con el bebé; déle abrazos, besos y caricias para trasmitirle una sensación de seguridad y bienestar.
- Léale algo cada día.
- Si usted habla un idioma distinto al del lugar donde vive, utilícelo en casa.

si están demasiado mojados. Cámbielo lo más rápido posible, en la penumbra, y vuelva a acostarlo en la cuna inmediatamente. Antes salir de la habitación del bebé, susurre unas palabras para tranquilizarlo y dígale que es hora de dormir. Si sigue llorando, espere cinco minutos y vuelva a consolarlo durante un período de tiempo breve. Regrese a su habitación cada cinco a diez minutos por un rato corto hasta que vuelva a dormirse.

Insistimos en que este período puede ser extremadamente difícil para los padres. Después de todo, escuchar llorar a un bebé por la noche es algo que resulta

- Evite someter a su hijo a experiencias estresantes o traumáticas, tanto físicas como psicológicas.
- Juegue con su hijo al escondite y a las palmitas para estimular su memoria.
- Déle a su hijo la oportunidad de relacionarse con otros niños y padres.
- Proporcione a su hijo juguetes seguros y apropiados para su nivel de desarrollo y que no sean costosos.
- Enséñele a decir "adiós" con la mano y a asentir y a negar con la cabeza.
- Asegúrese de que todas las personas que van a cuidar de su hijo, aparte de velar por su salud, entienden lo importante que es darle afecto.
- Respete la intranquilidad de su hijo en presencia de desconocidos o de personas que no ve con regularidad.
- Pase un rato cada día jugando en el suelo con su hijo.
- Elija bien a la niñera de su hijo: que sea una persona preparada, atenta, afectiva y que sepa tratar y velar por la seguridad del niño. Hable con ella frecuentemente e intercambien ideas sobre el cuidado de los niños.

emocional y físicamente agotador y usted probablemente reaccionará con una mezcla de lástima, enfado, preocupación y resentimiento. De todos modos, tenga en cuenta que el comportamiento de su hijo no es intencional. Contrariamente, es la forma que tiene de reaccionar ante la ansiedad y el estrés propios de esta etapa evolutiva. Si usted mantiene la calma y sigue un patrón consistente noche tras noche, su hijo no tardará mucho en aprender a dormirse solo. Tenga presente esta meta mientras se enfrenta a la lucha del "entrenamiento" nocturno. A la larga, éste hará que la vida sea mucho más fácil para ambos.

Comportamiento

Disciplina

El deseo de explorar que tiene un bebé de esta edad es prácticamente imposible de satisfacer. Su hijo querrá tocar, manipular y probar absolutamente todo lo que caiga en sus manos. En el proceso, está predestinado a meterse en lugares y situaciones prohibidas. Por lo tanto, y a pesar de que su curiosidad es vital para su desarrollo global y no debería coartarse innecesariamente, no se puede permitir que ponga en peligro su integridad física ni que destruya objetos valiosos. Ya sea que a su bebé se le ocurra tocar las hornillas de la estufa o arrancar plantas del macetero, usted necesita ayudarle a detenerse.

Tenga en cuenta que el modo en que usted enfoque estos incidentes iniciales sentará las bases de la futura disciplina de su hijo. Aprender a no hacer algo que le encantaría hacer es un gran paso hacia el autocontrol. Si su bebé aprende bien esta lección ahora, usted tendrá que intervenir menos en los años que se avecinan.

Por lo tanto, ¿cuál es la mejor estrategia? Como sugerimos antes, la distracción suele ser una forma eficaz de frenar las conductas indeseables. La memoria de su hijo todavía es muy limitada por lo que podrá modificar su foco de atención, con muy poca resistencia. Si su hijo va directo hacia algo que no debería tocar, usted no tiene necesariamente que decirle "no". Si abusa de esta palabra, a largo plazo, dejará de surtir efecto. En lugar de ello, cárguelo y diríjalo hacia algo que *pueda* hacer. Busque algo que *pueda* captar su atención y que le permita seguir estando activo sin coartar su curiosidad natural.

La disciplina seria debe reservarse a aquellas situaciones en que el comportamiento del niño podría exponerlo a un peligro real, como por ejemplo, jugar con cables eléctricos. Éste es el momento de decir "no" con firmeza, al tiempo que lo aleja del peligro. Pero, no espere que su hijo aprenda a partir de sólo uno o dos incidentes. Debido al escaso alcance de su memoria, esta escena se tendrá que repetir una y otra vez hasta que su hijo reconozca la situación y siga sus advertencias.

Para mejorar la eficacia de la disciplina, la consistencia es fundamental. Por lo tanto, asegúrese de que todas las personas que van a hacerse cargo de su hijo sepan qué puede y qué no puede hacer. Establezca un número reducido de normas, a ser posible limitadas a aquellas situaciones que son potencialmente peligrosas para el niño. Y asegúrese de que oye "no" *cada vez* que entra en territorio prohibido.

La inmediatez es otra de las componentes esenciales de una buena disciplina. Reaccione en cuanto vea que su hijo puede meterse en problemas, no al cabo de cinco minutos. Si usted pospone la reprimenda, su hijo no entenderá el motivo de su enfado y sus palabras serán en balde. Así mismo, no lo consuele inmediatamente después de reñirlo. Sí, quizás se ponga a llorar, a veces tanto por la sorpresa como por el disgusto; pero espere uno o dos minutos antes de consolarlo. De lo contrario, su hijo no sabrá si realmente hizo algo indebido.

A medida que mejora sus técnicas de disciplina, no pase por alto la importancia de reaccionar positivamente cuando su hijo *se porte bien*. Este tipo de reacción es igual de importante para ayudarle a adquirir el autocontrol que necesita. Si su hijo se detiene antes de tocar la estufa, demuéstrele que notó cómo se controló y dígale lo mucho que le gusta que se comporte de ese modo. Así mismo, déle un abrazo cada vez que se porte bien con otra persona. Conforme vaya creciendo, su buen comportamiento dependerá, en gran medida, del deseo de complacerle a usted. Si ahora le trasmite lo mucho que usted valora que se porte bien, será mucho menos probable que se porte mal sólo para llamar la atención.

A algunos padres les preocupa la posibilidad de "malcriar" a un bebé de esta edad por el hecho de dedicarle demasiadas atenciones, pero usted no debe preocuparse. De los ocho a los doce meses, un bebé tiene una capacidad muy limitada para manipular voluntariamente a los demás. Usted debe asumir que, cuando su hijo llora, no está fingiendo, sino que lo hace porque alguna de sus necesidades no ha sido convenientemente satisfecha.

Estas necesidades cada vez serán más complejas y usted percibirá más variaciones en el llanto de su hijo y en la forma que usted reacciona ante el mismo. Por ejemplo, usted acudirá corriendo cuando oiga el quejido contundente que indica que algo va realmente mal. En cambio, podrá acabar lo que está haciendo antes de reaccionar ante el gritito agudo que significa "ven-aquí-quiero-que-estés-a mi lado". Probablemente también aprenderá a reconocer el llanto lastimero y apagado que trasmite algo parecido a "me podría quedar dormido ahora si me dejaran solo". Reaccionando adecuadamente a los mensajes que se ocultan tras los llantos de su hijo, conseguirá trasmitirle que sus necesidades son importantes, pero que sólo responderá a los llamados que merecen ser atendidos.

Aun así, habrá veces en que usted no sabrá exactamente por qué motivo está llorando su hijo. En estos casos, es posible que ni siquiera él mismo sepa qué es lo que le ocurre. Lo que mejor suele funcionar en estos casos es consolarlo un poco, junto con las técnicas de autoconsuelo que él mismo escoja. Por ejemplo, cárguelo mientras él abraza a su peluche favorito o a su manta especial, juegue a algo con él o léale un cuento. Ambos se sentirán mejor si él está contento. No olvide que la necesidad de atención y afecto es tan importante como la necesidad de alimento o de estar limpio.

Hermanos

A medida que su bebé adquiere mayor movilidad, podrá jugar más con sus hermanos, y probablemente éstos se mostrarán dispuestos a cooperar. A los hermanos mayores, sobre todo si tienen entre seis y diez años, les encanta construir torres para que su hermanito de ocho meses las destruya, o darle la mano a su hermanito de once meses para que dé sus primeros pasos. Un bebé de esta edad puede ser un maravilloso compañero de juegos para sus hermanos.

Sin embargo, aunque la creciente movilidad del bebé le permitirá participar más activamente en los juegos de sus hermanos, también aumentará las probabilidades de que invada su territorio privado. Esto puede violar el incipiente sentido de la propiedad y de la intimidad de los hermanos mayores y puede representar una amenaza a la seguridad del bebé, ya que los juguetes de los niños mayores suelen tener piezas pequeñas fáciles de tragar. Usted puede garantizar la paz y la seguridad de todos reservando un espacio cerrado para los hermanos mayores, donde éstos puedan guardar sus juguetes y jugar a sus anchas sin temer la "invasión del bebé".

Por otra parte, ahora que el bebé puede coger prácticamente todo lo que ve, habrá llegado el momento de afrontar la difícil cuestión del compartir. Los niños de menos de tres años son incapaces de compartir nada sin la guía y, en la mayoría de los casos, la intervención directa de los adultos. Haga todo lo posible por evitar el problema, animando a cada uno de sus hijos a jugar con sus propios juguetes, aunque lo hagan uno al lado de otro. Cuando quieran jugar juntos, sugiérales actividades como escuchar música, mirar libros, pasarse la pelota, o jugar al escondite, en otras palabras, actividades que exigen escasa cooperación.

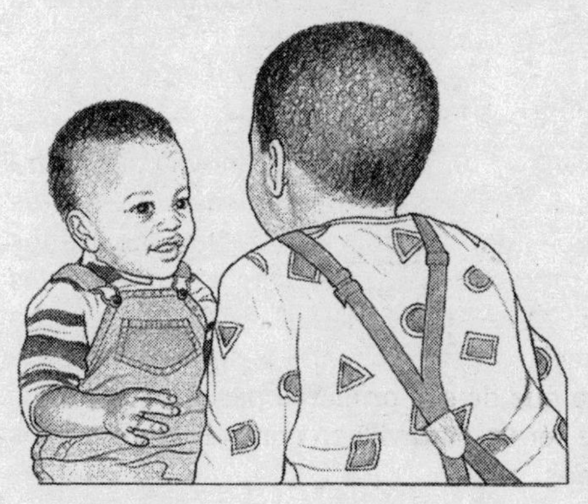

Un bebé de esta edad puede ser un magnífico compañero de juegos para sus hermanos.

Cuestiones de seguridad

Asiento protector

- Lleve a su bebé en un asiento protector que cumpla todos los requisitos de seguridad y esté correctamente colocado, y sujételo bien con los arneses y el cinturón antes de poner el auto en marcha. Asegúrese de mantenerlo en un asiento orientado en el sentido opuesto al de la marcha (mirando hacia atrás) hasta que su hijo pese 20 libras y haya cumplido un año de edad.

Caídas

- Coloque portones de seguridad en la parte superior e inferior de las escaleras y en las puertas de las habitaciones que contengan muebles u objetos a los que podría subirse el bebé, o que tengan bordes cortantes o puntiagudos con los que podría hacerse daño.
- No deje que su bebé se suba a sillas de base estrecha y respaldo tipo "escalera", pues, si intentara "subir la escalera", la silla se volcaría, lo que podría provocarle lesiones en la cabeza y posibles fracturas en piernas o brazos.

Quemaduras

- No se acerque ni cargue a su hijo llevando bebidas o comidas calientes.
- No deje nunca recipientes llenos de bebidas o comidas calientes cerca del borde de una mesa o mostrador.
- No permita que su hijo gatee cerca de estufas calientes, calentadores de piso o rendijas de la calefacción.

Ahogamientos

- No deje nunca a su bebé solo en la bañera o cerca de algún recipiente que contenga agua, como un balde, una piscinita, el fregadero o lavamanos, o un inodoro abierto.

Envenenamiento y atragantamientos

- No deje nunca objetos pequeños en el área por donde se desplace su hijo.
- No le dé a su hijo trozos de alimentos duros.
- Guarde todos los medicamentos y productos de limpieza en un lugar alto y que esté fuera del alcance de su hijo.
- Coloque pestillos de seguridad en los cajones y armarios donde guarde objetos que podrían ser peligrosos para el bebé.

10

Protección ante los peligros

La vida diaria está llena de peligros disfrazados para un niño: objetos puntiagudos, muebles inestables, bordes cortantes, grifos de agua caliente, ollas puestas sobre estufas encendidas, bañeras de agua caliente, piscinas y calles con mucho tráfico. Como adultos, hemos aprendido a movernos con tanta soltura en este "campo minado" que ya no percibimos unas tijeras y una estufa como amenazas potenciales. Ése es precisamente el problema. Para proteger a su bebé de los peligros que va a encontrar tanto fuera como dentro de su casa, hay que ver el mundo tal y como lo ve el pequeño, teniendo en cuenta que todavía no sabe distinguir entre caliente y frío ni entre puntiagudo y romo.

Garantizar la integridad física y la salud de su hijo es la principal —e interminable— responsabilidad de un padre. Cada año, un millón de niños tienen que recibir atención médica por motivo de lesiones no intencionales. Entre cuarenta y cincuenta mil sufren lesiones permanentes—y casi 7000 niños menores de 15 años fallecen por esta causa.

Como es de esperar, los choques de auto son responsables de un gran número de las lesiones y muertes que afectan a esta población. Pero muchos niños son víctimas de equipos diseñados específicamente para ellos. Hace poco, las caídas desde sillas para comer en un lapso de tan sólo 12 meses llevaron a 9000 niños al hospital. Cada año los juguetes infantiles ocasionan más de 165,000 lesiones lo suficientemente graves como para requerir tratamiento hospitalario de emergencia. Y hasta las cunas provocan más de 50 muertes anuales.

Estas estadísticas son sombrías, pero se pueden prevenir. En el pasado, las lesiones se conocían como "accidentes", porque parecían ser imprevistas e inevitables. Actualmente, sabemos que las lesiones no se producen al azar, sino que siguen patrones distintivos. Al conocer y entender estos patrones, los padres pueden tomar precauciones para prevenir todas estas lesiones, o al menos gran parte de las mismas.

Por qué se lesionan los niños

Todas las lesiones infantiles implican la combinación de tres elementos: factores relacionados con el niño, el objeto que provoca la lesión y el entorno en que tiene lugar. Para garantizar la seguridad de su bebé, hay que tener en cuenta todos esos factores.

Empecemos por el bebé. La edad que tenga influirá notablemente sobre el tipo de protección que necesita. Un bebé de tres meses sentado en su asiento de seguridad necesita una supervisión bien distinta a la que requiere un niño de 10 meses que acaba de aprender a ponerse de pie o un preescolar que se encarama en todas partes. Por lo tanto, en cada nueva etapa de la vida de su hijo usted deberá replantearse cuáles son los peligros que amenazan su integridad física y qué puede hacer para eliminarlos. A medida que su bebé crezca, usted deberá preguntarse repetidamente: ¿Cuánto puede alejarse y con qué velocidad? ¿Hasta qué altura llega? ¿Qué objetos le llaman más la atención? ¿Qué puede hacer hoy que era incapaz de hacer ayer? ¿Qué podrá hacer mañana que hoy todavía no puede hacer?

Durante los primeros seis meses de la vida de un niño, se puede garantizar su seguridad simplemente no dejándolo nunca solo en situaciones potencialmente peligrosas. Pero, en cuanto aprenda a desplazarse, él mismo se encargará de buscarse sus propios peligros,

Su curiosidad lo llevará a treparse en la tablilla del congelador, del botiquín o del armario que hay debajo del fregadero.

primero "rodando" hasta el extremo de la cama, después arrastrándose hasta lugares donde no debería estar y más adelante buscando activamente nuevas cosas que tocar y probar.

Cuando su bebé empiece a tener cierta independencia de movimientos, con seguridad usted le dirá "No", cada vez que se acerque a algo potencialmente peligroso, pero es muy probable que no entienda el significado de su mensaje. Muchos padres encuentran extremadamente frustrante la etapa comprendida entre los seis y los doce meses, puesto que a esta edad los niños no parecen captar las advertencias. Aunque usted le diga veinte veces al día que no se acerque al inodoro, en cuanto le dé la espalda, volverá allí. De todos modos, usted debe tener en cuenta que a esta edad su bebé no le desobedece para fastidiarle. Simplemente su memoria todavía no es lo suficientemente madura como para que la próxima vez que se sienta atraído por el objeto o la actividad prohibida pueda recordar sus advertencias. Lo que parece terquedad no es más que una manifestación de la curiosidad de su hijo por poner a prueba la realidad una y otra vez, la forma normal de aprender que tienen los bebés de esta edad.

Los niños pequeños son excelentes imitadores, por lo que es muy fácil que intenten tomarse la medicina como hace mamá, o jugar con la navaja de afeitar como hace papá. Lamentablemente, su noción de la relación causa-efecto no está tan desarrollada como sus habilidades motoras. Sí: su hijo puede darse cuenta de que la plancha se le ha caído en la cabeza y le ha hecho daño porque ha tirado del cable *después* de que esto ocurra, pero su capacidad para *anticipar* consecuencias todavía está a muchos meses de distancia.

La mayor parte de sus esfuerzos para evitar lesiones deberán centrarse en los objetos y el entorno donde se mueva el niño. Al crear un ambiente del que se eliminen los peligros potenciales más importantes, usted podrá darle a su bebé la libertad que necesita para explorar.

Algunos padres creen que no hace falta poner la casa "a prueba de niños" porque no piensan quitarle la vista de encima a su bebé. Y, de hecho, con una vigilancia constante, la mayoría de las lesiones se *pueden* evitar. Pero ni el padre más cuidadoso del mundo puede estar encima de su hijo constantemente. La mayoría de las lesiones no ocurren cuando los padres están en su mejor momento y pendientes del niño, sino cuando están bajo estrés. Las siguientes situaciones son las que se asocian más frecuentemente con percances caseros:

- Hambre y cansancio (es decir, aproximadamente una hora antes de la comida)
- Embarazo de la madre
- Enfermedad o muerte en la familia
- Cambio de niñera
- Tensión entre los padres
- Cambios repentinos en la rutina diaria, como vacaciones o una mudanza.

Todas las familias pasan por este tipo de situaciones en algún momento u otro. Si pone su casa "a prueba de niños" eliminará o reducirá las probabilidades de que se produzcan percances domésticos, de tal modo que, incluso si usted se distrae momentáneamente, por ejemplo, por el timbre del teléfono ó la puerta, es menos probable que su bebé encuentre situaciones en que se haga daño.

En las siguientes páginas encontrará consejos para reducir al mínimo los peligros tanto dentro como fuera de casa. No pretendemos asustarle, sino alertarle sobre ciertos riesgos —muy especialmente sobre aquellas situaciones aparentemente inofensivas— para que usted pueda tomar las precauciones pertinentes a fin de garantizar la seguridad de su hijo y, *al mismo tiempo,* darle la libertad que necesita para crecer sano y feliz.

Seguridad en casa

De habitación en habitación

Su estilo de vida y la distribución de su casa determinarán qué habitaciones deben estar "a prueba de niños". Examine cada habitación en la que pueda entrar su bebé (en la mayoría de las familias suele ser toda la casa). Puede ser tentador excluir el comedor formal o la sala porque permanece cerrada cuando no se utiliza. Pero no olvide que las habitaciones prohibidas serán las que su bebé más querrá explorar en cuanto crezca lo suficiente. Cualquier área de la casa que no esté a "prueba de niños" exigirá mayor vigilancia por su parte, incluso si suele estar cerrada o clausurada.

Por lo menos, la habitación de su bebé debe ser un lugar lo más seguro posible.

La habitación del bebé

Cunas. La cuna de su bebé debe ser segura y cumplir con los parámetros de seguridad actuales que pueden reducir al mínimo el riesgo de caídas y otros percances. Estas pautas se describen detalladamente en *Aviso de seguridad: Cunas* (véase el Capítulo 1, páginas 39 a 42).

Cambiadores. Aunque los cambiadores facilitan el proceso de vestir al bebé y cambiarle de pañales, las caídas desde una superficie tan alta pueden provocar lesiones muy graves. No confíe sólo en su capacidad para vigilar al bebé; tenga también en cuenta las siguientes recomendaciones.

1. Elija un cambiador estable que tenga una baranda de 2 pulgadas de alto rodeando los cuatro costados.

2. La superficie del cambiador debe ser ligeramente cóncava, de tal modo que la parte central sea ligeramente más baja que el resto.

3. No confíe la seguridad de su hijo sólo a una correa de seguridad. *No deje nunca a un niño solo en un cambiador, ni siquiera por un momento aunque esté sujeto por una correa de seguridad.*

4. Compruebe que tiene a mano los talcos y todo lo necesario para cambiarle el pañal al bebé para que así no tenga que dejarlo solo mientras va a buscar algo. Nunca le permita jugar con el envase de talco mientras lo cambia. Si se llegara a abrir, podría inhalar partículas de polvo, lo que podría ser nocivo para sus pulmones.

5. Si utiliza pañales desechables, guárdelos lejos del alcance del bebé. Cuando le ponga el pañal, cúbralo con alguna pieza de ropa. Si un pañal se rasga, existe el riesgo de que el bebé se trague un trozo de plástico y se asfixie.

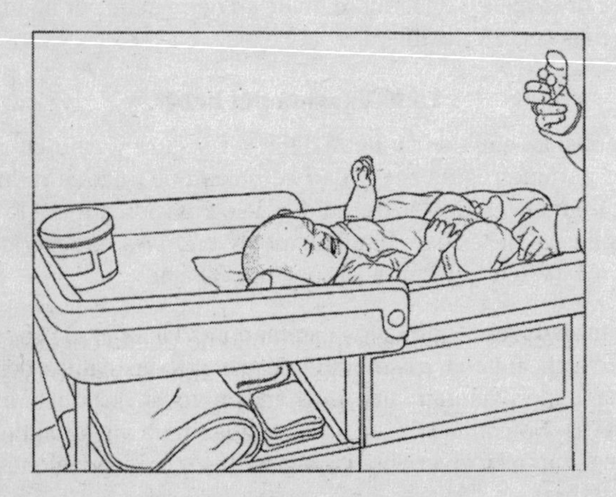

La cocina

La cocina es una habitación tan peligrosa para los niños pequeños, que algunos expertos recomiendan que no se les deje entrar allí. Es una norma difícil de hacer respetar, ya que los padres suelen pasar bastante tiempo allí y a la mayoría de los niños pequeños no les gusta perderse de nada. Probablemente lo más realista sea eliminar los principales peligros tomando las siguientes precauciones.

1. Guarde los detergentes, la lejía, la cera de muebles, el jabón para vajilla y otros productos peligrosos en un armario alto y fuera de vista. Si tiene que guardar algunos productos de limpieza en el armario que hay debajo del fregadero, coloque un cierre "a prueba de niños" que se quede trabado automáticamente al cerrar la puerta del armario (la mayoría de las ferreterías y tiendas grandes disponen de este tipo de cierres). Nunca transfiera sustancias tóxicas a recipientes cuyo aspecto sugiera que contienen algún producto comestible.

2. Guarde los cuchillos, tijeras y otros utensilios puntiagudos separados de los útiles de cocina "inofensivos" y dentro de un cajón cerrado con pestillo. Guarde los aparatos que contengan partes o piezas cortantes, como el procesador de alimentos, fuera del alcance del bebé o en un armario cerrado con llave.

3. Desenchufe los electrodomésticos cuando no se estén utilizando para que su bebé no pueda ponerlos en marcha. No deje cables eléctricos al alcance del bebé, pues podría tirar de ellos y caerle encima algún aparato pesado.

4. Cuando cocine, gire siempre los mangos de las ollas hacia adentro, para que su hijo no pueda cogerlos ni halarlos. Si tiene que desplazarse llevando algún líquido caliente —una taza de café, una olla llena de sopa— compruebe dónde está su bebé para evitar chocar con él.

5. Si tiene un horno de gas, coloque los mandos en la posición de apagado y, si son fáciles de sacar, quítelos mientras no se utilice el horno, para que su bebé no pueda "encenderlo". Si los mandos no son fáciles de sacar, haga lo posible para que su hijo no tenga acceso al horno.
6. Guarde los fósforos en un lugar fuera del alcance y de la vista de los niños.
7. No caliente los biberones en el microondas. Los microondas calientan de forma irregular y, por lo tanto, es posible que se formen burbujas de leche lo suficientemente calientes como para quemar la boca de un bebé. Además, se han descrito casos de explosión de biberones inmediatamente después de sacarlos del microondas por sobrecalentamiento.
8. Tenga un extintor de incendios en la cocina. (Si su casa tiene varios pisos, coloque un extintor en un lugar visible de cada piso).
9. Cerciórese de que todos los cajones tengan mecanismos para detenerse en cierto punto, de tal modo que su bebé no pueda halar el cajón y hacer que se le caiga encima.

El baño

La mejor manera de evitar percances en el baño es convertirlo en una habitación completamente vedada a su hijo o hija, a no ser que vaya acompañado de un adulto. Esto puede implicar tener que colocar un pestillo en la puerta a la altura de los adultos para que el niño no pueda entrar solo. Asegúrese también de que cualquier pestillo o cerrojo que haya en la puerta del baño puede abrirse desde *fuera,* por si su hijo se quedara encerrado accidentalmente.

Las siguientes recomendaciones le permitirán evitar percances cuando su hijo utilice el baño:

1. Los bebés se pueden ahogar en tan sólo unas cuantas pulgadas de agua. *Por lo tanto, nunca deje solo a un*

bebé en la tina, ni siquiera por un momento. Si no es capaz de ignorar el timbre o el teléfono, envuelva al bebé en una toalla y lléveselo con usted mientras contesta al teléfono o abre la puerta. Las sillitas para el baño y los aros fijadores son utensilios diseñados para ayudar a estabilizar al niño durante el baño, pero no sirven para prevenir posibles ahogamientos.

2. Coloque franjas antideslizantes en el fondo de la tina y un forro acolchado sobre el grifo para que el niño no se lastime al golpearse la cabeza contra él.

3. Acostúmbrese a bajar la tapa del inodoro. Un niño curioso que quiera jugar con el agua podría perder el equilibrio y caerse dentro.

4. Para evitar posibles quemaduras gradúe el calentador de su casa a menos de 120° Fahrenheit (48° centígrados).

5. Guarde todas las medicinas en recipientes cerrados con tapas de seguridad. Recuerde, de todos modos, que estas tapas son hechas para *evitar* que los niños las abran, pero no son *a prueba* de niños. Por lo tanto, guarde todas las medicinas y cosméticos en un armario cerrado con *llave*. No guarde la pasta de dientes, el jabón, el champú y otros productos de uso habitual en el mismo armario con las medicinas. En cambio, guárdelos en un armario alto equipado con pestillos de seguridad.

6. Si utiliza algún aparato eléctrico en el baño, como un secador de pelo o una maquinilla de afeitar, no se olvide de desenchufarlo cuando deje de utilizarlo. Sería aún mejor utilizarlos en una habitación en la que no puedan entrar en contacto con el agua. El electricista puede instalarle interruptores especiales para el baño (con circuito de toma de tierra), que reducen la probabilidad de electrocución cuando un aparato se cae en un lavamanos o en una tina llena de agua.

Garajes y sótanos

Los garajes y sótanos son lugares donde se suelen guardar herramientas y productos químicos potencialmente letales. Es recomendable que estos recintos estén cerrados con llave para impedir siempre su acceso a niños. Para reducir al mínimo los riesgos en aquellas ocasiones en que los niños entran a estos recintos, se recomienda:

1. Guardar las pinturas, barnices, disolventes, pesticidas y abonos en un armario cerrado con llave. Cerciórese de que estos productos se guardan en sus recipientes originales correctamente etiquetados.
2. Guarde las herramientas en un lugar fuera del alcance de los niños. No olvide desenchufar los aparatos eléctricos después de usarlos.
3. No permita que su bebé juegue cerca de la puerta o la entrada del garaje ni por donde transitan autos.
4. Si la puerta de su garaje es de cierre automático, compruebe que su bebé no está cerca antes de abrirla o cerrarla. Mantenga el mando fuera del alcance y de la vista de los niños. Asegúrese de que el mecanismo automático que hace devolver la puerta funciona correctamente.
5. Si, por algún motivo, usted tiene que guardar una nevera o un congelador que no está en uso, quítele la puerta para que su hijo no se quede encerrado en caso de que se meta dentro.

Todas las habitaciones

Hay algunas normas de seguridad y de prevención que son aplicables a *todas* las habitaciones de la casa. Las siguientes recomendaciones para evitar los peligros domésticos más habituales protegerán, no sólo al bebé, sino a toda la familia.

1. Instale detectores de humo por toda la casa, revíselos mensualmente para asegurarse de que

funcionan bien y cámbieles las pilas una vez al año. Diseñe un plan de desalojo de la casa y practíquelo con su familia para que, en caso de incendio, todos sepan cómo actuar (Véase *Quemaduras,* página 469).

2. Coloque clavijas de seguridad en todos los enchufes que no se utilicen para impedir que su hijo meta los dedos o algún juguete dentro de los agujeros. Si no hay forma de mantenerlo alejado de los enchufes, cubra todos los enchufes que no se utilicen con tapas de plástico y asegure bien las clavijas de seguridad de los enchufes en uso.

3. Para evitar resbalones, alfombre las escaleras siempre que sea posible y compruebe que la alfombra está bien sujeta y los bordes no queden sueltos. Cuando su bebé esté aprendiendo a gatear y caminar, coloque rejas o portones de seguridad en la parte superior e inferior de las escaleras. Evite aquellos plegables tipo acordeón, ya que un niño puede engancharse un brazo o el cuello entre los pliegues.

4. Hay algunas plantas de interior que pueden ser perjudiciales para la salud. En el servicio de información de envenenamiento más cercano puede solicitar un listado o una descripción de las plantas que debe evitar (Véase *Intoxicaciones,* página 494).

5. Inspeccione constantemente el suelo en busca de objetos pequeños que un bebé podría tragarse fácilmente, como monedas, botones, cuentas, alfileres y clavos. Esto es particularmente importante si alguna persona de la familia tiene un pasatiempo que implica manipular objetos pequeños.

6. Si su casa tiene parquet o suelo de madera, no permita que su pequeño corra en calcetines. Los calcetines hacen que los suelos resbaladizos sean aún más peligrosos.

7. Tense y fije bien los cordones de las persianas y cortinas a una base o soporte, o átelos a una

escuadra colgada de la pared para que estén fuera del alcance de los niños. Si los deja demasiado flojos, su bebé podría estrangularse con ellos.

8. Tenga cuidado con las puertas de las habitaciones. Las puertas de cristal son particularmente peligrosas, puesto que es muy fácil chocar con ellas; por lo tanto, téngalas siempre abiertas, fijándolas con algún seguro, si es posible. La puertas de vaivén pueden tumbar a un bebé y las que se plegan son muy propicias para pillar dedos. Por lo tanto, si en su casa tiene alguna puerta de este tipo, considere la posibilidad de quitarla o cambiarla por otra hasta que su bebé tenga la edad para entender cómo funciona.

9. Cerciórese de que los muebles de su casa no tienen bordes cortantes ni esquinas puntiagudas con los que su bebé se pueda hacer daño si se cae encima de ellos (las mesas bajas son especialmente peligrosas). Si es posible, aleje estos muebles de las zonas de mayor uso, sobre todo cuando su hijo esté aprendiendo a caminar. Puede también comprar protectores especiales para esquinas y bordes de muebles.

10. Compruebe la estabilidad de los accesorios altos, como lámparas de pie y estanterías. Si parecen inestables, fíjelos mejor a la pared y colóque las lámparas detrás de otros muebles, para que su hijo no las pueda volcar.

11. Si es posible, abra siempre las ventanas por la parte de arriba. Si no tiene más remedio que hacerlo desde abajo, coloque barras o mallas que sólo pueda abrir un adulto o un niño mayor. Nunca coloque junto a una ventana sillas, sofás, mesas

bajas o cualquier otro objeto al que un bebé se pueda subir. Esto le dará acceso a la ventana y propiciará una caída grave.

12. Nunca deje bolsas de plástico por el suelo ni guarde la ropa o los juguetes del niño en este tipo de bolsas. Las bolsas de la tintorería son particularmente peligrosas. Hágales un nudo antes de tirarlas para que su bebé no pueda meterse dentro ni ponérselas en la cabeza.

13. Piense en los peligros potenciales que puede implicar para su hijo todo lo que usted tira al bote de la basura. Cualquier bote que contenga objetos peligrosos —como navajas de afeitar usadas, pilas o comida dañada— deberá tener una tapa de seguridad "a prueba de niños".

14. Para evitar posibles quemaduras, revise todas las fuentes de calor de la casa. Las chimeneas, los hornos de leña y las estufas de gas o petróleo deben aislarse con una malla para impedir que el bebé las toque. Compruebe lo caliente que pueden llegar a ponerse los calentadores eléctricos, los radiadores y hasta las rendijas de la calefacción mientras estén funcionando. Quizás también convenga colocarlos en lugares que estén fuera del alcance de su hijo.

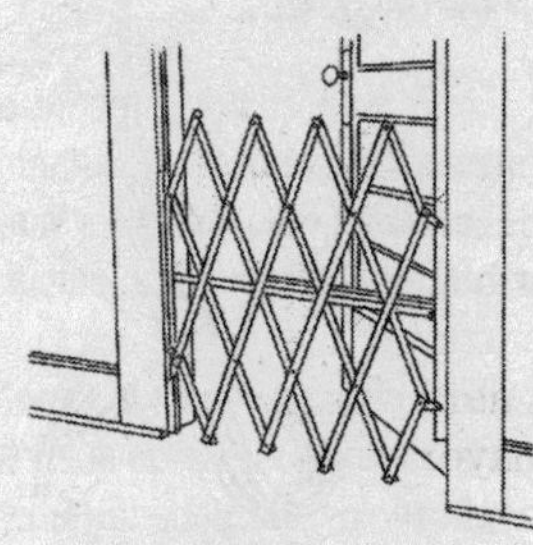

Reja plegable tipo acordeón: no recomendable.

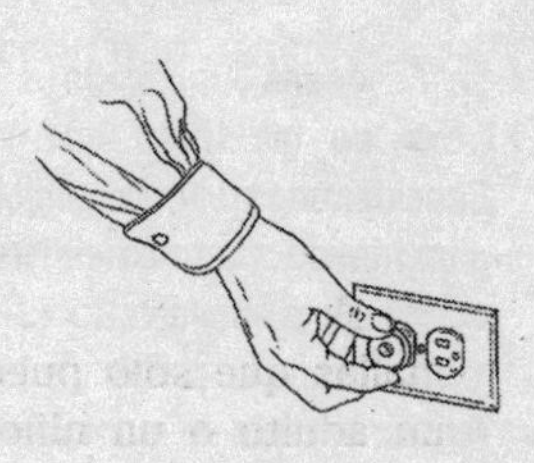

Clavija de seguridad en un enchufe que no se usa.

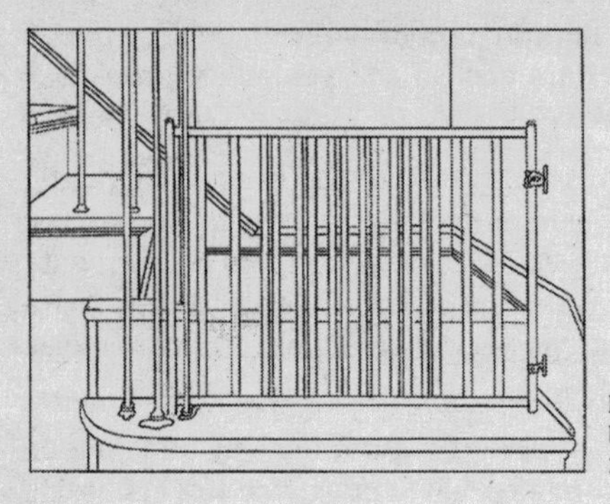

Reja horizontal con barras verticales cada 2⅜ pulgadas: segura.

15. Si usted tiene un arma de fuego en casa (algo que se debe evitar en lo posible), guárdela descargada y bajo llave. Guarde las municiones, también bajo llave, en un lugar diferente.

16. El alcohol puede ser muy tóxico para un bebé. Guarde todas las bebidas alcohólicas en un armario cerrado con llave y *recuerde vaciar de inmediato* los vasos que han quedado a medio beber.

Nuestra posición

La Academia Americana de Pediatría está completamente a favor de las leyes que respaldan el control de armas. Consideramos que las pistolas, revólveres, escopetas de aire comprimido y armas de fuego que se utilizan para atacar, deben ser prohibidas.

Hasta que se prohíba la tenencia de pistolas, recomendamos regular la venta de municiones, poner restricciones a los dueños de armas y reducir el número de licencias. No debería haber armas de fuego en ningún lugar donde vivan o jueguen niños.

Equipo para el bebé

Durante los últimos veinte años, la Comisión de Seguridad en los Productos de Consumo (*Consumer Product Safety Commission*) ha realizado una intensa labor para establecer parámetros que garanticen la seguridad de los artículos para niños e infantes. Puesto que muchos de estos parámetros empezaron a regir a comienzos de la década de 1970, hay que verificar la seguridad de los artículos hechos antes de esa fecha. Las siguientes pautas le ayudarán a seleccionar el equipo más seguro para su bebé, sea nuevo o usado, y a utilizarlo correctamente.

Sillas para comer

Las caídas son el peligro más grave que entrañan las sillas para comer. Para reducir el riesgo de que su bebé se caiga:

1. Seleccione una silla con una base lo suficientemente ancha para que no pueda volcarse en el caso de que alguien choque contra ella.
2. Si se trata de una silla plegable, compruebe que el seguro queda bien puesto cada vez que la coloque.
3. Sujete bien al bebé con el cinturón de seguridad cuando lo siente en la silla. No le deje nunca ponerse de pie encima de la silla.
4. No coloque la silla cerca de un mostrador o de una mesa. El bebé podría impulsarse contra estas superficies y volcar la silla.
5. No deje a un bebé sentado en una silla para comer sin la supervisión de un adulto, ni permita que niños mayores se suban a la silla o jueguen con ella, ya que podrían volcarla.

6. Las sillas portátiles de abrazadera, que se enganchan en las mesas, no son un buen sustituto de las sillas de piso. Pero, si piensa utilizar este modelo cuando esté de viaje o para comer fuera de casa, adquiera una que se acople bien a la mesa. Cerciórese de que la mesa es suficientemente pesada para soportar el peso del bebé. Compruebe también que el niño no pueda tocar los soportes de la mesa con los pies. Si los empuja con fuerza, podría llegar a desenganchar la silla.

Sillitas reclinables o cargadores

Una sillita reclinable o cargador no es lo mismo que un asiento de seguridad para el auto, por lo que no todas sus regulaciones son equiparables. Elíjala con cuidado. Fíjese en las recomendaciones sobre el peso especificadas por el fabricante del modelo y no siga utilizando el mismo modelo cuando el bebé supere dicho peso. Aquí tiene algunas recomendaciones más.

1. Nunca utilice una sillita reclinable como sustituto de un asiento de seguridad para el auto. Las sillitas reclinables están diseñadas con la idea de mantener al bebé un poco erguido y así poderlo alimentar con mayor facilidad.

2. Asegure al bebé con el arnés y las correas cuando lo siente en ella.

3. Elija una sillita cuya estructura sea lo suficientemente cóncava para que el bebé quede bien acomodado. La base debe ser ancha para que sea más difícil que se vuelque.

4. Verifique que la base de la sillita esté cubierta con un material antideslizante. Si no es así, corte tiras de goma y péguelas en la base para prevenir que se resbale sobre una superficie lisa.

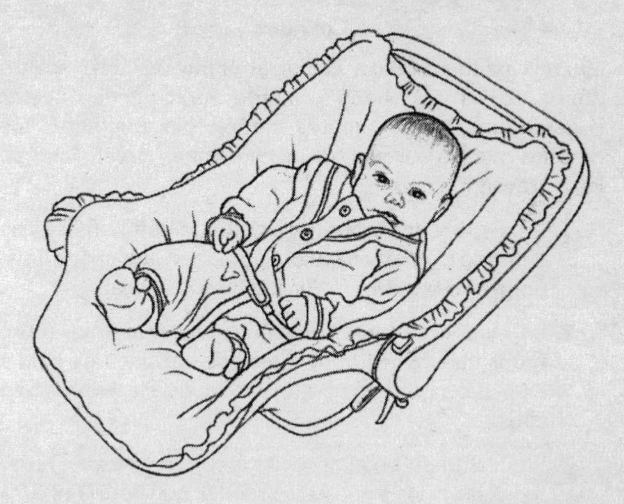

5. Al transportar al bebé en la sillita o cargador, póngale las correas y sostenga la misma *por debajo* del armazón con ambos brazos. Aunque algunas sillitas tienen asas, si coge una sillita exclusivamente por el asa, existe la posibilidad de que se vuelque, en caso de que el peso del bebé se distribuya de forma irregular. Incluso llevando a un bebé bien sujeto con las correas, el peso de su cabeza puede hacer que se caiga de la sillita.

6. Las lesiones más graves relacionadas con estas sillitas son las que se producen cuando los bebés se caen desde una superficie elevada. Por lo tanto, no es recomendable colocar la sillita sobre una superficie que esté por encima del nivel del suelo. Incluso estando en el suelo, un bebé muy activo podría volcarla, por lo que ésta debería dejarse siempre sobre una superficie alfombrada, cerca de un adulto y lejos de muebles de esquinas puntiagudas. Estas sillitas también se pueden volcar cuando se dejan sobre superficies mullidas, como una cama o un sofá; éstos no son lugares recomendables para colocarlas.

Corrales

Muchos padres utilizan el corral como un lugar seguro donde dejar al bebé cuando no pueden estar constantemente pendientes de él. No obstante, los corrales pueden ser peligrosos en algunas circunstancias. Para prevenir percances:

1. Nunca deje los laterales bajados. Si un bebé se cae dentro de la bolsa formada por la red que queda floja, podría enredarse en ella e, incluso, asfixiarse.

2. En cuanto su bebé aprenda a sentarse solo, retire todos los objetos o juguetes que cuelguen de lado a lado del corral para que no se pueda enredar en ellos.

3. En cuanto su bebé aprenda a ponerse de pie, retire todas las cajas y juguetes grandes que podría utilizar para treparse y salir.

4. Cuando les están saliendo los dientes, muchos bebés arrancan a mordiscos el vinilo o el plástico que recubre la barra superior del corral, por lo que se debe revisar periódicamente en busca de desgarrones o huecos. Si los desgarrones son pequeños, podrá repararlos con cinta adhesiva de tela; pero, si se trata de huecos grandes, tal vez sea preferible cambiar la barra.

Corral de malla en la posición correcta, con todos los laterales subidos.

5. Si piensa utilizar un corral fabricado antes de 1974, compruebe que la malla no esté rota y que los agujeros tienen menos de ¾ de pulgada de ancho para que el bebé no pueda meter la cabeza dentro de los mismos. Si se trata de un corral de madera, las barras verticales no deben tener una distancia mayor a 2⅜ pulgadas entre una y otra para que el bebé no pueda meter la cabeza entre ellas.

6. Los cercados circulares tipo acordeón son muy peligrosos, ya que los bebés pueden meter la cabeza por los agujeros en forma de rombo y las aberturas en forma de V que quedan en el extremo superior. Nunca deje al bebé en este tipo de recintos, sea en el interior o el exterior. Los corrales octagonales hechos de malla de plástico son seguros siempre y cuando se sigan las instrucciones de uso.

Andadores

La Academia Americana de Pediatría no recomienda el uso de andadores para bebé. Los andadores se anuncian para niños que ya puedan sentarse sin problemas, pero que todavía no tienen la estabilidad necesaria para caminar. Los andadores están implicados en más de 28,000 lesiones anuales en los EE.UU. La AAP recomienda utilizar aparatos estáticos. Evite los saltadores o columpios que se cuelgan

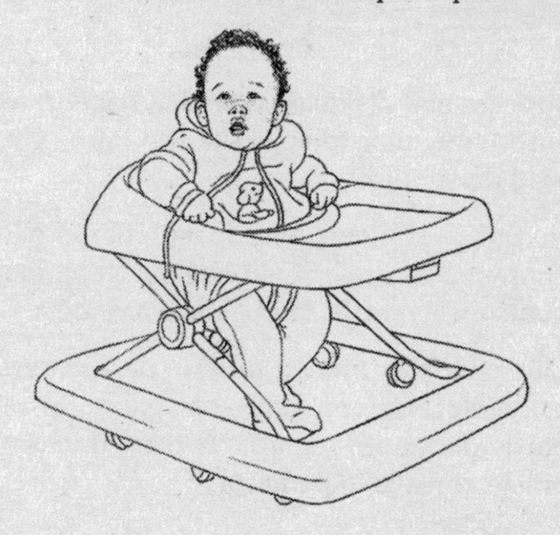

de las puertas. Así mismo, algunos "andadores" no tienen ruedas ni ruedas plegables, o sólo permiten movimientos de rotación.

Si, a pesar de todo, piensa utilizar un andador, tome las siguientes precauciones y recuerde que, incluso en las mejores circunstancias, los andadores provocarán lesiones.

1. Si elige un andador con armazón en forma de X, tenga en cuenta que el armazón puede pillar dedos pequeños. Compruebe que el andador tiene un seguro para evitar que se pueda plegar mientras el niño lo está utilizando. Asegúrese también de que los muelles, en caso de haberlos, tengan cubiertas protectoras.

2. Para evitar posibles vuelcos, los andadores deben tener por lo menos seis ruedas. Para garantizar la máxima estabilidad, la base de las ruedas debe ser más ancha y larga que la altura de la silla.

3. Los andadores sólo deben utilizarse sobre superficies planas y lisas, donde no haya alfombras o cambios de nivel que podrían hacerlos volcar.

4. Compruebe que todas las rejas de seguridad de las escaleras estén bien colocadas antes de poner al bebé en el andador.

5. Nunca deje a un bebé en un andador sin supervisión.

Chupetes

Los chupetes mal diseñados pueden hacer que el bebé se atragante con una pieza suelta. Para garantizar la seguridad de su hijo:

1. No utilice la mamadera de un biberón para hacer un chupete "casero". Si el bebé succiona muy fuerte, la mamadera podría salirse de la arandela y asfixiarlo.

2. Elija chupetes que no puedan desmontarse. Los que están hechos con una sola pieza de plástico son particularmente seguros. Si tiene dudas al respecto, pídale consejo al pediatra.

3. La pieza redonda de plástico que separa la mamadera del asa de seguridad debe tener por lo menos 1½ pulgadas de diámetro, para que el bebé no se pueda meter el chupete entero en la boca. Así mismo, debe ser de plástico duro y tener agujeros para la ventilación.

4. Después de recoger el chupete y entregárselo a su bebé por enésima vez, puede sentirse tentado a atárselo a la mano o colgárselo alrededor del cuello. No lo haga. El riesgo de estrangulamiento es demasiado alto.

5. Los chupetes se estropean con el paso del tiempo. Revíselos periódicamente para comprobar si la goma está descolorida o desgastada. Si es así, repóngalo.

Cajas y baúles para juguetes

Los baúles para juguetes son peligrosos por dos motivos: la tapa se puede caer encima del niño cuando éste meta la cabeza para buscar un juguete y, el niño puede quedar atrapado dentro del baúl. Si es posible, guarde los juguetes del niño en estantes abiertos para que los pueda coger fácilmente. Pero, si decide usar un baúl para guardar los juguetes:

1. Elija uno que no tenga tapa o que tenga una tapa liviana que se pueda quitar o bien con puertas corredizas.

2. Si el baúl tiene una tapa con bisagras, asegúrese de que tiene un soporte en la bisagra que permite que la tapa se sostenga en cualquier ángulo. Si el baúl no dispone de este mecanismo, póngale uno o quítele la tapa.

3. Seleccione un baúl con bordes redondos o, si no, fórrelo con algún material acolchado para que su hijo no pueda lastimarse si cae contra él.

4. A veces los niños se quedan atrapados dentro del baúl de los juguetes. Por lo tanto, compruebe que el baúl tiene agujeros de ventilación o hay suficiente espacio entre la tapa y los lados para que pueda entrar el aire. No bloquee los agujeros pegando el baúl contra la pared. Compruebe también que la tapa se puede abrir desde dentro.

Juguetes

La mayoría de los fabricantes de juguetes se esfuerzan por construir juguetes seguros, pero no siempre saben anticipar el uso —debido o indebido— que puede hacer un bebé de sus productos. Si su hijo resulta lastimado por un producto que no siga los requisitos de seguridad o desea reportar una lesión causada por un producto, llame a la línea gratuita de la Comisión de Seguridad en los Productos de Consumo (Consumer Product Safety Commission) 1-800-638-CPSC (el número para las personas con dificultades auditivas o de lenguaje es 1-800-638-8270). La Comisión mantiene un expediente de quejas y ordena la retirada de juguetes peligrosos, así que su llamada telefónica podría proteger también a otros niños. También puede comunicarse con la Comisión a través del Internet: Info@cpsc.gov ó http://www.cpsc.gov. Además, la línea telefónica gratuita y la página de Internet son valiosos recursos para obtener información acerca de la retirada de productos o advertencias a consumidores. Al elegir o usar un juguete, siga siempre las siguientes recomendaciones:

1. Déle a su bebé juguetes que sean apropiados para su edad y sus capacidades. Las indicaciones de los fabricantes pueden ayudar, pero debe ser usted quien decida si su hijo está o no preparado para utilizar un juguete determinado. Recuerde que la edad especificada en el empaque se incluye con fines educativos, no de seguridad.

2. Los sonajeros —probablemente el primer juguete que tenga su bebé— deben tener por lo menos 1⅝ pulgadas de ancho. La boca y la garganta de un lactante son muy flexibles, por lo que, un sonajero más pequeño, podría causar atragantamiento.

3. Todos los juguetes deben estar fabricados con materiales resistentes para que no puedan romperse o hacerse añicos incluso si un bebé los tira o les da golpes.

4. Examine los juguetes que tengan pitos para comprobar que éstos no se pueden desprender.

5. Antes de darle un peluche o una muñeca a su hijo, compruebe que la nariz y los ojos están bien fijos. Quítele todos los lazos. No permita que su bebé se lleve a la boca un chupete o cualquier otro accesorio que venga con una muñeca y que sea lo suficientemente pequeño como para que se lo pueda tragar.

6. Tragarse o inhalar partes pequeñas de un juguete representa un peligro importante para un bebé. Examine cuidadosamente los juguetes en busca de piezas que le podrían caber en la boca y en la garganta antes de dárselos a su hijo. Busque juguetes cuyo empaque diga que son aptos para niños de menos de tres años, ya que estos juguetes deben seguir parámetros federales que exigen que no tengan piezas pequeñas que puedan tragarse o inhalarse.

7. Los juguetes de los hermanos mayores que contengan piezas pequeñas deben guardarse en lugares a los que el bebé no tenga acceso. Insista a los hermanos mayores que recojan sus juguetes y todas sus piezas cuando acaben de jugar.

8. No deje que el bebé juegue con globos: podría inhalarlo si intenta inflarlo. En el caso de que se reviente un globo, recoja y tire todos los pedazos.

9. Para prevenir quemaduras y electrocuciones, no dé a un niño menor de diez años juguetes que tengan que enchufarse a la corriente eléctrica. En lugar de ello, cómprele juguetes que funcionen con pilas.

10. Los juguetes mecánicos se deben inspeccionar cuidadosamente en busca de engranajes, muelles y bisagras en los que se pudiera enganchar un dedo, un mechón de pelo o la ropa del niño.

11. Para evitar cortaduras, examine todos los juguetes antes de comprarlos en busca de bordes cortantes o piezas puntiagudas. Evite los juguetes que tengan piezas de vidrio o plástico rígido, que podrían hacerse añicos.

12. No permita que su bebé juegue con juguetes muy ruidosos incluyendo muñecos con pitos demasiado fuertes. Los niveles de ruido de 100 decibelios o más —el que hace una pistola de perdigones a corta distancia— pueden lesionar el oído.

13. Los juguetes que lanzan algún tipo de proyectil no son adecuados para bebés y niños mayorcitos, ya que es muy fácil que provoquen lesiones oculares. No le dé nunca a su hijo a un arma de juguete que lance algo a no ser que sea una pistola de agua.

Seguridad fuera de casa

Aunque usted cree un entorno completamente seguro dentro de casa, su bebé también pasará mucho tiempo fuera de ella, donde el entorno resulta algo más difícil de controlar. Lógicamente, su supervisión personal será la mejor protección. Sin embargo, incluso con la mejor de las supervisiones, un niño sigue estando expuesto a muchos riesgos. La información que figura a continuación le indicará cómo eliminar muchas de estas amenazas y reducir el peligro de que su bebé resulte lesionado.

Asiento de seguridad para el auto

Cada año, los choques de auto reclaman la vida de muchos niños. Muchas de estas muertes podrían haberse evitado si hubieran ido bien sujetos. Contrario a lo que piensa mucha gente, el regazo de un padre es, de hecho, el lugar más peligroso para que un bebé viaje en auto. En caso de un choque, lo más probable es que el padre no pueda sujetar al niño. Pero, incluso en caso de que pudiera hacerlo, el cuerpo del adulto lo aplastaría cuando fuera impelido contra el parabrisas. Lo único que puede hacer para que su bebé viaje seguro en auto es adquirir, colocar y usar correctamente un asiento diseñado específicamente a tal efecto.

Los asientos de seguridad se exigen por ley en todos los cincuenta estados y territorios de EE.UU. Lamentablemente, estudios recientes demuestran que muchos padres no utilizan los asientos de seguridad correctamente. El error más habitual consiste en colocar un asiento que debe orientarse en el sentido opuesto al de la marcha en un asiento delantero provisto de *bolsas de aire,* o bien en orientar el asiento incorrectamente, o en no sujetar bien al niño del asiento. Así mismo, algunos padres se abstienen de usar el asiento de seguridad en los trayectos cortos. No están conscientes de que la mayoría de los choques fatales ocurren a menos de 5 millas de la casa y a velocidades inferiores a las 25 millas por hora. Por todos estos motivos, los niños siguen corriendo peligro. No basta con tener un asiento de seguridad; hay que utilizarlo correctamente y en todas las ocasiones.

Elección del modelo

Aquí tiene algunas recomendaciones que pueden ayudarle a elegir el asiento de seguridad:

1. Todos los asientos de seguridad que se venden hoy en día deben seguir pautas federales de seguridad. No utilice un asiento fabricado antes de 1981, año en que estas regulaciones entraron en vigor. Para obtener una lista más detallada, incluyendo precios,

Asiento de seguridad para bebés pequeños

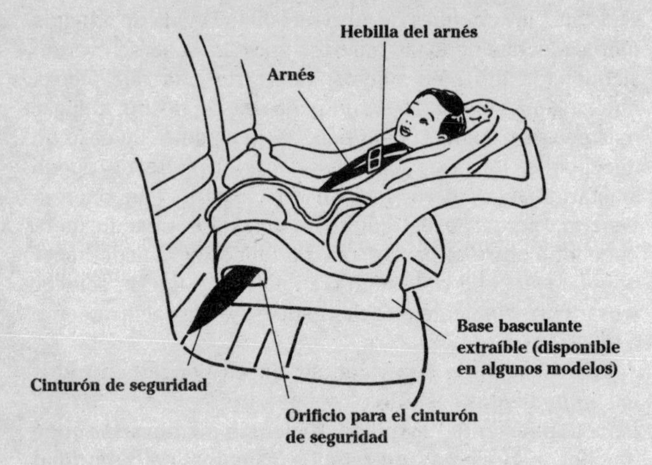

Asiento de seguridad convertible

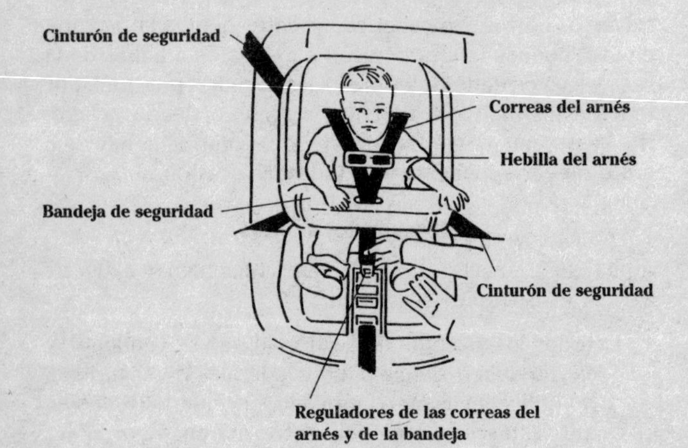

consulte con su pediatra o escriba a: *American Academy of Pediatrics, Car Safety Seats: A Guide for Families, 141 Northwest Point Boulevard, P.O. Box 927, Elk Grove Village, Illinois 60009* ó *http://www.aap.org.*

2. Cuando vaya en auto con un niño pequeño utilice siempre un asiento de seguridad, sin excepción, incluso en su primer viaje del hospital a casa. Adquiera el asiento antes de que nazca el niño.

3. Lea atentamente las instrucciones de uso del asiento y de su vehículo y pruebe a instalarlo en el auto con antelación.

4. Con bebés pequeños o de poco peso al nacer es mejor utilizar asientos sin protector frontal, por lo menos durante los primeros meses, puesto que se ajustan mejor al cuerpo del bebé. Es posible que los niños con problemas específicos de salud o condiciones médicas necesiten otros dispositivos de seguridad. Los niños prematuros se deben observar después de ser colocados en el asiento antes de abandonar el hospital para determinar si la posición semi reclinada les provoca problemas respiratorios. Es posible que en estos casos el pediatra recomiende utilizar un portabebés debidamente probado en el que el bebé pueda ir acostado. Siempre que sea posible, cuando un bebé prematuro viaje en auto debe ir un adulto a su lado para observar su respiración. Sin embargo, no coloque nunca un asiento que debe orientarse en el sentido opuesto al de la marcha en un asiento delantero provisto de *bolsas de aire.*

5. Compruebe que el asiento se puede instalar correcta y fácilmente en el asiento de su auto. El diseño de los cinturones de seguridad y los asientos y la posición de los asientos de algunos coches no son compatibles con este tipo de asiento para infantes.

6. Elija un asiento en el que las correas del arnés sean fáciles de ajustar una vez instalado en el auto; es más probable que usted utilice un asiento que sea fácil de usar.

Cómo colocar el asiento de seguridad en el auto

1. Los asientos traseros son el lugar más seguro para que viaje un niño. Los asientos protectores que deben orientarse en el sentido opuesto al de la marcha nunca deben colocarse en un asiento delantero provisto de bolsas de aire.

2. Siga al pie de la letra las instrucciones que acompañan al asiento y consulte también las instrucciones del vehículo para colocar correctamente el mismo.

3. Introduzca el cinturón de seguridad del vehículo por los orificios adecuados del asiento protector. Compruebe que el cinturón quede bien ajustado. Los cinturones de seguridad de algunos autos permiten que el pasajero se mueva libremente incluso después de haberlos abrochado. Si su auto tiene este tipo de cinturones, deberá utilizar una hebilla para que el

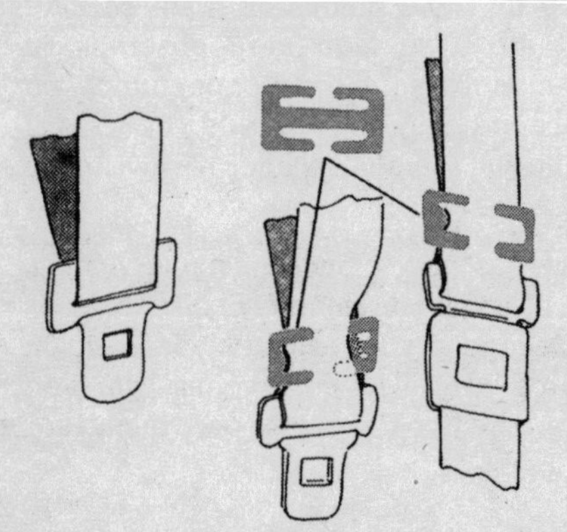

Hebilla colocada para impedir el desplazamiento del cinturón de seguridad

cinturón quede bien fijo. La mayoría de los asientos infantiles para el auto que se fabrican actualmente se venden con este tipo de hebillas. Lea atentamente las instrucciones que vienen con el asiento para saber cómo se debe colocar la hebilla.

4. Los asientos para bebés pequeños deben orientarse en el sentido opuesto al de la marcha. Cuando su bebé pese más de 20 libras y tenga un año de edad, podrá llevarlo en un asiento convertible adecuado para su peso orientado en el sentido de la marcha.

5. Ajuste las correas del asiento al tamaño del cuerpo de su hijo. Las correas de los hombros deben introducirse en sus respectivas ranuras, justo por encima de los hombros del niño. Así mismo, las correas deben estar estiradas y no dobladas ajustándose bien al cuerpo del niño. La correa de la entrepierna debe mantenerse corta.

Uso del asiento de seguridad

1. El asiento de seguridad ofrecerá una protección adecuada sólo si se emplea cada vez que el niño va en el auto, sin excepción. Si tienen dos autos, compre dos asientos o cambie cada vez el asiento al auto donde vaya a viajar su hijo. Si va a alquilar un auto, infórmese de si dispone de *bolsas de aire* de seguridad para el copiloto. En tal caso, nunca coloque un asiento orientado en el sentido opuesto al de la marcha en el asiento delantero. **El lugar más seguro para que un niño viaje en auto es el asiento trasero.**

2. Muchos bebés atraviesan por una fase en la que protestan cada vez que se les coloca en el asiento de seguridad. Pero recuerde que no puede empezar a conducir el auto sino hasta que todos tengan puesto el cinturón de seguridad. Es una regla que debe aprenderse desde el principio.

3. Asegúrese de que las correas de sujeción del arnés están bien pegadas al cuerpo del bebé. Vista a su hijo con ropas que permitan colocarle las correas entre las piernas. Ajuste las correas según el grosor de la ropa que lleve puesta el niño.

4. Cuando haga mucho calor y estacione el auto en un lugar donde dé el sol, cubra el asiento de seguridad con una toalla. Antes de sentar al bebé, toque el plástico y las partes metálicas del asiento con la mano para asegurarse de que no están calientes.

5. Por muy poco tiempo que piense estar fuera del auto, nunca deje a un bebé solo en el auto. Es posible que se enfríe o se acalore demasiado si la temperatura exterior es extrema o que se aterrorice cuando se dé cuenta de que está solo. Un niño solo en un auto es un perfecto candidato para un secuestro.

6. Póngase siempre el cinturón de seguridad. Además de dar un buen ejemplo, reducirá las probabilidades de sufrir lesiones o de fallecer en un choque en un 60 por ciento.

7. Utilice un asiento convertible hasta que su bebé sobrepase el peso recomendado, sustituyéndolo por un asiento elevador o "booster" en cuanto las orejas del niño sobresalgan por fuera del respaldo del carro. Los asientos elevadores que proporcionan la mejor protección son los que sujetan al niño con un arnés o los que combinan ambos cinturones de seguridad (hombros y caderas). Los asientos elevadores que sólo constan de un protector frontal almohadillado sin arnés son convenientes, pero protegen mucho menos. De todos modos, son mejores que limitarse a ponerle al niño un cinturón poco ajustado.

Mochilas porta-bebés

Las mochilas porta-bebés, tanto las que se llevan delante como las que se llevan detrás, están de moda entre los padres, a pesar de que a la mayoría de los bebés les quedan pequeñas cuando cumplen tres meses. Para la comodidad y seguridad de ambos siga las siguientes indicaciones al elegir y usar una mochila porta-bebés:

1. Lleve a su hijo con usted cuando vaya a comprar la mochila para podérsela probar. Compruebe que le sostiene bien la espalda y que los agujeros de las piernas son lo suficientemente pequeños como para que el bebé no se pueda escurrir hacia abajo. Elija una mochila de material resistente.

2. Si elige una mochila que se lleva en la espalda, asegúrese de que el armazón de aluminio está

Seguridad en torno a las bolsas de aire

- El lugar más seguro para *todo* bebé y niño menor de 12 años que viaje en auto es el asiento trasero.
- *Nunca* ponga a un bebé menor de 1 año de edad en el asiento delantero de un auto que tenga bolsa de aire.
- Los bebés pequeños siempre deben viajar en un asiento de seguridad que mire hacia atrás colocado en el asiento trasero del auto hasta que pesen por lo menos 20 libras **y** tengan 1 año de edad.
- Todo niño debe ir bien asegurado en un asiento de seguridad, un asiento elevador o sujeto a cinturones de seguridad que se adapten a su tamaño.
- Para garantizar la protección de los pasajeros, todos deben llevar siempre el cinturón de seguridad correctamente colocado.
- Si en una situación de emergencia un niño *debe* ir en el asiento delantero, desplace el respaldo de su asiento hacia atrás todo lo que pueda para alejarlo lo máximo posible de la bolsa de aire. Cerciórese de que tenga bien puesto el cinturón de seguridad. Tenga en cuenta que aun así su hijo puede correr riesgo de sufrir lesiones por la bolsa de aire.

Sugerencias para que su bebé esté contento y seguro en la carretera

Por mucho que usted insista en el uso del asiento protector y en llevar puesto el cinturón de seguridad, es posible que su bebé, a medida que crece, se niegue a aceptar este tipo de restricciones. Aquí tiene algunas sugerencias para tenerlo ocupado y contento —aparte de seguro— mientras viajan en auto.

- Para la comodidad del recién nacido o del bebé de pocos meses, coloque toallas enrolladas a ambos lados de su cuerpo para evitar que se resbale o se incline hacia los lados.
- Coloque una toallita enrollada entre la correa de la entrepierna y el cuerpo del bebé, para evitar que éste se escurra hacia adelante.
- Si al bebé se le cae la cabeza hacia adelante, incline un poco el asiento hacia atrás colocando un cojín o una toalla doblada debajo de la parte anterior de la base del asiento.
- A los bebés mayorcitos les encanta subirse a todas partes y es bastante probable que intenten desesperadamente salirse del asiento. Si éste es el caso de su hijo, recuerde que se trata de una fase pasajera y, con voz calmada pero firme, insístale en que debe seguir sentado en su asiento mientras el auto esté en marcha.
- Entretenga a su bebé hablando y cantando con él mientras conduce el auto. Sin embargo, no llegue al extremo de distraerse de su función como conductor.

recubierto por un material acolchado, para que su hijo no se pueda hacer daño si se da algún golpe contra el mismo.

3. Revise el estado de la mochila periódicamente en busca de roturas o rasgaduras en las costuras y junto a los corchetes o las cremalleras de los cierres.

Nuestra posición

Todos los cincuenta estados de EE.UU. exigen que los niños viajen en asientos de seguridad para auto. La Academia Americana de Pediatría insiste además en que, al salir del hospital, todo recién nacido vaya en un asiento de seguridad para infantes. La AAP ha establecido una serie de indicaciones sobre cómo se debe llevar en auto a un recién nacido de bajo peso. Estas recomendaciones incluyen llevar al bebé en un asiento de seguridad orientado en el sentido opuesto al de la marcha y envuelto en un material mullido o almohadillado. Cuando el niño crezca, se recomienda usar un asiento convertible.

Cuando vayan en auto, los bebés siempre deben ir sentados en asientos de seguridad diseñados específicamente a tal efecto, preferentemente en el asiento trasero por ser el más seguro. No coloque nunca un asiento de seguridad que debe orientarse en el sentido opuesto al de la marcha en un asiento delantero provisto de *bolsa de aire.* Un bebé nunca debe ir sentado en brazos de un adulto mientras viaja en auto.

4. Cuando lleve puesta una mochila de espalda, no se olvide de que, si tiene que recoger algo del suelo, deberá agacharse flexionando las rodillas, no la cintura. De lo contrario, su hijo podría salir despedido hacia adelante por encima de su cabeza y usted podría lastimarse la espalda.

5. Es difícil que los niños de más de cinco meses se queden quietos mientras van en una mochila de espalda. Por lo tanto, nunca se olvide de utilizar las correas de sujeción para garantizar la seguridad de su hijo. Algunos niños colocan los pies contra el armazón de la mochila, modificando la distribución del peso. Cerciórese de que el bebé está sentado correctamente antes de empezar a andar.

Cochecitos y paseadores

Puesto que los cochecitos se les quedan pequeños a los bebés pronto, muchos fabricantes han sacado al mercado cochecitos convertibles que más adelante se pueden transformar en paseadores. Antes de adquirir uno, compruebe si cumple con todos los requisitos de seguridad y tome las siguientes precauciones:

1. Si coloca protectores o cuelga juguetes en el cochecito, asegúrelos bien para que no se puedan caer encima del bebé y retírelos en cuanto su bebé aprenda a sentarse o a ponerse a gatas.

2. Si el cochecito es plegable, asegúrese de que su bebé no puede accionar el mecanismo que permite plegarlo mientras está dentro del cochecito. Este mecanismo debe quedar completamente trabado antes de colocar al niño en el cochecito.

3. En cuanto su bebé aprenda a sentarse por su cuenta deje de utilizar el cochecito, puesto que a partir de este momento las caídas serían mucho más frecuentes. Si debe seguir utilizando el cochecito por

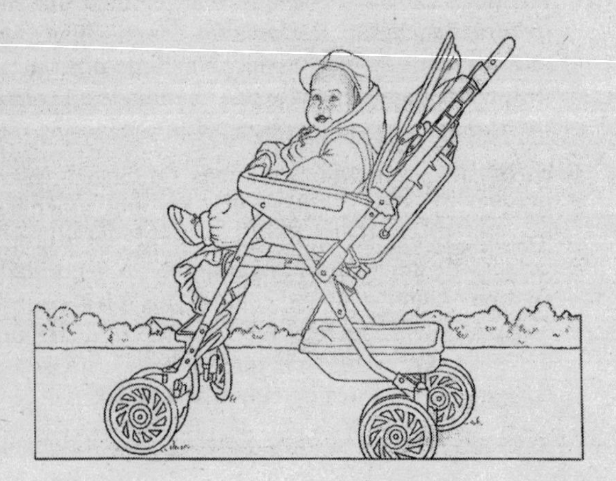

algún motivo, o si su hijo es extremadamente activo, asegúrelo con un arnés y fije el arnés a ambos lados del cochecito para que su hijo no pueda inclinarse hacia afuera mientras pasean.

4. Tanto los cochecitos como los paseadores deben tener frenos fáciles de accionar. Utilice el freno cada vez que se detenga y asegúrese de que su bebé no pueda tocar la palanca de freno. Los frenos que bloquean dos ruedas proporcionan mayor seguridad.
5. Elija un paseador que tenga la base ancha, para que no se pueda volcar.
6. Los dedos de un bebé pueden quedar atrapados entre los ejes o bisagras que abren o cierran el paseador. Por lo tanto, mantenga al bebé a una distancia prudente cuando lo abra o lo cierre.
7. No cuelgue bolsas llenas u otros objetos de las manijas del paseador puesto que su peso podría hacer que se volcara hacia atrás. Si dispone de una cesta para llevar cosas, compruebe que está colocada bien baja y cerca de las ruedas posteriores.
8. El paseador debe tener un cinturón de seguridad y un arnés que se le debe poner al niño siempre que se le saque a pasear. Si se lleva a un bebé pequeño, es conveniente enrollar varias mantas para usarlas a modo de amortiguadores a ambos lados de la sillita.
9. Nunca deje a su hijo solo en un cochecito ni en un paseador.
10. Si va a adquirir un paseador con doble asiento, compruebe que el soporte para los pies cubre el área donde van a sentarse ambos niños. Si tiene dos soportes separados, el pie de uno de los bebés puede quedar enganchado entre uno y otro soporte.

Seguridad en el carrito de compras

Se estima que cada año se producen más de veinticinco mil lesiones relacionadas con los carritos de compras. En la mayoría están implicados niños de menos de cinco años y las lesiones más frecuentes son fracturas, conmociones cerebrales y lesiones internas.

El diseño de los carritos de compras hace posible que se vuelquen cuando un niño se sienta en la parte supuestamente diseñada para ese fin. Mientras el diseño de los carritos de compras no se modifique, hay que tener en cuenta que los asientos, ya sean añadidos o empotrados, no evitarán que un bebé se caiga si no se le sujeta bien. Así mismo, el diseño de estos asientos tampoco impide que el carrito se vuelque incluso si el bebé está bien sujeto.

No debe llevar al bebé en un carrito de compras sino hasta que sea capaz de sentarse bien. Cerciórese de asegurarle bien el cinturón. Nunca deje a su bebé a solas en un carrito de compras.

Bicicletas

Si a usted le gusta montar en bicicleta, probablemente habrá considerado la posibilidad de comprar un asiento cargador para colocarlo en la parte de atrás de su bicicleta. Es importante tener en cuenta que incluso con el mejor de estos asientos y el mejor casco del mercado, su hijo puede estar expuesto a sufrir lesiones graves. Los niños menores de un año no deben ir en uno de estos asientos cargadores. Es mucho más sensato que espere a que su hijo aprenda a montar en bicicleta para que puedan pasear juntos.

Parques de recreo

Desde el columpio más sencillo instalado en el jardín de la casa, hasta el aparato más sofisticado del parque, es indudable que los equipos de recreación infantil tienen muchos factores positivos a su favor. Estos equipos estimulan a los niños a poner a prueba y expandir sus habilidades físicas. Sin embargo, implican algunos riesgos inevitables. Su bebé tan sólo debe participar en aquellas actividades del parque que sean apropiadas a su edad y desarrollo. Los riesgos se pueden reducir al mínimo cuando las instalaciones están bien diseñadas y se les dan a los niños una serie de normas básicas sobre su uso correcto. He aquí algunas recomendaciones que le pueden ayudar a seleccionar las mejores instalaciones recreativas para su hijo:

1. Compruebe que el suelo que hay debajo de los columpios, balancines y pasamanos está cubierto de arena, aserrín o una cubierta de caucho, y que estas superficies estén en buen estado. Una caída de cabeza sobre asfalto o cemento puede ser fatal, incluso desde una altura de sólo unas cuantas pulgadas.

2. Las estructuras de madera deben ser de madera tratada a prueba de las inclemencias del tiempo para que no se astillen. Examine las superficies periódicamente para asegurarse de que están lisas.

3. Inspeccione periódicamente el estado de las instalaciones, en busca de juntas sueltas, cadenas abiertas que puedan soltarse y bisagras oxidadas. Si se trata de una instalación metálica, verifique que no haya piezas oxidadas ni bordes cortantes. Si detecta alguno de estos desperfectos en el patio o el jardín de su casa cúbralos con caucho o algún otro material mullido. Si se trata de un parque público informe a las autoridades pertinentes.

4. Compruebe que los columpios están fabricados con un material blando y flexible. Insista a su hijo que se siente en el centro del asiento, cogiéndose a las cuerdas con ambas manos. No permita que dos niños se monten en el mismo columpio a la vez. Enseñe a su hijo a no ponerse detrás o delante de un columpio cuando lo esté utilizando otra persona.

El patio

Si tiene un patio en su casa, éste puede convertirse en un magnífico lugar para su bebé, siempre que elimine de él los peligros potenciales. Aquí tiene algunas sugerencias para garantizar la seguridad de su bebé:

1. Si su patio no tiene una cerca divisoria, enséñele a su hijo cuáles son los límites del área de juegos. Siempre debe haber una persona supervisando al niño cuando juega afuera.
2. Compruebe si hay plantas peligrosas en el jardín que son unas de las principales causas de envenenamiento. Si tiene alguna duda sobre la toxicidad de alguna planta en concreto, llame al servicio de información de envenenamiento y solicite una lista de las plantas tóxicas más habituales en su área. Si encuentra alguna de esas plantas, arránquela o, rodéela con una cerca para que su bebé no pueda acceder a ella.
3. Enseñe a su hijo a no arrancar ni llevarse a la boca nada de las plantas, por muy apetitosas que parezcan, sin su permiso. Esto es especialmente importante si deja que su hijo le eche una mano en el huerto, donde hay productos comestibles.
4. Si utiliza pesticidas o herbicidas para el césped o las plantas del jardín, lea atentamente las instrucciones de uso. No permita que su bebé juegue en un jardín tratado con estos productos hasta que hayan transcurrido cuarenta y ocho horas.
5. No utilice una cegadora de motor cuando su hijo esté cerca. Podrían saltar palitos o piedras que podrían lastimar al niño. No deje nunca que su bebé se monte en una cegadora de conducir aunque sea usted quien la esté manejando.

6. Cuando cocine al aire libre, póngale una malla al asador para que su bebé no pueda tocarlo y explíquele que se calienta tanto como la estufa de la cocina. Mantenga los asadores que funcionan con gas fuera del alcance de su bebé para que no pueda mover los botones. Compruebe que el carbón esté frío antes de tirarlo a la basura.

7. Los niños pequeños no deben jugar cerca del tráfico sin que los supervise un adulto.

Seguridad en el agua

El agua es uno de los mayores peligros con que puede toparse un bebé. Un niño pequeño se puede ahogar en unas cuantas pulgadas de agua. Aunque hay muchos cursos de natación disponibles, la Academia Americana de Pediatría no los recomienda para niños menores de cuatro años. Hay dos motivos:

1. Es posible que usted se confíe y sea menos prudente al creer que su hijo ya sabe nadar.

2. Los niños pequeños que se sumergen repetidamente en el agua pueden tragar tanta agua que pueden llegar a intoxicarse. Esto puede provocarles convulsiones, *shock* y hasta la muerte.

Si decide inscribir a su hijo en un curso de natación antes de que cumpla cuatro años, sobre todo si se trata de un curso al que también pueden asistir los padres, lo mejor es que se lo plantee como una oportunidad de jugar con su hijo en el agua. Asegúrese de que el curso que elija siga las pautas establecidas por la YMCA nacional. Entre otras cosas, estas pautas prohíben que los niños pequeños se sumerjan completamente en el agua y recomienda que los padres participen en las clases. De todos modos, no olvide que hasta un niño que ya sabe nadar necesita una supervisión constante. Cuando su hijo esté cerca del agua, siga estas normas básicas de seguridad:

1. Tenga mucho cuidado con acumulaciones pequeñas de agua con que se podría topar el bebé, como, por ejemplo, estanques, acequias o drenajes, fuentes, pozos, regaderas y hasta el balde que utiliza para lavar el auto. Los bebés se sienten atraídos por lugares y objetos como éstos, por lo que necesitan una supervisión constante para no caerse dentro.

2. Cuando un niño esté dentro del agua, incluso en una piscina infantil, siempre deberá haber un adulto supervisándolo, preferiblemente una persona que sepa cómo hacer CPR (Véase *Resucitación cardiopulmonar y respiración boca a boca,* página 472.) Las piscinas inflables se deben vaciar y plegar después de cada sesión de juegos.

3. No permita que su bebé utilice juguetes inflables, colchones o flotadores para mantenerse a flote. Podrían desinflarse de golpe o su bebé se podría resbalar o escurrir y hundirse.

4. Si usted tiene piscina en casa, ésta debe estar completamente rodeada por una cerca de 5 pies de altura y con cierre automático. Tenga siempre la cerca cerrada con llave. Asegúrese de que su hijo no la puede abrir.

Nuestra posición

La Academia Americana de Pediatría insiste enfáticamente en que los padres nunca deben dejar ni por un momento a sus hijos solos cerca de lugares que contengan agua, como lagos o piscinas, ni cerca de recipientes que contengan agua, como una bañera. En el caso de que haya una piscina en casa, las cubiertas de plástico rígido no son sustituto de una cerca que rodee completamente la piscina, ya que no suelen utilizarse apropiada ni consistentemente. Los padres deben aprender las técnicas de reanimación cardiopulmonar y tener cerca de la piscina los teléfonos y el equipo necesario (como chalecos salvavidas) en caso de urgencia.

5. Si su piscina tiene una cubierta protectora de plástico, retírela completamente antes de permitir que su bebé se meta en la piscina. No le deje gatear ni andar sobre la cubierta; el agua podría acumularse sobre ella, haciéndola tan peligrosa como la misma piscina. Además, su bebé se podría deslizar a la piscina, y quedar atrapado debajo de la cubierta.

6. Instale un timbre de seguridad cerca de la piscina que se pueda activar estirando de una cadena o apretando un botón. Si es posible, tenga un teléfono en la zona de la piscina, junto con los números de teléfono que se deben marcar en caso de urgencia.

7. Los hidromasajes y los baños calientes son peligrosos para los bebés, pues es fácil que se ahoguen o se calienten demasiado. No permita que un bebé utilice este tipo de instalaciones.

8. Siempre que su bebé esté en el agua o monte en barco debe llevar puesto un chaleco salvavidas. Para saber si un chaleco es de la talla de su bebé, compruebe si, una vez inflado y abrochado, no se lo puede quitar por la cabeza tirando de él hacia arriba. Si el niño tiene menos de un año, el chaleco también debe llevar un collar flotador para que, en caso de que cayera al agua, pudiera mantener el cuello erguido y la cara fuera del agua.

9. No es recomendable que los adultos beban alcohol mientras nadan. Representa un peligro tanto para ellos como para los niños que tengan a su cargo.

Seguridad en torno a los animales

Los niños tienen más probabilidades que los adultos de ser mordidos por un animal doméstico, incluyendo la mascota de la familia. Y las probabilidades aumentan cuando nace un bebé en una casa donde vivía previamente una mascota. En tales circunstancias, se debe observar cuidadosamente la reacción del animal y no dejarlo nunca a solas con el recién nacido. Al cabo de un período de "habituación" de dos o tres semanas, lo más normal es que el animal acabe por ignorar al bebé e, incluso, llegar a disfrutarlo. Sin embargo, es más sensato estar pendiente cuando el animal está cerca del bebé, por muy bien que parezcan llevarse.

Si usted desea adquirir un animal doméstico para que le haga compañía a su bebé, espere a que éste sea lo suficientemente mayor para poder colaborar en el cuidado del animal—generalmente cuando tenga entre cinco y seis años. A los bebés y niños pequeños les cuesta bastante distinguir entre un animal y un juguete, por lo que es bastante fácil que se lleven alguno que otro mordisco por haberles molestado o hecho daño sin querer. Recuerde que usted es el mayor responsable de la seguridad de su bebé cuando éste se relacione con cualquier animal. Por lo tanto, tome las siguientes precauciones:

1. Elija como mascota un animal de fácil trato. Un animal adulto suele ser una buena elección, ya que los cachorros suelen morder más y tienen demasiada energía. Evite animales adultos que se hayan criado en casas en las que no había niños.

2. Trate a su mascota con cariño y respeto para que aprenda a disfrutar de la compañía de los humanos. Por ejemplo, no le ponga a un perro una correa o una cadena muy apretada o demasiado corta, ya que el hecho de sentirse privado de libertad podría volverlo ansioso o agresivo.

3. No deje nunca a un bebé a solas con un animal. La mayoría de los mordiscos tienen lugar cuando el niño y la mascota están jugando acaloradamente y el niño no se da cuenta de que el animal se está excitando demasiado.

4. Enséñele a su bebé a no acercar el rostro al animal.

5. No permita que su bebé moleste a la mascota halándole la cola o quitándole un hueso o un juguete.

Asegúrese de que tampoco moleste al animal cuando esté durmiendo o comiendo.

6. Vacune a todos los animales domésticos que tenga en casa —tanto gatos como perros— contra la rabia.

7. Aténgase a las ordenanzas municipales en lo que respecta a los lugares en que está permitido o no llevar animales domésticos y a la obligación de llevarlos con correa. Asegúrese de que siempre hay alguien supervisando lo que hace su mascota.

8. Entérese de qué vecinos tienen perros para que su bebé conozca a los animales con los que probablemente tendrá contacto. Enséñele cómo saludar a un perro: primero debe quedarse quieto mientras se deja olfatear y después extender la mano lentamente hacia el animal y acariciarlo suavemente. Enséñele también a no acercarse a una mascota sin la aprobación de su dueño.

9. Para evitar mordiscos de animales salvajes, cuando vea un animal que parezca estar enfermo o herido o que se comporta de forma extraña, informe al departamento de salud. No intente coger al animal ni acogerlo en su casa. Enséñele a su bebé que no debe acercarse a los animales que no están domesticados.

10. Los dueños de perros deben ser conscientes de que su perro podría reaccionar agresivamente cuando un extraño se aproxime al bebé.

Cuando planifique el modo de garantizar la seguridad de su hijo, recuerde que los niños cambian constantemente. Es probable que las estrategias que protegían a su hijo cuando sólo tenía un año resulten inadecuadas en los meses y años venideros. Revise periódicamente su casa y los hábitos de su familia para estar seguro de que siguen siendo apropiados para la edad de su hijo.

11

Ayuda para cuidar de su bebé

¿Quién cuidará de su bebé mientras usted está fuera de casa? Es muy posible que en algún momento deba plantearse esta pregunta. Ya sea que necesite que alguien cuide de su hijo durante unas cuantas horas a la semana o durante nueve horas al día, es importante confiar plenamente en la persona con quien va a dejar a su hijo. Encontrar a la persona adecuada puede ser todo un reto. Este capítulo le brinda una serie de sugerencias para facilitarle la búsqueda y ayudarle a tomar esta difícil decisión. También ofrece una serie de recomendaciones para prevenir, reconocer y resolver los problemas que puedan presentarse después de hacer la elección.

La parte más crucial del proceso de selección consiste en evaluar el carácter y las habilidades de las candidatas (muchas de las personas que se dedican a cuidar niños son mujeres, pero no todas). Si no se trata de alguien de su familia, es posible que sólo pueda ver a esa persona unas cuantas veces antes de dejarla a solas con su hijo. Sin embargo, usted deseará confiar en ella como si se tratara de un miembro de su familia. Aunque es imposible estar totalmente seguro de alguien en estas circunstancias, usted puede aprender bastante sobre la forma de proceder de la niñera observándola mientras está con su hijo durante uno o varios días y pidiendo referencias en los lugares donde haya trabajado previamente. No confíe el cuidado de su hijo a una persona hasta que la haya visto relacionarse con su hijo y con otros niños y tenga confianza en sus habilidades y dedicación.

Cualidades que debe buscar en la persona que cuidará de su bebé: algunas sugerencias

(Véase también el capítulo 6, página 236)

La mayoría de bebés dan lo máximo de sí mismos cuando están con adultos cálidos y afectivos, que les apoyan y les ayudan a encontrar soluciones, al tiempo que los protegen de tomar decisiones que podrían lastimarlos gravemente. En la siguiente lista encontrará algunos de los aspectos en que debe fijarse al evaluar a las posibles candidatas. Estas indicaciones son aplicables tanto para los empleados de una guardería así como para niñeras. También es conveniente que las tenga en mente cuando juegue con su bebé o supervise a un grupo pequeño de niños.

Una buena niñera debe:

- Escuchar atentamente a los niños y observar su comportamiento.
- Establecer unos límites razonables para los niños y hacerlos respetar consistentemente.
- Explicar a los niños por qué ciertas cosas no están permitidas y ofrecerles alternativas aceptables.
- Saber afrontar situaciones difíciles cuando surjan y antes de que estén fuera de control.
- Cumplir con lo que le dice a los niños.
- Unirse a los juegos de los niños sin interferir con la actividad que realizan.

Nunca confíe el cuidado de su hijo a una persona hasta que le haya visto relacionarse con él y con otros niños.

- Recompensar los esfuerzos de los niños y aliviar sus "penas" con gestos afectivos como un abrazo o una caricia.
- Charlar con los niños de modo natural sobre lo que están haciendo.
- Limitar las conversaciones entre adultos en presencia de los niños.
- Respetar las ideas y decisiones de los niños.
- Evitar darle a elegir a un niño cuando sólo hay una opción posible.
- Dejar que los niños cometan sus propios errores y que aprendan de ellos (siempre que no implique algún tipo de peligro).

¿Qué tipo de ayuda?

Aparte de las recomendaciones *generales* que acabamos de mencionar, es importante que identifique sus propias necesidades y deseos *específicos*. Entre las preguntas que debe formularse figuran las siguientes:

- ¿Dónde quiero que esté mi bebé durante el día? ¿En casa? ¿En la casa de otra persona? ¿En un jardín infantil o guardería? Si ha de ser fuera de casa, ¿en qué zona me iría mejor?
- ¿Cuántos días y horas a la semana necesito que alguien cuide de mi hijo?
- ¿Cómo llevaré a mi hijo al centro o a la casa donde van a hacerse cargo de él si está lejos de casa?
- ¿Qué tipo de arreglos debo hacer con antelación? ¿Qué haré cuando el bebé esté enfermo o cuando la niñera no esté disponible por enfermedad o motivos personales? ¿Cómo me organizaré los días de fiesta? ¿Y en vacaciones? ¿Y durante el verano?

- Siendo realista, ¿cuánto puedo permitirme pagar?
- ¿De que tamaño quiero que sea el programa al que vaya mi bebé?
- ¿Qué preparación me gustaría que tuviera la persona que va a cuidar de mi hijo?
- ¿Cómo quiero que se le imparta disciplina?
- ¿Qué otras condiciones básicas contribuirían a que me quede tranquila al dejar a mi bebé a solas con alguien?

Aproximadamente la mitad de los padres encuentran ayuda para cuidar de sus hijos dentro de la misma familia, ya sea compartiendo la responsabilidad con la pareja o dejando al niño con algún pariente durante las horas de trabajo. Generalmente ésta es la mejor solución, puesto que el niño conoce a la persona que lo va a cuidar. Si usted tiene amigos o familiares que viven cerca de su casa con quienes podría dejar a su hijo, antes que nada, piense si se sentirá cómodo dejando al bebé en sus manos y si ellos estarían dispuestos a cuidar del niño ya sea de modo regular o cuando se presente la necesidad. También debe tener en cuenta que, en lo posible, lo justo es pagar este tipo de servicios, lo que además servirá de estimulo para el familiar que va a quedarse a cargo del niño.

Otras opciones posibles son que la niñera vaya a su casa o bien llevar al bebé a la casa de otra persona o a una guardería. Sus recursos económicos, la edad y las necesidades de su hijo, así como sus propias ideas sobre cómo se debe criar a un niño, le ayudarán a tomar la mejor decisión.

Cuidado en el hogar

Si usted tiene que reincorporarse al trabajo cuando su hijo o hija todavía es un lactante, la mejor elección será probablemente que una persona vaya a su casa para cuidar del bebé y, tal vez, ayudar un poco con los oficios domésticos. Esta persona puede ir cada día a su casa o bien vivir con ustedes. Para encontrar a posibles candidatas puede pedir referencias a sus amigos, buscar en la sección de clasificados de los periódicos o poner un anuncio (sobre todo en revistas para padres) o acudir a una agencia de niñeras.

Para ser niñera doméstica no hace falta tener una licencia, por lo que es importante comprobar las referencias que le den las candidatas. Cuando tenga una candidata, pídale información sobre su trayectoria laboral durante los últimos cuatro o cinco años y hable con todas las familias en las que haya trabajado. No tema hacer preguntas personales y detalladas, que le permitan averiguar si se trata de una persona digna de confianza. Así mismo, pregúntele cómo enfoca el tema de la disciplina, los horarios, la alimentación y la forma de consolar y tranquilizar a un niño, para ver si "encaja" con su bebé y con su propio estilo educativo.

La persona por la que se decida terminará formando parte de su familia, así que debe elegir a alguien que respeta sus valores, sus creencias y su forma de vida. En lo posible, intente que todos los miembros de la familia participen en el proceso de elección y establezca un período de prueba antes de comprometerse de forma definitiva.

El hecho de que la niñera se desplace hasta su casa tiene las siguientes ventajas e inconvenientes:

Ventajas

1. Su bebé está en un entorno conocido y recibe atención y cuidados individualizados.
2. No se ve expuesto a las enfermedades ni al comportamiento negativo de otros niños.
3. Cuando el bebé se enferme, usted no tendrá que faltar al trabajo ni hacer un arreglo especial para que alguien más lo cuide.
4. La niñera también puede ayudarle con algunas de las tareas domésticas. Si son éstas sus expectativas, déjelo en claro desde el principio.

5. No tendrá que preocuparse por el tema del transporte (a menos que quiera que la niñera lleve a su hijo de paseo.)

Inconvenientes

1. Es posible que sea difícil encontrar a una persona dispuesta a aceptar el salario y todo lo que implica trabajar en una casa ajena, o que usted encuentre prohibitivo lo que suelen cobrar las niñeras cualificadas.
2. Puesto que la niñera será su empleada, deberá cumplir con los requisitos de salario mínimo, seguro social y deducción de impuestos. (Si usted contrata los servicios de una agencia de niñeras por horas, aunque probablemente le saldrán más caras las horas, no tendrá que cumplir con los requisitos gubernamentales ni deducción de impuestos por su cuenta.
3. La presencia de una niñera puede alterar la vida familiar, quitándoles intimidad, sobre todo si se queda a dormir en su casa. Además, es posible que "traiga" sus problemas y preocupaciones a casa, lo que le quitará a usted parte del tiempo y la energía que tanto necesita.
4. Puesto que la niñera estará a solas con su hijo la mayor parte del tiempo, usted no tiene forma de saber lo bien que está haciendo su trabajo.
5. Usted dependerá completamente de la confiabilidad de su niñera. Si se enferma, tiene problemas familiares, encuentra un trabajo mejor o quiere tomarse unos días de fiesta sin previo aviso, usted tendrá que buscar a toda prisa un substituto.

Cuidado en otra casa de familia

Muchas personas se ofrecen a cuidar a grupos pequeños de niños, incluyendo bebés, en su propia casa, a menudo mientras cuidan a sus propios hijos o nietos. Algunas incluso ofrecen cuidado en las noches o cuidado para niños con necesidades especiales. Este tipo de servicio suele ser menos costoso y más flexible que los que ofrecen las guarderías formales.

Las casas particulares donde se cuidan niños pueden brindar un ambiente más íntimo y de menos tensión para el niño que una guardería grande. Pero este tipo de instalaciones no garantiza necesariamente una buena supervisión. Si sólo hay una persona para cuidar a los niños y uno en particular necesita su atención en ese momento, los demás pequeños serán ignorados.

Algunas de las personas que ofrecen este tipo de servicios tienen la debida certificación y licencia. Las regulaciones en este sentido pueden variar de estado en estado y las autoridades locales pueden dar información al respecto. Así mismo, la Academia Americana de Pediatría facilita información general sobre los requisitos básicos que deben cumplir tanto las casas particulares que ofrecen cuidado de niños como los centros de preescolar (guarderías y jardines de infancia). (Si desea que se le facilite esta información, envíe su solicitud a: *American Academy of Pediatrics, Dept. C-Child Care, 141 Northwest Point Boulevard, P.O. Box 927, Elk Grove Village, Illinois 60009.*)

Sin embargo, la mayoría de las casas particulares no tienen un permiso oficial. Por este motivo, debe tener mucho cuidado a la hora de comprobar las referencias y certificaciones antes de tomar una decisión.

Esta opción tiene las siguientes ventajas e inconvenientes:

Ventajas

1. En una buena casa de familia donde se cuidan niños debe haber una buena proporción adulto-niño. Si algunos de los niños son lactantes, el número total de niños no debería superar los tres.

2. Su bebé tendrá todas las comodidades que supone el hecho de estar en una casa y podrá participar en muchas tareas y actividades similares a las que realiza en su propia casa.

3. Probablemente en la casa habrá más niños, por lo que su bebé tendrá más oportunidad de socializar que si estuviera en casa a solas con la niñera.
4. Las casas particulares suelen ser muy flexibles, por lo que generalmente es fácil llegar a arreglos especiales para colmar las necesidades e intereses de cada niño.

Inconvenientes

1. Usted no puede observar qué pasa con su bebé cuando está allí. Mientras que en algunas casas se organizan actividades adecuadas y estimulantes para los niños, en otras se utiliza la televisión como niñera mientras los adultos se dedican a las tareas domésticas. (Tenga en cuenta que si la niñera va a su casa para cuidar de su hijo puede hacer exactamente lo mismo.)
2. Puede ser difícil encontrar referencias sobre casas particulares concretas.
3. Muchas de las personas que trabajan en casas particulares no están cualificados ni cuentan con la supervisión ni los consejos de otros adultos.

Para obtener los teléfonos de casas particulares que se ofrecen a cuidar niños en su localidad, póngase en contacto con la agencia que las regula o utilice los servicios de una agencia de referencia local. Pregunte en la agencia si las casas que se anuncian en los periódicos, revistas o carteleras de anuncios de su barrio tienen los permisos en regla. Llame a Child Care Aware al 1–800–424–2246 para averiguar cuál es la agencia de referencias sobre cuidado para niños más cercana a su casa.

Las referencias que le den los padres que tengan hijos de una edad similar al suyo también pueden ayudarle a tomar la decisión.

Antes de llegar a un acuerdo con una familia que cuida niños:

- Pida referencias y analice detalladamente todos los permisos, acreditaciones e informes de inspección que tengan (si es que tienen alguno).
- Hable con los padres que lleven a sus hijos allí o que lo hayan hecho en el pasado y pregúnteles cómo valorarían la experiencia.
- Entérese de cuántos niños (incluyendo los hijos del responsable, si los tiene) están habitualmente en la casa en diferentes momentos del día y días de la semana.
- Pregunte qué otros adultos viven o visitan la casa que podrían entrar y salir mientras su hijo está allí.
- Pregunte qué medidas se toman en el caso de que la persona responsable o algún otro miembro de la familia caiga enfermo.
- Pregunte a la persona responsable cómo actuaría en una situación de emergencia en que estuviera implicado alguno de los niños o ella misma.
- Asegúrese de que tanto la persona encargada de cuidar a los niños, como las instalaciones (si tiene una licencia de funcionamiento) cumplan con los requisitos básicos de salud y seguridad, tales como los parámetros nacionales estipulados por la Academia Americana de Pediatría. Si su pediatra no dispone de esta lista de requisitos, puede ayudarle a conseguirla. (Véase también el apartado *La elección definitiva,* página 432).

Centros de cuidado infantil

Las guarderías también se conocen como centros de cuidado infantil o de desarrollo del niño. Muchos de estos centros abren de 6 ó 7 A.M. a 6 P.M., cubriendo, por lo tanto, las necesidades de la mayoría de los padres que trabajan fuera de casa. Estos centros suelen tener grupos de diez niños o más y a veces están ubicados en iglesias, centros comunitarios o escuelas. Aunque la mayoría de ellos están autorizados para cuidar a niños de entre dos años y medio y seis años, muchos aceptan también a lactantes. Un creciente número de centros participan en programas acreditados. Para obtener más información sobre la acreditación de centros, escriba a *The National Association for The Education of Young Children, 1509 16th Street NW, Washington, D.C., 20036-1426.*

Los centros de cuidado infantil están en rápida expansión en los Estados Unidos. Existen diversas modalidades de centros y cada uno tiene sus propias características, fortalezas y debilidades.

Las cadenas de centros de cuidado infantil, se han convertido en una industria nacional en proceso de expansión. Las cadenas más extensas ofrecen una amplia variedad de actividades y programas que satisfacen tanto las necesidades de los niños como las de los padres (programas de desarrollo infantil, currículos estructurados, dirección centralizada). Debido a la marcada centralización de la dirección, es difícil que cuenten con las características distintivas que se pueden encontrar en los centros de tipo individual.

Los centros privados independientes por lo común son centros pequeños que cuentan con escaso personal. Generalmente no reciben subvenciones de iglesias u otras fuentes, por lo que dependen completamente de sus ingresos para pagar al personal y reportar algún beneficio al propietario. Puesto que estos centros generalmente los han montado una o varias personas con vocación y dedicación, pueden ser bastante buenos — siempre que estos individuos se impliquen activamente en el día a día del centro. Lamentablemente, estos centros no siempre mantienen altos niveles de calidad, debido a la movilidad del personal y/o a los cambios de propietario.

Los centros sin fines de lucro por lo común dependen de iglesias, sinagogas, centros comunitarios, universidades u organizaciones como YMCA o YWCA. Es posible que disfruten de fondos públicos, lo que les permite ofrecer precios más reducidos a las familias con menos poder adquisitivo. Todas las ganancias se reinvierten en el centro, beneficiando directamente a los niños. Sin embargo, estos centros también están sujetos a cambios poco recomendables motivados por las exigencias de las organizaciones que los subvencionan. Muchos también dependen de la participación activa de los padres para recaudar fondos y para ayudar con otros aspectos del funcionamiento del centro.

Llevar a su hijo a un centro de cuidado infantil también presenta ventajas e inconvenientes:

Ventajas

1. Puesto que los centros de cuidado infantil son más fáciles de controlar y regular, generalmente existe más información sobre ellos que sobre las demás opciones.
2. Muchos centros tienen programas muy bien estructurados, diseñados para satisfacer las necesidades evolutivas de los niños.
3. En la mayoría de los centros hay varias personas a cargo de los niños, por lo que usted no dependerá de la disponibilidad de una sola persona.
4. El personal de estos centros suele estar más supervisado que en las demás opciones.
5. Generalmente es posible dejar al niño solo por algunas horas al día o algunos días a la semana, en función del horario laboral de los padres.

Inconvenientes

1. Las regulaciones sobre el funcionamiento de los centros de cuidado infantil son muy variables. Los requisitos que deben cumplir estrictamente los centros públicos o subvencionados no siempre se cumplen en los centros privados. Además, en algunos estados, los centros que dependen de la iglesia se eximen de cumplir hasta con los requisitos más mínimos. Para ahorrarse dinero en

salarios, la directiva puede contratar a personal menos cualificado de lo que sería aconsejable para cuidar de lactantes y niños pequeños.

2. Los buenos centros suelen tener largas listas de espera debido a la gran demanda existente.

3. Puesto que en un centro de cuidado infantil hay más personal que en las demás opciones pero también hay más niños, es posible que su bebé reciba un trato menos individualizado.

Los centros de cuidado infantil por lo común aparecen en el directorio telefónico o pueden identificarse llamando a su agencia local de sanidad o de bienestar social. Muchas comunidades tienen agencias de recursos y referencias que ayudan a los padres a encontrar el cuidado apropiado para sus hijos. Para ubicar una agencia de recursos y referencias cerca del lugar donde vive, llame a *Child Care Aware* al 1-800-424-2246. Pídale a su pediatra o a otros padres que le recomienden uno de los centros que aparecen en la lista.

La elección definitiva

Para optar por una u otra posibilidad, usted necesitará conocer todas las reglas y formas de actuar que repercutirán sobre su bebé. Si el programa que elija es lo suficientemente formal como para disponer de un manual impreso, éste puede responder a muchas de sus preguntas. Si no es así, pregunte al director lo siguiente (algunas preguntas se adaptan al caso de niñeras o cuidado en una casa de familia):

1. ¿Qué requisitos se exigen al personal del centro? A ser posible, los miembros del personal deberían tener por lo menos dos años de formación universitaria, haber pasado una revisión médica y haberse puesto las vacunas básicas. Lo ideal es que tengan experiencia en el campo del desarrollo

infantil y tal vez que tengan hijos. Los directores por lo menos deben tener un título universitario o muchos años de experiencia, lo cual los acreditaría como expertos, tanto en el ámbito del cuidado de los niños como en lo administrativo.

2. ¿Cuál es la proporción adulto-niño? La norma general que se debe seguir es: cuanto más pequeño sea el niño, más adultos deberá haber en cada grupo. A cada bebé se le debería asignar un adulto que se responsabilice por él.

   ¿Cuántos niños hay en cada grupo? Generalmente, los grupos más pequeños ofrecen más oportunidades para que los bebés interactúen y aprendan los unos de los otros. En el caso de niños recién nacidos hasta los 12 meses de edad, la proporción ideal niño/personal es de 3:1, y el tamaño ideal del grupo es de 6 niños.

3. ¿Hay cambios de personal con mucha frecuencia? En caso afirmativo, esto podría indicar que hay problemas de funcionamiento interno. En el caso ideal, la mayoría del personal debería llevar varios años en el centro. Lamentablemente, puesto que generalmente se pagan salarios bastante bajos, la movilidad del personal suele ser considerable.

4. ¿Cuáles son las metas del programa? Algunos centros están muy organizados e intentan enseñar nuevas destrezas o cambiar o moldear el comportamiento de los niños. Otros tienen una filosofía más relajada e insisten en ayudar a cada niño a desarrollarse a su propio ritmo. Y hay otros que se encuentran en un punto intermedio. Primero decida qué es lo que quiere para su hijo y asegúrese de que el programa que elija se ajusta a sus expectativas. Evite los centros que no ofrecen atención ni apoyo personalizado. Generalmente esto es lo que ocurre cuando los grupos son grandes y el personal escaso.

5. ¿Cuál es el procedimiento de admisión? Los buenos centros suelen pedir información sobre los antecedentes de cada bebé. Prepárese para contestar preguntas muy concretas sobre las necesidades individuales de su hijo, su nivel evolutivo y su estado de salud. También es posible que le pregunten cómo enfoca la educación de su hijo y de los demás niños de la familia. Debería dudar de la idoneidad de un centro a cuya dirección no le interesen este tipo de cuestiones.

6. ¿La persona o personas que van a cuidar de su hijo disponen de una licencia válida y de un certificado médico actualizado? ¿Se exige que los niños matriculados cumplan con todos los requisitos sanitarios y de inmunizaciones? El centro debería controlar que los niños matriculados lleven al día el calendario de vacunaciones y requerir evaluaciones médicas periódicas a todos los niños y miembros del personal.

7. ¿Cómo se actúa en caso de enfermedad? Si algún niño o miembro del personal contrae una enfermedad contagiosa (no un mero resfriado, sino enfermedades más importantes como, por ejemplo, la varicela, el sarampión o la hepatitis), se debería informar puntualmente a todos los padres. El centro también debe tener una política clara en lo que se refiere a un niño enfermo. Es importante que sepa cuándo debería dejar a su bebé en casa por motivos de salud y cómo reaccionará el centro si se enferma durante el día.

8. ¿Cuál es el costo? ¿Cuál es el precio de la matrícula? ¿Cada cuánto deberá pagar cuotas? ¿Qué cubre el precio exactamente? ¿Tendrá que pagar igual a pesar de que su hijo falte al centro cuando esté enfermo o cuando se vaya de vacaciones?

9. ¿En qué consiste un día típico en el centro? Lo deseable es que se alternen momentos de actividad física con momentos de tranquilidad y reposo.

Algunas actividades deberían hacerse en grupo y otras de forma individual. Debería haber un horario establecido para las comidas principales y meriendas. Aunque es conveniente que haya cierta organización, también debe haber espacio para el juego, la improvisación y los acontecimientos especiales.

10. ¿En qué medida se espera que los padres de los niños se involucren en el centro? Algunos centros insisten mucho en la colaboración de los padres mientras que otros apenas los tienen en cuenta. Un buen centro debería, por lo menos, tener en cuenta sus opiniones y permitirles visitar a su hijo cuando quieran. *Descarte* cualquier centro que cierre las puertas a los padres, aunque sólo sea durante una parte del día.

11. ¿Cuáles son las normas generales de funcionamiento? Un centro bien organizado debería tener unas normas claramente establecidas en lo que se refiere a:

- Horario de funcionamiento
- Transporte de los niños
- Salidas y excursiones
- Comidas y meriendas
- Administración de medicinas y primeros auxilios
- Evacuación en situaciones de emergencia
- Notificación cuando un niño falte
- Cierre por causas metereológicas
- Retiro de los niños del programa
- Material y equipo que deben suministrar los padres
- Celebraciones especiales
- Cómo ponerse en contacto con el personal por el día o por la noche
- Exclusiones temporales por motivos de salud

Una vez disponga de esta información básica, debería inspeccionar el edificio, el patio y los alrededores mientras el centro está abierto para ver cómo interactúan los miembros del personal con los niños. La primera impresión es muy importante, puesto que influirá sobre la actitud que usted tendrá para con el centro. Si comprueba que se trata a los niños con cariño y calidez, probablemente se sentirá bien de dejar a bebé allí. Pero, si ve a un empleado pegándole a un niño, probablemente reconsiderará seriamente la posibilidad de dejar a su hijo en ese centro, aunque ésa sea la única forma de maltrato que perciba.

Intente observar la rutina diaria del centro, cómo se estructura el día y qué actividades se organizan para los niños. Fíjese en cómo se prepara la comida y cuántas veces se da de comer a los niños. Fíjese también en la frecuencia con la que se lleva a los niños al baño o se les cambian los pañales. Mientras recorre el centro, compruebe también si se cumplen las siguientes normas básicas de salud y seguridad:

- El local y las instalaciones están razonablemente limpios (sin coartar el juego de los niños).
- Hay mucho material para jugar y está en buen estado.
- El material es adecuado para el nivel evolutivo de los niños.
- Se supervisa de cerca a los niños cuando se encaraman a sitios altos, se revuelcan, juegan con cubos (que pueden tirarse los unos a los otros) o con otros juguetes que pueden ser peligrosos.
- Existen áreas de juego seguras, tanto en el interior como al aire libre, para realizar actividades que permiten ejercitar los músculos diariamente. El suelo de estas áreas está cubierto de material que sirva para amortiguar posibles caídas y las instalaciones se ajustan a los parámetros de la Comisión para la Seguridad de los Productos de Consumo.
- El área donde se guardan y preparan los alimentos está claramente separada del baño y del área donde se cambian los pañales.

- El sitio donde se cambian los pañales se limpia y se esteriliza después de cada uso.
- Hay lavamanos al lado de los inodoros, del lugar donde se cambian los pañales y del lugar donde se prepara la comida para uso tanto de los niños como del personal del centro.
- Deberían evitarse las sillitas-orinal, puesto que favorecen la transmisión de gérmenes que provocan diarreas.
- Los bebés están supervisados constantemente por un adulto, incluso mientras hacen la siesta.
- Los miembros del personal encargados del cambio de pañales o de ayudar a los niños a usar el inodoro se lavan bien las manos después de cambiar o de ayudar a algún niño. Si es posible, estas personas no preparan ni sirven la comida a los niños.

Cuando esté convencido de que un centro puede ofrecerle a su hijo un ambiente seguro, cálido y saludable, déjele probar cómo se siente en él mientras usted está presente. Observe cómo se relaciona con las personas que lo cuidan y compruebe que todo el mundo está cómodo con la nueva situación.

Cómo forjar una buena relación con la persona que cuidará de su bebé

Por el bien de su hijo o hija, usted necesita establecer una relación positiva con la persona o personas que lo cuidarán mientras usted está fuera de casa. Cuanto mejor se lleve con ellas, más a gusto se sentirá su bebé cuando estén juntos. Cuanto más comunicación haya entre ustedes, más continuidad habrá en el tipo de trato y de cuidados que recibirá su hijo a lo largo del día.

Una buena forma de entablar y cultivar esta relación es hablar con esa persona —aunque sea durante un rato—

Lista de cotejo

Puede utilizar esta lista para evaluar cuán idónea es una persona o centro de cuidado infantil. Idealmente, todas las respuestas deben ser afirmativas aunque siendo realistas, siempre habrá algunas respuestas negativas. Analice detenidamente las preguntas contestadas con un "no" y reflexione sobre cuán importantes son para usted.

La persona que va a cuidar de su bebé:

1. ¿Parece ser una persona con quien usted podría entablar una relación franca y abierta?
2. ¿Da la impresión de que le gustan los niños? ¿Le parece que le gustará a su bebé?
3. ¿Coincide con usted en lo que se refiere al modo en que se debe cuidar y educar a un niño? ¿Respeta los valores religiosos y culturales de su familia?
4. ¿Aporta materiales y propone actividades adecuadas para fomentar el aprendizaje y el crecimiento del niño?
5. ¿Fomenta hábitos higiénicos saludables, tales como lavarse las manos antes de comer?
6. ¿Domina las técnicas básicas de primeros auxilios?
7. ¿Puede dedicar suficiente tiempo a cada uno de los niños que están a su cargo?
8. ¿Intenta que cada niño se sienta bien consigo mismo?
9. ¿Se toma su tiempo para hablar con usted sobre su hijo con regularidad?
10. ¿Parece disfrutar al cargar y consentir a su bebé?
11. ¿Satisface adecuadamente las necesidades físicas de su bebé como alimentarlo y cambiarle el pañal?
12. ¿Pasa un buen tiempo cargando, hablando y jugando con su hijo?

13. ¿Le ayuda al bebé a encontrar cosas interesantes para ver tocar y escuchar?
14. ¿Brinda un ambiente seguro a aquellos niños que están empezando a gatear o caminar?
15. Se somete a un chequeo médico regular y a la prueba de la tuberculina?

El centro o la casa particular:

1. ¿Tiene los permisos al día?
2. ¿Está bien situado con respecto a su casa o lugar de trabajo?
3. ¿Tiene siempre las puertas abiertas a los padres?
4. ¿Dispone de suficiente espacio, tanto interior como al aire libre, para que los niños puedan moverse libremente y, al mismo tiempo, estén seguros y protegidos?
5. ¿Dispone de suficiente personal para satisfacer las necesidades de todos los niños?
6. ¿El equipo utilizado está limpio y bien conservado? ¿Es suficientemente seguro y apropiado para la edad que tienen los niños?
7. ¿Tiene suficiente luz? ¿Está lo suficientemente caldeado y ventilado?
8. ¿Tiene una política clara sobre cómo actuar en caso de enfermedad? ¿Existe un área separada para cuidar de los niños enfermos? (No es imprescindible que el centro disponga de un área completamente aislada, pero sí un lugar tranquilo para descansar)
9. ¿Cuenta con un lugar limpio y seguro para cambiar los pañales?
10. ¿Tienen las cunas un colchón firme y cubierto con un plástico grueso?
11. ¿Hay una cuna y un juego de sábanas aparte por cada bebé?

12. ¿Tiene parámetros de seguridad aceptables? Éstos deben incluir:

- Superficies acolchadas en los lugares donde puedan producirse caídas desde cierta altura, sea en el interior o al aire libre
- Un botiquín con material para primeros auxilios
- Detectores de humo y suficientes salidas de emergencia para poder evacuar rápidamente el local en caso de incendio
- Radiadores y calentadores debidamente cubiertos
- Mallas o barras resistentes en las ventanas, que no estén al nivel del suelo, así como portones en la cima y la base de las escaleras
- Clavijas de seguridad en todos los enchufes
- Un lugar para guardar las medicinas y otras sustancias tóxicas fuera del alcance de los niños y, a ser posible, bajo llave.

cada vez que deje o recoja a su hijo. Si a su hijo le pasa algo emocionante o desagradable a primera hora de la mañana, es posible que afecte al comportamiento del niño durante el resto del día, por lo que la persona que va a cuidar de él debería ser informada. Así mismo, cuando vaya a recogerlo, le deberían informar sobre cualquier cosa importante que le haya ocurrido al niño durante el día, desde un cambio en la consistencia de las deposiciones o un cambio de apetito, hasta una nueva forma de jugar o el hecho de que haya dado sus primeros pasos. Así mismo, si le parece que su hijo está cayendo enfermo, debería comentarlo con la persona responsable de su cuidado y decidir qué hacer en caso de que los síntomas se agraven.

Es posible que surja cierta rivalidad entre usted y la persona encargada de cuidar de su bebé por recibir su afecto y controlar su comportamiento. Por ejemplo, es posible que tenga que escuchar frases como: "¡Qué

Hay oportunidades para:

1. ¿Jugar tranquila y activamente tanto afuera como adentro?
2. ¿Jugar individualmente y en grupo?
3. ¿Utilizar libremente materiales y equipos que fomentan la adquisición y perfeccionamiento de nuevas habilidades y destrezas?
4. ¿Aprender a relacionarse con los demás y a compartir?
5. ¿Aprender sobre distintas culturas a través del arte, la música y los juegos?
6. ¿Poder gatear y explorar el entorno de modo seguro?
7. ¿Jugar con objetos y juguetes que estimulan los sentidos del tacto, la vista y el oído (como móviles, sonajeros, gimnasios, juguetes de encajar, pelotas y bloques)?

Si, después de completar esta lista de cotejo, sigue teniendo dudas sobre a quién puede confiar el cuidado de su hijo, comente sus preocupaciones con el pediatra.

curioso, conmigo nunca se porta así!". No le dé demasiada importancia; todos los niños suelen reservar sus peores comportamientos para cuando están con aquellas personas a quienes les tienen más confianza.

Si usted tiene un trato de camaradería con las personas que cuidan de su hijo, éstas sentirán que usted las respeta y posiblemente pondrán más entusiasmo a la hora de cuidar de su bebé. Aquí tiene algunas formas de fomentar una buena relación diaria con la persona que cuida de su hijo:

- Cuéntele cosas que su bebé haya hecho que sean particularmente divertidas o interesantes. Dígale que compartir este tipo de información es importante para usted y anímela a hacer lo mismo para que haya un intercambio de información.

- Respétela y trátela con educación.

- Facilítele material y propóngale proyectos especiales para que los desarrolle con su hijo, tanto individualmente como con otros niños.
- Contribuya a que el día empiece bien quedándose un rato con su hijo mientras la niñera o el niño se "van instalando". Si usted lleva a su hijo a una guardería, ayúdele a guardar las cosas del bebé y espere a que se implique en alguna actividad o en algún juego con otros niños. Si la niñera viene a su casa, espere a que se haya implicado en alguna actividad con su hijo antes de irse. Asegúrese de que su bebé sepa siempre que usted se va, diciéndole adiós antes de marcharse. No alargue demasiado las despedidas ni tampoco se limite a "desaparecer".
- Ayude a la niñera a programar y realizar actividades especiales con su hijo.

Periódicamente es recomendable que tengan conversaciones más largas para comentar cualquier problema que surja y planificar posibles cambios en la rutina diaria. Intente programar estas conversaciones para cuando usted no tenga prisa por irse ni haya distracciones. Si es posible, organice las cosas para que otra persona se haga cargo de su bebé mientras dura la conversación. Tómense el tiempo suficiente para que puedan tratar todos los hechos y opiniones que ambas tengan en mente y se puedan poner de acuerdo sobre objetivos y formas concretas de actuar.

A la mayoría de los padres les resulta mucho más fácil mantener este tipo de conversación si preparan una lista de temas para comentar. También ayuda bastante empezar la conversación comentando alguna cosa que hace la niñera que usted valora positivamente y, después, pasar a hablar de las cuestiones que le preocupan. Después de dar sus opiniones, pregúntele qué opina ella y escúchela atentamente. Recuerde que, en lo que a la forma de criar a un niño se refiere, hay pocas cosas que estén estrictamente bien o mal y en la mayoría de las situaciones hay varios enfoques "adecuados". Por lo tanto, intente adoptar una actitud abierta y flexible. Acabe la conversación dejando en claro el plan de actuación específico y fijando la fecha de la próxima reunión. Ambas se sentirán mejor si acaban la conversación con algo en concreto, aunque sea decidir que continuarán con el mismo curso de acción durante uno o dos meses más.

Cómo resolver los conflictos que surjan con la persona que cuida de su bebé

Supongamos que usted ha elegido cuidadosamente el centro o la persona que se encargará de cuidar de su bebé. ¿Significa esto que sus problemas se han acabado? Probablemente no.

Siempre que dos o más personas comparten la responsabilidad de cuidar y educar a un niño, hay posibilidades de que se presenten conflictos. En la mayoría de los casos los desacuerdos pueden resolverse simplemente hablando sobre el tema. Es posible que se dé cuenta de que el conflicto, en el fondo, obedecía a un malentendido o a una interpretación incorrecta de alguna situación. Sin embargo, habrá veces, sobre todo si hay varias personas implicadas en el conflicto, en que tendrá que adoptar un enfoque más estructurado para resolver las cosas. Seguir una estrategia paso a paso, tal y como se explica a continuación, puede ayudarle bastante:

1. Defina el problema con claridad. Averigüe qué personas están implicadas, pero evite culpar a alguien. Por ejemplo, supongamos que su bebé ha golpeado o mordido a varios niños en la guardería. Averigüe a qué niños ha mordido y qué miembros del personal estaban presentes. Pregúnteles qué fue exactamente lo que vieron antes de decidir que el problema le compete sólo a su hijo. Quizás alguien lo provocó. Quizás usted pueda sugerir una forma alterna de actuar en el caso de que se repitiera el incidente.

Consejos para hacer más llevaderas las separaciones

Empezar un nuevo día es todo un reto: usted tiene que alimentar y vestir a toda la familia y conseguir salir de casa con suficiente tiempo para llevar a su hijo o hija a la guardería y llegar al trabajo puntualmente. El momento más duro de todos es cuando usted tiene que separarse de su hijo. Las separaciones siempre son difíciles, independientemente de la edad que tenga un niño, pero resultan especialmente problemáticas durante el primer año de vida. A continuación encontrará algunas recomendaciones para que este difícil ritual matutino resulte más llevadero para ambos.

Etapa de desarrollo de su hijo	Su respuesta
De 0 a 7 meses	
Durante los primeros meses de vida, su bebé necesita primordialmente amor, consuelo y tener satisfechas sus necesidades físicas.	Aunque durante esta etapa es posible que a usted le cueste mucho separarse de su hijo, generalmente a los bebés de esta edad no les cuesta demasiado acostumbrarse a estar con la persona que los cuida habitualmente en casi cualquier entorno. Durante el período de habituación inicial, usted debería quedarse con el niño y la niñera durante aproximadamente una hora. Cuando hayan pasado una o dos semanas, podrá acortar su tiempo de permanencia.

2. Escuche las ideas de todos para encontrar posibles soluciones.

3. Pónganse de acuerdo sobre un plan de actuación en el que se especifiquen con claridad las obligaciones de todo el mundo —usted incluido— y fijen el período de aplicación del plan.

4. Contemple qué puede fallar en el plan diseñado y decida cómo podrían evitarse o resolverse esos problemas en caso de que surjan.

Etapa de desarrollo de su hijo	Su respuesta
De 7 a 12 meses. En esta etapa suele aparecer la ansiedad de separación. Es posible que su bebé se empiece a resistir a quedarse con alguien que no sea de la familia. El hecho de estar desconocido, como una guardería, también puede alterarlo bastante.	Si es posible, no deje a su hijo a solas con una niñera por primera vez ni lo matricule en ninguna guardería durante esta etapa. Si ya lleva algún tiempo yendo a uno de estos centros o quedándose en casa con la niñera, alargue un poco el tiempo antes de despedirse del niño. Establezca un ritual de despedida breve, que quizás involucre al juguete preferido de su bebé. Sobre todo, sea consistente de un día para otro.
A partir de un año de edad En esta etapa la ansiedad de separación alcanza su pico máximo y su hijo tendrá mayores dificultades para asumir su partida. Es posible que no crea que usted va a volver y que llore o se aferre a usted cuando usted trata de irse.	Sea comprensiva, pero firme y persistente. Una vez se haya ido, no vuelva a aparecer a menos que esté dispuesta a quedarse con suhijo o a llevárselo con usted.

5. Ejecute el plan.

6. Fijen una fecha para volverse a reunir y decidir si el plan está funcionando. Si no es así, reinicie el proceso, planteándose de nuevo qué cambios conviene hacer.

Cómo actuar cuando su hijo se enferma

Si su bebé es como todos los demás, se enfermará de vez en cuando, independientemente de que lo lleve o no a un centro de cuidado infantil. En la mayoría de los casos se tratará de un simple resfriado o de otra infección de las vías respiratorias, que son más habituales entre principios del otoño y finales de la primavera. Habrá momentos en que su hijo contraerá una infección tras otra y se pasará semanas enfermo. Si tanto el padre como la madre trabajan fuera de casa a jornada completa, esta situación se puede convertir en un verdadero problema.

Es posible que los responsables de la guardería envíen a un niño a casa por el mero hecho de estar levemente enfermo, y con un buen motivo. Un niño enfermo puede convertirse en un foco de contagio para sus compañeros. Además, es posible que necesite cuidados y atenciones especiales, que la mayoría de las guarderías no están en condiciones de ofrecer.

En algunos estados hay regulaciones que exigen a los centros enviar a un bebé a casa cuando está enfermo. Esto tiene sentido, sobre todo cuando el niño tiene fiebre y presenta síntomas como estornudos, tos, vómitos o diarrea, ya que éstas son precisamente las principales vías de contagio de las enfermedades infecciosas.

Sin embargo, las enfermedades del aparato respiratorio son contagiosas antes de que aparezca ningún síntoma. Cuando alguien se da cuenta de que un niño está enfermo, es bastante probable que ya haya contagiado a otro compañero y el hecho de que se quede en casa no permitirá evitar la transmisión de la enfermedad. Sin embargo, muy pocas guarderías aceptan la responsabilidad de cuidar a bebés enfermos a no ser que se trate de algo muy leve.

Lo ideal sería que usted se pudiera quedar en casa con su bebé cuando esté enfermo. Pero, si usted trabaja a jornada completa, esto será bastante difícil. Hable con su superior con suficiente antelación para ver si es posible que usted se pueda quedar en casa con su hijo cuando esté enfermo. Puede proponerle llevarse trabajo a casa, si es factible, o buscar con anticipación un compañero que pueda substituirla en caso necesario.

Si ni usted ni su pareja pueden faltar al trabajo cuando su bebé esté enfermo, tendrán que hacer algún arreglo especial cuando se dé esta circunstancia. Probablemente lo mejor será que el niño esté en un entorno conocido y con una persona conocida. Si le pide a un familiar que se quede con él o contrata a una niñera, asegúrese antes de que esa persona sabe qué es lo que le pasa al niño y cómo debe tratar la enfermedad.

Si su bebé tiene que tomar algún medicamento, deje escritas con mucha claridad las instrucciones de la administración. Explíquele a la persona que lo va a cuidar por qué se le da la medicina, cómo se debe conservar y administrar (dosis y periodicidad), qué efectos secundarios puede provocar y cómo debería actuar en el caso de que el niño presentara alguno de ellos. Explíquele que las medicinas no se deben "disfrazar" como si fueran alimentos ni describirse como golosinas. En lugar de ello, al bebé se le tiene que explicar para qué sirve la medicina y por qué necesita tomársela. Pídale a la persona que se va a quedar con el niño que anote las horas exactas a las que le dio el medicamento. Si deja al bebé en una guardería o una casa particular, es posible que le pidan que firme un documento dando su consentimiento para que su hijo reciba la medicación.

En algunas comunidades, hay servicios que se especializan en el cuidado de bebés o niños mayorcitos levemente enfermos. Entre dichos servicios figuran:

Programas de carácter doméstico

1. Hogares particulares que están equipados para atender a niños tanto enfermos como sanos. Si un bebé se enferma, puede continuar asistiendo a la casa en que lo cuidan, pero en lo posible se le restringe a un área específica.

2. Hogares particulares que sólo cuidan a niños enfermos. Algunos están asociados con centros de cuidado infantil.

3. Agencias o centros de cuidado infantil que disponen de personal para ir a cuidar al niño en su propia casa.

Programas ubicados en un centro infantil

1. Centros regulares de cuidado infantil que tienen personal entrenado para cuidar a bebés y niños enfermos dentro de las mismas instalaciones, pero en un lugar aparte de los niños que están sanos.

2. Centros que ofrecen un cuarto separado para bebés y niños enfermos con personal asignado.

3. Centros de cuidado infantil que están dedicados específicamente a atender a bebés y niños enfermos.

En los programas para niños enfermos, el personal ajusta el nivel de actividad a la habilidad que tiene cada cual de participar, y los bebés reciben mucha atención y cariño. Estos programas deben prestar especial atención a la higiene tanto en bien del personal como de los bebés. Las instalaciones y el equipo, sobre todo los juguetes, deben limpiarse a fondo y con frecuencia. En algunos casos, dependiendo de la naturaleza de la enfermedad, se necesita disponer de juguetes desechables. Cada uno de estos centros debe contar con un pediatra y un asesor de salud pública a los que se pueda llamar en caso necesario.

Control de enfermedades infecciosas en los centros de cuidado infantil

Siempre que hay varios niños juntos, aumenta el riesgo de contagio de enfermedades. Los bebés son especialmente vulnerables, puesto que tienden a meterse las manos y los juguetes en la boca, facilitando, de este modo, el proceso de contagio.

En un centro de cuidado infantil es imposible que todos los objetos y juguetes se mantengan en perfectas condiciones de higiene. Sin embargo, hay algunas prácticas y precauciones que pueden ayudar a controlar el contagio. Las vacunas, por ejemplo, pueden reducir drásticamente los brotes de enfermedades infecciosas graves. Estos centros deben exigir que los niños reciban (a las edades adecuadas) las vacunas contra difteria, tétanos, tos ferina, poliomielitis, sarampión, paperas, rubéola, *Haemophilus influenzae* tipo b, hepatitis B, varicela, pneumococo y tal vez la de influenza. Así mismo, se debe comprobar el estatus inmunológico del personal del centro y, en caso de duda, se les deben administrar las vacunas pertinentes.

Además de exigir que los niños cumplan el calendario de vacunaciones sistemáticas, los centros de cuidado infantil deben ser extremadamente cuidadosos con la higiene. Si en un centro coinciden lactantes, niños pequeños que todavía llevan pañales y niños que ya saben usar el inodoro, cada grupo debe tener un área separada con su propio lavamanos. El personal debe lavarse las manos después de cambiar pañales, sonarle la nariz a un pequeño, y antes de tocar la comida. El local y los equipos deben limpiarse por lo menos una vez al día. Los cambiadores, los sanitarios, los lavamanos y cualquier objeto que pueda entrar en contacto con la boca de los bebés debe lavarse, rociarse o impregnarse con una solución desinfectante y dejarse secar.

Como padre, usted también puede contribuir a controlar el contagio de enfermedades en el centro al que vaya su hijo no dejándole asistir cuando tenga una enfermedad infecciosa o que requiera una atención especial. (El centro debe dar guías para que los padres sepan cuándo deben actuar de este modo). También debe informar al responsable del centro cuando a *cualquier* miembro de su familia se le diagnostique una enfermedad grave que sea contagiosa, y solicitar que, cuando algún niño del centro contraiga una enfermedad de este tipo, se alerte a todos los padres.

A medida que su hijo crece, enséñele los hábitos adecuados de higiene para que tenga menos probabilidades de contribuir al contagio de enfermedades. Y, por último, infórmese sobre las enfermedades que son más frecuentes en los centros de cuidado infantil para saber qué esperar y cómo reaccionar en caso de que alguno de los niños del centro al que va su bebé las contraiga. Entre estas enfermedades, se incluyen las siguientes:

Resfriados y otras infecciones de las vías respiratorias

Las infecciones más frecuentes están provocadas por virus que producen los síntomas de un resfriado, fiebre o intranquilidad, o que terminan en infecciones de oído. Puesto que los infantes matriculados en centros de cuidado infantil entran en contacto con mucha gente cuando aún son muy pequeños, éstos suelen contraer este tipo de infecciones a una edad más temprana que los que se quedan en casa. Sin embargo, en cuanto el niño entra en la etapa de la primera infancia, el riesgo de contraer este tipo de enfermedades en un centro de cuidado infantil que cumpla los requisitos de higiene básicos, disminuye considerablemente. Las infecciones provocadas por la bacteria *Haemophilus influenzae* tipo b representan una importante excepción. Las mismas son entre dos y tres veces más frecuentes en los niños que asisten a centros de cuidado infantil. Afortunadamente la probabilidad de que un niño contraiga esta enfermedad se puede reducir significativamente administrándole las diferentes dosis de la vacuna correspondiente a partir de los dos meses de edad.

Diarrea

Los trastornos gastrointestinales son menos frecuentes que las infecciones respiratorias. En promedio, un niño tiene entre uno y dos episodios de diarrea al año. Este tipo de enfermedades se contagian fácilmente en los centros de cuidado infantil y casas particulares que carecen de hábitos higiénicos adecuados en lo que a lavarse las manos, cambiar y manipular pañales y preparar la comida se refiere. De todos modos, incluso cuando el personal es muy cuidadoso, un sólo niño infectado puede contagiar a todos los demás.

Si su bebé tiene diarrea, consulte al pediatra o al personal del centro para saber cómo debe actuar. Si tiene una diarrea leve, probablemente bastará con que se quede en casa un par de días para reducir al mínimo las probabilidades de contagio. Pero, si se sospecha que puede tener algo más grave, se le deberán practicar diversas pruebas para identificar la causa (bacteria, virus o parásitos) antes de que el bebé regrese al centro. (Véase *Diarrea*, página 508.)

Hepatitis A

Si un niño que va a una guardería contrae la hepatitis A, una infección viral que afecta al hígado, es fácil que la contagie a otros niños y miembros del personal. En los lactantes (así como en los niños en edad preescolar), la mayoría de las infecciones suelen ser asintomáticas o bien provocar síntomas leves y poco específicos. Los niños mayores pueden presentar solo fiebre baja, náusea, vómitos, diarrea y/o ictericia (color amarillento en la piel). Sin embargo, los adultos que contraen la enfermedad usualmente confrontan estos mismos problemas pero en mayor magnitud. La transmisión de la hepatitis puede ser controlada administrando inyecciones de gammaglobulina, pero es posible que algunos miembros del personal o algunos padres contraigan la infección antes de que se detecte el problema. Por lo tanto, siempre que se le diagnostique hepatitis A a alguien remotamente relacionado con la guardería, se debe alertar a los padres y al personal del centro y consultar a un médico para decidir la mejor forma de evitar la propagación de la enfermedad. (Véase *Hepatitis*, página 515). Ahora existe una vacuna contra la hepatitis A, pero sólo está aprobada para niños de dos años en adelante. Se recomienda administrar esta vacuna a las personas que van a realizar ciertos viajes internacionales o que tienen trabajos de alto riesgo, como por ejemplo, en centros de cuidado infantil.

Citomegalovirus (CMV)

El citomegalovirus suele provocar síntomas leves, y muchos bebés no presentan ningún síntoma en absoluto. Sin embargo, este virus es peligroso para cualquier mujer embarazada que no sea inmune, puesto que puede provocar malformaciones congénitas en el feto. El virus se trasmite fácilmente al entrar en contacto directo con fluidos corporales (lágrimas, orina, saliva). Afortunadamente, la mayoría de mujeres adultas son inmunes a esta enfermedad. De todos modos, si una mujer embarazada lleva a su hijo a la guardería o trabaja en uno de estos centros, tendrá más probabilidades de exponerse al citomegalovirus, por lo que debería consultar a su médico.

VIH (Virus del SIDA) y Hepatitis B

El virus VIH (virus del SIDA) y el virus de la hepatitis B provocan infecciones crónicas serias. La infección provocada por el VIH, cuando se desarrolla como SIDA propiamente dicho, constituye una enfermedad fatal. Los niños que están infectados por alguno de estos dos virus generalmente han sido contagiados por sus madres durante el embarazo o el parto. Un niño infectado sólo puede contagiar estos dos virus a otro niño a través del intercambio de sangre. Puesto que este tipo de contacto no es algo que suele presentarse en los centros de cuidado infantil, los niños portadores de estos virus no representan ningún peligro para sus compañeros. Para garantizar que no se transmitan estas graves enfermedades, el personal de los centros debe llevar guantes protectores cuando tenga que curar cualquier herida, y lavar y desinfectar todas las superficies o ropas que hayan entrado en contacto con la sangre. Las vacunas contra la hepatitis B se recomiendan a nivel universal en los primeros meses de vida (véase el calendario de inmunización infantil recomendado en la página XX). En algunos estados, se exige esta vacuna a todo niño que ingrese a un centro de cuidado infantil.

Lista de cotejo para la inspección de seguridad

La próxima vez que se dé un paseo por la guardería de su bebé, utilice la siguiente lista para determinar si el centro está limpio y en buenas condiciones y si es lo suficientemente seguro. Si detecta algún problema en alguno de los puntos de la lista, coménteselo al director o a algún miembro del personal y haga un seguimiento para comprobar si se resuelve el problema.

Interior

- El suelo es liso, está limpio y no es resbaladizo.
- Los lugares a donde se pueden encaramar los niños están sobre superficies mullidas que permiten amortiguar los impactos.
- Las medicinas, productos de limpieza y herramientas están fuera del alcance de los bebés.
- El botiquín de primeros auxilios está debidamente equipado y no está al alcance de los bebés.
- Las paredes y los techos están limpios y en buen estado, sin pintura descascarada ni agrietamientos.
- Los niños están siempre bajo la supervisión de un adulto.
- Los juguetes no están oxidados ni picados, y no contienen plomo ni piezas pequeñas que podrían romperse fácilmente (El peso o la ductibilidad del material puede dar pistas sobre si contiene o no plomo).
- Las sillas para comer tienen bases anchas y correas de seguridad.
- A los bebés no se les deja pasearse con el biberón en la mano ni tampoco llevárselo a la cama.
- Todos los enchufes están protegidos con clavijas de seguridad a prueba de niños.
- Las lámparas e interruptores eléctricos están en buen estado, sin que haya cables sueltos ni deshilachados.

- Los radiadores están fuera del alcance de los niños o cubiertos para que los niños no los puedan tocar.
- El calentador está graduado a menos de 120° Fahrenheit (92° centígrados) para evitar posibles quemaduras.
- No hay plantas tóxicas ni animales que puedan transmitir enfermedades (como tortugas).
- Los botes de basura están bien tapados.
- Las salidas están claramente delimitadas y son de fácil acceso.
- Está prohibido fumar en las instalaciones de cuidado infantil.
- Hay mallas en todas las ventanas.

Exterior

- En el suelo no hay basura, objetos cortantes ni excrementos de animales.
- Los equipos recreativos están bien anclados en el suelo, no están oxidados, ni tienen astillas, bordes cortantes o esquinas puntiagudas. Todos los tornillos y cerrojos están tapados o cubiertos.

Prevención y manejo de lesiones en centros de cuidado infantil

Muchas de las lesiones que ocurren en las casas y en las guarderías son previsibles y, por lo tanto, evitables. Aunque la dirección y el personal del centro son los mayores responsables, usted puede ayudarles a identificar riesgos potenciales en las instalaciones y en las prácticas de las personas que cuidan de los bebés. Por ejemplo, usted puede pasearse por el centro haciendo "inspecciones de seguridad", para comprobar que las instalaciones y el material están en buenas condiciones e identificar y reducir posibles riesgos.

- No hay ningún equipo recreativo que tenga más de 6 pies de altura.
- Los asientos de los columpios son ligeros y flexibles y no tienen ganchos abiertos ni en forma de S.
- Los toboganes o chorreras tienen bordes redondeados y una zona plana al final para reducir la velocidad. Los peldaños de las escaleras son anchos, planos y estables, con barandillas para cogerse.
- Los toboganes metálicos están resguardados del sol.
- Las areneras permanecen cubiertas mientras no se utilizan.
- Hay barreras a prueba de niños en los accesos a áreas peligrosas.
- El suelo del área de juegos está cubierto por unas 12 pulgadas de viruta, plástico, trozos de goma u otro material que permita absorber los impactos en aquellas zonas donde es más fácil que se produzcan caídas (por ejemplo, debajo de las barras metálicas y los toboganes).

La seguridad dentro y cerca de los autos, tanto para los niños como para los adultos, es de particular importancia. El centro debe tener un área claramente delimitada y lo suficientemente amplia para que los padres puedan estacionar el auto cuando dejen o pasen a recoger a sus hijos. Tanto esta área como el trayecto que vaya del estacionamiento a la entrada del edificio deben estar debidamente resguardados de la lluvia para que los padres y los niños no se mojen cuando llueva mientras colocan a sus hijos en sus asientos de seguridad y los aseguran con los arneses y cinturones. En la carretera, junto al centro, deberían haber señales de tráfico (en ambos sentidos de la marcha) indicando que hay niños cerca. Si alguien pasa

Seguridad de camino a la guardería

Si usted se turna con otras mamás para transportar a los niños a la guardería, debe ser tan responsable de cada uno de ellos como del suyo propio. Esto significa comprobar que todo el mundo está bien sentado y bien sujeto, no sobrecargar el auto, corregir a los niños que desobedezcan las reglas básicas de seguridad y comprobar que su seguro cubre a todos los pasajeros. Además, tanto usted como los otros conductores, deben tomar las siguientes precauciones:

- Si es posible, pida a los padres de cada niño que se encarguen de acomodarlo en el auto y ponerle el cinturón de seguridad, así como de sacarlo cuando lo lleve de vuelta a casa.
- Cuando deje a los bebés y niños en la guardería, hágalo bajo la supervisión directa de algún miembro del personal.
- Coloque todos los objetos duros, como juguetes o loncheras, en el suelo del vehículo.

por su domicilio a recoger a su hijo para llevarlo a la guardería en auto, asegúrese de que lo sienta y lo asegura correctamente. El conductor debe comprobar que todo el mundo está bien sentado y bien sujeto antes de poner el auto en marcha y que todo el mundo ha salido del auto antes de cerrar las puertas en el estacionamiento. También conviene dejar bien claro que sólo se permitirá que un niño abandone el centro si pasa a recogerlo un adulto conocido.

Si el lugar al que va su hijo tiene piscina, compruebe que cumplan los requisitos de seguridad. Si la piscina está dentro del edificio o cerca del mismo, debería estar rodeada por una cerca a prueba de niños y cuya puerta pueda cerrarse con llave. Por razones de higiene, las piscinitas portátiles deben evitarse.

- Cierre y póngale el seguro a todas las puertas del auto, pero sólo después de comprobar que las manos y los pies de los niños no corren peligro de ser atrapados.
- Abra las ventanas de los pasajeros sólo unas cuantas pulgadas, y controle con el seguro todas las puertas y ventanas desde el asiento del conductor si es posible.
- Recuerde a los niños las reglas básicas de seguridad y buena conducta que deben respetar cuando estén dentro del auto antes de ponerlo en marcha.
- Planifique la ruta a seguir con antelación para ahorrar tiempo y evitar situaciones difíciles.
- Deténgase si algún niño pierde el control o se porta mal. Si algún niño crea problemas continuamente, deje de transportarlo hasta que mejore su comportamiento.
- Lleve consigo los teléfonos de contacto de los padres de cada niño por si hubiera una emergencia.
- Idealmente, el auto debe estar equipado con un extintor y un botiquín de primeros auxilios.

Cuidado para niños con necesidades especiales

Si su hijo tiene algún trastorno del desarrollo o una enfermedad crónica, no permita que esto le impida asistir a un centro de cuidado infantil. De hecho, el que una persona cualificada cuide de él durante parte del día puede ser extremadamente positivo para el niño. Mas aún, es posible que su hijo saque más provecho que otros niños del contacto social, el ejercicio físico y la diversidad de experiencias que podrá tener con un grupo de niños.

Para usted también será beneficioso el tiempo que su hijo pase en un centro de cuidado infantil. Atender a un bebé discapacitado consume mucho tiempo y energía y desgasta mucho desde un punto de vista emocional. También puede resultar costoso, lo que suele implicar que ambos padres tengan que trabajar fuera de casa. El reto es encontrar un buen centro, que, al tiempo que fomenta las actividades normales que suelen practicar todos los niños, sepa colmar las necesidades especiales de su hijo.

Desde que se aprobó la Enmienda al Acta de Educación de Niños con Impedimentos en 1986, se exige a todos los estados que diseñen programas de educación especial para preescolares (de tres a cinco años de edad) con deficiencias en el desarrollo. Otra parte de dicha acta también le da a los estados la opción de diseñar programas especiales de educación para bebés y niños pequeños con impedimentos o demoras en el desarrollo. Los padres deben consultar con su pediatra o con el Departamento de Educación o de Salud para saber qué programas de intervención temprana tienen a su disposición.

La mejor forma de empezar es preguntarle al pediatra si su bebé está capacitado para asistir a un centro de cuidado infantil y, si la respuesta es positiva, pedirle referencias sobre varios de ellos. A veces, sólo habrá una opción posible, pero a menudo, sobre todo si vive en una ciudad grande, tendrá varios centros para elegir. El centro que elija debe cumplir con los mismos requisitos básicos de otros programas de cuidado infantil descritos anteriormente, además de los que figuran a continuación:

1. El programa debe incluir, en la medida de lo posible bebés y niños con y sin enfermedades crónicas y discapacidades. Entablar relaciones con compañeros que siguen la pauta evolutiva típica ayuda a los niños con discapacidades a sentirse más relajados y más seguros de sí mismos y a tener más autoestima. Este enfoque integrador también beneficia a los niños "normales" al enseñarles a ver más allá de las diferencias superficiales, educándolos en las sensibilidad y el respeto por *todo* el mundo.

2. El personal debe estar especialmente adiestrado para proporcionar el tipo de cuidados que necesita su hijo.

3. El programa debe contar por lo menos con el asesoramiento de un médico que esté al día en el desarrollo de procedimientos adecuados para satisfacer las necesidades especiales de los niños matriculados en el centro.

4. Se debe estimular a los niños a ser tan independientes como sus capacidades se lo permitan, garantizando al mismo tiempo su seguridad. Sólo se les deben prohibir aquellas actividades que podrían resultar peligrosas o que el médico haya vetado explícitamente.

5. El programa debe ser suficientemente flexible para que se adapte a ligeras diferencias en las habilidades de su hijo. Esto puede implicar, por ejemplo, tener que modificar el material o las instalaciones para que las puedan utilizar los bebés que tengan problemas motores o deficiencias visuales o auditivas.

6. El programa debe disponer de actividades y equipos especiales que permitan satisfacer las necesidades especiales de bebés. El equipo debe estar en buenas condiciones y el personal debe saber utilizarlo correctamente.

7. El personal debe estar informado sobre el estatus médico y de desarrollo de cada niño. Si un niño padece de una enfermedad crónica, el personal debe saber identificar sus síntomas y determinar cuándo necesita recibir atención médica.

8. El personal debe saber cómo ponerse en contacto con el médico de cada niño en caso de urgencia y debe estar cualificado para poder administrarle los medicamentos necesarios.

Éstas son recomendaciones muy generales. Puesto que las necesidades especiales varían tanto de un niño a otro, es imposible indicarle con mayor precisión cómo elegir el mejor centro para su bebé en concreto. Si no puede decidirse por un centro de entre todos los que le ha sugerido el pediatra, lo mejor es que hable con él nuevamente y le comente sus dudas. El pediatra le ayudará a tomar la decisión correcta.

Sean cuáles sean las necesidades especiales de su hijo o hija, decidir con quién va a dejarlo en su ausencia será una de las decisiones más difíciles que tendrá que tomar como madre o padre. La información que acaba de leer puede serle útil. De todos modos, no olvide que usted conoce a su bebé mejor que nadie. Por lo tanto, básese en sus necesidades y en sus impresiones a la hora de elegir o de cambiar de centro.

PARTE II

12

Emergencias

La información y las recomendaciones de este capítulo, como, por ejemplo, los procedimientos de primeros auxilios en caso de atragantamiento y de resucitación cardio pulmonar, cambian constantemente. Para obtener información actualizada sobre estos procedimientos, consulte a su pediatra o a otro profesional de la salud calificado.

Es raro que un niño se enferme gravemente de repente. Basándose en los síntomas de su bebé, debe ponerse en contacto con su pediatra en busca de consejo. Si se tratan a tiempo los síntomas de una enfermedad, puede evitarse que ésta empeore o que se convierta en una emergencia.

Una verdadera emergencia es aquella circunstancia en que usted considera que una lesión o enfermedad seria amenaza la vida de su bebé o podría dejarle secuelas permanentes. En tal caso, un bebé necesita recibir tratamiento médico de emergencia inmediatamente. Pregúntele al pediatra con antelación cómo debe actuar en caso de una verdadera emergencia.

Muchas emergencias implican lesiones repentinas. Las causas más comunes de este tipo de lesiones son:

- Choques de bicicleta o de auto, caídas u otros impactos violentos
- Envenenamientos
- Quemaduras o inhalación de humo
- Atragantamientos
- Ahogamientos

- Armas de fuego u otro tipo
- Electrocuciones

Otras situaciones de emergencia pueden deberse a enfermedades médicas o lesiones. A menudo puede saber que se encuentra frente a una emergencia cuando su hijo presente alguno de los siguientes síntomas:

- Se comporta de una forma extraña o está mucho más retraído y adormilado que de costumbre
- Dificultad al respirar
- Sangramiento que no para
- La piel o los labios se le ponen azules o morados (o grises, en los niños de piel morena)
- Tiene convulsiones y pierde la conciencia (ataque epiléptico)
- Pérdida de la conciencia
- Lesiones serias en la cara o la boca
- Dolor en aumento o dolor intenso y persistente
- Una herida o quemadura profunda o grande en tamaño
- Pérdida de conciencia, estado de confusión, dolor de cabeza intenso o vómitos repetidos *después de un trauma a la cabeza*
- Falta de respuesta cuando usted le habla

Si su bebé ingiere algo que pueda ser venenoso o los medicamentos de otra persona, llame inmediatamente al pediatra o al centro de envenenamiento, aunque no presente ningún signo o síntoma.

No dude en pedir ayuda siempre que crea que la vida de su bebé corre peligro o si está gravemente herido.

En caso de una verdadera emergencia:

- Mantenga la calma.
- Si es necesario y sabe cómo hacerlo, aplique respiraciones de rescate o técnicas de resucitación cardiopulmonar.
- Si necesita ayuda inmediata, llame al 911. Si no hay servicio de 911 en su área, llame al servicio local de ambulancias. Si no lo consigue, llame a la consulta del pediatra y deje bien claro que se trata de una emergencia.
- Si hay hemorragia, aplique presión continua sobre la herida con un trozo de tela limpia.
- Si su bebé tiene convulsiones, colóquelo sobre una superficie alfombrada, gírele la cabeza hacia un lado y quédese a su lado hasta que llegue ayuda.

Cuando lleguen a la sala de emergencia, no olvide dar el nombre del pediatra de su hijo al personal, para que pueda colaborar con el equipo de emergencia y facilitarles información adicional sobre el bebé. Lleve consigo cualquier medicamento que esté tomando su hijo, así como evidencia de vacunaciones. Lleve también las sustancias que sospeche podrían ser tóxicas o los medicamentos que su bebé haya ingerido.

Teléfonos de emergencia importantes

Tenga a mano los siguientes números telefónicos. Puede pegarlos en el teléfono o cerca del mismo:

- Su teléfono y dirección
- El del pediatra de su bebé
- El del servicio de emergencias (ambulancias) (911 la mayoría de las veces)
- El de la Policía (911 la mayoría de las veces)
- De los bomberos (911 la mayoría de las veces)

- Del centro de envenenamiento
- Del hospital
- Del dentista

Es importante que las niñeras sepan dónde están los teléfonos de emergencia. Si en su área existe el servicio 911, cerciórese de que tanto la niñera como sus niños mayores sepan cómo marcar el 911. Compruebe también que saben dar la dirección y el teléfono de su casa, ya que el operador del servicio de emergencias solicitará esta información. Deje siempre a mano un teléfono donde puedan localizarle cuando esté fuera de casa.

Recuerde, para emergencias médicas, llame siempre al 911, al servicio de ambulancias o a su pediatra. Si su bebé está gravemente enfermo o herido será más seguro transportarlo por el servicio de emergencias médicas.

Mordeduras

Mordeduras de animal

La mayoría de los padres asumen que es más probable que un niño sea mordido por un animal desconocido o salvaje, cuando, de hecho, la mayoría de las mordeduras proceden de animales que el niño conoce, incluyendo la mascota de la familia. Aunque las heridas suelen ser menores, a veces los mordiscos pueden provocar heridas graves, desfigurar la cara y ocasionar problemas emocionales.

Hasta un uno por ciento de las visitas a centros de emergencias pediátricas durante el verano son debidas a mordeduras, sea de animales o de humanos. En los Estados Unidos se estima que anualmente tienen lugar 4.7 millones de mordeduras de perros, 400,000 de gato, 45,000 de serpientes y 250,000 de humanos. La incidencia de infecciones por mordeduras de gato supera el 50 por ciento, y las infecciones por mordeduras de perro o humanos oscila entre el 15 y el 20 por ciento.

Tratamiento

Si su bebé está sangrando por una mordida de animal, aplique presión firme y continua sobre el área afectada durante cinco minutos o hasta que cese la hemorragia. A continuación, lave la herida suavemente con abundante agua y jabón y consulte al pediatra.

Si la herida es profunda o usted no logra frenar la hemorragia, siga aplicando presión sobre el área afectada y llame al pediatra para averiguar a dónde debe llevar a su bebé para que reciba el tratamiento adecuado. Si la herida es tan grande que no se juntan los bordes, probablemente hará falta suturarla. Esto facilita la cicatrización, pero, también aumenta el riesgo de infección, por lo que es probable que el médico le recete antibióticos de forma preventiva.

Avise al pediatra si su bebé ha sido mordido por un animal y esto le causa una herida por pequeña que parezca. El médico comprobará si su bebé está vacunado contra el tétanos (véase el Itinerario de vacunaciones de la página 106) o si se le debe proteger contra la rabia. Estas dos enfermedades pueden contagiarse a través de mordeduras de animal.

La rabia es una enfermedad de origen viral que un animal infectado puede contagiar a un humano. Provoca fiebre alta, dificultad para tragar, convulsiones y, al final, la muerte. Afortunadamente la rabia es una enfermedad tan poco común hoy día, que en los Estados Unidos sólo se han identificado cinco casos anuales desde 1960. De todos modos, puesto que es una enfermedad grave y su incidencia ha aumentado en animales, el pediatra examinará la herida para determinar el riesgo de su bebé de contraer esta enfermedad. El riesgo depende en gran medida del animal y de las circunstancias en que se produjo el mordisco. Las mordeduras de animales salvajes, como murciélagos, zorrillos, mapaches y zorros son mucho más peligrosas que las de animales domésticos y vacunados, como perros y gatos. El estado de salud del animal es importante, por lo que, si es posible, se debe capturar al animal para que lo examine un veterinario. *No destruya al animal.* Incluso si alguien lo ha matado, se puede analizar el cerebro para ver si tenía la rabia; llame inmediatamente al pediatra para que le indique cómo debe proceder.

Si el riesgo de rabia es elevado, el pediatra le pondrá a su hijo inmediatamente las inyecciones pertinentes para prevenirla. Si la mordedura es de un gato o de un perro doméstico que está sano, el pediatra observará la herida durante diez días, utilizando el tratamiento contra la rabia sólo si el animal presenta algún síntoma de la enfermedad. Si lo mordió un animal salvaje, se considera como un factor de riesgo para la rabia y generalmente se le practica la eutanasia al animal de inmediato para analizarle el cerebro en busca de infección.

Como cualquier herida, una mordida se puede infectar. Informe inmediatamente al pediatra si observa alguno de los siguientes signos de infección.

- Pus o supuración en la herida o si el área que rodea la herida está hinchada y adolorida (normalmente esta área se verá enrojecida durante dos o tres días, lo que no debe ser motivo de alarma)
- Vetas rojas que parecen extenderse hacia afuera de la herida
- Ganglios linfáticos inflamados cerca de la herida

(Véase también *Seguridad en torno a los animales,* página 417)

Es posible que el pediatra le recete antibióticos al bebé si éste presenta:

- Heridas de gravedad moderada o severa
- Heridas perforadas, sobre todo si afectan huesos, tendones o articulaciones
- Mordeduras en la cara
- Mordeduras en manos o pies
- Mordeduras en el área genital

- Heridas en un bebé inmunodeprimido o que no tiene bazo

El pediatra deberá volver a examinar al niño dentro de cuarenta y ocho horas, para inspeccionar la herida en busca de síntomas de infección.

Mordeduras humanas

Con frecuencia los niños son mordidos por sus hermanos o compañeros de juegos. Si su bebé es mordido por otra persona, debe llamar al pediatra inmediatamente para describirle la gravedad de la herida, sobre todo si los dientes han perforado la piel del niño o si la herida es lo suficientemente profunda como para requerir puntos.

No olvide lavar la herida cuidadosamente con abundante agua y jabón antes de ir al pediatra. Éste comprobará las vacunaciones de su hijo para saber si tiene la de hepatitis B y tétanos y evaluará el riesgo de que contraiga otras infecciones. Si el mordisco es superficial, bastará con lavar la herida con agua y jabón, vendarla y darle seguimiento.

Quemaduras

Las quemaduras se dividen en tres categorías según su gravedad. Las quemaduras de primer grado son las más leves y causan enrojecimiento y quizás una ligera inflamación de la piel (como la mayoría de las quemaduras solares). Las quemaduras de segundo grado causan inflamación considerable y ampollas. Las quemaduras de tercer grado pueden tener un aspecto blanquecino o chamuscado y provocan lesiones graves no sólo en las capas más superficiales de la piel sino también a niveles más profundos.

Las quemaduras graves que afectan a la población infantil pueden ser provocadas por múltiples causas, entre las que se incluyen la exposición al sol, al agua hirviendo, al fuego, la electricidad y los productos químicos. Las quemaduras graves pueden provocar lesiones y cicatrices permanentes.

Tratamiento

El tratamiento *inmediato* de una quemadura debe consistir en lo siguiente:

1. Sumerja lo antes posible la herida en agua templada. No dude en verter agua templada sobre la quemadura para enfriar el área afectada y, así, mitigar el dolor. *No utilice hielo.*
2. Humedezca inmediatamente cualquier trozo de ropa que siga ardiendo o humeando con agua templada y, después, retire la ropa del área afectada, a menos que esté pegada a la piel. En tal caso, corte el máximo de ropa posible.
3. Si el área afectada no está exudando, cúbrala con gasa estéril.
4. Si el área afectada está exudando, cúbrala con gasa estéril pero dejando la gasa holgada sobre la piel y busque atención médica de inmediato. Si no dispone de gasa estéril, cubra la herida con un paño o una toalla limpia.
5. No ponga mantequilla, grasa ni talco sobre una quemadura. Todos estos "remedios caseros" pueden, de hecho, agravar la lesión.

Si la quemadura no es superficial o el dolor y enrojecimiento persisten durante más de unas pocas horas, consulte al pediatra. *Todas* las quemaduras eléctricas o que afecten a las manos, la boca o los genitales deben recibir atención médica inmediata. Los productos químicos que provocan quemaduras pueden ser absorbidos a través de la piel y provocar otros síntomas. Llame al pediatra o al centro de envenenamiento después de lavar la zona afectada (para tratar los casos en que un producto químico entre en contacto con los ojos del bebé, véase *Sustancias tóxicas en los ojos,* página 498).

Si el médico considera que la quemadura no es muy grave, es posible que le enseñe a limpiarla y curarla en casa utilizando pomadas y vendajes. Aunque un pediatra puede estar más inclinado a hospitalizar a un bebé para el cuidado inicial, sin duda optará por la hospitalización bajo las siguientes circunstancias:

- Si las quemaduras son de tercer grado
- Si se ha quemado un diez por ciento del cuerpo o más
- Si la quemadura afecta a la cara, las manos, los pies, los genitales o a una articulación móvil

Cuando esté tratando una quemadura en casa, observe si se inflama, enrojece, supura o huele mal. Éstos son síntomas de infección que exigen atención médica.

Prevención

En el Capítulo 10, "Protección ante los peligros", se dan guías para proteger a su bebé del fuego u otras fuentes de calor mientras está en casa. Para protegerlo aún más, he aquí algunas recomendaciones adicionales:

- Coloque detectores de humo en los dormitorios, pasillos que conducen a los dormitorios, cocina y sala; *por lo menos* debe haber un detector de humo en cada piso. Revise su estado con regularidad. Cambie las baterías periódicamente en una fecha específica.
- Haga simulacros de incendio con su familia. Asegúrese que todos saben cómo evacuar la casa en caso de incendio.
- Tenga varios extintores a mano y compruebe que funcionan bien.
- Guarde bajo llave cualquier líquido inflamable que haya en la casa.
- Gradúe la temperatura del calentador a menos de 120° Fahrenheit, 48.8° centígrados.
- No utilice cables de extensión inadecuados o viejos ni equipos eléctricos que estén en malas condiciones.

- Guarde los fósforos y encendedores fuera del alcance de los bebés y niños mayorcitos.
- Evite los petardos y fuegos artificiales.

Resucitación cardiopulmonar y respiración boca a boca

Leer sobre la resucitación cardiopulmonar no es suficiente para aprender la técnica. *La Academia recomienda enfáticamente a todos los padres o cualquier persona responsable del cuidado de uno o varios niños que asistan a un curso básico sobre resucitación cardiopulmonar y primeros auxilios en caso de atragantamiento.* Si usted tiene piscina o vive cerca del agua, es imprescindible que obtenga esta preparación. Póngase en contacto con la sede local de la Cruz Roja para saber dónde y cuándo se imparten cursos autorizados de primeros auxilios en su comunidad.

La resucitación cardiopulmonar puede salvar la vida de su bebé si su corazón deja de latir o él deja de respirar por cualquier motivo: un percance, choques, ahogamientos, envenenamiento, atragantamientos, inhalación de gases, asfixia, infecciones de las vías respiratorias o sospecha de Síndrome de Muerte Súbita del Lactante (SMSL). El procedimiento tiene mayor probabilidad de éxito si se interviene tan pronto como el corazón deje de funcionar o el niño deje de respirar. Las siguientes señales de alarma le pueden advertir que probablemente es necesario realizar este tipo de intervención:

- El bebé no responde y no parece respirar eficazmente
- Respiración sibilante severa o dificultad extrema para respirar (como si un cuerpo extraño estuviera bloqueando el paso del aire)
- Labios o piel morados junto con dificultad marcada al respirar

- Respiración rápida, entrecortada y forzada (haciendo ruido o contrayendo los músculos que hay entre las costillas al respirar)
- Babea o le cuesta mucho tragar, y respira con dificultad
- Palidez extrema

Si su bebé presenta cualquiera de estos síntomas y hay alguna otra persona presente, pídale que llame al servicio de emergencias médicas mientras usted inicia los pasos que se explican a continuación. Si está solo, siga estos pasos inmediatamente después de gritar o pedir ayuda.

Primer paso. Evalúe rápidamente el estado de su bebé. ¿Está inconsciente? Agite su hombro con firmeza, déle golpecitos o grítele como si intentara despertarlo. Asuma que está inconsciente si no reacciona después de intentarlo tres veces.

¿Está respirando? Coloque la oreja directamente sobre la boca del bebé y escuche atentamente. Si está respirando con dificultad, llévelo inmediatamente a un servicio de emergencia mientras va comprobando que sigue respirando. Si no oye nada, observe si el pecho del niño sube y baja.

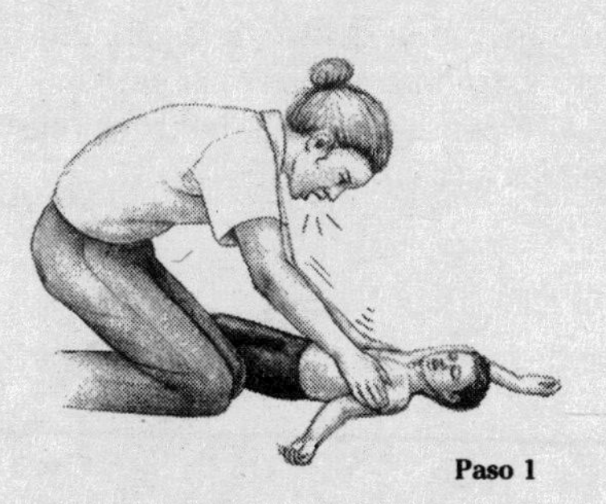

Paso 1

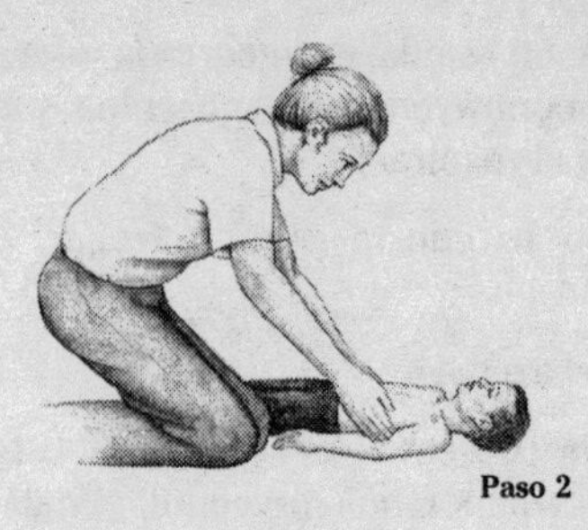

Paso 2

Segundo paso. Si su bebé no respira, colóquelo boca arriba sobre una superficie estable y plana.

Si sospecha que se ha lesionado el cuello o la columna vertebral (lo que es posible si ha sufrido una caída o un choque automovilístico), muévalo con cuidado para que no se le doble el cuello. Si encuentra al bebé boca abajo, sosténgale el cuello para que no se le doble al darle la vuelta.

Tercer paso. Despeje las vías respiratorias levantando suavemente la barbilla del bebé.

Tenga cuidado de no tirar demasiado la cabeza hacia atrás, pues, al hacerlo, podría bloquear el paso del aire del bebé. Para evitar que la lengua bloquee la parte posterior de la garganta, levante suavemente la barbilla con una mano mientras mantiene presión suavemente sobre la frente con la otra mano. Una buena forma de despejar las vías respiratorias es levantar la barbilla empujando hacia arriba sobre el ángulo que forma la mandíbula. En algunos casos, esto será suficiente para que el bebé vuelva a respirar por sí sólo. Si no es así, mírele dentro de la garganta para ver si hay algún objeto extraño o algún trozo de comida bloqueando el paso del aire. Si es así, siga las instrucciones del apartado *Atragantamientos* (véase página 477).

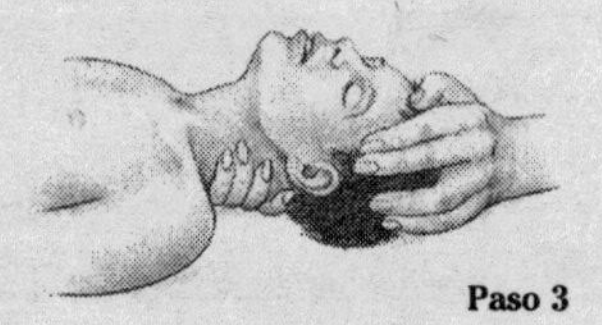

Paso 3

Cuarto paso. Si su bebé sigue sin respirar y no parece haber ningún objeto bloqueándole el paso de aire déle respiración boca a boca.

1. Inspire profundamente
2. Coloque su boca sobre la nariz y la boca del bebé, procurando que haya un acoplamiento lo más firme posible.
3. Inicie el proceso con dos ventilaciones de salvamento, insuflándole al bebé suficiente cantidad de aire como para que se levante un poco el pecho. Entonces haga una pausa, retirando su boca de la del bebé para que el aire pueda salir, y vuelva a insuflarle aire. *Por tratarse de un bebé, tenga cuidado de no soplar demasiado fuerte, pues podría ser peligroso.* Si le parece que no entra nada de aire en el pecho del bebé, probablemente el paso del aire sigue bloqueado, por lo que tendrá que repetir el tercer paso.
4. Si el pecho del bebé se infla cuando usted le insufla aire por la boca, siga haciéndolo a un ritmo de aproximadamente una ventilación cada tres segundos (veinte por minuto), hasta que empiece a respirar por sí solo.
5. Es fácil que un bebé que deje de respirar vomite, lo que complica el proceso de resucitación. Si no hay sospechas de una lesión en el cuello, gírelo hacia un lado para que salga el vómito. Limpiar bien la boca y la garganta con una toalla absorbente (si no se hace con demasiada fuerza para evitar empujar el vómito hacia la tráquea) o utilizar algún dispositivo de succión (como una pera o una jeringuilla) puede ayudar.

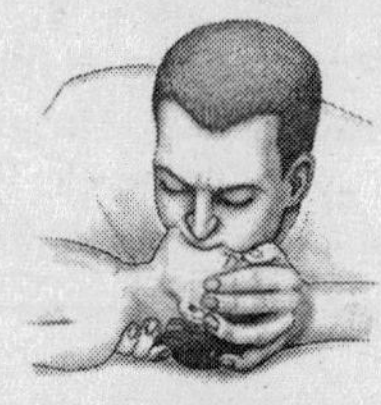

Paso 4

Quinto paso. Tómele el pulso al bebé después de las dos ventilaciones de salvamento.

Si se trata de un bebé de menos de un año, búsquele el pulso en la arteria que pasa por la cara interna del brazo justo encima del codo Si el corazón está latiendo, usted debe sentir el pulso al tocar suavemente estos puntos con los dedos. No apriete fuerte.

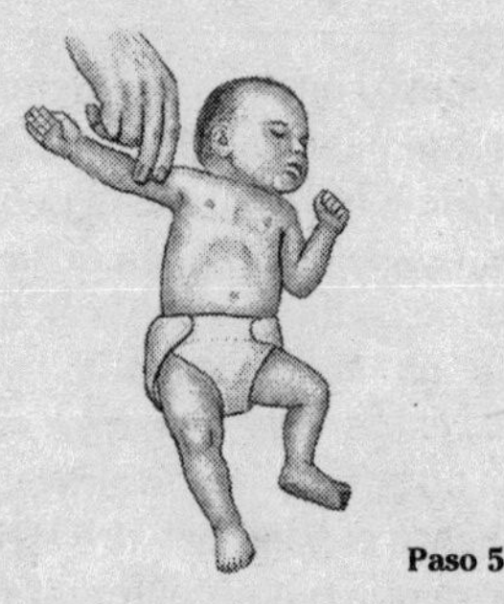

Paso 5

Sexto paso. Si el bebé no tiene pulso, asuma que el corazón ha dejado de latir, y empiece el masaje cardíaco para que la sangre pueda llegar a los órganos vitales.

Proceda del siguiente modo (con el bebé boca arriba sobre una superficie estable y plana)

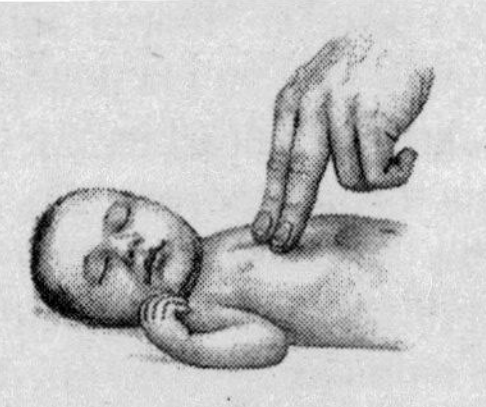

Paso 6

1. Coloque dos o tres dedos en el hueso del esternón un dedo más abajo de la línea de los pezones. Presione de ½ a 1 pulgada, a un ritmo de unas 100 veces por minuto. *Tenga cuidado en no apretar demasiado.*

2. Después de cinco compresiones, vuelva a insuflar aire al bebé según se describe en el paso 4. Continúe alternando cinco compresiones una respiración hasta que sienta el pulso en la arteria, indicativo de que el corazón ha vuelto a bombear.

Séptimo paso. Solicite atención médica urgente.

Si usted está a solas con el bebé, llame al servicio de emergencia inmediatamente o al cabo de un minuto de practicarle la resucitación cardiopulmonar. No olvide dar la dirección y el número telefónico del que está llamando. Cuando lleguen los paramédicos evaluarán el estado del bebé y lo tratarán apropiadamente.

Atragantamientos

El atragantamiento ocurre cuando una persona inhala algo que no es aire, y esto conlleva el bloqueo total o parcial de las vías respiratorias. En niños el atragantamiento ocurre comúnmente cuando, al beber, el líquido se les va "por el otro lado". En estos casos, tosen, silban, jadean, y tienen arcadas, hasta que la tráquea queda libre; pero, este tipo de atragantamiento no suele ser peligroso.

Los atragantamientos se convierten en algo peligroso cuando un bebé traga o inhala un objeto —generalmente un trozo de comida— que bloquea el paso del aire hacia los pulmones. Si le ocurre esto a su bebé, no podrá hablar y su rostro adquirirá un color que irá del rojo carmesí al azul. Esto es una emergencia que exige primeros auxilios inmediatamente. No hay tiempo para llamar al médico; usted debe actuar en el acto. Si hay alguien más con usted, pídale que se encargue de pedir ayuda médica mientras usted actúa.

Cómo reaccionar

La forma de reaccionar ante un incidente de este tipo depende del estado y de la edad del niño. En caso de que se trate de un bebé hasta de un año de edad, siga los siguientes procedimientos:

Un bebé que tose pero que no es capaz de respirar ni de hablar: Toser es una forma natural de expulsar de la garganta elementos extraños. En lugar de intentar cualquier maniobra que podría agravar la obstrucción, deje que el bebé tosa. Sobre todo, no intente sacarle el objeto metiéndole los dedos en la boca; al hacerlo, podría empujarlo todavía más hasta bloquear la tráquea por completo.

Un bebé que no puede respirar y se pone morado: En estas circunstancias, hay que actuar inmediatamente. Puesto que los órganos internos de un bebé son frágiles, *actúe con delicadeza* y siga los siguientes pasos: (No utilice la maniobra de Heimlich recomendada para niños mayores y adultos.)

1. Colóquese al bebé sobre el antebrazo, boca abajo y con la cabeza a un nivel más bajo que el tronco, de tal modo que la cabeza y el cuello estén bien sujetos. Apoye el antebrazo sobre el muslo para tener mayor estabilidad.

   Si se trata de un bebé que pesa bastante, puede ser mejor colocárselo boca abajo directamente sobre el regazo o sobre el muslo, de tal modo que la cabeza quede a un nivel más bajo que el tronco y bien sujeta.

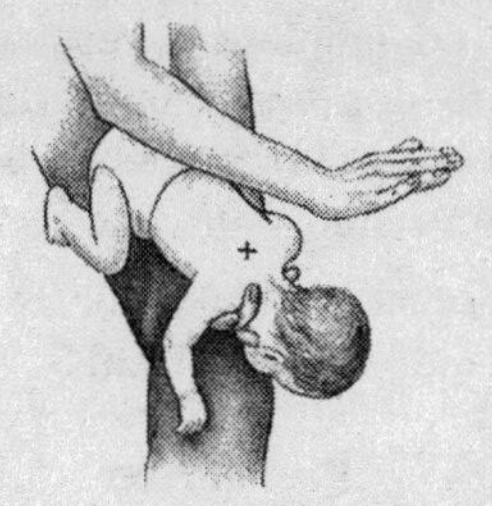

2. Déle rápidamente cinco golpecitos en la espalda, entre los omóplatos, utilizando el borde de la mano que está en contacto con la muñeca.

3. Si el bebé sigue sin respirar, colóquelo boca arriba sobre una superficie estable y plana, y dele compresiones al pecho, presionando cinco veces seguidas rápidamente sobre el esternón *empleando sólo dos dedos.*

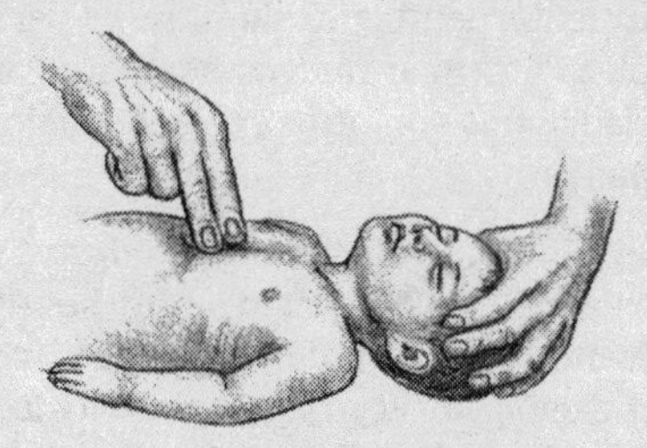

4. Si todavía no respira, abra el paso del aire utilizando la técnica de elevación de lengua y mandíbula antes descrita e intente ver el cuerpo extraño. No intente extraer el objeto a menos que lo vea. Pero, si lo ve, tire de él con el dedo.

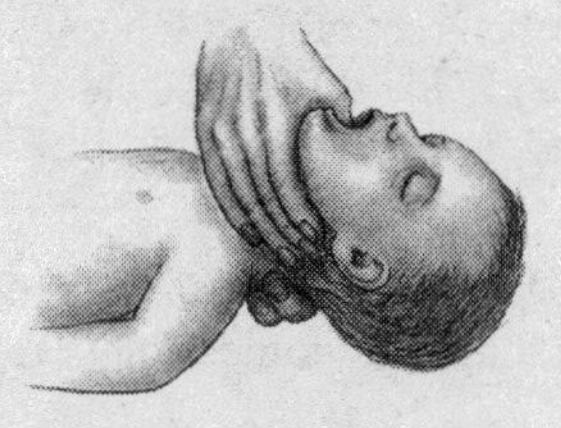

5. Si el bebé no empieza a respirar por su cuenta, insúflele aire dos veces utilizado la técnica de la respiración boca a boca o boca a boca-nariz (véase el paso 4 de la página 475).

6. Llame al servicio de emergencias médicas mientras sigue repitiendo los pasos 1 al 5.

Prevención

Los atragantamientos constituyen la principal causa de muerte no intencional en bebés de menos de un año. Pregunte al pediatra cómo se pueden prevenir los atragantamientos y cómo se debe actuar en caso de que ocurran. Véase también el Capítulo 10, “Protección ante los peligros”.

Objetos como imperdibles o monedas provocan atragantamientos, pero la comida es responsable de la mayoría de estos incidentes. Hay que estar particularmente pendiente durante el período en que el niño empieza a probar nuevos alimentos alrededor de un año de edad. Éstas son otras recomendaciones para evitar atragantamientos.

- No le dé a un bebé alimentos duros y de superficie resbaladiza (como maní) que se deben masticar utilizando los molares. Este movimiento de masticación no llega a ser dominado sino hasta los cuatro años de edad aproximadamente. A un niño no se le debe dar maní sino hasta los siete años o más.

- Corte o parta los alimentos en trozos pequeños y anime al bebé a masticar bien antes de tragar.

- Evite darle a su bebé alimentos de formas redondeadas, como salchichas (“hot dogs”), zanahorias, tallos de apio, uvas enteras y caramelos duros. Todos estos alimentos pueden alojarse en su garganta.

Puesto que los bebés se lo llevan todo a la boca, los objetos pequeños no comestibles también provocan muchos atragantamientos. Tenga en cuenta las indicaciones sobre la edad al seleccionar juguetes, pero fíese de su propia intuición en lo que respecta a su bebé. Según las normas del gobierno, los juguetes para niños de menos de tres años no pueden contener piezas de menos de 1¼ pulgadas de diámetro ni de menos de 2¼ pulgadas de longitud. Si los hermanos mayores tienen juguetes con piezas pequeñas, manténgalos fuera del alcance de su bebé. Así mismo, tenga en cuenta que los siguientes objetos están asociados con atragantamientos:

- Globos desinflados o trozos de globos.
- No use talco o polvo para bebé, ya que podría causarle problemas de respiración a su niño(a).
- Objetos extraídos del bote de basura. Tenga cuidado especial con las arandelas de las latas de bebidas y las cáscaras de huevo.
- Imperdibles. Compruebe que están bien cerrados y fuera del alcance del bebé cuando no se utilicen.
- Monedas. No dé nunca a un bebé una moneda ni cualquier otro objeto de tamaño similar como recompensa.

A pesar de estas precauciones, un atragantamiento puede ocurrir en cualquier momento. Es importante que se familiarice con los procedimientos para atenderlo, a fin de que sepa reaccionar adecuadamente en caso necesario. Si tiene alguna duda al respecto, podría matricularse en un curso de primeros auxilios autorizado, como los que imparte la Asociación Americana del Corazón o la Cruz Roja, o ver un vídeo explicativo, como los disponibles por la Academia Americana de Pediatría. Para recibir una Guía de Recursos para los padres, envíe un sobre grande con sello y etiqueta de envío a:

Academia Americana de Pediatría
Attn: Dept C, PRG
P.O. Box 927
Elk Grove Village, Illinois 60009-0927

Cortaduras y rasguños

La inquietud y curiosidad natural de su bebé le llevarán a darse golpes, cortaduras y rasguños. Los gritos y llantos que suelen acompañar a estos incidentes pueden sembrar el pánico en el corazón de un padre, pero la reacción del niño seguramente será mucho más intensa de lo que corresponde a la gravedad de la lesión. En la mayoría de los casos, el único tratamiento necesario consistirá en limpiar la herida y consolar al bebé (o quizás darle un beso en ese chichón o moretón sin importancia).

Rasguños

La mayoría de las lesiones leves en niños pequeños consisten en rasguños o rozaduras, lo que significa que las capas más externas de la piel se han "rasgado" literalmente. Si la rozadura abarca un área muy grande, es posible que dé la impresión de sangrar mucho, pero la cantidad de sangre que se suele perder es muy reducida. El único tratamiento recomendable es limpiar el área afectada, ya que podría infectarse. Primero, la herida debe lavarse sólo con agua, para eliminar restos de suciedad, y después más a fondo, con agua tibia y jabón. Generalmente deben evitarse el yodo y otras soluciones antisépticas puesto que sus efectos son limitados y suelen añadir dolor y malestar.

La mayoría de las abrasiones cicatrizan rápidamente sin tratamiento, y este tipo de remedio natural es el mejor. Las rozaduras grandes y/o que exuden, deben cubrirse con una gasa estéril (libre de gérmenes), de venta en farmacias. Puede utilizar un vendaje adhesivo o una gasa fijada con esparadrapo o con un vendaje de gasa. La esterilidad de las gasas estará garantizada mientras no se abra o se moje el envoltorio. Si la herida afecta a un dedo de la mano o del pie, debe tener cuidado de no apretar demasiado el vendaje, ya que podría cortar la circulación.

Algunas gasas están hechas de materiales especiales que impiden que se peguen a la herida, pero la mejor forma de evitar estas adherencias es aplicar una pomada antibiótica (como el ungüento de triple antibiótico) sobre la herida antes de cubrirla con la gasa. La herida se debe examinar diariamente, cambiando el vendaje en ese momento o bien cuando se vea sucio o húmedo. Si la gasa se pega a la herida, humedézcala con un poco de agua tibia.

Una vez se ha formado la costra, no es necesario ni recomendable cubrir la herida. En la mayoría de los casos, bastará con cubrir la herida durante dos o tres días.

Si no consigue limpiar bien una herida, ésta empieza a supurar, se enrojece el área adyacente o el bebé se queja de dolor o tiene fiebre, llame al pediatra. Éstos son síntomas de que la herida pudo haberse infectado. Si es preciso, el médico utilizará anestesia local para evitar que el bebé sienta demasiado dolor mientras inspecciona y limpia la suciedad que usted no pudo eliminar. Si la herida se ha infectado, probablemente le recetará antibióticos por vía oral o en forma de pomada.

Cortaduras, laceraciones y hemorragias

Una cortadura es una herida que afecta a la piel y el tejido subcutáneo. Puesto que se trata de una herida más profunda, es fácil que provoque problemas, como hemorragias, e incluso que se lesionen nervios y tendones. Las siguientes recomendaciones le ayudarán a frenar las hemorragias importantes y a evitar otros problemas, como las cicatrices, cuando su bebé se haga una herida.

1. **Aplique presión.** Casi todas las hemorragias pueden detenerse aplicando presión directa sobre el área afectada con una gasa o una toalla limpia durante cinco minutos. El error más frecuente consiste en dejar de apretar muy pronto para echarle un vistazo a la herida. Esto puede agravar la hemorragia o contribuir a que se forme un coágulo que puede dificultar el control de la hemorragia al hacer presión. Si la herida continúa sangrando después de presionar durante cinco minutos, vuelva a aplicar presión y llame al médico para pedirle ayuda. No

intente hacer un torniquete en un brazo o una pierna a menos que domine la técnica, puesto que éste puede provocar lesiones graves si se deja puesto por demasiado tiempo.

2. **Mantenga la calma.** Ver sangre asusta a mucha gente, pero en estos momentos hay que tratar de controlarse. Al mantener la calma, usted tomará mejores decisiones y ayudará al bebé a enfrentar mejor la situación. Recuerde que al aplicar presión directa puede cortar hasta las hemorragias más fuertes mientras llega ayuda. Los cortes relativamente superficiales en la cabeza y la cara sangran mucho más que en otras partes del cuerpo debido a que son zonas muy irrigadas por capilares superficiales. En estas situaciones es particularmente importante mantener la calma y aplicar una presión directa sobre la zona afectada para controlar la hemorragia.

3. **Consulte al médico si la cortadura es grave.** Independientemente de lo mucho (o poco) que sangre una cortadura, si es profunda o mide más de ½ pulgada (1.2 cm) de largo, llame al médico. Los cortes profundos pueden lesionar tendones y nervios incluso cuando, desde fuera, la herida no parece seria. Los cortes largos y profundos y los que afectan a la cara, el pecho y la espalda son más propensos a dejar cicatrices desagradables. En estos casos, si la herida se cierra correctamente, utilizando puntos o grapas, dejará menos marca. Si no está seguro de si es necesario poner puntos, llame al médico y pídale consejo. Para evitar una cicatriz desagradable la sutura debe hacerse antes de que pasen ocho horas desde que se produce la herida.

   Usted mismo puede curar los cortes poco profundos, siempre y cuando pueda hacer que los bordes se junten solos o con la ayuda de un vendaje "mariposa" y que no haya habido pérdida de sensibilidad. De todos modos, si existe alguna posibilidad de que algún objeto extraño, como, por ejemplo, un poco de suciedad o un trozo de cristal, se haya quedado dentro de la herida, lleve al bebé al médico. Es posible que su bebé no le deje examinar un corte porque le duele mucho. Sin embargo, el pediatra podrá aplicarle anestesia local, si lo considera oportuno, para examinarle la herida más a fondo.

4. **Limpie y vende la herida.** Si usted se siente capacitado para curar la cortadura, lave la herida con agua y examínela detenidamente para asegurarse de que queda bien limpia, aplique una pomada antibiótica y cúbrala con una gasa estéril. Es fácil subestimar la gravedad de una cortadura, por lo que, incluso si decide tratarla por su cuenta, no dude en llamar al pediatra para pedirle consejo. Si la zona que rodea al corte se inflama, enrojece, empieza a supurar o sangra de forma recurrente, consulte al pediatra lo antes posible.

   Los antisépticos como el yodo, el mercurocromo o el alcohol no son necesarios y aumentan el malestar para el bebé. Si su hijo está al día en sus vacunaciones, probablemente no hará falta que le pongan la inyección del tétanos.

Prevención

Es casi imposible que un bebé curioso y activo no se haga rasguños y cortes menores, pero usted puede tomar varias acciones para reducir estos incidentes y reducir al mínimo su gravedad. Guarde los objetos potencialmente peligrosos, como cuchillos afilados, objetos de cristal fáciles de romper y armas de fuego fuera del alcance de su bebé. Revise periódicamente su casa, el garaje y el jardín. Si encuentra algún objeto potencialmente peligroso porque su bebé ha crecido y podría intentar cogerlo, guárdelo en un lugar fuera de su alcance.

Véase también el Capítulo 10, "Protección ante los peligros".

Ahogamientos

Un bebé puede ahogarse incluso en pocas pulgadas de agua. Al aterrorizarse y forcejear, puede aspirar agua y dejar de respirar. El ahogamiento se refiere a las muertes provocadas de este modo. Cuando se rescata al bebé antes de morir, nos referimos a este episodio como casi-ahogamiento.

Cómo actuar

En cuanto su bebé esté fuera del agua, compruebe si respira. Si no lo hace, inicie la resucitación cardiopulmonar inmediatamente (véase páginas 472 a 477). Si hay alguien más con usted, pídale que llame a emergencias médicas, pero no pierda un tiempo precioso buscando a alguien ni intentando sacar el agua inhalada de los pulmones del bebé. En lugar de ello, concéntrese en la resucitación cardiopulmonar hasta que el bebé respire por sí solo y tenga entre ochenta y cien pulsaciones por minuto. Es muy probable que, durante el proceso de reanimación, el bebé vomite parte del agua que ha tragado. Usted no debe interrumpir la resucitación para pedir ayuda hasta que el bebé vuelva a respirar con normalidad y haya recuperado el pulso. Cuando lleguen los paramédicos, le administrarán oxígeno y, si es necesario, seguirán con la resucitación cardiopulmonar. Entonces podrá llamar al pediatra para que le dé instrucciones.

Cualquier bebé que haya estado a punto de ahogarse debe tener una evaluación médica completa, aunque parezca estar bien. Si dejó de respirar, tragó agua o estuvo inconsciente, debe permanecer bajo observación por lo menos durante veinticuatro horas para comprobar que no se lesionó el sistema nervioso o respiratorio.

El tiempo que tarde un bebé en recuperarse después de haber estado a punto de ahogarse dependerá del tiempo que haya estado sin recibir oxígeno. Si estuvo bajo el agua por poco tiempo, probablemente se recuperará por completo. Pero, si permaneció mucho rato bajo el agua, es posible que la falta de oxígeno deje secuelas en los pulmones, el corazón y el cerebro. Si un bebé no responde rápidamente a la resucitación cardiopulmonar, probablemente tendrá más secuelas que si reacciona de forma inmediata. De todos modos, debe seguir intentándolo, puesto que la resucitación cardiopulmonar ha permitido revivir literalmente a niños aparentemente sin vida o que habían estado sumergidos en aguas muy frías durante largos períodos de tiempo.

Prevención

Un bebé nunca debe dejarse solo en un baño. De hecho, todo niño corre peligro si se le deja jugar cerca de agua sin ser supervisado. Por lo tanto, vigile constantemente al bebé cuando esté en un baño o cerca de una acumulación de agua tal como una piscina, un lago o un río. Los bebés que gatean deben mantenerse alejados no sólo de las piscinas sino de cualquier acumulación de agua, no importa el tamaño.

La exploración inocente de un inodoro o de un cubo de agua por un niño que ya camina, puede desencadenar una tragedia. Nunca deje cubos llenos de agua donde su bebé pueda acercarse. Vacíe o cubra con un plástico las piscinitas cuando deje de utilizarlas. Vacíe prontamente todo envase grande de agua. Cierre la tapa del inodoro y, si su bebé es muy activo y curioso, cierre el baño con pestillo. No deje cubos con ni siquiera unas pocas pulgadas de agua o detergente cerca de un bebé. Nunca deje a un bebé cerca de una bañera que se está llenando ni dentro de una bañera llena de agua. (Para más información sobre la seguridad en el agua, véase la página 415.)

Electrocuciones

Cuando el cuerpo humano entra en contacto directo con una fuente de electricidad, la corriente pasa a través de él, provocando lo que conocemos como electrocución. Dependiendo del voltaje de la corriente y la duración del contacto, la descarga puede provocar desde un leve malestar hasta lesiones graves e, incluso, la muerte.

Un bebé puede electrocutarse al morder cables eléctricos o introducir objetos metálicos, como tenedores o cuchillos, en enchufes o aparatos eléctricos que no están protegidos. Estos percances también pueden ocurrir al usar incorrectamente juguetes, utensilios o aparatos eléctricos, o cuando una corriente eléctrica entra en contacto con el agua en que está parado o sentado un bebé. Los relámpagos son responsables de aproximadamente una quinta parte de los casos de electrocución. Los árboles de navidad y las luces que se les ponen también representan un riesgo.

Cómo actuar

Si su bebé se electrocuta con algún aparato eléctrico, lo primero que debe hacer *siempre* es desconectar el aparato. En muchos casos, bastará con desenchufarlo o apagar el interruptor. Si esto resulta imposible, trate de cortar el cable de la corriente eléctrica, *pero no lo haga con sus propias manos,* puesto que usted también podría electrocutarse. En su lugar, utilice un hacha con mango de madera o tijeras especiales para cortar cables que tengan un buen aislamiento. A veces bastará con alejar el cable eléctrico del bebé, utilizando un palo seco, una revista o periódico enrollado, una cuerda, un abrigo o cualquier otro objeto grueso y seco que no sea conductor, como, por ejemplo, un trozo de madera.

Si no puede alejar el cable del bebé, intente apartar al niño del cable. De nuevo, *no toque al bebé directamente con las manos* mientras permanezca pegado a la corriente eléctrica, ya que su cuerpo actuaría como conductor, trasmitiéndole la electricidad. En su lugar utilice algún material que no sea conductor, como algo de goma, o cualquiera de los arriba descritos. (*Alerta*: Ninguno de estos métodos es completamente seguro a menos que desconecte la electricidad.)

En cuanto haya cortado la corriente eléctrica (o haya conseguido separar al bebé), examine su respiración, pulso, color de la piel y capacidad de respuesta. Si ha dejado de respirar o respira de forma muy rápida e irregular, utilice inmediatamente las técnicas de resucitación cardiopulmonar (véase la página 472) y pida a alguien que solicite atención médica de emergencia. Así mismo, evite mover innecesariamente al bebé, puesto que con una electrocución seria, es posible sufrir fracturas de la espina dorsal.

Si el bebé está consciente y la electrocución ha sido leve, observe si tiene alguna quemadura, sobre todo si el lugar que entró en contacto con la corriente fue la boca. A continuación, llame al pediatra. Las electrocuciones pueden provocar lesiones internas que a veces son difíciles de detectar sin realizar un examen médico. Por este motivo, *todos* los bebés que pasen por este tipo de experiencia deben ir al médico.

En el consultorio del pediatra, se curarán y vendarán las quemaduras sufridas. El pediatra podría solicitar una serie de pruebas para comprobar si hay algún órgano interno afectado. Si el bebé tiene quemaduras graves o signos de lesión cerebral y/o cardíaca, deberá ser hospitalizado.

Prevención

La mejor forma de evitar percances relacionados con la electricidad es cubrir todos los enchufes, asegurarse de que todos los cables están en buen estado y bien aislados y procurar que siempre haya un adulto supervisando al bebé si se encuentra en un área expuesta a riesgos eléctricos. Los aparatos eléctricos pequeños ubicados cerca de una bañera o piscina resultan especialmente peligrosos. (Véase también el Capítulo 10, "Protección ante los peligros").

Lesiones en las puntas de los dedos

Los niños se lastiman los dedos de tanto en tanto, generalmente debido a que se los pillan con puertas. A menudo, son los mismos padres los que cierran las puertas, sin darse cuenta de que los dedos del niño corren peligro. El bebé no es capaz de percibir el peligro potencial.

Debido a que los dedos son tan sensibles, en cuanto su bebé se haga daño se lo hará saber de inmediato. A menudo, el área afectada se hinchará y se pondrá morada, y puede estar cortada o sangrar un poco. La piel, el tejido debajo de la piel y la base de la uña —así como el hueso subyacente y la zona de crecimiento óseo— pueden verse afectados. Si hay sangre debajo de la uña, ésta se pondrá negra o negra-azulada y la presión del hematoma le provocará dolor.

Tratamiento en casa

Si la punta del dedo está sangrando, lávela con agua y jabón y cúbrala con una venda suave y estéril. Una bolsa de hielo o sumergir el dedo en agua fría puede mitigar el dolor y reducir la inflamación.

Si la hinchazón es leve y su bebé se siente bien, puede dejar que el dedo se cure por su cuenta. Pero esté pendiente de si hay aumento de dolor, inflamación, enrojecimiento o supuración, o si el bebé tiene fiebre entre veinticuatro y setenta y dos horas de haberse lesionado. Éstos pueden ser síntomas de una infección, por lo que debe informar al pediatra.

Si el dedo se hincha mucho, tiene una herida profunda, tiene sangre debajo de la uña o parece estar roto, llame al médico inmediatamente. Y no intente nunca enderezar por su cuenta un dedo roto.

Tratamiento profesional

Si su médico sospecha que hay una fractura, le ordenará una radiografía. Si confirma la fractura o se ve afectada la base de la uña —en la zona de crecimiento de la misma— es posible que sea preciso consultar a un ortopeda. Un dedo roto puede enderezarse utilizando anestesia local. Si la base de la uña se ha visto afectada, se debe intervenir quirúrgicamente para prevenir deformaciones al crecer. Si hay mucha sangre debajo de la uña, es posible que el pediatra la drene haciendo un pequeño orificio en la uña, para aliviar el dolor.

Aunque es posible que un corte profundo requiera puntos, a menudo basta con colocar varias tiras estériles adhesivas sobre la herida. Cuando hay una fractura debajo de un corte, se considera una fractura "abierta", y existe la posibilidad de que se infecte el hueso. En tal caso, el médico recetará antibióticos. Dependiendo de la edad del niño y de su estado de vacunación, es posible que el médico ordene un refuerzo de tétanos.

Lesiones en la cabeza/Concusión

Es casi inevitable que su hijo se dé golpes en la cabeza de vez en cuando. Es muy posible que esto le preocupe, sobre todo si su hijo todavía es un bebé, pero la ansiedad que usted experimente probablemente será mayor que el golpe. La mayoría de las lesiones en la cabeza son menores y no suelen causar problemas. De todos modos, es importante que sepa distinguir entre una lesión importante que requiere atención médica y una que sólo requiere un abrazo de consuelo.

Si su hijo sufre una breve pérdida de conciencia después de un golpe fuerte en la cabeza, se dice que ha tenido una "concusión". Una concusión no implica que se haya lesionado el cerebro, pero sí implica que los centros cerebrales que regulan la conciencia se han visto afectados momentáneamente.

Tratamiento

Si el golpe en la cabeza ha sido leve, el bebé seguirá estando alerta y despierto después del incidente y su color será normal. Probablemente llorará, debido al dolor momentáneo y al susto, pero el llanto no debe prolongarse por más de diez minutos y, después, el bebé debe volver a la normalidad.

En ocasiones, una herida sin importancia en la cabeza puede provocar una leve sensación de mareo, náuseas y dolor de cabeza y es posible que el bebé vomite una o dos veces. De todos modos, si la herida no parece importante, no es profunda ni sangra mucho (en caso contrario podría requerir atención médica; véase *Cortaduras y vasquños,* página 482), usted podría tratarla en casa. Limítese a lavar la cortadura con agua y jabón. Si le ha salido un moretón, colóquele compresas frías. Si lo hace inmediatamente después de la lesión, conseguirá reducir la inflamación.

Aunque la lesión parezca poco importante, usted debe observar a su hijo durante las primeras veinticuatro o cuarenta y ocho horas por si apareciera algún signo indicativo de una lesión más grave. Aunque es *poco común,* los niños pueden desarrollar lesiones cerebrales serias a raíz de golpes aparentemente sin importancia que no causan problemas obvios inmediatos. Cuando ocurren lesiones cerebrales éstas suelen estar provocadas por hemorragias internas, cuyos síntomas suelen manifestarse al cabo de uno o dos días del incidente. Si su hijo presenta alguno de los siguientes síntomas, consulte al pediatra inmediatamente:

- Parece excesivamente adormilado o letárgico durante las horas en que habitualmente está despierto, o no hay forma de despertarlo cuando duerme por la noche. (Usted debe intentar despertarlo la primera noche una o dos veces si se ha dado un golpe fuerte en la cabeza.)

- Tiene un dolor de cabeza persistente que no desaparece ni siquiera dándole acetaminofén, o vomita más de una o dos veces. El dolor de cabeza y los vómitos son frecuentes después de un golpe en la cabeza, pero generalmente son leves y sólo duran unas horas.
- Está notoriamente y/o constantemente irritable. Un bebé pequeño no puede explicar lo que siente, esto podría indicar que tiene un fuerte dolor de cabeza.
- Si percibe algún cambio significativo en la capacidad mental, coordinación, capacidad sensorial o fuerza de su hijo, debe acudir inmediatamente al médico. Entre los cambios que pueden darse cabe señalar: debilidad en piernas y brazos, dificultad al hablar, cruzar los ojos o problemas de la vista.
- Al cabo de un rato de haber recuperado la conciencia, vuelve a perderla, o tiene convulsiones o empieza a respirar de forma irregular. Éstos son síntomas de disfunción de la actividad cerebral y posiblemente de una lesión cerebral grave.

Si su hijo pierde la conciencia *en cualquier momento* después de darse un golpe en la cabeza, debe informar al pediatra. Si el niño no recupera la conciencia al cabo de unos minutos, necesitará *atención médica inmediata.* Pida ayuda y siga los siguientes pasos:

1. Mueva a su hijo lo menos posible. *Si sospecha que puede haberse lesionado el cuello, no intente moverlo. El cambiar la posición del cuello podría empeorar aún más la lesión.* Una sola excepción: muévalo si se encuentra en un lugar peligroso donde podría sufrir más lesiones (por ejemplo, cerca del fuego o al borde de un precipicio).
2. Compruebe si respira. Si no respira, aplique las técnicas de resucitación cardiopulmonar. (véase la página 472.)

3. Si está sangrando mucho de una herida en la cabeza, aplique presión directa utilizando un trozo de tela limpio.

4. Siempre es mejor llamar a una ambulancia, para que el personal especializado se encargue de manipular y transportar al niño que intentar llevarlo usted mismo al hospital.

La pérdida de conciencia a consecuencia de un golpe en la cabeza puede durar de unos pocos segundos a varias horas. Si usted no estuvo presente durante el incidente y no sabe si perdió la conciencia, avise al pediatra.

La mayoría de niños que pierden la conciencia durante varios minutos son internados en un hospital para observación. La hospitalización es inevitable en niños con lesiones cerebrales graves, asociadas a respiración irregular y/o a convulsiones. Afortunadamente, gracias a los cuidados intensivos de la pediatría moderna, muchos niños con lesiones graves en la cabeza —incluyendo los que están inconscientes durante varias semanas— acaban recuperándose completamente.

Intoxicaciones

La mayoría de los niños que tragan alguna sustancia tóxica *no* quedan con secuelas permanentes, sobre todo si reciben tratamiento inmediato. Si usted cree que su bebé se ha intoxicado, mantenga la calma y actúe con prontitud.

Usted debe sospechar que su bebé ha ingerido una sustancia tóxica si lo encuentra con un pote abierto o vacío de alguna de estas sustancias, sobre todo si lo ve actuar de un modo extraño. Esté pendiente de los siguientes síntomas de intoxicación:

- Manchas sospechosas en la ropa
- Quemaduras en labios o boca
- Babea más de lo habitual o la boca le huele raro

- Vómitos o náuseas inexplicables
- Retortijones no asociados a fiebre
- Dificultad para respirar
- Cambios repentinos en el comportamiento, tales como somnolencia, irritabilidad o nerviosismo
- Convulsiones o pérdida de la conciencia (sólo en casos muy graves)

Tratamiento

Siempre que su bebé ingiera una sustancia venenosa, avise al pediatra. Sin embargo, el centro de envenenamiento regional le proporcionará la información y la guía *inmediata* que necesitará si descubre que su bebé ha ingerido una sustancia tóxica. Estos centros funcionan las veinticuatro horas del día y cuentan con personal especializado que le indicará cómo actuar en cada caso. Tenga siempre a mano, por ejemplo, en la primera hoja de su libreta de teléfonos, el número del centro de envenenamiento más cercano. También péguelo cerca de cada uno de los teléfonos de la casa, junto con otros números telefónicos de emergencia. *En caso de que no encuentre el número del centro de envenenamiento en una situación de emergencia, llame al 911.*

La forma de actuar dependerá del tipo de sustancia ingerida. Si usted sabe exactamente qué es lo que ha ingerido el bebé, el personal del centro de envenenamiento le dará instrucciones específicas a seguir. De todos modos, antes de hacer la llamada, siga los pasos que figuran a continuación.

Ingestión de sustancias tóxicas. Antes que nada, aleje la sustancia del bebé. Si todavía le queda algo en la boca, haga que lo escupa o sáqueselo de la boca con los dedos. Guarde este material, junto con cualquier otra prueba que ayude a determinar qué se tragó.

A continuación, compruebe si presenta alguno de los siguientes síntomas:

- Dolor fuerte de garganta
- Babeo excesivo
- Dificultad para respirar
- Convulsiones
- Somnolencia excesiva

Si detecta alguno de estos síntomas, obtenga de inmediato ayuda de emergencia, llamando a una ambulancia o pidiéndole a alguien que los lleve a la sala de emergencia más cercana. Lleve el recipiente que contenía la sustancia ingerida, así como los restos que hayan quedado para que el médico sepa exactamente qué se tragó el bebé. *No intente provocarle el vómito al bebé, pues podría empeorar las cosas, y no siga las instrucciones que figuran en la etiqueta del producto sobre cómo actuar en caso de intoxicación,* puesto que es posible que estén anticuadas o sean incorrectas.

Si su bebé no presenta síntomas tan graves, llame al centro de envenenamiento. Para que puedan ayudarle, deberá darles la siguiente información:

- Su nombre y número telefónico.
- Nombre, edad y peso de su bebé. Si tiene una enfermedad seria o está tomando algún medicamento, no olvide mencionarlo.
- Nombre de la sustancia que se tragó el bebé. Léalo de la etiqueta del recipiente y, si es preciso, deletréelo. Si la etiqueta contiene los ingredientes, léalos también. Si su bebé ha ingerido una medicina que se compró con receta, pero el nombre no figura en la etiqueta, facilite el nombre y el número de teléfono de la farmacia donde la compró, así como la fecha y el número de la receta. Intente describir la pastilla o cápsula y mencione cualquier número o letra

impresos en la superficie. Si su bebé se tragó otro tipo de sustancia, como, por ejemplo, una planta, descríbala lo más detalladamente posible para ayudar en su identificación.

- Cuánto tiempo hace que su bebé se tragó la sustancia (o que usted lo encontró) y la cantidad que cree que ingirió.

Si la sustancia es muy tóxica o teniendo en cuenta la edad de su hijo, le podrían pedir que le haga vomitar y/o que lo lleve inmediatamente a la Sala de Emergencia más cercana para ser evaluado. En caso contrario, le darán instrucciones para que usted mismo trate a su hijo en casa.

Si le piden que le provoque el vómito a su bebé, consulte con su médico cuál es la dosis recomendada de jarabe de ipecacuana (*téngalo siempre a mano*). Además, haga que su bebé se tome un vaso de agua. Si no vomita al cabo de veinte minutos, repita la dosis *una vez*. Coja un cubo o palangana grande y, cuando el bebé empiece a vomitar, colóqueselo en el regazo con la cabeza a un nivel más bajo que las caderas. Recoja lo que vomite para que se pueda analizar. Conserve el vómito hasta que el pediatra o el personal del centro de envenenamiento le diga que puede deshacerse de él. Si su bebé sigue vomitando dos horas después de haber tomado el jarabe, o presenta alguno de los síntomas de intoxicación antes descritos, póngase en contacto con el pediatra.

En algunos casos, el vomitar puede ser peligroso. Por lo tanto, no haga vomitar a un niño a menos que el pediatra o el personal del centro de envenenamiento se lo indique. Los ácidos fuertes (como los detergentes para inodoros) o los álcalis fuertes (como la lejía, los limpiadores de horno o tuberías o los detergentes para lava platos) pueden quemar la garganta, por lo que, provocarle el vómito, solo agravará la lesión. En tales casos, probablemente le recomendarán que le haga beber abundante leche o agua. Además, a veces la inducción del vómito puede interferir con la administración oral de carbón activado o de un antídoto.

Sustancias tóxicas en la piel. Si su bebé se derrama una sustancia química peligrosa en la piel, quítele rápidamente la ropa y lave el área afectada con agua tibia, no caliente. Si el área parece haberse quemado, siga aclarándola durante por lo menos quince minutos por mucho que el niño proteste. A continuación, llame al centro de envenenamiento para que le aconsejen cómo debe actuar después. No le ponga al bebé pomadas ni grasa.

Sustancias tóxicas en el ojo. Lave bien el ojo del bebé. Manténgaselo abierto sujetándole el párpado mientras dirige un chorro directo de agua tibia sobre la comisura interna del ojo afectado. De seguro un bebé ofrecerá resistencia, por lo que necesitará que otro adulto lo sujete mientras usted le lava el ojo. Si está usted solo con el niño, envuélvalo fuertemente en una toalla y apriételo contra usted con un brazo para que, con la mano que le quede libre, pueda sujetarle el párpado mientras le vierte el chorro de agua. Siga lavándole el ojo durante quince minutos. A continuación, llame al centro de envenenamiento para que le orienten cómo actuar después. No utilice baños oculares, gotas ni pomadas. Si el dolor continúa o sospecha que la lesión puede ser grave, solicite asistencia médica de emergencia inmediatamente.

Intoxicación por inhalación de gases. En una casa, la mayoría de las intoxicaciones por inhalación de gases están provocadas al poner en marcha un automóvil dentro de un garaje cerrado, los escapes de gas y las estufas (de gas, carbón o madera) mal mantenidas o encendidas en lugares con poca ventilación. Si su bebé inhala algún gas tóxico, sáquelo al aire libre inmediatamente. Si respira, llame al centro de envenenamiento para obtener mayor orientación. Si ha dejado de respirar, aplique las técnicas de resucitación cardiopulmonar (véase la página 472) y no se detenga sino hasta que el bebé vuelva a respirar por su cuenta o le releve otra persona. Si es posible, dígale a alguien que pida ayuda médica de emergencia; si está solo, aplique las técnicas de resucitación cardiopulmonar durante un minuto y, después, haga usted mismo la llamada.

Prevención

Los niños pequeños, sobre todo los que tienen entre uno y tres años, se intoxican mayormente en el entorno doméstico, al manipular o ingerir fármacos, productos de limpieza, plantas, cosméticos, pesticidas, pinturas o disolventes. Esto ocurre porque llevarse cosas a la boca y comprobar cómo saben es una de las formas naturales de explorar su entorno y también porque suelen imitar a los adultos sin entender lo que están haciendo. Aunque la mayoría de las intoxicaciones ocurren en niños mayores de un año, ponga a prueba de envenenamientos su casa ahora para anticiparse a los crecientes riesgos que vendrán más adelante.

La mayoría de las intoxicaciones ocurren cuando los padres están distraídos. Si usted está enfermo o bajo mucho estrés, es posible que no esté tan pendiente de su hijo como en otras ocasiones. La actividad que suele preceder a la hora de la cena, cuando el día está a punto de acabar, provoca tantos lapsos en la vigilancia paterna que esta hora se conoce en los centros de envenenamiento como “la hora arsénica”.

La mejor forma de evitar intoxicaciones es guardar todas las sustancias tóxicas bajo llave y en un lugar que esté fuera del alcance de su hijo, para que no tenga acceso a ellas ni siquiera cuando usted no esté pendiente de él. Así mismo, cuando lleve a su bebé de visita o de compras a lugares que no están “a prueba de niños”, no le quite la vista de encima. Preste atención especial al visitar otras casas o la casa de los abuelos, donde poner la casa a “prueba de niños” no ha sido una prioridad. (Véase también el Capítulo 10, “Protección ante los peligros”.)

Ponga su casa a prueba de sustancias tóxicas

- Guarde las medicinas en un armario cerrado con llave y que esté fuera del alcance de su bebé. No guarde la pasta de dientes en el mismo armario.
- Guarde las medicinas en frascos bien cerrados y "a prueba de niños". Deshágase de cualquier medicina en cuanto remita la enfermedad para la que fue recetada.
- No tome medicinas delante de un niño pequeño. Podría intentar imitarle después. Nunca le diga que una medicina es una golosina para conseguir que se la tome.
- Cada vez que le dé una medicina a su hijo revise la etiqueta para asegurarse de que le da la medicina adecuada y en la dosis adecuada. Es más fácil equivocarse en la oscuridad, así que encienda la luz cuando tenga que darle alguna medicina a su bebé a media noche.
- Lea las etiquetas de todos los productos de limpieza antes de comprarlos, elija el que sea menos tóxico para cada función y compre sólo los productos que vaya a necesitar inmediatamente.
- Guarde todos los productos peligrosos dentro de un armario cerrado con llave y que esté fuera del alcance de su bebé. No guarde los detergentes ni otros productos de limpieza debajo del fregadero o del lavamanos a menos que el área esté provista de un cierre de seguridad.

- Nunca llene con productos tóxicos los envases que antes contenían productos comestibles, especialmente botellas vacías de refrescos, latas o vasos.

- Nunca ponga el auto en marcha dentro de un garaje cerrado. No descuide el mantenimiento de las estufas de carbón, gas o madera. Si huele a gas en su casa y comprueba que todos los mandos de la cocina o del calentador están en la posición de apagado, cierre la llave de paso del gas, abandone la casa y llame a la compañía.

- Tenga siempre a mano un frasco pequeño de jarabe de ipecacuana. (Guárdelo con las demás medicinas, fuera del alcance de su bebé). Se trata de un producto que se puede comprar sin receta médica en la mayoría de las farmacias. Utilícelo solamente cuando se lo diga el pediatra o se lo recomienden en el centro de envenenamiento. Pregunte al pediatra cuál es la dosis recomendada para su bebé.

- Pegue el número del centro de envenenamiento, junto con otros números telefónicos de emergencia al lado de cada uno de los teléfonos de la casa. Si tiene niñera, asegúrese de que sabe dónde están estos números y cómo debe utilizarlos.

13

Aparato digestivo

Dolor abdominal

Aunque los niños de todas las edades sufren de dolor abdominal de vez en cuando, la causa de este tipo de dolor suele ser distinta en un bebé que en un niño mayor. Así mismo, varía la forma en que reaccionan al dolor los bebés de distinta edad. Mientras que un pre-escolar puede apretarse el abdomen con las manos y decir que le duele la barriga, un bebé de pocos meses demostrará su malestar llorando, moviendo las piernas o teniendo ventosidades (que suelen ser aire tragado). También puede vomitar o eructar excesivamente.

Afortunadamente, la mayoría de los dolores abdominales desaparecen por sí solos y no suelen ser serios. De todos modos, si la inquietud del bebé continúa o empeora durante un período de tres a cinco horas, o si tiene fiebre o usted detecta un cambio drástico en su apetito o su nivel de energía, informe inmediatamente al pediatra. Estos síntomas podrían ser la manifestación de un trastorno más serio.

Causas más comunes del dolor abdominal durante la infancia

1. **Cólicos.** Suelen darse en bebés de entre diez días y tres meses de edad. Aunque nadie sabe exactamente cuál es su causa, los cólicos suelen producir contracciones intensas y espasmódicas de los intestinos que probablemente son las que provocan el dolor que experimenta el bebé.

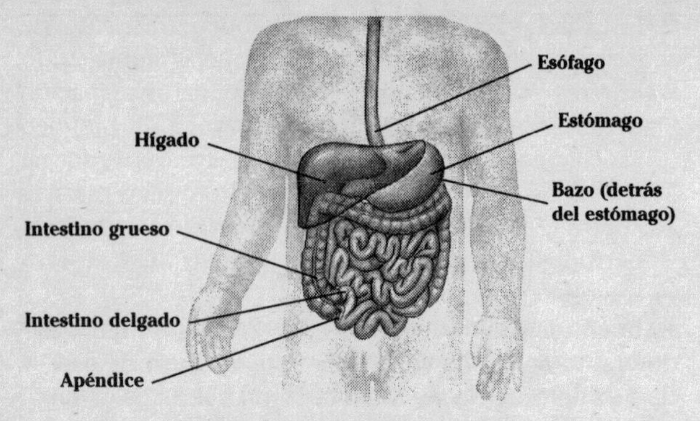

Tracto Gastrointestinal/Abdomen

El malestar suele ser mayor a últimas horas de la tarde y primeras horas de la noche, y puede ir acompañado de llanto inconsolable, agitar de piernas, ventosidades frecuentes e irritabilidad general (Véase el Capítulo 6: "El primer mes").

¿Cómo debe reaccionar? Probablemente lo mejor que puede hacer es ensayar diversos enfoques (para más detalles, véase la página 218).

2. **Estreñimiento.** Muchas veces se culpa al estreñimiento por el dolor abdominal, pero éste es un problema bastante raro en un infante. Los bebés mayores que ya han empezado a consumir sólidos a veces están estreñidos, y es posible que experimenten dolor abdominal al evacuar. Si su bebé parece tener este tipo de problemas, ensaye lo siguiente:

- Añádale un poco más de agua en la dieta.
- Reduzca los alimentos astringentes, como el arroz, los bananos y el cereal.

Si no consigue gran cosa, consulte la sección sobre *Estreñimiento* (página 506) y pida consejo al pediatra. Nunca le dé a un bebé un laxante ni ningún otro tipo de ablandador de las heces sin consultarlo antes con el pediatra.

3. **Intususcepción.** Es otra causa poco frecuente de dolor abdominal durante la infancia, sobre todo durante el primer año. Se trata de una invaginación del intestino en sí mismo que provoca un bloqueo asociado a dolor intenso. El bebé llorará de forma repentina e intermitente apretando las piernas contra el estómago. Estos episodios irán seguidos de períodos sin dolor en los que el bebé estará tranquilo.

   Es importante reconocer esta causa de dolor abdominal y comentarla de inmediato al pediatra. Éste querrá evaluar personalmente al bebé y tal vez solicite una radiografía especial denominada enema de aire o de bario. A veces, mediante esta prueba, no sólo se consigue hacer el diagnóstico sino también eliminar el bloqueo del intestino. Si el enema no logra eliminarlo, hay que realizar una intervención quirúrgica de emergencia para solucionar el problema.

4. **Infecciones virales o bacterianas.** Las infecciones que afectan al intestino suelen cursar con vómitos y/o diarreas. La gastroenteritis infecciosa suele provocar dolor abdominal.

5. **Infecciones del tracto urinario.** Pueden ocurrir durante la infancia, pero pocas veces producen dolor abdominal a esa edad. Los síntomas más comunes en un bebé son fiebre e irritabilidad. Si su pediatra sospecha que el bebé tiene este tipo de infección, lo examinará así como a su orina. Si tiene una infección, le recetará antibióticos que eliminarán tanto la infección como el dolor abdominal. (Véase *Infecciones del tracto urinario,* página 648.)

6. **Infecciones intestinales (gastroenteritis).** Los virus son los principales causantes de las infecciones intestinales y de los dolores asociados con las mismas. Sin embargo, las infecciones intestinales también pueden ser provocadas por bacterias o

parásitos (organismos de mayor tamaño que los virus y bacterias que suelen vivir en aguas o alimentos insalubres). Este tipo de infecciones suelen cursar con retortijones abdominales, diarrea y/o vómitos. (Véase *Diarrea,* página 508 y *Vómitos,* página 530.) El dolor suele durar un día o dos y después desaparece. Una excepción la constituye el parásito Giardia lamblia, que puede producir dolores periódicos y recurrentes no localizados en una parte específica del abdomen. El dolor puede persistir por una semana o más y provocar una pérdida importante de apetito y peso. El tratamiento con los medicamentos adecuados permite curar tanto la infección como el dolor abdominal asociado.

7. **Alergia a la leche.** Se trata de una reacción a las proteínas de la leche que provoca retortijones abdominales. (Véase *Alergia a la leche,* página 526.)

Estreñimiento

Tal como ocurre en los adultos, no todos los niños evacuan del mismo modo. Por ello, a veces resulta difícil saber si un bebé está estreñido. Un bebé puede pasar dos o tres días sin evacuar y no estar estreñido, mientras que otro puede evacuar con relativa frecuencia y tener dificultad al evacuar. Por lo general, debe sospechar que su hijo está estreñido cuando detecte los siguientes síntomas:

- En un recién nacido: evacuaciones firmes menos de una vez al día
- A cualquier edad, heces duras y secas asociadas a dolor al evacuar
- Dolor abdominal que desaparece o se mitiga después de una deposición abundante
- Sangre en las heces y/o en el ano
- Ensuciarse de excrementos entre deposiciones

El estreñimiento suele ocurrir cuando los músculos al final del intestino grueso se estrechan, evitando que las heces pasen con normalidad. Cuanto más tiempo permanecen allí las heces, más duras y más secas se vuelven, siendo cada vez más difícil que pasen sin provocar dolor. Puesto que las deposiciones resultan dolorosas, es de esperar que el bebé aguante las ganas de evacuar, posponiendo conscientemente el momento de hacerlo, lo que agrava aún más el problema.

La tendencia al estreñimiento se ve en familias. Puede empezar en la infancia y mantenerse como una tendencia durante el resto de la vida, empeorando si no se establecen buenos hábitos de evacuación o si el niño tiende a aguantar las ganas de evacuar.

Tratamiento

Los episodios leves u ocasionales de estreñimiento pueden resolverse siguiendo estas indicaciones:

Si su hijo tiene entre seis y doce meses y ha empezado a tomar leche de vaca hace poco, vuelva a la fórmula original. Esto puede solucionar el problema, puesto que la fórmula suele ser menos astringente que la leche de vaca. Es raro que un niño que amamanta esté estreñido, pero, en el caso de que ocurra, probablemente se debe a algún motivo distinto a la dieta. *No* substituya la leche materna por fórmula a menos que se lo diga el pediatra.

Si su hijo ya ingiere alimentos sólidos y está estreñido, es recomendable que le dé una mayor cantidad de fibra al día. Incluya ciruelas (frescas y pasas), albaricoques, verduras con elevado contenido en fibra (como los guisantes, las judías, el brécol), cereal y pan integral. Aumentar el consumo diario de agua también puede ayudar.

En casos más graves, es posible que el pediatra le prescriba al niño un laxante suave o un enema. Siga las instrucciones al pie de la letra. Nunca le dé un laxante a su hijo sin el visto bueno del pediatra.

Prevención

Los padres deben familiarizarse con el patrón de eliminación de su bebé y con el volumen y la consistencia de sus deposiciones. Así, les resultará más fácil saber cuándo están estreñidos y evaluar la gravedad del problema. Si el bebé no evacua regularmente una vez al día o cada dos días, o se nota molesto al evacuar, pregunte al pediatra qué cambios en la dieta podrían ayudarle a que sus hábitos de eliminación sean más regulares.

Diarrea

Las deposiciones de su bebé variarán en frecuencia y consistencia dependiendo de su edad y su dieta. Un recién nacido que lacta puede hacer hasta doce deposiciones pequeñas al día, mientras que para el segundo o tercer mes puede pasar un día entero sin evacuar. La mayoría de los niños menores de un año producen menos de 5 onzas de evacuación al día.

Una evacuación blanda de vez en cuando no es motivo de preocupación. Sin embargo, si las heces de su hijo cambian de consistencia *repentinamente*, haciéndose más sueltas e incluso acuosas y aumenta la frecuencia de las mismas, significa que su hijo tiene diarrea.

La diarrea ocurre cuando la cubierta interior del intestino sufre algún tipo de lesión. El que las heces sean más blandas de lo habitual significa que los nutrientes ingeridos no han sido digeridos o absorbidos apropiadamente por el intestino. También, el tejido lastimado tiende a filtrar líquido. Aparte de líquido, con la diarrea se pierden sales y minerales. Estas pérdidas se ven agravadas si el bebé ingiere alimentos o refrescos con azúcar, puesto que el azúcar que no se absorbe, atrae más líquido, agravando la diarrea.

Cuando el cuerpo pierde demasiada agua y sales, se deshidrata. Esto se puede evitar si se compensan las pérdidas con cantidades adecuadas de líquidos y sales, tal y como se describe en el apartado de *Tratamiento*.

El término médico para la inflamación intestinal es *enteritis*. Cuando este problema va acompañado o precedido de vómitos, lo que es bastante común, significa que la inflamación afecta también al estómago. En tales casos se denomina *gastroenteritis*.

Los bebés que tienen diarreas de origen viral (véase el recuadro de la página 509) también suelen tener vómitos, fiebre e irritabilidad (véase *Vómitos*, página 530; y "Fiebre", Capítulo 20). Sus deposiciones suelen ser verde-amarillentas y muy acuosas. (Si ocurren tan a menudo como cada hora, lo más probable es que sean completamente líquidas). Si las heces son de un color rojo o negruzco, es posible que contengan sangre. El sangrado

Causas de diarrea

En los bebés, la mayoría de las lesiones intestinales que producen diarrea suelen estar provocadas por unos virus denominados *enterovirus*.

Otras causas son:

- Bacterias (Salmonela, Shigella, E. coli, Campylobacter)
- Infecciones parasitarias *(Giardia)*
- Alergias a la leche u otro alimento
- Efectos secundarios de medicamentos orales (sobre todo antibióticos)
- Intoxicación por alimentos (hongos, mariscos o alimentos contaminados)
- Infecciones externas al tracto gastrointestinal, como las que afectan al aparato urinario, al tracto respiratorio, incluso, al oído medio (Si el bebé tiene que tomar antibióticos para tratar estas infecciones, la diarrea podría agravarse)
- Infecciones por rotavirus

puede deberse al daño en las paredes internas del intestino o simplemente a una irritación del recto causada por la elevada frecuencia de las deposiciones. De todos modos, si usted detecta sangre en las heces de su bebé o éstas adquieren un color inusual, debe comentárselo al pediatra.

Tratamiento

No hay ningún medicamento efectivo para tratar las infecciones virales que constituyen la principal causa de diarreas en infantes. Los antibióticos sólo deben recetarse para algunos tipos de infección provocadas por bacterias o parásitos, que son mucho menos comunes. Cuando el pediatra sospeche que la diarrea es de origen bacteriano o parasitario, le pedirá que recoja una muestra de heces para analizarla en el laboratorio. También es posible que le mande otras pruebas complementarias.

Los medicamentos para frenar la diarrea que se pueden adquirir sin receta médica no se recomiendan para bebés. A menudo hacen que se intensifique la lesión intestinal y no interrumpen la pérdida corporal de agua y sales si hay una infección presente. En lugar de ello, hacen que tanto el líquido como las sales permanezcan *en el interior* del intestino. Cuando ocurre esto, el bebé puede deshidratarse sin que nadie se dé cuenta y sin presentar necesariamente pérdida de peso, puesto que la diarrea *parece* haber desaparecido. Por este motivo, antes de darle a su hijo cualquier medicamento contra la diarrea, hable con el pediatra.

Diarrea leve. Si su bebé tiene un poco de diarrea pero no presenta síntomas de deshidratación (véase el recuadro de la página 512), no tiene fiebre alta, está activo y tiene apetito, no hace falta que introduzca ningún cambio en su dieta y puede seguir dándole el pecho o la fórmula. No debe ponerle a dieta de líquidos claros que sólo consista de bebidas dulces (jugos, Jell-O o refrescos), puesto que el azúcar que contienen podría empeorar la diarrea.

Si su bebé, aparte de un poco de diarrea, tiene vómitos, póngalo a dieta con alguna de las soluciones electrolíticas que hay en el mercado. El pediatra le recomendará que le dé a su hijo este tipo de productos para que mantenga los niveles normales de agua y sales hasta que desaparezcan los vómitos. En la mayoría de los casos, bastará con mantener la dieta durante uno o dos días. Cuando remitan los vómitos, podrá volver a la dieta habitual poco a poco.

Nunca le dé leche hervida (sea entera o desgrasada) a un bebé que tenga diarrea. Al hervir la leche, parte del agua se evapora, haciendo que el resto quede con una concentración peligrosamente elevada de sales y minerales. (De hecho, ni siquiera se le debe dar leche hervida a un niño sano).

Diarrea fuerte. Si su bebé tiene deposiciones acuosas cada una o dos horas o, incluso, más a menudo y/o presenta síntomas de deshidratación (véase el recuadro de la página 512), consulte al pediatra. Es posible que éste le recomiende que no le dé alimentos sólidos al niño durante por lo menos veinticuatro horas y que evite darle líquidos dulces (refrescos, jugos de frutas o bebidas endulzadas artificialmente), bebidas con un elevado contenido de sal (caldos envasados) y bebidas con muy bajo contenido de sal (como agua o té). Probablemente le pedirá que le dé exclusivamente una solución electrolítica comercializada, que contiene la proporción ideal de minerales y sal. (Véase la tabla de la página 515). Los niños que lactan se tratan del mismo modo, salvo si es una diarrea muy leve, en cuyo caso se les puede seguir dando el pecho.

Si su bebé tiene diarrea y a usted le preocupa que llegue a deshidratarse, no le dé ningún alimento, incluyendo leche, y llame al pediatra para que le dé instrucciones. *Lleve inmediatamente a su hijo al pediatra o al servicio de emergencia más cercano si cree que está moderada o severamente deshidratado.* Mientras tanto, debe darle alguna solución electrolítica. Cuando la deshidratación es severa, es preciso hospitalizar al bebé para rehidratarlo por vía intravenosa. En casos leves, basta con darle una solución electrolítica siguiendo las indicaciones del pediatra. En la tabla de la página 515 figuran las cantidades aproximadas que se deben administrar de esta solución.

Cuando el bebé lleve entre doce y veinticuatro horas a dieta de solución electrolítica, y la diarrea esté disminuyendo, puede empezar a ampliar progresivamente su dieta, introduciendo alimentos suaves, como compota de manzana, peras, bananas y gelatina. Es mejor no introducir la leche hasta uno o dos días después, a no ser

Signos y síntomas de deshidratación (Pérdida significativa de agua corporal)

La parte más importante del tratamiento de la diarrea consiste en evitar la deshidratación. Esté pendiente de los siguientes signos de deshidratación para informar al pediatra inmediatamente en cuanto los detecte.

Deshidratación leve a moderada

- Juega menos de lo habitual
- Orina con menos frecuencia (moja menos de seis pañales al día)
- Tiene la boca seca y pegajosa
- Al llorar, produce menos lágrimas
- Hundimiento de las fontanelas

Deshidratación severa (aparte de los síntoma antes señalados):

- Muy inquieto
- Somnolencia excesiva
- Ojos hundidos
- Manos y pies fríos y pálidos
- Piel arrugada
- Pasa varias horas sin orinar

que se trate de un bebé pequeño que aún no come alimentos sólidos. En ese caso se le puede dar fórmula menos concentrada, diluida a la mitad. Si lactaba, puede combinar la lactancia con la solución electrolítica.

Generalmente no es necesario mantener al bebé a dieta por más de veinticuatro horas, puesto que necesitará alimentarse para reponer fuerzas. Cuando vuelva a darle alimentos sólidos, es posible que las heces del niño sigan siendo blandas, pero esto no significa que las cosas vayan mal. Lo importante es que se vea activo, tenga apetito, orine a menudo y desaparezcan los síntomas de deshidratación. Si observa esta reacción, puede estar seguro de que su hijo está mejorando.

Si la diarrea dura más de dos semanas (diarrea crónica) puede ser síntoma de un problema intestinal más serio. Si la diarrea persiste por tanto tiempo, el pediatra solicitará que le hagan diversas pruebas para determinar su causa y asegurarse de que el niño esté bien nutrido. Si la desnutrición se convierte en un problema, probablemente el pediatra le recomendará una dieta o una leche especial.

Si su bebé toma demasiados líquidos, sobre todo jugos o bebidas endulzadas, es posible que desarrolle un trastorno conocido como "diarrea del bebé mayor". Este trastorno, caracterizado por deposiciones blandas y sueltas de carácter recurrente, no debe afectar el apetito ni el crecimiento del niño ni provocar deshidratación. Aunque este tipo de diarrea no es un trastorno serio, es posible que el pediatra le recomiende reducir la cantidad de jugos y bebidas dulces que consume su bebé. Cuando el niño tiene sed que no se satisface con la dieta usual y con la leche, puede darle agua.

Cuando la diarrea se asocia a otros síntomas, es posible que se deba a un problema médico más grave. Informe inmediatamente al pediatra si la diarrea se presenta con alguno de los siguientes síntomas:

- Fiebre durante más de veinticuatro o cuarenta y ocho horas
- Heces sanguinolentas

- Vómitos durante más de doce o veinticuatro horas
- Vómitos de color verde, teñidos de sangre o con un aspecto que recuerda al café molido
- Abdomen distendido (como si estuviera hinchado)
- Negativa a comer y a beber
- Dolor abdominal intenso
- Erupciones o ictericia (piel y ojos amarillentos)

Si su bebé padece alguna otra afección crónica o toma medicamentos regularmente, debe informar al pediatra si tiene diarrea por más de veinticuatro horas sin mejoría, o si le ocurre otra cosa que a usted le preocupe.

Prevención

Las siguientes recomendaciones le ayudarán a disminuir las probabilidades de que a su bebé le dé diarrea:

1. La mayoría de las diarreas infecciosas se contagian a través del contacto directo mano-boca después de exponerse a material fecal contaminado. Fomente hábitos de higiene personal tanto en su casa como en la guardería a la que lleve a su hijo.
2. Evite que su hijo beba leche sin pasteurizar o que coma cualquier alimento que podría estar contaminado. (Véase: *Intoxicación por alimentos,* página 509).
3. Evite el uso innecesario de medicamentos, sobre todo antibióticos.
4. Si es posible, déle el pecho a su bebé durante toda la primera infancia.
5. No le dé a su bebé cantidades ilimitadas de jugo o bebidas dulces.

(Véase también *Alergia a la leche,* página 526; *Vómitos,* página 530; *Dolor abdominal,* página 503.)

Fluido oral estimado y necesidades electrolíticas en función del peso corporal

Peso corporal (en libras)	Cantidad mínima diaria requerida de fluidos, en onzas*	Solución electrolítica** necesaria en caso de diarrea leve en onzas por cada 24 horas
6 a 7	10	16
11	15	23
22	25	40
26	28	44

* Nota: Ésta es la cantidad *mínima* de líquido que debe consumir un bebé normal. La mayoría de los niños beben más que esto.

** Entre las soluciones electrolíticas que hay en el mercado, figuran Pedialyte®, Rehydralyte® e Infalyte®.

Hepatitis

La hepatitis es una inflamación del hígado que en los niños casi siempre es de origen viral. Es posible que algunos bebés no presenten síntomas mientras que otros presentan fiebre, ictericia (piel amarilla), pérdida del apetito, náuseas y vómitos. Existen por lo menos seis tipos de hepatitis, dependiendo el virus que las provoque:

1. Hepatitis A, también denominada hepatitis infecciosa o ictericia epidémica
2. Hepatitis B, también denominada hepatitis sérica o ictericia por transfusión
3. Hepatitis que no es ni tipo A ni tipo B, también denominada hepatitis C

4. Hepatitis D, o hepatitis provocada por el virus Delta, que causa enfermedad en personas aguda o crónicamente enfermas con la hepatitis B

5. Hepatitis E, provocada por un virus identificado recientemente

6. Hepatitis G, provocada por un virus identificado recientemente

En los Estados Unidos se dan aproximadamente 400,000 casos anuales de hepatitis. Cerca de la mitad son del tipo B, el cuarenta por ciento son del tipo A y prácticamente todos los demás son del tipo C (ni A ni B).

Los niños, sobre todo de bajo nivel socio-económico, tienen la mayor incidencia de hepatitis A. Sin embargo, puesto que la enfermedad muchas veces no produce síntomas, es posible que pase desapercibida.

La hepatitis A se puede contagiar de una persona a otra o a través de agua o alimentos contaminados. Generalmente, cuando una persona está infectada por la hepatitis A, sus heces contienen el virus. Por ello, la enfermedad se puede transmitir tanto en casa como en las guarderías al no lavarse las manos después de ir al baño o cambiar pañales de un bebé infectado. El beber agua contaminada por heces humanas infectadas o ingerir mariscos crudos de aguas contaminadas son otras de las posibles vías de contagio. Un bebé con hepatitis A manifestará síntomas entre dos y seis semanas desde el contagio. La enfermedad suele desaparecer al cabo de un mes de su inicio.

Mientras que la hepatitis A rara vez se transmite a través de la sangre, el semen o la saliva, la hepatitis B se contagia a veces a través de estos fluidos corporales. Actualmente la incidencia de la hepatitis B es mayor entre la población adolescente, los adultos jóvenes y los recién nacidos cuyas madres estaban infectadas. Cuando una mujer embarazada tiene hepatitis B, sea en la forma aguda o crónica, puede transmitir la enfermedad a su hijo en el momento del parto.

El uso de agujas estériles y desechables y las pruebas de cernimiento a que se somete la sangre y los productos derivados de ella, han eliminado casi por completo el riesgo de contraer esta enfermedad en hospitales y consultorios médicos.

La mayoría de los casos de hepatitis adquirida por transfusión no son del tipo ni A ni B.

Hay por lo menos dos virus que provocan estos tipos de hepatitis y suelen causar tan sólo síntomas leves, con un comienzo gradual de fatiga e ictericia. En muchos casos esta forma de hepatitis dura meses, y hasta años, pudiendo provocar lesiones hepáticas serias e, incluso, la muerte. Más frecuente en adultos que en niños, este tipo de hepatitis se ha convertido en el tipo de hepatitis que más se suele contraer a través de transfusiones.

El virus Delta parece ser un virus incompleto o defectuoso que se transmite por vías similares a las de la hepatitis B. Este virus sólo infecta a personas afectadas por la forma aguda o crónica de la hepatitis B.

Signos y síntomas

Su bebé podría tener hepatitis sin que usted se entere, puesto que muchos niños afectados presentan muy pocos o ningún síntoma. En algunos niños los únicos síntomas son malestar general y fatiga que dura varios días. En otros puede aparecer fiebre seguida de ictericia (la esclerótica, esto es, la parte blanca de los ojos, adquiere un color visiblemente amarillo). Esta ictericia se debe al aumento de bilirrubina (un pigmento amarillo) en la sangre con motivo de la inflamación del hígado.

Con la hepatitis B, es más raro que aparezca fiebre, pero el bebé puede tener náuseas, pérdida del apetito, vómitos, dolor abdominal y malestar, aparte de ictericia.

Si usted sospecha que su bebé tiene ictericia, informe al pediatra. Éste solicitará que le hagan un análisis de sangre para determinar la causa del problema. También debe informar al pediatra siempre que los vómitos o el dolor abdominal duren más de unas pocas horas o si el malestar, la pérdida del apetito o las náuseas continúan por más de un par de días. Todos estos síntomas podrían indicar que el bebé ha contraído la hepatitis.

Tratamiento

No hay un tratamiento específico para la hepatitis. Como ocurre con la mayoría de las infecciones de origen viral, las defensas del organismo suelen acabar venciendo al agente infeccioso. Aunque no hace falta que limite rígidamente la dieta o el nivel de actividad de su bebé, probablemente tendrá que hacer ajustes, en función del apetito y del nivel de energía del niño. Evite darle aspirinas y acetaminofén, debido a su toxicidad potencial en casos de disfunción hepática. Así mismo, en el caso de que su bebé tome medicamentos regularmente, el pediatra debe revisar las dosis, para evitar posibles intoxicaciones en el caso de que el hígado no fuera capaz de metabolizar las dosis habituales.

La mayoría de los bebés que padecen de hepatitis no tienen que ser hospitalizados. De todos modos, si la pérdida del apetito y los vómitos son tan marcados que interfieren con la ingesta de líquido, existiendo riesgo de deshidratación, es posible que el pediatra recomiende hospitalización. Si su bebé está muy adormilado, no le responde o empieza a delirar, debe ponerse en contacto con el médico inmediatamente, pues estos síntomas pueden indicar un empeoramiento de la enfermedad y, en tal caso, sería conveniente internar al niño.

La gran mayoría de los bebés que contraen hepatitis se recuperan por completo. La cirrosis (cicatrización del hígado) es una posible secuela, pero sólo en casos severos. La muerte es extremadamente rara. La hepatitis A no deja ninguna infección crónica como secuela, pero alrededor del 10 por ciento de las personas que contraen hepatitis B se convierten en portadores crónicos del virus. Un porcentaje mucho más elevado de los bebés que nacen de madres que tenían la forma aguda o crónica de la hepatitis B durante el embarazo se convierten en portadores crónicos del virus, si no se les vacuna correctamente contra la hepatitis B. Los portadores crónicos del virus de la hepatitis B tienen más probabilidades de padecer cáncer de hígado en el futuro. Así mismo, la mayoría de las personas que contraen la hepatitis C acaban desarrollando problemas hepáticos crónicos. Las madres infectadas pueden trasmitir el virus a sus hijos. Actualmente existen vacunas contra la hepatitis A. Estas vacunas, que fueron autorizadas en 1995, se recomiendan a aquellas personas que viajen a ciertos países y a los adultos que trabajen en lugares de alto riesgo, como guarderías y hospitales.

Prevención

La medida preventiva más eficaz contra la hepatitis es lavarse bien las manos antes de comer y después de usar el baño. Si lleva a su bebé a una guardería, verifique que los miembros del personal se laven las manos después de cambiar los pañales a los niños y antes de darles la comida.

La hepatitis no se trasmite por el mero hecho de estar en la misma guardería o habitación que una persona infectada ni tampoco por jugar con ella. El contagio sólo se puede producir cuando hay contacto directo o indirecto con la sangre, otros fluidos corporales o excreciones de una persona infectada. Esto puede ocurrir al besarse en la boca, chupar el mismo juguete o compartir comida o utensilios.

Si se entera de que su bebé ha estado con una persona que tenía hepatitis, debe ponerse en contacto inmediatamente con el pediatra, quien determinará si el niño corre algún riesgo. Si existe el riesgo de infección, probablemente el médico le administrará una inyección de gammaglobulina o la vacuna contra la hepatitis, en función del virus implicado.

Antes de salir de viaje al extranjero con su bebé, pídale información al pediatra sobre el riesgo de contraer la hepatitis en los países que tiene pensado visitar. En algunos casos, es conveniente ponerse inyecciones de gammaglobulina y/o la vacuna contra la hepatitis A.

Actualmente se recomienda que todos los recién nacidos, niños y adolescentes estén vacunados contra la hepatitis B (véase el itinerario de vacunación en la página 106).

Hidrocele (Hidrocele comunicante, Hernia del infante)

Durante el desarrollo intrauterino, los testículos de los fetos de sexo masculino crecen dentro de la cavidad abdominal, descendiendo a través de un canal (denominado canal inguinal) hasta el escroto conforme se va aproximando el momento del parto. Cuando tiene lugar este movimiento de descenso, la capa que recubre la pared abdominal (el peritoneo) se desplaza junto con los testículos, formando una bolsa que conecta los testículos con la cavidad abdominal. Una vez ha cumplido su función, el canal inguinal suele cerrarse. Si no lo hace, el líquido que suele rodear los órganos abdominales descenderá por el canal hasta el escroto. Esto recibe el nombre de hidrocele comunicante.

Cerca de la mitad de los varoncitos recién nacidos tienen este problema, pero suele desaparecer durante el primer año sin necesidad de tratamiento. Aunque es más frecuente en recién nacidos, el hidrocele también se puede formar durante la infancia, habitualmente asociado a hernia (véase al seguir).

Si su hijo tiene un hidrocele, probablemente no se quejará de dolor, pero usted y/o él se darán cuenta de que un lado del escroto está más hinchado que otro. En los infantes la hinchazón disminuye por la noche o cuando el niño está acostado o descansando. Cuando está muy activo o llora mucho, el escroto aumenta de volumen, y vuelve a disminuir cuando el niño se tranquiliza. El pediatra hará el diagnóstico definitivo utilizando una luz brillante y observando la bolsa del escroto a contraluz, donde podrá identificar el líquido alrededor del testículo.

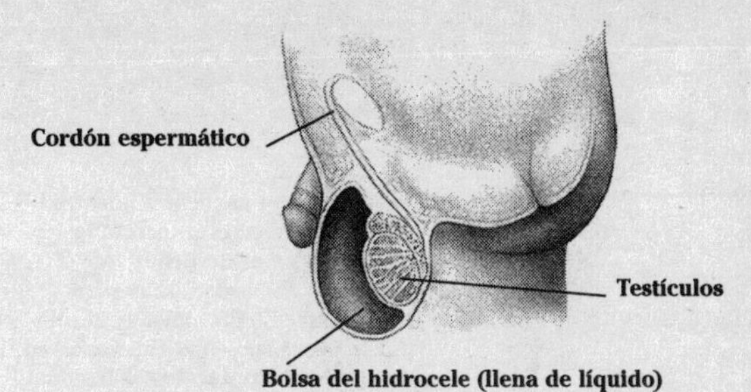

Si su bebé nace con hidrocele, el pediatra lo examinará en cada visita hasta que tenga aproximadamente un año. El niño no tiene por qué experimentar ningún dolor en el escroto o el área circundante. Si parece tener esta área adolorida o molestias, náuseas o vómitos inexplicables, llame al médico enseguida. Estos síntomas pueden deberse a que una porción de intestino ha entrado en el área escrotal junto con el líquido abdominal. (Véase *Hernia inguinal,* más abajo.) Si esto ocurre y el intestino queda atrapado dentro del escroto, es posible que su hijo tenga que ser operado de inmediato para liberar el intestino y cerrar la abertura que hay entre la pared abdominal y el escroto.

Si el hidrocele persiste después del año sin causar dolor, probablemente el pediatra aconsejará que se le practique una intervención quirúrgica. En esta operación relativamente sencilla, se aspirará el líquido del interior del escroto y se cerrará la abertura que lo une con la cavidad abdominal.

Hernia inguinal

Si percibe un pequeño bulto en la zona de la ingle de su bebé o un agrandamiento del escroto, es posible que se trate de una hernia inguinal. Este trastorno, que aparece en cinco de cada cien niños y que afecta más a los varones, ocurre cuando una pequeña porción de intestino "se cuela" por una abertura ubicada en la parte baja de la pared abdominal.

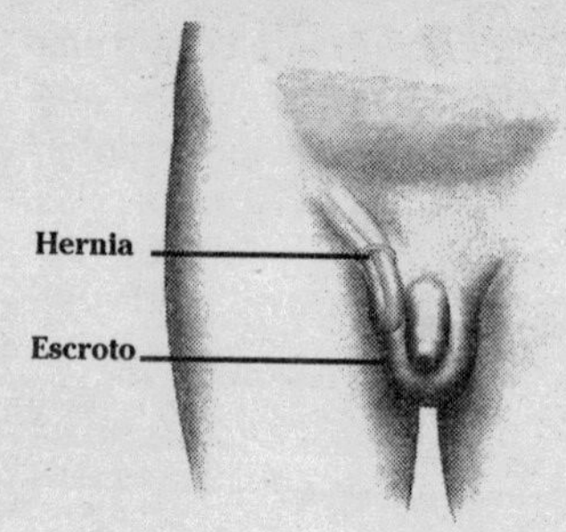

La apertura se encuentra adentro dirigiéndose hacia el escroto en los varones y permitiendo que el contenido abdominal se deslice hacia abajo. En las niñas, la hernia puede aparecer sencillamente como un abultamiento en el área inguinal.

Las hernias infantiles se deben a que las aberturas normales del peritoneo no se cierran bien antes del parto. El peritoneo es una especie de bolsa que rodea los órganos contenidos en la cavidad abdominal. Antes del nacimiento, esta bolsa presenta dos proyecciones alargadas que atraviesan la pared muscular y que en los niños desembocan en el escroto, junto a los testículos, mientras que en las niñas lo hacen junto a los labios de la vulva. Normalmente estas proyecciones se separan del resto del peritoneo antes del parto, dando lugar, en los niños, a unas bolsas que protegen a los testículos en el interior del escroto. Cuando estas extensiones no se cierran bien antes del parto, una porción de intestino puede "colarse" a través de las aberturas en la zona de la ingle o del escroto, provocando una hernia. Si la abertura es muy pequeña y sólo deja pasar líquido, recibe el nombre de hidrocele (véase la página 520).

La mayoría de las hernias no provocan molestias. Usted o el pediatra probablemente la descubrirán sólo al detectar el bultito. Aunque estas hernias deben operarse, no se trata de una intervención de emergencia. De todos modos, si usted la detecta en su bebé, debe informar al médico, quien es probable que le aconseje acostar al niño y elevarle las piernas. Con esto a veces se consigue que el bulto desaparezca. No obstante, el médico querrá evaluar personalmente al bebé lo antes posible.

En raras ocasiones, se produce lo que recibe el nombre de "estrangulamiento": una porción de intestino, después de salir a través del canal inguinal se hincha y no puede retroceder. En este caso, la salida del canal actúa como una especie de argolla que "estrangula" al intestino, que continua hinchándose, provocando inflamación y dolor. (El área afectada es muy sensible al tacto). Las hernias estranguladas requieren atención médica inmediata.

Tratamiento

Cuando a un niño se le diagnostica una hernia, ésta debe operarse cuanto antes, incluso si no se trata de una hernia estrangulada. Aunque sea una hernia unilateral (que sólo afecta a un lado), es posible que el cirujano desee comprobar el estado del otro lado, ya que la hernia bilateral es relativamente frecuente.

Si la hernia produce dolor, lo más probable es que esté estrangulada. En tal caso, usted debe informar inmediatamente al pediatra. Es posible que éste consiga liberar el trozo de intestino estrangulado, pero, aun así, el bebé deberá ser intervenido lo antes posible. Si el intestino sigue estrangulado, deberá practicarse una intervención de emergencia para evitar que el intestino sufra lesiones permanentes.

Malabsorción

Hay bebés que, a pesar de tener una dieta equilibrada, están desnutridos. El motivo puede ser la malabsorción, es decir, la incapacidad del organismo para extraer los nutrientes procesados por el sistema digestivo e incorporarlos al torrente sanguíneo.

Normalmente la digestión transforma los nutrientes en partículas pequeñas que pasan al torrente sanguíneo a través de las paredes del intestino, para llegar luego a todas las células del cuerpo. Si las paredes del intestino están afectadas debido a una infección viral o bacteriana o a la presencia de parásitos intestinales, es posible que no cumplan correctamente su función de absorción. En estos casos, los nutrientes serán eliminados a través de las heces.

La malabsorción suele afectar a bebés completamente normales durante uno o dos días. Rara vez se prolonga por más tiempo. De todos modos, si persisten dos o más de los siguientes síntomas, informe al pediatra.

Signos y síntomas

Entre los signos y síntomas de malabsorción, cabe mencionar los siguientes:

- Dolor abdominal y vómitos
- Deposiciones frecuentes, abundantes, blandas y mal olientes
- Mayor susceptibilidad a contraer infecciones
- Pérdida de grasa y masa muscular
- Aumento de moretones y fracturas
- Erupciones cutáneas secas y escamosas
- Cambios de personalidad
- Retraso del proceso de crecimiento y ganancia de peso (puede pasar desapercibido durante varios meses)

No todos los bebés que tienen problemas de absorción presentan esta sintomatología. Algunos simplemente comen más para compensar los nutrientes que están perdiendo. En otros, las paredes del intestino se recuperan tan deprisa que los niños apenas tienen molestias. En estos casos, la malabsorción no debe ser motivo de alarma.

Tratamiento

Cuando un bebé sufre de desnutrición, la malabsorción es sólo una de las causas posibles. La desnutrición puede deberse a que no consume suficiente cantidad de los alimentos adecuados, o a algún problema digestivo que no permite que el organismo digiera bien los alimentos.

También puede deberse a una combinación de estos problemas. Antes de decidir el curso del tratamiento a seguir, el pediatra deberá determinar la causa de la desnutrición. Para ello, necesitará reunir información de diversas fuentes:

- Puede pedirle una lista del tipo y cantidad de alimentos que ingiere su bebé.
- Puede analizar la capacidad que tiene el bebé para digerir y absorber nutrientes específicos. Por ejemplo, puede darle al niño una solución que contenga el azúcar de la leche (lactosa) y después medir el nivel de hidrógeno que exhala al respirar. Esto se conoce como prueba de aliento para hidrógeno/lactosa.
- Puede pedirle que recoja muestras de heces para analizarlas. Las personas sanas sólo pierden a través de las heces una parte reducida de la grasa que consumen diariamente. El detectar demasiada grasa en las heces, es un indicio de malabsorción.
- Puede recoger una muestra del sudor del bebé o "prueba del sudor" para determinar si tiene fibrosis quística (véase la página 721). Se trata de una enfermedad que se asocia a anomalías en el sudor y a la falta o escasez de ciertas enzimas que son necesarias para la digestión.
- En algunos casos, el pediatra pedirá a un especialista que le extraiga al niño una muestra de tejido de la pared intestinal (biopsia). El tejido será examinado al microscopio a fin de detectar posibles signos de infección, inflamación o algún otro tipo de alteración.

Normalmente estas pruebas se realizan antes de iniciar cualquier tratamiento, pero si el bebé está muy enfermo, será necesario hospitalizarlo para alimentarlo artificialmente mientras se le hace el diagnóstico.

Cuando el pediatra sepa que el motivo de la desnutrición es la malabsorción, intentará identificar la causa específica del problema. Si se debe a una infección, probablemente la tratará con antibióticos. Si se debe a que el intestino es demasiado activo, le recetará fármacos que permitan contrarrestar esto para que los nutrientes permanezcan más tiempo en el intestino y se puedan absorber mejor.

A veces no es posible identificar la causa de la malabsorción. En estos casos, se suele recomendar modificar la dieta del niño, introduciendo alimentos o fórmulas especiales más fáciles de tolerar y absorber.

Alergia a la leche

Todos hemos oído hablar de niños alérgicos a la leche de vaca. Sin embargo, se trata de un problema poco frecuente. Sólo uno de cada 100 niños presenta una verdadera intolerancia a la leche. Este problema suele manifestarse durante los primeros meses de vida, cuando el sistema digestivo del lactante está todavía bastante inmaduro.

Si hay antecedentes familiares de alergias, su bebé tendrá más probabilidad de presentar este problema. Si se le da fórmula de leche de vaca desde el principio, esta probabilidad aumentará aún más. Darle el pecho a un niño permite retrasar, e incluso, a veces, evitar, la aparición de este tipo de alergia. En contadas ocasiones, un bebé muy sensible puede presentar alergia a la leche aun siendo amamantado, debido a que los productos lácteos consumidos por la madre le pueden llegar a través de la leche materna.

Los síntomas de la alergia a la leche pueden aparecer prácticamente en cualquier momento, desde unos minutos hasta varias horas después de consumir el producto, pero los síntomas más graves suelen presentarse durante la primera media hora. Los más habituales son:

- Cólico: intranquilidad, agitación y llanto inconsolable, que generalmente alteran el patrón de sueño. (Véase *Cólico*, página 503.)
- Vómitos y/o diarrea. (Véanse las páginas 530 y 508.)

Síntomas menos frecuentes:

- Estreñimiento (Véase la página 506)
- Hemorragias en el tracto digestivo

Si la alergia afecta al sistema respiratorio, es posible que el bebé también tenga la nariz tapada o secreciones nasales, tos, sibilancias o dificultad para respirar. La alergia también puede provocar eccema, inflamación, urticaria, picor o erupciones alrededor de la boca y en las mejillas, debido al contacto con la leche. (Véase *Eccema,* página 693, *Urticaria,* página 698, *Tos,* página 552.)

Si sospecha que su bebé es alérgico a la leche, informe al pediatra y no olvide comentarle si hay antecedentes familiares de alergias. Lleve *inmediatamente* a su bebé a la consulta del médico o al servicio de emergencia más cercano en caso de que:

- Tenga dificultad respiratoria
- Se ponga azul
- Esté extremadamente pálido o débil
- Tenga una urticaria generalizada por todo el cuerpo
- Se le hinche la cara y el cuello
- Haga diarrea sanguinolenta

Tratamiento

Si el pediatra sospecha que su bebé es alérgico a la leche, primero eliminará por completo los productos lácteos de su dieta durante cierto tiempo para ver si se produce alguna mejoría. En caso afirmativo, es posible que el pediatra haga una prueba para confirmar la alergia y evaluar su gravedad, reintroduciendo de forma controlada la leche en la dieta del bebé. Así podrá comprobar si los síntomas disminuyen o desaparecen al eliminar la leche y si vuelven a aparecer al reintroducirla. *Este tipo de pruebas debe realizarse con precaución y bajo supervisión médica.* Un lactante alérgico a la leche puede enfermar rápidamente, incluso si tan sólo toma una cantidad reducida de leche.

El pediatra puede recetarle diversos medicamentos para tratar los síntomas de la alergia a la leche. Estos incluyen antihistamínicos, descongestionantes y antiasmáticos (si el niño jadea). De todos modos, el tratamiento principal deberá consistir en eliminar la leche y sus derivados de la dieta del bebé (o de la dieta de la madre, en el caso de que ésta lo esté amamantando). Al eliminar la leche durante un período de tiempo suficientemente largo, la mayoría de los bebés acaban superando la alergia. Un niño tiene el 50 por ciento de probabilidades de superar la alergia cuando tenga un año.

Mientras persista, los bebés afectados deben dejar de consumir queso, yogur, helados y fórmula elaborada con leche de vaca, así como cualquier producto o plato que contenga leche. Usted también deberá buscar en las etiquetas de los productos el nombre de los siguientes ingredientes: *caseína, caseínato y suero.* Éstos son productos derivados de la leche que también deberá evitar. Un infante alimentado con biberón necesitará tomar un substituto de la fórmula hecha con leche de vaca, como, por ejemplo, la leche de soya. Si también es sensible a las proteínas de la soya (algunos lactantes son alérgicos tanto a la leche como a la soya), el médico le recomendará algún otro substituto. Algunos bebés sensibles a la leche toleran la leche evaporada diluida, puesto que el proceso de calentamiento utilizado en su elaboración altera algunas de las proteínas de la leche. La leche de cabra no debe utilizarse como substituto debido a su similitud con la leche de vaca.

Si usted le da el pecho a su bebé y éste desarrolla una alergia a la leche de vaca, usted deberá dejar de consumir leche y derivados lácteos (y empezar a tomar suplementos de calcio y vitaminas). Cuando destete a su hijo, retrase todo lo que pueda el momento de darle leche de vaca y désela al principio con mucha precaución y siempre bajo la supervisión del pediatra.

Es posible que tenga la tentación de "romper" la dieta cuando desaparezcan los síntomas de la alergia. ¡No lo haga! Si le da a su bebé incluso pequeñísimas cantidades de leche o derivados lácteos, es posible que siga teniendo síntomas leves o reacciones alérgicas aparentemente asintomáticas y hasta podría llegar a adquirir alergias a otros alimentos. Así mismo, actuando de este modo usted podría prolongar la alergia a la leche y reducir la probabilidad de que su bebé acabe superándola.

No nos cansamos de enfatizar la importancia de eliminar por completo la leche y sus derivados de la dieta de un bebé alérgico a leche. Si se ignora la alergia, ésta podría asociarse a complicaciones potencialmente graves, entre ellas: deshidratación por vómitos o diarrea, pérdida de peso por diarrea crónica, anemia provocada por hemorragias intestinales, eccema infectado, graves dificultades respiratorias y, de forma ocasional, una inflamación de los pulmones similar a la neumonía recurrente. La peor de las complicaciones posibles, el *shock* anafiláctico agudo, es poco frecuente, pero puede ser fatal.

Prevención

En resumen, el lactar un infante es la mejor forma de prevenir que desarrolle una alergia a la leche. Sobre todo si su familia tiene historial de alergias, usted debe intentar lactar a su hijo el máximo de tiempo posible, preferentemente hasta que tenga seis meses o más. Mientras tanto, usted debe minimizar o tal vez eliminar los productos lácteos de su propia dieta. Y, cuando empiece a darle comida sólida a su bebé, deberá introducir los nuevos alimentos de forma gradual, uno cada semana o dos semanas, vigilando la aparición de los síntomas de alergia mencionados.

Si no puede amamantar a su bebé, su pediatra le ayudará a seleccionar la mejor fórmula.

Vómitos

Puesto que muchas enfermedades infantiles comunes causan vómitos, puede contar con que su bebé tenga este problema de vez en cuando. Por lo general los vómitos remiten rápidamente sin requerir tratamiento, pero esto no facilita las cosas en el momento en que aparecen. La sensación de no poder hacer nada, combinada con el miedo de que pueda ser algo grave y el deseo de mitigarle el dolor al bebé, pueden ponerle tenso y ansioso. Para que, dado el momento, usted sepa mantener la calma, infórmese bien sobre las causas de los vómitos y sobre cómo actuar cuando ocurren.

En primer lugar, hay una diferencia entre vomitar y regurgitar. Vomitar consiste en expeler violentamente el contenido del estómago por la boca. Regurgitar (algo que hacen sobre todo los infantes menores de un año) consiste en botar el contenido del estómago por la boca de forma pasiva y frecuente al eructar.

Los vómitos tienen lugar cuando los músculos abdominales y del diafragma se contraen fuertemente mientras el estómago está relajado. Este acto reflejo se desencadena cuando el "centro del vómito" del cerebro es estimulado por:

- Los nervios del estómago y el intestino, cuando el tracto gastrointestinal está irritado o inflamado debido a una infección o un bloqueo
- Sustancias químicas del torrente sanguíneo (por ejemplo, ciertos medicamentos)

- Estímulos psicológicos por visiones u olores desagradables
- Estímulo de las células sensoriales del oído medio (por ejemplo, vómitos provocados por el mareo)

Las causas de los vómitos y las regurgitaciones varían dependiendo de la edad. Durante los primeros meses de vida, por ejemplo, la mayoría de los infantes regurgitan pequeñas cantidades de leche, generalmente durante la hora posterior a la toma. Se trata simplemente, del movimiento de reflujo de la comida procedente del estómago, que asciende a través del esófago y sale por la boca. Ocurrirá con menos frecuencia si se hace eructar al niño y no se le deja jugar activamente inmediatamente después de las tomas. La regurgitación suele disminuir conforme el bebé va madurando, pero puede persistir de forma suave hasta que tenga entre diez y doce meses. El regurgitar no es algo grave y no interfiere con el proceso normal de ganancia de peso. (Véase *Regurgitaciones*, página 172).

Los vómitos pueden ocurrir de forma ocasional durante el primer mes. Sin embargo, si aparecen repetidamente o son muy violentos, debe informar al pediatra. Podría ser un problema de alimentación sin importancia, pero también podría ser el síntoma de algún trastorno más grave.

Entre las dos semanas y los cuatro meses de edad, los vómitos violentos y persistentes pueden ser provocados por un engrosamiento del músculo que hay a la salida del estómago. Esta alteración, denominada *estenosis hipertrófica del píloro,* evita que la comida pase al intestino y requiere atención médica inmediata. Generalmente es preciso intervenir quirúrgicamente para ensanchar el área estrecha. El síntoma más típico de este trastorno son los vómitos proyectiles entre quince y treinta minutos después de comer, o incluso antes. Si detecta este síntoma, llame al pediatra cuanto antes.

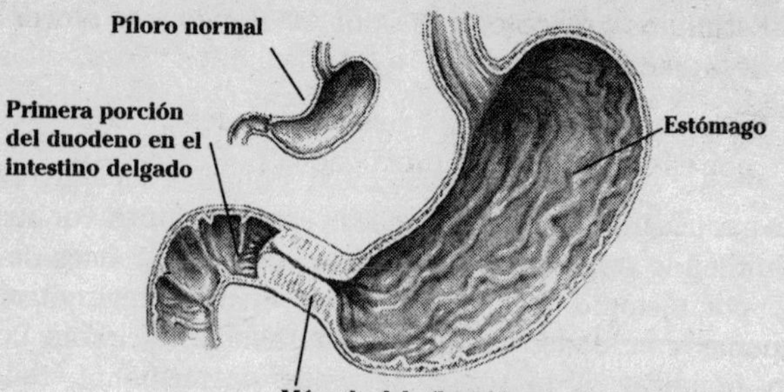

Algunas veces, las regurgitaciones aumentan durante las primeras semanas o los primeros meses en lugar de disminuir, es decir, aunque no se trate de vómitos violentos, ocurren constantemente. Esto ocurre cuando los músculos de la parte inferior del esófago están demasiado distendidos y permiten que el contenido del estómago ascienda hasta la boca. Generalmente esto se puede controlar siguiendo estas indicaciones:

1. Espese la leche del niño añadiéndole pequeñas cantidades de cereal.
2. Evite el exceso de alimentación.
3. Hágale eructar frecuentemente.
4. Después de cada toma, no mueva al bebé y déjelo en posición vertical durante por lo menos treinta minutos.

Pasados los primeros meses de vida, la causa más habitual de los vómitos son las infecciones estomacales o intestinales. Los virus son los agentes infecciosos más frecuentes, pero algunas veces las responsables son las bacterias o, incluso, los parásitos. Estas infecciones también pueden causar fiebre, diarrea y, a veces, náuseas y dolor abdominal. Suelen ser contagiosas por lo que, si su bebé las contrae, existen bastantes probabilidades de que algunos de sus compañeros de juegos también estén infectados.

En algunas ocasiones, ciertas infecciones que no son del aparato digestivo pueden provocar vómitos. Entre ellas figuran las del aparato respiratorio, el aparato urinario (véase página 648), la otitis media (véase página 589), y la neumonía (véase página 558), así como la meningitis (véase página 651). Algunas de estas enfermedades requieren tratamiento médico inmediato. Por lo tanto, es importante que usted sepa identificar los síntomas que siguen a continuación, sea cual sea la edad que tenga su bebé, y llamar al pediatra en caso de detectarlos.

- Sangre o bilis (un líquido de color verdoso) en los vómitos
- Dolor abdominal intenso
- Vómitos violentos y repetidos
- Abdomen muy hinchado
- Aletargamiento o mucha irritabilidad
- Convulsiones
- Síntomas de deshidratación, incluyendo: boca seca, ausencia de lágrimas, hundimiento de los "puntos blandos" (fontanelas), disminución de la micción
- Incapacidad para beber cantidades apropiadas de líquido
- Vómitos continuos durante más de veinticuatro horas

Tratamiento

En la mayoría de los casos, los vómitos remiten sin necesidad de tratamiento médico. Nunca debe darle a su bebé un medicamento, ya sea con o sin receta médica, a no ser que el pediatra se lo recete específicamente para tratar el tipo de vómitos que presenta el niño.

Cuando su bebé tenga vómitos, colóquelo echado sobre el estómago o el costado. Así habrá menos probabilidades de que inhale el vómito, lo que podría obstruirle las vías respiratorias altas o, incluso, permitir que el vómito llegara a los pulmones.

Si su bebé vomita continuamente, usted deberá hacer lo posible por evitar que se deshidrate (*deshidratación* es el término que se usa cuando el cuerpo pierde tanta agua que deja de funcionar eficazmente). Si se llega a límites extremos, la deshidratación puede ser grave e, incluso, poner en peligro la vida. Para evitar que esto pueda ocurrirle a su bebé, asegúrese que ingiere suficiente líquido para compensar el fluido perdido a través de los vómitos. Si también vomita este líquido, llame al pediatra.

Durante las primeras veinticuatro horas de cualquier enfermedad que curse con vómitos, no permita que su bebé ingiera sólidos y hágale beber mucho líquido, como agua, agua azucarada (media cucharadita [2.5 cc] de azúcar por cada 4 onzas de agua), paletas, agua con gelatina (una cucharadita de gelatina [5 cc] por cada 4 onzas de agua), o, preferentemente, una solución electrolítica (pregúntele al pediatra cuál es la mejor). Los líquidos no sólo ayudan a evitar la deshidratación, sino que, además, es menos probable que provoquen vómitos que los alimentos sólidos.

Éstas son algunas recomendaciones sobre cómo darle líquidos a su bebé *después* de un episodio de vómitos:

1. Espere entre dos y tres horas desde el último episodio de vómitos y déle entre 1 y 2 onzas de agua fresca cada media hora o cada hora por cuatro ocasiones.

2. Si no vomita el agua, déle alternadamente unas 2 onzas de solución electrolítica y unas 2 onzas de algún otro líquido claro cada media hora.

3. Si sigue sin vomitar luego de dos tomas seguidas, añada la fórmula o leche a la mitad diluida (dependiendo de la edad), y vaya aumentando la cantidad, de 3 a 4 onzas cada tres o cuatro horas.

4. Cuando el niño lleve entre doce y veinticuatro horas sin vomitar, vuelva a darle gradualmente su dieta habitual, pero siga ofreciéndole mucho líquido.

Si su bebé tiene también diarrea (véase página 508), pídale al pediatra instrucciones sobre cómo debe darle líquidos y reintroducir los sólidos en su dieta.

Si el bebé no tolera líquidos claros y los síntomas se agravan, informe al pediatra. Éste lo examinará y tal vez solicite que le hagan análisis de sangre y orina y/o radiografías para poder emitir un diagnóstico. En algunas ocasiones, puede ser necesario hospitalizar al bebé.

14

Comportamiento

El bebé "hiper-reactivo"

Todo bebé tiene su propio modo de reaccionar ante el mundo que lo rodea. Algunos bebés son particularmente excitables y activos, siendo muy difícil calmarlos y hacer que se queden quietos a la hora de comer o de dormir. Otros son mucho más calmados y reaccionan con menos intensidad a los estímulos que los rodean. Ambos bebés se están desarrollando normalmente, aunque su comportamiento sea tan marcadamente distinto.

Los padres de un bebé excitable pueden creer que su hijo es "hiperactivo". Pero la verdadera hiperactividad ocurre en niños mayores y se suele diagnosticar en la edad preescolar y escolar. Es un trastorno que afecta, más o menos, a 1 de cada 20 niños menores de doce años. Estos niños tienen dificultad para quedarse sentados, se distraen con facilidad, a menudo se dejan llevar por sus impulsos y les cuesta trabajo poner atención. Cuando el trastorno combina la hiperactividad con el distraimiento, médicamente se suele conocer como "Trastorno por déficit de atención con hiperactividad" o TDAH (ADHD por sus siglas en inglés).

Pero el caso de los bebés es distinto. Cuando son demasiado activos o reaccionan con demasiada intensidad, es un reflejo de su temperamento innato, y no se trata de TDAH. No sufren de un trastorno emocional ni de una afección que exija tratamiento. Esto refleja, en cambio, sus propios rasgos de personalidad y su estilo único de reaccionar a los estímulos de su entorno. Quizás se muevan mucho. Quizás sean muy inquietos y lloren más que el bebé promedio. Pero su comportamiento es correcto dentro de la gama de lo normal.

Un bebé hiper-reactivo o que reacciona con demasiada intensidad no necesariamente llegará a tener hiperactividad o TDAH más adelante, aunque a veces se da el caso. Muchos bebés "superan" esta tendencia a la excitabilidad y a los arranques de actividad.

Cómo actuar

Si su bebé reacciona muy intensamente, hay algunos pasos que le pueden ayudar a controlar su temperamento excitable. Por ejemplo, cree un ambiente lo más relajado posible. Hábleble en voz baja. Tóquelo suavemente. Cárguelo con delicadeza. Evite poner el televisor o la música a todo volumen cerca del bebé.

Muchos bebés hiper-reactivos se tranquilizan al ser llevados como en "hamaca". Envuélvalo firmemente en una frazada. Paséelo en una mochila porta-bebé que se lleve al frente, lo que le permitirá sentir el contacto directo con su cuerpo.

A medida que un bebé hiper-reactivo comienza a gatear y andar, puede ser más propenso a los percances (por ejemplo caídas por las escaleras), o tener una mayor tendencia a querer explorar los gabinetes del baño y de la cocina. Por tal razón, es preciso vigilarlo muy de cerca y ser muy cuidadosos de que no haya peligros en su entorno. Si le preocupa el temperamento de su bebé, particularmente si hay un cambio en su nivel de actividad, hable con su pediatra. Éste probablemente le confirmará que ese tipo de comportamiento está dentro de lo normal.

Ansiedad de separación y ante los desconocidos

En algún momento del primer año de vida, su bebé mostrará signos de intranquilidad alrededor de personas desconocidas. Puede ser que se aferre a usted en presencia de gente que no conoce bien. Tal vez llore cuando otras personas se le acerquen. Tal vez se niegue a que lo cargue cualquier persona distinta a usted o su pareja.

Casi todos los bebés comienzan a mostrar una conciencia clara de los así llamados "desconocidos", o personas más allá de su entorno cotidiano, en los últimos meses del primer año de vida. Algunos comienzan a eso de los nueve meses, otros puede comenzar antes, alrededor de los seis meses de edad. El modo en que el bebé reacciona ante las personas "extrañas" puede ser interpretado por los adultos como ansiedad.

Alrededor de esa misma época, muchos bebés empiezan a manifestar ansiedad de separación. Cuando se les deja con una niñera o en una guardería, pueden echarse a llorar y agarrarse a la pierna de su padre o madre. La intensidad de estas reacciones puede variar de un bebé a otro, y por lo común es un reflejo del temperamento del bebé. Aquél que de por sí tiende a reaccionar con intensidad a estímulos de su entorno podría llorar más y aferrarse más a sus padres que un bebé que por lo general es más calmado y tranquilo.

En muchos niños, estas reacciones ante los desconocidos y ante el hecho de separarse de sus padres comienzan a desaparecer alrededor de su primer cumpleaños. En otros, sin embargo, estas reacciones pueden alcanzar su máxima expresión durante el segundo año de vida y continuar durante la etapa de infancia tardía. Por mucho que le moleste ver a su bebé tan agitado, tenga en cuenta que este fenómeno es muy normal y que no requiere de atención médica.

Irónicamente, esta reacción ante los desconocidos es un signo positivo, ya que indica que el bebé está bien compenetrado con sus padres. Puesto que ha establecido un vínculo tan fuerte con la persona que más lo cuida, se inquieta cuando otras personas entran a su vida o cuando debe separarse del padre con quien ha establecido esta sana y sólida relación.

Cómo actuar

Tenga en cuenta que la ansiedad de separación y ante los desconocidos es parte normal del desarrollo de su hijo. Ésta es una etapa transitoria que irá mejorando con el tiempo. Sin embargo, hay ciertos pasos que puede tomar para hacer que estos momentos predecibles de tensión sean lo más tolerables posibles. Por ejemplo, cuando una niñera venga a su casa, pídale que llegue de 15 a 30 minutos antes de que usted salga, de tal modo que su bebé pueda familiarizarse con ella mientras usted todavía esté presente. Cuando deje a su bebé en una guardería, juegue con él unos cuantos minutos antes de irse. Tal vez pueda marcharse sin que el bebé llore si la persona encargada de su cuidado lo distrae por un rato con un juguete o de algún otro modo.

Para obtener detalles más completos sobre el fenómeno de ansiedad, véase *Desarrollo emocional,* páginas 270 a 276.

La televisión

Su hijo seguramente se expondrá a la programación de televisión cuando sea aún un bebé. Si usted tiene un televisor, una videocasetera o una máquina de disco digital, se sentirá "forzado" a mostrarle a su bebé todos los videos y programas que se anuncian como diseñados especialmente para infantes y niños. Sin embargo, aún cuando la televisión, así como otros medios, se convertirán gradualmente en parte importante de la vida de su hijo, no todas las lecciones que aprenderá de éstos serán las apropiadas.

Lamentablemente, la mayoría de la programación de televisión no es apropiada para niños. Incluso en el caso de que su hijo vea solo dibujos animados, este será testigo de como los personajes se pegan, se disparan o se hacen daño uno al otro a una frecuencia de hasta veinte veces por hora. Todo esto ocurre durante un período en que está aprendiendo sobre la vida principalmente por imitación. Además, la televisión expone a los niños a contenido sexual y al consumo de drogas y alcohol cuando todavía no están preparados para entender ni para discriminar entre la realidad y la ficción. Aunque los programas educativos pueden enriquecer y beneficiar a su hijo, éstos no pueden sustituir el contacto humano cercano, leerle y jugar con él.

Nuestra posición

Aunque la Academia Americana de Pediatría no considera que la televisión sea la única responsable de la violencia que hay en nuestra sociedad, consideramos que la violencia televisiva tiene un efecto innegable sobre la conducta de los niños y fomenta el uso de la violencia para resolver conflictos. El hecho de que la violencia que los niños ven por televisión no se asocie a consecuencias negativas y la rapidez con que parecen resolver sus problemas los personajes que la utilizan, aumentan las probabilidades de que la violencia esté entre las primeras estrategias a las que un niño suele acudir, en lugar de entre las últimas.

Tanto los padres como los encargados de programación tienen que asumir la responsabilidad de los programas que ven los niños. Instamos encarecidamente a los padres a que limiten el tiempo que les dejen ver la televisión a sus hijos, a que supervisen los programas que ven y a que vean la televisión con ellos para ayudarles a comprender lo que están viendo.

La Academia Americana de Pediatría apoya por completo las iniciativas legislativas para mejorar la calidad de la programación infantil.

La meta principal de la televisión comercial dirigida a la población infantil es "venderle a los niños" productos —desde juguetes hasta "comida para picar". Los niños pequeños no saben distinguir entre un programa de televisión y un anuncio, ni tampoco pueden entender que los anuncios se hacen para venderles algo (a ellos a o sus padres).

La televisión también es culpable de distorsionar muchos aspectos de la realidad, como las drogas, el alcohol, el tabaco, la sexualidad, las relaciones familiares y los roles sexuales.

Cómo actuar

Hay familias que saben aprovechar sabiamente los beneficios de la televisión y minimizar sus efectos negativos. Un enfoque adecuado consiste en hacer un uso limitado e inteligente de la televisión y entender cómo funciona la programación y los anuncios de televisión. Si usted no hace un esfuerzo consciente por controlar lo que su hijo ve por televisión, ésta podría convertirse en una de las influencias más negativas de su vida.

Para muchos niños la televisión no es más que un substituto de los amigos, las niñeras, los maestros e, incluso, los padres. Es la forma más sencilla de entretenerse y fácilmente puede convertirse en un hábito, a menos que se establezcan límites.

Por norma general, un bebé no debe ver televisión y un niño pequeño no debe exponerse a más de una o dos horas de televisión al día. Esto es fácil de hacer respetar cuando el niño es pequeño, pero a medida que se hace mayor y más independiente, cada vez le resultará más difícil. Por lo tanto, lo mejor es empezar pronto. Si su hijo no tiene la oportunidad de ver mucha televisión, no podrá adquirir un hábito que más adelante será difícil de erradicar. Por ello, no exponga a su bebé a la programación de televisión o a videos, y cuando sea algo mayor, limite la televisión que vea a programas educativos como *Plaza Sésamo*.

Usted puede contribuir a mejorar la programación infantil poniéndose en contacto directamente con las cadenas de televisión, patrocinadores o programadores. Hágales llegar sus quejas y preferencias. Si hay un programa que le gusta especialmente, hágaselo saber a los programadores, ya que los programas de calidad suelen tener audiencias reducidas y su apoyo como televidente puede contribuir a que se siga emitiendo.

Involúcrese en grupos o asociaciones que trabajan por mejorar la programación infantil, únase a coaliciones comunitarias en contra de la violencia televisiva y exija que en las escuelas eduquen a los niños en la evaluación crítica de los medios de comunicación.

Chuparse el dedo

No se preocupe por el hecho de que su bebé empiece a chuparse el pulgar o algún otro dedo. Se trata de un hábito muy común en los bebés que tiene un efecto calmante y relajante. Algunos expertos afirman que nueve de cada diez niños se chupan el dedo en algún momento durante los primeros meses de vida. En gran parte es una manifestación de los reflejos normales de búsqueda y de succión que tienen todos los lactantes. De hecho, hay pruebas de que los bebés se chupan el pulgar y otros dedos incluso antes de nacer, y algunos presentan esta conducta inmediatamente después del parto.

Puesto que el chupar es un reflejo normal, chuparse el pulgar o algún otro dedo puede considerarse un hábito completamente normal. Sólo debe ser motivo de preocupación si se prolonga durante demasiado tiempo o si la persistencia del hábito empieza a deformar la boca o la alienación de los dientes del bebé. Más de la mitad de los niños que se chupan el pulgar dejan de hacerlo alrededor de los seis o siete meses de edad. A veces, los niños pequeños, sobre todo cuando se sienten más vulnerables, se chupan el pulgar de forma ocasional incluso hasta los ocho años de edad. Chuparse el pulgar consistentemente después de cumplir cinco años puede provocar alteraciones estructurales en el paladar o en la alineación de los dientes. Es en este momento cuando usted y el dentista del niño podrían empezar a preocuparse.

15

Pecho y pulmón

Asma

Es posible que los niños que tienen tos o emiten una especie de silbido o sibilancia al respirar tengan asma, un trastorno del aparato respiratorio que afecta los tubos bronquiales. Sin embargo, es poco común que el asma se diagnostique antes de los seis meses de edad. Entre los seis y los doce meses de edad, algunos bebés empiezan a manifestar lo que se conoce como comienzo temprano de asma y comúnmente se describe como vías respiratorias "hipersensitivas" o "reactivas".

Los bronquiolos son unos conductos muy estrechos que conectan los tubos principales (bronquios) con las zonas del pulmón donde tiene lugar el intercambio de oxígeno y bióxido de carbono durante la respiración. Estos tubos están rodeados por unos músculos de fibra lisa que son muy sensibles. Al estimularlos, estos músculos se contraen, lo que provoca que los pequeños conductos por donde pasa el aire se estrechen aún más. Además, la capa que recubre el interior de estos tubos (membrana mucosa) se hincha e inflama y produce un exceso de fluido protector que conocemos como mucosidad.

La inflamación de las vías respiratorias es el aspecto más importante de esta enfermedad. Esta inflamación provoca que la vía de paso de aire sea más reactiva, lo que causa contracciones en los músculos que rodean los tubos bronquiales. Esto

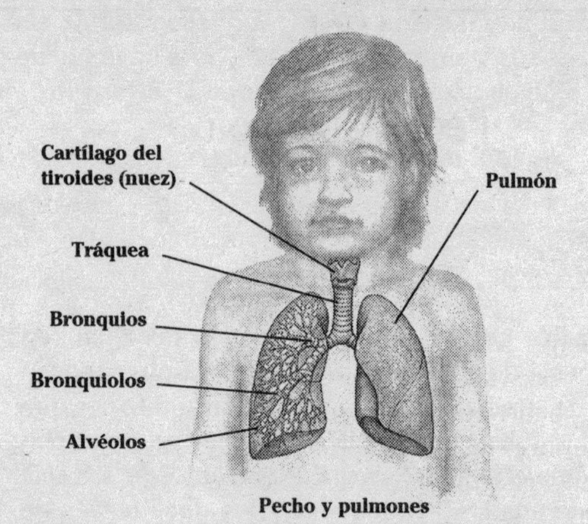

Pecho y pulmones

conlleva a un estrechamiento de la vía de paso del aire, con la consecuente emisión del sonido sibilante característico del asma durante la exhalación.

Si la vía de aire es reactiva, los pulmones del bebé pueden reaccionar a detonantes ambientales tales como la inhalación de aire frío o de contaminantes del aire, incluyendo humo de cigarrillo. Sin embargo, el factor que tiende a desencadenar más un ataque de asma en estos bebés son las infecciones virales, que inflaman el revestimiento de los bronquiolos, estimulando los músculos que los rodean.

Signos y síntomas

Los episodios repetitivos de respiración sibilante y tos en bebés (de 6 a 12 meses de edad) son por lo regular los signos tempranos de asma o de vías respiratorias hipersensibles. Sin embargo, algunos bebés que experimentan estos síntomas tal vez no tengan el asma clásica y, a medida que crecen, no sigan experimentando estos episodios. Sin embargo, si un niño tiene sibilancias y tos en los últimos meses del primer año de vida, debe considerarse el comienzo temprano de asma como posible diagnóstico. Una infección de las vías respiratorias altas puede causar tos y sibilancias que empeora en la noche o en contacto con irritantes como el humo de cigarrillo.

Cuándo acudir al pediatra

Si su bebé menor de un año tiene episodios repetitivos de tos y sibilancias, comuníquese con su pediatra. Las pruebas alérgicas positivas (a alérgenos como polen o mascotas) son poco comunes en bebés y no se realizan rutinariamente. Es más probable que las infecciones virales sean la causa de vías respiratorias reactivas en estos bebés.

Si a su bebé se le diagnostica asma, hable con el pediatra sobre las circunstancias en que necesitará atención médica inmediata. Como norma, llame al pediatra de inmediato si su bebé tiene dificultad *severa* para respirar y parece empeorar a cada momento. Algunos de estos episodios pueden poner en peligro la vida del niño. Si su bebé tiene dificultad respiratoria severa y no puede comunicarse con el doctor, llévelo a la sala de emergencias.

Tratamiento

El asma siempre debe ser tratada bajo supervisión del pediatra. Si los síntomas del bebé son crónicos y recurrentes, el pediatra podría recetar medicamentos tales como esteroides inhalados utilizando un nebulizador o un aparato inhalador. Este medicamento puede reducir la inflamación de las vías respiratorias y la reactividad. Éste frecuentemente se combina con un broncodilatador, otra medicina inhalada que puede abrir las vías de aire. Los bebés tienden a tolerar estas medicinas inhaladas mejor que los medicamentos orales. Sin embargo, durante un episodio severo, podría recetarse un esteroide oral por un periodo corto de tiempo (de 3 a 5 días), que suele detener un ataque y prevenir una visita a la sala de emergencias o una hospitalización. Los esteroides a corto plazo no se asocian con los efectos colaterales de la administración de esteroides a largo plazo.

Prevención

La forma más eficaz de evitar que su bebé tenga episodios asmáticos es:

- Seguir al pie de la letra las instrucciones del pediatra al darle la medicina al niño. No deje de darle las medicinas demasiado pronto, no le dé las medicinas menos frecuentemente de lo que le corresponde, ni cambie a otro medicamento o a otro tratamiento sin comentárselo al pediatra. Si usted no entiende por qué se le está dando algún medicamento a su bebé, pídale al pediatra que se lo explique.
- Mantener al bebé alejado de aquello que desencadena el ataque de asma, como humo de cigarrillo. Llevar un diario de cuándo ocurren los ataques y qué es lo que los precede puede ayudarle a identificar los causantes. Si es posible, aprenda a anticipar las crisis. Si su hijo suele tener ataques asmáticos cuando contrae infecciones virales, pregunte a su pediatra si debe empezar a darle las medicinas al comienzo de la infección viral y qué medicinas debe darle exactamente.

Bronquiolitis

La bronquiolitis es una infección que afecta a los bronquiolos, los túbulos pequeños que hay al final de los bronquios, en el pulmón. Afecta sobre todo a los infantes. (Nota: el término *bronquiolitis* se confunde a veces con bronquitis, que es una infección de los bronquios, dos tubos mucho más grandes que van desde la tráquea hasta los pulmones.)

La bronquiolitis casi siempre es de origen viral y mayormente provocada por el virus respiratorio sincitial (VRS o RSV por sus siglas en inglés). Otros virus que pueden provocar este trastorno son el parainfluenza, la influenza, el virus del sarampión y el adenovirus. La infección causa inflamación, lo que, a su vez, bloquea el paso del aire a través de los pulmones. La mayoría de los adultos y muchos niños infectados por el VRS sólo presentan síntomas de un

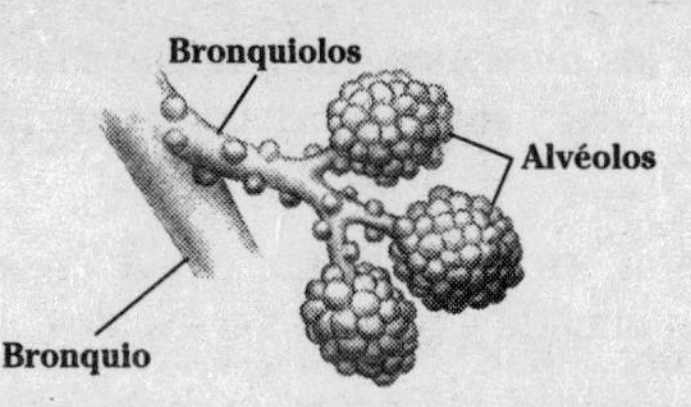

resfriado común. Sin embargo, cuando se trata de un infante, es más fácil que la infección desemboque en una bonquiolitis. Ello se debe a que sus vías respiratorias son más pequeñas y estrechas, por lo que es más fácil que se bloqueen cuando se infectan y se inflaman.

Casi la mitad de los niños que pasan una bronquiolitis durante la infancia acaban desarrollando asma en el futuro. No sabemos por qué estos niños son más propensos, pero es como si la infección del VRS fuera el primer desencadenante de la reacción de las vías respiratorias que caracteriza al asma.

El VRS es la principal causa de bronquiolitis entre los meses de octubre y marzo. Durante los demás meses, este trastorno suele desencadenarse a partir de infecciones provocadas por otros virus.

El VRS se contagia a través del contacto directo con las secreciones de personas infectadas. Se propaga en las familias, en los centros preescolares y en los hospitales. Lavarse las manos a conciencia puede ayudar a evitar la propagación.

Signos y síntomas

Si su bebé tiene bronquiolitis empezará a manifestarse como una infección de las vías respiratorias altas (un resfriado): secreciones nasales, tos leve, y, a veces, fiebre. Al cabo de uno o dos días, la tos se hace más fuerte, el niño empieza a respirar más deprisa y con mayor dificultad:

- Es posible que dilate las ventanas de la nariz y que contraiga los músculos que hay debajo de la caja torácica, al esforzarse para que pueda entrar y salir más aire de los pulmones.

- Utilizará los músculos que hay entre las costillas (los intercostales) y sobre la clavícula para poder respirar mejor.
- Al respirar, es posible que emita un sonido ronco como un quejido y tense los músculos abdominales.
- Cada vez que exhala, emite un sonido sibilante agudo, que se denomina resuello o sibilancia.
- Es posible que le cueste ingerir fluidos, porque, al tener tanta dificultad para respirar, no chupa ni traga bien.
- Conforme aumente la dificultad para respirar, es posible que se le pongan los labios y las puntas de los dedos de color morado. Esto indica que el paso del aire está tan bloqueado que no le llega suficiente oxígeno a la sangre.

Si su bebé presenta cualquiera de estos síntomas, indicativos de que tiene mucha dificultad para respirar, o tiene fiebre durante más de tres días (o simplemente tiene fiebre, si se trata de un bebé de menos de tres meses), llame al pediatra inmediatamente.

También debe llamar al pediatra si su bebé presenta cualquiera de los siguientes síntomas de deshidratación, que también pueden aparecer junto con la bronquiolitis.

- Boca seca
- Consumo de una cantidad de líquido inferior a la normal
- Llanto sin lágrimas
- Reducción en la frecuencia de la micción

Si su bebé padece cualquiera de los siguientes trastornos, informe al pediatra en cuanto usted tenga la sospecha de que tiene bronquiolitis.

- Fibrosis quística
- Enfermedad congénita cardíaca

- Displasia broncopulmonar (presente en algunos infantes quienes recibieron respiración asistida por un ventilador cuando eran recién nacidos)
- Problemas de inmunidad
- Órganos trasplantados
- Un cáncer tratado con quimioterapia

Tratamiento en casa

No hay ningún medicamento que se pueda utilizar en casa para tratar las infecciones provocadas por el VRS. Lo único que puede hacer durante la fase inicial de la enfermedad es intentar mitigar los síntomas del resfriado. Por ejemplo, puede utilizar un humidificador, un aspirador nasal y quizás alguna solución salina suave que le recete el pediatra para destaparle la nariz a su bebé. (Véase el tratamiento de *Resfriados/infecciones de la vías respiratorias altas,* en la página 585.) Asegúrese también de que el bebé toma mucho líquido para que no se deshidrate. (Véase *Diarrea*, en la página 508.) Es posible que prefiera beber líquidos poco densos, en lugar de leche, sea materna o de fórmula. Debido a las dificultades respiratorias, también es posible que coma o chupe más despacio y que no tolere muy bien los sólidos.

Tratamiento profesional

Si su bebé tiene dificultad respiratoria de carácter leve o moderado, es posible que el pediatra utilice un broncodilatador (un fármaco que ensancha las vías respiratorias) antes de recurrir a la hospitalización. Al parecer, estos fármacos ayudan a un número reducido de pacientes.

Desafortunadamente, algunos bebés con bronquiolitis tienen que ser hospitalizados, sea por dificultad respiratoria o por deshidratación. Los problemas respiratorios se tratan con oxígeno y fármacos broncodilatadores, que se inhalan periódicamente. Algunas veces se utilizan otros medicamentos. La deshidratación se trata poniendo al niño a una dieta especial de líquidos o bien administrándoselos por vía intravenosa.

Recientemente, se ha desarrollado un tratamiento de la bronquiolitis consistente en inyectar anticuerpos del VRS. Aunque es un tratamiento aún controvertido, se está utilizando con niños hospitalizados gravemente afectados, puesto que puede ser eficaz. Controversialmente, también, se han utilizado agentes antivirales inhalados en algunos pacientes de alto riesgo.

En casos muy raros, cuando el bebé no responde a ninguno de estos tratamientos, se le debe ayudar a respirar con una máquina de respiración asistida (respirador). Ésta suele ser una medida temporal, para ayudar al bebé hasta que su cuerpo sea capaz de hacer frente a la infección.

Prevención

La mejor forma de proteger a su bebé de la bronquiolitis es mantenerlo alejado de los virus que la pueden provocar. Siempre que sea posible, sobre todo cuando su hijo aún es un lactante, evite que entre en contacto directo con cualquier niño o adulto que esté en las primeras fases de una infección respiratoria, que son las más contagiosas. Si su hijo va a alguna guardería donde puede haber algún niño infectado, asegúrese de que el personal del centro se lava las manos a conciencia y frecuentemente.

Tos

La tos casi siempre se debe a una irritación de las vías respiratorias. Cuando las terminaciones nerviosas de la garganta, la tráquea o los pulmones perciben la irritación, se desencadena un reflejo que hace que el aire sea expulsado violentamente a través de la boca en forma de tos.

La tos suele asociarse a enfermedades que afectan al aparato respiratorio como resfriados/infecciones de las vías respiratorias altas (véase la página 585), bronquiolitis (véase la página 548), crup (véase la página 555) o neumonía (véase la página 558). Si la tos va acompañada de fiebre, irritabilidad o problemas para respirar, lo más probable es que el bebé haya contraído alguna de estas infecciones.

En gran medida, la ubicación de la infección determinará el tipo de tos: una irritación de la laringe (caja laríngea), como el crup, provoca una tos que suena como el ladrido de un perro o de una foca; una irritación que afecta a las vías respiratorias de mayor amplitud, como la tráquea o los bronquios, se asocia a una tos más grave y rasposa, que empeora por las mañanas.

Una tos crónica o persistente no asociada a fiebre puede deberse a que su bebé haya inhalado accidentalmente un objeto pequeño, como un cacahuete, que esté alojado en la tráquea o los pulmones (véase *Atragantamientos,* página 477). Las alergias también pueden cursar con tos crónica, debido a que la mucosidad que gotea por la parte posterior de la garganta provoca una tos seca y difícil de frenar, sobre todo por las noches. Un bebé que tose sólo por las noches es posible que tenga una forma leve de asma (véase la página 545).

A veces, la tos se debe a una irritación temporal, como, por ejemplo, a la inhalación de los gases que emanan de una pintura que se está secando, al humo del tabaco o a un insecticida. En estos casos, la tos desaparecerá en cuanto se elimine el estímulo irritante. En situaciones bastante raras, el bebé seguirá teniendo una tos seca y periódica mucho después de que se elimine el agente que la provocó en un principio. Aunque esto puede ser molesto (más para usted que para el niño), la tos casi siempre termina por desaparecer. De todos modos, si se convierte en un hábito, el pediatra le puede indicar cómo erradicarla.

Cuándo acudir al pediatra

Todo lactante menor de dos meses que tenga tos, debe ser visto por el pediatra. Si se trata de un bebé de mayor edad, consulte al pediatra si:

- La tos dificulta la respiración del niño.
- La tos parece dolorosa, persistente y va acompañada de quejidos, vómitos o piel morada o azulada.
- La tos persiste más de una semana.
- La tos aparece de repente y se asocia a fiebre.
- La tos empieza después de que el niño se atragante con un trozo de comida o algún otro objeto (véase *Atragantamientos,* página 477).

El pediatra intentará determinar la causa de la tos. La mayoría de las veces será el síntoma de un resfriado o de una gripe, y el pediatra le recomendará simplemente mucho descanso. Es posible que también le recete algún medicamento para tratar los síntomas, en el caso de que sean lo suficientemente graves.

Cuando la tos esté provocada por algún otro problema médico, como una infección bacteriana, será preciso tratar el trastorno subyacente para que remita la tos. A veces, cuando la causa de la tos crónica no está clara, es preciso practicar pruebas complementarias, como radiografías o la prueba de la tuberculosis.

Tratamiento

El tratamiento de la tos depende de qué la provoca. Pero sea cual sea la causa de tos, siempre es buena idea darle al bebé más líquidos de lo habitual. Aumentar el nivel de humedad del aire con un humidificador o un vaporizador también puede ayudar a atenuar la tos, sobre todo por la noche.

Los humidificadores de agua fría suelen ser tan eficaces como los vaporizadores de agua caliente y son mucho más seguros si llegan a volcarse. De todos modos, no olvide limpiar bien cada mañana el aparato con agua y detergente, para que no se convierta en un campo de cultivo para la proliferación de hongos y bacterias nocivos.

Consulte al pediatra antes de darle a su hijo cualquier medicina para la tos.

Crup (Laringotraqueobronquitis aguda)

El crup es una inflamación de la laringe y la tráquea que conlleva un estrechamiento de las vías aéreas, justo debajo de las cuerdas vocales, lo que, aparte de dificultar la respiración, la hace ruidosa.

Existen dos tipos de crup:

Crup espasmódico: asusta más porque suele aparecer de repente a media noche. El bebé se acuesta con un resfriado leve y se despierta al cabo de una a tres horas, con una seria dificultad para respirar. También presenta una voz ronca y una tos muy característica, que suena como el ladrido de una foca (véase la página 553). Este tipo de crup suele deberse a una infección leve de las vías respiratorias altas (véase la página 585).

Crup vírico: está provocado por una infección de origen viral más grave que afecta a la laringe y a la tráquea. Este trastorno suele empezar con un resfriado, que va evolucionando de forma gradual hacia una tos de tipo

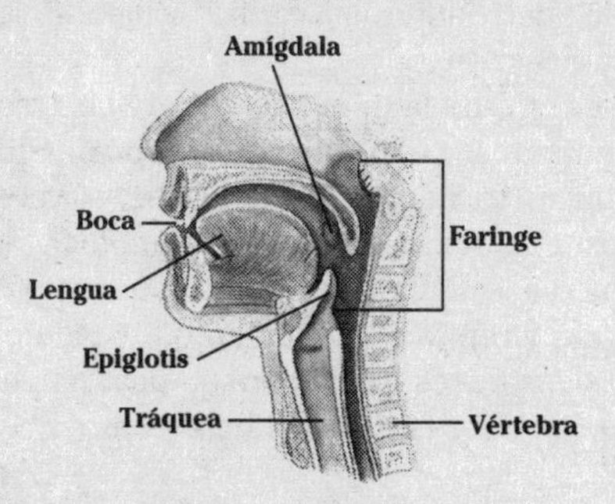

ladrido. Puesto que las vías respiratorias se inflaman y aumentan las secreciones, la respiración del niño se vuelve ruidosa y dificultosa, trastorno que recibe el nombre de “estridor”. Algunos bebés desarrollan fiebre tan alta como de 104° Fahrenheit (40° centígrados), pero la mayoría no presenta tanta fiebre.

El mayor peligro radica en que la tráquea continúe inflamándose, estrechándose cada vez más las vías respiratorias, primero dificultando y después imposibilitando la respiración. Puesto que el niño se cansará mucho debido al esfuerzo que tiene que hacer para respirar, es posible que deje de comer y de beber. También puede estar demasiado agotado para toser, aunque el estridor se oirá cada vez más cuando respire.

El crup puede ocurrir en cualquier momento del año, pero se da más frecuentemente entre los meses de octubre y marzo. Algunos bebés son más vulnerables a este trastorno y lo contraen cada vez que tienen una enfermedad respiratoria. El crup afecta sobre todo a niños de seis meses a tres años de edad.

Tratamiento

Si su bebé se despierta a media noche con síntomas de crup espasmódico, llévelo al baño, cierre la puerta y abra el grifo de la ducha o de la bañera en la posición más caliente posible para que la habitación se llene de vapor. Siéntese con su hijo e inhalen el aire caliente y húmedo de quince a veinte minutos. Esto le ayudará al niño a respirar con más facilidad, aunque seguirá teniendo la tos “de perro” típica del crup.

Durante el resto de la noche y durante las tres o cuatro noches siguientes, coloque un vaporizador o un humidificador en la habitación del bebé. A veces, puede haber varios episodios de tos espasmódica, sea en la misma noche o a la siguiente. En tal caso, vuelva a llevar a su hijo al baño y repita el tratamiento a base de vapor. El vapor casi siempre es provechoso, pero, si no parece surtir efecto, lo mejor es sacar al bebé al aire libre durante varios minutos. El hecho de inhalar el aire frío y húmedo de la noche le desentumecerá las vías respiratorias, ayudándole a respirar más libremente.

Si el crup que tiene su hijo es de origen viral, el vapor también le ayudará, pero los resultados no serán tan notorios.

No intente abrir el paso del aire metiéndole a su hijo los dedos en la garganta. La obstrucción se debe a la inflamación de un tejido que está fuera de su alcance. Además, al meterle los dedos en la garganta podría alterar más al niño, entorpeciendo aún más su respiración. Por motivos similares, no intente provocarle el vómito. Si llegara a vomitar, aguántele bien la cabeza en una posición baja y después vuélvalo a llevar rápidamente a la habitación llena de vapor.

Con cualquier tipo de crup, llame enseguida al pediatra incluso si ocurre a media noche. Así mismo, fíjese en la respiración de su bebé. Llévelo *de inmediato* al servicio de emergencias más cercano si:

- Emite un sonido sibilante que aumenta de intensidad con cada respiración.
- No puede hablar por falta de aire.
- Parece estar esforzándose mucho para conseguir respirar.

Si se trata de crup espasmódico, el pediatra le preguntará si el niño respira mejor después de aplicarle el tratamiento de vapor. Algunos médicos recetan descongestionantes para el crup espasmódico porque consideran que reducen los problemas que surjan en noches posteriores.

Para tratar el crup de origen viral, algunos médicos recetan esteroides para reducir la inflamación de la garganta o para acortar la enfermedad. Aunque su efectividad todavía no está completamente validada, un tratamiento a base de esteroides durante cinco días o menos no debe hacerle daño al niño.

Los antibióticos no sirven para tratar el crup, puesto que se trata de un trastorno de origen viral o alérgico. Los jarabes contra la tos no sirven puesto que no actúan sobre la laringe o la tráquea, que es donde está localizada la infección. Además, al frenar la tos, pueden impedir que el bebé expulse las secreciones provocadas por la infección.

En los casos más graves de crup, que son bastante raros, la dificultad respiratoria no permite que llegue suficiente oxígeno a la sangre. En estos casos, es probable que el médico decida hospitalizar al niño para poderle administrar oxígeno. También lo alimentarán por vía intravenosa y le administrarán las medicinas que necesite mediante un aerosol. A veces, para evitar que la inflamación de la laringe y la tráquea obstruya el paso del aire, le introducirán un tubo por la nariz o por la boca hasta la tráquea. Este tratamiento puede provocar una ronquera temporal en el niño cuando se le retire el tubo, pero generalmente no deja secuelas a largo plazo.

Neumonía

La palabra *neumonía* significa "infección del pulmón". Aunque este tipo de infección era extremadamente peligrosa en el pasado, la mayoría de los niños que la contraen hoy en día se recuperan sin problemas si reciben la atención médica adecuada.

La mayoría de las neumonías se contraen después de una infección de las vías respiratorias altas. Típicamente, los virus que provocan estas infecciones (el virus respiratorio sincitial [VRS]), el de influenza, de la parainfluenza, el adenovirus), bajan al pecho y, allí, provocan la neumonía. Otros virus, como los relacionados con el sarampión, la varicela, el herpes, la mononucleosis infecciosa y la rubéola, pueden desplazarse desde distintos lugares del cuerpo hasta los pulmones, donde también pueden provocar neumonía.

La neumonía también puede estar provocada por una infección bacteriana. Algunas de estas infecciones se contagian a través de la tos o del contacto directo con la saliva o las mucosidades de personas infectadas. Así mismo, si una infección viral debilita el sistema inmune de un niño, es posible que algunas bacterias que en condiciones normales serían inocuas empiecen a proliferar en los pulmones, añadiéndose, de este modo, una segunda infección a la primera.

Los bebés cuyas defensas están debilitadas debido a otra enfermedad, como la fibrosis quística, o el cáncer (o por la quimioterapia utilizada en el tratamiento del cáncer), tienen más probabilidades de contraer neumonías, así como los niños cuyas vías respiratorias o cuyos pulmones son, en cierto modo, anormales.

Puesto que la mayoría de las neumonías son de origen viral o bacteriano, estas se contagian de una persona a otra. De ahí que sean más frecuentes en otoño, invierno y principios de primavera, cuando los niños pasan más tiempo en interiores, en proximidad o contacto con otros niños. La probabilidad de que un niño contraiga una neumonía *no* depende de la ropa que lleve, de la temperatura del aire que le rodea ni del hecho de que se exponga al aire fresco cuando esté enfermo.

Signos y síntomas

Como muchas infecciones, la neumonía suele producir fiebre, que, a su vez, provoca sudoración, escalofríos, rubor y malestar general. El niño puede perder el apetito y estar más decaído que de costumbre. Es posible que se vea pálido y sin fuerzas, y que llore más de lo habitual.

Puesto que la neumonía también puede provocar problemas respiratorios, es posible que se asocie a estos síntomas más específicos:

- Tos (véase la página 552).
- Respiración rápida y dificultosa
- Mayor movilidad de los músculos que participan en la respiración (entre y debajo de las costillas y sobre las clavículas)
- Ensanchamiento y aleteo de las ventanas de la nariz

- Jadeo o sibilancias
- Labios y/o uñas morados, indicativos de un aporte insuficiente de oxígeno

Aunque generalmente es posible emitir un diagnóstico de neumonía a partir de los síntomas, a veces es necesario hacer radiografías para determinar la gravedad de la afectación pulmonar.

Tratamiento

Cuando la neumonía es de origen viral, no hay ningún tratamiento específico aparte del reposo y las medidas habituales para tratar la fiebre (véase el Capítulo 20). No deben administrarse supresores de tos, que contengan codeína o dextrometorfano, puesto que el niño necesita toser para eliminar el exceso de secreciones provocadas por la infección. Las neumonías virales suelen durar pocos días, aunque la tos puede persistir durante varias semanas. Generalmente, no hace falta administrar medicación.

Puesto que suele ser difícil determinar cuándo una neumonía es de origen viral o bacteriano, es posible que el pediatra recete antibióticos. Todos los antibióticos deben tomarse durante todo el período recomendado y a las dosis indicadas por el médico. Si su hijo mejora al cabo de unos días, usted puede tener la tentación de dejar de darle el antibiótico antes de tiempo, pero es posible que todavía permanezcan algunas bacterias, por lo que la infección podría reactivarse.

Si sospecha que su bebé tiene neumonía, debe llevarlo al pediatra cuanto antes. Deberá volver a consultar con el doctor si su bebé presenta alguna de las siguientes señales de alarma, indicativas de que la infección está empeorando o se está extendiendo:

- Fiebre que persiste durante más de dos o tres días a pesar de administrar antibióticos
- Dificultad respiratoria

- Síntomas de infección en otras partes del cuerpo: articulaciones inflamadas y enrojecidas, dolor de huesos, rigidez de cuello, vómitos

Muchos pediatras recomiendan hospitalizar a los bebés menores de cuatro meses que padecen de neumonía.

(Véase también: Capítulo 20, "Fiebre"; *Resfriados/infecciones de las vías respiratorias altas,* página 585.)

Tos ferina (Pertusis)

La tos ferina (o pertusis) es muy poco frecuente hoy en día, ya que la vacuna contra la pertusis ha permitido inmunizar a muchos niños contra esta enfermedad. (La "P" de la vacuna DTP o DTPa, que se administra a todos los lactantes a partir de los dos meses, se refiere a la pertusis, mientras que la "D" se refiere a la difteria y la "T" al tétanos). Antes de que se desarrollara la vacuna, se presentaban varios cientos de miles de casos de tos ferina al año en los Estados Unidos. Ahora hay aproximadamente cuatro mil.

Esta enfermedad se denomina pertusis porque está provocada por la bacteria de este mismo nombre, que ataca las paredes internas de las vías respiratorias (los bronquios y los bronquiolos), produciendo una grave inflamación y estrechamiento de estas vías. El síntoma más llamativo es una tos muy fuerte. Si la enfermedad no se diagnostica a tiempo, la bacteria puede contagiar a las personas que conviven con el afectado a través de sus secreciones respiratorias.

En los infantes menores de un año es más probable que la tos ferina provoque problemas respiratorios graves e, incluso, que pueda llegar a poner en peligro la vida del niño. Al faltarle el aire, el bebé empezará a respirar más deprisa y más profundamente entre tos y tos. Al inspirar, (sobre todo si se trata de un bebé mayorcito), es posible que emita un sonido particular que recuerda al sonido de un búho. La tos persistente diseminará las bacterias por el aire, contagiando a otras personas susceptibles.

La pertusis suele cursar con la sintomatología típica de un resfriado común durante una o dos semanas. Después la tos empeora y los niños y los bebés mayores pueden empezar a emitir los típicos sonidos de la tos ferina. Durante esta fase (que puede durar hasta dos semanas o más), es habitual que al niño le falte el aire y que la zona alrededor de la boca adquiera un tono morado. También es posible que llore, babee y vomite. Los lactantes que tienen tos ferina acaban muy débiles y agotados y suelen presentar complicaciones, como una mayor susceptibilidad a contraer otras infecciones, neumonía o convulsiones. La tos ferina puede ser mortal para algunos lactantes, pero el curso habitual es que se empiecen a recuperar al cabo de entre dos y cuatro semanas. Es posible que la tos no desaparezca en varios meses y/o que vuelva a aparecer cuando, más adelante, el niño contraiga otras infecciones respiratorias.

Cuándo acudir al pediatra

La tos ferina empieza como un resfriado común. Puede considerar la posibilidad de que su hijo ha contraído la tos ferina si se dan las siguientes circunstancias:

- Es un bebé muy pequeño al que todavía no se le ha puesto la vacuna contra la pertusis o ha estado en contacto con alguien que tiene la enfermedad o tos crónica.
- La tos del niño cada vez es más fuerte y frecuente, o los labios y/o las puntas de los dedos se le ponen azulados o amoratados.
- Después de los ataques de tos se queda completamente agotado; tiene poco apetito; vomita después de toser o se ve muy mal.

Tratamiento

Si el pediatra le diagnostica tos ferina a su hijo, es posible que recomiende hospitalizarlo. Dependiendo de la edad del niño y de la gravedad de la enfermedad, el tratamiento incluirá:

- Administración de antibióticos (Si se administran durante la fase de tos activa, no acortará la duración de la enfermedad, pero contribuirá a que sea menos contagiosa)
- Seguimiento cercano, a veces en la sala de cuidados intensivos
- Administración de oxígeno y de líquidos por vía intravenosa

Prevención

La mejor forma de proteger a su hijo de la pertusis es poniéndole la vacuna correspondiente: la DTPa cuando tenga dos, cuatro y seis meses de edad, y las dosis de refuerzo entre los doce y los dieciocho meses y antes de que empiece a ir a la escuela. La nueva vacuna DTPa, recientemente aprobada y conocida como "acelular", tiene menos efectos secundarios que la DTP, incluyendo menos fiebre, menos irritabilidad y probablemente menor riego de lesión cerebral. Los riesgos asociados al hecho de que su bebé contraiga la pertusis superan con creces a los efectos secundarios adversos que pueden aparecer como reacción ante la DTPa o la DTP.

Por lo tanto, *la Academia Americana de Pediatría insta a los padres a que administren a sus hijos la vacuna contra la pertusis, al tiempo que estén pendientes de las reacciones que se pueden presentar (especificadas más abajo) y que conozcan las circunstancias en que no debe administrarse esta vacuna.*

Las reacciones serias ante la DTPa que deben poner en sobreaviso tanto a los padres como al pediatra para no volver a administrar la vacuna en el futuro son:

- Reacciones alérgicas (urticaria o erupción pocos minutos después de la inyección, o shock anafiláctico)
- Trastorno agudo grave del sistema nervioso central durante los primeros siete días posteriores a la inyección que no puede explicarse por otras causas

Además, hay algunas reacciones adversas que pueden ocurrir a raíz de la administración de la vacuna DTPa que deben considerarse con precaución antes de administrar nuevas dosis. Puesto que no se ha demostrado que estas reacciones dejen secuelas permanentes, el pediatra y usted deberán sopesar cuidadosamente los beneficios de las futuras vacunaciones con el riesgo de volver a presentar tales reacciones. Las reacciones adversas que entran dentro de esta categoría incluyen:

- Fiebre alta de 105° Fahrenheit (40.6° centígrados) o más
- Llanto persistente y continuo
- Un episodio de flacidez o palidez
- Llanto inusualmente agudo
- Convulsiones

Aparte de esto, hay algunos niños a los que probablemente nunca se les debe administrar el componente "P" de la vacuna: cualquier niño que tenga un trastorno neurológico progresivo o un trastorno neurológico (es decir, un trastorno que afecta al sistema nervioso) que incrementa las probabilidades de desarrollar convulsiones.

Afortunadamente, la cantidad de niños que cumplen estos criterios es muy reducida. No cometa el error de dejar de vacunar a su bebé si es normal y está sano. Los beneficios que reporta la vacuna contra la pertusis superan con creces sus posibles riesgos. Conforme la DTPa, una forma menos reactiva pero igual de eficaz de la vacuna contra la pertusis, ha sustituído gradualmente a la DTP, los riesgos de la vacunación se han reducido todavía más.

16

Deficiencias en el desarrollo

Es normal que compare a su bebé con otros niños de su misma edad. Si el bebé de los vecinos ya camina con sólo diez meses, mientras que el suyo apenas empieza a gatear a los doce meses, probablemente usted se preocupará. Pero por lo general, estas diferencias carecen de importancia. Cada bebé se desarrolla a su propio ritmo y algunos aprenden ciertas cosas antes que otros.

Sólo cuando un bebé se retrasa mucho con respecto a los demás niños de su mismo grupo de edad, no alcanza las piedras angulares del desarrollo especificadas en los Capítulos 5 al 9, o pierde alguna habilidad que había adquirido previamente, hay motivos para sospechar que tiene un problema mental o físico lo suficientemente grave como para que se considere una deficiencia en el desarrollo. Las discapacidades que se pueden manifestar durante la infancia incluyen retraso mental, trastornos del lenguaje, trastornos del aprendizaje, parálisis cerebral, autismo, y discapacidades sensoriales, como pérdidas visuales o auditivas. (Algunos pediatras también incluyen los trastornos epilépticos en esta categoría, pero un porcentaje significativo de niños que tienen epilepsia se desarrollan con normalidad).

Cada una de estas discapacidades puede variar en cuanto a severidad se refiere. Por ejemplo, un bebé con una parálisis cerebral leve puede no tener ningún impedimento aparte de cierta falta de coordinación, mientras que otro afectado por la forma grave del mismo trastorno puede no ser capaz de desplazarse

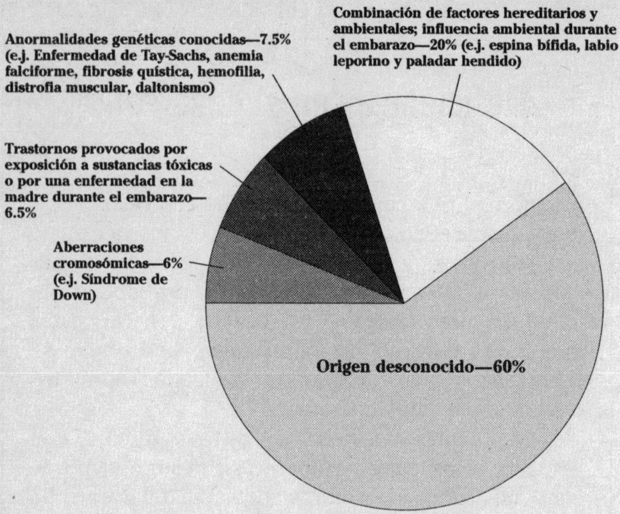

Anormalidades genéticas conocidas—7.5% (e.j. Enfermedad de Tay-Sachs, anemia falciforme, fibrosis quística, hemofilia, distrofia muscular, daltonismo)

Combinación de factores hereditarios y ambientales; influencia ambiental durante el embarazo—20% (e.j. espina bífida, labio leporino y paladar hendido)

Trastornos provocados por exposición a sustancias tóxicas o por una enfermedad en la madre durante el embarazo—6.5%

Aberraciones cromosómicas—6% (e.j. Síndrome de Down)

Origen desconocido—60%

ni de alimentarse solo. Así mismo, algunos bebés tienen varios trastornos al mismo tiempo y cada uno de ellos requiere un tratamiento distinto.

Si su hijo no parece estar desarrollándose con normalidad, se le debe hacer una evaluación médica y de desarrollo completa, y quizás consultar a un pediatra del desarrollo, que es un especialista en este campo. De este modo, el pediatra tendrá toda la información que necesita para saber si su hijo presenta realmente algún trastorno del desarrollo y, de ser así, cómo se debe tratar. Dependiendo de los resultados de la evaluación, el pediatra podría recomendar fisioterapia, terapia del lenguaje y del habla o terapia ocupacional en diversas etapas de la infancia de su bebé. También podría recomendar intervención psicológica o psico-pedagógica. Usted puede beneficiarse de asistir a un centro para el desarrollo del niño que esté afiliado a una escuela de medicina, ya que allí podrían ayudarle o coordinar todos los servicios. En algunos estados o ciudades estos servicios se ofrecen gratis o están parcialmente subsidiados por el gobierno. La junta de educación local puede indicarle cuál es la situación en su zona de vivienda.

Hoy en día, todo niño mayor de tres años que sufra alguna deficiencia en el desarrollo en los Estados Unidos, tiene derecho por ley federal, a recibir educación especial ya sea en un centro preescolar o escolar. Así mismo, en algunos estados también se ofrecen programas para niños más pequeños, incluso lactantes, que presenten alguna discapacidad o corran riesgo de padecerla.

Las familias de los niños afectados por alguna discapacidad también necesitan apoyo y preparación especial. No es fácil aceptar el hecho de que un niño tenga una discapacidad. Para entender el problema al que tiene que enfrentarse el niño y cómo se le puede ayudar a desarrollar todo su potencial, cada miembro de la familia debe educarse en torno a ese problema específico y ser aconsejado sobre cómo afrontar la situación.

Parálisis cerebral

Los niños con parálisis cerebral tienen una alteración en el área del cerebro que controla el movimiento y el tono muscular. Muchos de estos niños tienen una inteligencia normal, pero presentan dificultad en la función motora y el movimiento. La condición provoca distintos tipos de disfunciones motoras. En función de la severidad de la condición, un niño puede ser simplemente un poco torpe o bien completamente incapaz de andar a medida que se desarrolla. Algunos niños presentan debilidad muscular y pobre control motor en el brazo y la pierna del mismo lado (lo que recibe el nombre de hemiparesia). Muchos tienen problemas en las cuatro extremidades, sobre todo en las inferiores (lo que recibe el nombre de diplejía). Algunos niños tienen un exceso de tono muscular (espasticidad o hipertonía), mientras que otros son anormalmente flácidos (hipotonía). En algunos el habla también está afectada.

La parálisis cerebral es mayormente causada por malformaciones o lesiones cerebrales acontecidas durante el embarazo, el parto o inmediatamente después de éste. Los nacimientos prematuros se asocian a mayor riesgo de padecer este trastorno. Un niño también puede desarrollar parálisis cerebral a partir de una ictericia neonatal severa o, más adelante en la infancia, a raíz de una lesión cerebral o alguna enfermedad que afecte al cerebro. En la mayoría de los casos se desconoce la causa.

Signos y síntomas

Los signos y síntomas de la parálisis cerebral varían enormemente porque hay distintos tipos y grados de discapacidad. La principal pista que le puede hacer sospechar que su bebé tiene parálisis cerebral es el no alcanzar las piedras angulares del desarrollo motriz descritas en los capítulos 5 al 9 de este libro. A continuación, figuran algunas señales concretas de alarma.

En un bebé de más de dos meses:

- Se le cae la cabeza hacia atrás cuando usted lo alza estando boca arriba.
- Da la sensación de ser muy rígido.
- Da la sensación de ser muy flácido.
- Cuando lo coge en brazos para arrullarlo parece estirar la espalda y el cuello. Actúa constantemente como si hiciera fuerza para alejarse de usted.
- Cuando lo alza, se le ponen las piernas rígidas y se le cruzan como si fueran una tijera.

En un bebé de más de seis meses:

- Sigue presentando el reflejo asimétrico tónico del cuello (véase la página 209).
- Sólo utiliza una mano para coger cosas, mientras la otra permanece con el puño cerrado.

En un bebé de más de diez meses:

- Gatea de lado, impulsándose sólo con una mano y una pierna y arrastrando las otras dos extremidades.
- Se desplaza arrastrando las nalgas o dando saltitos sobre las rodillas, pero no gatea utilizando las cuatro extremidades.

Si usted tiene alguna duda sobre el desarrollo de su bebé, coménteselo al pediatra en la próxima visita. Puesto que el ritmo evolutivo varía tanto de un niño a otro, a veces es difícil hacer un diagnóstico definitivo de parálisis cerebral leve antes de que un niño cumpla dos años. La opinión de un pediatra del desarrollo o de un neurólogo pediátrico puede ayudar. Para determinar si hay algún daño en el cerebro, puede ser recomendable practicarle al niño una Tomografía Axial Computarizada (CT Scan en inglés) o una Resonancia Magnética (MRI en inglés) de la cabeza. Incluso en los casos en que se emita un diagnóstico de parálisis cerebral temprano, es difícil predecir cuán severa será la condición a largo plazo.

Tratamiento

Si el pediatra sospecha que su bebé tiene parálisis cerebral, le referirá a un programa de estimulación temprana. En estos programas participan educadores, fisioterapeutas, terapeutas ocupacionales, del habla y del lenguaje, enfermeras, trabajadores sociales y asesores médicos. En estos programas, aprenderá a convertirse en la maestra y la terapeuta de su bebé. Le enseñarán qué ejercicios debe practicar con el bebé, en qué posturas se encuentra más cómodo y cuáles son más beneficiosas. También le orientarán para solucionar problemas específicos, como, por ejemplo, la forma de alimentarlo. En estos programas tendrá la oportunidad de conocer a padres de otros niños que tienen problemas similares y compartir con ellos experiencias, preocupaciones y soluciones.

Lo mejor que puede hacer por su hijo es ayudarle a valerse al máximo por sí solo y a crecer sintiéndose bien consigo mismo. Cuando sea lo suficientemente mayor para entenderlo, explíquele que tiene una discapacidad y transmítale el mensaje de que será capaz de afrontarla y triunfar en la vida. Anímelo a hacer todo lo que esté dentro de sus posibilidades, pero no le presione para que haga cosas en las que sabe que va a fracasar. Los profesionales del programa de estimulación precoz evaluarán las capacidades de su hijo y le enseñarán a fijar objetivos realistas.

No cometa el error de dejarse embaucar por curaciones milagrosas o tratamientos controversiales. Sólo conseguirá perder tiempo, energía y dinero. En lugar de ello, pídale información al pediatra o contacte alguna asociación de pacientes con parálisis cerebral para conocer los recursos y servicios disponibles en su área.

Problemas asociados

Retraso mental. Se estima que más de la mitad de los niños con parálisis cerebral tienen problemas de funcionamiento intelectual (pensamiento, solución de problemas). Muchos entran en la categoría de retraso mental, mientras que otros tienen una capacidad intelectual media pero presentan trastornos de aprendizaje. Otros, tienen un funcionamiento intelectual completamente normal.

Convulsiones. Una de cada tres personas con parálisis cerebral tiene o podría en el futuro tener convulsiones. (Algunos empiezan con convulsiones años después de sufrir una lesión cerebral.) Afortunadamente, las crisis se suelen controlar con medicamentos anticonvulsivantes. (Véase también la página 655.)

Dificultades visuales. Puesto que la coordinación de los músculos oculares suele verse afectada por la lesión cerebral, más de tres de cada cuatro niños con parálisis cerebral presentan estrabismo (uno de los ojos "se les va" hacia adentro o hacia afuera), asociado o no a miopía. Si el problema no se corrige a tiempo, la visión del ojo afectado irá empeorando y, al final, podría perderla por completo. Por esto, el pediatra debe revisar periódicamente la vista a todo niño que tenga parálisis cerebral. (Véase también *Estrabismo,* página 601.)

Acortamiento de las extremidades y escoliosis. Entre los niños que sufren de parálisis cerebral en la que un sólo lado del cuerpo se afecta, más de la mitad de ellos presentan un acortamiento del brazo y la pierna afectados. La diferencia entre ambas piernas rara vez supera las dos pulgadas, pero si observa un acortamiento, debe llevar a su bebé a un ortopeda. Cuando el niño crezca, dependiendo de la diferencia en longitud entre ambas piernas, es posible que tenga que usar una plantilla o un tacón en el zapato de la pierna más corta. Esto se hace para evitar que, al pararse o andar, la pelvis se ladee, lo que podría provocar una deformación en la columna vertebral denominada escoliosis.

Deficiencias auditivas (Hipoacusia). Algunos niños con parálisis cerebral tienen una deficiencia auditiva total o parcial. Esto ocurre sobre todo cuando la causa de la parálisis cerebral es ictericia neonatal *severa.* Si usted comprueba que su hijo no se sobresalta ante ruidos fuertes al mes de edad, o no gira la cabeza en busca del origen de los sonidos a los tres o cuatro meses, o no dice ni una palabra a los doce meses, coménteselo al pediatra. (Véase también la página 580.)

Problemas en las articulaciones. En los niños con la variante espástica de la parálisis cerebral es difícil evitar las "contracturas", esto es una rigidez excesiva de las articulaciones motivada por el estiramiento desigual de los músculos. Un fisioterapeuta, un pediatra del desarrollo o un fisiatra (doctor en medicina física y rehabilitación), pueden enseñarle a estirar los músculos de su hijo para evitar contracturas. A veces es preciso utilizar abrazaderas, escayolas o medicación para mejorar la movilidad y la estabilidad de las articulaciones.

Anomalías congénitas

Gracias a que la mujer recibe mejor atención médica durante el embarazo, y a los adelantos en detección temprana de las alteraciones cromosómicas y genéticas con técnicas como la amniocentesis y el análisis de las vellosidades del corion, entre otras, cada vez hay menos niños que nacen con anomalías congénitas. Aproximadamente tres de cada cien niños nacidos en los EE.UU. tienen una anomalía congénita que afecta su aspecto, su desarrollo o su funcionamiento, en algunos casos por el resto de sus vidas.

Las anomalías congénitas se deben a problemas en el desarrollo del niño antes de nacer. Hay cinco categorías de estas anomalías, agrupadas en función de la causa del trastorno:

Aberraciones cromosómicas. Los cromosomas son las estructuras portadoras de la información genética que se trasmite de generación en generación. Normalmente, cada sujeto hereda 23 cromosomas de su padre y otros 23 de su madre, y todos ellos están contenidos en el núcleo de todas las células del cuerpo, exceptuando los glóbulos rojos. Los genes contenidos en los cromosomas determinan qué aspecto tendrá el niño, cómo se desarrollará y, hasta cierto punto, cómo funcionará en el futuro.

Cuando un niño no tiene el número normal de 46 cromosomas, o cuando le falta algún trozo de un cromosoma o tiene duplicada una parte del mismo, es posible que su aspecto y/o su forma de comportarse sean distintos a los demás niños de su edad, y también es posible que desarrolle problemas serios de salud. El *Síndrome de Down* es un ejemplo de lo que puede ocurrir cuando un niño nace con un cromosoma de más.

Enfermedades genéticas provocadas por un único gen. A veces el número de cromosomas es normal, pero uno o varios de los genes contenidos en ellos son anormales.

Algunas de estas anomalías se pueden transmitir de padres a hijos cuando sólo uno de los progenitores presenta la alteración. Esto recibe el nombre de herencia autosómica dominante.

Hay otras anomalías genéticas que sólo se pueden transmitir cuando ambos progenitores presentan el mismo gen defectuoso. (La fibrosis quística, la enfermedad de Tay-Sachs y la anemia falciforme son ejemplos de este tipo de anomalías.) En estos casos tanto el padre como la madre son normales, pero portadores del gen defectuoso, y uno de cada cuatro hijos estará afectado por la enfermedad. Esto recibe el nombre de herencia autosómica recesiva.

Hay un tercer tipo de anomalías genéticas, su herencia está ligada al sexo y generalmente sólo afectan a sujetos de sexo masculino. Las mujeres pueden ser portadoras del gen defectuoso que provoca la enfermedad, pero, aunque pueden transmitirla, no la manifiestan. (Ejemplos de este tipo de herencia son la hemofilia, el daltonismo y las formas más frecuentes de distrofia muscular.)

Factores adversos durante el embarazo. Ciertas enfermedades que afecten a la madre durante el embarazo, sobre todo durante las primeras nueve semanas de gestación, pueden provocar anomalías congénitas en el embrión o el feto, como por ejemplo, la rubéola o la diabetes. El consumo de alcohol y otras drogas también incrementa el riesgo de que el bebé nazca con anomalías, y lo mismo ocurre con ciertos fármacos y productos químicos que contaminan el aire, el agua y los alimentos. Durante el embarazo, una mujer debe consultar al médico antes de tomar cualquier medicamento.

Combinación de factores hereditarios y ambientales. La espina bífida, el labio leporino y el paladar hendido son ejemplos de anomalías congénitas que se dan cuando se combina una predisposición hereditaria a presentar la malformación y una exposición a factores ambientales adversos durante una etapa crítica del embarazo.

Causas desconocidas. En la mayoría de las anomalías congénitas no se conocen las causas. Esto resulta particularmente preocupante para los padres que ya han tenido un hijo afectado y quieren tener más descendencia, porque no hay forma de saber si les volverá a ocurrir lo mismo. Si usted y su familia se encuentran en esta situación, pídale al pediatra que les remita a un servicio de consejería genética. Estos servicios están compuestos por equipos de expertos que le podrán aconsejar sobre la mejor forma de proceder.

Aprender a vivir con el problema

Si su hijo nace con una anomalía congénita, sus primeras horas y días de vida serán muy difíciles para usted. Aparte de tener que aprender a aceptar a su hijo tal y como es, tendrá que sobreponerse al hecho de no tener el bebé perfecto con el que soñó durante el embarazo. Mientras tanto, sus parientes y amigos no dejarán de llamarle para escuchar la "buena noticia". Una forma de liberarse de la presión social es designar a un miembro de la familia y a un amigo para que informen a los parientes y amistades lo que le ocurre a su bebé recién nacido.

Si usted tiene más hijos, tendrá que explicarles la situación lo antes posible. Es difícil predecir la reacción de los hermanos ante este tipo de noticias, pero, lo demuestren o no, muchos se sienten culpables. Es posible que durante el embarazo hayan tenido celos y sentimientos de resentimiento contra el futuro bebé e incluso pueden haber deseado secretamente que no llegara a nacer. Si es así, cuando sepan que su nuevo hermanito o hermanita tiene un problema, es posible que se consideren los responsables. Incítelos a que le hagan preguntas, respóndales utilizando un lenguaje que puedan entender, y asegúrese de explicarles que nadie tiene la culpa de lo que ha pasado.

Intente no culparse tampoco a sí misma por lo ocurrido. Exceptuando los casos en que la anomalía congénita se debe al consumo de drogas o alcohol durante el embarazo, no se puede hacer nada para evitar un trastorno de este tipo. Evite a toda costa los sentimientos de culpabilidad. La culpa sólo servirá para interferir con el amor y el afecto tan necesarios en estas circunstancias.

Por muy agobiada que pueda sentirse por los problemas que se le avecinan, el bebé que acaba de nacer necesita recibir todo el calor y el afecto que usted estaría dispuesta a dar a cualquier recién nacido. Es fácil olvidarse de esto durante los primeros días que siguen al parto, cuando hay que tomar tantas decisiones difíciles, se siente ansiosa y algo decepcionada. Sin embargo, en éstos momentos es de vital importancia que acaricie, cargue y acune a su bebé, tanto por él como por usted misma.

Afrontar las necesidades médicas

Hay tantas anomalías congénitas y cada una de ellas requiere tratamientos tan distintos, que sería imposible hablar de todas ellas en esta sección. En lugar de ello, nos centraremos en las necesidades médicas de dos de las anomalías congénitas más comunes: el síndrome de Down y la Espina bífida.

Síndrome de Down. Aproximadamente uno de cada ochocientos bebés nace con Síndrome de Down. Afortunadamente, gracias a la amniocentesis, este síndrome se puede detectar antes del nacimiento. Este problema —que se debe a la presencia de un cromosoma de más— se asocia a una serie de anomalías físicas, tales como ojos "achinados", comisura interna del ojo escondida tras un repliegue cutáneo, puente de la nariz aplanado, lengua relativamente grande, e hipotonía en los músculos y ligamentos de todo el cuerpo.

El efecto principal y más grave del Síndrome de Down es el retraso mental. Prácticamente todos los niños que tienen este síndrome presentan un desarrollo más lento que un niño promedio, aunque el grado de afectación varía ampliamente de un niño a otro. Algunos tienen un desarrollo cercano al normal, mientras que otros presentan retardo severo. Aun así, aunque los bebés con Síndrome de Down presentarán retrasos en el desarrollo, tanto durante la infancia como durante la adolescencia y la edad adulta, la mayoría de ellos acaban aprendiendo a comer, a vestirse y a usar el baño por su cuenta. Y muchos de ellos, si reciben una educación especial, pueden aprender un oficio sencillo.

La detección temprana del Síndrome de Down es importante, puesto que muchos niños afectados presentan tambien anomalías en el corazón, el tracto intestinal y/o la sangre, que requieren pronta atención. El diagnóstico temprano también permite que los padres se adapten a la situación y busquen apoyo e información. Una vez se sospecha la condición, un análisis de sangre permite confirmar el diagnóstico (los resultados tardan varios días). Puesto que los recién nacidos con Síndrome de Down no suelen tener problemas médicos que requieran tratamiento inmediato, la mayoría de ellos pueden ser dados de alta como todo recién nacido.

Si usted ha tenido un bebé con Síndrome de Down, es posible que el pediatra le recomiende algún programa de intervención temprana. Si es así, debe comenzar lo antes posible. Estos programas permiten que los niños desarrollen al máximo su potencial evolutivo y físico.

Es posible que oiga hablar sobre otras "terapias" que *no* están validadas y, por lo tanto, no son recomendables, como el tratamiento con multivitaminas ("ortomolecular") o un sistema denominado "moldeamiento", que se centra en el comportamiento del niño. Estos enfoques acaparan la atención de los medios porque prometen grandes éxitos, pero no se han podido validar sus beneficios a largo plazo, además de que consumir dosis excesivas de vitaminas puede ser perjudicial para la salud. Estos programas son además costosos, y pueden retrasar otros métodos que sí son efectivos. Si escucha de algún tratamiento que cree que puede ayudar a su bebé, discútalo primero con su pediatra para ver cuán válido es y saber si vale la pena invertir en el mismo.

Además del retraso en el desarrollo, un niño con Síndrome de Down puede tener problemas de salud conforme vaya creciendo. Se debe dar seguimiento detallado a su crecimiento, ya que un crecimiento muy lento y/o una ganancia excesiva de peso pueden reflejar la falta de la hormona tiroidea, un problema que afecta a muchos niños con Síndrome de Down. Incluso sin tener problemas de tiroides, es bastante probable que el niño sea más bajo y pese menos que el promedio de su edad. Algunos niños con Síndrome de Down también tienen problemas cardíacos que pueden requerir medicación o cirugía.

Otro problema, que afecta a quince de cada cien niños con Síndrome de Down, es una anomalía en los ligamentos del cuello que puede provocar lesiones graves en la médula espinal si extienden demasiado el cuello (doblándolo hacia atrás) al hacer ejercicio físico. Cuando su hijo sea mayor, conviene que pregunte al pediatra si es preciso hacerle una radiografía de cuello a su bebé antes de permitirle hacer ejercicios físicos fuertes (especialmente volteretas y gimnasia). Si la radiografía presenta esta anomalía, debe limitarle las actividades físicas a aquellas que no puedan provocarle lesiones.

A pesar de todos estos problemas, criar a un bebé con Síndrome de Down puede ser muy gratificante. Estos niños suelen ser muy afectuosos, abiertos y cariñosos, y dan lo máximo de sí mismos si se les trata con amor y afecto. Como ocurre con todos los niños, cada nuevo logro, por pequeño que sea, puede convertirse en un verdadero triunfo compartido por toda la familia.

Espina bífida. La espina bífida tiene lugar cuando los huesos de la columna vertebral no se cierran bien durante las fases iniciales del desarrollo. La incidencia de esta anomalía es algo menor que la del Síndrome de Down: ocurre en aproximadamente uno de cada mil recién nacidos. Aún así, es la anomalía congénita *físicamente* incapacitante más común. Si un padre tiene un hijo con espina bífida, tendrá más probabilidades (aproximadamente una entre cien) de tener otro hijo con la misma anomalía. Esto parece obedecer al efecto combinado de factores hereditarios y ambientales. Actualmente existen pruebas de diagnóstico prenatal que permiten detectar la espina bífida en la etapa temprana del embarazo.

Un recién nacido con espina bífida parece a primera vista normal, excepto por una pequeña bolsa que sobresale de la columna vertebral. La bolsa contiene líquido cefalorraquídeo y células nerviosas afectadas que corresponden a la parte inferior del cuerpo. El recién nacido debe ser intervenido durante sus primeros días de vida para que le extirpen la bolsa y le cierren la columna vertebral. Lamentablemente, no se puede hacer gran cosa para reparar los nervios lesionados.

La mayoría de los niños que nacen con espina bífida desarrollan otros problemas tales como:

Hidrocefalia. Aproximadamente setenta de cada cien niños que nacen con espina bífida acaban teniendo hidrocefalia. Esta alteración se debe a un aumento de líquido cefalorraquídeo, que es el fluido que rodea el cerebro y la médula espinal y que desempeña una función de amortiguación. Este exceso de líquido se produce porque la espina bífida bloquea la vía normal de drenaje. La hidrocefalia es un trastorno serio y, si no se trata, puede ser mortal.

El pediatra sospechará que hay hidrocefalia si la cabeza del bebé crece más de lo esperado. El diagnóstico, se confirma con una tomografía computarizada o una resonancia magnética de la cabeza. Si se confirma la hidrocefalia, el niño deberá ser operado para drenarle el líquido sobrante mediante una derivación al peritoneo o al corazón.

Debilidad muscular o parálisis. Puesto que en estos niños las células nerviosas correspondientes a la parte inferior del cuerpo están lesionadas, los músculos de las piernas pueden ser muy débiles o, incluso, estar completamente paralizados. Así mismo, suelen tener mayor rigidez en las articulaciones y en muchos casos tienen anomalías en la cadera, las rodillas y los pies. La cirugía puede corregir algunos de estos problemas y la debilidad muscular se puede tratar con fisioterapia, andadores y abrazaderas. Muchos bebés con espina bífida acaban aprendiendo a ponerse de pie y algunos, incluso, llegan a andar, aunque el proceso de aprendizaje es muy largo y profundamente frustrante.

Problemas con el control de los esfínteres y las evacuaciones. Frecuentemente los niños con espina bífida tienen lesionadas las células nerviosas que controlan los esfínteres. Como consecuencia, estos niños tienen más infecciones de orina y presentan más problemas renales debido al flujo anormal de orina. Existen técnicas especiales para adquirir un mayor control urinario y minimizar las infecciones.

El control de las evacuaciones también resulta problemático, pero la mayoría de los niños con espina bífida lo acaban dominando. De todos modos, suele requerir mucho tiempo, paciencia, un riguroso control alimentario (para que las heces no se endurezcan demasiado) y el uso ocasional de supositorios y otros productos que estimulan la evacuación.

Infecciones. Los padres de bebés que tienen espina bífida e hidrocefalia o problemas del tracto urinario, tienen que estar pendientes de síntomas de infección. Afortunadamente el tipo de infecciones que suelen contraer estos niños responden bien a los antibióticos.

Problemas sociales y educativos. Siete de cada diez niños con espina bífida tienen trastornos del desarrollo y de aprendizaje que exigen algún tipo de educación especial. Muchos también necesitarán atención psicológica y un enorme apoyo emocional para poder afrontar sus problemas médicos, educativos y sociales.

La atención médica que requiere un bebé con espina bífida no la puede colmar un solo médico. Aparte de los cuidados básicos que le provee su pediatra, este trastorno exige el trabajo en equipo de neurocirujanos, ortopedas, urólogos, expertos en rehabilitación, fisioterapeutas, psicólogos y trabajadores sociales. En algunos centros médicos hay clínicas específicamente dedicadas al tratamiento de la espina bífida, que ofrecen en un mismo lugar los servicios de todos estos profesionales. El tener a todos los miembros del equipo en un solo sitio facilita la comunicación y ofrece a los padres un mejor acceso a la información y la atención que necesiten.

Dónde acudir

Los padres pueden obtener información y apoyo en asociaciones como las siguientes:

Congreso Nacional de Síndrome de Down
1605 Cantilly Dr.
Suite 250
Atlanta, GA 30324
(1-800-232-NDSC)

Asociación de Espina Bífida de América
4590 McCarthur Blvd, NW
Suite 250
Washington, DC 20007-4226

Para obtener información sobre anomalías congénitas, escribir a:

Centro de Recursos "March of Dimes"
1275 Mamaroneck Ave.
White Plaines, NY 10605

Deficiencias auditivas (hipoacusia)

La mayoría de los bebés tienen pérdidas auditivas leves cuando se les acumula fluído en el oído medio en respuesta a alergias o resfriados. Estas pérdidas auditivas son temporales. En muchos bebés, quizás en uno de cada diez, el fluído permanece allí debido a una *infección de oído* (véase la página 589). Mientras dura la infección, no oyen tan bien como deberían y en algunas ocasiones esto provoca retraso en el habla. La pérdida de audición permanente, que siempre representa una amenaza para la adquisición del habla y desarrollo del lenguaje, es mucho menos frecuente. Este problema puede ser leve o parcial, o bien completa o total.

Aunque una pérdida auditiva puede ocurrir a cualquier edad, las más perjudiciales son las que están presentes desde el nacimiento y las que se adquieren durante la lactancia o la primera infancia. Cualquier pérdida de audición durante esta etapa debe tratarse inmediatamente, puesto que afectará la capacidad de comprender el habla así como producirla. Hasta una pérdida auditiva que sólo sea temporalmente seria, si se da durante la lactancia, es posible que interfiera con el aprendizaje del lenguaje oral.

Hay dos grandes tipos de sorderas:

Sordera de conducción. Cuando el déficit auditivo obedece a una anomalía estructural que afecta al oído externo o al oído medio, o a la obstrucción del canal auditivo debido a la acumulación de fluído en el oído medio, lo que interfiere con el proceso de transmisión del sonido.

Sordera neurosensorial o perceptiva es cuando el déficit obedece a la existencia de alguna anomalía en el oído interno o en las células nerviosas encargadas de transmitir la información del sonido desde el oído interno hasta el cerebro. Puede estar presente al momento del nacimiento o bien ocurrir un poco después. Si existe una historia familiar de sordera, lo más probable es que se trate de un trastorno hereditario. Si la madre contrajo durante el embarazo alguna enfermedad infecciosa, como la rubéola o el citomegalovirus, el feto podría haberse contagiado y presentar, consecuentemente sordera. El problema también puede deberse a malformaciones congénitas del oído interno. Generalmente se desconoce la causa de las sorderas neurosensoriales severas. En estos casos, la probabilidad de que tengan una base genética importante es elevada, aun cuando no haya antecedentes familiares. Los futuros hermanos y hermanas de este niño tienen más probabilidades de presentar este mismo problema.

La sordera se debe diagnosticar lo antes posible para que el proceso de adquisición del lenguaje —que se inicia el mismo día del nacimiento— no se vea afectado. Si usted y/o el pediatra sospecha que su bebé no oye bien, insista en que le hagan una prueba objetiva de audición lo antes posible. A pesar de que algunos médicos de cabecera y algunos pediatras pueden determinar si un niño tiene fluído acumulado en el oído medio—una de las causas más comunes de sordera—no pueden evaluar su capacidad auditiva con exactitud. Si desea obtener este servicio, lleve a su hijo a un audiólogo. También puede ser visto por un especialista en oído, nariz y garganta (otorrinolaringólogo).

A los bebés se les puede practicar una prueba especial llamada audiometría de potenciales evocados de tallo cerebral. Esto le permite al doctor evaluar la capacidad auditiva del bebé sin necesidad de que éste coopere. Es posible que en su localidad no haya un centro que realice este tipo de pruebas. Aun así, las consecuencias de una pérdida de audición no diagnosticada pueden ser tan graves que probablemente, el pediatra le recomendará que se desplacen a otro lugar donde le puedan hacer la prueba.

Tratamiento

El tratamiento de la sordera depende de su causa. Si se trata de una sordera de conducción leve provocada por fluído en el oído medio, probablemente el médico recomendará simplemente repetirle las pruebas al cabo de varias semanas para determinar si ha desaparecido el fluído. Administrar antihistamínicos o descongestionantes no sirve de nada en estas situaciones. Los antibióticos tienen un efecto limitado, pero suele merecer la pena probarlos durante una o dos semanas. (Véase *Infecciones de oído,* página 589.)

Si el niño no mejora durante los próximos tres meses, y sigue teniendo fluído detrás del tímpano, el pediatra referirá su caso a un otorrinolaringólogo, quien le insertará quirúrgicamente unos tubitos de ventilación en el tímpano para drenar el fluído.

Se trata de una intervención sencilla que sólo dura unos minutos, pero que requiere anestesia general, por lo que el bebé permanecerá parte del día internado en el centro hospitalario o clínica donde se le opere. Incluso después de implantados los tubos, es posible que al niño se le vuelva a infectar el oído medio. Aún así, los tubos permitirán drenar parte del fluído y disminuirán el riesgo de infecciones ulteriores. Además, después de la operación, el bebé oirá mejor. En estos casos los pediatras suelen recetar antibióticos a dosis bajas para disminuir la probabilidad de volver a contraer una infección de oído.

Si la sordera de conducción se debe a una malformación que afecta al oído externo o medio, es posible que el uso de un audífono permita aumentar la capacidad auditiva hasta un nivel normal o casi-normal. De todos modos, los audífonos sólo dan buenos resultados cuando se utilizan permanentemente. Si su hijo necesita usar audífono, usted deberá comprobar que lo lleva puesto y conectado todo el tiempo, sobre todo si se trata de un niño muy pequeño. Cuando crezca, puede considerarse la posibilidad de una cirugía reconstructiva.

A los padres de bebés con sorderas neurosensoriales les suele preocupar mucho la posibilidad de que su hijo no llegue a hablar. Lo cierto es que a cualquier niño que tenga una deficiencia auditiva se le puede enseñar a hablar, pero no todos los niños aprenden a hacerlo con claridad. Algunos niños aprenden a leer los labios, mientras que otros nunca dominan esta habilidad. Pero hay que tener en cuenta que el habla es sólo una forma de lenguaje. La mayoría de estos niños acaban utilizando una mezcla de lenguaje de señas y lenguaje hablado. La expresión escrita también es muy importante, puesto que constituye la base sobre la que se asienta gran parte del éxito académico y profesional. Aprender a hablar a la perfección es lo más deseable, pero no todos los sordos de nacimiento pueden conseguirlo. El lenguaje de señas es el sistema que utilizan estas personas para comunicarse entre sí y el que les permite expresarse mejor.

Cuándo acudir al pediatra

Éstos son los signos y síntomas que deben hacerle sospechar que su bebé tiene una pérdida de audición y alertarle sobre la necesidad de ponerse en contacto con el pediatra.

- No se inmuta ante ruidos fuertes y repentinos cuando tiene un mes, o no se orienta hacia la fuente del sonido cuando tiene tres o cuatro meses.
- No se da cuenta de su presencia sino hasta que le ve.
- Se pasa largas horas haciendo gárgaras y repitiendo sonidos vibrantes que se sienten en la garganta al emitirlos, en lugar de experimentar con una amplia variedad de sonidos vocálicos y consonánticos. (Véase *Desarrollo lingüístico* en los Capítulos 8 y 9.)
- Retraso en la adquisición del lenguaje. Cuesta mucho entender lo que dice, o no dice palabras aisladas, como "*mama*" o "*papa*", después de su primer cumpleaños.
- Da la impresión de que oye algunos sonidos pero no otros. (Algunas pérdidas auditivas afectan sólo a los sonidos agudos; en algunos bebés la pérdida auditiva sólo afecta a un oído.)
- No sólo parece oír mal, sino que también le cuesta aguantar la cabeza, sentarse solo o andar sin apoyarse. (En algunos bebés con sordera neurosensorial, la parte del oído interno que procesa la información sobre el equilibrio y el movimiento de la cabeza también está afectada.)

17

Oído, nariz y garganta

Resfriados/infecciones de las vías respiratorias altas

Su bebé probablemente tendrá más resfriados, o infecciones de las vías respiratorias altas, que cualquier otra enfermedad. Si lo lleva a una guardería o en su casa hay niños en edad escolar, su bebé puede ser particularmente susceptible, ya que los resfriados se contagian con gran facilidad entre los niños que están en contacto cercano. Ésa era la mala noticia, pero ahora viene la buena: la mayoría de los resfriados se curan solos y no suelen presentar complicaciones.

Los resfriados están provocados por virus, unos organismos infecciosos extremadamente pequeños (mucho más pequeños que las bacterias). Una persona puede contagiar el virus directamente a otra persona simplemente estornudando o tosiendo a su lado. Los virus también se pueden contagiar indirectamente, del siguiente modo:

1. Un niño o un adulto infectado, al toser, estornudar o tocarse la nariz, puede transferir el virus de las vías respiratorias a la mano.

2. Luego toca la mano de una persona no infectada.

3. Ésta última se toca la nariz con la mano, introduciendo el agente infeccioso en un lugar idóneo para que crezca y se multiplique—la nariz o la garganta. Pronto presentará los síntomas del resfriado.

4. El ciclo se vuelve a repetir, y la persona recién infectada se convierte en un nuevo foco de infección.

Una vez que el virus esté presente y multiplicándose, su bebé manifestará los siguientes síntomas usuales:

- Secreciones nasales (primero claras y transparentes y luego más densas y obscuras)
- Estornudos
- Fiebre baja (101° a 102° Fahrenheit [38.3° a 38.9° centígrados]) particularmente en la noche
- Pérdida de apetito
- Dolor de garganta y quizás dificultad para tragar
- Tos
- Irritabilidad que viene y se va
- Ganglios ligeramente inflamados

Si su bebé tiene un resfriado común sin complicaciones, los síntomas deben remitir gradualmente al cabo de tres o cuatro días.

Tratamiento

Generalmente, no es necesario llevar a un bebé mayor de tres meses al médico por un simple resfriado, a menos que éste se complique. Sin embargo, si tiene tres meses de edad o menos, debe llamar al pediatra al primer síntoma de enfermedad. En los infantes los síntomas del resfriado pueden ser confusos y éste se puede transformar rápidamente en una enfermedad más grave, como una bronquiolitis (véase la página 548), un ataque de crup (véase la página 555) o una neumonía (véase la página 558).

Si su bebé tiene más de tres meses, llame al pediatra en el caso de que:

- La respiración ruidosa propia de un resfriado esté acompañada de un ensanchamiento de las ventanas de la nariz en cada respiración o de dificultad para inspirar y espirar.
- Presente labios y/o uñas azules o amoratadas.
- La mucosidad, que al principio era líquida y transparente, se vuelve densa y verdosa.
- Presente tos persistente durante más de una semana.
- Tenga dolor de oído (véase *Infecciones de oído,* página 589).
- Tenga fiebre por encima de los 102° Fahrenheit o 39° centígrados.
- Esté demasiado adormilado o inquieto.

Es posible que el pediatra quiera ver al bebé o bien le pida que lo observe atentamente y que le vuelva a llamar en caso de que no mejore un poco cada día o que no se recupere completamente después de una semana de estar enfermo.

Lamentablemente, no existe "cura" para el resfriado común. Los antibióticos se pueden utilizar para tratar infecciones de origen *bacteriano,* pero no tienen ningún efecto sobre los virus, por lo que lo único que puede hacer es tratar de que su bebé tenga las menores molestias posibles. Procure que descanse y beba más líquidos de lo habitual. Si tiene fiebre, déle acetaminofén o ibuprofen. El ibuprofen se puede administrar a niños de seis meses en adelante; sin embargo, no se le debe dar nunca a un niño que esté deshidratado o vomitando continuamente. (Siga las indicaciones sobre la dosis recomendada para niños de la edad de su bebé). Nunca le dé otro fármaco contra el resfriado sin antes consultarlo con el pediatra. Los medicamentos sin receta médica generalmente secan demasiado las vías respiratorias o bien espesan todavía más las secreciones nasales. Además, suelen tener efectos secundarios, como la somnolencia.

Si al bebé le cuesta chupar o lactar debido a la congestión nasal, límpiele bien la nariz utilizando un aspirador nasal antes de cada toma. *Al usar el aspirador nasal, no olvide presionar primero la pera de goma, después introducir suavemente el extremo de la cánula por la ventana de la nariz del bebé y a continuación soltar poco a poco la pera.* La presión negativa permite aspirar la mucosidad que bloquea el paso del aire, lo que debe bastar para que su bebé pueda respirar y succionar al mismo tiempo sin problemas. Se dará cuenta de que esta técnica funciona mejor cuando el bebé es menor de seis meses de edad. Conforme vaya creciendo, se resistirá más a tener la cánula en la nariz, haciendo difícil que le aspire la mucosidad.

Si las secreciones del bebé son demasiado espesas, probablemente el pediatra le recomendará que las ablande utilizando gotas nasales de solución salina, de venta en farmacias. Utilizando un cuentagotas previamente lavado con agua y jabón y bien enjuagado, deje caer dos gotitas en cada ventana unos quince o veinte minutos antes de darle el pecho o el biberón y, a continuación, succione con el aspirador nasal. *Nunca utilice gotas para la nariz que contengan algún medicamento, pues el bebé podría absorberlo en cantidades excesivas. Sólo utilice solución salina para la nariz.*

Colocar un humidificador o un vaporizador en la habitación del bebé también contribuirá a ablandarle la mucosidad y a que se sienta mejor. Póngalo en un sitio que esté cerca del niño para que pueda aprovechar al máximo la humedad. No se olvide de lavar y secar a conciencia el humidificador cada día para evitar la proliferación de hongos o bacterias. *Los vaporizadores de agua caliente deben evitarse ya que pueden provocar quemaduras serias.*

Un último aviso sobre medicamentos: *Las medicinas para la tos o los jarabes para tratar la tos y el resfriado no se deben administrar a un bebé ni a un niño menor de tres años a menos que las recete el pediatra.* La tos es un mecanismo protector que permite limpiar de mucosidad la parte inferior del tracto respiratorio, y, por norma general, no hay motivo para eliminarla.

Prevención

Si su bebé tiene menos de tres meses, la mejor forma de evitar los resfriados es mantenerlo alejado de la gente que esté resfriada. Esto es especialmente importante durante el invierno, cuando circulan muchos de los virus que provocan los resfriados. Un virus que sólo provoca un leve resfriado en un niño mayor o un adulto puede provocar una enfermedad bastante más grave en un infante.

Infecciones de oído

Durante los primeros meses de vida, es bastante probable que su bebé contraiga una infección de oído cuando se resfríe. Esto se debe a que, durante los resfriados y las infecciones de vías respiratorias altas, suele acumularse fluído en el oído medio. Cuando las bacterias infectan este fluído, la infección provoca dolor de oído e inflamación del tímpano. Los médicos denominan "otitis media aguda" a este tipo de infecciones.

Las infecciones de oído son un problema muy común entre los bebés, ya que son más susceptibles a contraer infecciones virales en las vías respiratorias altas y porque sus diminutas trompas de Eustaquio, que normalmente se encargan de drenar el fluído sobrante, no funcionan bien durante las infecciones.

Los niños menores de un año que van a guarderías y pasan mucho tiempo con otros niños tienen más infecciones de oído que los que se quedan en casa, básicamente porque se exponen a muchos más virus. Así mismo, los niños que toman solos el biberón mientras permanecen acostados boca arriba tienen más probabilidades de contraer este tipo de infección, puesto que es posible que les entre un poco de leche en la trompa de Eustaquio, obstruyendo la vía de drenaje. Los niños de ciertos grupos raciales, como los esquimales y los indios americanos, son más susceptibles a contraer este tipo de infecciones. Esto puede deberse a la forma de la trompa de Eustaquio.

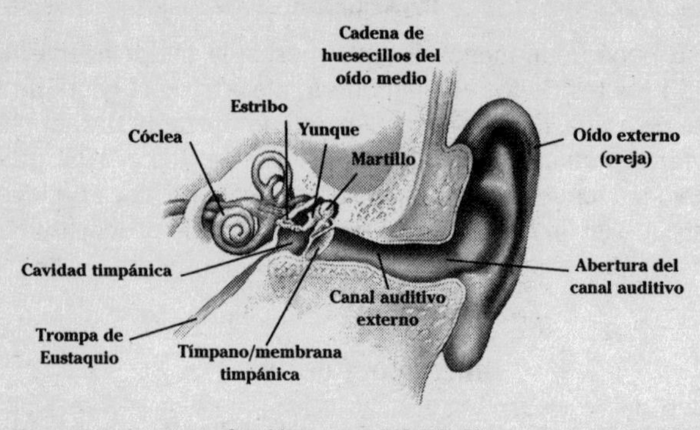

Sección transversal del oído

Signos y síntomas

Las infecciones de oído generalmente, aunque no siempre, causan dolor. Aunque un bebé no puede quejarse de dolor de oído, puede estirarse la oreja y llorar. Un lactante que tenga una infección de oído puede llorar más durante las tomas, puesto que, al succionar y al tragar, hay cambios de presión en el oído medio que pueden resultar molestos. Así mismo, al acostarse hay cambios de presión, lo que explica por qué los niños con infección de oído tienen problemas de sueño. La fiebre es otra señal de alarma; las infecciones de oído suelen cursar con fiebre alta de 100° a 104° Fahrenheit (entre 38° y 40° centígrados).

Es posible que al niño le salga pus o un fluído amarillo sanguinolento del oído infectado. Esta supuración indica que se ha hecho un pequeño agujero en el tímpano (denominado perforación). Estas perforaciones generalmente se curan solas y sin complicaciones; aun así, es algo que el pediatra debe conocer.

También es posible que perciba que su hijo oye menos. Esto se debe a que el fluído acumulado detrás del tímpano interfiere con el proceso de transmisión del sonido. Estas pérdidas auditivas casi siempre son temporales, recuperándose la capacidad auditiva inicial en cuanto deja de haber fluído en el oído. En ocasiones, cuando las infecciones de oído son recurrentes, es posible que se acumule fluído detrás del tímpano durante varias semanas y continúe interfiriendo con la audición. Si le parece que su bebé oye menos que antes de contraer la infección de oído, coménteselo al pediatra. Si aún le preocupa esto, solicite una evaluación por un especialista en audición.

Las infecciones de oído son más frecuentes durante la época de la influenza: invierno y principios de la primavera.

Tratamiento

Siempre que sospeche una infección de oído, póngase en contacto con el pediatra lo antes posible. Así mismo, siga los siguientes pasos para mitigar el malestar del niño.

- Si tiene fiebre, intente bajársela utilizando los procedimientos descritos en el Capítulo 20.
- Déle acetaminofén líquido en las dosis apropiadas para su edad y peso.
- No le ponga gotas para los oídos a menos que el pediatra le dé el visto bueno.

El pediatra examinará el oído de su hijo por dentro utilizando un aparato provisto de luz denominado otoscopio. Para determinar si el niño tiene líquido detrás del tímpano, probablemente colocará un tubito de goma en el otoscopio e insuflará aire suavemente dentro del oído para evaluar la sensibilidad y los movimientos del tímpano. Hay una prueba objetiva que permite determinar si hay o no líquido en la cavidad timpánica. Esta prueba permite obtener los resultados en forma de un informe impreso que recibe el nombre de timpanograma. Si el bebé tiene fiebre, el médico le hará una revisión general para determinar si le ocurre algo más aparte de la infección de oído.

Para tratar una otitis media, el médico le recetará antibióticos. Éstos se venden en forma de jarabe. A veces, las gotas para los oídos permiten mitigar el dolor, pero sólo se las debe poner a su hijo si se las recomienda el pediatra. A menos que la otitis se asocie a una alergia, los antihistamínicos y los descongestionantes probablemente no servirán de nada.

Los antibióticos son el tratamiento principal de las infecciones de oído. El pediatra le indicará cuál es el patrón de administración que debe seguir (dosis y frecuencia de las tomas). Siga las indicaciones del pediatra al pie de la letra. Al cabo de unos tres días, debe haber una clara mejoría, con la desaparición de la fiebre y el dolor.

Cuando su bebé empiece a mejorar, usted tendrá la tentación de interrumpir el tratamiento. ¡No lo haga! Es posible que aún queden algunas de las bacterias que provocaron la infección. Dejar la medicación antes de tiempo, puede hacer que se multipliquen las bacterias y así reactivar la infección con toda su fuerza. La única forma de evitar una reactivación es medicar al bebé durante todo el tiempo recomendado por el pediatra (generalmente unos diez días).

El pediatra querrá volver a ver a su bebé cuando haya completado los antibióticos para comprobar si queda fluído dentro de la cavidad timpánica. Esto puede ocurrir incluso después de haber controlado la infección. Este trastorno, denominado “otitis media con efusión”, es muy frecuente; cinco de cada diez niños siguen teniendo líquido en la cavidad timpánica tres semanas después de iniciar el tratamiento. En nueve de cada diez el fluído desaparecerá en tres meses sin necesidad de tratamiento adicional.

En algunas ocasiones, las infecciones de oído no responden al primer antibiótico recetado, por lo que, si su bebé sigue teniendo fiebre o sigue quejándose de dolor de oído durante más de tres días, debe llamar al pediatra. Para determinar si el antibiótico está cumpliendo su función, el pediatra —o un otorrinolaringólogo— podría extraer una muestra de fluído del interior del oído introduciendo una aguja a través del tímpano. Si el análisis de la muestra extraída revela que la infección está provocada por bacterias resistentes al antibiótico prescrito inicialmente, el pediatra le recetará otro antibiótico. En casos muy raros, la infección no remite a pesar de cambiar varias veces de antibiótico. En estos casos, puede ser necesario internar al bebé en un hospital para administrarle antibióticos por vía intravenosa y drenarle el oído quirúrgicamente.

¿Debe quedarse en casa un niño que tenga una infección de oído? Si el niño se encuentra bien, no es necesario que se quede en casa, siempre y cuando haya alguien en la escuela o guardería que pueda darle la medicación adecuadamente. Hable con la persona que cuida al bebé para repasar a qué horas y qué dosis de antibiótico deben darle. Compruebe también que haya una nevera en caso de que el antibiótico tenga que refrigerarse. Los medicamentos que no tengan que estar en la nevera deben guardarse en un armario cerrado con llave y separado de otros objetos, y los frascos deben estar identificados con el nombre y apellidos del bebé y la dosis y horario de administración.

Si a su bebé se le perfora el tímpano, podrá realizar prácticamente cualquier actividad, pero no deberá meterse en una piscina. Por lo general, volar en avión no debe suponer ningún problema.

Prevención

Las infecciones de oído ocasionales no se pueden prevenir. En algunos bebés, estas infecciones se asocian a alergias estacionales que causan congestión, lo que bloquea el drenaje del oído medio a la garganta. Si su bebé suele contraer infecciones de oído en la época en que hay más alergias, coménteselo al pediatra. Es posible que le hagan otras pruebas al bebé. ¿Y qué ocurre con los bebés que salen de una infección de oído para contraer otra? Si su bebé ha tenido varias infecciones de oído seguidas, es posible que el pediatra le recete antibióticos preventivos y, así, tenga menos probabilidades de contraer otra infección. Estos antibióticos por lo común se recetan a una dosis baja por una o dos veces al día. Aunque el bebé puede contraer nuevas infecciones mientras toma la medicina, éstas ocurren con mucho menos frecuencia.

Las infecciones de oído recurrentes pueden ser agotadoras, tanto para usted como para su bebé. Sin embargo, tenga la seguridad de que se trata de un problema temporal que *mejorará* con la edad.

Dolor de garganta

Los términos *dolor de garganta y amigdalitis* se suelen utilizar como si fueran sinónimos, pero no necesariamente se refieren a lo mismo. La amigdalitis es la inflamación de las amígdalas. Cuando su bebé tenga dolor de garganta, es posible que sus amígdalas estén inflamadas, pero también es posible que la inflamación afecte a otras partes de la garganta pero *no* a las amígdalas.

La causa más frecuente de dolor de garganta en los bebés son las infecciones virales. Cuando la infección ha sido provocada por un virus, no existe ningún tratamiento específico y el bebé debe mejorar en un lapso de tres a cinco días. A menudo, un bebé que tiene dolor de garganta debido a un virus, está resfriado al mismo tiempo. Es posible que tenga fiebre baja, pero no suele encontrarse muy mal.

Hay un virus particular (denominado *Coxsackie*) que actúa sobre todo durante el verano y el otoño y que suele provocar fiebre más alta, mayor dificultad para tragar y mayor malestar general. Si su bebé contrae esta infección, es posible que le salgan una o dos vesículas en la garganta, que el pediatra intentará encontrar cuando lo examine.

Tratamiento

Siempre que su bebé tenga dolor de garganta persistente, esté o no acompañado de fiebre, dolor de estómago o fatiga extrema, debe llamar al pediatra. La llamada debe hacerla con carácter urgente si, además, su bebé tiene muy mal aspecto o si le cuesta mucho respirar o tragar (lo que le hace babear). Esto podría indicar que tiene una infección más grave.

Prevención

La mayoría de las infecciones de garganta son contagiosas y se trasmiten a través del aire o de las gotitas de saliva que se expelen al hablar, por lo que tiene sentido que usted mantenga a su bebé alejado de las personas que presenten síntomas de infección. Sin embargo, la mayoría de la gente puede contagiar la infección antes de presentar los primeros síntomas, por lo que, de hecho, no hay ninguna forma de evitar que su bebé contraiga la enfermedad.

En el pasado, cuando un bebé tenía dolores de garganta recurrentes, se le extirpaban las amígdalas para evitar ulteriores infecciones. En la actualidad, no obstante, esta intervención, denominada amigdalectomía, no se practica tan a menudo. Incluso en los casos más complicados, el tratamiento con antibióticos suele ser la mejor solución.

18

Ojos

Su bebé depende de la información visual que va recogiendo para desarrollarse durante la infancia. Si no ve bien, es posible que tenga problemas para aprender y para relacionarse con el mundo que le rodea. Por ello, es importante detectar cualquier problema en la vista lo antes posible. Muchos de estos problemas pueden corregirse si se tratan a tiempo, pero resultan mucho más difíciles de solucionar si se dejan pasar.

A su bebé deben examinarle los ojos al nacer para detectar problemas que podrían estar presentes desde el nacimiento. Posteriormente, será examinado en cada una de las visitas periódicas. Si en su familia hay antecedentes de enfermedades o anomalías importantes de los ojos, es posible que el pediatra refiera su caso a un oftalmólogo (un médico especialista en ojos) para un examen inicial a fondo y, si lo juzga conveniente, revisiones periódicas de seguimiento.

Si un niño es prematuro, será evaluado para detectar un trastorno que puede poner en peligro su vista denominado "retinopatía del prematuro", un trastorno que afecta sobre todo a bebés que han recibido oxígeno por tiempo prolongado durante los primeros días de vida. El riesgo es mayor en los niños que son muy prematuros y de bajo peso al nacer. Aunque este trastorno no se puede prevenir, en la mayoría de los casos, si se detecta pronto, puede tratarse con éxito. Todos los neonatólogos están conscientes del riesgo de la retinopatía y orientan a los padres sobre la necesidad de hacerles

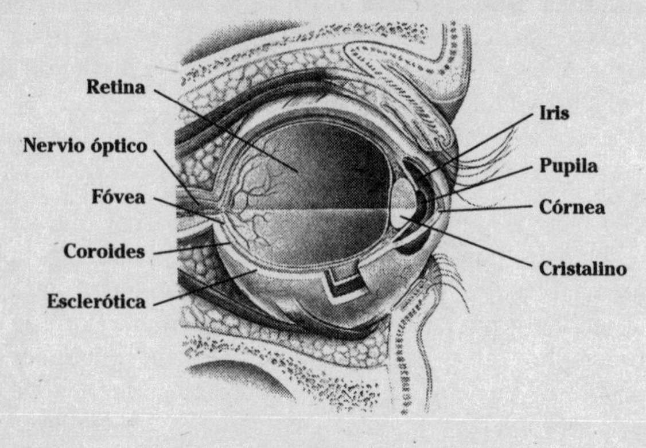

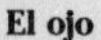
El ojo

evaluaciones oftalmológicas a sus bebés. Los padres de niños prematuros deben saber que sus hijos tienen mayor probabilidad de tener astigmatismo, miopía y estrabismo y, por lo tanto, deben evaluarse periódicamente a lo largo de la infancia.

¿Cuánto ve un recién nacido? Hasta hace relativamente poco se creía que veían muy poco; sin embargo, investigaciones recientes indican que, incluso durante las primeras semanas de vida, un bebé puede ver luces y sombras y es capaz de percibir visualmente el movimiento. Ve los objetos lejanos muy borrosos y la distancia focal óptima es de 8 a 15 pulgadas, lo que equivale más o menos a la distancia que separa los ojos del bebé de los de la madre mientras lo está amamantando o dándole el biberón.

Hasta que su bebé aprenda a utilizar los dos ojos a la vez, puede dar la impresión que éstos se mueven al azar, vagando sin sentido. Estos movimientos al azar deben ir disminuyendo hacia los dos o tres meses. A los tres meses, su bebé seguramente será capaz de enfocar los ojos en rostros y objetos cercanos y podrá seguir con la mirada la trayectoria de un objeto cercano en movimiento. A los cuatro meses, su hijo deberá utilizar la vista para detectar objetos cercanos, que probablemente intentará tocar o agarrar. A los seis meses, podrá identificar y distinguir los objetos visualmente.

Durante el segundo año de vida, la visión se desarrolla rápidamente, de tal modo que la agudeza visual de un niño promedio de dos años es de aproximadamente 20/60. Entre los dos y los cinco años, alcanzará una agudeza visual de aproximadamente 20/25, y entre los siete y los nueve años su agudeza visual se equipará con la de los adultos (20/20).

Si en las visitas rutinarias el pediatra comprueba que la vista de su bebé se está desarrollando con normalidad, es posible que no haga falta hacerle ninguna otra prueba formal de visión sino hasta que tenga tres o cuatro años. A esta edad, la mayoría de los niños son capaces de seguir instrucciones y de describir lo que ven, por lo que las pruebas resultan más fiables.

Recomendaciones para el cernimiento visual

Un buen cernimiento visual es fundamental para identificar trastornos que podrían comprometer la visión del bebé. La Academia Americana de Pediatría recomienda hacer el cernimiento en etapas:

1. **En la sala de recién nacidos:** Antes de ser dado de alta, todo recién nacido debe ser evaluado por un pediatra u oftalmólogo, para detectar infecciones, defectos estructurales, cataratas o glaucoma. Todo niño con múltiples problemas médicos, que sea prematuro y/o a quien se le ha administrado oxígeno, debe ser examinado por un oftalmólogo.

2. **A los seis meses:** El pediatra debe aprovechar la visita de seguimiento para evaluar la alineación visual del bebé (que ambos ojos funcionen conjuntamente).

Otras pruebas de cernimiento deben practicarse a los tres o cuatro años de edad y de los cinco años en adelante.

Cuándo acudir al pediatra

Los exámenes visuales rutinarios permiten detectar problemas oculares ocultos, pero ocasionalmente es posible que usted note ciertos signos que indican que su bebé tiene problemas en la vista o alguna anomalía en los ojos. Informe al pediatra en caso de que su hijo presente alguno de los siguientes síntomas de alerta:

- Enrojecimiento, inflamación, costras o supuración persistentes (durante más de veinticuatro horas) en ojos o párpados
- Lagrimeo excesivo
- Sensibilidad extrema a la luz (fotofobia)
- Los ojos se van hacia un lado o se le cruzan, o bien no los mueve al unísono
- Lleva la cabeza ladeada de una forma extraña
- Se pone bizco frecuentemente
- Se le caen los párpados
- Pupilas de tamaño desigual
- Se frota continuamente los ojos
- Los ojos le "bailan" o "brincan"
- No puede ver objetos a menos que los tenga cerca
- Lesión ocular
- Córnea turbia

Dependiendo de los síntomas que presente su bebé, el pediatra lo examinará para determinar si tiene alguno de los problemas de la vista o de otro tipo que se comentan a continuación.

Problemas de visión que requieren lentes correctores

Miopía. La incapacidad para ver objetos lejanos con claridad es el problema visual más frecuente en niños pequeños. Este rasgo hereditario se detecta ocasionalmente en recién nacidos, sobre todo si son prematuros, pero se detecta con más frecuencia a partir de los dos años.

La miopía generalmente se debe a que el globo ocular es más alargado de lo usual. Menos frecuentemente, se debe a una anomalía en la forma de la córnea o del cristalino.

El tratamiento de la miopía consiste en usar lentes correctores. Tenga en cuenta que, si su hijo crece deprisa, lo mismo ocurrirá con sus ojos, por lo que es posible que le tenga que cambiar los lentes cada seis meses.

Hipermetropía. Este trastorno se debe a que el globo ocular es más corto de lo normal, lo que dificulta que el cristalino enfoque objetos próximos. La mayoría de los niños nacen hipermétropes, pero, conforme van creciendo, sus globos oculares se alargan y la hipermetropía se corrige. Muy pocas veces es necesario usar lentes, a menos que sea una hipermetropía muy marcada.

Astigmatismo. El astigmatismo se debe a una curvatura anómala de la superficie de la córnea y/o del cristalino. Si su bebé tiene astigmatismo, verá las cosas borrosas, tanto de cerca como de lejos. El astigmatismo puede corregirse con lentes.

Estrabismo

El estrabismo es una alineación incorrecta de los ojos causada por un desequilibrio en los músculos que controlan los movimientos oculares.

Es normal que los ojos de un recién nacido se muevan al azar y se crucen. Sin embargo, en pocas semanas aprende a mover ambos ojos a la vez y debe dejar de cruzarlos al cabo de pocos meses. Si su bebé sigue cruzando los ojos o si no mira en la misma dirección con ambos ojos (por ejemplo, uno mira para un lado, para arriba o para abajo), los músculos que controlan los movimientos oculares pueden estar más débiles en un lado que en otro. Este trastorno, denominado *estrabismo,* no permite que ambos ojos enfoquen simultáneamente en el mismo punto.

Si su bebé nace con estrabismo, es importante realinearle los ojos lo antes posible para que pueda enfocar con ambos ojos a la vez. Los ejercicios oculares no bastan para conseguir esto, por lo que el tratamiento suele incluir el uso de lentes, gotas oculares o cirugía.

Si su bebé tiene que operarse, la intervención se suele practicar entre los seis y los dieciocho meses de edad. La cirugía suele ser eficaz y segura, aunque es bastante común que un niño necesite más de una cirugía. Aún después de la intervención, es posible que el niño siga teniendo que usar lentes.

Algunos bebés parecen tener estrabismo debido a la estructura de su cara, pero sus ojos están perfectamente alineados. Estos niños suelen tener el puente de la nariz poco pronunciado y gruesos pliegues cutáneos a lo largo de la nariz, denominados *epicanto,* que deforman el aspecto de los ojos. Esto se conoce como *seudoestrabismo* (o falso estrabismo). La visión de estos niños es normal y conforme van creciendo y el puente de la nariz se les hace más prominente, pierden el aspecto seudoestrábico.

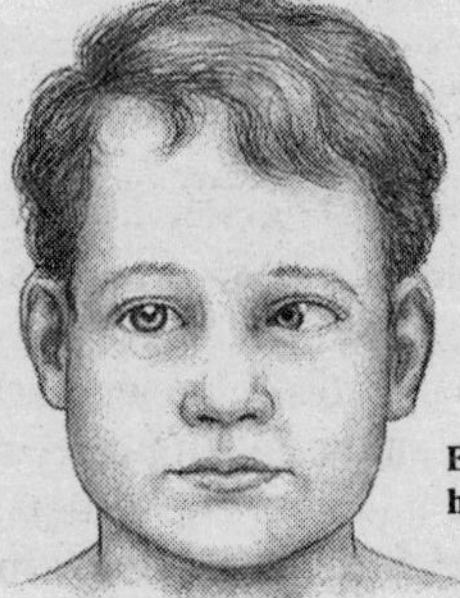

El ojo izquierdo mirando hacia adentro.

Debido a la importancia del diagnóstico y el tratamiento temprano del estrabismo, si usted sospecha que los ojos de su bebé no están alineados y no funcionan coordinadamente, debe comentárselo al pediatra, quien le indicará si en efecto hay algún problema.

El estrabismo puede estar presente desde el nacimiento (estrabismo congénito) o bien desarrollarse durante la infancia (estrabismo adquirido). El estrabismo también puede desarrollarse a raíz de otros problemas, como una lesión ocular o cataratas. La aparición repentina de estrabismo en un niño debe reportarse de inmediato al pediatra. Aunque se trata de algo muy raro, podría indicar la presencia de un tumor o algún otro problema serio del sistema nervioso. En cualquier caso, es importante diagnosticar y tratar el estrabismo lo antes posible. Si no se trata a tiempo, es posible que el niño nunca llegue a utilizar ambos ojos conjuntamente (visión binocular); y, si no utiliza ambos ojos al mismo tiempo, es probable que uno de ellos acabe volviéndose "vago" o ambliópico.

Ambliopía

La ambliopía es un problema ocular relativamente común donde un niño tiene un ojo con el que no ve bien o que ha sufrido alguna lesión, y empieza a utilizar el otro ojo de forma casi exclusiva. El ojo afectado se relaja y se debilita aún más. Por norma general, el problema debe diagnosticarse y tratarse cuando el niño tenga tres años para que, al cumplir seis, su vista se haya normalizado. Si la situación persiste por mucho tiempo, (más allá de los cinco o seis años), podría perder la visión en el ojo que no usa permanentemente.

Una vez el oftalmólogo corrija los problemas que afectan al ojo "vago", el niño tendrá que llevar un parche sobre el ojo "bueno" por cierto tiempo. Esto le forzará a usar y a fortalecer el ojo que se había vuelto "vago". Este tratamiento se prolongará lo necesario hasta conseguir que el ojo débil funcione al máximo de su potencial. Esto puede significar semanas, meses o, incluso, hasta que el niño tenga nueve años o más. Como alternativa al parche, el oftalmólogo puede recetarle gotas oculares para impedir que el ojo "bueno" vea con claridad, forzándole, de este modo, a utilizar más el ojo ambliópico.

Infecciones oculares

Si lo blanco del ojo de su hijo y la cara interna del párpado inferior están rojos, probablemente su bebé ha contraído una *conjuntivitis*. Este término se utiliza para referirse a la inflamación de la conjuntiva, una capa fina que recubre la parte externa del globo ocular y el interior de los párpados. Esta inflamación puede deberse a una infección, pero también puede obedecer a otras causas, como una irritación, una reacción alérgica u, ocasionalmente, a una enfermedad más grave. Suele producir lagrimeo y supuración, que es la forma que tiene el cuerpo de curar o remediar la situación.

Si a su bebé se le ponen los ojos rojos, debe llevarlo al pediatra lo antes posible. El médico le diagnosticará, le recetará los medicamentos necesarios y le indicará a usted cómo limpiarle los párpados. *Nunca le ponga gotas oculares que estén abiertas o que se le recetaron a otra persona. Podría provocarle lesiones importantes.*

Los recién nacidos pueden tener infecciones oculares serias debido a bacterias presentes en el canal del parto. Por este motivo, a todo recién nacido se le pone ungüento o gotas en los ojos antes de que salgan de la sala de partos. Este tipo de infección debe tratarse lo antes posible para evitar complicaciones serias. Las infecciones que se contraen después del período perinatal pueden tener mal aspecto, debido al enrojecimiento del ojo y al fluído amarillento que se segrega, y pueden ser molestas para el niño, pero raras veces son serias. Pueden estar provocadas por virus, ó a veces, por bacterias, y el tratamiento más habitual consiste en aplicarle antibióticos al niño por vía tópica (gotas oculares recetadas por el pediatra).

Las infecciones oculares suelen durar hasta una semana y pueden ser contagiosas. Exceptuando el momento del lavado ocular y la administración de gotas o pomadas, debe evitar el contacto directo con los ojos de su bebé o sus secreciones hasta que le haya aplicado la medicina por varios días y el enrojecimiento haya aclarado. Lávese bien las manos antes y después de tocar el área afectada. Si su hijo va regularmente a una guardería, debe quedarse en casa hasta que ya no tenga los ojos rojos.

Problemas de los párpados

Caída del párpado superior (Ptosis). Se detecta porque el párpado superior parece más pesado o abultado, o en casos más leves, el ojo afectado se ve más pequeño que el otro. Aunque puede afectar ambos ojos, la ptosis suele presentarse en un solo ojo. Un niño puede nacer con ptosis o desarrollarla más adelante. La ptosis puede ser parcial, haciendo que los ojos se vean ligeramente asimétricos; o total, haciendo que el ojo del párpado afectado esté completamente cubierto. Si el párpado afectado cubre completamente la abertura pupilar o su peso provoca una deformación de la córnea (astigmatismo), representará una amenaza para el desarrollo normal de la visión, por lo que debe corregirse lo antes posible. Si la visión no está amenazada, la intervención quirúrgica, de ser necesaria, debe posponerse hasta que el niño tenga cuatro o cinco años, cuando el párpado y los tejidos circundantes están más desarrollados y pueden obtenerse mejores resultados estéticos.

La mayoría de las **marcas de nacimiento** y o crecimientos en los párpados de un recién nacido son benignos; aun así, puesto que suelen aumentar de tamaño durante el primer año, a veces preocupan a los padres. La mayoría no son graves y no afectan la vista del niño. Muchos disminuyen de tamaño a partir del primer año y acaban desapareciendo por completo sin necesidad de tratamiento. Sin embargo, debe informar al pediatra de cualquier irregularidad para que pueda evaluarla y darle seguimiento.

Algunos niños nacen con **tumores** o desarrollan tumores que pueden afectar la visión. Sobre todo los tumores de piel relativamente planos y de color rojizo (hemangiomas) que afectan al párpado superior, aumentan las probabilidades de tener glaucoma en el futuro (caracterizado por el aumento en la presión interior del globo ocular). Todo niño que presente este tipo de mancha debe ir periódicamente al oftalmólogo.

Las pequeñas manchas oscuras, o **lunares,** que tienen los bebés en los párpados o en lo blanco del ojo no suelen causar problemas ni es preciso extirparlas. Una vez evaluadas por el pediatra, sólo deben ser motivo de preocupación si cambian de forma, tamaño o color.

Los abultamientos pequeños, duros y de color carne, que aparecen en los párpados del niño o debajo de las cejas, suelen ser **quistes dermoides.** Se trata de tumores no cancerígenos presentes desde el nacimiento. Un dermoide no se vuelve canceroso aunque no se extirpe. No obstante puesto que suelen aumentar de tamaño durante la pubertad, en la mayoría de los casos es preferible extirparlos durante la edad preescolar.

Hay otros dos problemas oculares —los **calacios** y los **orzuelos**— que son frecuentes pero no serios. Un calacio es un quiste provocado por la infección de una glándula sebácea, generalmente en la cara interna del párpado. Puede provocar infección e inflamación del párpado. Un orzuelo es una infección de origen bacteriano de las células alrededor de las glándulas sudoríparas o los folículos pilosos del *borde* del párpado. Si su bebé presenta alguno de estos problemas, pídale consejo al pediatra. Probablemente le dirá que aplique compresas tibias directamente sobre el párpado durante veinte o treinta minutos tres o cuatro veces al día hasta que desaparezcan los síntomas de infección. Es posible además que quiera examinar a su bebé antes de recetarle un tratamiento adicional, como antibióticos en pomada o gotas.

Una vez su bebé haya tenido un calacio o un orzuelo, se vuelve más propenso a los mismos. Cuando un niño tiene calacios recurrentes, es conveniente a veces raspar los párpados para reducir la proliferación de bacterias y abrir los poros de las glándulas sebáceas.

El **impétigo** es una infección bacteriana muy contagiosa que puede afectar los párpados. El pediatra le indicará cómo limpiar las costras que se forman en los párpados y le recetará una pomada ocular y un antibiótico oral.

Problemas de lagrimeo

Las lágrimas son fundamentales para mantener una buena visión, haciendo que los ojos estén lubricados y limpios de partículas, polvo u otras sustancias que podrían lesionarlos o interferir con la visión normal. El denominado sistema lagrimal mantiene la producción continua y la circulación de las lágrimas; el parpadeo permite diseminar las lágrimas por la superficie del ojo antes de que drenen hacia la nariz.

El sistema lagrimal se desarrolla de forma gradual durante los primeros tres o cuatro años de vida. Por ello, aunque un recién nacido produce suficientes lágrimas para lubricar el ojo, tendrán que pasar entre siete y ocho meses para que pueda "llorar lágrimas de verdad".

La obstrucción del conducto lagrimal, algo común en recién nacidos y bebés pequeños, puede provocar lo que aparentemente puede parecer un lagrimeo excesivo en

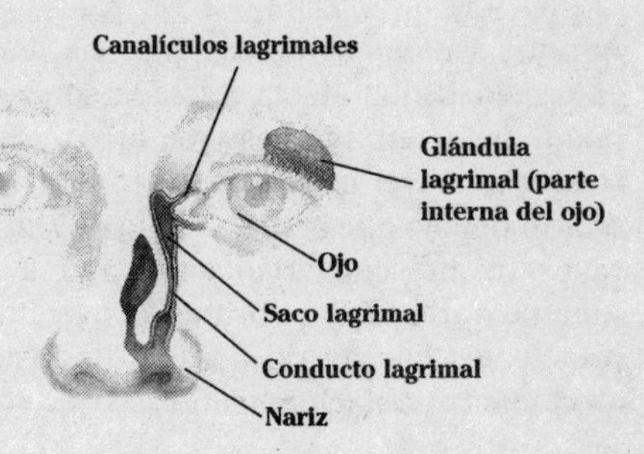

uno o ambos ojos, debido a que las lágrimas, en vez de drenar hacia la nariz y la garganta, caerán por las mejillas. En los recién nacidos, la obstrucción de este conducto suele obedecer a que la membrana que lo recubría al nacer no desaparece. El pediatra le indicará cómo masajear el conducto. Es posible que también le recomiende compresas tibias y, en caso de que haya infección, gotas o una pomada antibiótica. También le enseñará a limpiar las secreciones utilizando compresas húmedas. Hasta que no se abra el conducto, persistirá la infección y, es posible que llegue a afectar partes más profundas del sistema lagrimal. En estos casos, se debe tener un seguimiento cercano para evitar una infección más seria.

A veces, una membrana o un pequeño quiste puede provocar la inflamación o la obstrucción del conducto lagrimal. Cuando esto ocurre y los métodos descritos no surten efecto, es posible que el oftalmólogo decida abrir el saco y el ducto lagrimal quirúrgicamente para drenarlos. Desafortunadamente, a veces es preciso repetir varias veces este proceso.

En casos muy raros, los ojos del bebé no producen lágrimas en absoluto. Esto hará que la superficie ocular se inflame y segregue un fluído pegajoso. Si persiste la resequedad ocular, el niño necesitará gotas para lubricarle los ojos y evitar posibles lesiones.

Cataratas

Aunque solemos creer que las cataratas son una enfermedad que afecta a las personas mayores, también puede darse en infantes y en niños pequeños. Éste es un trastorno en el que el cristalino, el tejido transparente dentro del ojo que actúa a modo de lente haciendo que los rayos de luz converjan en la retina, se vuelve opaco. Aunque raras, las cataratas congénitas son una de las principales causas de pérdida de visión y ceguera que afectan a la población infantil.

Las cataratas suelen aparecer como un reflejo blanquecino en el centro de la pupila. Si un bebé nace con una catarata que bloquea por completo el paso de la luz, se le tendrá que extirpar quirúrgicamente el cristalino afectado para que su visión pueda desarrollarse con normalidad. La mayoría de los oftalmólogos pediátricos recomiendan que la intervención se realice durante el primer mes de vida. Una vez extirpado el cristalino, el niño deberá ponerse lentes de contacto o bien espejuelos. A partir de los dos años, se recomienda la colocación de un lente interno. Además, la rehabilitación visual del ojo afectado usualmente implica utilizar un parche hasta que el ojo del niño haya madurado por completo (hasta los nueve años o más).

En algunas ocasiones, el bebé nacerá con una pequeña catarata que inicialmente no impedirá que su visión se desarrolle con normalidad. Este tipo de cataratas no suelen requerir tratamiento; sin embargo, deben seguirse de cerca para asegurarse de que no crecen tanto como para interferir con la visión normal. Incluso las cataratas que son demasiado pequeñas como para representar una amenaza al desarrollo normal de la visión, pueden provocar ambliopía secundaria, que deberá ser tratada por el oftalmólogo.

En la mayoría de los casos, no es posible determinar la causa de las cataratas en infantes. Pueden deberse a una tendencia heredada de los padres, a un trauma ocular o a una infección provocada por un virus, como la rubéola y la varicela, o por algún otro microorganismo, como la toxoplasmosis. Para proteger a su futuro bebé de cataratas y de otros trastornos graves, la mujer embarazada debe evitar exponerse a enfermedades infecciosas durante el embarazo. Además, como precaución adicional contra la toxoplasmosis, debe evitar manipular excrementos de gato o comer carne cruda, ya que ambos pueden contener los microorganismos que provocan la enfermedad.

Lesiones oculares

Cuando entra polvo o cualquier otra partícula en un ojo, las lágrimas se encargan de arrastrarlo y limpiarlo. Si esto no ocurre o si se produce alguna lesión que afecta al ojo del bebé, llame al pediatra o llévelo al servicio de emergencia más cercano después de seguir las recomendaciones que figuran a continuación:

Productos químicos en el ojo. Lávele bien el ojo con agua durante quince minutos, asegurándose de que el agua entra de lleno en el ojo. Después lleve al niño a la sala de emergencia.

Partículas grandes dentro del ojo. Si la partícula no es expulsada con las lágrimas ni con un lavado ocular, llame al pediatra. Él le extraerá el objeto o, si es necesario, le referirá a un oftalmólogo. A veces, los objetos que entran en los ojos hacen pequeñas heridas en la córnea (abrasiones corneales). Éstas resultan bastante dolorosas pero se curan rápidamente con pomadas oculares y parches. Las lesiones en la córnea también pueden ser causadas por golpes u otras lesiones al ojo.

Cortes en los párpados. Los cortes pequeños y superficiales suelen curarse fácil y rápidamente, pero los cortes profundos y extensos requieren atención médica urgente, y a menudo, puntos. (Véase *Cortaduras y rasguños*, página 482.) Incluso si el corte parece pequeño o superficial, examínelo bien para ver si afecta al borde del párpado o al conducto lagrimal. En caso afirmativo, llame enseguida al pediatra para que le indique cómo actuar.

Ojos morados. Para reducir la hinchazón, aplique frío sobre el área afectada durante diez a veinte minutos. A continuación, consulte al médico para asegurase de que no hay ninguna lesión interna.

19

Situaciones familiares

Adopción

Si está por adoptar un bebé o acaba de hacerlo, es probable que experimente sentimientos encontrados. Junto a la emoción y el entusiasmo, es comprensible que tenga temores y ansiedades. A las parejas que traen un hijo al mundo les ocurre lo mismo, sólo que ellos tienen nueve meses para prepararse.

El tener un pediatra comprensivo, que transmita confianza y apoyo les será de gran ayuda cuando inicien su nuevo rol de padres. Incluso antes de que el bebé llegue a casa, el médico puede ayudarle a entender sus propios sentimientos. Si va a adoptar a un bebé del extranjero, el pediatra le orientará sobre algunos problemas médicos especiales que podrían surgir.

Una vez el bebé esté en casa, debe llevarlo al pediatra lo antes posible para comprobar que no tiene ningún problema médico. Las visitas futuras deben programarse teniendo en cuenta la edad y las necesidades médicas del niño.

Los padres adoptivos tienen que enfrentar algunos asuntos que los padres naturales no tienen que plantearse. Aunque la mayoría de estos asuntos no necesitan ser tratados sino hasta que el bebé sea mayor, usted y su cónyuge deben empezar a discutirlos desde ahora, preparándose a lo que probablemente se presentará en el futuro. Entre éstos se incluyen:

- ***¿Cómo y cuándo debo decirle a mi bebé que es adoptado?***

Su hijo debe conocer la verdad en cuanto sea capaz de entenderla, lo que probablemente ocurrirá entre los dos y cuatro años. Es importante adaptar la información al nivel de madurez del niño, para que pueda entenderla. Por ejemplo: "Tus padres te querían mucho, pero sabían que no podían hacerse cargo de ti. Por eso buscaron a alguien a quien también le gustaban mucho los niños pequeños pero que no podía tener bebés". Cuando crezca y haga preguntas más concretas, sea sincero con él, pero no le obligue a conocer aquella información que podría hacerlo sentir incómodo o confuso.

- ***¿Debo estar preparado para encontrarme con algún problema en especial?***

Los niños adoptados no tienen más problemas ni problemas diferentes que los demás niños de la misma edad y trasfondo.

- ***¿Debo explicar a la gente que mi hijo es adoptado?***

Si alguien se lo pregunta, responda directa y sinceramente. Cuando su hijo sea mayor, sin embargo, no le dé demasiadas vueltas al tema ni se detenga en detalles si él está cerca, pues podría hacerlo sentir incómodo.

Negligencia y maltrato de menores

Los periódicos están tan llenos de noticias sobre maltrato a niños, que usted se preguntará hasta qué punto su bebé está seguro. Aunque es un error volverse sobreprotector, es importante estar consciente de los riesgos reales y familiarizarse con los síntomas del maltrato y el abuso. En los EE.UU. se denuncian más de 2.5 millones de casos de maltrato infantil al año, que incluyen maltrato físico, abuso sexual y negligencia.

El abuso sexual incluye tocarle los genitales al bebé inapropiadamente. El maltrato físico incluye lesionarle el cuerpo mediante quemaduras, golpes o fractura de huesos. Un moretón indica que ha habido rotura de tejido y vasos sanguíneos.

La negligencia incluye no atender al niño de forma adecuada físicamente (privar a un niño del alimento, ropa y cobijo o cualquier otra necesidad de carácter física), emocionalmente (privar a un niño del afecto, amor y consuelo que necesita) o médicamente (privar a un niño de cuidado médico).

En su mayoría el maltrato infantil ocurre dentro de la familia, a menudo por parte de los mismos padres u otros parientes del niño que también fueron objeto de maltrato en su niñez. La negligencia y el maltrato son más comunes en familias que viven en la pobreza y en padres adolescentes y/o alcohólicos o drogadictos. Aunque han aumentado los casos de maltrato fuera del hogar, sigue siendo cierto que los principales responsables suelen ser personas conocidas y habitualmente encargadas de cuidar de los niños, en lugar de extraños.

Signos y síntomas

No siempre es fácil reconocer a un niño maltratado. Los padres tienden a pasar por alto los síntomas, porque no quieren enfrentarse a la realidad. Éste es un grave error. Un niño que ha sido maltratado necesita recibir apoyo y tratamiento especial lo antes posible. Cuanto más tiempo dure el abuso, menos probabilidades tendrá de recuperarse por completo.

La mejor forma de identificar los síntomas de maltrato es estar pendiente de cualquier cambio inexplicable en el cuerpo de su hijo. Esté atento a cualquier lesión inexplicable (moretón, quemadura, fractura, lesión en el abdomen o la cabeza).

Los peligros de sacudir a un bebé

En años recientes, los pediatras han usado el término "Síndrome del bebé sacudido" para describir las serias lesiones que pueden ocurrir cuando se sacude a un bebé de forma severa o violenta. Los músculos del cuello de un bebé son muy débiles y aún no sostienen con firmeza la cabeza del niño. Cuando se sacude a un bebé, su frágil cerebro se mueve de adelante hacia atrás al tiempo que se mueve el cráneo. Esto puede ser fatal o causar graves lesiones como las siguientes:

- ceguera o lesión ocular
- retardo en el desarrollo normal
- convulsiones
- daño al cordón espinal (parálisis)
- daño cerebral

Este síndrome puede ocurrir cuando uno de los padres o la persona que cuida al bebé lo sacude debido a la rabia o la frustración que siente ante el hecho de que el niño no deja de llorar. Aunque ésta es una forma grave de maltrato infantil,

Pida ayuda

Si sospecha que su hijo está siendo objeto de abuso, pida ayuda inmediatamente a través del pediatra o de la agencia local de protección de menores.

Los médicos tienen la obligación legal de informar a las autoridades sobre cualquier sospecha de maltrato o negligencia. Así mismo, el pediatra detectará y tratará cualquier lesión que tenga el niño, le recomendará un terapeuta y proporcionará la información necesaria para investigar el caso. Es posible que éste tenga que testificar muchos padres no son conscientes de los daños que pueden causar al sacudir a un bebé. Recuerde: bajo ninguna circunstancia es correcto sacudir a un bebé.

Si usted o alguien más llegara a sacudir a su bebé, el paso más importante a tomar es obtener atención médica de inmediato. Lleve a su bebé al pediatra o a la sala de emergencia. No deje que la vergüenza, la culpa o el miedo se interpongan a la salud o la vida de su bebé.

Si el cerebro del bebé resulta lesionado o está sangrando debido a una fuerte sacudida, el bebé se agravará sin recibir tratamiento. El obtener atención médica de inmediato puede salvarle la vida a su bebé y prevenir que sufra de serios problemas de salud.

Si sospecha que su bebé ha sido sacudido o maltratado de algún otro modo, coménteselo al pediatra o a otro doctor. Al no estar consciente de que el bebé ha sido sacudido, el doctor podría asumir que el niño está vomitando o teniendo dificultades respiratorias debido a una enfermedad. Los síntomas leves que presenta un bebé que ha sido sacudido se parecen mucho a los de un cólico infantil, problemas de alimentación e intranquilidad natural. Su pediatra debe contar con toda la información necesaria para tratar al bebé apropiadamente.

en corte, si es necesario, para proteger legalmente al bebé o para cursar una acusación contra algún sospechoso de abuso sexual.

Si su bebé ha sido abusado, es posible que usted sea la única persona que pueda ayudarle. *No hay justificación alguna* para retrasar el momento de reportar sus sospechas. Con negar el problema sólo conseguirá empeorar las cosas, permitiendo que persista el maltrato y disminuyendo las probabilidades de que su hijo llegue a recuperarse por completo.

La prevención del maltrato

La causa principal del maltrato infantil en el seno de la familia suele ser los sentimientos de aislamiento, estrés y frustración de los padres. Cuidar de un bebé puede ser todo un reto, especialmente si el niño no para de llorar. Si ha estado tratando de calmar a su bebé pero no logra que deje de llorar, es importante que usted sepa controlarse. Recuerde: en ninguna circunstancia es correcto sacudir, tirar o golpear a un bebé. Si siente que va a perder el control:

- Respire profundo y cuente hasta diez.
- Retírese del lugar por un rato y deje que su bebé llore por su cuenta.

Ayuda para cuidar de los niños y abuso infantil

Los medios de comunicación a veces difunden noticias espeluznantes sobre maltrato a niños en centros de cuidado infantil. Como consecuencia, muchos padres se resisten a dejar a sus bebés en manos de personas que no pertenecen a la familia. Lo cierto es que el maltrato es extremadamente raro en estos centros. Lo más habitual es que estos centros sean precisamente el lugar donde suelen encontrar apoyo los niños que sufren maltrato en otro lugar.

De todos modos, para estar más tranquilo y reducir al mínimo las posibilidades de que su bebé sea maltratado, inspeccione a fondo el centro al que lo piensa llevar antes de matricularlo y haga visitas sin previo aviso cuando empiece a ir al centro.

¿Cómo puede saber si su hijo está siendo maltratado en la guardería o en cualquier otro sitio? Estando pendiente a cualquier cambio inexplicable en su aspecto o comportamiento. Fíjese sobre todo en los siguientes aspectos:

- Cualquier lesión o herida que no se pueda explicar
- Lesiones repetidas, incluso si parecen accidentales

- Llame a una persona cercana a usted para que le brinde apoyo emocional.
- Llame a su pediatra. Es posible que el bebé llore por alguna razón médica.

Los padres necesitan apoyo y toda información posible para criar a sus bebés. Necesitan que alguien les enseñe a afrontar sus propios sentimientos de frustración y enfado para que no los vuelquen sobre el bebé. También necesitan la compañía de otros adultos que les escuchen y les ayuden en los momentos difíciles. Los grupos de apoyo que hay en la comunidad suelen ser el primer paso para luchar contra el aislamiento y la frustración que puede sentir un padre.

- La persona encargada de cuidar del bebé da explicaciones contradictorias sobre el origen de las lesiones del niño
- Moretones con la forma de una mano; quemaduras de aspecto sospechoso, marcas de cuerdas, cinturones o similares en el cuerpo
- Moretones, infecciones y hemorragias en la zona anal o genital

Sobre todo, si su bebé ha estado yendo tranquilamente a la guardería durante cierto tiempo y, de repente, empieza a resistirse, intente buscar posibles explicaciones, pero no sospeche automáticamente lo peor. Este cambio de actitud puede no ser más que el reflejo de un cambio en desarrollo completamente normal. Entre los siete y los nueve meses, por ejemplo, la mayoría de los bebés empiezan a asustarse de repente ante los desconocidos, y un desconocido puede ser cualquier persona que no sea su madre o su padre. Pero si no puede explicar de una forma razonable el cambio de comportamiento de su hijo, pida consejo al pediatra antes de poner en marcha una investigación en el centro.

Familias con uno o dos hijos

La mayoría de las parejas hoy en día planifican tener sólo uno o dos hijos, mientras que en los años sesenta solían pensar en tres o más hijos. Entre los motivos de este cambio cabe señalar la tendencia a retrasar la edad del matrimonio, un mayor énfasis en la preparación de la mujer, métodos anticonceptivos más efectivos y el incremento del costo que supone criar y educar a un hijo.

Una familia reducida tiene algunas ventajas innegables:

- Cada niño recibe mayores atenciones paternas y se beneficia de más ventajas educativas, lo que suele revertir positivamente sobre su autoestima.
- Los niños que crecen en familias reducidas suelen tener mejor desempeño académico y mayores logros personales que los que crecen en familias numerosas.
- El costo financiero de mantener el hogar es menor.
- Es más fácil que los padres puedan compaginar la vida laboral con la familiar.
- El nivel de estrés general es menor porque suelen haber menos conflictos y menos rivalidades.

Las familias reducidas también tienen ciertas desventajas, sobre todo si hay un único hijo. Cuando se vuelcan todas las expectativas, esperanzas y miedos en un solo niño, es fácil que los padres se vuelvan sobreprotectores y lo mimen demasiado incluso sin darse cuenta. Es posible que el niño tenga pocas oportunidades para relacionarse con otros niños o para desarrollar un sentido de independencia. Es posible que sus padres le presionen demasiado para que tenga éxito en la vida o, contrariamente, que le brinden tanta atención que acabe volviéndose egocéntrico e indisciplinado.

He aquí algunas recomendaciones que le ayudarán a dominar estos sentimientos conforme su bebé vaya madurando:

- Asegúrese de que las expectativas que tiene sobre su bebé se ajustan a la edad que tiene. Relaciónese con otras familias que tengan hijos de la misma edad que el suyo y vea cómo los tratan sus padres: cuándo los protegen, cuándo los dejan actuar por su cuenta; cómo les imparten disciplina; qué responsabilidades les dan y similares.
- Cultive su vida social como pareja (o su vida social como individuo, si no tiene pareja). Pasar varias horas cada día lejos del bebé les ayudará a ambos a desarrollar una identidad individual. Cuanto antes establezca esta rutina de reservarse un "tiempo personal" (por lo menos una vez a la semana, incluso cuando su hijo sea todavía un lactante), menos les costará aceptar el hecho de que su hijo tenga una personalidad cada vez más definida conforme se vaya haciendo mayor.
- Permita que su bebé conozca y entable relación con otros adultos de confianza, que pueden cuidar de él, e inclúyalo en actividades en que participen otras familias.
- Déle a su hijo la oportunidad de participar en grupos de juego con otros niños.
- Si le preocupa la salud o el desarrollo de su bebé, pida consejo al pediatra lo antes posible.

Familias de un solo padre

Las familias de un solo padre cada vez son más frecuentes. La mayoría de los hijos de padres divorciados están por lo menos varios años viviendo sólo con uno de sus padres. Un número creciente de niños viven hoy día con uno de sus padres, ya que éstos nunca se han casado, y un número reducido de niños viven con uno de sus progenitores debido al fallecimiento del otro.

Desde el punto de vista del padre o la madre, ser el único adulto de la casa tiene sus ventajas. Puede educar al bebé teniendo en cuenta sólo sus propias creencias, principios y normas, sin que surjan conflictos ni haga falta solucionar diferencias de pareceres. Así mismo, en las familias monoparentales, los padres suelen establecer vínculos más estrechos con sus hijos. Si es el padre el que vive con los hijos, éste suele ser mucho más afectivo e implicarse mucho más activamente en su vida que la mayoría de los padres que viven en familias en las que están presentes ambos progenitores. Los niños que crecen en familias monoparentales suelen ser más maduros e independientes, porque tienen que asumir antes más responsabilidades.

No obstante, "sacar adelante" a un hijo estando solo no es nada fácil, ni para usted ni para el niño. Generalmente, implica disponer de menos ingresos y, por lo tanto, tener que acostumbrarse a un nivel de vida más bajo. Si no puede permitirse pagar una niñera o una guardería, probablemente le costará mucho compaginar el trabajo con el cuidado de los niños. (Véase el Capítulo 11: *Ayuda temporal para cuidar de su bebé*). Si no puede contar con la ayuda de ninguna otra persona para compartir la responsabilidad de criar al bebé y llevar la casa, es muy probable que se aísle socialmente.

He aquí algunas recomendaciones para que pueda satisfacer sus propias necesidades emocionales, al tiempo que le proporciona a su bebé la crianza que necesita:

- Aproveche todos los recursos de ayuda disponibles para a cuidar de sus hijos. Utilice como guía las indicaciones del Capítulo 11 sobre distintos tipos de ayuda temporal para cuidar de su bebé.
- Conserve al máximo su sentido del humor. Intente ver el lado positivo o divertido de los retos y sorpresas que le vaya deparando la vida.

- Por el bien de su familia y del suyo propio, cuídese. Hágase revisiones médicas periódicas, aliméntese bien y descanse, duerma lo suficiente y haga ejercicio.
- Reserve habitualmente un período de tiempo para tomarse un respiro y desconectarse del bebé. Relájese con sus amigos. Vaya al cine. Cultive sus aficiones. Haga cosas que le interesen a *usted*. Cultive su propia vida social.
- No se sienta culpable por el hecho de que su bebé tenga un solo padre. Hay muchas familias en la misma situación. Usted no "le ha hecho esto" a su hijo y no necesita expiar ninguna culpa ni mimarlo más como compensación. Sentirse culpable y actuar movido por la culpabilidad no beneficiará a nadie.
- No vea problemas donde no los hay. Muchos niños crecen sanos y felices en familias monoparentales mientras que otros tienen graves problemas en familias en las que viven ambos progenitores. El hecho de no vivir en pareja no implica que deba tener más problemas con sus hijos ni más dificultades para solucionarlos.
- Cree una red de apoyo lo más extensa posible. Cultive las relaciones con parientes y amigos y entérese de qué recursos y servicios pueden ayudarle en el cuidado de su bebé. Cultive también las relaciones con otra familias que, aparte de poderle informar sobre actividades comunitarias y culturales, estarán deseosas de intercambiar con usted servicios de niñera.
- Dialogue con familiares de confianza, amigos y profesionales de la salud, como el pediatra, sobre el desarrollo de su niño, así como de sus relaciones familiares.

Menos familias extendidas

Hasta hace sólo unas generaciones, la mayoría de familias constaban de un padre, una madre y varios hijos, con los abuelos y quizás los tíos y primos viviendo cerca e, incluso, en la misma casa. Las mujeres se encargaban de cuidar de los niños y de los quehaceres domésticos mientras que los hombres trabajaban fuera de casa. En muchos sentidos, esta fórmula funcionaba bastante bien: había muchos adultos que podían cuidar de los niños. Los padres contaban con una red de apoyo sumamente estable, y el rol de cada uno estaba claramente delineado. Los niños eran los que salían más beneficiados, pues mantenían muchas relaciones sociales y recibían el afecto de muchos adultos.

Sin embargo, las familias extendidas ya no son tan frecuentes hoy día. Debido a las obligaciones laborales y al deseo de ascender en el mundo del trabajo, son muy pocas las parejas jóvenes que se quedan a vivir cerca de sus padres o parientes más cercanos.

Al faltarles este contacto regular con sus familiares, tanto los padres como los niños necesitan crearse una red alterna de apoyo. A medida que su hijo crece, tenga en cuenta que una amistad cercana con otra familia o la participación en un programa de abuelos o hermanos "adoptivos", puede ayudar a llenar el vacío creado por la falta de lazos familiares. Para muchas familias, las actividades de congregaciones religiosas son una buena fuente de apoyo y de amistades. Otros servicios comunitarios, como las actividades que organizan las asociaciones de vecinos o de jóvenes, también pueden contribuir a colmar estas necesidades.

Incluso en el caso de que su familia esté muy dispersa geográficamente, haga lo posible por afianzar el sentido de unidad familiar en su hijo manteniendo el contacto por teléfono o por correo. Cuando su hijo crezca un poco, anímelo a hacer dibujos para sus parientes y, cuando aprenda a escribir, a que les envíe sus propias cartas. Intercambien fotografías y vayan incluyéndolas en el álbum de fotos de su hijo, que irá creciendo con él. Si dispone de una grabadora o de una cámara de vídeo, haga grabaciones de su familia y envíelas a sus parientes para mantener el contacto.

La idea es establecer un equilibrio entre los vínculos más estrechos e íntimos que se dan en el interior del núcleo familiar y otros contactos significativos con personas que no pertenecen a la familia inmediata. Este tipo de relaciones familiares permitirá que, cuando crezca, su hijo pueda incorporar valores importantes en su propia forma de vida.

Cuando se unen familias

Cuando un bebé nace dentro de una familia mixta —en la que uno o ambos padres han estado casados antes y tienen hijos de esas relaciones previas— pueden presentarse situaciones especiales que tanto madres como padres deben enfrentar. Muchas de ellas tienen que ver con los hermanos o medio-hermanos mayores del nuevo bebé. La llegada de un recién nacido siempre exige ciertos ajustes, y su presencia puede ser tanto motivo de alegría como de estrés para el resto de la familia.

Los hermanos mayores podrían sentirse celosos del nuevo bebé y competir por el amor de los padres. Los hermanos que sólo tienen un padre biológico en el hogar pueden sentir que el bebé obtiene más atención que ellos. Estos niños podrían portarse mal para llamar la atención de los padres.

Con el tiempo, la mayoría de las familias mixtas logran sortear los conflictos que se presenten, pero esto requiere de gran paciencia y compromiso por parte de los adultos, así como de la voluntad para obtener ayuda profesional en caso de que se presenten problemas serios. Tal vez el factor más importante para que la familia esté bien compenetrada es que los padres les brinden el mismo apoyo, afecto y amor a todos los niños de la casa.

Gemelos

El tener gemelos significa mucho más que tener dos bebés al mismo tiempo, y es un reto que vas más allá de tener el doble de trabajo y de gratificaciones. Es bastante común que los gemelos nazcan antes de tiempo, por lo que tienden a pesar menos que un recién nacido promedio, y es bastante probable que tengan que ir al pediatra más a menudo. Por otra parte, para alimentarlos, ya sea a través

Gemelos: idénticos versus fraternos

Los gemelos idénticos proceden del mismo huevo. Siempre son del mismo sexo y se parecen mucho físicamente. Sin embargo, cada uno tiene su personalidad individual, su estilo y su temperamento. Los padres suelen esperar que actúen y evolucionen de forma similar conforme vayan creciendo. Debido a su gran semejanza, pueden desarrollar vínculos sumamente estrechos, llegando incluso a excluir a otros miembros de la familia en cierta medida. **Los gemelos fraternos** proceden de dos huevos distintos fertilizados al mismo tiempo. Pueden o no ser del mismo sexo y no son idénticos ni en aspecto, ni en temperamento o comportamiento. Debido a estas diferencias, no suelen establecer relaciones tan intensas como los gemelos idénticos.

Característica	**Idénticos**	**Fraternos**
Sexo	Igual	Igual o diferente
Aspecto	Idéntico	Gran parecido, pero no idénticos
Placenta	Una	Dos
Bolsa del Corión*	Una o dos	Dos
Saco amniótico**	Uno o dos	Dos
Grupo sanguíneo	Idéntico	Puede ser el mismo

* La membrana celular más externa que rodea al embrión

**Saco que contiene el feto

de la lactancia materna o por fórmula, tendrá que utilizar estrategias especiales, sobre las que le podrá aconsejar el pediatra. (Véanse los Capítulos 1 y 4).

Criando gemelos

Desde el principio, es importante que reconozca que sus bebés son dos individuos diferentes. Si se trata de gemelos idénticos, es fácil que los trate como si formaran una unidad, vistiéndolos con la misma ropa, comprándoles los mismos juguetes y dedicándoles la misma atención. Pero, por muy parecidos que sean físicamente, emocionalmente son distintos y, para poder crecer como individuos felices y seguros, necesitan que usted reconozca y acepte sus diferencias. Como dijo cierta vez un gemelo, "No somos gemelos. ¡Sólo somos hermanos que celebramos el cumpleaños el mismo día!".

Tanto los gemelos idénticos como los fraternos pueden desarrollar una relación de competencia o bien de dependencia conforme vayan creciendo. A veces, un gemelo se erige en el líder y otro en el seguidor. Sea cual sea el tipo de relación que establezcan, la mayoría de los gemelos mantienen relaciones muy intensas desde el principio, básicamente porque pasan mucho tiempo juntos.

Si usted tiene más hijos, los gemelos podrían provocar todavía más rivalidad que cualquiera de los demás hermanos. Consumirán gran parte de su tiempo y de su energía y atraerán mucho la atención de los amigos, familiares e incluso de los desconocidos en la calle. Usted puede contribuir a que los hermanos mayores acepten a los gemelos y, al mismo tiempo, beneficiarse de la situación, ofreciéndoles "recompensas dobles" por ayudarle a cuidar de ellos. De este modo, fomentará su participación en las tareas relacionadas con el cuidado de los bebés. También es importante que reserve parte de su tiempo para estar a solas con cada uno de los hermanos mayores y realizar algunas de sus actividades preferidas.

A los gemelos no siempre les gusta que los separen, sobre todo si tienen hábitos de juego firmemente establecidos y prefieren estar juntos. Por ello, es importante empezar a separarlos de vez en cuando lo antes posible. Si se resisten mucho, intente un enfoque gradual, pidiendo a niños o adultos que estén bien familiarizados con ellos que jueguen separadamente con cada uno aparte aunque en la misma habitación o área de juegos.

Por mucho que usted aprecie las diferencias individuales de sus gemelos, no hay duda de que en ocasiones los percibirá como una misma unidad. Esto no tiene nada malo, puesto que es claro que tienen muchas cosas en común y están destinados a tener una identidad doble, como individuos y como gemelos. Ayudarles a entender y a aceptar el equilibrio entre estas dos identidades será uno de los retos más difíciles que deberá afrontar como padre de gemelos. El pediatra puede aconsejarle sobre cómo debe afrontar los problemas especiales que pueden surgir. También le puede recomendar libros de autoayuda sobre cómo educar gemelos y referirle a organizaciones que ayudan a padres que han tenido partos múltiples.

Cuando la madre trabaja fuera de casa

Hoy en día, más de la mitad de las madres que tienen niños pequeños en los Estados Unidos trabajan fuera de casa, mientras que en la década de los setenta era sólo el 30 por ciento. Esta situación representa la norma más que la excepción. Las mujeres han ingresado al mercado laboral no sólo para satisfacer el deseo de tener una carrera sino también por motivos estrictamente económicos. Más de la cuarta parte de los niños viven en familias monoparentales, siendo la madre la proveedora del sustento. Un 80% de los esposos de mujeres trabajadoras generan ingresos inferiores a $30,000 dls. al año. Para muchos de los niños de estas familias, la alternativa al hecho de que la madre trabaje fuera de casa es la pobreza.

En algunas familias, la mujer continúa trabajando por no dejar una carrera que lleva años desarrollando. La mayoría de los empresarios no ven con buenos ojos que una madre tome tiempo para criar a sus hijos pequeños. Si estas mujeres dejan de trabajar durante uno o dos años, es probable que pierdan algunos beneficios laborales que habían conseguido o que tengan que dejar pasar ciertas oportunidades de promoción.

Conforme hay más mujeres en el mercado laboral, cada vez son más los niños cuidados por adultos que no son sus padres. A veces los familiares asumen esta responsabilidad, otras veces una persona ajena a la familia hace de niñero de los niños, y en otras ocasiones los padres llevan a los niños a una guardería o jardín infantil.

Todavía hay gente que piensa que una "buena madre" es la que deja de trabajar para quedarse en casa con sus hijos. Sin embargo, nadie ha podido demostrar científicamente que los niños se perjudiquen por el hecho de que su madre trabaje fuera de casa. Lo que influye sobre el desarrollo de un niño es la cantidad de estrés que hay en la familia, cómo acepta la familia el hecho de que la madre trabaje fuera y la calidad del cuidado que reciba el niño. Un niño que esté emocionalmente equilibrado, al que se le quiera y se le cuide, crecerá sin problemas independientemente de que la madre trabaje o no fuera de casa.

Cuando la madre no quiere trabajar fuera de casa o su marido no desea que lo haga, pueden surgir problemas. Si la mujer trabaja sólo porque necesita el sueldo, es posible que lo haga en algo que no le gusta. En estos casos, deberá hacer lo posible por no traer la insatisfacción y la frustración a casa, puesto que probablemente afectará a las relaciones familiares.

Las relaciones familiares también se pueden afectar si ambos padres quieren trabajar pero sólo uno encuentra trabajo. También puede haber problemas si hay competitividad o resentimiento entre los padres porque uno gana mucho más dinero que el otro. Este tipo de conflictos pueden perjudicar la relación de pareja. Si ambos padres trabajan fuera, la necesidad de comunicación y apoyo mutuo es todavía mayor.

Incluso cuando no hay este tipo de problemas, una familia en la que ambos padres trabajan debe afrontar una serie de situaciones que no afectan a otras familias. Los padres pueden sentirse tan agobiados por las obligaciones familiares y laborales que es posible que apenas les quede tiempo para llevar una vida social. Ambos padres deben participar en las tareas domésticas y en el cuidado de los niños, para que ninguno se resienta por el hecho de tener que asumir la mayor parte de las responsabilidades. Los padres suelen faltar al trabajo entre nueve y doce días al año para cuidar de sus hijos cuando están enfermos, llevarlos a citas o cuidarlos cuando les falle la niñera.

La decisión de una mujer de reincorporase al trabajo después de tener un hijo debe hacerse teniendo en cuenta tanto sus propias necesidades como las de los demás miembros de la familia. Si usted se está planteando la posibilidad de reincorporase al trabajo, trate de no hacerlo antes de que su bebé tenga tres o cuatro meses, para tener tiempo de establecer el vínculo materno-filial inicial. Tómese su tiempo para prepararse y preparar a los demás miembros de su familia a fin de que su reincorporación sea lo menos traumática y estresante posible. Si es posible, la reincorporación no debe coincidir con ningún otro cambio importante que afecte a la vida familiar, como un traslado, un cambio de colegio, una enfermedad o la muerte de un miembro de la familia. Así mismo, organice con antelación el tema de quién va a quedarse con su hijo y asegúrese de que se trata de una persona de confianza.

Como cualquier madre que trabaja fuera de casa, usted lamentará el hecho de no poder pasar más tiempo con su bebé. Puede preocuparle que se pierda de alguno de los hitos fundamentales de su proceso de desarrollo, como sus primeros pasos o sus primeras palabras. Hasta es posible que esté celosa del tiempo que pasa su bebé a solas con la persona que le cuida. Estos sentimientos son normales, pero debe intentar distinguir entre sus propias necesidades y deseos y las preocupaciones relacionadas con la salud y el bienestar de su hijo.

Todo padre desea que su bebé tenga el mejor principio posible. Lamentablemente, los centros de cuidado de calidad suelen ser muy caros y escasos. Muchos padres se gastan una gran porción de su salario en ofrecer una atención de calidad a su bebé y, aun así, siguen sin estar satisfechos. Las familias con escasos recursos económicos no pueden permitirse el lujo de llevar al bebé a centros de preescolar de calidad y suelen cambiar de niñera o de centro bastante más a menudo que las familias de ingresos medios o altos.

Encontrar un buen centro o una persona preparada para que cuide de su bebé es muy importante. Los criterios de calidad dependerán del tipo de ayuda para cuidar de su hijo que usted prefiera. Aun así, los padres pueden mejorar la calidad de un centro implicándose activamente en él. Usted puede visitar a menudo el centro a donde lleva a su hijo y hablar extensamente con los maestros y monitores. Puede contribuir en la obtención de fondos y donativos, ofrecerse como voluntario o colaborar con el personal del centro para ofrecer a los niños actividades más estimulantes.

El participar activamente en la guardería de su bebé no sólo contribuirá al bienestar del niño sino también a reducir sus sentimientos de culpa o las dudas que pudiera tener sobre el hecho de trabajar fuera de casa. Mantener una buena relación con las personas que cuidan de su hijo así como tener un servicio de cuido de calidad, permitirá que muchas de sus preocupaciones desaparezcan.

El estar en buenas manos mientras sus padres trabajan fuera de casa le ayuda a un niño a crecer en todo sentido y fomenta su desarrollo físico, social e intelectual. El pediatra de su bebé desea que el niño crezca y se desarrolle en un entorno que a su vez le apoye a usted como persona y como padre. Si desea obtener más información sobre cómo elegir el tipo de ayuda temporal para cuidar de su hijo que más le convenga, pídale al pediatra consejo o algún folleto informativo que trate sobre este asunto (véase también el Capítulo 11).

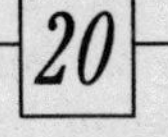

Fiebre

La temperatura corporal normal de su bebé variará con la edad, la actividad y la hora del día. Los lactantes suelen tener una temperatura corporal más elevada que los niños mayores, y todo el mundo tiene la temperatura corporal más alta durante las últimas horas de la tarde y más baja entre las doce de la noche y las primeras horas de la mañana. Generalmente, una temperatura rectal de 100° Fahrenheit (37.8° centígrados) o inferior, o una temperatura oral de 99° Fahrenheit (37.2° centígrados) o menos, se consideran normales, mientras que lecturas superiores se consideran fiebre.

La fiebre por sí sola *no* se considera una enfermedad. De hecho, suele ser una señal de que el cuerpo está luchando contra la infección. La fiebre estimula las defensas del cuerpo, como los glóbulos blancos, que atacan y destruyen a bacterias invasoras. Aun así, la fiebre puede hacer que su bebé se sienta mal, aumente su necesidad de ingerir líquidos y se le acelere el pulso y la respiración.

Las enfermedades de las vías respiratorias, como crup, neumonía, infecciones de oído, gripe, resfriados fuertes y faringitis suelen cursar con fiebre. También puede haber fiebre en las infecciones del aparato digestivo o urinario y en diversas enfermedades de origen viral.

En niños entre seis meses y cinco años de edad, la fiebre puede desencadenar *convulsiones febriles,* que suelen aparecer durante las primeras horas de la enfermedad. El niño puede tener un aspecto raro por un rato, después se pone rígido, empieza a retorcerse y vira los ojos hacia arriba. Permanecerá sin reaccionar durante un período de tiempo breve y es posible que se le ponga la piel un poco más oscura de lo normal. Estos episodios no suelen durar más de tres a cuatro minutos y es posible que pasen en cuestión de segundos, pero, a un padre asustado, le pueden parecer eternos. Tranquiliza saber que las convulsiones febriles casi siempre son inofensivas, aunque conviene informar al pediatra al respecto lo antes posible.

Un problema raro pero serio que se confunde fácilmente con la fiebre son las *enfermedades relacionadas con la exposición al calor* o *termoplejía*. No se debe a ninguna infección o trastorno de origen interno, sino al calor circundante. Puede ocurrir cuando un niño está en un lugar muy caluroso, por ejemplo, una playa un día de sol en pleno verano o dentro de un auto cerrado y aparcado al sol. Dejar a un bebé encerrado dentro de un auto provoca varias muertes al año; no deje nunca a un bebé solo dentro de un auto cerrado, ni siquiera por unos pocos minutos. La termoplejía también puede ocurrir si se abriga demasiado a un bebé en un clima cálido y húmedo. En estas circunstancias, la temperatura corporal le puede subir hasta niveles peligrosos (sobre 105° Fahrenheit [más de 40.5° centígrados]), por lo que se le debe bajar rápidamente con baños templados, ventilación y colocando al niño en un lugar fresco. Después de bajarle la temperatura, se debe llevar al bebé inmediatamente al pediatra o a un servicio de emergencia para que lo examinen. La termoplejía es una afección que necesita tratamiento de emergencia.

Siempre que crea que su hijo tiene fiebre, póngale el termómetro. ¿Qué termómetro debe elegir? La Academia Americana de Pediatría ya no recomienda el uso de termómetros de mercurio puesto que estos termómetros de vidrio a menudo se rompen y, a medida que el mercurio se evapora, puede ser inhalado a niveles tóxicos. Los termómetros electrónicos tipo digital y los termómetros de oído (timpánicos) son mejores opciones.

Cuándo llamar al pediatra

Si su bebé tiene *dos meses o menos* y tiene una temperatura rectal de 100.4° Fahrenheit (38.1° centígrados) o más, llame al pediatra de inmediato. *Es indispensable hacerlo.* El médico tendrá que evaluar al bebé para poder descartar la posibilidad de que tenga una infección o enfermedad grave.

También deberá informar al pediatra si su bebé tiene entre tres y seis meses de edad y una temperatura de 101° Fahrenheit (38.3° centígrados) o más, o si tiene más de seis meses y una temperatura de 103° Fahrenheit (39.4° centígrados) o más. Una temperatura tan elevada puede indicar una infección o deshidratación, que podría requerir tratamiento médico. Sin embargo, en la mayoría de los casos, la decisión de llamar al pediatra dependerá también de otros síntomas asociados, como dolor de garganta, dolor de oído o tos. Si su hijo continúa con fiebre durante más de veinticuatro horas, lo mejor es llamar al médico, incluso si no hay ninguna otra queja o síntoma.

Tabla de dosis recomendadas de acetaminofén

Las dosis pueden repetirse cada cuatro horas, pero no deben administrarse más de cinco veces en veinticuatro horas. (Nota: mililitro se abrevia ml; 5 ml equivalen a 1 cucharadita [cdta].)

Edad	Peso	Gotas (80 mg/0.8 ml)	Jarabe (160 mg/5 ml)
0 a 3 meses	6 a 11 lbs. (2.7 a 5 Kg.)	0.4 ml	
4 a 11 meses	12 a 17 lbs. (5.5 a 7.7 Kg.)	0.8 ml	½ cdta
12 a 23 meses	18 a 23 lbs. (8.2 a 10.5 Kg.)	1.2 ml	¾ cdta

No recomendamos administrar aspirinas para tratar la fiebre.

Si su bebé tiene una convulsión febril, debe ser visto por el pediatra lo antes posible, sobre todo si es la primera vez que esto le ocurre, o si el episodio es más grave o dura más de lo habitual. Es preciso determinar si las convulsiones se deben a la fiebre y no a otro trastorno más grave, como meningitis (véase la página 651).

Tratamiento en casa

Si un niño tiene fiebre menos de 101° Fahrenheit (38.3° centígrados), generalmente no necesita ningún tratamiento, a menos que se sienta mal o tenga historial de convulsiones febriles. Incluso la fiebre más alta no es peligrosa si el niño no tiene historial de convulsiones o

¿Cuál es el mejor termómetro?

MERCURIO

En el pasado, el termómetro de mercurio se usaba más frecuentemente debido a su costo y precisión. Sin embargo, a pesar de que la cantidad de mercurio que podría liberarse si el termómetro se rompe es pequeña, en la actualidad la AAP no recomienda su uso.

DIGITAL

Instrucciones de uso: Limpie el termómetro con agua y jabón o con alcohol y enjuáguelo con agua templada. Enciéndalo y coloque el sensor debajo de la lengua, hacia el fondo de la boca. Mantenga el termómetro en esa posición (hasta que oiga el *bip* electrónico). El termómetro digital también se puede colocar en el recto (con un lubricante que no sea de petróleo) o en la axila del bebé.

Ventajas:

- De fácil lectura
- Indica que ya ha marcado la temperatura con un *bip*

Inconvenientes:

- Funciona con pilas

alguna enfermedad crónica. Es más importante observar su comportamiento. Si duerme y come bien y si tiene ganas de jugar, probablemente no necesitará ningún tratamiento. Pero si se siente mal debido a la fiebre, puede tratársela de las siguientes formas.

Medicación

Hay varios medicamentos que bajan la fiebre al bloquear el mecanismo que la provoca. Entre estos fármacos, denominados antipiréticos, se incluye acetaminofén, ibuprofen y aspirina. Los tres son igual de eficaces para bajar la fiebre. *Sin embargo, puesto que la aspirina puede*

- Es posible que los bebés muy inquietos no se están quietos el tiempo sufiiente para que el termómetro registre la temperatura.

TIMPÁNICO

Instrucciones de uso: Introduzca suavemente el extremo del termómetro en el canal auditivo. Oprima el botón de encendido. En pocos segundos obtendrá la lectura de la temperatura del niño.

Ventajas:

- Sumamente rápido
- Fácil de usar con niños inquietos o que estén incómodos

Inconvenientes:

- Para obtener una lectura precisa se debe colocar correctamente en el canal auditivo.
- Funciona con pilas
- Si hay demasiada cera en el oído del niño se podría obtener una lectura incorrecta
- Costo más elevado

provocar o estar asociada a efectos secundarios adversos como molestias estomacales, hemorragias intestinales o, más importante aún, el Síndrome de Reye, no recomendamos su uso para tratar la fiebre. El ibuprofen puede utilizarse en bebés de seis meses en adelante; aun así, nunca se le debe dar a un bebé que esté deshidratado y/o que tenga vómitos recurrentes.

Idealmente, la dosis de acetaminofén debe depender del peso del niño, no de su edad. La dosis de ibuprofen debe depender tanto de la temperatura corporal base como del peso del niño, no de la edad que tenga (Véanse las dosis recomendadas en la tabla de la página 637). Sin embargo, las dosis especificadas en los envases de acetaminofén (que suelen calcularse en función de la edad) son en principio seguras y eficaces, a menos que el bebé sea muy pesado o muy delgado para su edad.

No olvide leer y seguir las instrucciones de uso antes de administrarle a su bebé cualquier medicamento. Para asegurarse de que su bebé toma la dosis adecuada, es importante seguir las instrucciones de la etiqueta al pie de la letra. El acetaminofén puede estar contenido en varios medicamentos que se venden sin receta médica, como las medicinas para el resfriado. Lea atentamente las etiquetas de todos los medicamentos para asegurarse de que su bebé no está tomando varias dosis del mismo medicamento. Por norma general, no medique nunca a un niño menor de dos años con acetaminofén u otro medicamento sin el visto bueno del pediatra.

Baños de esponja

En la mayoría de los casos, darle a un niño acetaminofén por vía oral es la mejor forma de bajarle la fiebre. Sin embargo, en algunos casos es posible que usted quiera combinar este tratamiento con baños de esponja, o bien limitarse a usar este último tratamiento.

Es preferible dar baños de esponja templados que administrar acetaminofén si:

- Su bebé es alérgico o no tolera los fármacos antipiréticos (algo muy raro).

Es recomendable *combinar* los baños de esponja con el acetaminofén si:

- La fiebre está incomodando mucho al bebé.
- La fiebre supera los 104° Fahrenheit (40° centígrados).
- Tiene historial de convulsiones febriles o bien hay antecedentes familiares de este tipo de episodios.
- Está vomitando y probablemente no retendrá el medicamento.

La forma de proceder es la siguiente: coloque a su bebé en el lugar donde suele bañarlo (bañera o bañerita), pero ponga sólo entre 1 y 2 pulgadas de agua templada que oscile de 85° a 90° Fahrenheit, o de 29.4° a 32.3° centígrados. Si usted no tiene un termómetro de baño, compruebe la temperatura del agua con la cara interna de la muñeca: debe estar ligeramente tibia. No utilice agua fría, pues incomodará al bebé y podría provocarle escalofríos, lo que, a su vez, podría hacer que suba más la fiebre. Siente al bebé en la bañerita pues así estará más cómodo que estirado. Entonces, con una toallita o esponja limpia, vaya vertiéndole chorritos de agua sobre el tronco,

Dosis recomendadas de ibuprofen

Las dosis pueden repetirse cada seis a ocho horas, pero no debe administrarse más de cuatro veces en veinticuatro horas. (Nota: mililitro se abrevia ml; 5 ml equivalen a 1 cucharadita [cdta].)

Edad*	**Peso****	**Gotas (40 mg/1.5 cc)**
6 a 11 meses	12 a 17 lbs.	1.5 cc
12 a 23 meses	18 a 23 lbs.	3 cc

* Aviso: Las edades se dan sólo a modo de orientación. Las dosis deberían basarse en la temperatura corporal base y el peso.

** El peso provisto corresponde con la dosis exacta y es representativo de la gama de edades especificadas.

No recomendamos administrar aspirinas para tratar la fiebre como tal.

los brazos y las piernas. El agua se evaporará y enfriará el cuerpo del bebé. Mantenga la habitación a 75° Fahrenheit ó 23.9° centígrados, y siga mojando al bebé con agua hasta que le baje la fiebre a un nivel aceptable. *Nunca le eche alcohol al agua. Éste puede ser inhalado o absorbido a través de la piel, lo que puede provocar graves trastornos, como el coma.*

Normalmente los baños tibios bajan la fiebre pasados treinta a cuarenta y cinco minutos. Si su bebé se resiste a que le vierta agua, limítese a dejarlo jugar en el agua sentado en la bañera. Si el estar ahí lo pone peor, será mejor que lo saque del agua aunque la fiebre no le haya bajado. Recuerde que la fiebre como tal, si no es muy alta (menos de 102° Fahrenheit ó 38.9° centígrados) no es perjudicial.

Otras recomendaciones para tratar la fiebre baja

- Mantenga la habitación del bebé a una temperatura agradable y vístalo con ropa fresca.
- Si hace calor en la habitación del bebé o se siente el aire cargado, ponga en marcha un ventilador para que circule el aire.
- Hágale beber mucho líquido (agua, jugos de frutas diluidos). No hay ningún motivo para dejar de darle la cantidad de leche que bebe habitualmente.
- Su bebé no tiene que permanecer en su habitación o en la cama por el hecho de tener fiebre, pero es recomendable que no haga esfuerzos excesivos.
- Si la fiebre es síntoma de una enfermedad muy contagiosa, mantenga al bebé alejado de otros niños pequeños y de personas de edad avanzada.

Cómo tratar las convulsiones febriles

Si su bebé tiene un episodio de convulsiones febriles, actúe inmediatamente para evitar posibles lesiones:

- Colóquelo en el suelo o en la cama, lejos de cualquier objeto cortante, puntiagudo o duro.
- Gírele la cabeza hacia un lado para que la saliva o los vómitos le puedan salir por la boca.
- No le meta nada en la boca; la lengua no le bloqueará las vías respiratorias.
- Si el episodio es muy grave (dificultad para respirar, atragantamiento, piel morada, una convulsión detrás de otra) o dura más de dos o tres minutos, llame al servicio de emergencias.

21

Aparato Uro-Genital

Hipospadia

Generalmente, en los niños de sexo masculino el orificio a través del cual sale la orina (el meato) está ubicado en la punta del pene. En casos muy raros y por causas desconocidas, este orificio puede estar en la cara inferior del pene, una anomalía conocida como *hipospadia*.

Puesto que la hipospadia implica una malformación de la piel que recubre el pene, el niño puede tener erecciones anormales y problemas sexuales cuando sea adulto. Es posible que debido a esta posición, la orina salga hacia abajo, y, en casos muy raros, se pueden producir bloqueos mientras orina. Sin embargo, uno de los motivos principales para corregir la hipospadia es prevenir los problemas psicológicos que podrían surgir si los demás niños se dieran cuenta del aspecto anormal del pene del niño afectado.

Tratamiento

Si el pediatra detecta una hipospadia en un recién nacido, probablemente propondrá posponer la circuncisión hasta que haya consultado a un urólogo. Esto se debe a que la circuncisión dificulta la intervención que se tiene que hacer para corregir una hipospadia.

Es posible que una hipospadia leve no requiera tratamiento alguno, pero las de grado moderado o severo exigen intervención quirúrgica. La operación

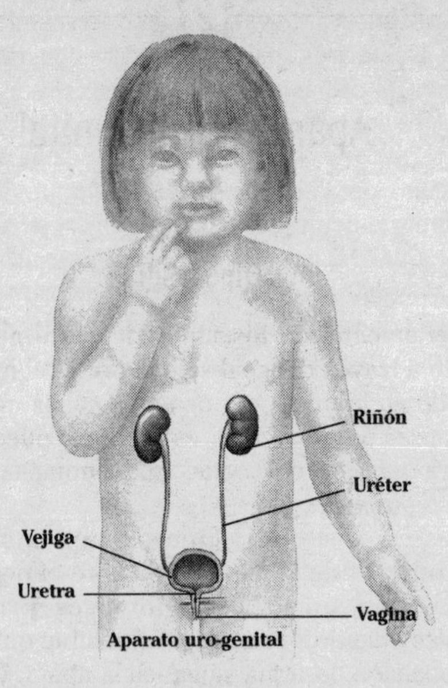

Aparato uro-genital

puede practicarse tan pronto como a los seis meses y tan tarde como a los dieciocho meses, pero generalmente se recomienda realizarla cuando el niño tenga aproximadamente un año. Muy a menudo, la intervención se puede hacer de forma ambulatoria. En algunos casos más severos, es preciso realizar varias intervenciones para corregir completamente la malformación. Después de la intervención, la función urinaria y sexual de su hijo será completamente normal y el pene tendrá un aspecto prácticamente normal.

Adherencias labiales

Normalmente, los pliegues de la piel (labios) que rodean la entrada de la vagina están separados. En casos bastante raros crecen pegados, de tal modo que obstruyen total o parcialmente la abertura vaginal. Esta anomalía, que recibe el nombre de *adherencias labiales,* suele ocurrir durante los primeros meses de vida o, menos frecuentemente, más adelante, si esta área se inflama e irrita constantemente. En estos casos, la causa más frecuente suele ser la dermatitis del pañal, el contacto con detergentes fuertes o el uso de ropa interior de fibra sintética. Generalmente las adherencias labiales no causan ningún síntoma, pero pueden crear dificultades a la hora de orinar y aumentar la susceptibilidad a contraer infecciones urinarias. Si el orificio vaginal está completamente cerrado, lo más probable es que se acumule orina y secreciones vaginales detrás de la obstrucción.

Tratamiento

Si le parece que la entrada de la vagina de su hija está total o parcialmente cerrada, informe al pediatra. Él la examinará y le indicará si es preciso aplicar algún tratamiento.

Al principio, el médico intentará separar suavemente los labios. Si el tejido que los une es muy fino, la entrada de la vagina se abrirá simplemente ejerciendo una leve presión. Si el tejido que conecta los labios es demasiado grueso, probablemente el médico le recetará una pomada que contiene la hormona femenina, estrógeno, para que se

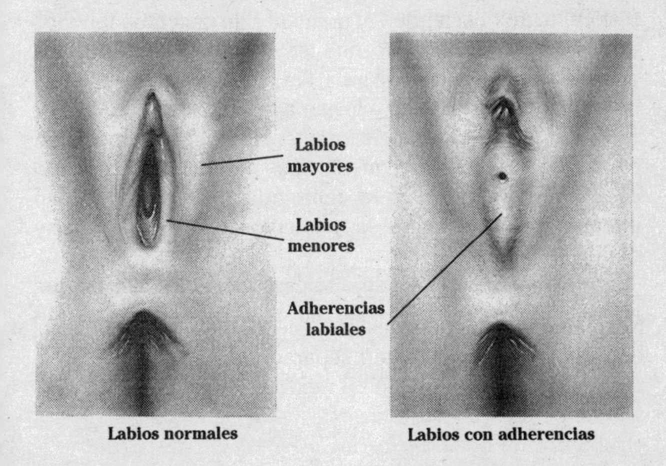

Labios normales

Labios con adherencias

la ponga a su hija sobre los labios mientras va tirando suavemente de ellos para separarlos. Una vez separados, deberá seguir aplicando la pomada durante un período breve de tiempo (de tres a cinco días) hasta que la piel de ambos lados haya curado por completo.

En algunas ocasiones, los labios se vuelven a unir en cuanto se deja de aplicar la pomada. De todos modos, las adherencias labiales desaparecen definitivamente en la pubertad. En casos muy raros, las adherencias (el tejido que crece entre los labios y que los mantiene pegados) son tan gruesas que bloquean completamente la salida de la orina. En estos casos raros, es preciso separarlos quirúrgicamente. Esto es algo que sólo puede hacer un médico.

Testículos no descendidos (criptorquidia)

En los fetos de sexo masculino, los testículos se desarrollan dentro del abdomen durante el embarazo. Conforme se va acercando el momento del parto, van descendiendo a través de un conducto (el canal inguinal) hacia el escroto. En un número reducido de niños, sobre todo los que nacen antes de tiempo, uno o ambos testículos no descienden al momento de nacer. En muchos de estos niños el descenso se completa durante los primeros nueve meses de vida. Sin embargo, en algunos de ellos, los testículos nunca llegan a descender.

Todos los niños tienen los testículos en una posición elevada en ciertas circunstancias, por ejemplo, cuando están sentados en agua templada. Sin embargo, en circunstancias normales, los testículos deben estar bajos y dentro del escroto.

En la mayoría de los casos se desconoce la causa de que los testículos permanezcan en una posición alta. Sin embargo, en algunos niños, los factores citados a continuación pueden haber desempeñado un papel importante:

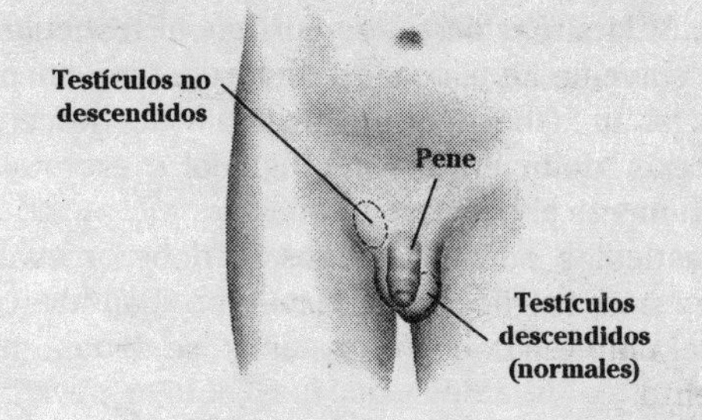

- Es posible que la madre o los testículos del mismo niño no segregaran suficientes hormonas para estimular su proceso de maduración.
- Es posible que hubiera alguna anomalía en la respuesta de los testículos a una segregación normal de hormonas.
- Pudo haber un bloqueo físico que no permitió el descenso.
- En algunos casos, el problema obedece a algún producto hormonal que estuvo consumiendo la madre durante el embarazo (uno de los motivos por los que se desaconseja tomar este tipo de productos durante el embarazo).

Si a su bebé no le han descendido los testículos, tendrá el escroto pequeño y aparentemente poco desarrollado. Si solamente tiene un testículo no descendido, probablemente el escroto se verá asimétrico (lleno por un lado y vacío por el otro). Si un niño tiene ambos testículos dentro del escroto a veces, pero en ciertas circunstancias (por ejemplo, cuando tiene frío o está excitado) están ausentes del escroto, se dice que tiene testículos "retráctiles". Esta anomalía suele corregirse por sí sola conforme el bebé va madurando.

Un testículo no descendido puede torcerse y, en el proceso, es posible que no le llegue suficiente sangre, provocando dolor en la región inguinal y/o en el área escrotal. Si la situación no se corrige, el testículo puede resultar gravemente lesionado de forma permanente. Por lo tanto, si su bebé tiene un testículo no descendido y parece tener dolor en la zona inguinal o escrotal, llame inmediatamente al pediatra.

Los testículos no descendidos se deben reevaluar en cada revisión médica. Si todavía no han descendido cuando el niño tenga uno o dos años, se deberá iniciar el tratamiento.

Tratamiento

Los testículos no descendidos se pueden tratar con inyecciones de hormonas y/o cirugía. Cuanto más bajos estén los testículos, más probable será que las inyecciones de hormonas surtan efecto. Generalmente, aunque no siempre, se empieza con el tratamiento hormonal; si no funciona, se opta por la vía quirúrgica. A veces, también se detecta una hernia inguinal (véase la página 521), que puede ser corregida a la vez. Si su hijo sigue teniendo los testículos no descendidos después de cumplir dos años, tendrá más probabilidades de ser infértil (no poder tener hijos). También tendrá una probabilidad ligeramente incrementada de tener tumores en los testículos cuando sea adulto, sobre todo si éstos permanecen en una posición anómala. Afortunadamente, si se interviene pronto y eficazmente, todas estas complicaciones se pueden evitar.

Válvulas uretrales

La orina sale de la vejiga a través de un conducto denominado uretra, que en los varoncitos pasa a través del pene. Durante las primeras fases del desarrollo fetal, hay unas pequeñas válvulas a la entrada de la uretra que bloquean el paso de la orina. Estas válvulas normalmente desaparecen por completo antes del nacimiento, y, de este modo, la orina puede fluir libremente y salir por el meato. Sin embargo, en algunos niños estas válvulas persisten después del nacimiento y pueden provocar problemas al interferir con el flujo normal de la orina. Se le denominan *válvulas uretrales posteriores.*

A menudo estas válvulas se pueden detectar con ultrasonidos en las ecografías que se practican durante el embarazo, pero muchas veces no se descubren sino hasta después del parto, cuando el pediatra se da cuenta de que la vejiga del recién nacido está distendida o engrosada. Otras de las posibles señales de alarma son el goteo continuo de orina o un flujo débil al orinar. Si usted detecta estos síntomas en su hijo, informe al pediatra inmediatamente.

Las válvulas uretrales posteriores requieren atención médica inmediata para evitar infecciones graves en el aparato urinario o daño a los riñones. Si la obstrucción es muy severa, la orina puede volver a ascender a través de los uréteres (los conductos que conectan la vejiga con los riñones), creando una presión que puede lesionar gravemente los riñones.

Tratamiento

Si un bebé tiene una obstrucción de orina debido a la existencia de válvulas uretrales posteriores, es posible que el pediatra le pase un tubito a través del pene hasta la vejiga para atenuar temporalmente la presión motivada por la acumulación de líquido. A continuación, solicitará varias radiografías de vejiga y riñones para confirmar el diagnóstico y determinar si las partes más altas del tracto urinario han sufrido alguna lesión. Finalmente, un urólogo se encargará de extirpar las válvulas quirúrgicamente.

Infecciones del tracto urinario

Las infecciones del tracto urinario son bastante habituales en la población infantil, sobre todo en las niñas. Generalmente están provocadas por bacterias que entran por la uretra, aunque también pueden deberse a bacterias procedentes de otras partes del cuerpo que han sido transportadas por el torrente sanguíneo hasta los riñones. Conforme las bacterias se van desplazando por el tracto urinario, pueden provocar infecciones en distintas partes del mismo. El término *infecciones del tracto urinario* engloba las siguientes infecciones específicas:

- Uretritis—infección de la uretra
- Cistitis—infección de la vejiga
- Pielonefritis—infección de la pelvis renal y los riñones

El área que se infecta más a menudo es la vejiga (cistitis). Generalmente, la cistitis se debe a bacterias que entran en el aparato urinario al contaminarse la uretra por el contacto con las heces. La uretra es muy corta en las niñas, lo que permite que las bacterias lleguen fácilmente a la vejiga. Por este motivo, las niñas tienen más infecciones de orina que los niños.

La cistitis puede provocar dolor en la parte baja del abdomen, molestias al orinar, sangre en la orina, aumento de la frecuencia de la micción y fiebre. Las infecciones de las partes altas del tracto urinario (los riñones) provocan un dolor abdominal más generalizado y fiebre más alta, pero es menos probable que se asocien a molestias al orinar o a aumento de la frecuencia de la micción.

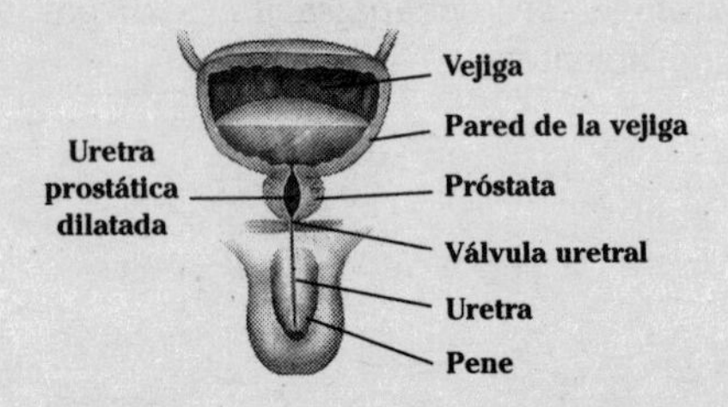

Las infecciones del tracto urinario deben tratarse con antibióticos lo antes posible, por lo que, si sospecha que su bebé ha contraído una, debe informar al pediatra lo antes posible. Si su bebé sólo presenta síntomas vagos o poco específicos que no se pueden explicar, también le debe hacer un análisis de orina, puesto que los síntomas podrían deberse a una infección del tracto urinario de carácter crónico.

Tratamiento

El pediatra le tomará la presión a su bebé y lo examinará para determinar si tiene molestias abdominales que podrían indicar que tiene una infección en el tracto urinario. El médico le preguntará lo que ha comido y bebido su bebé, puesto que hay algunos alimentos que pueden irritarlo, provocando síntomas similares a los que causan este tipo de infecciones (sobre todos las bebidas que contienen jugos cítricos, gaseosas y cafeína). El médico también preguntará si hay alguna otra persona en la familia que tienda a tener infecciones de orina, puesto que esto podría sugerir la existencia de alguna anomalía hereditaria que haría que su bebé fuera especialmente susceptible a este tipo de problemas.

El pediatra necesitará una muestra de orina de su bebé para analizarla. En primer lugar, utilice agua y jabón para limpiar el orificio uretral (si el niño no está circuncidado, retráigale el prepucio). Entonces le pegarán al bebé unos colectores especiales en el pene o a la entrada de la vagina hasta que orine.

La muestra de orina se analizará al microscopio en busca de células sanguíneas o bacterias y se harán una serie de cultivos para identificar las bacterias que pueda contener. Si se sospecha que el niño tiene una infección, se iniciará inmediatamente un tratamiento con antibióticos, aunque es posible que, después de obtener los resultados definitivos del cultivo (al cabo de por lo menos cuarenta y ocho horas), sea conveniente cambiar de antibiótico.

Los antibióticos se suelen recetar durante un período de diez días a dos semanas. Al cabo de varios días, el pediatra le puede pedir que le lleve otra muestra de orina para evaluar la eficacia del tratamiento. Si no parece estar surtiendo efecto, cambiará de antibiótico. Si parece eficaz, mantendrá el mismo tratamiento.

Cerciórese de que su bebé se toma todas las dosis prescritas durante el tiempo prescrito. En caso contrario, las bacterias podrían volver a proliferar, provocando más infecciones y lesiones serias en el aparato urinario. Una vez completado el tratamiento, se recogerá una tercera muestra de orina, para verificar que la infección se ha curado completamente y que ya no quedan restos de bacterias.

La mayoría de los especialistas actuales creen que, después de que un bebé tenga una infección importante en el aparato urinario, se le deben practicar una serie de pruebas complementarias (como, por ejemplo, una ecografía o una radiografía de riñón). Es posible que el pediatra también crea conveniente practicarle otras pruebas para analizar la función renal. Si los resultados obtenidos sugieren que su hijo tiene alguna anomalía estructural que se debe corregir, le recomendará que lo lleve a un cirujano uro-genital.

22

Cabeza, cuello y sistema nervioso

Meningitis

La meningitis es una inflamación de las meninges, los tejidos que recubren el cerebro y la médula espinal. A veces la inflamación afecta al mismo cerebro. La meningitis es una enfermedad seria y poco habitual. Aun así, cuando ocurre, afecta sobre todo a bebés y niños menores de cinco años. Si se diagnostica a tiempo y se trata adecuadamente, un niño con meningitis tiene muchas probabilidades de vencer la enfermedad con éxito y sin complicaciones.

El tipo más serio de meningitis es la de origen bacteriano (están implicados varios tipos de bacterias). Los bebés y niños menores de dos años tienen más probabilidades de contraer esta enfermedad. También hay meningitis de origen viral y otras provocadas por hongos y parásitos. La meningitis viral no suele ser muy grave, excepto cuando afecta a lactantes de menos de tres meses de edad.

Las bacterias que provocan la meningitis se encuentran a menudo en la boca y la garganta de bebés sanos, pero esto no implica necesariamente que estos niños vayan a adquirir la enfermedad. Esto sólo ocurre cuando las bacterias entran en el torrente sanguíneo.

Todavía no sabemos exactamente por qué algunos bebés contraen la meningitis y otros no, pero sabemos que ciertos grupos de niños tienen más probabilidades de contraer la enfermedad que otros. Éstos son:

- Bebés, especialmente si son menores de dos meses. (Su sistema inmune todavía no ha madurado lo suficiente, y es más fácil que las bacterias penetren en el torrente sanguíneo.)
- Niños que tienen infecciones recurrentes de los senos nasales
- Niños que han sufrido recientemente una lesión en la cabeza de carácter grave o una fractura de cráneo
- Niños a los que se les acaba de practicar una intervención quirúrgica en el cerebro
- Niños con quemaduras graves que se pueden infectar crónicamente
- Niños con ciertos trastornos crónicos, como fibrosis quística, cáncer, anemia falciforme o enfermedades que requieren cuidados respiratorios continuos o la administración de sustancias por vía intravenosa

Cuando no había antibióticos (medicinas que permiten combatir las infecciones bacterianas), el 90 por ciento de los niños que contraían la meningitis fallecía. Del diez por ciento que sobrevivía, a la mayoría les quedaban secuelas permanentes, como sordera, retraso mental o convulsiones. Hoy en día, el pronóstico es mucho mejor. Si la meningitis se diagnostica y se trata a tiempo, el 70 por ciento de los niños afectados se recupera sin ninguna complicación. Incluso si se presenta alguna complicación, ésta suele ser de carácter leve y de poca duración. Aun así, las pérdidas auditivas siguen siendo una secuela importante, frecuente y persistente. La meningitis tiene que detectarse temprano y tratarse enérgicamente para poderla curar. Por eso es muy importante que informe al pediatra inmediatamente si su bebé presenta alguno de los siguientes signos.

Si su bebé tiene menos de dos meses: La presencia de fiebre, pérdida del apetito, apatía o aumento en irritabilidad o llanto, es motivo más que suficiente para llamar al pediatra. A esta edad, los síntomas de la meningitis pueden ser muy sutiles y difíciles de detectar; por lo tanto, es mejor avisar pronto y equivocarse, que llamar demasiado tarde.

Si su bebé tiene entre dos meses y dos años: Ésta es la franja de edad en la que hay más probabilidades de contraer la meningitis. Esté pendiente de síntomas como fiebre, náuseas, vómitos, pérdida del apetito, agitación o somnolencia excesiva. (La agitación puede ser extrema y el sueño tan profundo, que puede resultar imposible despertar al niño.)

Tratamiento

Si, después de evaluar a su bebé, el pediatra sospecha que puede tener meningitis, solicitará que le hagan un análisis de sangre para comprobar si hay indicios de infección bacteriana, y una punción lumbar para extraerle líquido cefalorraquídeo. Este procedimiento implica introducir una aguja especial en la parte baja de la espalda para extraer una muestra de líquido. Si se detecta alguna infección en el líquido extraído, se confirmará el diagnóstico de meningitis. En tal caso, su bebé deberá ser hospitalizado para que le administren antibióticos por vía intravenosa y para tenerlo bajo observación por si surgen complicaciones. Durante los primeros días de tratamiento, es posible que su hijo no pueda beber ni comer; por este

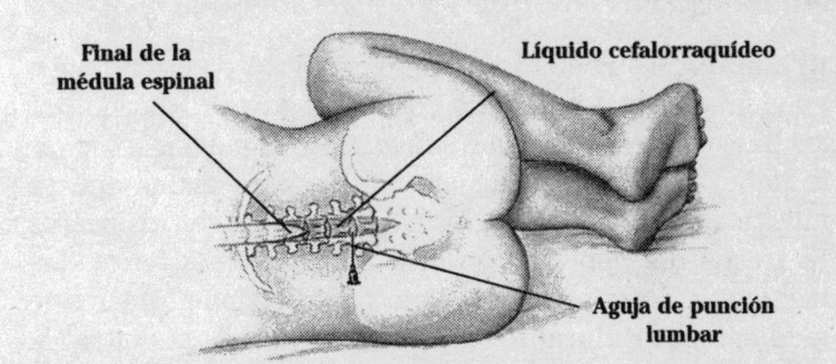

La punción lumbar se realiza en el espacio entre las vértebras que hay debajo de la médula espinal, para que la aguja no pueda lesionar la médula.

motivo, aparte de los antibióticos, le administrarán fluidos por vía intravenosa, a fin de proporcionarle las medicinas y nutrientes que necesita. En ciertos tipos de meningitis, el tratamiento debe prolongarse de siete a veintiún días, dependiendo de la edad del bebé y de la bacteria concreta que haya provocado la infección.

Prevención

Hoy en día, algunos tipos de meningitis de origen bacteriano se pueden prevenir con vacunas y antibióticos. Pregúntele al pediatra sobre lo siguiente:

Vacuna contra la Hib. Esta vacuna reduce las probabilidades de que un niño sea infectado por la bacteria *Haemophilus influenzae* tipo b. La vacuna se administra en forma de inyección, a partir de los dos meses de edad. (Véase el apartado "Atención a las vacunas" del Capítulo 8, página 326).

Vacuna contra el Pneumococo. Esta vacuna ayuda a prevenir algunas infecciones provocadas por la bacteria *pneumococo*. La vacuna conjugada se recomienda para todo niño entre los 2 y 23 meses de edad. En algunos niños puede recomendarse para las edades entre 24 y 59 meses. La vacuna de polisacáridos se recomienda además para niños en grupos de alto riesgo tales como los que estén inmunodepremidos, tienen anemia falciforme, ciertos problemas renales u otros trastornos crónicos.

Rifampin. Si su bebé se ha visto expuesto —sea en casa o en la guardería— a un niño con meningitis provocada por las bacterias *Haemophilus influenzae* o el *meningococo*, se le debe administrar este antibiótico para evitar que se infecte. En algunos casos, los adultos que se ven expuestos (a través del contacto íntimo) a alguien que tenga una meningitis de origen bacteriano también debe tomar este medicamento durante cierto tiempo. El pediatra le indicará con qué frecuencia y por cuánto tiempo debe medicar al bebé. Si su hijo presenta alguno de los síntomas de la meningitis, aunque esté tomando la medicina, llame al pediatra inmediatamente.

Convulsiones y crisis convulsivas

Una convulsión es un cambio repentino y temporal del movimiento del cuerpo o del comportamiento provocado por impulsos eléctricos cerebrales anómalos. Dependiendo del tipo de músculos que se vean afectados por los impulsos eléctricos, la convulsión puede provocar rigidez o relajación extrema, pudiendo dar la impresión de que la persona se ha quedado paralizada. A veces, las crisis convulsivas reciben el nombre de "ataques". Los términos *convulsión* y *crisis convulsiva* se suelen utilizar indistintamente.

Las *convulsiones febriles* (crisis convulsivas provocadas por la fiebre) ocurren en tres a cuatro de cada cien niños menores de cinco años de edad. Una convulsión febril puede causar reacciones tan leves como el poner momentáneamente los ojos en blanco o las piernas rígidas, o bien ser tan dramática como una convulsión generalizada, agitando y retorciendo todo el cuerpo. Las convulsiones febriles suelen durar menos de cinco minutos y generalmente el comportamiento del bebé vuelve enseguida a la normalidad.

Tratamiento

La mayoría de las crisis convulsivas desaparecen solas y no requieren tratamiento médico inmediato. Si su bebé tiene un ataque, deberá protegerlo para que no se haga daño. Colóquelo en una posición semisentada o estírelo sobre un costado con las caderas en un nivel más alto que la cabeza para que no se atragante en el caso de que llegue a vomitar.

Si la convulsión dura más de dos o tres minutos o es mucho más severa de lo habitual (dificultad para respirar, atragantamiento, piel azulada, varios ataques seguidos), llame para pedir ayuda de emergencia. Sin embargo, *no deje al bebé solo.* Cuando el ataque haya pasado, llame al pediatra inmediatamente para que examine al niño en su consulta o bien en la sala de emergencias más cercana.

Si su bebé tiene fiebre, el pediatra comprobará si hay alguna infección.

En caso de una convulsión febril, probablemente el médico simplemente le pedirá que le controle la fiebre dándole acetaminofén y baños tibios. Sin embargo, si la fiebre está provocada por una infección de origen bacteriano, probablemente le recetará un antibiótico. Si la causa de las convulsiones es una infección seria, como la meningitis (inflamación de la membrana que recubre el cerebro), el bebé tendrá que ser hospitalizado para recibir el tratamiento adecuado.

Sinusitis

La sinusitis es la inflamación de uno o más de los senos nasales, esto es, las cavidades óseas que hay alrededor de la nariz. Suele ocurrir a raíz de una infección viral que afecta a las vías respiratorias altas o por alergias. La condición causa inflamación del tejido que recubre la nariz y los senos nasales. La inflamación obstruye el conducto

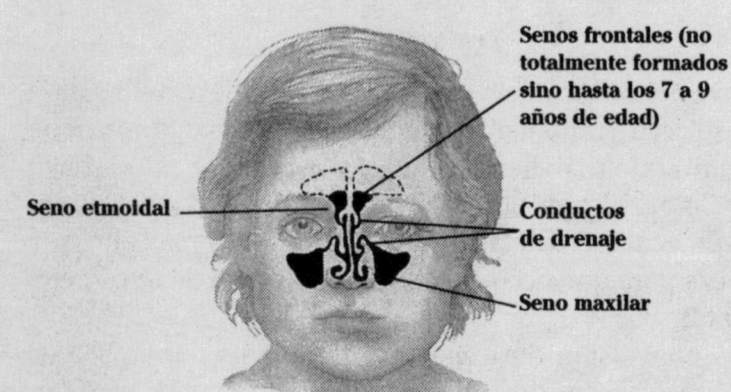

que normalmente permite que los senos drenen hacia la parte posterior de la nariz, por lo que se llenan de fluido. Puesto que, al estar obstruidos, los senos no podrán drenar, las bacterias proliferarán en su interior, provocando una infección.

Hay varios síntomas de sinusitis, que indican la necesidad de llamar al pediatra:

- Persistencia de los síntomas de un resfriado o de una infección de las vías respiratorias altas, incluyendo tos y mucha descarga nasal, durante más de diez días, sin ninguna mejoría. La mucosidad puede ser espesa y amarilla o bien líquida y blanquecina, y la tos suele estar presente de día y de noche. A veces, los bebés que tienen sinusitis se levantan por la mañana con el área que rodea los ojos inflamada.
- El bebé tiene un resfriado muy fuerte acompañado de fiebre alta y mucosidad espesa y amarillenta.

Tratamiento

Si el pediatra sospecha que su bebé tiene sinusitis, le recetará un antibiótico que por lo general se debe tomar durante catorce a veintiún días. En cuanto el bebé empiece a medicarse, los síntomas deben empezar a remitir bastante deprisa. En la mayoría de los casos la mucosidad se vuelve más líquida y la tos va mejorando a lo largo de una semana o dos. *Pero, aunque el bebé parezca haber mejorado, deberá seguir tomando los antibióticos durante el tiempo indicado por el médico.*

Por otro lado, si su bebé no presenta ninguna mejoría al cabo de dos a tres días de medicación, es posible que el pediatra le haga algunas pruebas complementarias. Dependiendo de los resultados, es posible que decida cambiarle la medicación o bien añadirle otro fármaco para que lo tome durante más tiempo.

Tortícolis

La tortícolis es un trastorno que hace que un bebé tenga el cuello doblado hacia un lado o en otra posición extraña. Es posible que lleve la cabeza ladeada y que, cuando se acueste estirado boca abajo, apoye siempre el mismo lado de la cara en el colchón. Esto puede motivar que se achate un lado de la cabeza y que la cara parezca asimétrica. Si no se trata, la tortícolis puede provocar una deformación facial permanente, asimetría facial y craneal y limitación de los movimientos de la cabeza.

Entre otras, la tortícolis puede estar provocado por estas causas:

Tortícolis muscular congénita. Se trata de la causa más frecuente de tortícolis en bebés. Se debe a una lesión en el músculo que conecta el esternón, el cuello y la cabeza (el esternocleidomastoideo). La lesión puede tener lugar durante el parto (sobre todo en partos de nalgas y en partos primerizos difíciles), pero también puede ocurrir durante el embarazo. Sea cuál sea la causa, este trastorno suele detectarse durante las primeras seis u ocho semanas de vida, cuando el pediatra se da cuenta de que el bebé tiene un bultito en el lado del cuello donde se produjo la lesión. Como reacción, el músculo se contrae y hace que la cabeza quede ladeada.

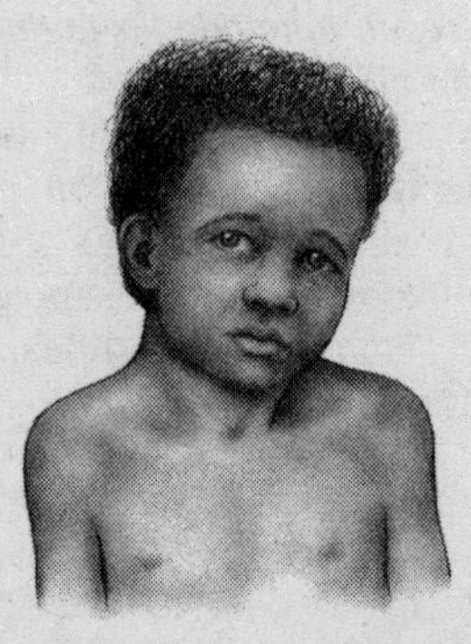

Síndrome de Klippel-Feil. En este trastorno, que también es congénito, el cuello está doblado debido a una anomalía en los huesos de la parte superior de la columna vertebral. Los niños afectados por este síndrome pueden tener el cuello corto y ancho, implantación baja del pelo y muy poca movilidad en el cuello.

Tratamiento

Cada tipo de tortícolis requiere un tratamiento ligeramente distinto. Es importante aplicar el tratamiento oportunamente para solucionar el problema antes de que provoque deformaciones permanentes.

El pediatra explorará el cuello de su bebé y es posible que solicite radiografías de la zona afectada para identificar la causa del problema. Es posible que también solicite radiografías o sonogramas de las caderas, puesto que muchos niños que nacen con tortícolis muscular congénita tienen luxación de cadera. Si el médico considera que es tortícolis muscular debido a una lesión del músculo esternocleidomastoideo al momento de nacer, le orientará para que inicie un programa de ejercicios con el fin de ir estirando poco a poco los músculos del cuello. El médico le enseñará lo que tiene que hacer para mover suavemente la cabeza del bebé en el sentido opuesto al de la inclinación. Estos ejercicios deben hacerse varias veces al día, aumentando el recorrido de forma gradual conforme el músculo se vaya estirando.

Al acostar a dormir al bebé, es recomendable ponerle boca arriba o de lado, con la cabeza orientada en el sentido opuesto al del lado afectado. Cuando este despierto, colóquelo de tal modo que las cosas que quiera mirar (a través de la ventana, un móvil, ilustraciones, gente) estén del otro lado donde tiene la lesión. De este modo, estirará el lado del músculo acortado mientras intenta mantener lo que le interesa dentro de su campo de visión. Esta estrategia tan simple cura este tipo de tortícolis en la gran mayoría de los casos, evitando la cirugía.

Si el problema no se puede corregir con ejercicios ni con cambios posturales, el pediatra consultará su caso a un ortopeda. En algunos casos, puede ser necesario extirpar quirúrgicamente la parte del músculo lesionada.

Si la tortícolis de su bebé no es de tipo muscular congénito y las radiografías no permiten detectar ninguna anomalía en la columna vertebral, podría ser conveniente aplicar otros tratamientos, entre los que se incluyen reposo, uso de collarines, tracción, aplicación de calor sobre el área afectada, medicación y, muy raramente, cirugía.

23

Corazón

Afección cardíaca congénita

Entre 8 y 10 de cada 1000 niños nacen con una afección cardíaca congénita (un problema del corazón desde el nacimiento). La afección puede ir desde una anormalidad estructural de las cavidades del corazón hasta una falla de las válvulas cardíacas o una inadecuada conexión o formación de las arterias o venas.

La mayoría de las afecciones cardíacas se desarrollan a comienzos del embarazo, generalmente entre las ocho y las doce semanas de desarrollo fetal. Cerca de un tercio de estos bebés tienen un trastorno cardíaco que puede ser fatal, por lo que es necesario practicar una operación durante los primeros días o semanas después del nacimiento para que el paciente sobreviva.

La causa de la mayoría de las afecciones cardíacas congénitas nunca llega a identificarse, aunque los investigadores están explorando la posible incidencia de factores genéticos y ambientales. Los padres no deben sentirse culpables por la afección cardíaca de su bebé, ya que no es causada por algo que la madre o el padre haya hecho o haya dejado de hacer.

Las dos afecciones cardíacas congénitas más comunes son:

Defecto del septo ventricular: se caracteriza por un hueco en el septo (la pared o tabique) entre los dos ventrículos o cavidades de bombeo del corazón. Esto permite que la sangre pase anormalmente del lado

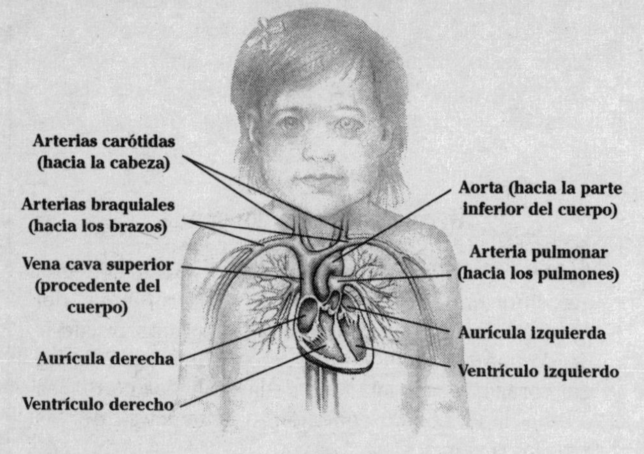

El corazón

izquierdo al lado derecho del corazón. El esfuerzo adicional que recae sobre el corazón puede conducir a un crecimiento anormal del bebé así como a dificultad respiratoria. En algunos casos, puesto que el corazón tiene que trabajar más, se puede desarrollar fallo cardíaco congestivo.

Defecto del septo auricular: ocurre cuando hay un agujero en el septo que divide las aurículas (cavidades superiores o receptoras) del corazón. Puesto que la presión en las cavidades auriculares es más baja que en las cavidades ventriculares, este problema tiende a generar una carga de trabajo inferior sobre el corazón que los defectos del septo ventricular. Muchos niños que padecen de esta afección no presentan síntomas y funcionan normalmente, particularmente durante los primeros años de vida. Sin embargo, un pediatra podría detectar el problema durante un chequeo regular. Con el tiempo, en ciertos casos no antes de la edad adulta, las personas que sufren de defectos del septo auricular pueden experimentar síntomas tales como ritmo cardíaco irregular, y, en algunos casos, fallo cardíaco.

Hay otros tipos, menos comunes, de defectos cardíacos congénitos. Uno de ellos, llamado transposición de los grandes vasos, ocurre cuando las dos arterias que salen del corazón están invertidas; es decir la aorta viene del ventrículo derecho en lugar del izquierdo y la arteria pulmonar viene del ventrículo izquierdo. Como consecuencia, la sangre oxigenada no circula apropiadamente a través del cuerpo.

La transposición de los grandes vasos es la causa más común de enfermedad cianótica del corazón, esto es, que le da al bebé recién nacido un tono azulado. Suele diagnosticarse inmediatamente después del nacimiento debido al tono azulado del bebé. El diagnóstico se confirma mediante un ecocardiograma (imagen del corazón mediante ondas de sonido).

Tratamiento

Algunos casos de afección cardíaca congénita se mejoran sin necesidad de terapia. Muchas otras pueden corregirse mediante cirugía.

Los agujeros entre las cavidades de bombeo en los defectos del septo ventricular y auricular tienden a achicarse por sí solos. En los defectos ventriculares, si el agujero era de pequeño a mediano desde un comienzo, podría cerrarse espontáneamente sin cirugía. Los agujeros más grandes requieren de una operación en la que un parche de tela especial se usa para cerrar la abertura entre las cavidades. La cirugía para corregir defectos ventriculares puede realizarse cuando el bebé tenga entre seis meses y un año de edad. En contraste, los defectos del septo auricural se suelen corregir quirúrgicamente cuando el paciente tiene entre dos y cuatro años de edad. Ambas operaciones son muy seguras y la mayoría de bebés quedan bien después del procedimiento.

La transposición de los grandes vasos se puede corregir mediante una operación que se realiza a los tres o cuatro días de nacido el bebé, aun antes de que salga del hospital. Consiste en reconectar las arterias a las cavidades apropiadas de bombeo. En los últimos años este procedimiento se ha modernizado, haciendo que el defecto cardíaco tenga altas probabilidades de ser corregido.

Prevención

Aunque no existe un modo de prevenir la mayoría de defectos cardíacos congénitos, una mujer embarazada puede ayudar a garantizar la salud de su bebé al evitar el alcohol, la cocaína y otras drogas, así como tomando las medidas necesarias para evitar el contacto con la rubéola (sarampión alemán). Si usted tiene un historial familiar de afecciones cardíacas congénitas, es decir si usted o su cónyuge o uno de sus anteriores hijos sufren de esta afección, su doctor podría monitorear el feto para detectar posibles problemas cardíacos.

Soplo cardíaco

Técnicamente, un soplo cardíaco es simplemente un sonido que se oye entre los dos latidos del corazón. Normalmente, cuando el médico ausculta a un niño, oye algo parecido a *lob-dob, lob-dob, lob-dob.* La mayoría de las veces, el período entre el *lob* y el *dob* y el *dob* y el *lob* es silencioso. Si se produce algún sonido durante este período, se dice que el niño tiene un "soplo". Aunque la palabra es poco tranquilizadora, los soplos son *extremadamente* comunes, y a veces normales. Muchas veces se les llama "soplos inocentes", en cuyo caso son provocados simplemente por el flujo de la sangre a través del corazón.

Sin embargo, los soplos cardíacos que se pueden oír durante los primeros seis meses de vida *no* suelen ser inocentes, por lo que deben ser examinados por un cardiólogo pediátrico. Éste observará los cambios de coloración que se produzcan en la piel del bebé (ponerse azul) y la dificultad al respirar o comer que pueda tener. Es posible que le haga varias pruebas complementarias, como radiografías de tórax, un ECG y un ecocardiograma. El ecocardiograma utiliza las ondas sonoras para crear una imagen del interior del corazón.

Enfermedad de Kawasaki

La enfermedad de Kawasaki es un trastorno extraño y grave cuya causa se desconoce. Sin embargo, algunos investigadores creen que está provocado por un virus o una bacteria. Entre los síntomas de esta enfermedad cabe señalar:

- Fiebre, generalmente bastante alta, con una duración mínima de cinco días y que no responde al tratamiento. Para poder diagnosticar esta enfermedad, deberá estar presente este síntoma.

Además, en el caso típico, también deben aparecer cuatro de los siguientes seis síntomas:

- Erupción por todo el cuerpo o parte de él, a menudo más grave en la zona que cubre el pañal, sobre todo en los lactantes de menos de seis meses.
- Enrojecimiento e hinchazón de las palmas de las manos y las plantas de los pies
- Labios enrojecidos, hinchados y cortados y/o lengua afambruesada
- Ojos enrojecidos e hinchados, sobre todo la esclerótica (parte blanca)
- Ganglios linfáticos inflamados, especialmente en un lado del cuello
- Irritabilidad o apatía. Los bebés con la enfermedad de Kawasaki suelen estar más intranquilos o más adormilados que de costumbre. También se pueden quejar de que les duele el estómago, la cabeza y las articulaciones.

En la enfermedad de Kawasaki se produce una inflamación de los vasos sanguíneos que, en algunos casos, afecta a las arterias del corazón (arterias coronarias). Esta inflamación debilita las paredes de los vasos sanguíneos afectados. En la mayoría de los casos, los vasos sanguíneos recuperan su forma habitual al cabo de varios meses, pero en algunos casos siguen muy débiles y pueden llegar a hincharse, provocando aneurismas (evaginaciones llenas de sangre).

Esta enfermedad es más frecuente en Japón y Corea y en personas de ascendencia coreana o japonesa, pero se puede dar en cualquier grupo racial y en cualquier continente. En los Estados Unidos, por ejemplo, se dan más de tres mil casos anuales, sobre todo entre infantes mayores y preescolares.

La enfermedad de Kawasaki no parece ser contagiosa. Es extremadamente raro que dos niños que viven en la misma casa contraigan la enfermedad. Así mismo, no se trata de una enfermedad que se propague en las guarderías o jardines infantiles, donde los niños están en contacto diariamente. Aunque se trata de una enfermedad que se puede presentar en forma de brotes, siendo más virulenta en invierno y a principios de la primavera, se desconoce su causa. En los Estados Unidos, el grupo de edad que más se suele afectar es el comprendido entre los seis meses y los cinco años. Algunas pruebas sugieren que la enfermedad de Kawasaki puede estar provocada por algún agente infeccioso, como una bacteria o un virus todavía no identificado. Aun así, a pesar de la intensa labor de investigación que se está llevando a cabo, no se ha conseguido aislar ningún virus, bacteria o toxina como agente causante de la enfermedad. No hay ninguna prueba específica que permita el diagnóstico. Éste se emite a partir de los síntomas antes mencionados y excluyendo otras posibles enfermedades.

Tratamiento

Al no conocerse su causa, la enfermedad de Kawasaki se puede tratar pero no prevenir. Si se diagnostica a tiempo, la administración de grandes dosis de gamaglobulinas (una mezcla de anticuerpos humanos) por vía intravenosa permite minimizar el riesgo de formación de aneurismas. Aparte de las gamaglobulinas, el niño debe tomar aspirinas, primero a dosis muy altas, y después, una vez haya remitido la fiebre, a dosis más bajas. La aspirina permite reducir la tendencia que tiene la sangre a coagularse en los vasos sanguíneos lesionados. Aunque es correcto tratar la enfermedad de Kawasaki con aspirinas, la administración de aspirinas en niños para tratar trastornos menores (como un resfriado común) se ha asociado a una enfermedad grave denominada Síndrome de Reye. Consulte siempre al pediatra antes de darle aspirina a su bebé.

24

Vacunas

La vacunas rutinarias existen para proteger a su niño de varias enfermedades infantiles importantes: poliomielitis, sarampión (página 704), paperas, rubéola (página 696), varicela (página 689), tos ferina (pertussis, página 561); difteria, tétanos, infecciones por el Haemophilus (meningitis, página 651 y epiglotitis), infecciones por neumococo y por hepatitis B (página 515). Todas estas enfermedades pueden dejar secuelas importantes o, incluso, provocar la muerte, por lo que su bebé debe estar inmunizado contra ellas. También existen vacunas contra la influenza, la rabia y la hepatitis A, que se administran en circunstancias especiales.

Cuando a su bebé se le pone una vacuna, se le inocula una parte atenuada (debilitada) o muerta de un agente infeccioso, a fin de estimular al organismo para que produzca anticuerpos contra dicho agente. Estos anticuerpos lo protegerán en el futuro contra la enfermedad en caso de que entre en contacto con el germen que la provoca. Exceptuando la forma oral de la vacuna contra la poliomielitis, todas las vacunas son inyectables.

La Academia Americana de Pediatría recomienda el itinerario de vacunación que aparece en la página 106. Por favor, consulte esa página para obtener información más detallada.

Algunos niños necesitan protegerse contra el virus de la influenza (vacuna contra la gripe) o el virus de la rabia (vacuna contra la rabia). Una vacuna adicional contra el neumococo se recomienda para todo niño mayor de dos años con problemas en el sistema inmune. El pediatra le indicará si es necesario vacunar a su hijo.

Efectos secundarios

Todas las vacunas tienen efectos secundarios potenciales. A continuación, se mencionan los mismos:

Difteria, Tétanos y Tos ferina (administradas conjuntamente en una sola vacuna): Los efectos secundarios de las porciones contra la difteria y el tétanos son similares: dolor e inflamación en la zona del pinchazo y, en raras ocasiones, erupción durante las veinticuatro horas siguientes. La porción contra la tos ferina provoca calor, enrojecimiento y dolor en el área del pinchazo en aproximadamente la mitad de los niños. También puede provocar fiebre e irritabilidad. Se han descrito casos de inflamación del cerebro consecuente a la administración de la vacuna tradicional, aunque se trata de algo tan raro (1 de cada 110,000 vacunaciones) que no se sabe a ciencia cierta si la inflamación está provocada por la vacuna en sí misma o por alguna otra sustancia o infección.

Los posibles efectos secundarios y complicaciones, se deben sopesar con el hecho de que la enfermedad en sí causa muchas más complicaciones que la vacuna que la previene. El nuevo tipo de vacuna anti-tos ferina no utiliza la bacteria muerta completa sino sólo una parte de la misma. Recibe el nombre de "acelular" y se identifica por las siglas DTPa. Se administra a infantes a partir de los dos meses de edad (primera dosis) y provoca menos reacción.

Poliomielitis. La forma inyectable de la vacuna contra la poliomielitis, vacuna inactivada, (IPV) apenas se asocia a efectos secundarios, exceptuando una leve inflamación en la zona del pinchazo. La IPV no puede provocar cuadros de parálisis. Se administra usualmente a partir de los dos meses de edad.

La vacuna oral contra la poliomielitis (OPV) que usábamos hasta hace poco, no exigía pinchar al niño, lo que era una ventaja. Aunque la OPV contiene el virus de polio atenuado, en raras ocasiones provocaba cuadros de parálisis en niños inmunodeprimidos. También provocaba cuadros de este tipo en personas que no eran inmunes y que estaban en contacto con niños a quienes se les había administrado la forma oral de la vacuna (el virus está presente en las heces del niño al poco tiempo de la vacunación). De todos modos, las probabilidades de que esto ocurriera eran bajísimas. Si su bebé es alérgico a los antibióticos neomicina y estreptomicina, es probable que el pediatra le recomiende la forma oral de la vacuna, ya que estos antibióticos se utilizan en la preparación de la forma inyectable.

Vacuna contra la varicela. Las reacciones adversas a la vacuna de la varicela suelen ser leves e incluyen enrojecimiento, dolor, endurecimiento e inflamación del área del pinchazo, cansancio, intranquilidad, fiebre y náuseas. También puede aparecer una erupción de granitos o vesículas en el área del pinchazo o, poco frecuentemente, en otras partes del cuerpo. Esta reacción puede ocurrir hasta un mes después del pinchazo y puede durar varios días.

Sarampión, Paperas y Rubéola (MMR). Las vacunas contra el sarampión, las paperas y la rubéola se suelen administrar conjuntamente, en una misma inyección. La porción contra el sarampión a veces provoca una leve erupción en la piel y fiebre, entre cinco y doce días después del pinchazo. Rara vez provoca inflamación en la zona de la mandíbula, como si el niño tuviera paperas leves. La vacuna contra la rubéola a veces provoca dolor e inflamación de las articulaciones o, muy raramente, inflamación de los nervios de los brazos y las piernas.

Haemophilus Influenzae Tipo B (Hib). El área del pinchazo puede inflamarse y estar adolorida y enrojecida. Esto ocurre en un número muy reducido de casos (uno de cada sesenta y siete). También puede presentarse fiebre baja.

Influenza. Las nuevas vacunas apenas tienen efectos secundarios, salvo que la zona del pinchazo puede estar un poco adolorida; las reacciones febriles son poco frecuentes.

Rabia. Las nuevas vacunas apenas tienen efectos secundarios en los niños.

Tratamiento de los efectos secundarios

Antes de ponerle una vacuna a su bebé, el pediatra debe repasar con usted las reacciones que puede provocar y cómo se deben tratar. Por regla general, la fiebre se trata con acetaminofén. Si aparecen reacciones locales en la zona del pinchazo, probablemente el pediatra le recomiende compresas frías para mitigar los síntomas.

Si su bebé tiene una reacción que le incomoda durante más de cuatro horas, informe al pediatra para que los anote en el historial clínico del niño y le indique el tratamiento adecuado.

Niños que no deben ponerse ciertas vacunas

Estas vacunas no provocan reacciones severas en la mayoría de los niños. Sin embargo, hay casos en que no se deben administrar.

Difteria y Tétanos. Si su bebé tuvo una reacción severa (urticaria, erupción petequial o shock anafiláctico) con una dosis previa de estas vacunas, no debe revacunarlo. Si tuvo fiebre de 105° Fahrenheit (40.5° centígrados) o más, se desmayó o tuvo un colapso después de administrarle la primera dosis, deberá considerarlo con mucho cuidado antes de administrarle una nueva dosis que contenga los mismos componentes.

Tos ferina. Si su bebé ha tenido convulsiones *antes* de ponerse la vacuna contra la tos ferina, es posible que el pediatra prefiera retrasar el momento de administrarle el componente P o Pa de esta vacuna hasta que sepa cuál es la causa de este tipo de episodios y pasen por lo menos seis meses de no tener convulsiones. Si su bebé tuvo una reacción adversa seria a una dosis previa de la vacuna contra la tos ferina, debe considerarlo con mucho cuidado antes de administrarle una nueva dosis y tal vez deba sustituirla por DT Pediátrico. Las reacciones adversas serias incluyen fiebre alta de 105° Fahrenheit (40.5° centígrados o más), convulsiones, gritos o llanto persistente y agudo, y colapso. Las reacciones adversas severas (contraindicaciones), que deben alertarle tanto a usted como al pediatra de que no se le debe administrar al niño ninguna dosis más de la vacuna DTP, y que debe sustituirse por DT Pediátrico, incluyen las reacciones alérgicas y/o una inflamación del cerebro inexplicable durante los siete días consecutivos al pinchazo.

Vacuna contra la varicela. Aunque la vacuna contra la varicela está aprobada para administrarse en niños sanos, hay ciertos sectores de la población, como los niños inmunodeprimidos o las mujeres embarazadas, que tienen mayor riesgo de desarrollar problemas graves y, por lo tanto, no deben ponérsela. El pediatra le indicará si su bebé pertenece a alguna de las categorías de alto riesgo y, por lo tanto, no se le debería administrar la vacuna contra la varicela.

Sarampión, paperas. Puesto que estas dos vacunas contienen una pequeña cantidad de proteínas extraídas del huevo, hay opiniones encontradas sobre si se le deben o no administrar a un niño sano que sea muy alérgico al huevo. En estos casos, el pediatra siempre tiene la opción de consultar a un especialista en alergias o en el sistema inmune para que le aconseje si es conveniente vacunar al niño. Se recomienda administrar dos dosis de estas vacunas.

Rubéola. Todos los niños sanos que no sean muy alérgicos a la neomicina deben ponerse dos dosis de esta vacuna antes de la adolescencia. No debe administrarse a mujeres que estén embarazadas, pero el hecho de que sus hijos se pongan la vacuna no representa ninguna amenaza para el embarazo.

Rabia. No hay ningún motivo para no administrar esta vacuna cuando sea conveniente.

Influenza. Las vacunas contra la gripe se elaboran con proteínas extraídas del huevo, por lo que no se deben administrar a aquellos bebés alérgicos al huevo.

Vacuna contra el Hib. No hay ningún motivo para no administrar esta vacuna, a menos que su hijo sea alérgico o no tolere uno o más de sus componentes. El pediatra le ayudará a determinar esta cuestión.

Vacunas elaboradas con virus vivos (polio oral, sarampión, paperas, rubéola y varicela). A un bebé inmunodeficiente o inmunodeprimido no se le debe administrar ninguna vacuna elaborada con virus vivos atenuados. Pero, puesto que el hecho de contraer la enfermedad del sarampión es más peligroso para un niño infectado por el VIH que ponerse la vacuna contra el sarampión, estos niños pueden ponerse la MMR (pero no la forma oral de la vacuna contra la poliomielitis ni la vacuna contra la varicela). A estos bebés se les debe administrar la forma inactivada (inyectable) de la vacuna de polio (IPV).

Cartilla personal de vacunaciones

Lleve un registro en esta cartilla de las vacunas que va recibiendo su bebé. Anote la fecha de cada vacunación. Si necesita más copias indíqueselo a su pediatra o solicite algunas a la Academia Americana de Pediatría, 141 Northwest Point Boulevard, P.O. Box 927, Elk Grove Village, Illinois 60009–0927.

	DTPa	Polio	Triple vírica	Hepatitis B	Hib	Tétanos-Difteria	Varicela	Pneumococo
Nacimiento								
1 a 2 meses								
2 meses								
4 meses								
6 meses								
6 a 18 meses								
12 a 15 meses								
15 meses								
15 a 18 meses								
4 a 6 años								
11 a 12 años								
14 a 16 años								

25

Problemas músculo-esqueléticos

Piernas arqueadas

Si las piernas de su bebé parecen curvarse hacia afuera a la altura de las rodillas, probablemente no hay por qué inquietarse. Mire a su alrededor y notará que pocos niños de esta edad tienen las piernas completamente rectas. De hecho, muchos niños de uno a dos años de edad tienen las piernas arqueadas. Es posible que las piernas de un niño no se le lleguen a ver completamente rectas sino hasta que cumpla nueve o diez años.

Las piernas arqueadas generalmente sólo son variaciones que entran dentro de lo normal y no requieren tratamiento alguno. Lo más habitual es que las piernas se vayan enderezando, de tal modo que, cuando el niño sea un adolescente, tenga un aspecto completamente normal. Usar abrazaderas, zapatos especiales u otros correctores o hacer ejercicios de piernas no sirve de nada y, de hecho, puede perjudicar el desarrollo físico del niño y provocarle problemas emocionales.

En contadas ocasiones, las piernas arqueadas son el resultado de una enfermedad. La artritis, las lesiones en la zona de crecimiento óseo de las rodillas, las infecciones, los tumores y el raquitismo pueden provocar cambios en la curvatura de las piernas. A continuación, se mencionan algunos síntomas que indican que las piernas arqueadas pueden deberse a un problema grave:

- La curvatura es extrema.
- Sólo se afecta una pierna.
- La estatura del bebé es muy baja para su edad.

Si su bebé presenta alguno de estos síntomas, comuníquese con el pediatra, quien determinará la causa exacta de la deformidad y prescribirá el tratamiento adecuado. En algunos casos el pediatra referirá el caso a un ortopeda pediátrico para una evaluación y para realizar una posible cirugía correctiva.

Lesiones de codo

La luxación de codo, también conocida como "el codo de las niñeras" o "pronación dolorosa", es una lesión bastante común entre los niños de menos de cuatro años. Ocurre cuando el tejido blando que rodea al codo "se cuela" dentro de esta articulación y queda atrapado en su interior. Esto ocurre cuando la articulación es lo suficientemente laxa como para que los huesos que suelen estar en contacto se separan ligeramente al estirar completamente el brazo (por ejemplo, cuando se intenta levantar o columpiar a un niño estirándolo de los brazos, cuando se le hala fuertemente el brazo o cuando se cae sobre el brazo extendido). El tejido adyacente resbala dentro del espacio creado por el estiramiento y queda aprisionado cuando la articulación vuelve a su posición normal.

En la pronación dolorosa, el codo no se suele inflamar, pero su hijo se quejará de dolor. Es posible que lleve el brazo pegado al cuerpo, con el codo ligeramente doblado y la palma de la mano orientada hacia el tronco. Si usted intenta enderezarle el brazo o girarle la palma de la mano, el niño se resistirá debido al dolor.

Tratamiento. No intente tratar este tipo de lesiones por su cuenta, ya que el dolor de codo puede deberse a otro problema como una fractura. En lugar de ello, lleve al niño al pediatra lo antes posible, después de hacerle un

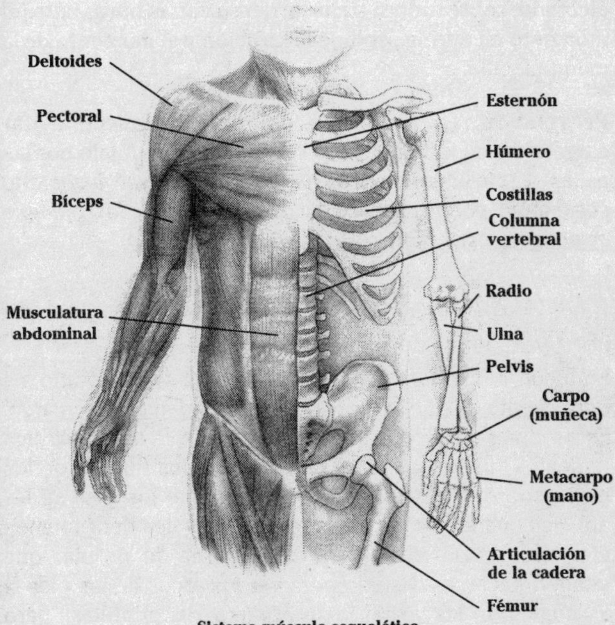

Sistema músculo-esquelético

cabestrillo con un trozo de tela suave, por ejemplo, un pañuelo. No le dé comida, agua ni ningún analgésico, a menos que lo indique el médico.

El médico explorará el área afectada, para ver si está hinchada o adolorida o si hay limitación de movimiento. Si se sospecha que puede tener alguna lesión distinta a la pronación dolorosa, le mandará una radiografía. Si no hay fractura, el médico manipulará con cuidado la articulación para liberar el tejido atrapado. Aunque esta manipulación produce algo de dolor mientras se realiza, su hijo debería sentir alivio casi de inmediato. En ocasiones, el médico recomendará que el niño lleve el brazo en cabestrillo durante dos o tres días en lo que sana el tejido blando afectado, sobre todo si transcurrieron varias horas entre el momento en que se produjo la luxación y el momento de la manipulación.

Prevención. La pronación dolorosa se puede evitar cargando a un niño pequeño correctamente. Cójalo por las axilas o por el tronco. *No tire de él ni intente levantarlo cogiéndolo por las manos o las muñecas, ni lo columpie cogiéndolo por los brazos.*

Pies planos

En algún momento entre el primero y el segundo año, se dará cuenta de que los pies de su bebé apenas tienen arco. Estos "pies planos", que es posible que su hijo siga teniendo durante años, se deben a que los huesos de los niños son muy flexibles, lo que hace que los pies se les aplanen cuando se ponen de pie. Además, los bebés tienen almohadillas de grasa en la cara interna de los pies que ocultan los arcos. Usted podrá ver los arcos de los pies si lo coge por las axilas y lo levanta de puntillas, pero desaparecerán en cuanto los pies vuelvan a soportar el peso de su cuerpo. Además, los pies de los niños pequeños tienden a orientarse hacia afuera, de modo que la parte interna del pie soporta más peso que la externa, lo que les confiere un aspecto todavía más plano.

Estos "pies planos" normales suelen desaparecer hacia los seis años, cuando los pies pierden flexibilidad y los arcos se hacen más evidentes. Solamente uno o dos de cada diez niños seguirán teniendo los pies planos durante la etapa adulta. Sin embargo, si los pies del niño son flexibles, no hay motivo para preocuparse ni para iniciar

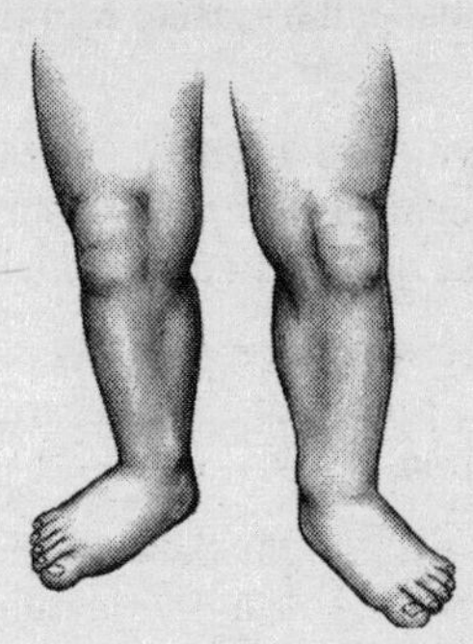

un tratamiento. De hecho, todos los zapatos especiales, plantillas y ejercicios para corregir los pies planos que se anuncian en el mercado suelen provocar más problemas que los pies planos como tal. Si un niño no tiene arcos en los pies, estos tratamientos *no* le permitirán desarrollarlos.

Hay otros tipos de "pies planos" que sí responden al tratamiento. Por ejemplo, un niño puede tener muy rígido el tendón del talón (el "tendón de Aquiles"), lo cual puede limitarle los movimientos de los pies. Esta rigidez puede provocar pies planos, pero generalmente este problema se puede tratar con unos ejercicios de estiramiento especiales que permiten alargar el tendón.

Pies varos

Si los pies de un bebé apuntan hacia adentro, se dice que tiene los pies varos. Es un problema muy habitual, que puede afectar uno o ambos pies, y puede tener diversas causas.

Esto usualmente es debido a que la parte delantera del pie apunta hacia adentro, y es lo que llamamos *metatarsus adductus* (véase la figura 1). Puede obedecer a la postura que adoptaba el feto cuando estaba dentro del útero o a otras causas.

Usted puede sospechar que su hijo tiene este problema si:

- Cuando usted observa al lactante desde abajo mientras descansa, comprueba que la parte delantera de los pies se orienta hacia adentro.
- La parte externa de los pies del lactante (opuesta al dedo gordo) presenta una curvatura que recuerda a una media luna.

Generalmente esta anomalía tiene poca importancia y suele resolverse por sí sola antes de que el niño cumpla un año. A veces es más grave y va acompañada de otras malformaciones en el pie, especialmente envolviendo el talón, lo que hace que todo el pie esté torcido hacia adentro. Este trastorno exige llevar al niño a un ortopeda para iniciar un tratamiento temprano mediante un yeso o férula.

Tratamiento

Algunos expertos consideran que un lactante de menos de seis meses de edad no necesita ningún tratamiento para corregirle los pies varos. En casos severos de *metatarsis adductus* es recomendable colocar lo antes posible un yeso durante un período de tiempo breve. En los casos en que haya opiniones contradictorias, lo mejor es seguir las recomendaciones del pediatra del niño. Al parecer, la mayoría de los niños que tienen pies varos durante los primeros meses suelen acabar superando este problema sin necesidad de tratamiento.

Si su bebé sigue teniendo pies varos después de cumplir seis meses, o si tiene los pies muy rígidos y le cuesta mucho enderezarlos, es posible que el médico recomiende ponerle una serie de yesos durante un período de tiempo comprendido entre las tres y las seis semanas. Así mismo, lo más probable es que refiera su caso a un ortopeda pediátrico. La meta principal del tratamiento es corregir el trastorno antes de que el bebé empiece a andar.

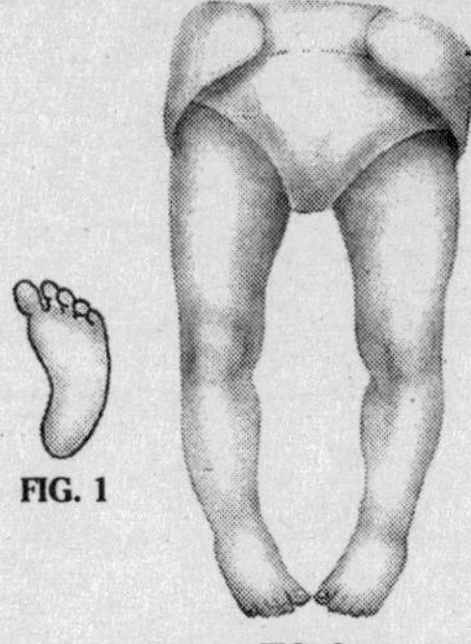

FIG. 1

FIG. 2

Puesto que los pies varos suelen corregirse solos, es muy importante que *no* se fíe de ningún "tratamiento" alternativo no recomendado por el pediatra, como zapatos correctores, abrazaderas, ejercicios, elevadores del arco, plantillas o manipulaciones de espalda. Todos estos tratamientos, aparte de que no permiten corregir el problema, son perjudiciales porque interfieren con el desarrollo normal del juego y la locomoción, y hasta es posible que provoquen deformidades.

26

Piel

Marcas de nacimiento y hemangiomas

Manchas oscuras al nacer (nevos o lunares)

El nevo o lunar puede ser congénito (presente desde el nacimiento) o adquirido. Está constituido por unas células del mismo nombre que se parecen a las que confieren el color oscuro a la piel. Por ello se trata de manchas de color marrón oscuro o negro.

Lunares congénitos. Son pequeñas manchas presentes desde el nacimiento y relativamente frecuentes (aparecen en uno de cada cien niños de raza blanca). Suelen crecer con el bebé y normalmente no provocan problemas. No obstante, en contadas ocasiones, estos lunares evolucionan hacia un tipo grave de cáncer de piel (melanoma), generalmente durante o después de la adolescencia. Por lo tanto, aunque no tiene sentido que *se preocupe* ahora por estas manchas, es buena idea que las observe y que el pediatra las examine regularmente por si cambiaran en apariencia (color, tamaño o forma). El pediatra podría recomendarle visitar un dermatólogo, quien podría extirparlas y/o dar seguimiento cercano de las mismas.

Existe un tipo de nevo congénito mucho más serio, cuyo tamaño puede variar desde unos pocos centímetros hasta el espacio que ocupa este libro. Puede ser plano o elevado, tener o no vello (aunque también puede haber vello en las manchas pigmentadas de tamaño reducido), y llegar a cubrir por completo un brazo o una pierna. Afortunadamente es muy poco frecuente (sólo ocurre en uno de cada veinte mil nacimientos). Sin embargo, es mucho más probable que evolucione a un melanoma que los lunares de menor tamaño, por lo que es recomendable llevar al niño al dermatólogo cuanto antes.

Lunares o nevos adquiridos. La mayoría de las persona de raza blanca desarrollan entre diez y treinta lunares a lo largo de su vida. Suelen desarrollarse a partir de los cinco años, pero a veces aparecen antes. El lunar *adquirido* rara vez es motivo de preocupación. Aun así, si a su bebé le sale un lunar más grande que el borrador de un lápiz, de forma irregular o con muchos colores, debe examinarlo el pediatra.

Marcas de vasos sanguíneos en la piel (Hemangiomas)

Su bebé de pocos meses tiene un bultito rojo que le sobresale en la frente y que está aumentando de tamaño muy deprisa y una mancha plana de color rojo oscuro en el brazo. Su aspecto no es demasiado agradable, pero, ¿se trata de algo peligroso?

Los hemangiomas son marcas de nacimiento que aparecen cuando un área de la piel recibe un aporte anómalo de sangre. Esto hace que el tejido afectado aumente de tamaño durante varias semanas o meses y adquiera un tono rojo-azulado. Cuando el problema afecta sólo a los capilares (los vasos sanguíneos de menor tamaño), la marca recibe el nombre de hemangioma capilar ("hemangioma en forma de fresa"). Cuando afecta a vasos sanguíneos de mayor tamaño, el hemangioma puede ser de otro tipo y tener un aspecto distinto.

Hemangioma plano (Picotazo de cigüeña). Estas manchas, muy habituales en los recién nacidos, suelen aparecer en los párpados y en la parte posterior del cuello.

Generalmente desaparecen durante los primeros meses de vida y carecen de importancia.

Hemangioma capilar. Los hemangiomas capilares también son bastante habituales, encontrándose en por lo menos dos de cada cien recién nacidos. Aunque a veces no se detectan al nacer, se desarrollan durante el primer mes a modo de un crecimiento rojo de textura rugosa. Pueden aparecer en cualquier parte del cuerpo, pero son más frecuentes en la cabeza, el cuello y el tronco. Generalmente un bebé tiene sólo un hemangioma capilar, pero en algunas ocasiones puede haber varios hemangiomas repartidos por todo el cuerpo.

Si a su bebé le sale un hemangioma capilar, pídale al pediatra que lo examine para que pueda seguir su curso desde el principio. Durante los primeros seis meses de vida, los hemangiomas suelen crecer rápidamente lo que puede asustar bastante. Sin embargo, pronto dejan de aumentar de tamaño y casi siempre desaparecen cuando el niño tiene unos nueve años de edad.

A menudo, el aspecto de estas marcas de nacimiento desagrada tanto a los padres, que se empeñan en mandar a extirpárselos al bebé inmediatamente. Sin embargo, puesto que la inmensa mayoría de éstos disminuye progresivamente de tamaño durante el segundo o tercer año, suele ser mejor dejarlos tal y como están. Las investigaciones demuestran que, cuando este tipo de hemangiomas se deja sin tratar, tienen pocas complicaciones o problemas estéticos. Contrariamente, los que se tratan, sea con medicación o cirugía, pueden desarrollar más complicaciones y cambios de aspecto indeseables.

A veces, los hemangiomas capilares tienen que tratarse o extirparse, básicamente cuando afectan áreas adyacentes a estructuras vitales, como los ojos, la garganta o la boca; cuando están creciendo más deprisa de lo habitual; o cuando es probable que sangren mucho o que se infecten. Estas circunstancias poco comunes requieren una evaluación cuidadosa y tratamiento por parte del pediatra y el dermatólogo.

Aunque es algo muy raro, un niño puede tener muchos hemangiomas en la cara y en el tronco superior. En estos casos, es posible que también tenga hemangiomas en algunos órganos internos. Si el pediatra de su hijo sospecha algo similar, probablemente necesitará hacerle otras pruebas.

Manchas tipo vino de oporto. Las manchas tipo vino de oporto son malformaciones planas de pequeños vasos sanguíneos, generalmente presentes al nacer y que aumentan de tamaño conforme el bebé va creciendo. Son de color rojo intenso o morado y suelen aparecer en la cara o las extremidades (generalmente sólo en un lado del cuerpo). A diferencia de los hemangiomas capilares, estas manchas rara vez desaparecen aunque a veces se desvanecen un poco. A pesar de ello, pocas veces provocan problemas. En algunas ocasiones, no obstante, si afectan a los párpados superiores o a la frente, existe la posibilidad de que haya algún problema en las estructuras cerebrales subyacentes (Síndrome de Sturge-Weber). O, si afecta al área que hay alrededor del ojo, existe la posibilidad de que ese ojo desarrolle glaucoma (ver página 605).

Las manchas tipo vino de oporto se deben examinar de vez en cuando a fin de determinar si han cambiado de tamaño, ubicación o color. Si a un niño mayorcito le disgusta mucho tener este tipo de marcas de nacimiento, existe la posibilidad de utilizar un maquillaje especial para taparlas. El tratamiento con láser ha tenido éxito en muchos casos, pero los demás tipos de cirugía no suelen ser recomendables. (Véase también *El bebé recién nacido,* página 176).

Varicela

La varicela es una de las enfermedades más comunes de la niñez. Esta infección, altamente contagiosa, provoca una erupción en forma de vesículas, que pica y puede cubrir la mayor parte del cuerpo. Aparte de la erupción, también suele presentarse fiebre baja.

Si su bebé estuvo expuesto al virus de la varicela, la erupción puede tardar entre diez y veintiún días en aparecer. Las pequeñas vesículas, que pueden tener un área enrojecida a su alrededor, aparecen primero en el tronco y el cuero cabelludo y después se extienden a la cara y las extremidades. Normalmente, las vesículas se secan, se convierten en costras y después se curan, pero pueden dejar pequeñas ulceraciones que, si el niño se las rasca y se infectan, pueden dejar cicatriz. La piel también se puede obscurecer un poco alrededor de algunas vesículas, pero este cambio de color desaparecerá gradualmente conforme vaya remitiendo la erupción.

Tratamiento

Es posible que recuerde, de su propia infancia, lo mucho que puede picar la varicela. Procure que su bebé no se rasque, pues las lesiones se le podrían infectar. El acetaminofén (administrado a la dosis adecuada para la edad y el peso de su bebé) puede mitigar el malestar y bajar la fiebre. Cortarle bien las uñas de las manos y bañarlo diariamente con agua y jabón puede ayudar a evitar infecciones bacterianas secundarias. Los baños de avena, de venta en farmacias (sin receta médica), también ayudan a mitigar el picor. El aciclovir, un fármaco que sólo se adquiere con receta médica, también disminuye la gravedad de los síntomas, si se administra durante las primeras veinticuatro horas de la enfermedad. Este medicamento, aunque no es necesario para todo paciente, es especialmente útil en bebés con eccema (un trastorno de la piel).

No le dé a su bebé aspirina ni cualquier otro medicamento que contenga aspirina o salicilatos cuando tenga la varicela. Estos productos aumentan el riesgo de padecer el Síndrome de Reye, una enfermedad seria que afecta al hígado y al cerebro. Si usted tiene dudas sobre los fármacos que le puede dar a su bebé en estas circunstancias, pida consejo al pediatra.

Entre otras cosas, el pediatra no necesitará ver al bebé a menos que tenga fiebre de más de 102° Fahrenheit o 38.9° centígrados, o la fiebre dure más de cuatro días. De todos modos, si el área afectada por la erupción se pone muy roja, caliente y dolorosa, debe informar al pediatra; esto podría indicar una infección bacteriana que se debe tratar con antibióticos y fármacos orales para mitigar el picor. Llame *inmediatamente* al pediatra en caso de que su bebé presente alguno de estos síntomas: vómitos, nerviosismo, confusión, convulsiones, falta de respuesta, aumento en somnolencia o pérdida del equilibrio.

Un bebé puede contagiar a otros entre uno o dos días antes de que aparezca la erupción hasta las veinticuatro horas posteriores a la aparición de la última lesión (lo que suele ser entre cinco y siete días). Aun así, sólo se pueden contagiar aquellas personas que no hayan tenido varicela anteriormente, por lo que, si los amigos de su hijo ya han pasado la varicela y él se encuentra bien, no hay problema en que juegue con ellos incluso si la erupción está en pleno auge. Sin embargo, deberá mantenerlo alejado de aquellos niños que no hayan tenido la varicela o sobre los que haya alguna duda al respecto. Una vez se recupere, su hijo será inmune a la varicela durante el resto de su vida.

Prevención

Se recomienda administrar la vacuna de varicela a todo niño sano, entre doce y dieciocho meses de edad, si no ha pasado previamente la enfermedad. Durante los primeros doce meses de vida, la única forma de proteger a su hijo de la varicela es evitar exponerlo al contagio. Evitar la exposición es especialmente importante en los recién nacidos, sobre todo si son prematuros, ya que en ellos la condición puede ser más severa. La mayoría de los bebés cuyas madres tuvieron varicela pueden ser inmunes a la enfermedad durante los primeros meses de vida.

Costra láctea y dermatitis seborreica

A su precioso bebé de un mes le ha salido una especie de costra escamosa y enrojecida en el cuero cabelludo. Esto le preocupa y se pregunta si tal vez no debe lavarle el pelo tan a menudo. También detecta cierto enrojecimiento en los pliegues del cuello, las axilas y detrás de las orejas. ¿De qué se trata y qué debe hacer?

Cuando la erupción afecta sólo al cuero cabelludo, recibe el nombre de "costra láctea". Pero, aunque suele empezar con la aparición de escamas y el enrojecimiento del cuero cabelludo, también puede afectar más adelante las demás áreas que acabamos de mencionar. Puede extenderse a la cara y al área del pañal y, en estos casos, los pediatras lo denominan dermatitis seborreica (porque afecta a áreas que tienen una gran concentración de glándulas sebáceas). La dermatitis seborreica es una condición de la piel, no infecciosa y es un tipo de eccema muy habitual en los lactantes; suele empezar durante las primeras semanas de vida y va desapareciendo gradualmente durante un período de semanas o meses. A diferencia de la dermatitis atópica o de la dermatitis por contacto (véase la página 694), no suele provocar molestias ni picor.

¿Cuál es la causa de esta erupción? Nadie lo sabe con exactitud. Aun así, no cabe duda de que está influenciada por los cambios hormonales que acompañan al embarazo y que estimulan a las glándulas sebáceas. Probablemente la sobreactivación de estas glándulas es la que provoca la aparición de escamas y el enrojecimiento.

Tratamiento

Si la dermatitis seborreica de su bebé sólo afecta al cuero cabelludo (y, por lo tanto, sólo tiene "costra láctea"), puede tratarla usted mismo. No tema lavarle la cabeza; de hecho debe hacerlo (utilizado un champú suave para bebés) más a menudo que de costumbre. Esto, y el cepillarle el pelo con suavidad, contribuirán a eliminar las escamas.

A muchos padres les gusta utilizar aceite mineral o aceite de bebé pero esto no es efectivo ni necesario, ya que fomenta la formación de escamas en el cuero cabelludo, sobre todo sobre la fontanela posterior. Si usted quiere utilizar aceite, póngale muy poca cantidad, masajee las escamas y después lávele el pelo con champú y cepílleselo. Los champús especiales para tratar la dermatitis seborreica (champús antiseborreicos, que contienen sulfuro y ácido salicílico al dos por ciento) generalmente eliminan las escamas más deprisa, pero, puesto que pueden ser irritantes, no debe utilizarlos sin consultar al pediatra. Es posible que éste también le recete algún otro fármaco para tratar las escamas y el enrojecimiento.

Si, lavándole el pelo a menudo, no consigue reducir la costra láctea o la erupción se extiende por la cara y los pliegues del cuello, llame al pediatra. Éste probablemente le recetará un champú más fuerte para disolver las escamas y una crema o loción que contenga cortisona. Las cremas que contienen un uno por ciento de hidrocortisona constituyen el tratamiento más habitual.

Una vez desaparezcan las escamas, ¿cómo evitar que vuelvan a aparecer? Casi siempre, bastará con lavarle frecuentemente el pelo al bebé con un champú suave para bebés. En algunos casos, hace falta utilizar un champú especial, pero deje que sea el pediatra quien tome la decisión. Así mismo, una vez su hijo cumpla un año, el trastorno no volverá a aparecer sino hasta la pubertad.

A veces, en las zonas afectadas aparece una sobreinfección por hongos, sobre todo en las áreas que contiene pliegues de piel, más que en el cuero cabelludo. En estos casos, la piel se enrojece mucho y pica bastante. Si le ocurre esto a su bebé, probablemente el pediatra le recetará una crema específica contra hongos, que puede contener nistatina. La crema debe aplicarse en pequeñas cantidades sobre el área afectada tres o cuatro veces al día, frotando bien.

Tenga la seguridad de que la dermatitis seborreica no es una infección grave. Tampoco se trata de ninguna reacción alérgica a algo que usted está utilizando ni se debe a falta de higiene. Desaparecerá sin dejar cicatriz ¡y su bebé volverá a ser hermoso!

Eccema

El término *eccema* se utiliza para describir una gran variedad de condiciones de la piel. Usualmente se presenta con la piel enrojecida, que se vuelve húmeda y exuda y, algunas veces, se llena de pequeñas vesículas llenas de líquido. Cuando el eccema se hace crónico (persiste durante mucho tiempo), la piel se vuelve gruesa, seca y escamosa.

Hay dos tipos principales de eccema: la dermatitis atópica y la dermatitis por contacto.

Dermatitis atópica

La dermatitis atópica suele afectar a infantes que tienen alergias o un historial familiar de alergias o eccema, aunque el problema no siempre es de origen alérgico. La dermatitis atópica por lo general suele aparecer por primera vez entre los dos y los seis meses de edad, con picor, enrojecimiento y la aparición de pequeñas vesículas en las mejillas, la frente o el cuero cabelludo. La erupción puede extenderse más adelante a los brazos y el tronco. Aunque la dermatitis atópica a menudo se confunde con otros tipos de dermatitis, sobre todo con la dermatitis seborreica, el intenso picor y la ausencia de alergias previas son pistas que sirven para hacer el diagnóstico. En muchos casos, la erupción desaparece o mejora cuando el bebé tiene de dos a tres años de edad.

Dermatitis por contacto

La dermatitis por contacto ocurre cuando la piel entra en contacto con una sustancia irritante. Este problema puede aparecer a raíz del contacto repetido con sustancias irritantes, como jugos cítricos, baños de burbujas, jabones fuertes, ciertos alimentos o medicinas, o telas ásperas. Así mismo, uno de los irritantes más comunes es la saliva del mismo bebé. La dermatitis por contacto no pica tanto como la dermatitis atópica y generalmente desaparece en cuanto se elimina el irritante.

Hay otra forma de dermatitis por contacto que se desarrolla cuando la piel del niño entra en contacto con alguna sustancia a la que es alérgico. Entre las sustancias más comunes cabe señalar:

- Tintes y pegamentos utilizados para fabricar zapatos (Provocan una erupción en el empeine y las puntas de los dedos de los pies).
- Tintes para la ropa (Provocan erupciones en las zonas donde más aprieta la ropa y donde se suda más).
- Prendas de níquel o corchetes de pantalones o de otras prendas de ropa.
- Plantas, sobre todo la hiedra, el zumaque y el Rhus diversiloba (véanse las páginas 699–700).
- Fármacos, como las pomadas o cremas que contienen neomicina.

Este tipo de erupción suele aparecer varias horas después del contacto (en el caso de la hiedra, al cabo de entre uno y tres días). Provoca picor leve y hasta es posible que se asocie a aparición de pequeñas vesículas.

Tratamiento

Si su bebé tiene una erupción con aspecto de eccema, el pediatra tendrá que examinarla para poder emitir el diagnóstico apropiado y recetarle el tratamiento adecuado. En algunos casos, creerá conveniente consultar el caso a un dermatólogo pediátrico.

Aunque no hay cura para la dermatitis atópica, generalmente se puede controlar y suele desaparecer al cabo de varios meses o años. El tratamiento más eficaz consiste en evitar que la piel se reseque demasiado y aparezca el picor. A tal efecto:

- Evite los baños calientes largos y frecuentes que tienden a resecar la piel.
- Utilice cremas o lociones hidratantes con regularidad y frecuencia para reducir la sequedad y el picor.
- Evite ropas ásperas o irritantes (tejidos de lana o rugosos).
- Si hay exudación o mucho picor, coloque compresas tibias sobre el área afectada y, a continuación, adminístrele la medicación que le haya recetado el pediatra.

Usualmente el pediatra le recetará una pomada o loción para controlar la inflamación y mitigar el picor. Estos productos suelen contener cortisona y sólo deben utilizarse bajo la supervisión de un médico. Además, es posible que el pediatra le recete otras lociones o aceites. Es importante que continúe aplicando el tratamiento durante el período que le indique el pediatra. Si deja de aplicarlo demasiado pronto, el trastorno podría reaparecer.

Aparte del tratamiento tópico, es posible que su bebé necesite tomar algún antihistamínico para mitigar el picor y/o antibióticos, en el caso de que se le infectara la piel.

El tratamiento de la dermatitis alérgica por contacto es similar, aunque es posible que, en este caso, el dermatólogo o alergista desee identificar la causa de la erupción explorando el historial clínico detallado del bebé y haciéndole una prueba de parches cutáneos. Esta prueba se realiza colocando pequeños parches de los irritantes más comunes (alérgenos) sobre la piel del bebé. Si ésta se enrojece y le empieza a picar, en el futuro deberá evitar la sustancia contenida en el parche.

Si su bebé presenta cualquiera de los siguientes síntomas, informe al pediatra:

- La erupción empeora y no responde al tratamiento.
- El niño tiene fiebre y/o presenta síntomas de infección (como vesículas, costras amarillentas, dolor o supuración)
- La erupción se extiende o aparecen más erupciones.

Rubéola ó Sarampión Alemán

La rubéola o sarampión alemán es una enfermedad relativamente poco común en la actualidad, gracias al desarrollo de una efectiva vacuna contra el virus que la provoca. Sin embargo, un bebé puede nacer con una forma de rubéola, que ocurre cuando la rubéola infecta a una mujer —particularmente susceptible y que no ha sido vacunada— en los primeros tres meses de embarazo. En estos casos, la rubéola puede provocar malformaciones graves e irreversibles en el feto. Los bebés que nacen con rubéola congénita pueden presentar problemas oculares (cataratas, glaucoma, ojos pequeños), anomalías cardíacas, sordera, retraso mental profundo y otros problemas producto del daño al sistema nervioso central.

Antes de que se desarrollara la vacuna contra la rubéola, esta enfermedad solía aparecer en forma de brotes epidémicos con una periodicidad de seis a nueve años entre niños y adultos. Entre los síntomas de la rubéola figura: fiebre (de 100° a 102° Fahrenheit [37.8° y 38.9° centígrados]), inflamación de los ganglios linfáticos (sobre todo en la parte posterior del cuello y en la base del cráneo) y erupción. Sin embargo, desde que se introdujo la vacuna, en 1968, no ha vuelto a haber ningún brote significativo. Hoy en día, con el uso rutinario de dos dosis de la triple vírica (sarampión, paperas y rubéola), el número de casos de rubéola ha disminuido a cifras más bajas que nunca.

Cómo actuar

Si a su hijo se le diagnostica rubéola congénita, el pediatra le informará sobre la mejor forma de afrontar los problemas complejos y difíciles asociados a este trastorno. Los bebés que nacen con rubéola congénita suelen ser contagiosos durante el año que sigue al nacimiento y, por lo tanto, no deben ir a la guardería ni participar en ninguna actividad grupal, donde podrían contagiar a otros niños o adultos susceptibles.

Prevención

La prevención de la rubéola congénita a través de la inmunización materna es el mejor enfoque. Debe vacunarse a toda niña y mujer que no ha sido vacunada previamente con dos dosis de esta vacuna y que se sabe que no está embarazada ni piensa estarlo en los próximos tres meses. Una mujer embarazada que sea susceptible a la rubéola nunca debe ser vacunada. Además deberá tratar de evitar a toda costa estar cerca de cualquier niño o adulto que pueda estar infectado con este virus.

Pérdida de pelo

Casi todos los bebés pierden parte o la totalidad del pelo con el que nacen. Esto *no* es nada anormal; de hecho, es lo habitual. El pelo de bebé se cae para que pueda crecer el pelo maduro. Por lo tanto, la pérdida de pelo durante los primeros seis meses no es motivo de preocupación.

Bastante a menudo, los bebés pierden pelo debido al roce del cuero cabelludo contra el colchón Conforme van adquiriendo mayor movilidad y pasan más tiempo sentados, el problema se soluciona por sí solo.

En casos muy raros, los bebés pueden nacer con alopecia (calvicie), que puede aparecer sola o junto con algunas anomalías en las uñas y los dientes. Puesto que la alopecia y la pérdida de pelo pueden ser el síntoma de problemas médicos o nutricionales subyacentes, usted debe informar al pediatra de cualquier pérdida de cabello que ocurra después de que su hijo cumpla seis meses. El médico examinará el cuero cabelludo del niño, determinará la causa y prescribirá un tratamiento. A veces, es necesario referirlo a un dermatólogo pediátrico.

Urticaria

Si su bebé tiene una erupción que le pica, consistente en áreas de ronchas rojizas y que sobresalen, con el área central de un color más pálido, en ausencia de escamas o piel seca, probablemente tenga urticaria. Esta reacción alérgica puede aparecer en todo el cuerpo o sólo en una parte reducida, como por ejemplo, la cara. La ubicación puede cambiar, pudiendo aparecer y desaparecer en distintas partes del cuerpo, a menudo en cuestión de horas.

Entre las principales causas de las urticarias, cabe señalar la alergia a:

- Ciertos alimentos (bayas, queso, nueces, huevos, leche, aceite de sésamo, mariscos).
- Medicamentos, de venta con y sin receta médica. (La penicilina y la aspirina son dos culpables frecuentes).
- Polen de los árboles, césped, helechos
- Ciertas plantas

- Reacción ante una infección (denominada urticaria infecciosa)
- Agua fría
- Picaduras de abejas u otros insectos

En la mayoría de los casos, es difícil identificar la causa.

Tratamiento

Los antihistamínicos permiten mitigar el picor. Muchos de ellos se pueden comprar sin receta médica, pero usted debe pedirle al pediatra que le recomiende uno. Es posible que tenga que utilizar el medicamento durante tres días seguidos y tan a menudo como cada cuatro o seis horas. Aplicar compresas frías sobre el área afectada también puede ayudar a reducir la inflamación o el picor.

Si en la reacción alérgica también están implicadas partes internas del cuerpo, es posible que sea preciso aplicar otros tratamientos. Si su bebé tiene respiración sibilante o le cuesta mucho esfuerzo tragar, se le tiene que aplicar un tratamiento de emergencia. Probablemente el médico le recetará un antihistamínico más fuerte y hasta es posible que le tenga que inyectar adrenalina para frenar la reacción alérgica. Si la alergia que ha provocado la urticaria también provoca graves dificultades respiratorias, el pediatra le ayudará a conseguir un estuche de emergencia para que pueda atender a su bebé en el caso de que la reacción alérgica se repita en el futuro.

Prevención

Para evitar que vuelva a aparecer la urticaria, el médico intentará determinar qué es lo que ha provocado la reacción alérgica. Si la erupción afecta sólo un área reducida de la piel, probablemente obedecerá a algo que su bebé ha tocado (las plantas y los jabones son los principales culpables). Pero si se extiende por todo el cuerpo, probablemente se deberá a algo que ha comido o inhalado.

Por lo general, el momento en que aparece la urticaria da algunas pistas sobre lo que puede haber provocado la reacción alérgica. Por ejemplo, ¿Suele aparecer después de las comidas?; ¿Es más frecuente durante ciertas estaciones o cuando el bebé frecuenta determinados lugares? Si logra identificar un patrón específico, deberá modificar la rutina para ver si el bebé mejora. Tendrá que tener en cuenta todos los alimentos que consume, incluyendo los que antes ingería sin problemas. A veces, las urticarias aparecen cuando un bebé consume grandes cantidades de un alimento al que sólo es ligeramente alérgico.

Una vez identificada la causa del problema, intente mantener a su bebé lo más alejado posible de ella. Si sabe con antelación que su hijo se va a ver expuesto a la sustancia que le provoca la reacción alérgica, lleve consigo un antihistamínico. Si es alérgico a las picaduras de insectos, tenga siempre a mano un estuche para tratar picaduras (véase *Picaduras de insectos,* abajo.)

Picaduras de insectos

La reacción de su bebé ante la picadura de un insecto dependerá de su sensibilidad al veneno del insecto que le pique. Aunque la mayoría de los bebés tienen sólo reacciones leves, los que son alérgicos al veneno de ciertos insectos pueden presentar síntomas graves que requieren un tratamiento urgente.

Tratamiento

Aunque las picaduras de insecto pueden ser molestas, generalmente empiezan a desaparecer al cabo de un día y no hace falta llevar al bebé al médico. Para mitigar el picor que suelen provocar las picaduras de tábanos, moscas, mosquitos, pulgas y chinches, lo mejor es aplicar un poco de hielo o una loción de calamina sobre el área afectada, evitando las áreas alrededor de los ojos o en los genitales. Si a su bebé le pica una abeja o una avispa, moje una toalla en agua fría y presione sobre el área de la picadura para mitigar el dolor y la inflamación. Llame al pediatra antes de utilizar cualquier otro tratamiento, incluyendo pomadas o cremas que contengan antihistamínicos o cualquier remedio casero, como bicarbonato de soda, ablandador de carnes, jugo de tabaco, amoníaco o vinagre. Si el picor es muy fuerte, es posible que el médico le recete alguna pomada que contenga cortisona o antihistamínicos orales.

Si su bebé se topa con un enjambre de abejas, aléjelo de allí lo antes posible. Al picar, las abejas emiten una feromona que transmite una señal de alarma a los demás miembros de la colmena, lo que aumenta las probabilidades de que la víctima reciba más picaduras.

Es importante extraer el aguijón rápida y completamente. El retirar el aguijón inmediatamente después de la picadura evitará que gran parte del veneno que contiene sea bombeado hacia el interior del cuerpo. Si el aguijón se puede ver a simple vista, retírelo frotando suavemente la superficie de la piel en sentido horizontal, utilizando una tarjeta de crédito o bien la uña del dedo. También puede extraer el aguijón tirando de él con unas pinzas o directamente con los dedos. Las picaduras de abeja y de mosquito pueden hincharse más al cabo de dos o tres días.

Mantenga las uñas de su bebé bien cortas, romas y limpias, para evitar al máximo una infección por rasguños al rascarse. Si, a pesar de todo, la picadura se infecta, la zona se pondrá más roja e inflamada. En algunos casos es posible que usted detecte varias líneas enrojecidas o un fluido amarillento alrededor de la picadura. Pídale al pediatra que examine la picada que parezca haberse infectado, puesto que es posible que necesite antibióticos.

Pida ayuda médica inmediatamente si su bebé presenta cualquiera de los siguientes síntomas después de que le pique un insecto:

- Dificultad para respirar repentina
- Debilidad, colapso o pérdida de la conciencia

Insecto/ Ambiente	Características de la picada	Comentarios
Mosquitos Agua (piscinas, lagos, estanques)	Sensación de pinchazo seguida de picor y formación de una elevación roja y con una picadura pequeña en el centro.	Los mosquitos se sienten atraídos por los colores brillantes, el sudor y los olores dulces como las colonias, los jabones perfumados y los champús.
Moscas Alimentos, desperdicios, heces	Un crecimiento prominente que duele y pica. Puede convertirse en pequeñas vesículas.	La picada suele desaparecer al cabo de un día, pero puede durar más.
Pulgas Grietas del suelo, alfombras, pelo de animales domésticos	Protuberancias pequeñas que recuerdan a una urticaria. Se ven en grupo, donde más aprieta la ropa (cintura, nalgas)	Es más probable que haya pulgas en casas donde hay animales domésticos.
Chinches Grietas de las paredes suelo, rendijas de los muebles, colchones	Protuberancias rojas rodeadas de una vesícula y que pican. Generalmente hay dos o tres seguidas.	Los chinches suelen picar por las noches y son menos activos en climas fríos.
Hormigas Pastos, prados, hierba, césped y parques	Ardor y dolor inmediatos e inflamación de hasta más de un centímetro. Fluido turbio en el área de la picada	Las hormigas suelen atacar a los intrusos. Algunos niños reaccionan teniendo dificultad para respirar, fiebre y molestias digestivas.

- Urticaria o picores por todo el cuerpo
- Inflamación extrema alrededor de los ojos, los labios o el pene, que dificulta la visión, la alimentación o la micción.

Prevención

Algunos bebés que no tienen ninguna alergia conocida pueden presentar reacciones alérgicas graves ante las picadas de determinados insectos. Si usted cree que su

Insecto/ Ambiente	Características de la picada	Comentarios
Avispas y abejas Flores, arbustos, zonas de picnic, playas	Dolor inmediato seguido de inflamación	Algunos bebés tienen reacciones alérgicas graves, como dificultad para respirar e hinchazón. por todo el cuerpo.
Garrapatas Áreas boscosas	Es posible que no se note, por estar escondida entre el pelo o la piel.	No intente extraer una garrapata utilizando cerillas, cigarrillos encendidos o removedor de esmalte. Coja la garrapata por la parte de la cabeza con firmeza utilizando unas pinzas. Tire de ella con suavidad y asegúrese de no dejar ninguna parte de la misma adherida a la piel del bebé.

bebé es propicio a las alergias, coménteselo al pediatra. Es posible que le recomiende ponerle una serie de inyecciones de hiposensibilización. Además, le recetará un estuche especial para que lo tenga a mano en caso de que al bebé le picara algún insecto.

Es imposible evitar *todas* las picadas de insecto, pero usted puede minimizarlas siguiendo las indicaciones que figuran a continuación:

- Evite lugares donde los insectos anidan o suelen reunirse, como los cubos de basura y los vertederos, las aguas estancadas, los alimentos sin cubrir o los huertos y jardines floridos.
- Si sabe que su bebé va a frecuentar un lugar donde hay muchos insectos, póngale pantalones largos y camiseta de manga larga.

- Evite vestir a su bebé con ropas que tengan colores vivos y brillantes o dibujos de flores, pues atraen a los insectos.
- No utilice jabones perfumados, perfumes o lacas, pues también atraen a los insectos.

Los repelentes de insectos se pueden adquirir sin receta, pero deben usarse con precaución, sobre todo en bebés pequeños. El producto más eficaz es el DEET (dietiltoluamida). Los repelentes apropiados para bebé *no deben tener más de un 10 por ciento de DEET,* ya que esta sustancia química puede ser nociva al absorberse a través de la piel. La concentración de DEET varía considerablemente de un producto a otro, por lo que conviene leer las etiquetas de los productos antes de comprarlos. Los repelentes son eficaces para evitar las picadas de mosquitos, garrapatas, pulgas, ácaros de la siega y moscas, pero apenas tienen efecto sobre los insectos con aguijón, como las avispas, la abejas y los abejorros. Contrario a lo que se cree, tomar antihistamínicos constantemente durante la época en que los insectos están más activos no evita las reacciones alérgicas ante las picadas.

La tabla de las páginas 702–703 contiene información sobre las picaduras de insecto más frecuentes.

Sarampión

Gracias a la vacuna contra el sarampión, hoy en día esta enfermedad es relativamente infrecuente en los países desarrollados. En 1996, sólo ocurrieron trescientos casos de sarampión en los EE.UU. Aun así, la gente sigue contrayendo esta enfermedad. Éste se contagia a través de las gotitas que expulsan las personas infectadas al hablar o al respirar. Toda persona que inhale estas gotitas y no sea inmune a la enfermedad puede contraerla.

Signos y síntomas

Durante los primeros ocho a doce días que siguen al contagio, es probable que su bebé no presente ningún síntoma; esto se conoce como el período de incubación. Luego desarrollará una enfermedad que puede parecer un resfriado común, con tos, secreciones nasales y ojos enrojecidos (conjuntivitis; véase la página 604). La tos puede ser severa a veces y le durará aproximadamente una semana, y probablemente el bebé se sentirá muy mal.

Entre el primer y el tercer día de enfermedad, los síntomas catarrales se agravarán y la fiebre puede subir hasta 103° a 105°F ó 39.4° a 40.5°C. La fiebre persistirá hasta dos o tres días después de que haya aparecido la erupción.

La erupción suele aparecer del segundo al cuarto día de enfermedad. Suele empezar por la cara y el cuello, extendiéndose a continuación por el tronco y después por las extremidades. Empieza en forma de granitos muy pequeños de color rojo, que pueden aparecer agrupados formando ronchas de mayor tamaño. Si su bebé tiene granitos pequeños de color blanco dentro de la boca, cerca de los molares, significa que pronto le va a salir la erupción. Ésta le durará entre cinco y ocho días y, cuando desaparezca, es posible que la piel se le pele un poco.

Tratamiento

Aunque no existe ningún tratamiento antiviral autorizado para el sarampión en los Estados Unidos, es importante que el pediatra examine al bebé para determinar si, efectivamente, tiene sarampión. Muchas condiciones pueden empezar del mismo modo que el sarampión, y, además, esta enfermedad se puede complicar (por ejemplo, con una neumonía). Por ello el pediatra querrá seguirle de cerca. Cuando llame al pediatra, descríbale bien la erupción y la fiebre para que contemple la idea de que tiene sarampión. Cuando lleve a su bebé a la consulta del pediatra, éste le pedirá que lo separe de los demás pacientes para que no los contagie.

Su bebé podrá contagiar la enfermedad desde varios días antes de la aparición de la erupción hasta que remita tanto la fiebre como la erupción. Mientras tanto, no debe salir de casa (excepto para llevarlo a la consulta del pediatra) y deberá mantenerlo alejado de las personas que no sean inmunes a la enfermedad.

Mientras esté en casa, asegúrese de que su hijo beba mucho líquido y déle acetaminofén a la dosis adecuada para controlar la fiebre. La conjuntivitis que suele acompañar a esta enfermedad hace que al bebé le duelan los ojos cuando se vea expuesto a la luz; por lo que es aconsejable mantener su habitación en la penumbra durante los primeros días de la enfermedad.

A veces, el sarampión se complica con infecciones bacterianas. Las más frecuentes incluyen, neumonía (véase la página 558) e infecciones de oído (véase la página 589). Todas ellas deben ser examinadas por el pediatra y usualmente requieren tratamiento de antibióticos.

Prevención

Casi todos los niños que reciben dos dosis de la vacuna “triple vírica” (MMR, contra el sarampión, la rubéola y las paperas) después de cumplir un año, son inmunes al sarampión de por vida. (véase el Capítulo 24, “Vacunas”). Hasta un cinco por ciento de los niños no responde adecuadamente a la dosis inicial de la vacuna. Por este motivo, se recomienda administrar una dosis de refuerzo, a los cinco años de edad o bien cuando el niño inicie la enseñanza secundaria (entre los once y los doce años), en función de la norma vigente en cada estado. El pediatra le indicará qué es lo mejor para su hijo.

Si su bebé ha estado en contacto con alguien que tenía el sarampión, o si alguien de la familia está pasando esta enfermedad, informe al pediatra. Los siguientes pasos pueden ayudarle a evitar que su bebé caiga enfermo:

1. Si todavía no ha cumplido un año o tiene el sistema inmune debilitado, se le puede dar inmunoglobulina (gammaglobulina) hasta seis días después de la exposición. Esto le puede proteger de la infección, pero no le proporcionará inmunidad para el futuro.

2. Un lactante de entre seis y once meses de edad puede ser vacunado contra el sarampión (vacuna simple, no la MMR), si está expuesto a la enfermedad, reside en una comunidad en la que la exposición es altamente probable o donde se desata una epidemia de sarampión.

Roséola infantil (exantema súbito)

Su bebé de diez meses no parece estar muy enfermo, pero, de repente, le sube la fiebre hasta alcanzar entre 102° Fahrenheit (38.9 centígrados) y 105° Fahrenheit (40.5° centígrados). La fiebre alta le dura entre tres y siete días, durante los cuales tiene menos apetito, diarrea leve, un poco de tos, nariz mocosa y parece más irritable y adormilado que de costumbre. Así mismo, tiene los párpados superiores ligeramente hinchados o caídos. Al final, *después de que le haya bajado la fiebre,* le sale por el tronco una erupción rosada, elevada. "¡Oh, no!" —se dice—. "¡Tiene el sarampión!". Pero la erupción se extiende sólo por la parte superior de los brazos y el cuello y desaparece al cabo de veinticuatro horas. ¿Cuál es el diagnóstico? Lo más probable es que se trate de una enfermedad denominada roséola, una condición viral contagiosa. Su período de incubación es de entre siete y catorce días. La pista más significativa para el diagnóstico es que la erupción aparece *después* de que baja la fiebre.

Tratamiento

Siempre que a su bebé le suba la fiebre hasta 102° Fahrenheit (38.9° centígrados) o más, llame al pediatra, aun cuando no presente ningún otro síntoma de enfermedad. Si el médico sospecha que la fiebre se debe a la roséola, le sugerirá formas de controlar la fiebre y le pedirá que le vuelva a llamar, en el caso de que el bebé empeore o si la fiebre alta le dura más de tres o cuatro días. Si el niño parece estar muy enfermo, el médico podría ordenarle un conteo de sangre, análisis de orina y otras pruebas.

Puesto que la mayoría de las enfermedades que cursan con fiebre son contagiosas, lo mejor es que mantenga a su bebé alejado de otros niños, por lo menos hasta que el pediatra le indique que ya no hay peligro de contagio. Si el pediatra le diagnostica roséola, no permita que juegue con otros niños hasta que desaparezca la erupción.

Mientras persista la fiebre, vista a su bebé con ropas frescas y déle acetaminofén a la dosis apropiada para su edad y su peso. (Véase el Capítulo 20, "Fiebre"). Si le sube la fiebre a más de 104° Fahrenheit (40° centígrados), probablemente los baños de esponja con agua fresca le ayudarán a sentirse mejor. No se preocupe si su bebé pierde apetito y anímelo a beber mucho líquido. En cuanto desaparezca la erupción, podrá reanudar todas sus actividades con normalidad, incluyendo contacto con otros niños.

Aunque esta enfermedad pocas veces es seria, conviene saber que, al principio, cuando la fiebre empieza a subir muy deprisa, existe la posibilidad de que aparezcan convulsiones (véase *Convulsiones y crisis convulsivas,* en la página 655). Las convulsiones pueden aparecer aunque usted haga lo adecuado para controlar la fiebre. Por este motivo, y aunque las convulsiones que provoca la roséola suelen ser de poca importancia y escasa duración, es importante que usted sepa cómo debe actuar en caso de que aparezcan.

Sarna humana

La sarna está provocada por un ácaro microscópico que habita en las capas más superficiales de la piel, donde deposita sus huevos. La erupción resultante es, de hecho, una reacción alérgica al cuerpo del ácaro, sus huevos y sus excreciones. Cuando el ácaro se introduce en la piel, la erupción suele tardar entre dos y cuatro semanas en aparecer.

En un bebé, la erupción aparece como pequeñas vesículas llenas de agua que causan picazón. Las lesiones suelen estar dispersas y aparecen sobre todo en las palmas de las manos y las plantas de los pies. Debido a las marcas que se hacen los niños al rascarse, a las costras y a las infecciones secundarias, la causa de esta molesta erupción suele ser difícil de identificar.

Según la leyenda, cuando las tropas de Napoleón tuvieron sarna, se podía oír cómo se rascaban los soldados ¡a más de una milla de distancia! Por exagerada que parezca esta anécdota, ilustra dos puntos claves que conviene que recuerde si su bebé contrae sarna: pica mucho y es sumamente contagiosa. La sarna sólo se contagia de una persona a otra, pero el contagio es extremadamente fácil. Si algún miembro de la familia contrae sarna, lo más probable es que los demás miembros también acaben contagiandose.

Tratamiento

Si se da cuenta de que su bebé (y posiblemente otros miembros de la familia) se rasca constantemente, llame al pediatra. Éste examinará la erupción y es posible que raspe una muestra de piel del área afectada para analizarla al microscopio a fin de poder identificar ácaros o huevos de ácaro. Si le diagnostica sarna, el médico le recetará alguno de los medicamentos antisarna disponibles en el mercado. La mayoría son lociones que se aplican por todo el cuerpo y se enjuagan al cabo de varias horas. Aunque generalmente basta con aplicar el tratamiento una sola vez, es posible que tenga que repetirse. Algunos expertos opinan que toda la familia debe recibir tratamiento, incluso los miembros que no tienen la erupción. Cualquiera que viva bajo el mismo techo, que se haya quedado a dormir o una niñera frecuente, debe recibir tratamiento.

Para prevenir infecciones secundarias por rascarse, córtele bien las uñas a su bebé. Si el picor es muy intenso, pídale al pediatra que le recete un antihistamínico o cualquier otro medicamento para mitigar el picor. Si las heridas que se ha hecho el bebé al rascarse parecen haberse infectado, informe al pediatra. Es posible que le recete un antibiótico u otro tratamiento.

Después del tratamiento, el picor puede continuar por dos a cuatro semanas ya que es una reacción alérgica. Si persiste por más de cuatro semanas, llame al pediatra, pues es posible que el bebé haya vuelto a coger sarna o la infección se haya reactivado y haga falta repetir el tratamiento.

Por último, existe cierta controversia sobre la posibilidad de contraer la sarna al entrar en contacto con ropa de vestir o de cama infectada. La evidencia sugiere que se trata de algo poco probable. Aun así, si tiene duda, lave la ropa de vestir y de cama de su bebé con agua caliente. No es necesario que descontamine la habitación del bebé ni la casa entera, puesto que los ácaros sólo pueden vivir en la piel de las personas.

Quemaduras solares

Aunque las personas de piel morena suelen tolerar mejor el sol, nadie, independientemente de cuál sea su constitución, es inmune a las quemaduras solares y a los trastornos asociados a las mismas. Los niños, en particular, deben protegerse de los efectos perjudiciales de los rayos del sol. Como cualquier otra quemadura, las provocadas por el sol dejan la piel enrojecida, caliente y adolorida. En casos graves, se pueden formar ampollas, y puede haber fiebre, escalofríos y sensación de malestar general.

De todos modos, no hace falta que su bebé se queme para sufrir los efectos perjudiciales del sol. Los efectos de la exposición al sol se van acumulando a lo largo del tiempo, por lo que hasta una exposición moderada durante la infancia puede contribuir a la formación de arrugas, al endurecimiento de la piel y hasta al desarrollo de un cáncer de piel en el futuro. Así mismo, hay algunos medicamentos que, si se combinan con la exposición al sol, pueden desencadenar reacciones adversas, y algunos trastornos médicos hacen que las personas sean más vulnerables a los efectos nocivos del sol.

Tratamiento

Los síntomas de las quemaduras solares suelen aparecer de entre seis a doce horas desde la exposición y suelen doler más durante las primeras veinticuatro horas. Si, después de exponerse al sol, su bebé tiene la piel roja, caliente y adolorida, podrá tratarlo usted mismo. Póngale paños fríos sobre el área afectada o bien báñelo en agua templada. También puede darle acetaminofén para mitigar el dolor. (Compruebe siempre la dosis según su edad y su peso).

Si le han salido ampollas, le ha subido la fiebre o tiene escalofríos, dolor de cabeza o malestar general, llame al pediatra. Las quemaduras solares graves deben tratarse como cualquier otra quemadura grave, y, en el caso de que abarquen un área muy extensa, es posible que sea preciso hospitalizar al bebé. Además, las ampollas podrían infectarse, lo que se debe tratar con antibióticos.

A veces, las quemaduras solares graves y extensas pueden provocar deshidratación (véase *Diarrea,* página 508, para los síntomas de deshidratación) y desmayo (por insolación). En estos casos, se debe llevar al niño a la sala de emergencia más cercana.

Prevención

Muchos padres creen erróneamente que el sol sólo es peligroso cuando es bien brillante. Sin embargo, no son los rayos de luz visibles, sino los rayos ultravioletas invisibles, los realmente peligrosos. De hecho, es posible que su bebé se vea más expuesto a los rayos ultravioletas en días nublados o con bruma si pasa más tiempo al aire libre. Así mismo, los efectos del sol son más perjudiciales a mayor altitud. Llevar un buen gorro o una sombrilla no garantiza una protección absoluta, puesto que los rayos ultravioletas rebotan en la arena, el agua, la nieve y muchas otras superficies lisas.

Intente mantener a su bebé resguardado de los rayos ultravioletas durante las horas en que más pega el sol (entre las 10 A.M. y las 4:00 P.M.). Si no es posible, siga las siguientes indicaciones:

- Utilice siempre una crema con filtro solar en climas cálidos para proteger a su bebé de los efectos nocivos de los rayos ultravioletas. A todo bebé debe aplicársele una crema con un factor 15 de protección, como mínimo (lea la etiqueta). Aplique la crema media hora antes de la exposición al sol. Muchas cremas solares son resistentes al agua, pero, incluso éstas se deben aplicar cada tres o cuatro horas si el bebé pasa mucho tiempo en el agua. Lea atentamente las instrucciones de uso.
- Vista a su bebé con ropas frescas de algodón, pero póngale camisetas de manga larga y pantalones largos.
- Utilice una sombrilla playera o algo similar para que su bebé pueda estar a la sombra.
- Póngale una gorra con una amplia visera.

(Véase también *Quemaduras,* página 469.)

27

Enfermedades y condiciones crónicas

Cómo afrontar un problema de salud crónico (a largo plazo)

Solemos pensar en la infancia como en una etapa rebosante de salud y alegría. Sin embargo, algunos niños tienen que afrontar problemas de salud de carácter crónico. (Con el término *crónico,* nos referimos a condiciones que duran por lo menos tres meses o que requieren por lo menos un mes de hospitalización). Aunque la mayoría de los problemas crónicos infantiles son de carácter leve, cualquier enfermedad o discapacidad que se prolongue resulta estresante para la familia.

El tratamiento médico específico de muchas condiciones crónicas se comenta en diversas partes de este libro (Véase el índice). La información que sigue a continuación tiene como fin ayudar a los padres a afrontar los retos prácticos y emocionales que se presentan al tener un bebé con una enfermedad o discapacidad crónica.

Buscando ayuda

Si su bebé nace con un problema médico grave o desarrolla un trastorno médico crónico durante los primeros años de vida, usted tendrá que afrontar grandes tensiones y tomar varias decisiones:

- El aceptar que su hijo no está completamente sano desencadenará en usted sentimientos de decepción, culpa y miedo ante el futuro. Al intentar afrontar estos sentimientos, es posible que experimente cambios bruscos e inexplicables de ánimo, que irán desde la esperanza hasta la desesperación y la depresión.
- Tendrá que seleccionar un equipo de profesionales médicos que atienda a su bebé.
- Quizás tenga que tomar decisiones sobre tratamientos e intervenciones quirúrgicas.
- Deberá asumir la responsabilidad de darle a su bebé ciertos medicamentos, utilizar aparatos o equipos especiales y aplicar terapias especiales.
- Se esperará que usted invierta gran parte de su tiempo, energía y dinero para que su bebé pueda recibir el mejor tratamiento posible, dándole a la vez todo su apoyo emocional.
- Al intentar adaptar su forma de vida para poder satisfacer las necesidades de su bebé sin descuidar las del resto de la familia, deberá afrontar decisiones difíciles, algunas de las cuales implicarán llegar a soluciones intermedias.

Para evitar sentirse agobiados, es saludable que los padres seleccionen a un profesional de la salud que coordine los servicios que el bebé necesita. Esta persona puede ser su pediatra u otro profesional de la salud que participe del tratamiento. Debe ser alguien que conozca bien a su familia, con quien se sientan a gusto y que esté dispuesto a dedicarles el tiempo necesario para responder a sus preguntas y trabajar con otros médicos y terapeutas que participen en el tratamiento de su bebé.

No todas las necesidades especiales de su bebé serán de carácter médico. Podría requerir educación especial, consejería u otro tipo de terapias. Probablemente su familia necesite recibir ayuda económica o asistencia del gobierno para afrontar esta situación. La persona encargada de coordinar el tratamiento médico de su bebé también puede orientarlos para conseguir este tipo de subvenciones. Pero, la mejor forma de garantizar que su bebé y su familia obtengan los servicios y ayudas que necesitan, es que usted conozca los recursos disponibles y las leyes vigentes sobre servicios especiales para niños con enfermedades o discapacidades de carácter crónico. Así mismo, también debe conocer qué puede hacer si los servicios recibidos no satisfacen las necesidades de su bebé.

Compaginando las necesidades de la familia y del niño

Al principio, el bebé con necesidades especiales acaparará toda su atención, dejándole poco tiempo para el resto de la familia o para sus amistades. Aunque esto es normal, todo el mundo sufrirá, a menos que usted encuentre un modo de restaurar el equilibrio y la rutina en la vida familiar. Ni el bebé enfermo ni el resto de la familia se beneficiarán si el problema de salud se convierte en el centro sobre el cual gira toda la vida familiar. A largo plazo el cuidado del bebé con necesidades especiales debe convertirse en una parte de la rutina familiar y no en el centro de la misma.

Aunque es natural intentar proteger a un bebé enfermo, éste necesita más de su estímulo que de su protección. En lugar de focalizarse en lo que no puede hacer, intente centrarse en lo que *puede hacer.* Si le da la oportunidad de participar en actividades con otros niños de su edad, probablemente le sorprenderá lo que es capaz de lograr.

Establecer esta sensación de normalidad en la vida familiar resulta especialmente difícil cuando la condición de su bebé es incierta. Puede empezar a aislarse de sus amistades por lo mucho que le preocupa su bebé, y abstenerse de la vida social por temor a que el niño no pueda asistir. Si se deja llevar por estos sentimientos, acabará sintiéndose resentido; por lo tanto, haga todo lo posible por evitarlo. Incluso en el caso de que exista la posibilidad de que el estado de su bebé empeore de repente, asuma ese riesgo y programe salidas especiales, invite amigos a casa y contrate una niñera de vez en cuando para poder tener una noche libre. Tanto usted como su bebé se beneficiarán a largo plazo si usted adopta este enfoque.

Recomendaciones especiales

Las siguientes sugerencias le pueden ayudar a afrontar más efectivamente la condición de su bebé:

- Siempre que sea posible, ambos padres deben participar en cualquier discusión o decisión sobre el tratamiento del bebé. Con mucha frecuencia los niños acuden al médico con sus madres, y éstas luego tienen que explicarles a los padres todo lo que se dijo. Esto puede impedir que los padres formulen algunas de las preguntas que les inquietan y que se enteren de todas las opciones posibles.
- No se sienta ofendido si el médico del bebé le hace preguntas personales sobre la vida familiar. Cuanto más sepa sobre su familia, más le podrá ayudar a cuidar de su bebé. Si su bebé necesita utilizar una silla de ruedas, le puede pedir información sobre su casa para sugerirle los lugares donde podrían colocar rampas. Si usted tiene alguna duda o reticencia sobre las sugerencias del médico, hágaselo saber para que puedan diseñar conjuntamente un plan de acción aceptable para todos.
- Recuerde que, aunque tanto usted como el médico desean mantener una actitud positiva ante la condición de su hijo, usted debe ser honesto con respecto a la misma. Si considera que las cosas no van bien, dígalo. Trabaje junto al médico a fin de ajustar el tratamiento o encontrar la mejor solución posible.

- Pida ayuda a sus amigos y familiares. No pretenda asumir por su cuenta toda la presión que la condición de su bebé le causa. Si permite que sus amigos le ayuden a colmar sus propias necesidades emocionales, usted podrá colmar mucho mejor las necesidades de su bebé.
- Recuerde que su bebé necesita que lo quieran y valoren como individuo. Si permite que los problemas médicos oculten los sentimientos que usted siente hacia él como persona, podrían interferir con el vínculo de afecto y confianza que debe haber entre ambos. No permita que la preocupación le impida relajarse y disfrutar de su bebé.

Anemia

La sangre contiene varios tipos distintos de células. Las más numerosas son los glóbulos rojos, que se encargan de absorber oxígeno en los pulmones y distribuirlo por todo el cuerpo. Estas células contienen hemoglobina, un pigmento rojo que lleva el oxígeno a los tejidos y se lleva el producto de deshecho, el dióxido de carbono. Cuando los glóbulos rojos tienen una cantidad insuficiente de hemoglobina, esto limita la capacidad para llevar oxígeno a las células del cuerpo, lo que es necesario para funcionar y crecer. El trastorno resultante se conoce como anemia.

La anemia puede deberse a cualquiera de las siguientes razones:

1. Demora en el proceso de producción de glóbulos rojos.
2. Destrucción masiva de glóbulos rojos.
3. Escasez de hemoglobina en los glóbulos rojos.

La mayoría de los bebés que tienen anemia padecen este trastorno debido a que sus dietas son insuficientes en hierro, lo que se conoce como anemia ferropénica. El hierro es necesario para la producción de hemoglobina. La escasez de hierro hace que los glóbulos rojos no tengan suficiente hemoglobina. Un lactante de pocos meses puede desarrollar una anemia ferropénica si empieza a tomar leche de vaca demasiado pronto, sobre todo si no consume un suplemento de hierro o alimentos ricos en hierro. La deficiencia se debe a que la leche de vaca contiene muy poco hierro y los intestinos absorben una parte muy reducida del mismo. Además, la leche de vaca en un lactante de menos de seis meses, puede irritarle los intestinos, lo que causará pequeñas pérdidas de sangre a través de las heces. Esto provoca una reducción en la cantidad de glóbulos rojos, lo que causa anemia.

Otras deficiencias nutricionales, como la deficiencia de ácido fólico, también pueden provocar anemia, pero se trata de algo poco frecuente. Es más común en bebés que toman leche de cabra, la que contiene muy poco ácido fólico.

A cualquier edad, la anemia puede deberse a una pérdida excesiva de sangre. En casos raros, un recién nacido con problemas de coagulación puede tener una hemorragia importante debido a la circuncisión o a una herida y como consecuencia padecer de anemia. Puesto que la vitamina K favorece el proceso de coagulación y los recién nacidos suelen tener una cantidad insuficiente de la misma, usualmente se les pone una inyección de vitamina K inmediatamente después del parto.

A veces, los glóbulos rojos tienden a destruirse con facilidad. Este trastorno se conoce como anemia hemolítica y puede obedecer a alteraciones en la superficie de los glóbulos rojos o a otras anomalías en el interior o el exterior de estas células.

Existe una condición seria causada por una anomalía en la estructura de la hemoglobina, que recibe el nombre de anemia falciforme, y afecta sobre todo a la población de raza negra. Este trastorno puede ser muy grave y se asocia a "crisis" frecuentes y a menudo a hospitalizaciones recurrentes.

Por último, algunas deficiencias enzimáticas también pueden alterar la función de los glóbulos rojos, haciéndolos más vulnerables y aumentando su susceptibilidad a ser destruidos.

Signos y síntomas

Las personas anémicas suelen tener la piel ligeramente pálida, lo que se aprecia sobre todo en la escasa coloración de los labios, la capa que recubre el interior de los párpados (la conjuntiva) y las uñas. Los niños anémicos también pueden estar irritables, sentirse débiles y cansarse con facilidad. Los niños que tienen una anemia severa tienen dificultad respiratoria, el ritmo cardíaco acelerado y las manos y los pies hinchados. Si la anemia persiste, ésta puede interferir con el proceso de crecimiento normal. Un bebé que nace con anemia hemolítica puede desarrollar ictericia (color amarillento), aunque muchos recién nacidos que tienen ictericia no son anémicos.

Si su bebé presenta alguno de los síntomas que acabamos de describir, o si usted sospecha que no está ingiriendo suficiente hierro, consulte al pediatra. En la mayoría de los casos la anemia puede diagnosticarse con un simple análisis de sangre.

Los bebés con anemia falciforme pueden tener fiebre sin causa aparente; además, se les pueden hinchar las manos y los pies y son extremadamente susceptibles a contraer infecciones. Si en su familia hay antecedentes de anemia falciforme, solicite que le hagan a su bebé los análisis pertinentes.

Tratamiento

Puesto que hay tantos tipos de anemia, es importante identificar la causa antes de iniciar *cualquier* tratamiento. No intente tratar a su bebé con vitaminas, hierro u otros suplementos nutritivos, ni tampoco medicamentos sin receta médica, a no ser que se lo indique el pediatra. Esto es muy importante, porque estos tratamientos podrían enmascarar la verdadera causa del problema y retrasar el diagnóstico.

Si la anemia se debe a una falta de hierro, se le recetará un medicamento que contenga hierro. Éstos se venden en forma de gotas, para infantes. El pediatra le indicará por cuánto tiempo debe seguir tomando hierro su bebé mediante el seguimiento de análisis de sangre que le hará regularmente. No suspenda el medicamento sino hasta que el pediatra le diga que ya no es necesario.

A continuación, algunos consejos relacionados con los medicamentos de hierro:

- Es mejor que el bebé no tome el hierro junto con la leche, puesto que ésta bloquea el proceso de absorción.
- La vitamina C potencia la absorción de hierro, por lo que tal vez prefiera darle a su bebé un vaso de jugo de naranja inmediatamente después del medicamento.
- Los medicamentos que contienen hierro hacen que las heces adquieran un color negro intenso. Esto no debe preocuparle.

Precauciones especiales: Los medicamentos que contienen hierro son extremadamente tóxicos si se toman en cantidades excesivas. (El hierro es una de las principales causas de intoxicación en niños menores de cinco años). *Guarde éste y cualquier otro medicamento fuera del alcance de los niños.*

Prevención

Las anemias ferropénicas u otras anemias de origen nutricional son fáciles de prevenir. Basta con darle a su bebé una alimentación equilibrada y tomar las siguientes precauciones:

- Si su bebé es todavía un lactante, no le dé leche de vaca sino hasta que haya cumplido un año.
- Si ha optado por la lactancia materna, cuando empiece a introducir sólidos en la dieta de su bebé, déle alimentos enriquecidos con hierro. Hasta que llegue ese momento, su bebé obtendrá todo el hierro que necesita de la leche materna. Si decide seguir alimentando a su hijo sólo con leche materna después de que cumpla cuatro meses, es recomendable que le dé algún suplemento de hierro. Tenga en cuenta que al introducir alimentos sólidos con poco contenido de hierro en la dieta de su bebé, disminuirá la cantidad de esta sustancia que pueda absorber de la leche.
- Si decide alimentar a su bebé con fórmula, déle una enriquecida con hierro.

Fibrosis quística

La fibrosis quística es una enfermedad hereditaria caracterizada por la alteración de las secreciones de ciertas glándulas. Las glándulas sudoríparas y las células glandulares de los pulmones y el páncreas suelen ser las más afectadas, pero también puede afectar a los senos nasales, el hígado, los intestinos y los órganos reproductivos. Aunque se han hecho grandes progresos en el tratamiento de esta enfermedad y sus síntomas, todavía ésta no tiene cura. Hoy en día, la esperanza de vida de los niños que nacen con fibrosis quística es más alta que en el pasado.

Para que un bebé desarrolle la enfermedad, ambos padres tienen que ser portadores del gen que la causa. En los Estados Unidos, una de cada veinte personas de raza blanca es portadora del gen defectuoso y aproximadamente uno de cada 1,600 bebés nace con la enfermedad. La enfermedad es mucho menos frecuente en los afro-americanos (uno de cada 17,000 recién nacidos), y todavía más rara en los asiáticos.

Durante los últimos años se ha detectado una anomalía genética en muchos pacientes con fibrosis quística y, conforme avanzan las investigaciones, se van detectando nuevas mutaciones asociadas a esta enfermedad. Actualmente disponemos de las herramientas necesarias para hacer cernimiento y detectar casos de esta enfermedad. Así mismo, las familias con antecedentes de fibrosis quística pueden beneficiarse de las técnicas de diagnóstico prenatal y de consejería genética. Puesto que se trata de una enfermedad de pobre pronóstico, es algo que las familias de alto riesgo deben considerar.

Signos y síntomas

La fibrosis quística no siempre se puede diagnosticar al momento del nacimiento o durante los primeros meses de vida. Los signos y síntomas varían dependiendo de la gravedad del caso y de los órganos afectados. Esta variabilidad se cree que depende de la cantidad de mutaciones en el gen defectuoso. Aun así, algo común en todos los niños con fibrosis quística es que secretan una cantidad excesiva de sal al sudar. Esto puede provocar la formación de cristales de sal sobre la piel, lo que hace que, al besarlos, sepan salados.

La fibrosis quística a menudo (aunque no siempre) afecta seriamente a los pulmones, haciendo que la mucosidad de las vías respiratorias sea más densa de lo normal y cueste más expulsarla. Un niño con fibrosis quística es probable que tenga una tos persistente que se agravará cuando esté resfriado. Puesto que las secreciones de los pulmones permanecen en las vías respiratorias durante más tiempo de lo normal, es fácil que se infecten, aumentando la probabilidad de que estos niños contraigan neumonías y bronquitis.

Muchos niños con fibrosis quística tienen deficiencia en las enzimas del páncreas que participan en el proceso digestivo. Por ello, no digieren bien las grasas ni las proteínas, lo que produce unas heces abundantes y malolientes. Estos niños crecen más lentamente y tienen bajo peso.

Usted puede sospechar que su bebé tiene fibrosis quística si sufre de muchas neumonías (véase la página 558), tiene heces abundantes y malolientes, y no crece o gana peso como debiera. El médico le ordenará una prueba del sudor para evaluar la cantidad de sal que pierde al sudar. Los niños con fibrosis quística pierden grandes cantidades de sal de este modo.

Para confirmar el diagnóstico, tal vez sea preciso hacer dos o más pruebas adicionales, puesto que los resultados de la prueba del sudor no siempre son determinantes. Si a su bebé le diagnostican fibrosis quística, el pediatra le ayudará a obtener la ayuda médica especializada que necesitará para hacer frente a la enfermedad.

Tratamiento

El tratamiento de la fibrosis quística depende de cuáles sean los órganos afectados por la enfermedad (piel, pulmones, aparato digestivo) y de la severidad de la afectación. En general, la meta consiste en:

1. Reducir las secreciones de los pulmones.
2. Reemplazar las enzimas ausentes o insuficientes.
3. Reducir o contrarrestar la pérdida de sal.
4. Tratar a tiempo y enérgicamente las infecciones pulmonares, que en estos niños ocurren con más frecuencia.

La carga emocional de la fibrosis quística

Puesto que la fibrosis quística es una enfermedad hereditaria, muchos padres se sienten culpables de haberla transmitido a su hijo. Pero este problema no es culpa de nadie, por lo que lo mejor es canalizar sus energías en tratar lo mejor posible la enfermedad del bebé. Trabaje de cerca con el médico y los terapeutas y no se deje engañar por publicidad engañosa sobre "panaceas" y "curaciones garantizadas". Si oye hablar de un nuevo tratamiento de la fibrosis quística, pídale información al pediatra o al centro especializado en fibrosis quística a donde lo lleve antes de gastar dinero ensayándolo.

También es importante que críe a su bebé tal y como lo habría hecho si no hubiera tenido esta enfermedad. No hay motivo para limitar sus metas educativas, académicas o laborales. Muchos niños con fibrosis quística se convierten en adultos productivos. Su hijo necesita amor y disciplina, y usted debe fomentar su crecimiento y ayudarle a establecer sus límites.

Afrontar las exigencias físicas y emocionales que impone esta enfermedad es muy duro, tanto para el niño afectado como para su familia, por lo que es importante que cuenten con el máximo apoyo posible. Pídale al pediatra que le ponga en contacto con los centros, grupos y asociaciones de padres relacionados con la fibrosis quística. La Fundación para la Fibrosis Quística también puede ayudarle. Escríbales a: 6931 Arlington Road, Bethesda, Maryland 20814.

Retraso del crecimiento/fallo ponto estatural

Si representa gráficamente el peso y la estatura de su bebé, debe percibir una tendencia ascendente, aunque habrá momentos en que el aumento de peso apenas será apreciable y hasta es posible que pierda un poco con motivo de alguna enfermedad. No es normal que un niño deje de crecer o pierda peso, exceptuando la pérdida que se produce durante los primeros días de vida. Una pérdida de peso es una señal de que el niño no está comiendo lo suficiente y/o está enfermo. El término médico que recibe este trastorno es *retraso del crecimiento.* Aunque puede ocurrir en niños mayores que están gravemente enfermos o desnutridos, es más habitual y mucho más peligroso durante el período de crecimiento activo que abarca los tres primeros años de vida.

Si se deja que el problema persista por un tiempo prolongado, se puede convertir en algo grave. Ganar peso de modo consistente es especialmente importante durante la lactancia porque indica que el bebé se está alimentando bien y está recibiendo los cuidados adecuados para desarrollarse con normalidad desde el punto de vista físico, mental y emocional.

Generalmente, cuando un bebé deja de crecer, se debe a un problema nutricional que no le permite obtener todas las calorías que necesita. Si se trata de un recién nacido, es posible que sea demasiado inquieto para comer todo lo que necesita, o, en el caso de que tome el pecho, es posible que no esté obteniendo suficiente leche al mamar. Algunos bebés necesitan más alimento del que les pueden proporcionar sus padres.

A veces el retraso del crecimiento apunta a un problema médico. Un bebé puede nacer con una infección trasmitida por su madre durante el embarazo o puede tener algún problema hormonal, una alergia o un problema digestivo que no le permite absorber bien los nutrientes. Enfermedades como la fibrosis quística (página 721) o las cardíacas también pueden interferir en el proceso de crecimiento normal. Si alguno de estos trastornos está presente, su bebé necesitará una dieta especial además de tratamiento médico.

Cuándo acudir al pediatra

Representar periódicamente las medidas de su bebé en una gráfica y compararlas con el patrón normal, es la mejor forma de saber si está creciendo bien. Si no gana peso, no aumenta de estatura o no se desarrolla con normalidad por cualquier motivo, consulte al pediatra. Éste medirá y evaluará personalmente al niño, preguntará sobre su dieta y el modo en que come y revisará su historial médico en busca de alguna enfermedad que pueda contribuir al retraso del crecimiento. El médico querrá saber exactamente cuándo dejó su hijo de ganar peso y le formulará preguntas sobre cualquier incidente o acontecimiento que podría haber contribuido a este problema. También es posible que el pediatra quiera ver comer o mamar al bebé para determinar qué cantidad de alimento consume en cada toma y cómo se relaciona con la comida. A veces puede ser necesario hospitalizar al bebé durante un período breve para observarlo. Si el pediatra identifica algún problema físico que puede haber motivado el retraso del crecimiento, le recomendará el tratamiento pertinente.

Infección provocada por el VIH y el SIDA

Todo el que haya leído algún periódico o visto algún noticiero de televisión durante los últimos años tiene que haber oído hablar de la infección provocada por el VIH (Virus de la Inmunodeficiencia Humana), que frecuentemente desemboca en la enfermedad del SIDA (Síndrome de Inmunodeficiencia Adquirida).

Los bebés suelen contraer la infección al ser contagiados por sus madres, sea en el útero (al atravesar el virus la placenta), durante el parto (al entrar en contacto con la sangre y fluidos corporales de la madre) o al ingerir leche materna infectada. El porcentaje de hijos de madres infectadas por el VIH no tratadas que desarrolla la infección del VIH oscila entre el 13 y el 39 por ciento. Tratar a la madre y al recién nacido con zidovudina (AZT) disminuye las probabilidades de que el bebé desarrolle la infección del VIH a sólo uno de cada diez bebés, en lugar de uno de cada cuatro o cinco bebés no tratados.

Los bebés infectados por el VIH tendrán el virus de por vida. Al principio parecen estar sanos, pero los problemas van apareciendo de forma gradual. Por ejemplo, su peso y estatura no aumentan como lo esperado durante los primeros seis meses de vida. Tienen frecuentes episodios de diarrea o infecciones de piel de carácter leve. Los ganglios linfáticos de cualquier parte del cuerpo pueden estar inflamados y suelen tener infecciones persistentes en la boca (hongo, candida). El hígado y el bazo pueden presentar un aumento de tamaño.

Todos los síntomas mencionados son altamente sugestivos de infección por el VIH. Eventualmente, si la infección progresa y va minando las defensas, se desarrollaran las infecciones y cánceres relacionados con el SIDA. La más frecuente de estas infecciones, la neumonía por pneumocystis carinii (PCP) cursa con fiebre y dificultad para respirar. Esta neumonía afecta sobre todo a lactantes entre tres meses de edad y un año. Es posible evitar la infección administrando antibióticos. Actualmente se recomienda administrar antibióticos preventivos a todos los niños de madres infectadas por el VIH a partir de las seis semanas de vida. Antes de interrumpir el tratamiento, el médico deberá determinar si el bebé está o no infectado por el virus.

Cuidados que debe recibir un bebé infectado por el VIH

Existe abundante información que demuestra que los bebés portadores del VIH deben recibir los mismos mimos y juegos que cualquier otro niño. Los niños portadores del VIH no pueden contagiar la enfermedad al ser cargados. De ahí que estos bebés deban ir, como cualquier otro niño, a guarderías o jardines de infancia y asistir a sesiones de juego. A menudo, las circunstancias de estos niños les obligan a vivir en situaciones o ambientes que no son precisamente los más idóneos para el crecimiento y el desarrollo. Debemos hacer todo lo posible por contrarrestar estos factores negativos. Tenemos la obligación de contribuir a que tengan un panorama positivo en la vida.

En un niño con VIH, las infecciones más comunes pueden provocarle enfermedades devastadoras. Llame inmediatamente al médico si el bebé tiene fiebre, le cuesta respirar, tiene diarrea, problemas para tragar o la piel irritada o si se ha visto expuesto a alguna enfermedad contagiosa. De hecho, debe buscar ayuda médica aun ante cambios mínimos en su estado de salud, ya que el niño con VIH tiene dificultad para combatir incluso enfermedades leves.

Siempre que su bebé necesite atención médica, no olvide informar al personal que le atiende que está infectado por el VIH para que pueda diagnosticarlo y tratarlo adecuadamente y administrarle correctamente las vacunas.

Actualmente existen varios fármacos anti-retrovirales autorizados para su uso en niños. Entre ellos cabe señalar la zidovudina (AZT), la didanosina (ddi), y la lamivudina (3TC). Hay otros que están en proceso de prueba y aprobación. Estos agentes bloquean la replicación del virus y se ha demostrado que fomentan el crecimiento y el desarrollo neuronal al tiempo que retrasan el avance de la enfermedad. Es fundamental que su médico sepa lo antes posible que el bebé está infectado por el VIH y que se le administre el tratamiento anti-retroviral siguiendo las indicaciones que le dé el pediatra. En la actualidad se está trabajando intensamente en el desarrollo de nuevos tratamientos y es posible que en el futuro la supresión completa del virus se convierta en una realidad. Hay sin embargo ciertas guías específicas para el manejo de niños bebés con VIH.

Cómo vacunar a un niño de una madre infectada por el VIH

El pediatra de su bebé dispone de información actualizada sobre qué vacunas deben o no administrársele a un niño con VIH. A continuación, un breve resumen de las recomendaciones vigentes en la actualidad:

Los bebés infectados con el VIH (infecciones de hongo bucales, infecciones menores recurrentes, ganglios linfáticos agrandados, hígado o bazo agrandados, o con infección generalizada), así como bebés con VIH asintomático, deben ponerse las siguientes vacunas a las edades recomendadas habitualmente:

- DTPa (difteria, tétanos y tos ferina acelular)
- IPV (vacuna contra el virus de la poliomielitis inactivada), nunca la OPV
- Vacuna contra la Hepatitis B

- Vacuna contra Hib (*Haemophilus influenzae* tipo b)
- Los niños infectados por el VIH deben recibir la vacuna triple vírica (MMR), a menos que estén gravemente inmunodeprimidos. El pediatra sabrá si conviene o no inyectarle esta vacuna a su hijo.
- Los niños infectados por el VIH no deben recibir la vacuna contra la varicela. Esta recomendación se está estudiando actualmente, por lo que podría cambiar.
- Los niños infectados por el VIH también deben ponerse las vacunas contra el neumococo y la gripe (influenza). Los niños no infectados por el VIH que vivan en una casa donde haya niños o adultos infectados no deben recibir la vacuna OPV, puesto que podrían expulsar el virus a través de las heces e infectar a los miembros más vulnerables de la familia.

La varicela y el sarampión pueden ser enfermedades serias para un bebé con VIH. Si se viera expuesto a estas infecciones, se debe informar al pediatra para que le administre inmunoglobulina especial por vía endovenosa.

A veces, los padres de niños infectados por el VIH ocultan el diagnóstico a sus parientes, para evitar que esta información provoque rechazo. Sin embargo, la mayoría de las familias suelen reaccionar muy bien en estos casos, apoyando a los padres y asumiendo la responsabilidad del cuidado del bebé cuando aquéllos necesiten asistencia.

Si usted está embarazada

A todas las mujeres embarazadas se les debe proporcionar información actualizada sobre el VIH y se les debe hacer la prueba para determinar si están o no infectadas por este virus. Hacer el diagnóstico a tiempo es importante para la salud de la madre, y, además, el tratamiento puede reducir las probabilidades de transmisión del virus al bebé.

En las guarderías

No hay riesgo de que el virus del VIH se transmita durante las actividades rutinarias de una guardería. El virus no se transmite a través de contacto casual. No se transmite a través del aire o del tacto. Casi todos los bebés que tienen la infección del VIH pueden asistir a una guardería regular.

Aunque la transmisión del VIH no se ha presentado en guarderías, la transmisión de otros agentes infecciosos requiere que todos estos centros adopten medidas de precaución al manejar sangre, heces y secreciones corporales. La precaución reglamentaria es lavarse de inmediato la piel expuesta con jabón y agua después de cualquier contacto con sangre o fluidos corporales. Las superficies sucias con estas sustancias deben limpiarse con desinfectantes tales como blanqueador (diluido de uno a diez con agua). Deben usarse toallas o pañuelos desechables siempre que sea posible. Cuando hay contacto con sangre se recomienda usar guantes, por lo que debe haber guantes en toda guardería. Es importante lavarse muy bien las manos después de cambiar un pañal.

Nuestra posición

La Academia Americana de Pediatría está a favor de legislaciones y políticas de la administración pública que buscan eliminar cualquier forma de discriminación basada en la prueba del VIH.

Índice

Las páginas de las ilustraciones aparecen en cursiva.